King County, Washington

Deaths

1891–1907

South King County Genealogical Society

HERITAGE BOOKS
2016

HERITAGE BOOKS
AN IMPRINT OF HERITAGE BOOKS, INC.

Books, CDs, and more—Worldwide

For our listing of thousands of titles see our website
at
www.HeritageBooks.com

Published 2016 by
HERITAGE BOOKS, INC.
Publishing Division
5810 Ruatan Street
Berwyn Heights, Md. 20740

Copyright © 1996 South King County Genealogical Society

Heritage Books by the author:
King County, Washington Deaths, 1891–1907
Seattle Death Records, 1881–1907

All rights reserved. No part of this book may be reproduced or transmitted in any form or by any means, electronic or mechanical, including photocopying, recording or by any information storage and retrieval system without written permission from the author, except for the inclusion of brief quotations in a review.

International Standard Book Numbers
Paperbound: 978-0-7884-0406-1
Clothbound: 978-0-7884-5987-0

Table of Contents

Preface	v
Acknowledgements	vii
Index to Cities and Towns of King County	ix
Map of King County, Washington	x
Place Names	xi
Institutions	xv
Sources	xvi
King County Death Records Index	1

PREFACE

Information contained in the following pages has been extracted from microfilmed records of the Seattle-King County (Washington) Health Department entitled "King County Death Records", covering the period August 2, 1891, to May 29, 1907.

The *original* records contain a great deal of information of interest to genealogists. However, due to space limitations, these extractions list only name of deceased, date of death, age, sex, place of birth, and place of death. The complete death record may show, in addition, date of birth, race, marital state, residence, occupation, name and birthplace of father, maiden name and birthplace of mother, and cause of death.

Every effort was made to transcribe these records as accurately as possible. Obvious errors (such as spelling, dates, or sex) were not corrected by the transcriber, in an effort to maintain the authenticity of the original record. One of the major difficulties faced by the transcribers was poor or unfamiliar handwriting; the other was occasional poor quality of the microfilm. These problems made errors inevitable, and this should be kept in mind by the researcher.

Each page has a bold heading; the columns are: S (set), R (reel), PG (page), REC (record), LASTNAME, FIRSTNAME, DETH (year of death), MN (month of death), DT (date of month of death), AGE, S (sex), DEATHPLACE, BIRTH, (birthplace).

ACKNOWLEDGMENTS

The State of Washington did not require that counties record deaths until 1907. Records prior to that time (*if* recorded at all) were kept at the County level and were incomplete and inconsistent.

Records of deaths in King County from 1891 to 1907 survive on microfilm housed at the State Archives Regional Branch, located in the City of SeaTac in southwest King County.

Recognizing the genealogical and historical importance of these records, in 1991 the South King County Genealogical Society began the project of extracting and indexing information "hidden" on this microfilm. When this work began, no one could have imagined that it would take our dedicated volunteers hundreds of hours over a period of three years to complete, and that their efforts would provide access to over *20,000* death records in the King County region.

SOUTH KING COUNTY GENEALOGICAL SOCIETY VOLUNTEERS:

Project Chairman: Virginia Stewart

Extractions:
- Annamae Chandler
- Dolores Halstead
- Mary Kilbourn
- Helen Lewis
- Emma Livermore
- Margaret Stanchfield
- Wilton Whisler

Word Processing:
- Mary Lou Barrett
- Jackie Cadle
- Kristen Duarte
- Harold "Hal" Hagestad
- Howard "Don" Linehan
- Bob Zimmerman
- Margaret Linehan
- Dick Phillips
- Margie Salis
- Opal Specht
- Valorie Zimmerman
- Thomas Zimmerman

Special Thanks:
Philippa Stairs
Assistant Archivist
Washington State Archives
Puget Sound Regional Branch

South King County Genealogical Society
1995

INDEX TO CITIES & TOWNS IN KING COUNTY

NAME	SECTION	TWP.N.	R'G'E.E.
Auburn	13	21	4
Adelaide P.O.	1	21	3
Adelaide	18	23	6
Aquarium	17	23	6
Arthur	18	22	7
Buena Vista	—	25	9
Ballard	11	25	3
Ballard Junc.	15	25	5
Brooklyn	17	25	4
Boulevard	24	25	4
Bothel	8	26	5
Black Riv. Junc.	14	23	4
Black Diamond	14	21	6
Buena	6	21	6
Boise	33	20	6
Bruce	12	21	6
Birch	7	21	7
Bellevue	31	25	5
Columbia City	22	24	4
Cardmoore	5	25	4
Christopher	1	21	4
Coal Creek	26	24	5
Chalarca Falls	4	22	5
Cedar Mouth	29	23	6
Cherry Valley	6	26	7
Covington	13	21	5
Duwamish	20	24	4

NAME	SECTION	TWP.N.	R'G'E.E.
Des Moines	8	22	4
Bay City	3	26	5
Derby	22	24	6
Donelly	18	24	6
Durham	2	21	7
Edgewater	18	25	4
Enumclaw	24	20	6
Elliott	25	23	5
Eddyville	27	22	6
Eagle Gorge	35	21	8
Fremont	18	25	4
Franklin	18	21	7
Falls City	15	24	7
Falls City Crsg.	22	24	7
Gilman	34	24	6
Green River	30	21	7
Grand Ridge	26	24	6
Houghton	17	25	5
Hot Springs	21	20	6
HettieBell Spr.	6	24	6
Inglewood	29	25	6
Juanita	32	26	5
Jacobson	13	26	5
Kirkland	6	25	5
Kent	24	22	4
Keith	10	25	4
Rangley	4	22	7
Latona	17	25	4
Lake	22	26	4
Ligabeula	11	22	2

NAME	SECTION	TWP.N.	R'G'E.E.
Lewisville	25	22	10
Lester	26	20	3
Maury	27	22	4
Maple Leaf	9	26	4
Maple Valley	8	22	6
Monohan	24	24	6
Maywood	11	20	9
Newcastle	27	24	5
Novelty	25	26	6
North Bend	9	23	8
Niblock	1	25	7
Northrup	21	25	3
Orillia	36	23	4
O'Brien	12	22	4
Olney	27	24	6
Osceola	28	20	6
Pontiac	2	25	4
Pralschie	36	23	6
Peterson	20	23	6
Palmer	10	21	7
Preston	32	24	7
Quartermaster	19	22	3
Quary Spur	34	24	6
Ravenna	9	25	5
Ross	13	25	5
Renton	17	25	5
RichmondBeach	2	26	3
Ramer Beach	2	25	4
Redmond	11	25	5
Raging River	22	24	7
Seattle	5	25	4
" South	17	24	4
" East	24	24	4

NAME	SECTION	TWP.N.	R'G'E.E.
Seattle (West)	11	24	3
South Park	32	24	4
Steel's	—	25	4
Slaughter (changed to Auburn)			
Sunnydale	20	25	4
Stuck	25	21	4
Star Lake	24	22	4
Sherwood	4	22	7
Snoqualmie Falls	31	24	8
Sallal Prairie	30	24	8
Spring brook	6	22	4
Stevens City	26	23	5
Tolt	16	25	7
Terence	10	26	4
Talbot	30	22	5
Vashon	29	23	3
Vords	3	26	6
Veazie	5	20	6
Woodinville	9	26	5
Wayne	7	26	6
Wold's Spur	16	24	6
Wilderness	22	22	6
Wabash	8	20	6
Yesler	15	25	4
York	27	26	5

BOWMAN & HANFORD LITHO SEATTLE

Excerpted from Official Map of King County, Washington
Ames & Adams
Seattle, Washington 1895

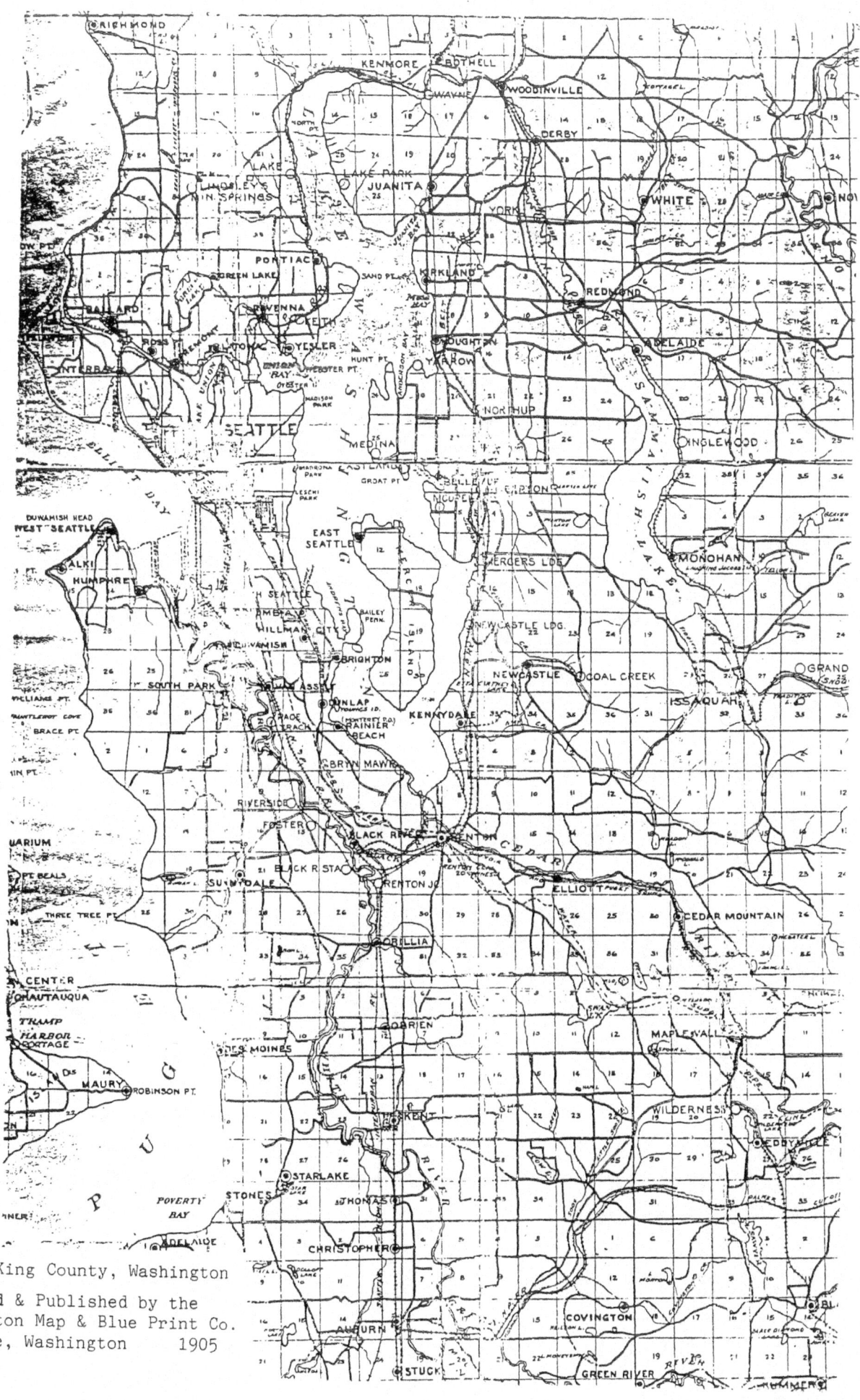

f King County, Washington
led & Published by the
ngton Map & Blue Print Co.
tle, Washington   1905

PLACE NAMES

Adelaide - A flag station on the Snoqualmie Branch of the Northern Pacific Railway, 32 miles n.e. of Seattle.

Adelaide - A village post office on Admiralty Inlet, 20 miles south of Seattle, 7 miles north of Tacoma.

Alderton - Post office and railroad station in Pierce County, 13 miles s.e. of Tacoma.

Algona - 21 miles south of Seattle (formerly Valley City).

Alice Creek - A railway station 50 miles east of Seattle.

Alki Point - A summer resort in the City of Seattle on Puget Sound.

Allentown - A station on the Puget Sound Electric Railway, 8 1/2 miles south of Seattle on the Duwamish River.

Auburn - 22 miles south of Seattle, near the Green River (formerly Slaughter).

Ballard - A northern suburb of Seattle, annexed in 1908.

Barneston - A town on Cedar River, 28 miles s.e. of Seattle.

Bellevue - A suburban town and post office 3 miles east of Leschi Park (Lake Washington), Seattle.

Berlin - A mining town on the Great Northern Railway and Skykomish River, 45 miles n.e. of Seattle.

Black Diamond - A coal-mining town, settled in 1881, 30 1/2 miles s.e. of Seattle.

Black River - A railway station, 7 miles south of Georgetown (Seattle).

Bothell - A village on the east shore of Lake Washington, settled in 1882, 13 1/4 miles n.e. of Seattle.

Boulevard - A suburb of Seattle, about 4 miles south.

Brighton (also called Brighton Beach) - A station on the Seattle, Renton and Southern Railway and Lake Washington, within the city limits of Seattle, 5 miles south of downtown.

Brooklyn - A settlement on Puget Sound, in Kitsap County.

Bruce - A station on the Columbia and Puget Sound Railway, near Black Diamond.

Burton - A village on Quartermaster Harbor, settled in 1892, 19 miles south of Seattle, 9 miles north of Tacoma.

Canton - A station on the Northern Pacific Railway.

Carbonado - A coal-mining town on the Carbon River, 5 1/2 miles south of Buckley in north central Pierce County.

Cedar Lake - A lake in King County, 10 miles south of North Bend.

Cedar Mountain - A station on the Columbia and Puget Sound Railway, 18 1/2 miles s.e. of Seattle.

Charleston - A town across Sinclair Inlet from Bremerton, in central Kitsap County (now West Bremerton).

Chautauqua - A village on the east side of Vashon Island, Puget Sound, 14 miles s.w. of Vashon.

Cherry Valley - (near Duvall)

Christopher - 21 miles south of Seattle and 1 3/4 miles north of Auburn.

Coal Creek - 20 1/2 miles east of Seattle.

Cokedale - A community 4 miles n.e. of Sedro-Woolley, in west central Skagit County.

Columbia (Station) - A station on the Seattle, Renton and Southern Electric Railway, within the city limits of Seattle, 3 1/2 miles south of downtown.

Cumberland - A coal-mining town, first settled in 1888, 47 miles s.e. of Seattle.

Decatur - On the west shore of Decatur Island on Reads Bay, in s.e. San Juan County.

Derby (see Hollywood)

Des Moines - 12 miles south of Seattle on Puget Sound.

Dunlap - A station and post office on the Seattle, Renton and Southern Electric Railway, within the city limits of Seattle, 6 1/2 miles south of downtown.

Durham - 46 miles east of Tacoma, near Palmer.

Duvall - A village on the Snoqualmie River, 14 miles east of Seattle.

Duwamish - A station on the Puget Sound Electric Railway, 8 1/4 miles south of Seattle, located on the Duwamish River.

Eagle Gorge - Located on the Green River, 40 miles s.e. of Seattle.

Eagle Harbor - On east shore of Bainbridge Island, in east central Kitsap County.

Earlington - A village on the Black River, 11 miles south of Seattle and 1 mile west of Renton.

Edgewater - Located north of Seattle city limits on the north shore of Lake Union, east of Fremont.

Edgewood - A station on the Puget Sound Electric Railway (Sea-Tac line), 3 miles north of Milton.

Elliott - A post office and railway station, 15 1/2 miles s.e. of Seattle and 3 1/2 miles east of Renton, on the Cedar River.

Elliott Bay - That part of Puget Sound on which Seattle is located.

Enumclaw - A town 25 miles s.e. of Seattle, 28 miles east of Tacoma.

Fairview - A suburb of Seattle, 7 miles south of same.

Fall City - A town, settled in 1875, on the Snooqualmie River and junction of Raging rivers, 52 miles east of Seattle.

Fort Lawton - A U. S. military post, within the city limits of Seattle, 5 miles north of downtown.

Fort Steilacoom - Site of Western Washington Hospital for the Insane, 1 1/2 miles east of Steilacoom, n.w. Pierce County.

Foster - A station on the Puget Sound Electric Railway and the Duwamish River, 9 1/2 miles south from Seattle. Settled in 1853.

Franklin - A coal-mining town, settled in 1888, on the Green River, 33 1/2 miles s.e. of Seattle.

Fremont - A post office sub-station of Seattle (north).

Georgetown - Within the Seattle city limits, 3 1/2 miles south of downtown.

Gilman - A landing on the west shore of Mercer Island (east of Seattle, Lake Washington).

Green Lake - A post office sub-station of Seattle.

Green River - A post office 32 miles s.e. of Seattle, on the Green River.

Green River Hot Springs - On the Northern Pacific Railway, 63 miles s.e. of Seattle.

Greenwood - 6 miles north of Seattle.

Henry - 10 1/4 miles north of Seattle.

Henry's Switch - A station on the Columbia and Puget Sound Railway at the crossing of the Northern Pacific Railway (Palmer Cutoff), 27 1/2 miles s.e. of Seattle.

Hillman City - A station on the Seattle, Renton and Southern Electric Railway, within the city limits of Seattle, 4 miles south of downtown.

Hobart - A village on Cedar River, 26 miles s.e. of Seattle.

Hollywood - A station on the Snoqualmie branch of the Northern Pacific Railway and Squak Slough, 22 miles n.e. of Seattle, 4 miles south of Bothell.

Houghton - A post office on Lake Washington, 4 miles n.e. of Seattle.

Index - A mining town at Skykomish River forks, in south central Snohomish County.

Interbay - A station on the Great Northern and Northern Pacific Railways, in Seattle.

Issaquah - A town east of Seattle.

Juanita - A village on Juanita Bay, east side of Lake Washington, 10 miles n.e. of Seattle.

Kanasket - A general transfer station for all trains of the Northern Pacific Railway between Seattle and Tacoma and all points south and east, 42 miles s.e. of Seattle.

Kangley - First settled in 1888, 46 miles s.e. of Seattle and 18 miles s.e. of Enumclaw.

Keith - A station on the Northern Pacific Railway, 11 miles n.e. of Seattle.

Kenmore - A post office on Lake Washington, 19 miles north of Seattle and 3 miles south of Bothell.

Kennydale - A post office on Lake Washington, 3 miles north of Renton and 15 1/2 miles s.e. of Seattle.

Kent - A city (originally Titusville) situated in the White River Valley, 16 miles south of Seattle.

Kerriston - A town settled in 1891 on the Northern Pacific Railway and Raging River, 55 miles east of Seattle and 12 miles west of Enumclaw.

Kirkland - A town situated on Lake Washington, 4 1/2 miles east of Seattle.

Lake Washington - A lake 30 miles long at the eastern city limits of Seattle.

Latona - A station on the Northern Pacific Railway, 7 miles north of Seattle (city depot).

Leary - A station on the Northern Pacific Railway, 6 miles west of Palmer.

Lester - A town on the Northern Pacific Railway and the Green River, 63 miles by rail s.e. of Seattle.

Madison Park - In Seattle, 3 miles n.e. of downtown, on the west side of Lake Washington.

Madrona Park - In Seattle, 3 miles east of downtown, on Lake Washington.

Magnolia Beach - A summer resort on Puget Sound, 25 miles s.w. of Seattle.

Maple Valley - A town on the Cedar River, 23 miles s.e. of Seattle, 11 miles east of Renton.

Maury Island - 16 miles s.w. of Seattle and s.e. of Vashon Island in Puget Sound.

Medina - A village on the east side of Lake Washington, 4 miles n.e. of Leschi Park, Seattle.

Mercer Island - An island in Lake Washington.

Meredith - A station on the Puget Sound Electric Railway, 20 miles south of Seattle and 2 miles north of Auburn.

Meydenbauer Bay - An arm of Lake Washington.

Monohan - A town on Lake Sammamish, 38 miles s.e. of Seattle and 4 miles north of Issaquah.

Muckleshoot Indian Reservation - On the White River, 25 miles south of Seattle, east of Auburn.

Newcastle - A town on the east side of Lake Washington, settled in 1870, 6 miles s.e. of Seattle (Leschi Park) and 6 miles n.e. of Renton.

North Bend - A town (formerly Mountain View) in the upper valley of the three branches of the Snoqualmie River at the foot of the west slope of the Cascade Mountains; 40 miles east of Seattle.

Northrup - A landing on the east shore of Lake Washington.

Novelty - A post office on the Snoqualmie River, 18 miles n.e. of Seattle.

O'Brien - A station and post office, 14 1/2 miles south of Seattle and 1 1/2 miles north of Kent.

Orillia - 12 miles south of Seattle and 4 miles north of Kent.

Osceola - A post office 40 miles s.e. of Seattle, north of Enumclaw.

Palmer - A station situated on the Green River, 42 miles s.e. of Seattle, 9 miles north of Enumclaw.

Pontiac - A village on the west side of Lake Washington, 3 miles n.e. of Seattle city limits.

Portage - A village post office on Vashon Island, 18 miles s.w. of Seattle.

Port Blakely - Located on the north shore of Blakely Harbor, s.e. Bainbridge Island, in east central Kitsap County.

Port Gamble - A town at the n.w. entrance to Port Gamble Bay, east shore of Hood Canal, in north Kitsap County.

Port Susan - A channel of Puget Sound between Camano Island in Island County and the mainland in Snohomish County.

Preston - A post office and village on Raging River, 14 miles (air) east of Seattle, 7 miles east of Issaquah.

Quartermaster - A settlement on Quartermaster Harbor (Vashon Island).

Quartermaster Harbor - An inlet, 15 miles s.w. of Seattle in Puget Sound, separating Maury Island from Vashon Island.

Rainier Beach - A station on the Seattle, Renton and Southern Railway within the city limits of Seattle, 7 miles south of downtown.

Ravenna Park - In the n.e. part of Seattle, on Lake Washington.

Ravensdale - A mining town 35 miles s.e. of Seattle and 18 miles east of Kent.

Redmond - A town and post office on Squak Slough and the Snoqualmie Branch of the Northern Pacific Railway, 10 miles east of Seattle.

Redondo - A post office on Puget Sound, first settled in 1881, 18 miles south of Seattle and 8 miles west of Auburn (formerly Stone's Landing).

Renton - A town on the Cedar River, 12 miles s.e. of Seattle.

Renton Junction - A station on the Puget Sound Electric Railway, about 10 1/2 miles south of Seattle.

Richmond Beach - A suburb 6 miles north of Seattle on the shores of Puget Sound.

River Park - A suburb of Seattle, 2 miles south.

Riverton - A station on the Puget Sound Electric Railway, 9 miles south of Seattle.

Riverton Heights - A small settlement located between Riverton and Sunnydale.

Ronald - 10 3/4 miles north of Seattle.

Ross - Located north of Seattle, west of Lake Union.

Salmon Bay - Waterway between Puget Sound and Lake Union.

Sammamish - On the east shore of Lake Sammamish, 10 miles east of Seattle.

Sidney - A town on the south shore of Sinclair inlet, directly across from Bremerton, in central Kitsap County (now Port Orchard).

Selleck - A town 46 miles s.e. of Seattle, 18 miles s.e. of Enumclaw.

Sherwood - A post office on the Cedar River, 30 miles s.e. of Seattle, 6 miles from Maple Valley.

Skykomish - A town, settled in 1892, 85 miles by rail n.e. of Seattle.

Slaughter (see Auburn)

Smith's Cove - Site of Great Northern docks and elevators in Seattle.

Snoqualmie - A town on the Snoqualmie River, 56 miles s.e. of Seattle.

Snoqualmie Falls - On the Snoqualmie River, 54 miles by rail east of Seattle.

South Alki - A suburb of Seattle.

Star Lake - A town on Star Lake, 3 miles n.w. of Thomas.

Steilacoom - Oldest incorporated town in Washington, 3 miles south of Fox Island in Pierce County.

Stone's Landing - A post office on Puget Sound, first settled in 1881; 18 miles south of Seattle, 8 miles west of Auburn (later Redondo).

Summit - A railroad siding between the Cascade Tunnel and Wellington on the Great Northern Railway.

Sumner - A town in the Puyallup Valley, 7 1/2 miles east of Tacoma, in north central Pierce County.

Sunnydale - Located south of Seattle, between Riverton and Foster on the n.e. side and Puget Sound on the other (5 miles from South Park).

Sunnydale - A landing on the east shore of Lake Washington.

Taylor - A town settled in 1892, 32 miles s.e. of Seattle.

South Park - A suburb in South Seattle.

Thomas - Located 18 miles south of Seattle, 2 miles south of Kent.

Tolt - A village on the Snoqualmie River, 20 miles east of Seattle, 12 miles n.e. of Issaquah.

Tukwila - A town, first settled in 1903, known then as Garden Station, situated on the hills overlooking the Duwamish River; 9 1/2 miles south of Seattle, 3 miles west of Renton.

Van Asselt - A post office and station on the Puget Sound Electric Railway, 5 miles south of downtown.

Vashon - A town on the east side of Vashon Island, settled in 1880.

Vashon Island - An island in Puget Sound, 16 miles s.w. of Seattle.

Veazie - 30 miles s.e. of Seattle, 5 miles north of Enumclaw.

Wabash - 30 miles south of Seattle, 6 miles n.w. of Enumclaw.

Walsh - A station on the Maple Valley branch of the Columbia and Puget Sound Railway, 28 1/2 miles s.w. of Seattle.

Wellington - A station on the Great Northern Railway, 106 miles by rail east of Seattle, 35 miles east of Snohomish.

West Seattle - That part of the city of Seattle on the west shore of Elliott Bay.
Woodinville - A town on Sammamish Creek, 10 miles n.e. of Seattle, 2 miles east of Bothell.
Yarrow - On the east shore of Lake Washington, 2 miles south of Kirkland.
Yesler - A town, known as Yesler Station, at the n.e. city limits of Seattle on the north shore of Union Bay.
Yew - A post office 8 miles south of Snohomish, in s.w. Snohomish County.
York - A post office substation within the city limits of Seattle, 2 1/2 miles south of downtown.
Youngstown - A suburb of Seattle on the west side of Elliott Bay.

INSTITUTIONS

Florence Crittendon Rescue Mission
    Located in Dunlap, 6 1/2 miles south of downtown Seattle.

King County Hospital and Poor Farm
    Located on County Road, 5 miles south of Seattle (Duwamish Cemetery located at east end of Poor Farm).

Monod Hospital and Training School for Nurses
    2815 1st Avenue, Seattle.

Providence Hospital (under auspices of Sisters of Charity)
    Between 5th and 6th avenues and Madison and Spring streets, Seattle.

Seattle General Hospital and Training School for Nurses
    909 5th Avenue, Seattle.

Seattle Maternity Hospital
    2823 1st Avenue, Seattle.

Wayside Mission Hospital
    Foot of Jackson Street, Seattle.

Western Washington Hospital for the Insane
    Fort Steilacoom, 1 1/2 miles east of Steilacoom in n.w. Pierce County.

SOURCES

Cardle, Doug, *About Those King County Place Names*, Seattle, Coastal Press, 1989

Hitchman, Robert, *Place Names of Washington*, Washington State Historical Society, 1985

King County Directory, Vol. 1911-12, Seattle, R. L. Polk and Co., October 1911

Oregon and Washington Gazeteer and Business Directory, 1903-1904, R. L. Polk and Co.

Oregon, Washington and Idaho Gazeteer and Business Directory, 1889-1890, Vol. IV, Portland, R. L. Polk and Co.

Seattle City Directory, 1899, Seattle, Polk's Seattle Directory Co., 1899

Seattle City Directory, 1903, Seattle, Polk's Seattle Directory Co., 1903

Seattle City Directory, 1909, Seattle, Polk's Seattle Directory Co., 1909

Second Annual Seattle City Directory, 1891-2, Seattle, Corbett and Co.

Washington and Oregon Gazeteer and Business Directory, 1907-1908, Seattle, R. L. Polk and Company

S	R	PG	REC	LASTNAME	FIRSTNAME	DETH	MN	DT	AGE	S	DEATHPLACE	BIRTH
				A---		1894	Mar			F	Seattle	SEA
K	1	0004	16200	Aakus	Mildred M.	1906	May	03	01m	F	Seattle	OR
K	1	0004	15824	Aaler	Hazel	1906	Feb	09	007	F	Seattle	WA
K	1	0004	15152	Abbay	John W.	1905	Sep	27	080	M	Seattle	KY
				Abbott		1894	Sep			F	House of Good Shepard	---
				Abbott		1895	Feb			M	Fremont	---
K	1	0005	17361	Abbott	Baby	1906	Dec	27	s/s	F	Seattle	WA
K	1	0004	15669	Abbott	Charlotte	1906	Jan	01	071	F	Seattle	NY
K	1	0003	14679	Abbott	Dora	1905	Jun	27	028	F	Seattle	WA
K	1	0005	17929	Abbott	Infant	1907	Feb	24	01d	M	ballard	WA
K	1	0003	14678	Abbott	J. C.	1905	Jun	27	030	M	Seattle	WA
K	1	0003	01518	Abbott	Robert	1895	Feb	15	063	M	Fremont	
K	1	0003	01210	Abbott	Susan	1894	Sep	02	8mo	F	House of Good Shepard	
K	1	0004	16427	Abell	Gideon H.	1906	Jun	23	047	M	Seattle	CT
K	1	0001	11712	Abernathy	Oliver	1903	Sep	03	028	M		SCT
				Abernethy		1894	Aug			M	821 High St.,SEA.;Shet.Isl.	SCT
K	1	0003	01134	Abernethy	Oliver	1894	Aug	30	058	M	821 High St. Seattle	
				Able		1895	Feb			M	Seattle Madison St.,	SEA
K	1	0003	01529	Able	Albert F.	1895	Feb	01	043	M	Seattle	
K	1	0006	18648	Able	Samuel	1907	May	06	064	M	Seattle	PA
				Abott		0	---			F	Sprague	---
K	1	0006	04673	Abott	Emily					F	Sprague	
				Abraham		1899	Jan			M	Seattle	SEA
				Abraham		1899	Nov			M	Prov. Hospital	AUT
K	1	0006	04708	Abraham	Alfred	1899	Nov	14	028	M	Prov. Hospital	
K	1	0005	04034	Abraham	Elmer E.	1899	Jan	02	4mo	M	Seattle	
K	1	0002	13617	Abrahams	Lewis	1904	Oct	31	072	M	Black Diamond	WLS
K	1	0003	14791	Abrahamson	Bertrand H.	1905	Jul	19	002	M	Seattle	WA
K	1	0006	18213	Abramof	Alexander	1907	Apr	09	04m	M	Seattle	WA
				Abrams		1897	Jul			M	Ross	IN
K	1	0004	02825	Abrams	Jacob	1897	Jul	17	038	M	Ross	
K	1	0002	13484	Abrashem	M.	1904	Oct	28	065	M	1003 Yesler	RUS
K	1	0002	13621	Abt	Andrew	1904	Nov	14	078	M	Providence Hosp.	GER
K	1	0003	14527	Ackeman	Stephem W.	1905	May	20	067	M	Seattle	NY
K	1	0009	10763	Ackermans	J. W.	1903	Mar	5	77	M	Green Lake	NY
K	1	0006	17975	Ackery	George B.	1907	Mar	23	019	M	Seattle	SYR
K	1	0003	14945	Ackley	Lloyd	1905	Aug	23	01m	M	W. Seattle	WA
K	1	0005	17755	Acklin	Ronald M.	1907	Feb	01	004	M	Seattle	MT
K	1	0002	13160	Acteson	George W.	1904	Aug	10	004	M	6561 4th Ave	WA
K	1	0002	13325	Acton	John	1904	Aug	21	037	M	King Co. Hosp.	IRL
K	1	0008	06988	Adamo	Leo	1901	Dec	24	65	M	Providence Hospital	ITL
				Adams		1898	Feb			F	Seattle	VT
				Adams		1892	Dec			F	Seattle	NY
				Adams		1898	Sep			M	Seattle	---
				Adams		1899	Jul			M	Seattle	SEA
				Adams		1895	Oct			M	115 Lewis St.	SEA
				Adams		1898	May			M	Seattle	---
				Adams		1896	Jan			F	1626 7 St.	---
				Adams		1894	Oct			M	Prov. Hospital	GER
				Adams		1900	Mar			M	Seattle	---
				Adams		1898	Jul			M	Gilman	---
				Adams		1897	Dec			F	Lawson's Camp Franklin	WA
K	1	0008	06987	Adams	Alfred	1901	Dec	24	36	M	Providence Hospital	MO
K	1	0001	00435	Adams	C.	1892	Dec	12	067	F	Seattle	
K	1	0009	10762	Adams	Dolly	1903	Mar	23	38	F	King County Hospital	RI
K	1	0005	03447	Adams	E. S.	1898	May	18	045	M	Seattle	
K	1	0008	07297	Adams	Earl	1902	Feb	3	4	M	1513 5th Ave. No.	WA
K	1	0001	12361	Adams	Elizabeth	1904	Feb	27	055	F	West Seattle	CND
K	1	0008	06990	Adams	Ernest	1901	Dec	3	1		Interbay	WA
K	1	0008	07522	Adams	Ham	1902	Apr	30	35	M	1216 2nd Ave.	DC
K	1	0004	15953	Adams	Herbert	1906	Mar	21	06m	M	Seattle	WA
K	1	0001	12244	Adams	J. Q.	1904	Jan	06	064	M	408 22 Ave	KY
K	1	0005	03037	Adams	James	1897	Dec	17	004	M	Lawson's Camp	

S	R	PG	REC	LASTNAME	FIRSTNAME	DETH	MN	DT	AGE	S	DEATHPLACE	BIRTH
K	1	0005	03747	Adams	James	1898	Sep	20	077	M	Seattle	
K	1	0004	15954	Adams	James	1906	Mar	23	071	M	Seattle	SCT
K	1	0006	04463	Adams	Jas. F.	1899	Jul	16	2mo	M	Seattle	
K	1	0005	03600	Adams	John	1898	Jul	30		M	Gilman	
K	1	0004	16274	Adams	John Q.	1906	May	06	075	M	Lakewood Add.	IN
K	1	0008	07767	Adams	Jos.	1902	May	29	40	M	Wellington, WA	
K	1	0008	07763	Adams	Jos.	1902	May	29	40	M	Wellington, WA	
K	1	0003	14929	Adams	Louis W.	1905	Jul	01	016	M	Auburn	US
K	1	0004	16294	Adams	Mana E.	1906	May	31	02m	F	Seattle	WA
K	1	0003	14114	Adams	Mary J.	1905	Feb	25	079	F	2241 3rd	ME
K	1	0005	03175	Adams	Mrs. M.	1898	Feb	11	029	F	Seattle	
K	1	0006	18865	Adams	N. S.	1907	Jun	26	050	M	Georgetown	
K	1	0003	01813	Adams	Nathaniel	1895	Oct	26	15m	M	115 Lewis St.	
K	1	0003	01994	Adams	Nettie L.	1896	Jan	19	018	F	1626 7 St.	
K	1	0007	05949	Adams	Paul G.	1901	Jan	18	<01	M	Seattle	WA
K	1	0006	05027	Adams	Rev. Jos.	1900	Mar	07	065	M	Seattle	
K	1	0008	07765	Adams	S. C.	1902	Jun	11	60	M	Seattle General Hospital	NC
K	1	0001	11715	Adams	Samuel	1903	Sep	30	069	M	King Co. Hosp	IL
K	1	0004	15672	Adams	Soctr	1906	Jan	17	035	M	Seattle	TRK
K	1	0003	01275	Adams	Theodore	1894	Oct	22	046	M	Prov. Hospital	
K	1	0004	02917	Adamson	John Thos.	1897	Sep	05	023	M	324 Nob Hill Ave	
K	1	0007	06638	Addis	Baby	1901	Jul	8	<01	M	Ballard	WA
K	1	0007	06655	Addis	Baby	1901	Jul	10	<01	F	Ballard	WA
K	1	0004	02670	Addleman		1897	Mar	02	9d	M	Houghton	
				Addleman		1897	Mar			M	Houghton	sme
K	1	0001	00084	Addleman	L. J.	1891	Aug	13	014	M	Houghton	
K	1	0008	09996	Addleman	Loren	1902	Aug	9	21	M	Lake Washington	MN
K	1	0003	13928	Aderson	Glayds L.	1905	Jan	14	10m	F	3700 Wallingford	WA
				Adler		1898	Jul			M	Seattle	WI
K	1	0005	03597	Adler	Henry	1898	Jul	08	023	M	Seattle	
				Adsam		1900	Oct			F	Seattle	SEA
K	1	0007	05610	Adsam	Myrtle	1900	Oct	15	005	F	Seattle	
K	1	0009	10492	Agassiz	Geo.	1902	Dec	31	13	M	Colonade Hotel	WA
K	1	0001	00738	Agen	Mrs. John B.	1894	Feb	10	030	F	SW Cor. 14th & Seneca, SEA	
				Agnew		1900	Aug			M	Seattle	Amr
K	1	0005	17360	Agnew	Frank L.	1906	Dec	17	044	M	Seattle	CA
K	1	0007	05470	Agnew	Hugh	1900	Aug	02	038	M	Seattle	
K	1	0001	00782	Aguttee	Sophie	1894	Jan	27	014	F	Fremont	
				Ah		1897	Jun			M	County Jail	CHN
K	1	0004	02784	Ah	Sin	1897	Jun	26	054	M	County Jail	
K	1	0008	10187	Ahlberg	Baby	1902	Sep	19	<01	F	14 Ave W. Grt Northern Dock	WA
K	1	0001	11447	Ahlstrom	Wesley	1903	Jul	31	2mo	M	1218 Ellis Ave	WA
K	1	106	15500	Ahmut ?	Aeneas J.	1905	Dec	09	55	M	GEORGETOWN	ENG
K	1	0004	16425	Ahrendt	William	1906	Jun	02	056	M	Seattle	WA
				Aiken		1891	Sep			-	Seattle	CA
K	1	0001	00086	Aiken	John H.	1891	Sep	10	014		Seattle	
				Ainslie		1898	May			F	Seattle	WI
				Ainslie		1899	Apr			M	Seattle	WA
K	1	0006	04240	Ainslie	D. A.	1899	Apr	02	016	M	Seattle	
K	1	0005	03445	Ainslie	Eva I.	1898	May	06	001	F	Seattle	
K	1	0005	17566	Ainslme	Ida M.	1907	Jan	28	043	F	Seattle	NY
K	1	0004	16115	Akers	William J.	1906	Apr	20	044	M	Seattle	NY
K	1	0006	18215	Akimoto	W.	1907	Apr	14	035	M	Seattle	JPN
K	1	0002	13042	Akita	O. (Mrs.)	1904	Jul	18	042	F	4th & Wash St.	JPN
K	1	0005	17698	Alakaugas	Sophia	1907	Jan	11	044	F	Ballard	FIN
K	1	0006	04650	Albee	A. M. C.	1899	Oct	12	085	F	Seattle	
K	1	0009	10471	Albee	Gale	1902	Sep	6	13	M	429 Wilbert St. Ballard, WA	WA
K	1	0002	13482	Albel	August	1904	Oct	06	085	M	South Park	GER
K	1	0003	01419	Albers	Geo. H.				071		Charleston WA	
				Albertson		1899	May			M	Seattle	DNK
K	1	0006	04334	Albertson	John	1899	May	05	050	M	Seattle	
K	1	0006	18380	Albertson	Martin R.	1907	Apr	27	001	M	Ballard	WA
				Albin		1897	Jan			M	624 Taylor St.	IL

S	R	PG	REC	LASTNAME	FIRSTNAME	DETH	MN	DT	AGE	S	DEATHPLACE	BIRTH
				Albin		1898	Feb			F	Seattle	NRY
K	1	0004	02601	Albin	Carl A.	1897	Jan	15	013	M	624 Taylor St.	
K	1	0005	03177	Albin	Mrs. M. C.	1898	Feb	19	045	F	Seattle	
				Albright		1900	Apr			M	Seattle	GER
				Albright		1897	Dec			M	Duwamish	GER
				Albright		1895	Mar			M	Seattle	---
K	1	0003	14674	Albright	Baby	1905	Jun	08	s/b	F	Seattle	WA
K	1	0005	03063	Albright	Frank	1897	Dec	19	043	M	Duwamish	
K	1	0009	10892	Albright	Fred L.	1903	Mar	25	36	M	162 21st Ave.	NY
K	1	0003	01481	Albright	J. H.	1895	Mar	16	058	M	Seattle	
K	1	0006	05194	Albright	Jas.	1900	Apr	22	063	M	Seattle	
				Albur		1896	Oct			M	1222 Norman St.	ME
K	1	0004	02433	Albur	L. F.	1896	Oct	12	079	M	1222 Norman St.	
K	1	0002	13622	Alcom	Lucy E.	1904	Nov	28	027	F	2224 1/2 5th Ave	IN
				Alcorn		1897	Sep			M	1602 8th Ave. S.	WA
K	1	0004	02919	Alcorn	Infant	1897	Sep	21	6mo	M	1602 8th Ave. S	
K	1	0008	07193	Alden	Annie	1902	Jan	2	67	F	Ballard	SWD
K	1	0005	17757	Alden	Baby	1907	Feb	08	s/b	F	Seattle	WA
K	1	0003	14529	Aldnoh	Olivia P.	1905	May	29	038	F	Seattle	CND
				Aldrich		1899	May			M	Seattle	CA
K	1	0006	04337	Aldrich	E. E.	1899	May	07	042	M	Seattle	
K	1	0005	03599	Alesander	B.	1898	Jul	26	001	M	Seattle	
				Alexa		1899	Jun			F	Seattle	RUS
K	1	0006	04422	Alexa	Josephine	1899	Jun	20	038	F	Seattle	
				Alexander		1900	Dec			M	Seattle	MA
				Alexander		1898	Jul			M	Seattle	---
				Alexander		1898	Mar			F	Seattle	MO
				Alexander		1897	Sep			F	513 5th Ave.	CND
				Alexander		1899	Jul			M	Seattle Kent,	WA
				Alexander		1892	Jul			F	Sydney	sme
K	1	0007	05844	Alexander	Chas. A.	1900	Dec	14	051	M	Seattle	
K	1	0009	10363	Alexander	Daniel	1902	Oct	30	63	M	Providence Hospital	PA
K	1	0006	18461	Alexander	Eliza	1907	May	28	057	F	Seattle	SCT
K	1	0007	06677	Alexander	Eva May	1901	Aug	17	>01	F	Crittenton Home	WA
K	1	0001	11443	Alexander	Hillel	1903	Jul	04	033	M	Providence Hosp.	CA
K	1	0005	17358	Alexander	Jacob J.	1906	Dec	03	042	M	Seattle	IA
K	1	0005	17562	Alexander	Leonard B.	1907	Jan	01	069	M	Seattle	MA
K	1	0005	03253	Alexander	Mary	1898	Mar	24	009	F	Seattle	
K	1	0007	05948	Alexander	Mary E	1901	Jan	18	051	F	Seattle	MO
K	1	0006	04466	Alexander	Norman	1899	Jul	18	018	M	Seattle	
K	1	0004	02388	Alexander	Vestina A.	1892	Jul	09	3mo	F	Sydney	
K	1	0004	02915	Alexander	Virginia	1897	Sep	01	016	F	513 5th Ave	
K	1	0001	12245	Alexandrof	Nicholas	1904	Jan	27	005	M	753 Lake Union	WA
K	1	0007	06057	Alford	James	1901	Feb	19	026	M	Seattle	AR
K	1	0003	01810	Algar	Henry S.	1895	Sep	01	050	M	22nd & Lane Sts.	
				Allan		1898	Jan			M	West Seattle	SCT
K	1	0005	03115	Allan	Adam H.	1898	Jan	29	017	M	West Seattle	
				Allard		1896	Jul			F	217 Day St.	SEA
K	1	0004	02286	Allard	Lucien	1896	Jul	08	002	F	217 Day St.	
K	1	0009	11013	Allbee	Ella G.	1903	Apr	4	42	F	2305 8th Ave.	VT
K	1	0001	12482	Allbright	Katherine	1904	Mar	17	028	F	1411 Yesler Wy	WI
				Alldio		1892	Dec			F	Seattle	SEA
K	1	0001	00437	Alldio	Baby	1892	Dec	17		F	Seattle	
K	1	0004	16118	Allemandi	Infant	1906	Apr	30	s/b	M	Seattle	WA
				Allen		1898	Mar			M	Seattle	---
				Allen		1893	Feb			F	Blue Front Saloon Portland	OR
				Allen		1897	Apr			M	Georgetown	---
				Allen		1895	Sep			F	614 Florence St.	SEA
				Allen		1896	Dec			F	Georgetown	---
				Allen		1895	Apr			M	County Farm	---
				Allen		1891	Aug			M	Franklin	KY
				Allen		1894	Jul			M	Ross City	---
				Allen		1899	Sep			M	Seattle	Amr

S	R	PG	REC	LASTNAME	FIRSTNAME	DETH	MN	DT	AGE	S	DEATHPLACE	BIRTH
				Allen		1899	Sep			M	Seattle	TN
				Allen		1899	Jul			F	Seattle	WA
				Allen		1891	Sep			M	Seattle	OR
				Allen		1892	May			F	Franklin	MO
				Allen		1899	Nov			M	Seattle	SEA
K	1	0006	04725	Allen	NR	1899	Nov	22	4mo	M	Seattle	
K	1	0005	03254	Allen	A. S.	1898	Mar	25	035	M	Seattle	
K	1	0003	14397	Allen	Annie	1905	Apr	02	024	F	Seattle	CND
K	1	0009	11015	Allen	Arch	1903	Apr	10	<01	M	24th Ave. S. & Day St.	OR
K	1	0001	12116	Allen	Artemus A.	1903	Dec	12	038	M	4033 2nd NE	WA
K	1	0001	12480	Allen	Baby	1904	Mar	16		F	2119 1st Ave	WA
K	1	0007	06060	Allen	Baby	1901	Mar	19	<01	M	Seattle	WA
K	1	0006	18457	Allen	Baby	1907	May	08	s/b	F	Seattle	WA
K	1	0003	01811	Allen	Beatrice	1895	Sep	24	7mo	F	614 Florence St.	
K	1	0003	13930	Allen	Benjamin B.	1905	Jan	19	058	M	202 14th Ave.	NY
K	1	0003	01585	Allen	C.	1895	Apr	19	035	M	County Farm	
K	1	0004	16292	Allen	Catherine H.	1906	May	20	006	F	Seattle	WA
K	1	0006	04697	Allen	David	1899	Sep	27	082	M	Seattle	
K	1	0002	13620	Allen	Estella	1904	Nov	05	025	F	King Co. Hosp.	IN
K	1	0003	14112	Allen	Ester M.	1905	Feb	09	001	F	1315 Boylston	IL
K	1	0008	06989	Allen	Fred A.	1901	Dec	20	33	M	1718 4th Ave.	MO
K	1	0009	10760	Allen	Henry A.	1903	Feb	16	33	M	Woodlawn Park	MI
K	1	0002	13626	Allen	Jack	1904	Dec	23	037	M	Pacific Hosp.	SWD
K	1	0007	06986	Allen	Jeanie Lynch	1901	Dec	4	24	F	5 miles No. of Prescott	MN
K	1	0001	11552	Allen	Jennie G.	1903	Aug	04	041	F	1610 2nd Ave	SWD
K	1	0009	10609	Allen	Jno. Baird	1903	Jan	28	57	M	505 Howard Ave.	IN
K	1	0003	01082	Allen	John	1894	Jul	29	045	M	Ross City	
K	1	0004	15151	Allen	John I.	1905	Sep	22	060	M	Seattle	NY
K	1	0006	18460	Allen	John J.	1907	May	24	027	M	Seattle	WI
K	1	0006	04553	Allen	Jos.	1899	Sep	26	048	M	Seattle	
K	1	0001	00492	Allen	Kittie	1893	Feb	09	019	F	Blue Front Saloon	
K	1	0004	02531	Allen	Lettie Maud	1896	Dec	20	016	F	Georgetown	
K	1	0001	00272	Allen	Mary	1892	May	09	003	F	Franklin	
K	1	0003	14524	Allen	Mary J.	1905	May	09	051	F	Ballard	PA
K	1	0008	09994	Allen	Mary Mildred	1902	Aug	7	<01	F	Seattle, WA	WA
K	1	0006	04493	Allen	Rosie	1899	Jul	12	015	F	Seattle	
K	1	0009	10608	Allen	Rowena	1903	Jan	10	9	F	Seattle General Hospital	WA
K	1	0004	02714	Allen	Roy	1897	Apr	11	011	M	Georgetown	
K	1	0002	13616	Allen	S. G.	1904	Oct	29	051	M		
K	1	0007	06653	Allen	Willie	1901	Jul	7	6	M	Black River	WA
K	1	0001	00049	Allen	Wm	1891	Sep	13	024	M	Seattle	
K	1	0001	00061	Allen	Wm	1891	Aug	28	11m	M	Franklin	
K	1	0005	17214	Allenby	Mary	1906	Oct	16	032	F	seattle	DE
K	1	0008	07764	Allenly	Victor	1902	Jun	7	<01	M	Seattle	WA
				Alling		1891	Aug			M	Bothel	sme
K	1	0001	00013	Alling	Ebenezer T.	1891	Aug	02	007	M	Bothel	
K	1	0003	14235	Allison	Grace E.	1905	Mar	12	048	F	Seattle	OH
K	1	0006	18700	Allison	Granville	1907	Jun	01	075	M	Seattle	OH
K	1	0007	06550	Allison	Helen	1901	Jun	25	10	F	Seattle	WA
K	1	0004	16114	Allison	Jane	1906	Apr	16	072	F	Seattle	ENG
K	1	0002	13326	Allmain	Ester E.	1904	Sep	13	06m	F	Auburn, WA	WA
K	1	0004	16117	Allyn	Hattie C.	1906	Apr	24	040	F	Seattle	CND
K	1	0003	14946	Allyn	Raymond	1905	Aug	28	09m	M	Issaquah	WA
K	1	0003	14526	Alm	Cecil A.	1905	May	20	002	M	Columbia	WA
K	1	0001	12479	Alma	Catherina	1904	Mar	14		F	557 7th Ave N.	WA
K	1	0006	18646	Almadiota	Dominico	1907	Apr	03	027	M	Seattle	PHL
K	1	0003	01638	Alnes	Maggie	1895	Apr	17				
				Alpirn		1895	Apr			M	Cor. 3rd & Union	ROM
K	1	0003	01607	Alpirn	Jacob	1895	Apr	07	030	M	Cor. 3rd & Union	
				Alport		1900	Oct			M	Hos. Ship. Idaho	DNK
K	1	0007	05690	Alport	John	1900	Oct	13	031	M	Hos. Ship Idaho	
K	1	0005	17225	Alps	Fritz	1906	Nov	09	039	M	Seattle	GER
K	1	0004	02146	Alsop	A. A.	1896	Apr	17	049	M	Police Headquarters	

S	R	PG	REC	LASTNAME	FIRSTNAME	DETH	MN	DT	AGE	S	DEATHPLACE		BIRTH
K	1	0003	13927	Alsted	Hogan	1905	Jan	02	080	M	2416 Washington St.		GER
K	1	0003	14236	Alstrom	Frank	1905	Mar	28	02m	M	Seattle		WA
				Altman		1898	Jun			F	Seattle	San Francisco,	CA
K	1	0005	03524	Altman	Nellie	1898	Jun	28	030	F	Seattle		
K	1	0008	06993	Alverson	Linda	1901	Nov	10	32	F	Monod Hospital		IA
K	1	0007	05649	Alyrell	Hannah E.	1900	Sep	03	060	F	Seattle		
K	1	0002	12909	Amason	Bjurg	1904	Jun	10	055	F	Seattle Gen. Hosp.		ICL
K	1	0004	15411	Amato	Baby	1905	Nov	14	s/b	F	Seattle		WA
				Ambrose		1900	May			M	Seattle		OR
K	1	0006	05266	Ambrose	A. J.	1900	May	17	034	M	Seattle		
K	1	0003	14792	Ambrose	Annie	1905	Jul	27	026	F	Seattle		DNK
K	1	0006	05281	Amderson	A. J.	1900	May	19	039	M	Seattle		
				Amery		1894	Nov			F	Latona	St. Paul,	MN
K	1	0003	01330	Amery	Lilley	1894	Nov	10	029	F	Latona		
K	1	0003	14522	Ames	Ellen M.	1905	May	26	072	F	Seattle		ME
K	1	0004	15531	Ames	Leroy	1905	dec	16	032	M	Seattle		WA
K	1	0005	17756	Amesbury	James	1907	Feb	03	089	M	Seattle		
K	1	0005	17074	Amey	Hannah G.	1906	Oct	20	068	F	Seattle		ENG
K	1	0003	15115	Amgel	F. H.	1905	Jul	30	033	M	Georgetown		MN
K	1	0006	18440	Amli	Agnes	1907	May	17	023	F	Georgetown		NRY
K	1	0002	12910	Ammerman	Veramay	1904	Jun	11	002	F	1109 25 Ave		WA
K	1	0006	18156	Ammundsen	Willie	1907	Mar	11	009	M	King Co.		IA
K	1	0003	14995	Ammundson	Anthony	1905	Aug	03	045	M	Seattle		MN
				Amon		1899	Apr			F	Seattle		WA
K	1	0006	04298	Amon	E. M.	1899	Apr	23	005	F	Seattle		
K	1	0004	02487	Amor	Joseph L.	1896	Nov	07	065	M	Prov. Hospital		
				Amsler		1898	Nov			F	Georgetown		NY
K	1	0005	03897	Amsler	Mrs. A.	1898	Nov	26	037	F	Georgetown		
				Amunds		1896	May			M	914 James St.	Racine Co.	WI
K	1	0004	02195	Amunds	Amund	1896	May	06	057	M	914 James St.		
				Anatlo		1900	Dec			M	Seattle		ITL
K	1	0007	05845	Anatlo	A.	1900	Dec	12	022	M	Seattle		
K	1	0008	06992	Anders	William	1901	Nov	10	25	M	Seattle General Hospital		NY
				Andersen		1897	Apr			M	712 Harrison St.		SEA
K	1	0004	02713	Andersen	Stanley	1897	Apr	04	23m	M	712 Harrison St.		
				Anderson		1898	Feb			F	Seattle		IA
				Anderson		1894	Oct			F	Cor. Knight & Rose		---
				Anderson		1893	Nov			M	Wirth Farm		SWD
				Anderson		1899	Oc			M	King Co. Hospital		NRY
				Anderson		1891	Oct			F	W. Seattle		sme
				Anderson		1897	Sep			M	Prov. Hosp.		SCT
				Anderson		1898	Sep			M	B. Diamond		MT
				Anderson		1899	Apr			M	Duwamish	Hamilton St.	WA
				Anderson		1900	Oct			M	Seattle		SWD
				Anderson		1898	Mar			M	Edgewater		WA
				Anderson		1898	Dec			M	Seattle		SEA
				Anderson		1899	Sep			F	Auburn		SWD
				Anderson		1900	Dec			F	Seattle		SEA
				Anderson		1891	Nov			M	W. Seattle		SWD
				Anderson		1899	Mar			M	Seattle		---
				Anderson		1899	Sep			F	Seattle		SWD
				Anderson		1900	Dec			M	Seattle		MO
				Anderson		1891	Sep			-	Seattle		SWD
				Anderson		1900	May			M	Seattle		SWD
				Anderson		1898	May			M	Seattle		---
				Anderson		1899	Nov			M	Prov. Hospital		SWD
				Anderson		1896	Dec			M	1019 Rose St.		SEA
				Anderson		1894	Aug			M	Franklin, WA		---
				Anderson		1900	Jun			M	Ballard	Roy,	WA
				Anderson		1900	Apr			M	Seattle		SEA
				Anderson		1898	Jan			F	Seattle		---
				Anderson		1899	Oct			M	Seattle		SWD
				Anderson		1892	Mar			M	Richmond Beach		SWD

S	R	PG	REC	LASTNAME	FIRSTNAME	DETH	MN	DT	AGE	S	DEATHPLACE	BIRTH
				Anderson		1898	Nov			F	Seattle	CND
				Anderson		1894	Oct			F	Salmon Bay	NRY
				Anderson		1898	Jul			M	Seattle	SEA
				Anderson		1900	Jun			-	Steams. Olympia	---
				Anderson		1898	Dec			M	Ballard	NRY
				Anderson		1896	Feb			F	506 So. 8th St.	---
				Anderson		1900	May			M	Seattle	SWD
				Anderson		1898	Jan			F	Seattle	SEA
				Anderson		1899	Sep			M	Seattle	--
				Anderson		1900	Jun			M	Co. Hospital	DNK
				Anderson		1898	Apr			M	Seattle	SEA
				Anderson		1891	Sep			M	Ballard	sme
				Anderson		1899	Dec			M	Seattle	SWD
				Anderson		1894	Apr			F	---	SWD
				Anderson		1896	Sep			F	Edgewater	VA
				Anderson		1892	May			M	Sunnydale	PA
				Anderson		1898	Mar			F	Ballard	SWD
				Anderson		1893	Aug			M	Prov. Hospital	SEA
				Anderson		1897	Oct			F	1326 24th St.	WA
				Anderson		1898	Jan			M	West Seattle	FIN
				Anderson		1891	Nov			M	Seattle	SCT
				Anderson		1895	Oct			M	S. G. Hospital	SWD
				Anderson		1892	Jun			M	Thomas	---
				Anderson		1896	Dec			F	311 Prince Wms St.	SWD
				Anderson		1896	Aug			M	315 10th Ave.	sme
K	1	0004	02325	Anderson		1896	Aug	17	8wk	M	315 10th Ave.	
				Anderson		1896	Jan			M	Providence Hosp.	SWD
				Anderson		1894	Oct			M	West St. Hotel	---
				Anderson		1895	Jun			M	Franklin	SWD
				Anderson		1894	Aug			M	Pt. Townsend	---
				Anderson		1894	Jan			M	South Seattle	NRY
				Anderson		1896	Feb			M	Prov. Hosp.	SWD
				Anderson		1896	Sep			M	920 Lakeview	SEA
				Anderson		1898	Feb			M	Wellington	---
				Anderson		1898	Feb			M	Ballard	SEA
K	1	0001	00077	Anderson	A.							
K	1	0005	03598	Anderson	A.	1898	Jul	08	008	M	Seattle	
K	1	0001	00068	Anderson	A.	1891	Sep	17	027		Seattle	
K	1	0004	16116	Anderson	A. B.	1906	Apr	21	022	M	Seattle	NY
K	1	0007	06625	Anderson	A. C.	1901	Jul	6	37	F	Fremont	
K	1	0006	05161	Anderson	A. H.	1900	Apr	10	1mo	M	Seattle	
K	1	0005	03173	Anderson	A. M.	1898	Feb	01	058	F	Seattle	
K	1	0009	10364	Anderson	Agnes	1902	Oct	26		F	Baker St. btwn 6th & 7th	WA
K	1	0001	11714	Anderson	Albert	1903	Sep	15	027	M	Providence Hosp	MN
K	1	0009	10251	Anderson	Albin	1902	Nov	4		M	University Grounds	SWD
K	1	0006	18704	Anderson	Albrecht D.	1907	Jun	28	006	M	Seattle	PA
K	1	0001	00304	Anderson	Alexand.	1892	Jun	08	035	M	Thomas	
K	1	0008	07298	Anderson	Alfred	1902	Feb	19	35	M	Providence Hospital	SWD
K	1	0009	10366	Anderson	Alfred	1902	Oct	30	19	M	Georgetown	ME
K	1	0006	17973	Anderson	Algert	1907	Mar	17	029	M	Seattle	SWD
K	1	0005	15825	Anderson	Alice V.	1906	Feb	18	021	F	Seattle	PA
K	1	0009	11017	Anderson	Alma C.	1903	Jun	28	28	F		MN
K	1	0001	00909	Anderson	Alma C.	1894	Apr	09	033	F		
K	1	0001	00136	Anderson	Andrew	1891	Nov	28	030	M	Seattle	
K	1	0004	16093	Anderson	Andrew	1906	Feb	24	066	M	Bothel	SWD
K	1	0001	12481	Anderson	Anna (Mrs.)	1904	Mar	17	031	F	Georgetown	SWD
K	1	0005	17699	Anderson	Annie	1907	Jan	17	083	F	Ballard	DNK
K	1	0003	01814	Anderson	Antone	1895	Oct	28	058	M	S. G. Hosp	
K	1	0007	05847	Anderson	Arthur	1900	Dec	25	021	M	Seattle	
K	1	0005	03933	Anderson	Astrid A.	1898	Dec	04	10w	M	Seattle	
K	1	0002	13624	Anderson	Audy G. (Mrs.)	1904	Dec	06	062	F	413 20th Ave N.	NRY
K	1	0001	00597	Anderson	August C.	1893	Aug	21	020	M	Prov. Hospital	
K	1	0005	17362	Anderson	August C.	1906	Dec	27	075	M	Seattle	SWD

S	R	PG	REC	LASTNAME	FIRSTNAME	DETH	MN	DT	AGE	S	DEATHPLACE	BIRTH
K	1	0005	17971	Anderson	Baby	1907	Mar	09	s/b	M	Seattle	WA
K	1	0004	02532	Anderson	Baby	1896	Dec	20	24h	M	1019 Rose St.	
K	1	0005	17224	Anderson	Baby	1906	Oct	13	s/b	M	Seattle	WA
K	1	0006	18158	Anderson	Baby	1907	Mar	25	s/b	M	Ballard	WA
K	1	0008	07523	Anderson	Baby	1902	Apr	10		M	710 11th Ave.	WA
K	1	0005	16867	Anderson	Baby	1906	Sep	14	s/b	M	Seattle	WA
K	1	0006	04568	Anderson	Ben	1899	Sep	06	045	M	Seattle	
K	1	0007	06686	Anderson	Ben	1901	Aug	16	30	M	Petersbury, Alaska	
K	1	0009	10890	Anderson	Beret	1903	Mar	6	72	F	Ballard W.	NRY
K	1	0008	09995	Anderson	Blanche	1902	Aug	6	>01	F	1105 Sturges Road	WA
K	1	0002	12485	Anderson	C.	1904	Mar	27	029	M	City Jail	
K	1	0006	05350	Anderson	C.	1900	Jun	12	036	M	Co. Hospital	
K	1	0003	14997	Anderson	C.	1905	Aug	23	040	M	Seattle	
K	1	0005	03448	Anderson	C.	1898	May	30	048	M	Seattle	
K	1	0001	12483	Anderson	Charles	1904	Mar	19	060	M	Hobart, WA	
K	1	0007	05689	Anderson	Charles	1900	Oct	08	045	M	Seattle	
K	1	0001	00672	Anderson	Chas.	1893	Nov	22	027	M	Wirth Farm	
K	1	0003	01675	Anderson	Chas.	1895	Jun	28		M	Franklin	
K	1	0001	00250	Anderson	Chas.	1892	Mar	10	030	M	Richmond Beach	
K	1	0005	03252	Anderson	Chas. W.	1898	Mar	18	005	M	Edgwater	
K	1	0006	04559	Anderson	Christina	1899	Sep	26	045	F	Auburn	
K	1	0001	11835	Anderson	Christine	1903	Oct	23	035	F	Providence Hosp.	
K	1	0007	06763	Anderson	Clifford	1901	Sep	26	15	M	Ballard	MN
K	1	0005	16695	Anderson	Cynthia M.	1906	Aug	02	092	F	Seattle	CND
K	1	0005	03114	Anderson	Daisy	1898	Jan	20	001	F	Seattle	
K	1	0005	03174	Anderson	David	1898	Feb	05	006	M	Ballard	
K	1	0001	00101	Anderson	E. A.	1891	Sep	29	1mo	M	Ballard	
K	1	0006	04173	Anderson	E. H.	1899	Mar	09	040	M	Seattle	
K	1	0001	00132	Anderson	Ed	1891	Nov	15	023	M	W. Seattle	
K	1	0001	11442	Anderson	Edna Grace	1903	Jul	04	018	F	4273 Windsor Pl.	IL
K	1	0007	06696	Anderson	Edward	1901	Aug	24	18	M	Salmon BAy	WA
K	1	0003	14789	Anderson	Elizabeth	1905	Jul	16	077	F	Seattle	AL
K	1	0002	13618	Anderson	Elizabeth	1904	Nov	01	064	F	510 5th Ave	GER
K	1	0001	11836	Anderson	Emil	1903	Oct	19	026	M	Seattle Gen. Hosp	SWD
K	1	0005	17758	Anderson	Emma	1907	Feb	15	037	F	Seattle	SWD
K	1	0007	06875	Anderson	Emma C.	1901	Oct	18	30	F	Providence Hospital	SWD
K	1	0004	15823	Anderson	Emma L.	1906	Feb	03	014	F	Seattle	WA
K	1	0006	18381	Anderson	Emmanel	1907	May	03	041	M	Ballard	SWD
K	1	0002	12655	Anderson	Evaline	1904	Apr	06	027	F	Seattle	AR
L	1	0001	11971	Anderson	Frances	1903	Oct	09	023			
K	1	0005	17359	Anderson	George	1906	Dec	09	077	M	Seattle	PA
K	1	0004	15386	Anderson	Gertrude H.	1905	Nov	28	002	F	Ballard	WA
K	1	0004	16428	Anderson	Gottfred	1906	Jun	24	035	M	Seattle	SWD
K	1	0007	05849	Anderson	Grant	1900	Dec	26	020	M	Seattle	US
K	1	0006	18377	Anderson	Gus	1907	Mar	29	047	M	Seattle	SWD
K	1	0003	14525	Anderson	Gus	1905	May	12	038	M	Ballard	SWD
K	1	0006	04691	Anderson	Gus	1899	Nov	01	026	M	Prov. Hospital	
K	1	0005	17760	Anderson	Gustaf	1907	Feb	25	079	M	Seattle	SWD
K	1	0004	15671	Anderson	Gustaf	1906	Jan	12	075	M	Seattle	SWD
K	1	0001	11446	Anderson	Gustave	1903	Jul	28	039	M	502 Maynard	SWD
K	1	0001	12357	Anderson	Hannah	1904	Feb	04	045	F	1958 5th W	NRY
K	1	0007	06873	Anderson	Hans	1901	Oct	22		M	Providence Hospital	NRY
K	1	0008	07876	Anderson	Henry	1902	Jul	18	40	M	Seattle, WA	CA
K	1	0005	03676	Anderson	Henry	1898	Sep	02	003	M	B. Diamond	
K	1	0007	06598	Anderson	Herman Nelse	1901	Jul	12	<01	M	Fremont	WA
K	1	0006	18701	Anderson	Hilda	1907	Jan	07	024	F	Seattle	SWD
K	1	0002	13615	Anderson	Hilegarde	1904	Oct	11	001	F	Auburn	WA
K	1	0004	15286	Anderson	Howard	1905	Oct	06	043	M	Seattle	IA
K	1	0005	17075	Anderson	Infant	1906	Oct	26	03d	M	Seattle	WA
K	1	0004	02389	Anderson	Infant	1896	Sep	02	5wk	M	920 Lakeview	
K	1	0005	17700	Anderson	Ira R.	1907	Feb	07	032	M	King Co.	UT
K	1	0009	10365	Anderson	Irwin A.	1902	Oct	28	1	M	Green Lake, WA	WA
K	1	0009	10891	Anderson	J.	1903	Mar	19	35	M	2nd Ave & Jackson	

S R PG REC	LASTNAME	FIRSTNAME	DETH MN DT AGE	S	DEATHPLACE	BIRTH
K 1 0003 01133	Anderson	J. Q.	1894 Aug 24	M	Franklin, WA	
K 1 0001 11441	Anderson	Jacob	1903 Jul 01 049	M	King Co. Hosp	FIN
K 1 0008 10087	Anderson	Jas.	1902 Aug 10 34	M	King Co. Hospital	AR
K 1 0008 07563	Anderson	Jno.	1902 Apr 28 40	M	Seattle General Hospital	SWD
K 1 0004 02531	Anderson	Johan	1896 Dec 06 076	F	311 Prince Wms St.	
K 1 0003 02044	Anderson	John	1896 Feb 05 035	M	Prov. Hosp.	
K 1 0004 02914	Anderson	John	1897 Sep 01 033	M	Prov. Hosp	
K 1 0005 03116	Anderson	John	1898 Jan 29 027	M	West Seattle	
K 1 0002 13372	Anderson	John	1904 Sep 08 049	M	Wayside Mission	
K 1 0005 16574	Anderson	John A.	1906 Jul 08 004	M	Seattle	WA
K 1 0002 13623	Anderson	John B.	1904 Nov 30 030	M	Seattle Gen. Hosp.	MN
K 1 0003 01287	Anderson	John F.	1894 Oct 27	M	West St. Hotel	
K 1 0006 18379	Anderson	John L.	1907 Apr 23 02m	M	Ballard	WA
K 1 0001 11857	Anderson	Jonas	1903 Oct 02 085	M	2015 8th Ave	SWD
K 1 0002 12911	Anderson	Julia (Mrs.)	1904 Jun 23 040	F	308 1/2 Columbia	CA
K 1 0005 03251	Anderson	Julia C.	1898 Mar 14 035	F	Ballard	
1 0001 12478	Anderson	Katie (Mrs.)	1904 Mar 07 020	F	Providence Hosp.	MN
K 1 0005 16696	Anderson	Lena	1906 Aug 02 042	F	Seattle	SWD
K 1 0001 11712	Anderson	Leo	1903 Sep 01 003	M	405 Harrison	WA
K 1 0003 01300	Anderson	Lillian G.	1894 Oct 28 025	F	Cor. Knight & Rose	
K 1 0005 02960	Anderson	Lillian O.	1897 Oct 28 12w	F	1326 14th Street	
K 1 0006 04252	Anderson	Louis	1899 Apr 05 009	M	Duwamish	
K 1 0006 04785	Anderson	Louis	1899 Dec 22 040	M	Seattle	
K 1 0004 15410	Anderson	Louise B.	1905 Nov 09 01m	F	Seattle	WA
K 1 0009 10764	Anderson	Lula	1903 Mar 1 16	F	2010 E. Madison	MS
K 1 0002 13625	Anderson	Maria	1904 Dec 17 082	F	1507 17th Ave	SWD
K 1 0002 12655	Anderson	Mark	1904 Apr 08 040	M	King Co. Hosp.	FIN
K 1 0003 01306	Anderson	Martha	1894 Oct 26 048	F	Salmon Bay	
K 1 0006 17972	Anderson	Martha	1907 Mar 16 087	F	Seattle	NRY
K 1 0005 03113	Anderson	Mary	1898 Jan 07 016	F	Seattle	
K 1 0004 02046	Anderson	Mary Ellen	1896 Feb 29 010	F	506 So 8th St	
K 1 0007 06576	Anderson	Mathilda	1901 Jul 30 36	F	Seattle	SWD
K 1 0007 05846	Anderson	Mildred	1900 Dec 21 10m	F	Seattle	
K 1 0009 11181	Anderson	Minnie	1903 May 2 38	F	Seattle General Hospital	SWD
K 1 0004 02390	Anderson	Mrs. A.	1896 Sep 04 052	F	Edgwater	
K 1 0006 05397	Anderson	Mrs. W. W.	1900 Jun 16	F	Steams. Olympia	
K 1 0002 13353	Anderson	N. P.	1904 Sep 03 052	M	1216 10th Ave S.	SWD
K 1 0005 03975	Anderson	Nels	1898 Dec 08 039	M	Ballard	
K 1 0008 07524	Anderson	Nickolas	1902 Apr 1 46	M	Georgetown	
K 1 0006 18157	Anderson	Norma	1907 Mar 21 073	F	Kent	NRY
K 1 0005 17007	Anderson	O. C.	1906 Sep 06 055	M	Ballard	NRY
K 1 0006 04668	Anderson	Olaf	1899 Oct 21 036	M	Seattle	
K 1 0008 07296	Anderson	Olaf August	1902 Feb 24 23	M	1313 Denny Way	SWD
K 1 0005 03178	Anderson	Ole	1898 Feb 25 035	M	Wellington	
K 1 0007 06970	Anderson	Ole	1901 Nov 5 48	M	King Co. Hospital	NRY
K 1 0004 16293	Anderson	Olena	1906 May 26 081	F	Seattle	NRY
K 1 0006 04558	Anderson	Olf	1899 Oct 20 036	M	King Co. Hospital	
K 1 0008 07768	Anderson	Olof	1902 Jun 12 69	M	Seattle, WA	SWD
K 1 0003 01993	Anderson	Otto	1896 Jan 11 042	M	Providence Hosp.	
K 1 0006 05243	Anderson	Otto	1900 May 17 046	M	Seattle	
K 1 0005 17563	Anderson	Peer	1907 Jan 08 022	M	Seattle	NRY
K 1 0003 01132	Anderson	Peter	1894 Aug 23 027	M	Pt. Townsend	
K 1 0005 03356	Anderson	Peter	1898 Apr 12 10m	M	Seattle	
K 1 0004 15263	Anderson	Peter	1905 Oct 31 081	M	Georgetown	FIN
K 1 0008 10088	Anderson	Ragna Matilda	1902 Aug 16 <01	F	Ballard	WA
K 1 0006 18212	Anderson	Ralph A.	1907 Apr 04 002	M	Seattle	ENG
K 1 0005 16572	Anderson	Ramming	1906 Jul 03 091	F	Seattle	NRY
K 1 0002 12658	Anderson	Raymond	1904 May 09 013	M	272525 Clyde	ID
K 1 0002 13397	Anderson	Robert	1904 Sep 16 040	M	117 Washington St.	SWD
K 1 0009 11016	Anderson	Roy	1903 Apr 26 <01	M	2210 Howard St.	WA
K 1 0006 05431	Anderson	Roy Vincent	1900 Jun 20 6mo	M	Ballard	
K 1 0001 00282	Anderson	Scroggs	1892 May 08 069	M	Sunnydale	
K 1 0006 04597	Anderson	Sigrid	1899 Sep 24 028	F	Seattle	

S R PG REC	LASTNAME	FIRSTNAME	DETH MN DT AGE S	DEATHPLACE	BIRTH
K 1 0005 17006	Anderson	Simon	1906 Jan 09 034 M	Skykomish	WI
K 1 0001 00123	Anderson	T. M.	1891 Oct 31 10w F	W. Seattle	
K 1 0001 00723	Anderson	Thomas	1894 Jan 11 59/ M	South Seattle	
K 1 0001 12243	Anderson	Thomas	1904 Jan 07 029 M	King Co. Hosp.	NRY
K 1 0005 16576	Anderson	Vaumer	1906 Jul 21 07m M	Seattle	WA
K 1 0008 06991	Anderson	Victor	1901 Nov 16 15 M	Ballard	SWD
K 1 0005 03895	Anderson	W.	1898 Nov 14 016 F	Seattle	
K 1 0007 06058	Anderson	W. O.	1901 Feb 03 026 M	Seattle	IL
K 1 0004 16405	Anderson	Wert F.	1906 Jun 26 03m M	Marysville	WA
K 1 0007 06061	Anderson	William	1901 Mar 22 001 M	Seattle	WI
K 1 0009 10493	Anderson	William	1902 Dec 22 22 M	Ballard	FIN
K 1 0009 10735	Anderson	William	1903 Feb 20 67 M	King County Hospital	IRL
K 1 0002 12484	Anderson	William R.	1904 Mar 22 002 M	2203 6th Ave	OR
K 1 0003 14523	Anderson	William R.	1905 May 08 009 M	Seattle	WA
K 1 0002 12657	Anderson	bernard	1904 May 06 025 M	Providence Hosp.	JPN
K 1 0003 14528	Ando	K.	1905 May 20 055 M	Seattle	GER
K 1 0002 13161	Andreas	Joesph	1904 Aug 22 037 F	1122 8 Ave S	WA
K 1 0001 11972	Andres	Florence	1903 Nov 16 050 M	King Co. Hosp.	GRK
	Andress	John	1899 Nov F	Seattle	---
	Andrews		1899 Apr F	Co. Hospital	---
	Andrews		1897 Oct M	721 Weller St.	NRY
	Andrews		1897 Jun M	2310 Front St.	WA
	Andrews		1896 Jun M	Seattle Gen. Hosp.	---
	Andrews		1895 Feb M	Harrison & Poplar Cheney,	WA
	Andrews		1895 Feb M	311 Oak St.	SEA
	Andrews		1894 Aug M	Cor. Lombard & Harrison	SEA
	Andrews		1894 May F	Prov. Hospital	KS
	Andrews		1901 Jan M	Seattle	SWD
K 1 0005 16573	Andrews	A. L.	1906 Jul 05 044 M	Seattle	IRL
K 1 0001 11713	Andrews	Annetta (Mrs.)	1903 Sep 08 023 F	Mnrd Hosp	NRY
K 1 0005 17969	Andrews	Annie	1907 Mar 01 025 F	Seattle	IN
K 1 0008 07564	Andrews	Arminger	1902 Apr 25 25 F	Edgewater, WA	WA
K 1 0004 02783	Andrews	Baby	1897 Jun 08 1hr M	2310 Front St.	
K 1 0001 11444	Andrews	Charles	1903 Jul 05 028 M	Nome, Alaska	PA
K 1 0003 01509	Andrews	Chas.	1895 Feb 19 010 M	Harrison & Poplar	
K 1 0003 01426	Andrews	Chas.	1895 Feb 19 010 M	311 Oak St.	
K 1 0006 04710	Andrews	Essie D.	1899 Nov 15 015 F	Seattle	
K 1 0007 06415	Andrews	Eugene D.	1901 May 19 59 M	Seattle	OH
K 1 0002 12486	Andrews	Fannie K.	1904 Mar 31 086 F	6036 4th Ave NE	SCT
K 1 0007 05848	Andrews	Fred	1901 Jan 01 065 M	Seattle	
K 1 0001 12359	Andrews	Harriett	1904 Feb 16 058 F	West Seattle	OH
K 1 0004 02254	Andrews	John	1896 Jun 10 064 M	Seattle Gen Hosp.	
K 1 0003 01131	Andrews	Joseph F.	1894 Aug 07 19m M	Cor. Lombard & Harrison	
K 1 0001 00959	Andrews	Martha B.	1894 May 15 021 F	Prov. Hospital	
K 1 0006 04299	Andrews	Mary	1899 Apr 23 040 F	Co. Hospital	
K 1 0004 02959	Andrews	N. P.	1897 Oct 19 047 M	721 Weller St.	
K 1 0002 12625	Andrews	Revel W.G.	1904 Jun 08 006 M	Auburn, WA	WA
K 1 0003 14234	Angelo	Infant	1905 Mar 01 Inf M	Seattle	WA
K 1 0005 17565	Angelsbury	Mary E.	1907 Jan 22 047 f	Seattle	IA
	Anger		1898 May M	Seattle	KS
K 1 0005 03444	Anger	James	1898 May 00 204 5	Seattle	
	Angeus		1895 Jan M	Seattle	SEA
K 1 0003 01426	Angeus	Infant	1895 Jan 08 3mo M	Seattle	
	Anglin		1895 Dec M	Genl. Hospital Seattle	CA
K 1 0003 01816	Anglin	Walter J.	1895 Dec 04 020 M	Genl. Hop. Seattle	
K 1 0003 01777	Angline	Mary L.	1895 Aug 19 042 F	200 Tenth St.	
	Anible		1896 Apr M	Seattle	MI
K 1 0004 02147	Anible	F. N.	1896 Apr 26 032 M	Seattle	
K 1 0007 06383	Anmus	John	1901 Jun 3 22 M	King Co. Hospital	AFR
K 1 0004 02194	Annabelle	F.N.	1896 Apr 26 032 M	Seattle	
K 1 0003 14530	Annals	John	1905 May 31 048 M	Seattle	FIN
K 1 0005 03176	Annon	A. S.	1898 Feb 12 048 M	Seattle	
K 1 0006 18703	Ansen	Baby	1907 Jun 19 s/b F	Seattle	WA

S R PG REC	LASTNAME	FIRSTNAME	DETH MN	DT	AGE	S	DEATHPLACE	BIRTH
K 1 0003 01728	Anson	John	1895 Jul	16	030	M	708 S. 8 St.	
K 1 0004 15673	Anthony	Henry I.	1906 Jan	18	07m	M	seattle	WA
K 1 0006 18214	Anustasakes	George H.	1907 Apr	11	045	M	Seattle	GRC
K 1 0004 15287	Aoorn	Infant	1905 Oct	12	s/b	M	Seattle	WA
K 1 0009 10362	Appenap	Edward	1902 Oct	1	24	M	Lawson Mine	PA
	Apple		1892 Apr			F	Seattle	SEA
K 1 0001 00266	Apple	Baby	1892 Apr	28		F	Seattle	
K 1 0006 18459	Appleton	Frank H.	1907 May	24	002	M	Seattle	IA
K 1 0001 12117	Araki	Shirkasuki	1903 Dec	27	024	M	Seattle Gen. Hosp.	JPN
K 1 0001 11834	Arbuckles	Claude	1903 Oct	26	026	M	1st & King	
	Archer		1898 May			M	Seattle	SCT
K 1 0005 03446	Archer	E.	1898 May	17	070	M	Seattle	
K 1 0006 17974	Archer	Mary W.	1907 Mar	22	068	F	Seattle	WV
	Arderg		1891 Aug			M	Ballard	DAK
K 1 0001 00064	Arderg	Chas.	1891 Aug	30	7mo	M	Ballard	
	Arey		1900 Jun			M	Seattle	WA
	Arey		1894 Sep			M	3.25 m. S. River Park	sme
K 1 0006 05454	Arey	Albert	1900 Jun	16	021	M	Seattle	
K 1 0003 01246	Arey	Chas.	1894 Sep	12	062	M	3 1/4 miles River Park	
	Aries		1896 May			M	75 Pine St.	ITL
	Aries		1894 May			F	75 W. Pine St.	WA
	Aries		1894 May			F	Pine bet. Front & West	WA
K 1 0004 02197	Aries	Louisa	1896 May	30	036	M	75 Pine St.	
K 1 0003 01488	Aries	Mary	1894 May	07	13m	F	75 W. Pine St.	
K 1 0001 00958	Aries	Mary	1894 May	07	001	F	Pine bet. Front & West	
K 1 0002 13613	Aries	Rose	1904 Oct	10	02m	F	Columbia	WA
K 1 0009 11014	Arleff	Antone	1903 Apr	8	40	M	2nd Ave. & James St.	
	Arless		1895 Jan			M	Elsmere House	---
K 1 0003 01453	Arless	Edward J.	1895 Jan	29	028	M	Elsmere House	
	Arlitt		1900 Jun			F	Seattle	SEA
K 1 0006 05293	Arlitt	Mary Jessie	1900 Jun	25	005	F	Seattle	
K 1 0009 10470	Armitage	Lou	1902 Dec	9		F		IL
	Armour		1894 Dec			M	1515 2nd St.	CND
K 1 0003 14677	Armour	Thomas	1905 Jun	21	033	M	Seattle	WA
K 1 0003 01329	Armour	Victor	1894 Dec	23	037	M	1515 2nd St.	
K 1 0008 07766	Armsstron	Cathie	1902 Jun	27	66	F	814 Howell City	PA
	Armstead		1900 Oct			F	Seattle	OR
K 1 0007 05666	Armstead	Mrs. Marie	1900 Oct	25	030	F	Seattle	
	Armstrong		1897 Sep			F	4th & Olive	GA
	Armstrong		1896 Jul			F	Prov. Hospital	CND
	Armstrong		1892 Jul			M	Franklin	TN
	Armstrong		1900 Nov			M	Prov. Hosp.	US
	Armstrong		1897 Mar			M	Providence Hospital	SWD
	Armstrong		1893 Jun			M	Elliotts Bay	---
	Armstrong		1899 May			F	Seattle	---
	Armstrong		1894 Jan			M	Seattle	SEA
	Armstrong		1893 Jul			M	Seattle	OH
1 0001 11445	Armstrong	Albert W.	1903 Jul	26	3mo	M	2223 2 Ave N	WAs
K 1 0006 04331	Armstrong	Bessie	1899 May	02	027	F	Seattle	
K 1 0001 00569	Armstrong	Chas.	1893 Jun	11	029	M	Elliotts Bay	
K 1 0001 00334	Armstrong	Edw.	1892 Jul	24	030	M	Franklin	
K 1 0004 02671	Armstrong	Frank	1897 Mar	21	058	M	Providence Hospital	
K 1 0002 13483	Armstrong	Gladys B.	1904 Oct	19	001	F	1204 Washington St.	OH
K 1 0002 13158	Armstrong	J. L.	1904 Aug	02	050	M	Providence Hosp.	
K 1 0005 17970	Armstrong	James T.	1907 Mar	06	073	M	Seattle	WLS
K 1 0001 12476	Armstrong	John	1904 Mar	02	027	M	Hospital Ship	US
K 1 0001 00577	Armstrong	John F.	1893 Jul	08	006	M	Seattle	
K 1 0004 02918	Armstrong	Madge V.	1897 Sep	14	010	F	4th & Olive	
K 1 0004 02287	Armstrong	Mrs. Annie	1896 Jul	16	047	F	Prov Hospital	
K 1 0006 18378	Armstrong	Noah	1907 Apr	21	084	M	W Seattle	CND
K 1 0007 06059	Armstrong	Robt. W.	1901 Mar	07	002	M	Fremont	WA
K 1 0007 05850	Armstrong	TJ	1900 Dec	05	029	M	Seattle	CA
K 1 0007 05759	Armstrong	Wm.	1900 Nov	07	041	M	Prov. Hos.	

S R PG REC	LASTNAME	FIRSTNAME	DETH	MN	DT	AGE	S	DEATHPLACE	BIRTH
K 1 0001 00727	Armstrong	Wm. B.	1894	Jan	17	10w	M	Seattle	
K 1 0003 14676	Arnble	Andna L.	1905	Jun	19	023	F	Seattle	NRY
	Arndt		1896	Oct			M	Lake Sammamish	sme
K 1 0001 11711	Arndt	John	1903	Sep	23	050	M	McKinleys Hill	
K 1 0004 02484	Arndt	William	1896	Oct	18	005	M	Lake Sammamish	
K 1 0001 11974	Arneklev	Edward	1903	Nov	22	040	M	Seattle Gen. Hosp	NRY
K 1 0005 17076	Arnert	George D.	1906	Oct	31	031	M	Seattle	OH
K 1 0001 12360	Arneson	Alma	1904	Feb	15	001	F	N. 61 & Corliss	WA
K 1 0001 12477	Arneson	Baby	1904	Mar	06	06m	M	Green Lake	WA
K 1 0001 12356	Arneson	Nels	1904	Feb	03	029	M	2318 N. 60 St.	NRY
K 1 0003 14227	Arness	Infant	1905	Feb	09	Inf	F	Ballard	WA
K 1 0002 13363	Arney	Albert B.	1904	Sep	06	02m	M	904 1st Ave W	WA
	Arnold		1896	Feb			F	1923 7th Ave.	MN
	Arnold		1899	Aug			M	Seattle	SEA
	Arnold		1898	Nov			M	King Co. Hospital	Amr
	Arnold		1891	Nov			M	Blk. Diamond	WLS
	Arnold		1891	Nov			M	Blk. Diamond	---
	Arnold		1899	Jan			M	Seattle	IL
	Arnold		1896	Sep			F	2725 Water St.	---
	Arnold		1897	Feb			F	2816 Elliott Ave.	SEA
	Arnold		1900	Jan			M	Seattle	IL
	Arnold		1898	Oct			F	Seattle	SEA
K 1 0006 04508	Arnold	Andrew Geo.	1899	Aug	04	003	M	Seattle	
K 1 0003 02045	Arnold	Anna	1896	Feb	08	022	F	1923 7th Ave.	
K 1 0004 15674	Arnold	Annie Alice	1906	Jan	24	033	F	Seattle	IL
K 1 0003 14675	Arnold	Glen	1905	Jun	18	001	M	Seattle	WA
K 1 0004 02624	Arnold	Gracie May	1897	Feb	20	10m	F	2816 Elliott Ave.	
K 1 0006 04089	Arnold	Granville S.	1899	Jan	24	069	M	Seattle	
K 1 0001 00135	Arnold	James	1891	Nov	14	032	M	Blk. Diamond	
K 1 0001 00143	Arnold	James	1891	Nov	14		M	Blk. Diamond	
K 1 0003 14673	Arnold	Kate	1905	Jun	03	062	F	Seattle	GER
K 1 0005 03838	Arnold	L. E.	1898	Oct	09	5mo	F	Seattle	
K 1 0005 03896	Arnold	M.	1898	Nov	21	068	M	King Co. Hospital	
K 1 0006 04862	Arnold	Silas G.	1900	Jan	23	5da	M	Seattle	
K 1 0004 02392	Arnold	Theresa	1896	Sep	17	058	F	2725 Water St	
K 1 0005 03525	Arnondr	C. A.	1898	Jul	16	044	M	Seattle	
	Arnonor		1898	Jul			M	Seattle	FRN
K 1 0007 06389	Arnott	John	1901	Jun	29	62	M	King Co. Hospital	VA
K 1 0006 18217	Arntson	Adolph J.	1907	Apr	28	018	M	Seattle	WI
K 1 0004 16291	Arntson	Andrew	1906	May	17	073	M	Seattle	NRY
	Arrowsmith		1898	Oct			F	Orillia	sme
K 1 0005 03836	Arrowsmith	Rena	1898	Oct	23	8mo	F	Orillia	
K 1 0003 13929	Arthur	Edward	1905	Jan	17	060	M	1122 Marion	NY
K 1 0007 06874	Arthur	J. Otis	1901	Oct	4	26	M	Union Depot	MA
K 1 0003 14998	Arthur	Lena C.	1905	Aug	30	03m	F	Seattle	WA
K 1 0004 15150	Arthur	Thomas P.	1905	Sep	06	030	M	Seattle	ENG
K 1 0009 10759	Ash	Annie M.	1903	Feb	6	<01	F	Ballard, WA	WA
K 1 0005 17564	Ash	James	1907	Jan	15	054	M	Seattle	NRY
K 1 0008 07665	Ash	Johanna	1902	May	1	50	F	Skagway, Alaska	NRY
K 1 0003 01705	Ashbridge	John	1895	Jun	05	033	M	Co. Hospital	
K 1 0002 12659	Ashbridge	Rita	1904	May	10	012	F	123 6th North	WA
K 1 0004 02327	Ashcraft	Frank	1896	Aug	30	038	M	2808 2nd St.	
K 1 0003 01815	Ashenfelter	M. C.	1895	Dec	03	036	M	Seattle	
	Asher		1893	Aug			F	918 Fourth St.	OR
K 1 0001 00598	Asher	Mrs. Jessie	1893	Aug	10	020	F	918 Fourth St.	
	Ashley		1896	Sep			F	606 Jackson St.	SEA
K 1 0004 02391	Ashley	Hazell	1896	Sep	07	2mo	F	606 Jackson St	
K 1 0006 18216	Ashlung	Boyd	1907	Apr	25	11m	M	Seattle	WA
	Ashman		1899	Oct			F	Fremont	ONT
K 1 0006 04667	Ashman	Emily	1899	Oct	21	054	F	Fremont	
K 1 0008 07417	Ashton	Infant	1902	Mar	2	<01	M	Seattle	WA
K 1 0003 14790	Ashton	Oliver C.	1905	Jul	19	069	M	Seattle	MA
K 1 0003 14111	Ashton	Thomas G.	1905	Feb	08	011	M	Near Ft. Lawton	CO

S R PG REC	LASTNAME	FIRSTNAME	DETH MN DT AGE	S	DEATHPLACE	BIRTH
K 1 0004 15670	Ashworth	William	1906 Jan 10 065	M	Seattle	ENG
	Askam		1897 Sep	M	7th & Jefferson	WA
K 1 0004 02916	Askam	Baby	1897 Sep 03 1mo	M	7th & Jefferson	
K 1 0008 07299	Askew	Esther D.	1902 Feb 18 37	M	Pt. Blakely	CND
K 1 0003 14113	Assalto	Gertrude	1905 Feb 19 023	F	224 Bateman	ITL
K 1 0002 13159	Astenhogen	Alphonse R.	1904 Aug 03 017	M	1001 E. Pike	CA
K 1 0006 18702	Athanasades	Gust	1907 Jun 09 013	M	Seattle	GRC
K 1 0006 17976	Atkins	Henry	1907 Mar 25 023	M	Seattle	MO
K 1 0004 02432	Atkins	Mary	1896 Oct 06 062	F	375 Columbia	
	Atkinson		1898 Mar	M	Seattle	PA
K 1 0005 17759	Atkinson	Richard	1907 Feb 21 055	M	Seattle	NY
K 1 0005 03355	Atkinson	W. B.	1898 Mar 15 045	M	Seattle	
K 1 0004 15504	Atterberry	Infant	1905 Dec 01 26d	M	Brighton Bch	WA
	Attlesea		1891 Nov	F	Blk. Diamond	CA
K 1 0001 00134	Attlesea	Laura	1891 Nov 11 023	F	Blk. Diamond	
K 1 0001 00242	Atwood	Alexander	1892 Apr 18 068	M	Seattle	
K 1 0001 01081	Atwood	Julia	1894 Jul 25 065	F	1116 Prince William St.	
	Aubel		1894 Apr	M	East St. Seattle	SEA
K 1 0001 00957	Aubel	Elizabeth	1894 May 01 063	F	811 East St.	
K 1 0001 00910	Aubel	Infant	1894 Apr 16 1da	M	East St. Seattle	
	Aubett		1894 Dec	-	Cor. Thos. & Warren St.	sme
K 1 0003 01400	Aubett	Baby	1894 Dec 12 SB		Cor. Thomas & Warren St.	
K 1 0004 1626	Aubom	Orin C.	1906 Jun 07 074	M	Seattle	NY
K 1 0007 06557	Aubrey	William	1901 Jun 6 59	M	Seattle	OH
K 1 0002 12912	Auburn	Baby	1904 Jun 25 000	M	209 12 Ave	WA
K 1 0005 03675	Auckland		1898 Aug 27 1da	M	Seattle	
	Auckland		1898 Aug	M	Seattle	SEA
K 1 0006 18864	Auers	William M.	1907 Jun 24 055	M	Nr the Meadow	IL
K 1 0008 07191	Aufderheide	Chas. R.	1902 Jan 13 23	M	1105 5th Ave.	OH
K 1 0008 07192	Aufderheide	Elizabeth J.	1902 Jan 14 81	F	Greenlake	ENG
K 1 0005 17505	Auger	Flora E.	1906 Nov 29 035	F	Ballard	CND
K 1 0004 15412	Augustine	Robert	1905 Nov 27 051	M	Seattle	NY
K 1 0001 11973	Aujaugh	John N.	1903 Nov 26 069	M	Providence Hosp.	OH
K 1 0007 06474	Aulon	Douglas W.	1901 May 24 <01	M	West Seattle	WA
	Aurud		1896 Aug	M	Div. & Jones St.	SEA
K 1 0004 02326	Aurud	Harold	1896 Aug 24 005	M	Div. & Jones St.	
K 1 0002 12626	Ausland	H. O.	1904 Apr 08 045	M	Seattle Gen Hosp.	
	Ausman		1896 May	M	411 Albert St.	GER
K 1 0004 02196	Ausman	Elizabeth	1896 May 26 063	M	411 Albert St.	
	Austin		1899 May	M	Seattle	NY
	Austin		1895 Oct	M	County Hospital	---
K 1 0002 13619	Austin	Agnes	1904 Nov 20 18d	F	1215 Denny Way	WA
K 1 0005 17363	Austin	Alonzo B.	1906 Dec 09 063	M	Seattle	ME
K 1 0003 13931	Austin	Edward	1905 Jan 30 027	M	3rd S. & Washington	
K 1 0003 01812	Austin	Frank S.	1895 Oct 14 051	M	County Hospital	
K 1 0005 1629	Austin	Milan D.	1906 Jun 26 064	M	Seattle	VT
K 1 0001 12358	Austin	Ottor	1904 Feb 03 04m	M	1011 Pine St	WA
K 1 0004 15149	Austin	Rachel A.	1905 Sep 04 002	F	Seattle	OH
K 1 0006 04353	Austin	W. E.	1899 May 15 062	M	Seattle	
K 1 0001 11553	Austin	William E.	1903 Aug 21 036	M	Wayside Mission	NY
K 1 0009 10761	Autilla	Gustave	1903 Mar 20 20	M	King County Hospital	OR
	Avery		1894 Dec	F	1428 7th St.	MI
K 1 0003 01328	Avery	Anna	1894 Dec 29 047	F	1428 7th St.	
K 1 0002 13041	Avery	Bertrand A.	1904 Jul 03 004	M	Providence Hosp.	WA
K 1 0009 10893	Avery	George	1903 Mar 21 29	M	Seattle General Hospital	
	Avirell		1900 Sep	F	Seattle	ME
K 1 0006 18458	Awaya	Ysek	1907 May 10 024	M	Seattle	JPN
	Ayers		1897 Jul	F	12 Ave. & Cherry	CO
K 1 0004 02826	Ayers	Eliza	1897 Jul 15 057	F	12 Ave & Cherry	
K 1 0008 10250	Ayers	Frederick	1902 Nov 24 58	M	307 26 Ave. S.	ENG
	Ayerst		1898 Mar	F	Seattle	MN
K 1 0005 03250	Ayerst	l____y (not readible)	1898 Mar 11 013	F	Seattle	
K 1 0008 07664	Ayling	James	1902 May 23 79	M	Edmonds, WA	ENG

S	R	PG	REC	LASTNAME	FIRSTNAME	DETH	MN	DT	AGE	S	DEATHPLACE	BIRTH
K	1	0005	16575	Aymiller	Mary L.	1906	Jul	18	001	F	Seattle	WA
K	1	0009	10734	Ayres	Edward M.	1903	Jan	20	26	M	McGuestin, AL	
K	1	0021	02607	BALTZ	AUGUST	1897	Jan	25	047	M	Seattle	
K	1	0022	02788	BERRY	GEO. W.	1897	Jun	17	041	M	1524 23RD AVE.	
				Baasch		1901	Oct			M	1st & Blanchard	GER
K	1	0018	16127	Baatz	Fred C.	1906	Apr	28	046	M	Seattle	WA
K	1	0019	16434	Baatz	Mary	1906	Jun	20	01m	F	Seattle	WA
				Babcock		1902	Mar			F	210 10th S.	MO
				Babcock		1900	Jan			M	Seattle	---
				Babcock		1899	Mar			M	Seattle	---
				Babcock		1900	Aug			M	Seattle	SEA
K	1	0025	04191	Babcock	Charles A.	1899	Mar	17	006	M	Seattle	
K	1	0026	04876	Babcock	Chas. P.	1900	Jan	30	065	M	Seattle	
K	1	0028	05486	Babcock	Harley D.	1900	Aug	25	<1	M	Seattle	
K	1	0012	13190	Babcock	Raymond	1904	Aug	28	001	M	70th St.	WA
				Baber		1901	Jun			F	Co. Hosp.	KY
K	1	0011	12668	Bach	William	1904	Apr	20	051	M	2nd & Virginia St.	NY
K	1	0009	11559	Bachelder	Susan B.	1903	Aug	08	015	F	811 Spruce St.	CA
K	1	0017	15678	Bachman	August B.	1906	Jan	15	038	M	Seattle	GER
K	1	0021	02334	Bachtell	Gladys	1896	Aug	22	002	F	Yesler	
				Backer		1901	May			M	W. WA Hosp. of Insane	---
K	1	0022	17773	Backman	Albert	1907	Feb	21	041	M	Seattle	SWD
K	1	0012	13049	Backman	Baby	1904	Jul	25	pre	M	561 Washington St.	WA
K	1	0011	12490	Backton		1904	Mar	16	032	M	Rear 220 4th Ave. S.	CHN
				Backus		1901	Feb			F	Seattle	NY
K	1	0023	18652	Backus	C.F.	1906	Dec	15	061	M	Georgetown	IN
K	1	0029	06070	Backus	Lue Adams	1901	Feb	12	048	F	Seattle	
1	1	0018	01086	Backus	Vernon E.		Jul	9	11	M	Lake Union	PA
K	1	0015	14403	Bacon	Chole	1905	Apr	13	035	F	Seattle	WI
K	1	0019	16554	Badenhauer	Otto A.	1906	Jul	25	027	M	Palmer Jct.	NY
K	1	0016	15161	Baecher	Salesia	1905	Sep	12	03m	F	Seattle	WA
				Baer		1899	Aug			M	Prov. Hospital	TN
				Baer		1903	---			M	Friday Harbor, WA	---
K	1	0020	01760	Baer	Karl	1895	Aug	07	<01	M	Virginia St.	
K	1	0025	04513	Baer	Samuel	1899	Aug	07	076	M	Prov. Hospital	
K	1	0297	10903	Baer	Sig	1903	Mar	25	052	M	Friday Harbor	---
K	1	0275	10910	Baer	Sig.	1903	---	25	052	M	Friday Harbor, WA	---
K	1	0296	10498	Bagley	Baby	1902	Dec	17	s/b	M	Ballard	sme
K	1	0013	13499	Bagley	Baby	1904	Oct	31	s/b	M	Ballard	WA
K	1	0015	14409	Bagley	Daniel	1905	Apr	27	086	M	Seattle	PA
K	1	0018	16107	Bagley	Elmira	1906	May	10	005	F	Ballard	ME
K	1	0011	12677	Bagley	John J.	1904	May	20	049	M	1225 Franklin	MI
K	1	0023	18679	Bagshaw	Charles	1906	Nov	24	058	M	Georgetown	ENG
K	1	0019	16233	Bagwell	Edith E.	1906	Apr	14	025	F	Green River Hot Springs	NE
K	1	0023	18718	Bahl	Eliza M.	1907	Jun	23	020	F	Seattle	MN
1	1	0016	00262	Bahlund	Infant	1892		Ap 28		M	Seattle	
1	1	0017	00784	Bahne	Fritz J.	1894	Jan	29	65	M	Car Depot & Albert	
1	1	0018	01084	Baht	Bertha		Jul	3	27	F	Seattle 1st Ward	AUS
K	1	0019	16435	Bailer	Baby	1906	Jun	20	01d	M	Seattle	WA
				Bailey		1899	Aug			M	Seattle	MN
				Bailey		1901	Dec			F	Prov. Hosp.	SEA
				Bailey		1903	May			M	Prov. Hospital	OH
				Bailey		1899	Oct			F	Seattle	SEA
				Bailey		1901	Sep			M	1047 Belmont Pl.	WA
				Bailey		1900	Jun			F	Seattle	CO
				Bailey		1901	Apr			M	Seattle	NS
				Bailey		1902	May			M	1126 14th Ave.	ENG
K	1	0016	14803	Bailey	Augusta	1905	Jul	30	026	F	Seattle	MN
K	1	0016	14796	Bailey	Baby	1905	Jul	13	s/b	M	Seattle	WA
K	1	0275	11188	Bailey	Burton B.	1903	May	17	028	M	Prov. Hospital	OH
K	1	0026	04634	Bailey	Clara J.	1899	Oct	05	023	F	Seattle	
1	1	0016	00789	Bailey	F. J.	1892	Feb	8	19	M	Seattle	
1	1	0016	00167	Bailey	Fannie	1891	Dec	12	59	F	Seattle	

S	R	PG	REC	LASTNAME	FIRSTNAME	DETH	MN	DT	AGE	S	DEATHPLACE	BIRTH
K	1	0029	06289	Bailey	G. W.	1901	Apr	02	065	M	Seattle	
K	1	0016	14794	Bailey	Gideon S.	1905	Jul	03	067	M	Seattle	CND
K	1	0015	14406	Bailey	Helena	1905	Apr	19	039	F	Seattle	ENG
1	1	0016	00335	Bailey	Henry M.	1892	Jul	10	2	M	Seattle	WA
K	1	0009	11561	Bailey	Infant	1903	Aug	20	07d		Monoo Hosp.	WA
K	1	0018	15960	Bailey	John	1906	Mar	24	043	M	Seattle	CND
K	1	0018	15956	Bailey	John M.	1906	Mar	03	033	M	Seattle	NC
K	1	0019	01537	Bailey	Leonard	1895	Mar	31	002	M	2nd & Lenora	
K	1	0025	04550	Bailey	Louis R.	1899	Aug	30	<1	M	Seattle	
K	1	0020	17077	Bailey	Mary	1906	Oct	01	053	F	Seattle	GER
K	1	0027	05294	Bailey	Mrs. C. E.	1900	Jun	10	030	F	Seattle	
K	1	0296	10172	Bailey	Nora Addie	1902	Sep	16	054	F	Seattle Gen Hosp.	WI
K	1	0019	16700	Bailey	Norman C.	1906	Aug	05	017	M	Seattle	WA
K	1	0021	17364	Bailey	Roy O.	1906	Dec	01	012	M	Seattle	OR
K	1	0017	15290	Bailey	Thomas	1905	Oct	08	044	M	Seattle	ME
K	1	0020	01780	Baillargeon	Abbie O.	1895	Aug	23	029	F	317 Harvard St.	
K	1	0018	01143	Baillargeon	Helen	1894	Aug	29	<01	F	Fifth & Howard St.	
				Baillargon		1901	Feb			M	Seattle	WA
K	1	0029	06069	Baillargon	P.V.	1901	Feb	09	005	M	Seattle	
K	1	0022	17986	Bain	Mammig	1907	Mar	15	001	F	Seattle	WA
K	1	0022	02828	Bain	Mary J. (Mrs.)	1897	Jul	16	047	F	207 Marion St.	
K	1	0022	17987	Baiocchi	Frances	1907	Mar	16	024	F	Seattle	IL
				Bair		1902	Feb			M	Pest House	---
K	1	0022	17761	Baird	Andrew	1907	Jan	27	048	M	Seattle	ME
K	1	0023	03019	Baird	Grover C.	1897	Nov	19	005	M	1410 Denny Way	
K	1	0021	17369	Baird	Harold B.	1906	Dec	08	024	M	Seattle	MA
K	1	0023	03018	Baird	Lucy	1897	Nov	18	006	F	1410 Denny Way	
K	1	0011	12663	Baisley	Maude S.	1904	Apr	08	024	F	24 Galer St.	CND
				Baker		1901	Jul			F	Seattle	OH
				Baker		1900	Sep			M	Seattle	---
				Baker		1900	Nov			M	Auburn	PA
				Baker		1900	Jul			F	Seattle N. Yakima,	WA
				Baker		1900	Jan			M	Seattle	---
				Baker		1899	Aug			M	Seattle	OH
				Baker		1898	Jun			M	Fremont	sme
				Baker		1901	Feb			F	Seattle	WA
K	1	0018	15830	Baker	Albert R.	1906	Feb	07	021	M	Seattle	IA
K	1	0013	13494	Baker	Alfred J.	1904	Oct	25	046	M	W. H. I.	CND
K	1	0022	02626	Baker	Alice Maude	1897	Feb	08	022	F	Seattle	
K	1	0017	15792	Baker	Baby	1906	Feb	18	18d	F	Ballard	WA
K	1	0013	13632	Baker	Birdie C.	1904	Nov	12	008	F	Lakewood	IA
1	1	0016	00464	Baker	Charles	1893	Jan	19	52	M	Seattle	NY
K	1	0021	17372	Baker	Charles J.	1906	Dec	19	066	M	Seattle	OH
1	1	0016	00899	Baker	Chas.	1894	Apr	24		M	Gilman	
K	1	0026	04828	Baker	Edward	1900	Jan	06	065	M	Seattle	
K	1	0023	18474	Baker	Emma H.	1907	May	31	049	F	Seattle	IL
K	1	0009	11453	Baker	Fannie	1903	Jul	17	047	F	Pest Hosp.	OR
K	1	0024	03530	Baker	Frank	1898	Jun	10	<1	M	Fremont	
K	1	0015	14405	Baker	Frank M.	1905	Apr	18	029	M	Seattle	IL
K	1	0019	16577	Baker	Gladys	1906	Jul	05	02m	F	Seattle	WA
K	1	0028	05673	Baker	Jack	1900	Sep	16	040	M	Seattle	
K	1	0297	10896	Baker	Julia (Mrs)	1903	Mar	15	079	F	811 1/2 2 Ave	ME
K	1	0027	05368	Baker	Katie	1900	Jul	03	<1	F	Seattle	
K	1	0297	10771	Baker	Lizzie	1903	Feb	13	061	F	#73 Blewett Ave	TX
K	1	0019	01546	Baker	M. M.	1895	Mar	21	053	F	517 Pike	
K	1	0025	04527	Baker	M. M.	1899	Aug	16	029	M	Seattle	
K	1	0018	15836	Baker	Melinda C.	1906	Feb	24	041	F	Seattle	OR
K	1	0029	06068	Baker	Namonia	1901	Feb	18	<1	F	Seattle	
K	1	0028	05650	Baker	T.H.	1900	Nov	07	058	M	Auburn	
K	1	0022	02964	Baker	Theodore	1897	Oct	29	<01	M	1216 Queen Ann Ave.	
K	1	0018	15338	Baker	Thomas	1906	Feb	28	078	M	Seattle	ENG
1	1	0016	00203	Baker	Winston A.	1892	Feb	24	<01	M	Seattle	WA
K	1	0020	01821	Bakewell	Abbie	1895	Sep	16	002	F	Margeth & Howe St.	

S	R	PG	REC	LASTNAME	FIRSTNAME	DETH	MN	DT	AGE	S	DEATHPLACE	BIRTH
K	1	0297	10780	Bakewell	Sidney James	1903	Mar	13	007	M	Prov. Hosp	SEA
K	1	0019	01641	Bakker	F.S.	1895	May	29	023	M	1514 Front St.	
K	1	0010	12246	Balch	Minnie M. (Mrs.)	1904	Jan	22	026	F	Providence Hosp.	WA
K	1	0015	14267	Balcom	Lue	1905	Mar	27	052	F	Seattle	MI
K	1	0019	16302	Bald	D. P. (Mrs.)	1906	May	23	068	F	Seattle	PA
K	1	0018	15827	Baldie	Fred	1906	Feb	05	067	M	Seattle	NY
K	1	0024	04091	Baldwin		1899	Jan	25	<1	F	Seattle	
				Baldwin		1901	Mar			F	Seattle	CA
				Baldwin		1900	May			M	Seattle	OH
				Baldwin		1901	Apr			M	Seattle	MN
				Baldwin		1899	Jan			F	Seattle	SEA
K	1	0027	05236	Baldwin	C.M.	1900	May	28	044	M	Seattle	
K	1	0021	02332	Baldwin	John	1896	Aug	22	044	M	Prov. Hospital	
K	1	0029	06078	Baldwin	Lala F.	1901	Mar	13	020	F	Seattle	
1	1	0016	00907	Baldwin	Lena S.	1894	Apr	18	51	F	1707 10th	US
K	1	0017	15537	Baldwin	Mary M.	1905	Dec	27	085	F	Seattle	VT
1	1	0017	00681	Baldwin	Minnie	1893	Nov	23	3	F	North Bend	
K	1	0015	14266	Baldwin	William S.	1905	Mar	27	078	M	Seattle	CT
				Bales		1902	Feb			F	125 19th Ave.	SEA
K	1	0016	00001	Balhke	August	1891	Jul	24		M	Seattle	KS
K	1	0019	16295	Balintine	David	1906	Apr	16	046	M	Seattle	SCT
K	1	0021	0246-	Balkwell	Agnes	1896	Oct	16	055	F	Salmon, Wash.	
K	1	0015	14411	Balkwell	Elva	1905	May	15	005	F	Berlin	WA
				Ball		1899	Feb			M	Seattle	---
				Ball		1899	Apr			F	Seattle	NY
				Ball		1902	Jan			-	Gen. Hosp.	SEA
K	1	0010	12249	Ball	Baby	1904	Jan	06	s/b	F	920 5th Ave.	WA
K	1	0025	04128	Ball	Charles E.	1899	Feb	11	006	M	Seattle	
K	1	0019	16297	Ball	Michael	1906	May	07	076	M	Seattle	GER
K	1	0025	04250	Ball	Mrs.	1899	Apr	04	048	F	Seattle	
K	1	0019	16699	Ballard	Baby	1906	Aug	01	s/b	M	Seattle	WA
K	1	0022	02961	Ballard	C.	1897	Oct	03	032	M	Seattle	
1	1	0018	01136	Ballard	Georgie	1894	Aug	6	<01	F	Commercial Hotel	
K	1	0021	02585	Ballard	Levi W.	1897	Jan	28	081	M	Auburn	
K	1	0023	18227	Ballard	Martin D.	1907	Apr	26	074	M	Seattle	IN
K	1	0020	02251	Ballard	S. L. Mrs.	1896	May	26	-	F	Victoria, B.C.	
				Ballentina		1900	Aug			M	Dawson City NWT	MA
K	1	0028	05456	Ballentina	Geo. P.	1900	Aug	31	033	M	Dawson City NWT	
K	1	0019	16553	Ballinger	Richard H.	1906	Jul	23	074	M	Lk. McAleen	
K	1	0018	01286	Ballman	Frederick	1894	Oct	27	-	M	West St. house	
				Ballong		1900	Oct			M	WWHC	NS
K	1	0028	05691	Ballong	Wm. T.	1900	Oct	29	053	M	WWHC	
				Ballow		1901	May			M	Ballard	sme
K	1	0021	02256	Balluff	Fannie Grace	1896	Jun	22	014	F	1007 Republic St.	
K	1	0009	11567	Balochl	Frank	1903	Aug	30	001	M	62 W. Bell St.	WA
				Baltes		1899	Jan			M	Greenlake	---
K	1	0024	04093	Baltes	Wm.	1899	Jan	26	076	M	Greenlake	
K	1	0295	10006	Baltuff	------	1902	Sep	03	08m	M	26168 Madison	SEA
K	1	0020	02204	Baltuff	Graco	1896	Jun	02	014	F	Seattle	
K	1	0021	02607	Baltz	August	1897	Jan	25	047	M	Seattle	
K	1	0023	18386	Balzano	Vincent	1907	Apr	18	029	M	North bend	ITL
K	1	0020	17010	Bame	Lulu W.	1906	Sep	16	034	F	W. Seattle	MO
K	1	0023	18467	Bames	Charles M.	1907	May	19	073	M	Seattle	IL
K	1	0010	11978	Bames	William M.	1903	Nov	22	040	M	Ft. Yesler Way	ENG
K	1	0019	16438	Bamett	H. S.	1906	Jun	29	055	M	Seattle	
K	1	0022	17771	Bamey	Esther	1907	Feb	19	002	F	Seattle	WA
K	1	0016	14800	Bamey	Mary H.	1905	Jul	24	051	F	Seattle	IL
K	1	0019	16301	Bamy	William	1906	May	19	040	M	Seattle	
K	1	0023	03020	Banche	E. N.	1897	Nov	28	034	M	Prov. Hosp.	
K	1	0016	1497	Banchero	Andrew	1905	Jul	10	047	M	Georgetown	ITL
K	1	0023	18387	Banchero	Delaide	1907	Apr	19	07m	F	Georgetown	WA
				Band		1900	Dec			M	Seattle	SEA
K	1	0028	05856	Band	J.M.	1900	Dec	17	050	M	Seattle	

S R PG REC	LASTNAME	FIRSTNAME	DETH	MN	DT	AGE	S	DEATHPLACE	BIRTH
K 1 0019 16397	Bands	Frank	1906	Jul	04	041	M	Black Diamond	ITL
	Bandy		1903	---			M	Taylor Station	---
K 1 0275 10908	Bandy	Chas.	1903	---	24	035	M	Taylor Station	---
	Bane		1901	Apr			F	Prov. Hosp.	WA
	Bane		1901	Feb			M	Seattle	ENG
K 1 0015 14539	Bane	Baby	1905	May	19	s/b	F	Seattle	WA
K 1 0029 06067	Bane	Thos. H.	1901	Feb	19	056	M	Seattle	
	Bang		1901	Oct			M	Seattle Gen. Hosp.	---
	Bangs		1902	Apr			M	Ballard	ME
K 1 0297 10900	Bangs	Marshall D	1903	Mar	23	057	M	612 11 Ave	ME
K 1 0015 14531	Banham	Elana A.	1905	Apr	13	030	F	Hillman	OH
K 1 0013 13627	Banholzer	John	1904	Nov	01	050	M		
	Banker		1902	May			F	Alderton, WA	NY
K 1 0008 07668	Banker	D. W.	1902	May	1	47	F	Alderton, WA	NS
K 1 0018 15835	Bankert	Paul L.	1906	Feb	22	10m	M	Seattle	Wa
K 1 0021 17371	Banks	A.J. (Mrs.)	1906	Dec	18	044	F	Seattle	WI
K 1 0014 13624	Banks	F. G.	1905	Jan	05	044	M	1905 5th Ave.	NRY
K 1 0014 13945	Banks	William J.	1905	Jan	28	050	M	Brighton Beach	WI
K 1 0011 12499	Bantz	Rebecca J.	1904	Mar	30	052	F	Seattle General Hosp.	WV
K 1 0295 10000	Barager	George T.	1902	Aug	13	071	M	1012 Boylston	NY
1 1 0016 00365	Barand	John				54		Elliott's Bay	SCT
K 1 0010 11982	Barbatto	Lena S.	1903	Nov	10	01m	M	258 Atlantic St.	WA
1 1 0017 00702	Barbee	Emmet	1893	Dec	10	20	M	Lake Union	
K 1 0016 15128	Barbee	Fannie B.	1905	Sep	24	062	F	Columbia	MO
K 1 0019 01663	Barber	Emma	1895	May	05	021	F	214 Battery	
1 1 0016 00013	Barberg	Fred	1891	Jul	20	21	M	Seattle	GER
1 1 0018 01045	Barbour	Robert	1894	Aug	5	50	M	Seattle	CND
K 1 0295 07878	Barbour	W.G.	1902	Jul	08	046	M	Seattle	SCT
K 1 0022 02920	Barclay	Susanna	1897	Sep	11	<01	F	728 25th Ave.	
K 1 0021 17580	Barcus	Gamet F.	1907	Jan	29	2/m	M	Seattle	WA
K 1 0023 18226	Barcus	Greta S.	1907	Apr	20	06m	F	Seattle	WA
1 1 0017 00659	Barden	Roy	1893	Nov	13	5	M	Seattle	MN
K 1 0295 07775	Bardick	Gracia M.	1902	Jun	18	023	F	Seattle	PA
	Bardon		1901	Jul			M	South Seattle	SEA
	Bardon		1901	Mar			F	So. Seattle	CND
K 1 0029 06074	Bardon	Henry	1901	Mar	01	028	F	So. Seattle	
	Bardwell		1902	Feb			F	South Seattle	CA
	Barene		1902	Feb			M	Ballard	sme
	Barieevich		1902	Mar			F	1535 Western Ave.	AUS
	Barker		1899	Jan			F	Seattle	NY
	Barker		1901	Oct			F	1200 1st Ave.	ENG
	Barker		1901	Sep			F	Seattle	WI
	Barker		1901	Sep			M	Prov. Hosp.	MI
	Barker		1900	Jul			F	Seattle	IL
K 1 0012 13164	Barker	George	1904	Aug	11	062	M	264 Plumer St.	ENG
K 1 0028 05457	Barker	Goldie Edith	1900	Jul	06	015	F	Seattle	
K 1 0009 11719	Barker	Joshua B.	1903	Sep	10	051	M	Juanita, WA	ME
K 1 0014 13948	Barker	Louisa A.	1905	Jan	31	075	F	1032 Jackson St.	NY
K 1 0018 16106	Barker	Myrtle	1906	Apr	26	032	F	Seattle	WV
K 1 0016 14948	Barker	Richard	1905	Jul	17	05	M	Columbia	CND
K 1 0024 04096	Barker	Sophinia	1899	Jan	27	043	F	Seattle	
K 1 0296 10494	Barkley	Mary	1902	Dec	19	08m	F	3206 Main St.	SEA
	Barlett		1902	Mar			M	1008 1/2 1st Ave.	WV
K 1 0017 15278	Barley	Saul R.	1905	Oct	18	067	M	Columbia	PA
	Barlow		1902	Mar			M	King Co. Hosp.	IRL
K 1 0010 11879	Barnard	Anna L.	1903	Nov	17	051	F	528 Belmont N	OH
K 1 0021 02396	Barnecut	Harrold	1896	Sep	10	<01	M	West Seattle	
	Barnes		1901	Jan			M	Seattle	ENG
	Barnes		1900	Nov			F	Wellington	---
	Barnes		1899	Aug			F	Seattle	SEA
	Barnes		1899	Aug			M	Auburn	sme
	Barnes		1902	Apr			M	Seattle Gen. Hosp.	WA
	Barnes		1900	Nov			F	Wellington, WA	---

S	R	PG	REC	LASTNAME	FIRSTNAME	DETH	MN	DT	AGE	S	DEATHPLACE	BIRTH
K	1	0014	13943	Barnes	Al	1905	Jan	23	00	M	1st & Madison	
K	1	0296	10245	Barnes	Ann C.	1902	Nov	17	059	F	Blk. Diamond	ENG
K	1	0295	10153	Barnes	Baby	1902	Sep	30	s/b	M	2814 Dearborn	SEA
K	1	0023	18476	Barnes	Benjamin H.	1907	May	31	11m	M	Seattle	WA
k	1	0023	18219	Barnes	Elmer	1907	Apr	05	016	M	Seattle	MO
K	1	0025	04497	Barnes	F. Arthur	1899	Aug	18	16m	M	Auburn	
K	1	0025	04546	Barnes	Helen	1899	Aug	29	<1	F	Seattle	
K	1	0029	05960	Barnes	James	1901	Jan	16	079	M	Seattle	
K	1	0028	05612	Barnes	Mary	1900	Nov	16	038	F	Wellington	
1	1	0016	00465	Barnes	Mary E.	1893	Jan	27	<01	F	Seattle	WA
K	1	0022	17985	Barnes	Mary W.	1907	Mar	14	052	F	Seattle	OH
K	1	0028	05820	Barnes	Mrs. Mary	1900	Nov	18		F	Wellington, WA	
K	1	0017	15416	Barnes	Sarah P.	1905	Nov	16	070	F	Seattle	NY
K	1	0019	16702	Barnett	Agnes M.	1906	Aug	10	002	F	Seattle	WA
K	1	0296	10368	Barnette	Mary	1902	Oct	22	033	F	364 Denny Way	GER
				Barnhart		1900	Apr			M	Seattle	IA
K	1	0027	05119	Barnhart	E.	1900	Apr	02	<1	M	Seattle	
K	1	0017	15396	Barnski	Henry	1905	Nov	20	03d	M	Ballard	WA
				Barr		1900	Jul			F	Seattle	CND
K	1	0017	15826	Barr	Baby	1906	Feb	02	01d	F	Seattle	WA
K	1	0297	10621	Barr	Henry N.	1903	Jan	03	061	M	1075 Kilbourne Ave	TN
K	1	0027	05432	Barr	Maud	1900	Jul	01	017	F	Seattle	
K	1	0018	01309	Barratt	Ellen	1894	Oct	08	017	F	Ballard, Wash.	
				Barren		1901	Jan			M	Prov. Hosp.	GER
K	1	0029	05952	Barren	Rudolph	1901	Jan	07	050	M	Prov. Hosp.	
				Barrett		1903	Jun			F	420 Seneca St.	WA
K	1	0010	12247	Barrett	Ann	1904	Jan	03	047	F	N. 59th/5th Ave. N. E.	ENG
K	1	0023	18472	Barrett	Charles B.	1907	May	29	056	M	Seattle	NY
K	1	0022	17993	Barrett	David S.	1907	Mar	26	068	M	Seattle	IN
K	1	0023	03183	Barrett	Ellen	1898	Feb	17	048	F	Seattle	
K	1	0275	11197	Barrett	Joana M.	1903	Jun	18	044	F	420 Seneca St.	WA
K	1	0019	01532	Barrett	John	1895	Mar	16	<01	M	Ballard	
K	1	0016	15003	Barrett	Thomas	1905	Aug	23	063	M	Seattle	
1	1	0017	00661	Barricklaw	Ruth	1893	Nov	18	<01	F	Aurora St-Fremont, Seattle	WA
1	1	0017	00694	Barricklow	Ruth	1893	Nov	18	<01	F	Fremont	WA
				Barrington		1901	Apr			M	Seattle Gen. Hosp.	WA
K	1	0020	02149	Barron	John	1896	Apr	07	034	M	111 Virgin St.	
K	1	0013	13491	Barrow	Baby	1904	Oct	12	s/b	M	1100 Harrison St.	Wa
K	1	0016	00092	Barry		1891	Aug	5			Seattle	
				Barry		1903	May			M	2804 Western Ave.	SEA
K	1	0016	00092	Barry		1891	Aug	5		M	Seattle	WA
				Barry		1900	Aug			M	Seattle	WA
1	1	0016	00372	Barry	Baby	1892	Aug	27		M	Seattle	WA
K	1	0275	11190	Barry	Infant	1903	May	24	---	M	2804 Western Ave.	SEA
K	1	0019	01332	Barry	Mrs. Julia	1894	Dec	12	057	F	605 Spring St.	
K	1	0028	05487	Barry	Wm. J.	1900	Aug	30	027	M	Seattle	
				Barsel		1900	Oct			M	Seattle	---
K	1	0028	05726	Barsel	Ernest	1900	Oct	20	040	M	Seattle	
K	1	0012	12913	Bartana	Mary (Mrs.)	1904	Jun	02	027	F	Georgetown	ITL
K	1	0023	18220	Bartell	Baby	1907	Apr	07	s/b	M	Seattle	WA
K	1	0015	14533	Bartell	Mary P.	1905	May	09	045	F	Seattle	GER
K	1	0011	12363	Barth	George F.	1904	Feb	09	023	M	825 16th Ave.	OH
1	1	0017	00673	Bartholdi	Edith	1893	Nov	27	3	F	Gilman	
K	1	0023	18435	Bartholemy	Dorothy	1907	May	27	002	F	Ballard	MN
K	1	0016	14685	Bartholomen	Mart C.	1905	Jun	15	060	M	Georgetown	NY
K	1	0018	15958	Bartholoness	A.	1906	Mar	14	045	M	Seattle	
K	1	0022	02627	Bartl	William	1897	Feb	08	026	M	Providence Hosp.	
K	1	0297	10777	Bartlett	Catherine	1903	Feb	13	081	M	410 1st Ave W	DE
K	1	0012	13168	Bartlett	Eliza	1904	Aug	15	068	F	Providence Hosp.	MI
K	1	0011	12671	Bartlett	George C.	190	Apr	30	050	M	Providence Hosp.	IL
k	1	0014	14119	Bartlett	Guy C.	1905	Jan	10	022	M	Seattle General Hosp.	IA
K	1	0011	12260	Bartlett	Infant	1904	Jan	31		M	Seattle General Hosp.	WA
1	1	0017	00560	Bartlett	Josephine	1893	Jun	4	43	F	Lk. WA Boat Hse Madison St.	

S	R	PG	REC	LASTNAME	FIRSTNAME	DETH	MN	DT	AGE	S	DEATHPLACE	BIRTH
K	1	0296	10371	Bartlett	Mary	1902	Oct	27	035	F	611 Pike	NRY
1	1	0017	00599	Bartlett	William	1893	Aug	8	21	M	Snoqualmie	
K	1	0015	14667	Bartlettn	Ralph J.	1905	Jan	22	018	M	Dunlap	IA
K	1	0020	16888	Bartley	Baby	1906	Sep	27	02m	F	Seattle	WA
				Barto		1903	May			F	Prov. Hospital	ITL
K	1	0020	02201	Barto	Infant	1896	May	23	<01	M	Seattle	
K	1	0275	11186	Barto	Katie O. Mrs.	1903	May	24	037	F	Prov. Hospital	ITL
1	1	0017	00578	Barto	Richard	1893	Jul	6	1	M	Seattle	WA
K	1	0016	14802	Bartoldi	Edith M.	1905	Jul	28	08m	F	Georgetown	WA
				Barton		1899	Sep			M	Seattle	SEA
K	1	0026	04612	Barton	Chas. Lee	1899	Sep	29	009	M	Seattle	
K	1	0026	04601	Barton	T.J.	1899	Sep	25	030	M	Seattle	
1	1	0016	00790	Barton	Thos. S.	1894	Mar	4	51	M	Gould St.	
K	1	0023	03526	Bartow	-	1898	Jun	01	<01	F	Seattle	
1	1	0017	00675	Barts	Richard	1893	Jul	6	1	M	Seattle	WA
K	1	0009	11718	Bartsch	Katherine	1903	Sep	20	020	F	Providence Hosp.	IL
				Barwell		1900	Nov			F	Ballard	OH
K	1	0028	05801	Barwell	Annie B.	1900	Nov	15	056	F	Ballard	
K	1	0295	07771	Barwell	J.H.	1902	Jun	11	058	M	Ballard	OH
K	1	0275	11187	Basal	Eddie	1903	May	10	001	M	26th & E. Denny Way	SEA
K	1	0021	02576	Bascacci	Jussie (Mrs.)	1896	Dec	14	030	F	Black Diamond	
k	1	0016	15156	Basco	B.	1905	Sep	02	030	M	Seattle	PHL
				Bass		1899	Jan			F	Seattle	TX
K	1	0024	04066	Bass	Mary A.	1899	Jan	15	032	F	Seattle	
K	1	0021	17581	Bass	Nellie	1907	Jan	30	042	F	Seattle	ENG
				Bassch		1901	Nov			M	1821 Harvard Ave.	GER
				Bassett		1901	Oct			F	Enumclaw (WA Chldrn's Home)	WA
				Bassett		1901	Oct			M	Seattle	NY
				Bassett		1903	Apr			F	Monod Hospital	---
K	1	0009	11448	Bassett	Mary	1903	Jul	06	056	F	1208 Wallingford Ave.	IRL
K	1	0275	11023	Bassett	Phoebe A.	1903	Apr	15	023	F	Monod Hospital	---
1	1	0018	01048	Bassio	Joseph	1894	Aug	24	20	M	Franklin	US
K	1	0017	15535	Batchelder	Frank L.	1905	Dec	15	03	M	Seattle	NH
K	1	0023	03362	Batchelder	J. K.	1898	Apr	20	049	M	Seattle	
K	1	0011	12662	Batchelder	Juliel M.	1904	Apr	07	01m	F	2206 Queen Anne	WA
K	1	0296	10186	Bateman	Harie A.	1902	Sep	13	049	M	Georgetown (b.Philadelphia	---
K	1	0295	07774	Bateman	Jemima	1902	Jul	06	10d	F	Green Lake	SEA
				Bates		1901	Nov			M	917 3rd Ave.	USA
				Bates		1901	Aug			M	125 19th Ave.	SEA
				Bates		1900	Oct			F	Seattle	IA
K	1	0295	09991	Bates	A.J.	1902	Jun	29	039	M	Co. Hosp.	ENG
K	1	0295	07770	Bates	Alfi J.	1902	Jun	29	039	M	King Co Hosp.	ENG
K	1	0028	05652	Bates	Amelia L.	1900	Oct	09	053	F	Seattle	
K	1	0023	18221	Bates	Baby	1907	Apr	14	01d	F	Seattle	WA
K	1	0012	12916	Bates	Dica L.	1904	Jun	11	023	F	1610 4th Ave.	IA
K	1	0012	12679	Bates	E. W.	1904	May	27	030	M	Wayside Mission	
K	1	0021	02394	Bates	Gladys	1896	Sep	02	<01	F	Yakima & Pike	
1	1	0016	00141	Bates	Jessie	1891	Nov	21	10	F	Ballard	MI
K	1	0021	02398	Bates	Lamire	1896	Sep	25	043	F	Yakima & Pike Ave.	
K	1	0019	01335	Bates	Raymond	1894	Nov	29	001	M	412 1/2 Yesler Ave.	
K	1	0023	03363	Bates	S. St. V. N.	1898	Apr	24	<01	F	Seattle	
K	1	0016	15157	Bates	William	1905	Sep	04	040	M	Seattle	
K	1	0295	10169	Bathgate	Charles	1902	Sep	24	075	M	604 11 Ave	USA
K	1	0021	17568	Battele	Laurnus R.	1907	Jan	06	013	M	Seattle	OR
K	1	0275	11192	Battenfield	S.R.	1903	May	24	004	M	415 Seneca St.	OH
K	1	0016	15002	Battke	Nicholas W.	1905	Aug	22	085	M	Seattle	GA
				Battle		1900	Feb			M	Seattle	GA
K	1	0026	04915	Battle	Mary Ann	1900	Feb	03	071	F	Seattle	
K	1	0020	02087	Bauam	Thomas	1896	Mar	13	028	M	2012 6th Ave.	
				Bauer		1901	Oct			F	526 8th Ave.	GER
K	1	0296	10500	Bauer	Fred Joe	1902	Dec	29	044	M	Prov. Hosp.	MN
K	1	0023	18707	Bauer	Pearl M.	1907	Jun	01	024	F	Seattle	IL
K	1	0009	11562	Baum	Margaret (Mrs.)	1903	Aug	29	070	F	318 5th Ave.	GER

S	R	PG	REC	LASTNAME	FIRSTNAME	DETH	MN	DT	AGE	S	DEATHPLACE	BIRTH
K	1	0019	01658	Bauman	Daniel	1895	May	14	033	M	Front St.	
K	1	0013	13485	Baumgartner	Joseph	1904	Oct	01	039	M	Lake Station	GER
				Baunett		1898	Sep			F	Seattle	---
K	1	0024	03750	Baunett	Martha	1898	Sep	16	<1	F	Seattle	
				Bautloon		1898	Aug			F	Seattle	---
K	1	0024	03678	Bautloon	W.	1898	Aug	11	079	F	Seattle	
K	1	0023	18654	Bautsto	Gregono	1907	Apr	30	021	M	Georgetown	PHL
K	1	0013	13489	Bavington	George	1904	Oct	09	011	M	1403 12th Ave.	NY
				Baxter		1903	Apr			M	Ballard, WA	---
				Baxter		1903	Apr			F	Times St. Ballard	ENG
				Baxter		1903	---			M	Ballard, WA	ENG
				Baxter		1899	Mar			M	Seattle	---
K	1	0021	17506	Baxter	Alice L.	1906	Nov	18	043	F	Ballard	WI
K	1	0295	09998	Baxter	Baby	1902	Aug	09	04m	M	1426 5th, rear	SEA
K	1	0014	13642	Baxter	Benjamin E.	1904	Dec	17	04m	M	Fall City	WA
K	1	0011	12487	Baxter	Charles	1904	Mar	01	055	M	1312-46 Ave.	CND
K	1	0025	04204	Baxter	Daniel K.	1899	Mar	22	072	M	Seattle	
K	1	0275	11029	Baxter	John E.	1903	Apr	13	050	M	Ballard, WA	---
K	1	0275	11028	Baxter	Mary	1903	Apr	17	071	F	Times St. Ballard	ENG
K	1	0275	10907	Baxter	William	1903	---	10	074	M	Ballard, WA	ENG
				Bay		1901	Aug			M	2119 6th Avenue	IL
				Bayer		1900	May			F	Seattle	MI
K	1	0027	05242	Bayer	A.A.	1900	May	23	049	F	Seattle	
				Bayles		1901	Jul			F	W. Seattle	MS
K	1	0011	12365	Bayne	Arthur	1904	Feb	19	021	M	408 Seneca St.	CND
K	1	0010	11976	Bayne	Perry	1903	Nov	12	057	M	Ballard	IN
				Bayrad		1901	Aug			M	Prov. Hosp.	WS
K	1	0019	01336	Bdart ?	Oliver	1894	Nov	26	046	M	Providence Hospital	
				Beach		1900	Dec			M	Van Asselt	sme
K	1	0021	17575	Beach	Baby	1907	Jan	18	21d	M	Seattle	WA
K	1	0022	17980	Beach	Elsie	1907	Mar	04	018	F	Seattle	KS
K	1	0028	05855	Beach	Geo.	1900	Dec	15	002	M	Van Asselt	
K	1	0296	10473	Beach	Rachel Permelia	1902	Oct	15	067	F	Renton	KY
K	1	0013	13337	Beach	William M.	1904	Sep	30	072	M	1413 Summit Ave.	SC
				Beal		1898	Oct			M	Seattle	WI
K	1	0024	03841	Beal	John	1898	Oct	10	022	M	Seattle	
K	1	0017	15418	Beale	Baby	1905	Nov	21	s/b	M	Seattle	WA
K	1	0017	15291	Beale	Walter	1905	Dec	17	043	M	Seattle	ENG
				Beales		1898	Jul			M	Seattle	IN
K	1	0024	03604	Beales	Arthur H.	1898	Jul	17	039	M	Seattle	
K	1	0011	12498	Beals	Thomas	1904	Jan	29	049	M	Providence Hosp.	
				Bean		1901	Jan			M	Fremont	IL
				Bean		1901	Jan			M	Seattle	IN
				Bean		1899	Apr			M	Seattle	---
K	1	0019	16433	Bean	Grace M.	1906	Jun	17	027	F	Seattle	NE
K	1	0025	04274	Bean	James A.	1899	Apr	12	076	M	Seattle	
K	1	0029	05959	Bean	Jno. H.	1901	Jan	27	065	M	Fremont	
K	1	0029	05954	Bean	Levi	1901	Jan	10	057	M	Seattle	
K	1	0023	18388	Bearden	Baby	1907	Apr	21	01m	M	Ballard	WA
				Beardsley		1902	May			M	Georgetown (Kent)	WA
K	1	0019	16430	Beardsley	Harry	1906	Jun	02	056	M	Seattle	ME
				Beatie		1903	Apr			M	Prov. Hospital	CND
K	1	0009	11450	Beatie								
K	1	0275	11022	Beatie	J.J.	1903	Apr	17	045	M	Prov. Hospital	CND
K	1	0297	10613	Beaton	Evelyn Forrest	1903	Jan	09	003	F	SEA Gen Hosp (b.Pt.Madison	---
				Beattie		1899	Jun			M	Seattle	SEA
K	1	0025	04436	Beattie	Baby	1899	Jun	24	<1	M	Seattle	
K	1	0023	03452	Beattie	Ellen	1898	May	11	029	F	Seattle	
K	1	0023	18224	Beattie	James M.	1907	Apr	16	005	M	Seattle	WA
K	1	0014	13940	Beattie	Mary J.	1905	Jan	22	08	F	Pacific Hosp.	WA
				Beatty		1900	Aug			M	Nome City AK	CA
1	1	0018	01083	Beatty	J. L.							
K	1	0028	05533	Beatty	John W.	1900	Aug	07	042	M	Nome City AK	

S	R	PG	REC	LASTNAME	FIRSTNAME	DETH	MN	DT	AGE	S	DEATHPLACE	BIRTH
K	1	0023	18866	Beaudreau	John B.	1907	Jun	23	043	M	Riverside	CND
				Beaumont		1900	Mar			F	Seattle	---
K	1	0297	10772	Beaumont	Alfred	1903	Feb	03	045	M	Prov. Hosp.	ENG
K	1	0027	05044	Beaumont	J.R.	1900	Mar	11	028	F	Seattle	
K	1	0018	15832	Beaurx	Robert	1906	Feb	14	050	M	Seattle	NY
				Beautigan		1899	Jun			M	Seattle	GER
K	1	0025	04419	Beautigan	John C.	1899	Jun	17	081	M	Seattle	
1	1	0017	00591	Beaver	Joe	1893	Jul	22	27	M	Jose Logging Camp	
K	1	0011	12627	Bebbe	William H.	1904	Feb	18	067	M	Dunlap	CT
K	1	0020	02202	Bechdolt	Jean	1896	May	25	051	F	1919 10 Ave.	
				Bechel		1901	Feb			F	Seattle	MO
K	1	0029	06072	Bechel	Elvenia	1901	Feb	04	045	F	Seattle	
K	1	0025	04137	Beck	Abela	1899	Feb	16	039	F	Seattle	
K	1	0023	03120	Beck	C.	1898	Jan	28	035	M	Merchants Hotel	
K	1	0019	01740	Beck	Clara	1895	Jul	11	015	F	Ballard	
K	1	0023	18382	Beck	Irene	1890	Sep	14	002	F	Ballard	WA
K	1	0022	02827	Beck	Jacob	1897	Jul	07	040	M	Providence Hospital	
K	1	0023	18717	Beck	Kestova	1907	Jun	23	001	F	Seattle	SWD
K	1	0019	16263	Beck	L. A.	1906	May	20	077	M	Georgetown	NRY
K	1	0019	16406	Beck	L. A.	1906	May	20	077	M	Georgetown	NRY
K	1	0009	11451	Beck	Lafayette S.	1903	Jul	13	078	M	Brooklyn St.	KY
K	1	0025	04122	Beck	Myrtle	1899	Feb	09	<1	F	Seattle	
k	1	0017	15645	Beck	Nicholas	1906	Jan	04	052	M	Ballard	MI
K	1	0020	02091	Beck	Sarah A.	1896	Mar	29	067	F	Ravenna Park	
				Becker		1900	Sep			-	T. St. Michael	---
				Becker		1899	Mar			M	Near Green Lake	GER
				Becker		1899	Oct			F	Green Lake	---
K	1	0297	10617	Becker	Baby	1903	Jan	14	s/b	M	cor/4th & Spring	SEA
K	1	0025	04157	Becker	Charles	1899	Mar	01	046	M	Near Green Lake	
K	1	0026	04649	Becker	Henry	1899	Oct	11	055	F	Green Lake	
K	1	0028	05760	Becker	Oscar B.	1900	Sep	23			T. St. Michael	
k	1	0017	15682	Beckett	Baby	1906	Jan	28	s/b	M	Seattle	WA
				Beckman		1900	Apr			M	Edgewater	sme
				Beckman		1899	May			M	Seattle	SEA
K	1	0027	05142	Beckman	Baby	1900	Apr	04	<1	M	Edgewater	
K	1	0025	04339	Beckman	Victor	1899	May	08	002	M	Seattle	
K	1	0019	01568	Beckstrom	D.	1895	Apr	15	083	M	BOTHELL, WA	
K	1	0019	01568	Beckstrom	O.	1895	Apr	15	083	M	Bothell, Wash.	
K	1	0022	02628	Beckwich	Delilah	1897	Feb	01	076	F	West Seattle	
K	1	0018	15828	Beckwith	E.	1906	Feb	06	070	F	Seattle	OH
K	1	0020	17062	Beckwith	Elizabeth S.	1906	Oct	22	018	F	Ballard	NY
K	1	0017	15288	Bedel	D. S.	1905	Oct	01	077	M	Seattle	KY
K	1	0009	11454	Beden	Ella	1903	Jul	09	047	F	Pt. Madison	WA
K	1	0015	14534	Bedwell	Sarah M.	1905	May	10	020	F	Seattle	MO
K	1	0015	14429	Bee	AntoneF.	1905	Apr	10	015	M	Seattle	NRY
				Beebe		1901	Nov			M	Green Lake	SEA
K	1	0015	14541	Beebe	Baby	1905	May	23	s/b	M	Seattle	WA
K	1	0015	14542	Beebe	Rose A.	1905	May	23	032	F	Seattle	MN
				Beebe (?)		1901	Jul			M	Green Lake	CT
K	1	0297	10770	Beedle	Theresa	1903	Feb	16	050	F	Lake Pk.	WI
				Beeds		1900	Feb			M	Seattle	MN
K	1	0026	04945	Beeds	Geo. K.	1900	Feb	13	056	M	Seattle	
K	1	0019	16436	Beek	Brewster	1906	Jun	24	035	M	Seattle	IL
1	1	0016	00046	Beek	Irene	1891	Sep	18	3	F	Ballard	WA
				Beekman		1901	Feb			M	S. Seattle	NY
K	1	0029	06065	Beekman	John H.	1901	Feb	17	071	M	S. Seattle	
K	1	0012	13171	Beeson	Elizabeth Elmer	1904	Aug	27	012	F	125 30th Ave.	WA
K	1	0023	18475	Beeson	Louis J.	1907	May	31	057	M	Seattle	NRY
K	1	0026	04970	Beger	Louis	1900	Feb	26	042	F	Providence Hospital	
K	1	0008	07670	Begg	Ausin E.	1902	May	22	<01	M	Seattle	WA
K	1	0295	07670	Begg	Austin Earl	1902	May	22	12d	M	416 30th Ave	SEA
1	1	0016	00187	Begg	W. D.	1892	Jan	24	89	M	Ballard	
K	1	0022	17764	Begley	Baby	1907	Feb	12	1/d	M	Seattle	WA

S R	PG	REC	LASTNAME	FIRSTNAME	DETH	MN	DT	AGE	S	DEATHPLACE	BIRTH
			Behm		1899	Apr			M	Ballard	sme
			Behm		1901	Nov			M	Ballard	sme
K 1	0025	04321	Behm	Infant	1899	Apr	11		M	Ballard	
K 1	0010	12123	Behrens	George W.	1903	Dec	05	022	M	416-15 Ave. N.	WI
K 1	0020	02153	Behrman	Eugene	1896	Apr	18	047	M	Prov. Hospital	
			Behrns		1898	Nov			M	Seattle	GER
K 1	0024	03899	Behrns	John	1898	Nov	05	079	M	Seattle	
			Beigert		1900	Jun			M	Latona	sme
K 1	0027	05400	Beigert	Martin	1900	Jun	01	<1	M	Latona	
K 1	0020	16889	Beitz	Mary A.	1906	Sep	29	047	F	Seattle	FRN
K 1	0023	18653	Bejmet	P.M.	1907	Feb	16	055	M	Georgetown	CND
K 1	0009	11720	Bek	Jamese	1903	Sep	02	040	M	1805 Bellevue Ave.	IL
K 1	0297	10775	Bekins	Ward H.	1903	Feb	28	08m	M	114 Stewart (b.Clevago,	IL
K 1	0020	17011	Bekken	M.	1906	Sep	24	023	M	Georgetown	JPN
K 1	0010	11976	Belan	G. F.	1903	Nov	01	040	M	Redmond	
K 1	0014	14236	Belander	Clifford	1905	Mar	01	05m	M	Seattle	WA
			Belcher		1901	Mar			M	---	---
K 1	0013	13630	Belcher	Mary C.	1904	Nov	07	060	F	2nd & Virginia	IN
			Belden		1900	May			F	Seattle	MI
K 1	0296	10603	Belden	Hazel	1903	Jan	09	008	F	Blk. Diamond	sme
K 1	0027	05231	Belden	Mrs.	1900	May	06	036	F	Seattle	
K 1	0009	11452	Belenge	Baby	1903	Jul	16	pre	M	214 Wall St.	WA
K 1	0275	11020	Belford	D.J.	1903	Apr	04	045	M	Prov. Hospital	IL
			Belknap		1903	Jun			M	1521 7th Ave.	IL
K 1	0021	17080	Belknap	Bertha R.	1906	Oct	14	043	F	Seattle	PA
K 1	0275	11193	Belknap	Wm. Henry	1903	Jun	24	054	M	1521 7th Ave.	IL
			Bell		1900	Dec			M	Seattle	SEA
			Bell		1902	Jan			F	Monod Hosp.	NY
			Bell		1901	Dec			M	Prov. Hosp.	PA
			Bell		1900	Mar			M	Index	NC
			Bell		1901	Oct			M	Seattle Gen. Hosp.	USA
			Bell		1901	Nov			F	Gen. Hosp.	USA
K 1	0023	03449	Bell	(Infant)	1898	May	02	<01	M	Seattle	
K 1	0015	14398	Bell	Archibald T.	1905	Apr	01	038	M	Seattle	MO
K 1	0029	05859	Bell	Arthur E.	1900	Dec	04	028	M	Seattle	
K 1	0296	10258	Bell	Baby	1902	Nov	13	---	F	344 17th N	SEA
K 1	0020	16876	Bell	Baby	1906	Sep	10	s/b	M	Seattle	WA
K 1	0020	17078	Bell	Baby	1906	Oct	13	s/b	F	Seattle	WA
K 1	0023	18165	Bell	Fredrick J.	1907	Apr	13	009	M	Bothell	WA
K 1	0023	03449	Bell	Infant	1898	May	02	001	M	Seattle	
K 1	0021	02399	Bell	Jeannie (Mrs.)	1896	Sep	27	077	F	Queen Ann Hill	
K 1	0017	15540	Bell	Mona	1905	Dec	29	03m	F	Seattle	WA
K 1	0022	17763	Bell	Robert	1907	Feb	07	019	M	Seattle	CND
K 1	0026	04984	Bell	Samuel M.	1900	Mar	15	023	M	Index	
K 1	0015	14410	Bell	Sara E.	1905	Apr	28	045	F	Seattle	OR
K 1	0014	13946	Bell	Wilda	1905	Jan	28	013	F	1000 E. Columbia St.	WA
K 1	0021	17082	Bell	Winnifred A.	1906	Oct	20	041	F	Seattle	NY
			Bellamey		1902	Mar			F	1156 Republican (Spokane)	WA
K 1	0022	02629	Bellew	Edwan	1897	Feb	14	065	M	Prov. Hospital	
			Belling		1901	May			-	King Co. Hosp.	GER
K 1	0019	16579	Bellinger	Lulu C.	1906	Jul	14	020	F	Seattle	NE
			Belman		1901	Sep			M	413 Maynard Ave. (Rento	WA
K 1	0017	15414	Belmont	Baby	1905	Nov	11	s/b	M	Seattle	WA
1 1	0016	00056	Belstead	Arthur	1891	Sep	16	<01	M	Seattle	WA
K 1	0016	14798	Belton	Thomas	1905	Jul	18	035	M	Palmer	
			Beman		1902	Feb			F	1415 East Fir	OH
1 1	0017	00788	Bemberg	Hilda	1894	Feb	26	01	F	Seattle - Yakima Ave	WA
K 1	0012	12921	Bemberg	William H.	1904	Jun	17	045	M	123 Lake Dell Ave.	GER
			Bemis		1902	Feb			M	Green Lake	NY
K 1	0297	10614	Bemis	Hannah	1903	Jan	21	068	F	920 1st Ave	NY
K 1	0297	10610	Bemis	L.C.	1903	Jan	19	035	M	Foot/Pine St	WI
			Bemiss		1899	Nov			F	Seattle	WA
K 1	0026	04696	Bemiss	Jennie S.	1899	Nov	03	022	F	Seattle	

S	R	PG	REC	LASTNAME	FIRSTNAME	DETH	MN	DT	AGE	S	DEATHPLACE	BIRTH
K	1	0017	15292	Bemy	Baby	1905	Oct	19	01d	M	Seattle	WA
K	1	0022	17775	Bemy	Carrie B	1907	Feb	24	060	F	Seattle	WV
K	1	0022	17992	Ben	Toy	1907	Mar	26	038	M	Seattle	CHN
K	1	0020	16882	Ben	Wong	1906	Sep	15	025	M	Seattle	CHN
				Benedetta		1900	Jun			M	Seattle	CA
K	1	0027	05401	Benedetta	John	1900	Jun	04	028	M	Seattle	
				Benedict		1898	Nov			F	Seattle	---
K	1	0024	03900	Benedict	Irene	1898	Nov	05	007	F	Seattle	
K	1	0295	07776	Benedict	Maxwell R.	1902	Jun	11	002	F	Seattle	WA
K	1	0019	16552	Benedict	Samuel	1906	Jul	13	062	M	Seattle	OH
K	1	0022	18162	Benena	Louis	1907	Mar	28	023	M	Renton	IL
K	1	0015	14244	Benetz	Bernard	1905	May	18	047	M	Seattle	
K	1	0014	14124	Benford	George A.	1905	Jan	26	001	M	1607 19th Ave.	WA
				Beng		1902	May			F	110 4th Ave. N.	SWD
K	1	0022	02673	Bengtson	Ingeborg	1897	Mar	23	053	F	Genrl. Hospital	
K	1	0012	12680	Benhagon	Connie	1904	May	31	08m	F	12th Ave. N.	CA
K	1	0020	16887	Benham	William H.	1906	Sep	27	050	M	Seattle	IA
K	1	0019	1623	Benigns	Agastus	1906	Apr	23	040	M	Palmer	
				Benjamin		1901	Sep			M	Seattle	SEA
				Benjamin		1898	Nov			F	Seattle	CT
				Benjamin		1900	Sep			M	Seattle	sea
K	1	0019	16581	Benjamin	Baby	1906	Jul	30	02m	F	Seattle	WA
K	1	0295	10003	Benjamin	Emery Lee	1902	Aug	11	021	M	Good Lake	OR
K	1	0024	03901	Benjamin	Mary E.	1898	Nov	06	065	F	Seattle	
K	1	0028	05621	Benjamin	Wm. R.	1900	Sep	03	<1	M	Seattle	
				Benner		1902	Jan			F	Prov. Hosp.	WA
1	1	0017	00611	Benner	Eda	1893	Aug	29	25	F	Ballard	MN
K	1	0012	13165	Bennet	Sarah E.	1904	Aug	11	050	F	W. Seattle	ENG
k	1	0014	14243	Bennett	Anna	1905	Mar	18	080	F	Seattle	IDA
K	1	0023	18706	Bennett	Baby	1907	Jun	01	s/b	M	Seattle	WA
K	1	0019	01558	Bennett	Bessie	1895	Mar	12	003	F	Seattle	
1	1	0017	00779	Bennett	Bessie L.	1894	Mar	10	27	F	Madison & -	US
1	1	0016	00164	Bennett	Bryn L.	1891	Dec	10	21	M	Latona	
K	1	0296	10472	Bennett	E. J.	1902	Nov	26	025	F	------	ENG
K	1	0296	10259	Bennett	E. J. (Mrs.)	1902	Nov	27	025	F	King Co Hosp (b.Br.Columbia	---
K	1	0014	13939	Bennett	Ellen	1905	Jan	18	20d	F	Lake Samamish	WA
K	1	0009	11560	Bennett	Floyd E.	1903	Aug	04		M	Brooklyn	WA
K	1	0020	17008	Bennett	Francis	1906	Sep	03	001	F	W. Seattle	WA
K	1	0016	14688	Bennett	Joshua E.	1905	Jun	28	066	M	Seattle	NY
K	1	0016	15155	Bennett	Marve	1905	Sep	01	045	F	Seattle	VT
K	1	0021	02488	Bennett	Matilda	1896	Nov	08	028	F	Florence House	
K	1	0013	13405	Bennett	Vera	1904	Sep	17	006	F	1535 5th Ave.	CND
K	1	0014	14125	Bennett	William P.	1905	Jan	26	036	M	Seattle General Hosp.	NY
K	1	0020	01820	Bennett	Wm. M.	1895	Sep	15	063	M	Poor Hospital	
K	1	0018	15963	Benois	Joseph	1906	Mar	29	055	M	Seattle	
				Bensa		1901	Sep			M	Prov. Hosp.	GER
				Benson		1900	Jun			F	Seattle	ME
				Benson		1903	---			F	Ballard	sme
				Benson		1900	Feb			M	Henry's Switch	SWD
				Benson		1899	Dec			M	Seattle	SWD
				Benson		1898	Jun			F	Seattle	MI
				Benson		1902	Mar			F	Ballard	WI
				Benson		1901	Jul			M	Seattle	SWD
1	1	0016	00300	Benson	A. O.	1892	Apr	25	40	M	Co. Farm	NY
K	1	0022	17979	Benson	August	1907	Mar	02	045	M	Seattle	SWD
K	1	0021	17246	Benson	August	1906	Nov	16	057	M	Seattle	SWD
K	1	0015	14408	Benson	Baby	1905	Apr	22	s/b	M	Seattle	WA
K	1	0013	13637	Benson	Bernard	1904	Dec	07	040	M		NRY
1	1	0017	00690	Benson	Bessie	1893	Dec	12	7	F	Gilman	WA
K	1	0026	04794	Benson	Chas.	1899	Dec	30	048	M	Seattle	
K	1	0026	04913	Benson	Chas. P.	1900	Feb	02	045	M	Henry's Switch	
K	1	0021	17365	Benson	Emmeline G.	1906	Dec	03	062	F	Seattle	ME
K	1	0022	17772	Benson	Erika	1907	Feb	19	080	F	Seattle	NRY

S R	PG	REC	LASTNAME	FIRSTNAME	DETH	MN	DT	AGE	S	DEATHPLACE	BIRTH
K 1	0023	18471	Benson	Floria a.	1907	May	27	050	F	Seattle	NH
K 1	0022	02922	Benson	Howard M.	1897	Sep	28	<01	M	9th Ave. & Addition	
K 1	0275	10911	Benson	Infant	1903	---	10	---	F	Ballard	sme
K 1	0024	03531	Benson	L. B.	1898	Jun	01	021	F	Seattle	
K 1	0008	07666	Benson	Laura	1902	Mar	31	9	F	Ballard	WI
K 1	0027	05329	Benson	Lucy Ann	1900	Jun	08	076	F	Seattle	
K 1	0025	04333	Benston	Ole L	1899	May	04	065	M	Elliott Bay	
			Bentley		1901	Feb			M	Seattle	NV
K 1	0013	13497	Bentley	Elizabeth	1904	Oct	28	063	F	3622 Woodlawn Ave.	ENG
K 1	0297	10736	Bentley	John	1903	Sep	15	054	M	King Co. Hosp	MO
K 1	0023	18391	Bentley	Mark H.	1907	Apr	26	023	M	Black Diamond	CO
K 1	0029	06064	Bentley	Roy A.	1901	Feb	26	024	M	Seattle	
K 1	0011	12491	Bentley	Will	1904	Jan	19	030	M	2nd Ave. S./Main	MO
K 1	0296	10369	Bently	Helen M.	1902	Oct	24	050	F	Monod Hosp.	---
K 1	0022	02786	Bently	John C.	1897	Jun	03	005	M	2220 7th Ave.	
K 1	0010	11861	Bentoldi	Angelica	1903	Oct	27	038	F	Georgetown	AUT
			Benton		1900	Aug			F	Seattle	PA
			Benton		1902	Feb			M	2639 Irving St.	SEA
			Benton		1900	Jun			F	Seattle	GER
K 1	0018	15837	Benton	Charles	1906	Feb	27	040	M	Seattle	
K 1	0027	05280	Benton	Frank	1900	Jun	28	058	F	Seattle	
K 1	0021	17376	Benton	Mary E.	1906	Dec	29	065	F	Seattle	OH
K 1	0028	05471	Benton	Mrs. Niles P.	1900	Aug	18	077	F	Seattle	
			Beran		1899	Feb			F	Renton, WA	WLS
K 1	0025	04154	Beran	Mary	1899	Feb	09	058	F	Renton, WA	
K 1	0024	03680	Berastrom	Louis	1898	Aug	20	042	M	Ballard	
K 1	0020	01822	Berdenstein	William	1895	Sep	16	065	M	River Park	
1 1	0016	00286	Beren	Frank	1892	May	27	30	M	Georgetown	
K 1	0022	18160	Beresfoed	Minnie	1907	Mar	26	032	F	Rainer Blvd.	IL
K 1	0011	12661	Berg	Alexander	1904	Apr	06	035	M	Fir. WA	FIN
1 1	0018	01040	Berg	Fred Nicolli	1894	Aug	7	<01	M	Ballard	WA
K 1	0014	13933	Berg	Gustave	1905	Jan	02	024	M	South Seattle	SWD
K 1	0014	13937	Berg	John	1905	Jan	15	025	M	Providence Hosp.	
K 1	0012	12927	Berg	John Clarence	1904	Jun	07	10m	M	919 4th Ave.	MT
K 1	0023	03451	Berg	Knute	1898	May	10	052	M	Seattle	
K 1	0023	18713	Berg	Martha	1907	Jun	09	061	F	Seattle	SWD
1 1	0016	00265	Berg	Mary	1892	Apr	25	11	F	Seattle	SWD
K 1	0021	02586	Berg	Severt	1897	Jan	01	017	M	1012 Charles St.	
K 1	0021	17573	Bergen	Charles P.	1907	Jan	16	035	M	Seattle	WA
K 1	0275	11189	Bergen	Evlyn	1903	May	18	004	F	53 Bell St. (b.Blk Diamond)	WA
K 1	0016	14949	Bergen	Nana	1905	Aug	09	05m	F	Columbia	OR
K 1	0297	10737	Bergenkoltz	Anne	1903	Jan	17	02d	F	------ (b.Elliott STA,	WA
K 1	0018	15961	Bergenson	Louis	1906	Mar	27	034	M	Seattle	NRY
			Berger		1898	Jun			M	Seattle	PA
K 1	0019	16698	Berger	Baby	1906	Aug	01	s/b	M	Seattle	WA
K 1	0024	03534	Berger	Danl	1898	Jun	26	072	M	Seattle	
K 1	0021	02395	Berger	Sophia	1896	Sep	06	063	F	Seattle	
K 1	0010	12122	Bergeson	Louis	1903	Dec	05	060	M	Seattle Gen Hosp.	
K 1	0018	16128	Bergestrom	Carl	1906	Apr	29	070	M	Seattle	
K 1	0020	01786	Berggsen	Geo. W.	1895	Aug	28	<01	M	908 Prospect Ave.	
			Bergin		1901	Dec			M	802 9th Ave. S.	SEA
K 1	0009	11556	Berglin	August	1903	Aug	10	010	M	5 Ave. Main St.	
K 1	0019	01671	Berglin	D.	1895	May	01	038	M	1800 6TH ST.	
K 1	0019	01671	Berglin	O.	1895	May	01	038	M	1800 6th St.	
			Bergman		1900	Jan			M	Seattle	SEA
K 1	0022	17770	Bergman	Anders	1907	Feb	16	076	M	Seattle	SWD
K 1	0018	16130	Bergman	Baby	1906	Apr	30	05d	M	Seattle	WA
K 1	0026	04850	Bergman	Florence B.	1900	Jan	18	009	M	Seattle	
K 1	0014	13938	Bergman	Odin N.	1905	Jan	17	03d	M	1529 3rd Ave. W.	WA
K 1	0023	03179	Bergman	Peter	1898	Feb	08	036	M	Seattle	
K 1	0011	12496	Bergmilt	Theophelus	1904	Mar	28	001	M	Ballard	CND
K 1	0018	16058	Bergon	Edward	1906	Mar	06	042	M	Tucson, AZ	CND
			Bergquist		1901	May			F	Fremont	SWD

S	R	PG	REC	LASTNAME	FIRSTNAME	DETH	MN	DT	AGE	S	DEATHPLACE	BIRTH
K	1	0296	10367	Bergquist	Baby	1902	Oct	23	---	M	801 Columbia St.	SEA
				Bergstrom		1898	Aug			M	Ballard	SWD
K	1	0296	10253	Bergstrom	Charlotte	1902	Nov	07	018	F	InterBay	MI
K	1	0020	01997	Bergstrom	Ellen	1896	Jan	24	008	F	BALLARD	
K	1	0020	16879	Bergstrom	Sophia	1906	Sep	12	067	F	Seattle	SWD
K	1	0275	11200	Bericklow	Leona	1903	Jun	29	006	F	------	SD
K	1	0012	12681	Berken	Julia J.	1904	May	31	027	F	Ballard	NRY
K	1	0010	11865	Berkler	Viola E.	1903	Oct	02	024	F	2106 5th Ave.	NE
K	1	0296	10170	Berklund	Ole	1902	Sep	25	020	M	Seattle Gen Hosp	NRY
K	1	0023	18712	Berkman	Bernard	1907	Jun	08	003	M	Seattle	WA
K	1	0009	11455	Berkonick	Katherine	1903	Jul	21	023	F	2200 2nd Ave.	AUS
K	1	0023	18711	Berkovich	Antonia	1907	Jun	07	021	F	Seattle	AUS
K	1	0018	01315	Bermer	Fred	1894	Oct	03	035	M	Hot Springs, Wash.	
				Bern		1901	Sep			F	Green Lake	AK
K	1	0010	12124	Bernard	John T.	1903	Dec	07	045	M	Providence Hosp.	CA
K	1	0023	03259	Bernard	Joren	1898	Mar	24	023	M	Seattle	
K	1	0027	05402	Bernhard	Lola	1900	Jun	05	029	F	Seattle	
				Bernicke		1901	Apr			F	Prov. Hosp.	CND
				Berry		1900	Aug			M	Seattle	SEA
K	1	0022	02788	Berry	Geo. W.	1897	Jun	17	041	M	1524 23rd Ave.	
K	1	0009	11726	Berry	Gustaf	1903	Sep	24	041	M	Police Station	ENG
K	1	0028	05535	Berry	Infant	1900	Aug	23	<1	M	Seattle	
K	1	0020	02203	Bersch	Jacob	1896	May	25	-	M	King Co. Hospital	
K	1	0018	15955	Bersie	Hiram W.	1906	Mar	02	071	M	Seattle	PA
K	1	0014	14122	Bertch	Rachel	1905	Jan	20	061	F	922 Taylor Ave.	PA
K	1	001	14122	Bertch	Rachel	1905	Jan	20	061	f	922 Taylor Ave.	PA
K	1	0009	11858	Bertelson	Baby	1903	Oct	22	s/b	M	4300 27 W.	WA
K	1	0009	11721	Bertelson	Morton	1903	Sep	14	072	M	3016-24 W.	DNK
K	1	0295	10152	Bertilson	Baby	1902	Sep	21	pre	M	Alaska Com. Hotel	SEA
K	1	0022	02872	Berton	Irene	1897	Aug	21	<01	F	4th & Yesler	
K	1	0021	17571	Bertram	Charles J.	1907	Jan	10	042	M	Seattle	NY
K	1	0018	16122	Bertram	Samuel J.	1906	Apr	20	026	M	Seattle	KY
K	1	0015	14543	Bertrand	Otis	1905	May	24	021	M	Seattle	WA
K	1	0017	15387	Bertula	Impa	1905	Nov	08	02m	F	Black Diamond	WA
K	1	0023	18888	Berzo	Antone	1907	Apr	14	049	M	Scenic	ITL
				Besemer		1899	Dec			F	Seattle	NY
K	1	0026	04748	Besemer	Rhoda Ann	1899	Dec	02	075	F	Seattle	
K	1	0020	02089	Beskett	M. A.	1896	Mar	15	076	F	Duwamish River	
K	1	0010	12254	Besle	Margretta	1904	Jan	22	041	F	Keystone/52 St. N.	GER
1	1	0016	00244	Besmere	A.	1892		Ap 6		M	Seattle	Ny
K	1	0296	10607	Best	Gerdinia Christian	1903	Jan	04	003	F	Snoqualmie (b.Salem Co,	NE
K	1	0010	12252	Best	Helen	1904	Jan	17	05m	F	2414 13 Ave. S.	WA
K	1	0021	17701	Best	Lottie	1907	Jan	17	017	F	Phoenix AZ.	WA
K	1	0017	15389	Bethe	Norme	1905	Nov	24	005	F	Ballard	WA
K	1	0023	03117	Bethel	Edward	1898	Jan	12	059	M	Seattle	
K	1	0019	16298	Betz	Charles	1906	May	07	076	M	Seattle	
K	1	0011	12500	Betz	Lawrence	1904	Mar	30	080	M	20th Ave. N.	GER
K	1	0016	15163	Beugel	Grace H.	1905	Sep	17	06m	F	Seattle	WA
1	1	0016	00367	Beurges	Thomas				40	M	Martin Creek	
				Bevan		1901	May			M	Seattle	WA
K	1	0021	02330	Beverly	F. N.	1896	Aug	11	058	M	Prov. Hospital	
K	1	0019	01494	Bevery	Mary	1895	Feb	26	-	F	-	
K	1	0019	01465	Bevery	Mrs. Mary	1895	Feb	26	029	F	Ballard	
K	1	0011	12259	Bew	Richard	1904	Jan	30	007	M	Orillia	WA
K	1	0017	15646	Beyer	Augusta	1906	Jan	24	074	F	South Park	GER
				Bichel		1900	Mar			M	Seattle	GER
K	1	0027	05001	Bichel	Wm.	1900	Mar	13	060	M	Seattle	
				Bickford		1901	Nov			M	1603 20th Ave. (Rochester)	NH
K	1	0021	02582	Bicknell	Dennis H.	1897	Jan	10	059	M	Houghton	
K	1	0019	16437	Bidlake	Hamet S.	1906	Jun	27	077	F	Seattle	ENG
				Biebe		1900	Jul			M	King Co. Hospital	GER
K	1	0027	05430	Biebe	John	1900	Jul	09	078	M	King Co. Hospital	
1	1	0018	00999	Bieber	Katherine	1894	Jan	29	66	F	202 Ash St.	

S R	PG	REC	LASTNAME	FIRSTNAME	DETH	MN	DT	AGE	S	DEATHPLACE	BIRTH
K 1	0012	13169	Biedennweg	John	1904	Aug	16	068	M	Providence Hosp.	GER
1 1	0017	00630	Biegert	Lydia	1893	Sep	2	<01	F	1612 7th Street	WA
K 1	0026	04694	Biegert	Martha	1899	Nov	03	004	F	Seattle	
			Biersion		1899	Sep			M	Seattle	SEA
K 1	0026	04611	Biersion	Murt	1899	Sep	29	002	M	Seattle	
K 1	0020	02199	Bigelow	Helen T.	1896	May	10	037	F	Seattle Gen. Hosp.	
K 1	0009	11565	Bigelow	Joseph	1903	Aug	19	051	M	221 2 W.	NY
			Biggers		1901	Jun			M	Seattle	CND
K 1	0016	15154	Biggers	Elsie	1905	Sep	01	059	F	Seattle	OH
			Biggins		1901	Feb			M	King Co. Hosp	KY
K 1	0029	06060	Biggins	Thomas	1901	Feb	25	065	M	King Co. Hosp	
K 1	0015	14402	Biggs	Lizzie	1905	Apr	09	048	F	Seattle	WLS
K 1	0023	18383	Bigham	Edward	1907	Apr	03	035	M	Georgetown	CA
K 1	0023	18714	Bigsby	Baby	1907	Jun	13	s/b	-	Seattle	WA
K 1	0019	01498	Biles	Waney W.	1895	Feb	09	084	M	1512 5th St.	
K 1	0297	10769	Bilione	Gracomo	1903	Feb	24	024	M	Prov. Hosp.	ITL
1 1	0016	00396	Bill		1892	Oct	13	01	M	Seattle	WA
K 1	0022	02869	Bill	Mary	1897	Aug	08	001	F	114 Judkins St.	
			Billi		1899	Nov			F	King Co. Hospital	FRN
K 1	0026	04620	Billi	Mrs. M.	1899	Nov	13	038	F	King Co. Hospital	
			Billings		1899	Apr			M	Seattle Olympia,	WA
			Billings		1901	Apr			M	C. Islands	SWD
K 1	0018	15965	Billings	Baby	1906	Mar	31	04d	M	Seattle	WA
K 1	0025	04287	Billings	Fred	1899	Apr	18	025	M	Seattle	
K 1	0021	17569	Billington	Clara J.	1907	Jan	09	025	F	Seattle	ENG
			Billnyer		1901	Jun			-	Union Bay	PA
K 1	0296	10243	Billups	Helen Orpha	1902	Oct	05	008	F	Vashon	sme
K 1	0010	12120	Billy	The Dago	1903	Dec	03	058	M	Cor 2nd Washington	WA
K 1	0018	16119	Bilodeaux	Baby	1906	Apr	03	s/b	F	Seattle	WA
K 1	0013	13493	Bilz	Minnie	1904	Oct	24	030	M	Monad Hosp.	
			Bim		1899	Sep			M	Seattle	US
K 1	0025	04575	Bim	Chas. R.	1899	Sep	09	002	M	Seattle	
K 1	0020	01818	Bingault	Nellie	1895	Sep	03	016	F	913 PINE ST.	
K 1	0021	02338	Bingham	Arthur C.	1896	Aug	29	<01	M	935 Lake View Ave.	
K 1	0012	12916	Bingham	Lulu (Mrs.)	1904	Jun	11	036	F	Seattle General Hosp.	IA
K 1	0020	01818	Binnault	Nellie	1895	Sep	03	016	F	913 Pine St.	
K 1	0021	02333	Biogi	Mary	1896	Aug	22	044	F	210 So. 10th St.	
			Bionchia		1901	Mar			M	Providence Hospital	ITL
K 1	0029	06076	Bionchia	Mige	1901	Mar	03	056	M	Providence Hospital	
K 1	0296	10496	Birch	Joseph	1902	Dec	05	036	M	Hoonah, AK	CND
K 1	0023	18473	Birchfield	Matilda I.	1907	May	31	049	F	Seattle	OH
K 1	0019	16697	Bird	Charles L.	1906	Jan	27	079	M	Seattle	VT
K 1	0017	15681	Bird	Charles L.	1906	Jan	27	079	M	Seattle	VT
K 1	0020	16881	Bird	Ernest E.	1906	Sep	14	3\m	M	Seattle	MN
K 1	0015	14399	Bird	Hamet E.	1905	Apr	01	067	F	Seattle	VA
1 1	0017	00686	Bird	Mary	1893	Dec	18	52	F	Franklin	IL
K 1	0021	0246-	Bird, Jr.	Frank W.	1896	Oct	03	010	M	823 Dearborn St.	
			Birgen		1902	Mar			M	6321 4th N.E.	KY
K 1	0019	01695	Birkel	Albert	1895	Jun	25	012	M	Coal Bunkers	
K 1	0019	01696	Birkel	William	1895	Jun	25	010	M	Coal Bunkers	
1 1	0018	01000	Birkland	Infant	1894	Jan	2	0	M	1920 6th St.	WA
K 1	0020	17009	Birnscoff	Fred	1906	Sep	05	030	M	Kenmore	WA
K 1	0014	13947	Bisher	Josephine	1905	Jan	30	s/b	F	322 Howard Ave. N.	WA
K 1	0020	16885	Bishop	Isaac	1906	Sep	24	064	M	Seattle	GER
K 1	0021	17247	Bishop	John H.	1906	Nov	19	041	M	Seattle	OH
K 1	0023	18389	Bishop	Leslie E.	1907	Apr	21	01m	M	Isaquah	WA
K 1	0295	09930	Bishop	M.F.	1902	Jul	13	050	F	Seattle	IL
K 1	0011	12495	Bishop	Walter James	1904	Mar	27	031	M	214 Seneca	KS
			Bissel		1901	Sep			F	Georgetown	sme
K 1	0023	18462	Bissell	Blair	1907	May	01	017	M	Seattle	IA
K 1	0019	01319	Bissell	V. R.	1894	Dec	26	053	M	Auburn, Wn.	
K 1	0019	16544	Bitmeir	Anne	1906	Jun	22	065	F	Georgetown	GER
K 1	0017	15818	Bitterhof	Fred	1905	Nov	19	082	M	Georgetwon	GER

S	R	PG	REC	LASTNAME	FIRSTNAME	DETH	MN	DT	AGE	S	DEATHPLACE	BIRTH
				Biveny		1899	Oct			M	King Co. Hospital	AMR
K	1	0025	04557	Biveny	Edward	1899	Oct	06	059	M	King Co. Hospital	
K	1	0012	12924	Bjarnson	Mary	1904	Jun	02	019	F	Smith's Cove	UT
				Bjarson		1902	Apr			F	Ballard	ICE
K	1	0013	13492	Bjerken	Conrad	1904	Oct	19	040	M	Kermiston	
K	1	0020	17063	Bjork	Baby	1906	Oct	27	s/b	F	Ballard	WA
				Black		1902	Feb			M	King Co. Hosp.	CND
				Black		1899	Dec			M	Ballard	sme
K	1	0010	11863	Black	Connie (Mrs.)	1903	Oct	17	040	F	619 1/2 1st Ave. S.	IRL
K	1	0023	03181	Black	Edward	1898	Feb	13	040	M	Seattle	
K	1	0023	18720	Black	John W.	1907	Jun	27	049	M	Seattle	OH
K	1	0011	12362	Black	Mary Josephine	1904	Feb	02	022	F	237 19th Ave.	CND
K	1	0021	17567	Black	Mary M.	1907	Jan	01	072	F	Seattle	PA
1	1	0018	00911	Black	Mrs. Fannie	1894	Apr	21	81	F	Burrows Landing Lk. Wash.	
K	1	0023	18655	Black	Robert	1907	Jun	13	045	M	Georgetown	ENG
K	1	0026	04800	Black	Sidney	1899	Dec	21	005	M	Ballard	
K	1	0018	01138	Black	Thomas	1894	Aug	20	032	M	Latone, WA	
				Blackburn		1899	Jun			F	Seattle	SEA
K	1	0025	04402	Blackburn	E. M.	1899	Jun	09	<1	F	Seattle	
K	1	0015	14547	Blackburn	John T.	1905	Jan	03	060	M	Vashon	ENG
K	1	0012	13034	Blackburn	Robert	1904	Jul	06	062	M	King County Hosp.	SCT
K	1	0019	16300	Blackistone	Mary A.	1906	May	19	039	F	Seattle	NY
				Blackledge		1901	Jul			M	Seattle	---
K	1	0021	02534	Blackman	G. C.	1896	Dec	02	010	M	922 Weller St.	
K	1	0295	09882	Blackman	O	1902	Jul	12	035	M	Tolt	ME
K	1	0018	15833	Blackwell	Harry G.	1906	Feb	18	069	M	Seattle	NJ
K	1	0020	01817	Blagg	Hazel	1895	Oct	07	012	F	Van Assett	
				Blain		1899	Nov			F	Seattle	ME
K	1	0026	04718	Blain	Julia A.	1899	Nov	18	042	F	Seattle	
				Blaine		1901	Mar			F	Seattle	PA
				Blaine		1900	Nov			M	Seattle	NY
K	1	0028	05828	Blaine	David E.	1900	Nov	26	076	M	Seattle	
K	1	0029	06077	Blaine	Florence E.	1901	Mar	09	045	F	Seattle	
K	1	0012	13046	Blaine	james Glenn	1904	Jul	13	022	M	422 W. Highlan Dr.	PA
				Blair		1900	Jul			M	Seattle	---
K	1	0297	10902	Blair	Emma	1903	Mar	02	029	F	2613 WA St.	WI
1	1	0018	01089	Blair	Indor G.	1894	Jul	21	38	M	City Water Wrks. Lk. Wash.	
K	1	0027	05295	Blair	James	1900	Jul	10	067	M	Seattle	
K	1	0016	14950	Blair	James W.	1905	Aug	15	055	M	Walsh	
K	1	0020	16886	Blair	John S.	1906	Sep	26	083	M	Seattle	IRL
K	1	0022	17703	Blaisdell	William R.	1907	Jan	27	040	M	Monohan	ME
				Blake		1903	Mar			F	411 12th ave.	SEA
				Blake		1900	Aug			M	Seattle	SEA
K	1	0016	15159	Blake	Came M.	1905	Sep	06	039	F	Seattle	MI
K	1	0275	10912	Blake	Infant	1903	Mar	14	s/b	F	411 12th ave.	SEA
K	1	0023	18384	Blake	Mable L.	1907	Apr	06	004	F	Georgetown	WA
K	1	0028	05536	Blake	Thos. Dawes	1900	Aug	28	001	M	Seattle	
K	1	0010	12089	Blake	William	1903	Nov	17	043	M	King County Hosp.	IRL
K	1	0014	14121	Blakely	Alic M.	1905	Jan	17	020	F	1200 16th Ave. MN.	WA
K	1	0022	17702	Blakeslee	George M.	1907	Jan	17	042	M	N. Bend	WA
K	1	0016	15162	Blakesley	Baby	1905	Sep	15	02d	F	Seattle	WA
				Blakney		1898	Aug			M	Seattle	SEA
K	1	0011	12675	Blakney	Clement	1904	May	16	039	M	General Hosp.	CND
K	1	0024	03677	Blakney	G.	1898	Aug	11	<1	M	Seattle	
K	1	0021	02331	Blakney	John F.	1896	Aug	20	067	M	Houghton	
K	1	0016	14686	Blakney	Mary	1905	Jun	21	074	M	Seattle	IN
				Blanas		1903	Apr			M	227 2nd Ave. West	SEA
K	1	0275	11018	Blanas	Johannas	1903	Apr	10	08m	M	227 2nd Ave. West	SEA
				Blanchard		1900	Jan			M	Seattle	SCT
K	1	0296	10257	Blanchard	Baby	1902	Nov	21	s/b	M	Green Lake	sme
K	1	0020	01995	Blanchard	Chas. E.	1896	Jan	07	027	M	Co, Hospital	
K	1	0013	13431	Blanchard	Genevieve	1904	Sep	28	04m	F	311 1/2 Fairview Ave.	WA
K	1	0019	01697	Blanchard	L. F.	1895	Jun	25	016	M	Coal Bunkers	

S	R	PG	REC	LASTNAME	FIRSTNAME	DETH	MN	DT	AGE	S	DEATHPLACE	BIRTH
K	1	0295	09929	Blanchard	Mary	1902	Jul	29	078	F	Seattle	CND
K	1	0026	04821	Blanchard	Wm. M.	1900	Jan	03	056	M	Seattle	
				Blanchfield		1900	May			F	Seattle	NRY
K	1	0027	05267	Blanchfield	Tho.	1900	May	05	034	F	Seattle	
				Blanck		1900	Apr			M	Seattle	GER
K	1	0027	05098	Blanck	E.	1900	Apr	12	044	M	Seattle	
K	1	0019	01484	Blanck	Thos.	1895	Mar	21	024	M	Near Kent	
K	1	0296	10174	Blanton	Minnie	1902	Sep	22	---	F	Rawlins WY	---
1	1	0016	00041	Blase	Minna Mrs.	1891	Sep	12	23	M	Seattle	GER
K	1	0020	01996	Blasley	Mr.	1896	Jan	14	045	M	Seattle Gen. Hospital	
K	1	0012	13167	Blatly	Albert E.	1904	Aug	15	03m	M	1308 5th Ave.	WA
K	1	0295	10002	Blay	Elmer	1902	Aug	20	040	M	Meeting Sta.(RR accident)	WI
				Blenchmer		1901	Mar			M	Seattle	GER
K	1	0029	06079	Blenchmer	Dr. A.	1901	Mar	18	043	M	Seattle	
K	1	0015	14404	Bletmen	Baby	1905	Apr	18	s/b	F	Seattle	WA
K	1	0019	16299	Blevins	Walter	1906	May	16	023	M	Seattle	
K	1	0022	02630	Blewett	(Infant)	1897	Feb	16	<01	M	608 Olive St.	
K	1	0015	14535	Blinn	William P.	1905	May	14	047	M	Seattle	NY
K	1	0009	11563	Blix	Infant	1903	Aug	07	03m	M	4201 Gilman Ave.	WA
K	1	0022	02963	Bloget	Wm.	1897	Oct	26	070	M	King Co. Hosp.	
K	1	0021	02594	Blom	William	1897	Jan	08	028	M	Prov. Hospital	
K	1	0012	12918	Blomquist	Andrew W.	1904	Jun	12	040	M	Smith's Cove	FIN
K	1	0022	02921	Blomquist	G. A.	1897	Sep	13	002	M	1804 Howard Ave.	
K	1	0011	12665	Blonchard	Agnecions L.	1907	Apr	17	005	M	318 Fairview Ave.	WA
K	1	0019	16580	Blondin	Dominique	1906	Jul	23	070	M	Seattle	CND
K	1	0010	11981	Bloom	C. C.	1903	Nov	14	017	M	307 E. Denny Eay	PA
K	1	0027	05376	Bloomingdale	Herman						Victoria, BC	
K	1	0023	03436	Bloomiston	Nick	1898	May	13	052	M	Wellington	
K	1	0012	13166	Bloomquist	Andrew W.	1904	Jun	12	018	M	Smith's Cove	FIN
K	1	0020	02151	Bloomquist	Rudolph	1896	Apr	11	012	M	Seattle	
K	1	0022	17994	Bloomstand	Frank	1907	Mar	31	049	M	Seattle	SWD
K	1	0013	13640	Blossom	Baby	1904	Dec	13	s/b	M	541 23d Ave.	WA
K	1	0019	01616	Bloxham	G. W.	1895	Apr	10	027	M	Edgwater	
1	1	0018	00961	Blueberry	Infant			12	<01	M	813 Alder St	WA
K	1	0013	13459	Bluett	W. H.	1904	Sep	08	056	M	Green River Hot Springs	
K	1	0011	12676	Blum	Charles	1904	May	19	033	M	Wayside Mission	GER
K	1	0019	01513	Blumback	Theodore	1895	Feb	17	041	M	108 So. 6th St.	
K	1	0022	17769	Blumenthal	Jennie	1907	Feb	16	004	F	Seattle	WA
				Blumquist		1900	Mar			M	Seattle	GER
K	1	0027	05040	Blumquist	Julius	1900	Mar	24	030	M	Seattle	
K	1	0018	16120	Blundin	Minnie E.	1906	Apr	05	043	F	Seattle	IL
1	1	0017	00551	Blyth	Joseph	1893	May	19	59	M	Bothell	ENG
K	1	0021	17367	Bnum	Jacob	1906	Dec	05	071	M	Seattle	GER
K	1	0297	10776	Boardman	Thomas W.	1903	Feb	26	042	M	1418 6 Ave	ME
K	1	0021	02337	Bobi		1896	Aug	27	035	M	International Hotel	
K	1	0275	10913	Bockrig	Infant	1903	Mar	25	Prm	F	1220 1st Ave S.	SEA
K	1	0009	11457	Boddy	Herald Wesley	1903	Jul	23	004	M	1119 7th Ave.	WA
K	1	0017	15534	Boden	John	1905	Dec	12	030	M	Seattle	
K	1	0012	12925	Bodie	Ben	1904	Jun	28	040	M	Seattle General Hosp.	
K	1	0297	10618	Bodinick	John	1903	Jan	24	12h	M	2221 Western Ave	SEA
K	1	0019	1632	Bodum	Louis D.	1906	Jun	12	032	M	Seattle	IA
K	1	0296	10375	Boe	Detlef	1902	Oct	10	062	M	Latona	GER
K	1	0021	02613	Boegli	Albert	1897	Jan	27	020	M	9th & Plummer St.	
				Boelta		1899	Mar			M	Blk. Diamond	CA
K	1	0025	04229	Boelta	Caesar	1899	Mar	16	049	M	Blk. Diamond	
K	1	0022	02745	Boerstler	John	1897	May	27	068	M	306 6th Ave.	
K	1	0297	10615	Boesken	P.N.	1903	Jan	13	077	M	ship	NRY
				Boetzkes		1902	May			M	--- (New York City)	NY
K	1	0008	07669	Boetzkes	W. E.	1902	May	2	27	M		NY
				Bogan		1901	Dec			M	407 Yesler Way	IRL
K	1	0297	10620	Bogardus	John J.	1903	Jan	03	074	M	1821 17 Ave	NY
K	1	0014	13644	Bogart	Charles A.	1904	Dec	25	043	M	Corner Plummer & Grant St.	CA
K	1	0026	04621	Boggs		1899	Oct	20	<1	F	Kirkland, Wn	

S	R	PG	REC	LASTNAME	FIRSTNAME	DETH	MN	DT	AGE	S	DEATHPLACE	BIRTH
				Boggs		1899	Oct			F	Kirkland, Wn	SEA
K	1	0297	10619	Boggs	Dorothy A.C.	1903	Jan	15	02m	F	102 10th Ave N	SEA
K	1	0028	05530	Bogle	Mrs. M.G.	1900	Aug	06	031	F	Vancouver	
K	1	0021	17572	Bohall	Baby	1907	Jan	10	1/d	M	Seattle	WA
				Bohl		1900	Oct			M	Seattle	SEA
K	1	0028	05667	Bohl	elmer	1900	Oct	08	<1	M	Seattle	
				Boland		1901	Jan			M	Seattle	IRL
K	1	0029	05957	Boland	Geo	1901	Jan	23	019	M	Seattle	
K	1	0023	18223	Bolander	Clyde B.	1907	Apr	16	07m	M	Seattle	WA
K	1	0015	14540	Bolduc	George	1905	May	20	028	M	Seattle	CND
K	1	0013	13408	Bolin	Eliza E.	1904	Sep	21	031	M	Providence Hosp.	IN
K	1	0296	10256	Bolinger	Charles W.	1902	Nov	26	024	M	Rochester Hotel	IA
K	1	0295	10168	Bolinger	Sallie A.	1902	Sep	23	054	F	Prov. Hosp	OH
K	1	0020	16880	Bollin	Amanda	1906	Sep	13	008	F	Seattle	MN
K	1	0023	03180	Bollong	Hector	1898	Feb	12	036	M	Seattle	
				Bolstad		1899	Oct			M	Seattle	SEA
K	1	0021	17370	Bolstad	Allen H.	1906	Dec	11	024	M	Seattle	WI
K	1	0026	04674	Bolstad	Geo. A.	1899	Oct	23	<1	M	Seattle	
K	1	0295	09992	Bolton	Howard	1902	Aug	09	023	M	Co. Hosp.	MS
K	1	0012	13050	Boltz	Baby	1904	Jul	27	s/b	M	617 7th Ave.	WA
K	1	0012	13051	Boltz	Clara (Mrs.)	1904	Jul	27	028	F	617 7th Ave.	GER
1	1	0018	00962	Boman	John				50	M		
K	1	0011	12678	Bombeau	Mary (Mrs.)	1904	May	27	034	F	Wayside Mission	
K	1	0023	18385	Bonar	J.W.	1907	Apr	10	041	M	Georgetown	KY
				Bond		1899	Dec			M	Seattle Columbia,	WA
				Bond		1901	Dec			M	1316 4th Ave.	ENG
K	1	0026	04762	Bond	Charles	1899	Dec	08	004	M	Seattle	
K	1	0014	14237	Bond	Ethel T.	1905	Mar	03	007	F	South Seattle	MN
K	1	0018	15962	Bonds	Hiran G.	1906	Mar	29	068	M	Seattle	NY
				Bondtoust		1901	Feb			M	Seattle	PA
K	1	0029	06066	Bondtoust	Peter	1901	Feb	22	005	M	Seattle	
K	1	0021	02288	Bong	Moo--	1896	Jul	29	048	M	6th & Wash.	
K	1	0021	022--	Bonin	Joseph	1896	Jun	26	050	M	Prov. Hospital	
K	1	0022	17989	Bonnalie	George W.	1907	Mar	18	040	M	Seattle	MI
				Bonnard		1900	Oct			M	Seattle	FRN
K	1	0028	05579	Bonnard	Eugene	1900	Oct	03	045	M	Seattle	
K	1	0295	10092	Bonnell	Emma	1902	Aug	03	058	F	King Co. Hosp	FRN
K	1	0297	10612	Bonney	Eunice	1903	Jan	23	062	F	1221 Summit Ave	AR
1	1	0016	00041	Bonney	Isreal T.	1891	Aug	18	59	M	Seattle	NY
K	1	0021	17577	Bonney	Peter	1907	Jan	19	066	M	Seattle	ME
K	1	0015	14537	Bonning	Charles	1905	May	15	038	M	Seattle	ENG
K	1	0024	04010	Bonnsall	John	1899	Dec	24	078	M	Seattle	
K	1	0018	16061	Bont	Gus	1906	Mar	26	040	M	Konasket	
K	1	0296	10370	Bonthis	Ivan L.	1902	Oct	26	046	M	SEA. Gen. Hosp.	NRY
K	1	0027	05054	Bontrant	C.W.	1900	Mar	09	058	M	Seattle	
K	1	0023	03454	Booker	Steve	1898	May	27	037	M	Seattle	
K	1	0023	03256	Bookmyer	Henry S.	1898	Mar	09	034	M	Skagway	
K	1	0275	11026	Boole	Emma G.	1903	Apr	11	040	F	427 Broadway	NV
K	1	0024	03964	Booney	Emma	1898	Dec	02	040	F	Seattle	
				Booth		1899	Nov			F	Seattle	CA
K	1	0020	16890	Booth	Elizabeth	1906	Sep	29	084	F	Seattle	ENG
K	1	0020	02048	Booth	Harry Edwin	1896	Feb	10	019	M	207 Marion St.	
K	1	0026	04729	Booth	Ina	1899	Nov	25	026	F	Seattle	
K	1	0295	07769	Booth	James	1902	Jul	05	082	M	Fremont	ENG
K	1	0022	17768	Booth	John	1907	Feb	16	069	M	Seattle	CND
K	1	0295	10167	Booth	L.A.	1902	Sep	14	037	M	Accidental Ave & WA	IL
1	1	0018	00998	Booth	Thomas J.		Jun	15	16	M	Cor. %th & Jefferson St.	WA
K	1	0297	10611	Booth	Tirzia May	1903	Jan	19	03d	F	515 Portius Ave	SEA
K	1	0011	12660	Booth	William	1904	Mar	25	035	M	Madison	WA
K	1	0010	13172	Boothby	Baby (Twins)	1904	Aug	29		M	1011 Harrison St.	WA
				Booy		1898	Oct			F	Seattle	NY
K	1	0024	03839	Booy	Mrs. Kate	1898	Oct	07	029	F	Seattle	
K	1	0013	13498	Boraco	Andrew	1904	Oct	28	060	M	1524 1/2 6th Ave.	ITL

S	R	PG	REC	LASTNAME	FIRSTNAME	DETH	MN	DT	AGE	S	DEATHPLACE	BIRTH
K	1	0017	15679	Bordeaux	Knox T.	1906	Jan	18	003	M	Seattle	WA
K	1	0297	10899	Borechick	Phillip	1903	Mar	20	036	M	Monod Hosp	AUS
1	1	0016	00169	Boreg	Casper Ludwick	1892	Jan	9	<01	M	Seattle	WA
K	1	0275	11030	Boren	Infant	1903	Apr	07	s/b	M	21st & Yesler	SEA
K	1	0023	18163	Borg	Andrew	1907	Apr	01	042	M	Ballard	FIN
K	1	0009	11456	Borg	Charles A.	1903	Jul	22	022	M	Lake Union	SWD
K	1	0021	17081	Borgen	Phil	1906	Oct	20	001	M	Seattle	WA
K	1	0013	13634	Borger	David E.	1904	Nov	19	043	M	Seattle General Hosp.	PA
				Borgetto		1900	Jun			M	Everett	ITL
K	1	0027	05297	Borgetto	Peter	1900	Jun	26	031	M	Everett	
				Borgford		1900	Jun			M	Seattle	SEA
K	1	0016	14801	Borgford	Cecelia	1905	Jul	25	08m	F	Ballard	WA
K	1	0027	05455	Borgford	Edw John	1900	Jun	02	004	M	Seattle	
K	1	0018	15834	Borseth	John J.	1906	Feb	19	031	M	Seattle	NRY
K	1	0018	15957	Bortner	Baby	1906	Mar	09	s/b	M	Seattle	WA
K	1	0013	13366	Borundy	William	1904	Sep	05	052	M	North 57th St.	ENG
K	1	0009	11727	Boruski	Francis	1903	Sep	16	021	F	Franklin	MO
K	1	0016	15158	Borusta	Richard H.	1905	Sep	04	10m	M	Seattle	WA
K	1	0020	16891	Boryer	Reuben K.	1906	Sep	30	05m	M	Seattle	WA
				Bosch		1898	Apr			M	on Skooner Hera	WI
K	1	0024	03904	Bosch	John	1898	Apr	04	022	M	on Skooner Hera	
K	1	0297	10897	Bose	Joseph	1903	Mar	15	030	M	2nd Ave/WA St	CHN
K	1	0020	02200	Bosket	Wm.	1896	May	12	072	M	Black River Jct.	
K	1	0020	16877	Bosqui	Helen E.	1906	Sep	10	008	F	Seattle	CA
K	1	0014	14240	Bostock	Charles	1905	Mar	14	037	M	Seattle	WA
K	1	0021	17570	Boston	James	1907	Jan	10	038	M	Seattle	ENG
K	1	0023	03357	Bostrom	A. K.	1898	Apr	12	082	F	Seattle	
K	1	0017	15677	Bostwick	Nathaniel W.	1906	Jan	14	073	M	Seattle	NY
K	1	0295	10093	Boswith	Theron S.	1902	Mar	14	034	M	-------- (see Bosworth)	---
K	1	0295	10004	Bosworth	Theron L.	1902	Mar	14	034	M	Lawson (see Boswith)	PA
K	1	0019	01712	Bothell	Clyde	1895	Jul	17	002	M	Bothell	
				Bothew		1899	Apr			F	Seattle	SEA
K	1	0025	04320	Bothew	Guda B.	1899	Apr	30	003	F	Seattle	
K	1	0010	12128	Bothwell	Elanah	1903	Dec	17	087	M	3421 Wallingford	ENG
				Botman		1899	Aug			F	Seattle	NRY
K	1	0025	04545	Botman	Cecelia	1899	Aug	29	045	F	Seattle	
K	1	0023	18470	Botta	Baby	1907	May	26	1/m	F	Seattle	WA
K	1	0013	13641	Bouch	Mary	1904	Dec	15	04	F	Wayside E. Hosp.	ENG
K	1	0019	01480	Bouchitt	Jim	1895	Mar	05	040	M	Souise Creek	
K	1	0026	04775	Boula	Anthony	1899	Dec	17	068	M	Seattle	
K	1	0009	11458	Boulette	Darras	1903	Jul	25	053	M	318 2nd Ave. N.	CND
K	1	0014	14116	Bourgett	Arthur J.	1905	Feb	04	037	M	Ballard	CND
K	1	0021	17507	Bourgett	Baby	1906	Nov	22	20d	M	Ballard	WA
K	1	0017	15289	Bousier	Mary	1905	Oct	05	040	F	Seattle	FRN
K	1	0295	09997	Bouth	Oscar H.	1902	Aug	04	016	M	435 1st Ave N	WI
K	1	0297	10765	Bova	Brother	1903	Feb	24	034	M	So. Pk.	NY
K	1	0017	15533	Bova	Frankie	1905	Dec	10	001	M	Seattle	NY
K	1	0020	17079	Bow	Baby	1906	Oct	14	040	F	Seattle	VT
K	1	0275	11019	Bow	Edgar Wallace	1903	Apr	07	022	M	1014 Howard Ave. No.	SEA
K	1	0026	04676	Bow	Wm.	1899	Oct	25	040	M	Seattle	
				Bowden		1901	Feb			M	Seattle	DAK
K	1	0010	12118	Bowden	Alice	1903	Dec	01	042	F	315 Seneca St.	OR
K	1	0029	06063	Bowden	Eddie	1901	Feb	27	003	M	Seattle	
				Bowe		1901	Dec			M	Interbay	PA
K	1	0296	10502	Boweby	Joseph H.	1902	Dec	18	006	M	Green Lake	CO
				Bowen		1901	Apr			F	Seattle	NY
K	1	0021	17579	Bowen	Arthur L.	1907	Jan	26	5/m	M	Seattle	WA
1	1	0017	00500	Bowen	Frank	1893	Feb	17	43	M	Near Slaughter	CND
K	1	0023	03182	Bower	Amelia	1898	Feb	15	026	F	Seattle	
K	1	0011	12673	Bower	Baby	190	May	05	06h	M	1520 7th Ave.	WA
K	1	0018	16124	Bower	Baby	1906	Apr	26	01d	M	Seattle	WA
K	1	0018	16129	Bower	Baby	1906	Apr	30	06d	M	Seattle	WA
K	1	0025	04396	Bowers	Edwin/Edum	1899	Jun	05	005	M	Fremont	

S R	PG	REC	LASTNAME	FIRSTNAME	DETH	MN	DT	AGE	S	DEATHPLACE	BIRTH
K 1	0275	11025	Bowers	Porter S.	1903	Apr	23	022	M	115 Maynard Ave	IN
K 1	0015	14407	Bowers	Walter E.	1905	Apr	20	033	M	Seattle	IA
K 1	0022	17991	Bowlby	Harriett E.	190	Mar	25	027	F	Seattle	CO
1 1	0017	00679	Bowler	Jennie B.	1893	Nov	25	13	F	Enumclaw	MN
			Bowles		1901	Dec			M	Madison Power House	IN
1 1	0017	00740	Bowles	Wm.	1894	Feb	19	18	M	Franklin	IA
			Bowley		1899	Feb			M	Seattle	---
K 1	0025	04149	Bowley	C. Leon	1899	Feb	26	025	M	Seattle	
			Bowman		1903	Jun			M	408 E. Galer	PA
			Bowman		1900	Feb			M	Seattle	PA
			Bowman		1898	Jul			M	Ballard	sme
			Bowman		1901	Oct			M	1620 Warren Ave.	SEA
K 1	0016	15153	Bowman	Amanda C.	1905	Sep	01	078	F	Seattle	VA
K 1	0013	13465	Bowman	Camil L.	1904	Sep	21	044	F	Wildwood Station	CND
K 1	0024	03601	Bowman	E.S.	1898	Jul	01	005	M	Ballard	
K 1	0296	10176	Bowman	Elizabeth	1902	Sep	19	043	F	Georgetown	ENG
K 1	0010	11975	Bowman	Infant	1903	Nov	25		M	902 Boren Ave.	WA
K 1	0026	04919	Bowman	J.H.	1900	Feb	04	065	M	Seattle	
K 1	0023	18469	Bowman	James H.	1907	May	25	065	M	Seattle	IL
K 1	0013	13360	Bowman	James Harvey	1904	Sep	05	078	M	1403 2nd Ave. N.	PA
K 1	0012	13163	Bowman	Joesph J.	1904	Aug	10	021	M		
K 1	0019	16235	Bowman	Julia J.	1906	Apr	30	069	F	Georgetown	VA
K 1	0013	13633	Bowman	Louise W.	1904	Nov	12	030	F	1207 Minor Ave. N.	SWD
K 1	0022	02672	Bowman	Mary S.	1897	Mar	06	040	F	1421 15th	
K 1	0275	11201	Bowman	Wm.	1903	Jun	10	071	M	408 E. Galer	PA
K 1	0009	11723	Bowne	H. Tilly	1903	Sep	18	049	M	911 6 Ave.	IRL
			Boyce		1901	Mar			M	Ballard	DE
K 1	0021	02536	Boyce	Ann	1896	Dec	28	045	F	213 Ash St.	
K 1	0029	06083	Boyce	Geo. P.	1901	Mar	31	070	M	Ballard	
K 1	0029	06073	Boyce	Geo. P.	1901	Mar	31	070	M	Ballard	
			Boyd		1900	Aug			M	Seattle	PA
K 1	0012	12926	Boyd	Elizabeth	1904	Jun	28	084	F	Dunlap Station	IRL
K 1	0028	05554	Boyd	J.H.	1900	Aug	28	084	M	Seattle	
K 1	0023	18722	Boyd	Martha A.	1907	Jun	29	074	F	Seattle	IN
1 1	0018	01088	Boyd	Mildred	1894	Jul	20	<01	F	1019 10th St.	WA
K 1	0015	14683	Boyd	Pearl	1905	Jan	14	021	F	Seattle	ND
K 1	0016	15001	Boyd	Rosella	1905	Aug	07	04m	F	Seattle	WA
K 1	0013	13635	Boyd	Susan	1904	Nov	26	058	F	1906 East Madison	IN
1 1	0016	00448	Boyd	Thomas C.	1892	Dec	2	30	M	Seattle	PA
K 1	0023	03068	Boyd	Thos.	1897	Dec	21	<01	M	Lawsons Camp	
K 1	0014	13935	Boyden	Richard	1905	Jan	05	037	M	207 5th Ave. S.	
			Boyer		1898	Sep			F	Seattle	KY
K 1	0018	15831	Boyer	Mildred	1906	Feb	11	03m	F	Seattle	Wa
K 1	0019	01550	Boyes	Mrs. C.	1895	Mar	16	030	F	Seattle Central Hotel	
K 1	0024	03748	Boyet	Theresa	1898	Sep	02	035	F	Seattle	
K 1	0022	17983	Boyington	Baby	1907	Mar	09	10m	M	Seattle	WA
k 1	0023	18390	Boyington	Elizabeth	1907	Apr	22	064	F	Ballard	NY
K 1	0275	11185	Boyker	William R.	1903	May	27	075	M	Kent, WA (b.Prnce Ewd	IS
			Boyle		1898	Oct			M	Seattle	SEA
K 1	0023	03358	Boyle	Albert	1898	Apr	12	003	M	Seattle	
K 1	0018	01218	Boyle	Ann	1894	Sep	07	064	F	Cor. Yakima & Weller	
K 1	0017	15680	Boyle	J.	1906	Jan	22	040	M	Seattle	
K 1	0014	13932	Boyle	Martin E.	1904	Dec	16	003	M	201 22nd Ave.	WA
K 1	0024	03840	Boyle	Percy W.	1898	Oct	16	<1	M	Seattle	
K 1	0022	02715	Boyle	William H.	1897	Apr	18	004	M	23rd & E. Alder	
K 1	0021	17250	Boyne	Susan	1906	Nov	24	059	F	Seattle	MO
K 1	0021	02621	Boyoes	James	1896	May	30	060	M	215 Ash St.	
K 1	0023	18705	Bozamen	Nick	1907	May	30	022	M	Seattle	AUS
K 1	0023	03119	Bozarth	(Baby)	1898	Jan	22	<01	M	Seattle	
K 1	0008	07418	Bozzano	Antonio	1902	Mar	22	42	M	Providence Hospital	ITL
			Braas		1901	Feb			F	W.Seattle	CA
K 1	0029	06059	Braas	Mrs. Lena	1901	Feb	05	024	F	W.Seattle	
K 1	0016	14799	Brace	Harry W.	1905	Jul	21	05m	M	Seattle	WA

S R PG REC	LASTNAME	FIRSTNAME	DETH MN DT AGE	S	DEATHPLACE	BIRTH
K 1 0296 10252	Brace	Lotta	1902 Nov 05 022	F	Prov. Hosp.	PA
K 1 0018 15964	Brace	Louis Jr.	1906 Mar 30 070	M	Seattle	CND
	Bracht		1901 Jul	-	Port Gamble	GER
	Bracken		1901 Nov	F	Fremont	SEA
	Bracken		1899 Aug	F	Seattle	NRY
K 1 0025 04534	Bracken	Christina	1899 Aug 21 076	F	Seattle	
K 1 0022 17981	Brackett	Elizabeth	1907 Mar 07 045	F	Seattle	ME
K 1 0297 10616	Brackin	Baby	1903 Jan 27 s/b	M	115 Maynard Ave	SEA
K 1 0023 18464	Braden	Eva	1907 May 10 037	F	Seattle	MA
K 1 0019 1631	Bradford	Helen R.	1906 Jun 04 010	F	Seattle	
K 1 0012 12922	Bradford	Rena	1904 Jul 21 025	F	Mason County Wash.	IA
	Bradley		1901 Apr	M	Nat'l. Hosp.	NY
	Bradley		1901 Oct	M	Black River Jct.	USA
	Bradley		1901 Nov	M	127 16th Ave.	ME
	Bradley		1901 Feb	M	Co. Hosp.	ENG
K 1 0020 01825	Bradley	Charles	1895 Nov 11 039	M	1423 6th St.	
K 1 0009 11729	Bradley	Charles H.	1903 Sep 27 048	M	12251 1/2 Jackson	ENG
K 1 0008 07667	Bradley	J. A.	1902 May 9 35	M	Ketchikan, Alaska	PA
K 1 0029 05942	Bradley	James	1901 Feb 14 064	M	Co. Hosp.	
	Bradshaw		1901 Sep	M	Green Lake	SEA
K 1 0023 18708	Bradshaw	Baby	1907 Jun 02 10d	M	Seattle	WA
K 1 0011 12364	Bradshaw	Lenara	1904 Feb 17 005	F	Green Lake	Wa
	Brady		1902 Feb	M	Prov. Hosp.	CND
K 1 0014 14118	Brady	Baby	1905 Jan 09 01d	M	116 Broadway	WA
K 1 0016 14999	Brady	Charles	1905 Aug 01 030	M	Seattle	
K 1 0023 18650	Brady	James	1906 Nov 29 037	M	Georgetown	NY
K 1 0025 04487	Bragg	E. H.	1899 Jul 29 061	M	Seattle	
K 1 0012 12919	Bragg	Hilma	1904 Jun 12 003	F	Wayside Mission	FIN
K 1 0009 11725	Braggins	James	1903 Sep 22 088	M	Seattle	ENG
K 1 0025 04161	Brahon	Charles	1899 Mar 06 030	M	Seattle	
	Brainer		1902 Mar	M	1st S. & Yesler	USA
	Brake		1902 Feb	M	Wayside Mission	---
K 1 0013 13629	Bramen	Bell	1904 Nov 05 040	F	Seattle General Hosp.	
K 1 0028 05683	Brand	Margaret V.	1900 Oct 12 018	F	Tacoma	
K 1 0015 14544	Brandenthaler	Peter	1905 May 26 053	M	Seattle	AUS
K 1 0009 11558	Brandon	Susie	1903 Aug 17 020	F	214 4th Ave. S.	
	Brandt		1900 Aug	M	Seattle	GER
K 1 0028 05534	Brandt	Geo.	1900 Aug 10 055	M	Seattle	
k 1 0018 16125	Brandt	Helen	1906 Apr 26 01m	F	Seattle	WA
1 1 0017 00610	Branet	August	1893 Sep 8 43	M	Hot Springs	GER
1 1 0018 01091	Branke	Martha	1894 Jul 30 19	F	702 Box St.	
	Branligan		1900 Aug	F	Seattle	OH
K 1 0028 05515	Branligan	Mrs. John C.	1900 Aug 13 067	F	Seattle	
K 1 0296 10171	Brann	A. C.	1902 Sep 05 025	M	919 Dexter	TN
K 1 0012 13328	Brannan	Harry Wyman	1904 Sep 15 004	M	North Bend	WA
K 1 0022 02787	Brannan	Herbert	1897 Jun 24 003	M	Cedar River	
K 1 0021 02386	Brannan	Joseph	1896 Aug 26 069	M	Auburn	
K 1 0014 14095	Brannan	Levant	1905 Feb 08 053	M	Christopher	IL
K 1 0025 04448	Brannigan	Geo.	1899 Jul 04 030	M	Elliott Bay	
K 1 0019 01721	Branson	Eliza	1895 Jul 23 024	F	416 Marion St.	
K 1 0022 03016	Brantland	Herbert S.	1897 Nov 08 <01	M	1916 5th St.	
K 1 0275 10909	Brasen	Albro A.	1903 --- 25 ---	M	516 Baker St.	SEA
K 1 0013 13639	Brassard	Napoleon	1904 Dec 12 038	M	Wayside E. Hosp.	
K 1 0021 17215	Brassington	Matilda M.	1906 Oct 13 028	F	Columbia	ENG
K 1 0018 16105	Bratland	Baby	1906 Apr 15 s/b	M	Ballard	WA
	Bratley		1902 May	F	Ketchikan, Alaska	---
K 1 0016 14795	Bratt	Gust	1905 Jul 06 054	M	Seattle	SWD
K 1 0009 11724	Braud	Garfield N.	1903 Sep 20 009	M	601 James St.	WA
	Brauer		1898 Aug	M	Seattle	GER
K 1 0024 03679	Brauer	John	1898 Aug 14 081	M	Seattle	
K 1 0010 11983	Braun	Etta L.	1903 Nov 02 059	F	605 University St.	MA
K 1 0011 12256	Brawer	Pauline	1904 Jan 25 082	F	507 Pontius St.	GER
	Brawley		1900 Dec	M	CA	WA

S	R	PG	REC	LASTNAME	FIRSTNAME	DETH	MN	DT	AGE	S	DEATHPLACE	BIRTH
				Brawley		1900	Mar			M	Seattle	PA
K	1	0027	05028	Brawley	Dell C.	1900	Mar	14	057	M	Seattle	
K	1	0029	05951	Brawley	Harold	1900	Dec	29	014	M	CA	
K	1	0010	12251	Brawley	William A.	1904	Jan	16	064	M	9th/Main	PA
				Bray		1901	Oct			F	Seattle	WI
K	1	0019	16379	Bray	Joseph	1906	Jun	23	017	M	Ballard	IL
K	1	0010	12121	Bray	Mildred	1903	Dec	03	061	F	Wayside Mission	ENG
K	1	0010	12126	Bray	W. J.	1903	Dec	11	036	M	721 Virginia St.	WI
K	1	0010	11880	Bray	William	1903	Nov	16	07m	M	714 VA	WA
K	1	0023	18716	Brazeale	Kathleen	1907	Jun	15	022	F	Seattle	WA
K	1	0011	12674	Brazean	Celina (Mrs.)	1904	May	13	070	F	Kirkland	CND
K	1	0023	03755	Bree	Allen B.	1898	Mar	08	008	M	Seattle	
K	1	0295	07772	Breece	E. C.	1902	Jul	03	045	M	Woodland Park	OH
K	1	0022	02744	Breedlove	F. M.	1897	May	03	054	M	4th & Pike	
				Breese		1899	May			M	Brooklyn	VA
K	1	0025	04362	Breese	B. L.	1899	May	22	068	M	Brooklyn	
K	1	0023	18463	Breese	Sarah J.	1907	May	03	068	F	Seattle	IA
K	1	0012	13162	Breiding	Henry	1904	Aug	05	053	M	2111 1st Ave.	GER
K	1	0011	12255	Breke	E. S.	1904	Jan	23	055	M	611 University St.	
K	1	0023	18468	Brelle	Frederick	1907	May	22	060	M	Seattle	GER
				Breman		1901	Jun			M	Seattle	IRL
K	1	0022	17767	Breman	Lucie C.	1907	Feb	15	022	F	Seattle	NY
K	1	0010	11866	Breman	Paul	1903	Sep	25	06m	M	WGH Greenlake	WA
K	1	0022	17978	Bremond	John	1907	Mar	01	065	M	Seattle	FRN
K	1	0014	14120	Bremsir	Baby	1905	Jan	11	s/b	M	1912 Yesler Way	WA
				Brenaman		1899	Apr			F	Seattle	WA
K	1	0025	04237	Brenaman	R. M.	1899	Apr	01	010	F	Seattle	
K	1	0019	01691	Brendle	George	1895	Jun	21	040	M	Grant St.	
				Brengan		1901	Apr			M	Seattle	WA
				Brennan		1901	Sep			F	2616 1st Ave.	SEA
1	1	0017	00644	Brennan	Andrew	1893	Oct	19	16	M	Providence Hospital	
1	1	0016	00378	Brennan	Bertha	1892	Sep	17	6	F	Seattle	
K	1	0018	16060	Brennan	Michael	1906	Mar	23	040	M	Georgetown	NY
K	1	0019	01495	Brennan	Thomas	1895	Feb	14	062	M	Co. Hospital	
K	1	0017	15538	Brennon	Andrew	1905	Dec	29	019	M	Seattle	WA
K	1	0275	11194	Brensson	Alex	1903	Jun	05	025	M	Snoqualmie, WA	SWD
				Brent		1900	Jul			M	Seattle	VA
K	1	0028	05553	Brent	N.M.	1900	Jul	09	088	M	Seattle	
1	1	0018	01085	Breon	John Edward		Jul	8	45	M	Cor. Joy & Lake St.	
K	1	0023	03118	Breslin	Katie	1898	Jan	15	043	F	Co. Hosp.	
K	1	0012	12920	Bressler	Samuel	1904	Jun	12	040	M	King County Hosp.	IA
				Brestler		1900	May			M	Seattle	AMR
K	1	0027	05230	Brestler	Michel	1900	May	27	018	M	Seattle	
K	1	0022	03013	Bretland	Dorothy	1897	Nov	03	003	F	508 Heustin St.	
				Brewer		1901	Jan			F	House of Good S.	ID
				Brewer		1899	Sep			F	Seattle	---
				Brewer		1900	Mar			F	Seattle	MO
K	1	0026	04963	Brewer	Annie L.	1900	Mar	23	067	F	Seattle	
K	1	0029	05958	Brewer	Estella	1901	Jan	23	014	F	House of Good S.	
K	1	0296	10499	Brewer	Henry	1902	Dec	26	042	M	King Co. Hosp.	MO
K	1	0026	04588	Brewer	Lucy Mrs.	1899	Sep	18	034	F	Seattle	
K	1	0020	02150	Brewster	Kittie	1896	Apr	09	016	F	Fremont Wash.	
K	1	0023	18466	Bridgeford	Frances P.	1907	May	12	053	F	Seattle	WI
K	1	0275	10906	Bridgeman	Anna Mrs.	1903	Mar	29	037	F	Prov. Hospital	IL
K	1	0019	01337	Bridges	Andrew C.	1894	Nov	15	<01	M	So. 15th & Canal	
K	1	0020	17012	Bridges	Charles H.	1906	Oct	07	046	M	Snoqualmie	ENG
K	1	0023	18721	Bridges	Robert	1907	Jun	28	053	M	Seattle	OH
K	1	0297	10895	Bridges	Sarah J.	1903	Mar	25	053	F	242 4th Ave.	OH
				Brietung		1902	Mar			M	919 Yakima	SEA
				Briggs		1901	May			-	Seattle	SEA
K	1	0295	10001	Briggs	B. F.	1902	Aug	17	070	M	603 Spaing	MA
K	1	0009	11721	Briggs	Charles Kenneth	1903	Sep	13	04m	M	1117 5th Ave.	WA
K	1	0022	17990	Briggs	Oliver H.	1907	Mar	24	072	M	Seattle	MA

S R	PG	REC	LASTNAME	FIRSTNAME	DETH MN	DT	AGE	S	DEATHPLACE	BIRTH
			Bright		1902 Mar			F	521 18th N.	SEA
K 1	0017	15539	Bright	Baby	1906 Dec	29	01d	M	Seattle	WA
K 1	0029	05950	Brightness	Benj. F.	1901 Jan	06		M	Alaska	
K 1	0276	11203	Brine	Infant	1903 Jun	04	Prm	F	Latona, WA	sme
K 1	0021	02336	Brink	Anna H.	1896 Aug	26	047	F	Lisabeula	
K 1	0023	18164	Brink	Ernest H.	1907 Apr	11	042	M	Maple Valley	FIN
			Brintnall		1900 May			M	Seattle	NJ
K 1	0027	05246	Brintnall	L.W.	1900 May	03	073	M	Seattle	
K 1	0018	01258	Brinwell	Chas. H.	1894 Oct	03	027	M	Cor. So. 3rd & Main Sts.	
K 1	0022	17930	Britain	Vernon A.	1907 Feb	06	013	M	Ballard	WA
			Britian		1900 Jun			M	Seattle	SEA
K 1	0027	05296	Britian	Grover C.	1900 Jun	21	012	M	Seattle	IL
			Brittain		1901 May			M	Seattle	CT
K 1	0022	17984	Britten	Elizabeth	1907 Mar	13	067	F	Seattle	MI
K 1	0022	17988	Britten	James S.	1907 Mar	17	046	M	Seattle	
			Brix		1901 Nov			M	Georgetown	AUS
K 1	0015	14546	Brnickerhoff	Walter	1905 May	31	079	M	Seattle	NY
K 1	0014	13944	Brnut	Alice	1905 Jan	26	06m	F	311 Pontius Ave.	WA
K 1	0025	04372	Broad	Emanuel	1899 May	29	036	M	Seattle	
K 1	0295	10005	Broberg	Herbert	1902 Aug	30	04m	M	1311 Republican	SEA
K 1	0009	11859	Brochman	Baby	1903 Oct	07	s/b	M	314 Federal St.	WA
			Brock		1898 Jun			M	Seattle	SEA
1 1	0016	00316	Brock	Jacob	1892 Jun	11	25	M	Newcastle	ENG
K 1	0024	03527	Brock	R. N.	1898 Jun	05	<1	M	Seattle	
			Brockway		1898 Jul			M	Seattle	MI
			Brockway		1900 Apr			F	Seattle	CND
K 1	0024	03605	Brockway	C.	1898 Jul	27	063	M	Seattle	
K 1	0027	05193	Brockway	E.	1900 Apr	15	059	F	Seattle	
K 1	0010	11864	Broderick	Anna M. (Mrs.)	1903 Oct	15	039	f	Seattle Gen. Hosp.	NY
K 1	0010	12250	Broderick	John M.	1904 Jan	14	06m	M	515 Barrett St.	WA
1 1	0017	00787	Brodie	Mrs. Emeline	1894 Feb	17	51	F	1405 Front St. (NR)	
K 1	0020	02148	Broffle	John	1896 Apr	04	049	M	1421 Main St.	
			Brogan		1901 Jul			M	Green River Hot Springs	OH
K 1	0017	15536	Brogan	Alice J.	1905 Dec	18	007	F	Seattle	MT
K 1	0295	07777	Brogan	J.M.	1902 Jun	07	045	M	Seattle	WI
K 1	0023	03258	Brogan	John	1898 Mar	20	045	M	Seattle	
K 1	0022	02871	Brokow	Grace E.	1897 Aug	17	034	F	Stanwood	
			Bromes		1901 May			M	Seattle	AUS
			Bromfield		1902 Mar			M	Crittendon Home	sme
			Bromley		1901 Jun			M	Dawson, N.W.T.	AUT
K 1	0023	18719	Bronaugh	Harry	1907 Jun	25	005	M	Seattle	ID
K 1	0009	11716	Bronger	Irwin	1903 Sep	13	022	M	King County Hosp.	KY
K 1	0017	15388	Broniuche	K. Marie	1905 Nov	15	060	F	Ballard	DNK
K 1	0296	10255	Bronnum	M. C.	1902 Nov	11	042	M	Prov. Hosp.	NRY
			Bronson		1901 Nov			M	Ballard	SEA
K 1	0015	14245	Bronson	E.	1905 Mar	25	066	M	Seattle	
K 1	0012	13048	Bronson	Mary R.	1904 Jul	16	070	F	Seattle General Hosp.	IN
			Bront		1899 Dec			M	Seattle	DNK
K 1	0026	04792	Bront	Oscar	1899 Dec	29	040	M	Seattle	
K 1	0296	10503	Brooke	Henry W.	1902 Dec	25	040	M	Baltimore, MD	---
K 1	0009	11557	Brookes	Cpt. John	1903 Aug	30	039	M	528 - 24th Ave. S.	WY
			Brooks		1900 Apr			M	Seattle	NY
			Brooks		1899 Feb			M	Ross, WA	SWD
			Brooks		1901 Jul			M	Columbia City	OH
			Brooks		1903 Jun			F	Wayside Mission	KY
K 1	0017	15676	Brooks	Andrew	1906 Jan	11	073	M	Seattle	
K 1	0012	12923	Brooks	Baby	1904 Jul	25	pre	M	2300 4th Ave.	WA
K 1	0012	12914	Brooks	Baby	1904 Jun	06	s/b	M	Seattle General Hosp.	WA
K 1	0021	17576	Brooks	Charles M.	1907 Jan	19	064	M	Seattle	NY
K 1	0025	04136	Brooks	E. C.	1899 Feb	15	048	M	Ross, WA	
K 1	0014	14241	Brooks	Eunice	1905 Mar	16	085	F	South Park	MA
K 1	0021	17216	Brooks	Frank	1906 Oct	15	060	M	Georgetown	MD
K 1	0027	05100	Brooks	Jos.	1900 Apr	04	063	M	Seattle	

S	R	PG	REC	LASTNAME	FIRSTNAME	DETH	MN	DT	AGE	S	DEATHPLACE	BIRTH
K	1	0023	18715	Brooks	Kenneth	1907	Jun	14	s/b	M	Seattle	WA
K	1	0275	11202	Brooks	Lillie	1903	Jun	11	041	F	Wayside Mission	KY
K	1	0012	12914	Brooks	Manley Curtis	1904	Jun	04	004	M	1819 16th Ave.	WA
K	1	0013	13464	Brooks	Norman	1904	Sep	19	003	M	South Park	WA
K	1	0018	01137	Brooks	Preston	1894	Aug	14	017	M	Ross	
K	1	0019	01321	Brooks	Queney	1894	Dec	25	<01	F	Willow & Thomas	
K	1	0012	13170	Brooks	Rollie	1904	Aug	23	014	M	2105 1/2 1st Ave.	WI
K	1	0021	02329	Brooks	Whitfield C.	1896	Aug	11	020	M	Lake Wash. at Madison	
K	1	0027	05398	Brophy	Edwin H.	1900	Jun	08	022	M	Pacific Ocean nr.Dutch Hbr	
K	1	0022	02632	Brothers	Wm.	1897	Feb	26	<01	M	216 Lincoln St.	
K	1	0015	14545	Brougham	Mattie A.	1905	May	26	040	F	Seattle	IL
K	1	0018	15959	Brouk	Baby	1906	Mar	22	s/b	M	Seattle	WA
K	1	0019	01422	Brovotti	John B.	1895	Jan	01	033	M	Prov. Hospital	
K	1	0020	02088	Browder	Baby	1896	Mar	13	<01	F	1822 7st (7th)	
				Brower		1901	Sep			M	West Seattle	NY
K	1	0012	13047	Brower	Quinn D.	1904	Jul	14	013	M	1411 6th Ave.	IA
				Brown		1901	Mar			M	Seattle	---
				Brown		1903	May			M	Van Asselt	OH
				Brown		1900	oct			M	Alaska	NB
K	1	0026	04618	Brown		1899	Oct	25	<1	F	Blk. Diamond	
				Brown		1898	Jun			F	Skagway	---
				Brown		1901	Apr			M	Seattle	NS
				Brown		1898	Jun			M	Seattle	RUS
				Brown		1898	Oct			M	Wellington	---
				Brown		1901	Mar			M	Seattle	IL
				Brown		1898	Jun			F	Seattle	WA
				Brown		1901	Sep			M	Seattle	CA
				Brown		1899	Dec			M	Seattle	GER
				Brown		1900	Dec			M	Seattle	PA
				Brown		1900	Sep			F	Seattle	MI
				Brown		1898	Sep			M	Near Juneau	---
				Brown		1900	Aug			M	Georgetown	SCT
				Brown		1900	Dec			M	Seattle	WI
				Brown		1899	Oct			F	Blk. Diamond	sme
				Brown		1903	Apr			F	Monod Hospital	CND
				Brown		1902	Apr			M	Prov. Hosp.	WA
				Brown		1901	Oct			M	Prov. Hosp.	CND
				Brown		1903	Apr			F	201 Dexter Ave.	PA
				Brown		1900	Mar			M	Seattle	WA
				Brown		1899	Dec			M	Seattle	AMR
				Brown		1900	Oct			F	Seattle	ENG
				Brown		1903	Apr			F	713 Howard Ave.	WI
K	1	0021	02533	Brown	Albert J.	1896	Dec	01	032	M	Prov. Hospital	
1	1	0017	00667	Brown	Alex	1893	Nov	2	55	M	Seattle	
1	1	0018	01087	Brown	Alfred		Jul	9	<01	M	Fremont	WA
K	1	0018	01142	Brown	Annabella	1894	Aug	28	032	F	1104 7th St.	
K	1	0023	03450	Brown	Annie	1898	May	08	029	F	Seattle	
K	1	0023	03257	Brown	Arthur N.	1898	Mar	11	<01	M	Seattle	
K	1	0016	14687	Brown	Baby	1905	Jun	27	s/b	M	Seattle	WA
K	1	0023	18222	Brown	Baby	1907	Apr	15	s/b	F	Seattle	WA
K	1	0297	10778	Brown	Baby	1903	Feb	27	02m	M	208 9th Ave S	SEA
K	1	0010	11860	Brown	Baby	1903	Oct	03	s/b	F	1015 Yesler Way	WA
K	1	0021	17248	Brown	Baby	1906	Nov	20	9/d	M	Seatle	WA
1	1	0018	01135	Brown	Baby	1894	Aug	1	<01	F	1104 7th St.	WA
K	1	0021	02490	Brown	C. H.	1896	Nov	-	035	M	Everett, Wash.	
K	1	0024	03749	Brown	C.B.	1898	Sep	16		M	Near Juneau	
K	1	0017	15395	Brown	Catherine	1905	Nov	05	047	F	Georgetown	CND
K	1	0024	03536	Brown	Charles	1898	Jun	17	028	M	Seattle	
K	1	0015	14684	Brown	Charles	1905	Jan	14	049	M	Seattle	CND
1	1	0017	00695	Brown	Charles R.	1893	Dec	27	37	M	Seattle	GER
K	1	0029	06082	Brown	Chas. M.	1901	Mar	26	065	M	Seattle	
K	1	0022	02746	Brown	Chls. Harris	1897	Jun	11	026	M	Georgetown	
K	1	0295	09881	Brown	D. F.	1902	Jul	18	005	M	Seattle	ME

S R	PG	REC	LASTNAME	FIRSTNAME	DETH	MN	DT	AGE	S	DEATHPLACE	BIRTH
K 1	0009	11717	Brown	David A.	1903	Sep	25	034	M	6544 1st N.E.	ENG
K 1	0275	11184	Brown	David H.	1903	May	08	021	M	Van Asselt	OH
K 1	0028	05611	Brown	Donald C.	1900	Aug	04	075	M	Georgetown	
K 1	0014	13942	Brown	Donald M. L.	1905	Jan	23	044	M	Georgetown	CNd
1 1	0016	00057	Brown	Edwin F.	1887	Aug	14	4	M	Seattle	MA
K 1	0028	05852	Brown	Edwin H.	1900	Dec	14	048	M	Seattle	
K 1	0016	15000	Brown	Elizabeth M.	1905	Aug	01	052	F	Seattle	IRL
K 1	0028	05616	Brown	Emecelia	1900	Sep	23	050	F	Seattle	
K 1	0295	09999	Brown	Ernest	1902	Aug	12	05m	M	1059 Harrison	SEA
K 1	0011	12257	Brown	Ethel Gladys	1904	Jan	27	009	F	Cor Melrose Ave.	WA
K 1	0019	01444	Brown	Evelyn	1895	Jan	24	<01	F	422 Broadway	
K 1	0019	01615	Brown	Evelyn	1895	Apr	10	<01	F	2138 Madison St.	
K 1	0021	02393	Brown	F. W.	1896	Sep	02	<01	M	3010 1/2 Dearborn St.	
K 1	0010	11862	Brown	Frank B.	1903	Oct	02	022	M	Nr. Columbia	WI
K 1	0029	06081	Brown	Fred	1901	Mar	21	025	M	Seattle	
1 1	0016	00393	Brown	Frederick L.	1892	Oct	6	<01	M	Seattle	WA
K 1	0016	15160	Brown	Grace E.	1905	Sep	11	024	F	Seattle	MT
K 1	0275	11024	Brown	Harriett	1903	Apr	28	038	F	Monod Hospital	CND
K 1	0026	04688	Brown	Harry	1899	Dec	07	049	M	Seattle	
1 1	0018	01001	Brown	Harry David	1894	Jul	24	3	M	River Park	WA
K 1	0275	11183	Brown	Henrietta	1903	Apr	30	031	F	713 Howard Ave.	WI
1 1	0016	00195	Brown	Homer H.	1892	Jan	11	61	M	Seattle	NY
K 1	0027	05041	Brown	Ida	1900	Mar	27	022	F	Seattle	
K 1	0020	02049	Brown	Infant	1896	Feb	13	<01	M	1134 So. 12th Ave.	
K 1	0297	10904	Brown	Isiah M	1903	Mar	16	051	M	215 16 Ave N	OH
K 1	0028	05821	Brown	James	1900	oct	09	057	M	Alaska	
K 1	0020	01826	Brown	James	1895	Nov	16	037	M	Elliott Bay mouth/Duwamish	
K 1	0026	04767	Brown	Jas. Henderson	1899	Dec	11	044	M	Seattle	
1 1	0017	00674	Brown	Jeanie M. Mrs.	1893	Nov	22	65	F	717 Jefferson St., Seattle	IRL
K 1	0295	10094	Brown	Jennie McPhee	1902	Aug	17	030	F	SEA Gen Hosp. (b.NovaScotia	---
1 1	0017	00479	Brown	Jno. James	1893	Jan	16	29	M	Seattle	CND
K 1	0021	17374	Brown	Joesph	1906	Dec	22	077	M	Seattle	GER
K 1	0024	03843	Brown	John	1898	Oct	12	048	M	Wellington	
K 1	0023	03453	Brown	John	1898	May	26	026	M	Seattle	
K 1	0010	12253	Brown	Lewis	1904	Jan	22	035	M	2nd Ave. S.	WA
1 1	0016	00792	Brown	Lucia A.	1894	Mar	27	63	F	2223 4th St.	
K 1	0297	10781	Brown	Lucy D. (Mrs)	1903	Mar	13	045	F	1425 29 Ave	SEA
K 1	0028	05651	Brown	Martha	1900	Oct	06	037	F	Seattle	
K 1	0022	17762	Brown	Mary	1907	Feb	06	079	F	Seattle	SCT
K 1	0024	03533	Brown	Mary F.	1898	Jun	02	018	F	Seattle	
K 1	0022	02829	Brown	Mary J. (Mrs.)	1897	Jul	21	059	F	S. G. Hospital	
K 1	0022	02790	Brown	Matilda	1897	Jun	20	034	F	S. G. Hospital	
K 1	0014	13941	Brown	May E.	1905	Jan	22	018	F	911 Jackson St.	CND
K 1	0297	10773	Brown	May Isbell	1903	Feb	04	04m	F	2122 1st Ave	WA
K 1	0021	17366	Brown	Milton W.	1906	Dec	04	034	M	Seattle	IL
K 1	0020	02050	Brown	Nellie	1896	Feb	18	039	F	619 Bush St.	
K 1	0024	03529	Brown	Nellie	1898	Jun	07	025	F	Skagway	
K 1	0016	14793	Brown	Nellie	1905	Jul	01	032	F	Seattle	NY
K 1	0011	12670	Brown	Pershovlar	1904	Apr	24	017	F	710 Stewart St.	WA
K 1	0275	11021	Brown	Pircilla J.	1903	Apr	03	059	F	201 Dexter Ave.	PA
K 1	0019	01606	Brown	Rena Carlson	1895	Apr	18	034	F	Fremont	
K 1	0018	01140	Brown	Robt.	1894	Aug	26	085	M	125 Bismark	
K 1	0019	01535	Brown	Sarah	1895	Mar	10	068	F	Dwamish	
K 1	0020	16878	Brown	Sarah E.	1906	Sep	11	032	F	Seattle	IA
K 1	0020	02152	Brown	Thomas	1896	Apr	18	082	M	Cr. 5th Ave. N. & Blaine St	
K 1	0028	05857	Brown	Wayne F.	1900	Dec	28	015	M	Seattle	
K 1	0014	14242	Brown	William	1905	Mar	16	089	M	Seattle	SCT
K 1	0297	10898	Brown	William	1903	Mar	18	023	M	Wayside Mission	---
1 1	0018	00997	Brown or Howie	Mary		Jun	7	29	F	Georgetown, S. Seattle	SCT
			Brownfield		1899	Apr			M	Seattle	VA
			Brownfield		1900	Dec			F	Seattle	WA
			Brownfield		1903	Jun			M	148 29th Ave.	KS
K 1	0296	10254	Brownfield	Charles H.	1902	Nov	10	038	M	SEA. Gen. Hosp.	WA

S	R	PG	REC	LASTNAME	FIRSTNAME	DETH	MN	DT	AGE	S	DEATHPLACE	BIRTH
K	1	0018	01260	Brownfield	Chas. Thedore	1894	Oct	06	022	M	210 Lake View St.	
K	1	0025	04241	Brownfield	D. T.	1899	Apr	02	075	M	Seattle	
1	1	0017	00786	Brownfield	Fred	1894	Feb	14	17	M	Providence Hospital	
1	1	0018	00960	Brownfield	Gideon	1894	May	2	55	M	Providence Hospital	
K	1	0028	05851	Brownfield	Helen	1900	Dec	28	<1	F	Seattle	
K	1	0022	02785	Brownfield	Ida L.	1897	Jun	02	005	F	1320 John St.	
1	1	0016	00288	Brownfield	R. M.	1892	Jun	2	1	M	Seattle	WA
K	1	0275	11198	Brownfield	R.J.	1903	Jun	27	019	M	148 29th Ave.	KS
K	1	0021	17249	Brownie	James	1906	Nov	23	052	M	Seattle	ENG
K	1	0295	09880	Browning	F.L.	1902	Jul	25	033	F	Coupeville	CA
				Brownly		1898	Jun			F	Seattle	---
K	1	0024	03535	Brownly	Cynthia	1898		26	065	F	Seattle	
K	1	0022	02873	Bruan	Sabrina	1897	Aug	24	066	F	Fremont	
K	1	0023	03070	Bruant	N. W.	1897	Dec	07	040	M	Ballard	
				Bruce		1901	Jan			M	Prov. Hosp.	ME
				Bruce		1901	Jul			F	Seattle	IL
K	1	0297	10779	Bruce	Baby	1903	Feb	19	02h	M	1625 1st Ave	SEA
K	1	0020	01824	Bruce	Faraine	1895	Oct	29	<01	F	Troy House, Front St.	
K	1	0029	05955	Bruce	Geo. W.	1901	Jan	12	075	M	Prov. Hosp.	
K	1	0020	01828	Bruce	Wm.	1895	Nov	21	027	M	Tide Flats	
K	1	0022	02923	Bruce	Wm.	1897	Sep	21	035	M	Moshers Camp	
				Bruckart		1901	Aug			M	Alki Point	PA
K	1	0017	15775	Bruer	Ingiver J.	1906	Jan	23	049	M	Cape Beale, BC	GER
				Bruhn		1900	Mar			F	Enumclaw	DNK
K	1	0023	03352	Bruhn		1898	Apr	22	-	M	Enumclaw	
K	1	0021	02623	Bruhn	Karen R.	1897	Feb	22	<01	F	Enumclaw	
K	1	0026	04908	Bruhn	Warren	1900	Mar	04	048	F	Enumclaw	
1	1	0016	00267	Brulst	Edward	1892	Apr	22	16	M	Seattle	GER
				Brum		1901	Jul			M	Seattle	---
				Brun		1898	Nov			M	Seattle	SEA
K	1	0024	03903	Brun	Baby	1898	Nov	22		M	Seattle	
1	1	0016	00440	Brundage	N. J. Mrs.	1893	Jan	1	32	F	Seattle	NY
K	1	0022	17774	Bruner	Elizabeth A.	1907	Feb	22	067	F	Seattle	IN
				Brunina		1901	Jan			F	Seattle	WA
K	1	0029	05961	Brunina	Crolinda	1901	Jan	30	001	F	Seattle	
K	1	0023	18228	Bruno	Valela	1907	Apr	27	036	M	Seattle	ITL
				Brurntigam		1901	Jun			F	Seattle	CND
K	1	0012	13043	Bruskevith	Babbyt	1904	Jul	04	s/b	F	Columbia	WA
K	1	0015	14538	Bryan	Edith B.	1905	May	18	031	F	Seattle	NJK
1	1	0017	00739	Bryan	Edna A.	1893	Ded	15	50	F	618 Dexter St., Seattle	
K	1	0017	15417	Bryan	Frances B.	1905	Nov	17	051	F	Seattle	WA
k	1	0019	16296	Bryan	Johana C.	1906	May	03	073	F	Seattle	MA
K	1	0295	10089	Bryan	Lee	1902	Aug	30	01m	M	1914 1/2 6 Ave	SEA
K	1	0015	14682	Bryan	Minnie	1905	Jan	06	042	F	Seattle	MO
				Bryant		1903	Jun			M	408 QueenAnneAv. (b.at sea	---
				Bryant		1903	May			F	324 29th Ave. So.	SEA
				Bryant		1899	Nov			M	Seattle	AMR
				Bryant		1900	May			F	Ballard	ME
K	1	0295	07773	Bryant	Annie	1894	Dec	05	065	F	Seattle	---
k	1	0016	15163	Bryant	Baby	1905	Sep	22	01d	F	Seattle	WA
K	1	0014	13643	Bryant	Daniel F.	1904	Dec	19	039	M	200 25th Ave. S.	MA
K	1	0275	11191	Bryant	Gertrude L.	1903	May	24	011	F	324 29th Ave. So.	SEA
K	1	0011	12669	Bryant	Harry	1904	Apr	24	035	M	Providence Hosp.	ME
K	1	0027	05238	Bryant	I.S.	1900	May	09	072	F	Ballard	
K	1	0019	01334	Bryant	M. Annie	1894	Dec	05	065	F	113 7th St.	
K	1	0026	04726	Bryant	Stewart	1899	Nov	22	016	M	Seattle	
K	1	0025	04726	Bryant	Stewart	1899	Nov	22	016	M	Seattle	
K	1	0275	11195	Bryant	Wm. J.	1903	Jun	24	061	M	408 QueenAnneAv. (b.at sea	---
K	1	0024	04076	Buch	Fannie M.	1899	Jan	19	061	F	Seattle	
				Buchanan		1900	Mar			M	Seattle	---
				Buchanan		1902	Feb			F	1106 E. Thomas (Newcastle)	WA
				Buchanan		1900	Jul			F	Seattle	CA
K	1	0014	14123	Buchanan	Angus G.	1905	Jan	25	009	M	703 21st Ave.	CND

S R PG REC	LASTNAME	FIRSTNAME	DETH MN DT AGE	S	DEATHPLACE	BIRTH
K 1 0022 02870	Buchanan	Archie	1897 Aug 10 015	M	Skykomish, Wash.	
K 1 0023 03071	Buchanan	Aurilla M.	1897 Dec 30 063	F		
K 1 0027 05087	Buchanan	Ed	1900 Mar 08 023	M	Seattle	
K 1 0020 01823	Buchanan	Edwin	1895 Oct 27 037	M	3d St. Seattle	
K 1 0027 05399	Buchanan	Ella M.	1900 Jul 13 030	F	Seattle	
K 1 0015 14401	Buchanan	James O.	1905 Apr 09 069	M	Seattle	PA
K 1 0009 11554	Buchanan	John	1903 Aug 05 060	M	Providence Hosp.	IRL
K 1 0019 01333	Buchinger	Theresia	1894 Dec 09 054	F	410 McClair St.	
1 1 0016 00188	Buck	Mary A.	1892 Jan 14 83	F	Seattle	ME
K 1 0296 10175	Buckley	Charlotte	1902 Mar 13 031	F	Dawson,VT (b.N.Brunswick,	---
K 1 0020 02154	Buckley	John	1896 Apr 25 <01	M	Seattle	
K 1 0297 10901	Buckley	Martha (Mrs)	1903 Mar 27 039	F	2324 7th Ave (b.Honolulu,	HI
K 1 0016 14797	Buckley	Nancy	1905 Jul 18 028	F	Seattle	IL
K 1 0013 13638	Bucklin	George	1904 Dec 10 038	M	3624 Dayton Ave.	ME
K 1 0022 02962	Buckly	Marguretta E.	1897 Oct 05 004	F	610 8th Ave.	
	Buckman		1900 Apr	F	Seattle	NY
K 1 0027 05099	Buckman	M.H.A.	1900 Apr 17 080	F	Seattle	
K 1 0021 17375	Buckner	Neona M.	1906 Dec 27 032	F	Seattle	CND
	Budden		1901 Jan	M	Seattle	ENG
K 1 0028 05854	Budden	Frank	1901 Jan 01 042	M	Seattle	
K 1 0016 15127	Buddnick	Matteo	1905 Sep 17 035	M	Georgetown	AUT
K 1 0297 10768	Buddress	Alcon N	1903 Feb 22 04d	M	Monod Hosp.	SEA
	Budenstine		1899 Nov	M	Seattle	AMR
K 1 0026 04698	Budenstine	K.C.	1899 Nov 06 010	M	Seattle	
K 1 0023 18225	Budimich	Baby	1907 Apr 17 08h	F	Seattle	WA
K 1 0022 17977	Budlong	George E.	1907 Mar 01 056	M	Seattle	NK
	Bue		1901 Nov	M	Gen. Hosp.	NRY
K 1 0009 11564	Buecker	Almaldine (Mrs.)	1903 Aug 24 075	F	2611 W. Ave.	GER
K 1 0011 12258	Buel	Baby	1904 Jan 29 pre	M	Monad Hosp.	WA
K 1 0023 18710	Buell	Clarence M.	1907 Jun 07 072	M	Seattle	WA
K 1 0022 18159	Buell	Lillian B.	1907 Mar 08 025	F	Kent	ME
K 1 0020 01827	Buell	Royal	1895 Nov 16 011	M	Elliott Bay/Mouth/Duwamish	
K 1 0010 12248	Bufford	Warren	1904 Jan 04 001	M	Van Asselet	WA
K 1 0023 03364	Bufonchio	Joe	1898 Apr 30 010	M	Seattle	
K 1 0020 16884	Bugart	John G.	1906 Sep 22 037	M	Seattle	GER
	Buger		1898 Oct	M	Kent	---
K 1 0024 03842	Buger	John	1898 Oct 05 045	M	Kent	
K 1 0021 17574	Bugh	W.E.	1907 Jan 18 023	M	Seattle	WA
K 1 0023 03359	Buhel	Margaret	1898 Apr 17 057	F	Seattle	
K 1 0021 17368	Bulenberg	C.	1906 Dec 06 074	M	Seattle	GER
	Bull		1900 May	F	Seattle	SEA
K 1 0027 05256	Bull	F.L.	1900 May 25 <1	F	Seattle	
K 1 0021 02335	Bullane	Geo. W.	1896 Aug 25 074	M	Seattle	
	Bullard		1902 May	M	Str. Valencia	---
1 1 0017 00579	Bullard	Jas.	1893 Jul 18 65	M	Samamish Lake	VA
1 1 0016 00452	Bullene	Arthur	1892 Dec 5 29	M	Seattle	CA
K 1 0010 12088	Bullers	Henry	1903 Nov 01 060	M	King County Hosp.	ENG
1 1 0016 00791	Bulloch	F. R.	1894 Mar 22 32	M	Gor. Drexal & Gould St.	
K 1 0013 13348	Bullock	R. Ballard	1904 Sep 13 041	M	Providence Hosp.	MS
K 1 0016 15166	Bullock	Rollin	1905 Sep 26 056	M	Seattle	
K 1 0022 18161	Bulls	John	1907 Mar 26 017	M	Bellevue	WI
K 1 0297 10774	Bun	J. H.	1903 Feb 05 042	M	Prov. Hosp.	SWD
K 1 0017 15415	Bunau	Emma	1905 Nov 13 065	F	Seattle	GER
	Bunbaum		1898 Nov	F	Seattle	WI
K 1 0024 03902	Bunbaum	M.M.	1898 Nov 20 <1	F	Seattle	
K 1 0009 11568	Bunch	Thomas J.	1903 Aug 25 053	M	Ft. Yesler Ave.	KY
K 1 0019 16578	Bundy	Irene	1906 Jul 11 09m	F	Seattle	WA
K 1 0010 12125	Bundy	June	1903 Dec 07 08m	F	713 23 Ave. S.	WA
K 1 0013 13636	Bundy	Leroy	1904 Nov 30 08m	M	528 23rd Ave. S.	WA
K 1 0014 14239	Bunisk	Baby	1905 Mar 12 s/b	M	Georgetown	WA
K 1 0016 15164	Bunn	Hazel	1905 Sep 18 018	F	Seattle	US
K 1 0011 12672	Bunn	Sally	1904 May 02 079	F	2709 17th Ave. S.	NY
K 1 0018 16059	Buntage	Anna M.	1906 Mar 17 065	F	Rainer Beach	IL

S	R	PG	REC	LASTNAME	FIRSTNAME	DETH	MN	DT	AGE	S	DEATHPLACE	BIRTH
K	1	0022	03017	Bunting	James H.	1897	Nov	15	018	M	Salmon Bay	
K	1	0023	03063	Bunting	James H.	1897	Nov	15	018	M	Salmon Bay	
K	1	0297	10894	Burbank	Howard E.	1903	Mar	01	041	M	-----	ME
K	1	0014	14117	Burch	Dovin	1905	Feb	06	014	M	South Seattle	MN
				Burd		1901	Apr			M	Seattle	PA
K	1	0016	15277	Burdash	Edward	1905	Oct	16	032	M	Monroe	MN
				Burdett		1903	Apr			F	Prov. Hospital	MD
K	1	0023	18218	Burdett	Don's M.	1907	Apr	02	007	F	Seattle	ENG
K	1	0275	11027	Burdett	Janie, Mrs.	1903	Apr	04	025	F	Prov. Hospital	MD
K	1	0296	10505	Burdett	W. J.	1902	Dec	22	033	M	2614 Judkins St	USA
K	1	0017	15532	Burdick	Birdie A.	1905	Dec	04	008	F	Seattle	CA
				Burge		1901	Oct			M	Seattle Gen. Hosp.	ID
				Burgenet		1902	Feb			M	5006 6th Ave. S.	USA
				Burger		1901	Jan			F	Seattle	SEA
				Burger		1901	Mar			F	Seattle	PA
K	1	0029	05952	Burger	Catherine	1901	Jan	01	002	F	Seattle	
K	1	0029	06075	Burger	Catherine	1901	Mar	01	028	F	Seattle	
				Burginger		1902	Jan			M	Seattle Laundry	CHL
				Burian		1902	Feb			M	1020 Spring Place	GER
				Burk		1900	Jun			F	Seattle	CA
K	1	0028	05458	Burk	Lillie	1900	Jun	15	022	F	Seattle	
				Burke		1900	Jul			M	Georgetown	TX
				Burke		1903	Jun			F	707 W. Prospect St.	PA
				Burke		1902	Feb			M	City Jail	ME
				Burke		1901	Sep			M	Monod Hosp.	SEA
K	1	0012	13327	Burke		1904	Aug	10		M	King County Auditor	
K	1	0296	10260	Burke	Baby	1902	Dec	06	s/b	M	Summit/Seneca, SEA	SEA
K	1	0019	01745	Burke	David	1895	Aug	03	059	M	Ballard	
1	1	0018	01090	Burke	Eliza	1894	Jul	27	45	F	6th & Wall St.	
K	1	0275	11196	Burke	Emma H.	1903	Jun	19	058	F	707 W. Prospect St.	PA
K	1	0012	13044	Burke	Herold Moore	1904	Jul	05	021	M	Lakewood	CND
K	1	0013	13496	Burke	James	1904	Oct	27	035	M	Minor Hotel	
K	1	0014	14115	Burke	James E.	1905	Feb	01	040	M	W. W. Hosp. Ins	NY
K	1	0296	10501	Burke	Jennie A.	1902	Dec	16	030	F	224 10 Ave N.	WI
K	1	0022	02789	Burke	John	1897	Jun	20	045	M	Prov, Hospital	
K	1	0021	17578	Burke	Mary E. E.	1907	Jan	22	046	F	Seattle	ME
K	1	0023	18465	Burke	Thomas	1907	May	10	040	M	Seattle	OH
K	1	0015	14680	Burke	Thomas H.	1905	Jun	06	031	M	Seattle	NJ
K	1	0027	05328	Burke	Wm.	1900	Jul	12	043	M	Georgetown	
				Burkell		1900	Apr			M	Seattle	ME
K	1	0027	05127	Burkell	H.L.	1900	Apr	16	039	M	Seattle	
1	1	0017	00785	Burkett	Calvin	1894	Feb	13	73	M	Providence Hospital	
K	1	0022	17766	Burkett	Elizabeth	1907	Feb	14	077	M	Seattle	IL
K	1	0022	17765	Burkman	John F.	1907	Feb	13	048	M	Seattle	IL
K	1	0021	02625	Burkman	Mary A.	1897	Feb	08	070	F	Seattle	
K	1	0021	02489	Burknean	Frank C.	1896	Nov	12	038	M	722 Dexter St.	
K	1	0011	12497	Burlingame	Marvin	1904	Mar	29	059	M	King County Hosp.	NY
1	1	0016	00207	Burn	Annie	1892	Feb	26	20	F	Seattle	PA
K	1	0295	07877	Burndon	Ole	1902	Jul	13	019	M	Seattle	NRY
				Burnell		1899	Jan			M	Edgewater	sme
				Burnell		1900	Apr			M	Seattle	SEA
K	1	0027	05139	Burnell	F.E.	1900	Apr	30	030	M	Seattle	
K	1	0296	10173	Burnell	Hannah M.	1902	Sep	16	086	F	3433 Meridien Ave	MA
K	1	0024	04097	Burnell	Lotto E.	1899	Jan	07	13m	M	Edgewater	
				Burnes		1899	Nov			M	Seattle	IRL
K	1	0026	04732	Burnes	J.W.	1899	Nov	26	060	M	Seattle	
				Burnett		1903	Mar			M	Prov. Hospital	IA
K	1	0296	10372	Burnett	Arthur	1902	Oct	06	008	M	Green Lake	MI
K	1	0296	10504	Burnett	Charles S.	1902	Dec	22	056	M	Gen. Hosp.	OH
1	1	0016	00285	Burnett	Frank	1892	May	25	45	M	South Seattle	
K	1	0018	16123	Burnett	Hiram	1906	Apr	25	088	M	Seattle	MA
K	1	0275	10905	Burnett	Hubert H.	1903	Mar	03	022	M	Prov. Hospital	IA
K	1	0021	02328	Burnett	Valma M.	1896	Aug	06	001	F	Green Lake City	

S	R	PG	REC	LASTNAME	FIRSTNAME	DETH	MN	DT	AGE	S	DEATHPLACE	BIRTH
				Burnley		1900	Aug			F	Seattle	PRT
K	1	0028	05571	Burnley	Bertha Laura	1900	Aug	28	010	F	Ganges Harbor, BC	
K	1	0028	05570	Burnley	Elizabeth	1900	Aug	19	032	F	Seattle	
K	1	0022	02838	Burnley	Elizabeth	1897	Aug	07	<01	F	5th St. Seattle	
K	1	0021	02535	Burnley	Martha Louise	1896	Dec	13	>01	M	513 Main St.	
				Burns		1901	Apr			M	Seattle	WA
				Burns		1899	Aug			F	Seattle	SEA
				Burns		1899	May			M	Seattle	---
				Burns		1898	Jun			M	Seattle	---
				Burns		1900	Jul			M	Seattle	IL
				Burns		1901	Jun			F	Seattle	CND
K	1	0022	02631	Burns	(Baby)	1897	Feb	19	<01	M	412 Fourth Ave.	
K	1	0023	18651	Burns	Barney	1906	Dec	04	042	M	Georgetown	IRL
K	1	0010	11984	Burns	Cpt. Francis J.	1903	Nov	03	063	M	1111 Spring St.	NY
K	1	0029	06084	Burns	Della	1901	Apr	30	007	M	Seattle	
K	1	0024	03528	Burns	Frank J.	1898	Jun	06	063	M	Seattle	
K	1	0023	18709	Burns	J.J.	1907	Jun	02	065	M	Seattle	WA
K	1	0023	03361	Burns	James M.	1898	Apr	21	<01	M	Seattle	
K	1	0013	13495	Burns	John	1904	Oct	26	037	M	Cape Nome Saloon	
K	1	0025	04539	Burns	Lona E.	1899	Aug	22	003	F	Seattle	
K	1	0014	14238	Burns	Louisa C. R.	1905	Mar	06	043	F	Seattle	CND
K	1	0018	16126	Burns	M.	1906	Apr	27	02	M	Seattle	WA
K	1	0013	13631	Burns	Margaret	1904	Nov	11	070	F	South Park	IRL
K	1	0018	01245	Burns	Mary	1894	Sep	08	035	F	Port Angeles	
K	1	0023	03360	Burns	Mary A.	1898	Apr	18	032	F	Seattle	
K	1	0023	03360	Burns	Mary A.	1898	Apr	18	032	F	Seattle	
K	1	0027	05343	Burns	Patrick	1900	Jul	02	037	M	Seattle	
K	1	0025	04371	Burns	Peter F.	1899	May	29	044	M	Seattle	
1	1	0017	00640	Burns	S. F.	1893	Sep	21	<01	F	415 Madison	WA
K	1	0018	01139	Burns	Terrance	1894	Aug	23	040	M	Co. farm	
K	1	0021	17251	Burnside	John H. Jr.	1906	Nov	28	20d	M	Seattle	WA
K	1	0018	01141	Burnson	Varn	1894	Aug	26	001	M	Beach St. 8 Ward	
K	1	0009	11555	Burr	Grier Walter	1903	Aug	08	027	M	Providence Hosp.	MO
				Burrell		1900	Jan			M	Goldendale, WA	SCT
K	1	0026	04893	Burrell	Jas. P.	1900	Jan	29	048	M	Goldendale, WA	
K	1	0296	10495	Burress	Nellie Agnes	1902	Dec	15	014	F	New Western Hotel	IN
K	1	0017	15675	Burrington	Myra B.	1906	Jan	06	044	F	Seattle	WI
K	1	0013	13628	Burroughs	Joseph	1904	Nov	03	082	M	116 31st Ave.	ENG
K	1	0019	01489	Burrow	Alex D,	1895	Feb	28	052	M	Des Moines, Wash.	
K	1	0020	02198	Burrows	Albert	1896	Apr	30	059	M	Bellevue, Wn.	
K	1	0023	03260	Burrows	Alice A.	1898	Mar	26	001	F	Latona	
K	1	0020	17013	Burrows	Charles C.	1906	Oct	24	052	M	Bothell	CND
K	1	0295	10090	Burrows	Charles P.	1902	Aug	09	031	M	Alki Pt. (b.Salem,	OR
K	1	0010	12119	Burrows	J. C.	1903	Dec	07	040	M	Woodinville	
K	1	0022	17982	Burrows	Mary E.	1907	Mar	08	10m	F	Seattle	WA
K	1	0297	10767	Burrows	Stephen	1903	Feb	21	074	M	Green Lake	NY
K	1	0011	12489	Burs	A. O. (Dr.)	1904	Mar	11	028	M	Providence Hosp.	
				Burt		1900	Dec			M	Seattle	ENG
K	1	0011	12488	Burt	M. Maud	1904	Mar	08		F	King County Hosp.	SPN
K	1	0028	05853	Burt	Wm.	1900	Dec	19	065	M	Seattle	
K	1	0020	16883	Burton	Elmer	1906	Sep	19	006	M	Seattle	CO
K	1	0010	12127	Burton	Freddena	1903	Dec	12	001	F	607 22nd Ave.	WA
K	1	0296	10497	Burton	Henry W.	1902	Dec	30	037	M	116 WA St	CND
				Burtsdiell		1898	Sep			M	Seattle	---
K	1	0024	03751	Burtsdiell	Wm.	1898	Sep	23	050	M	Seattle	
K	1	0023	03069	Burus	Alex	1897	Dec	21	023	M	Oakland, Cala.	
				Burwell		1901	Mar			M	Seattle	CT
K	1	0029	06080	Burwell	Austin S.	1901	Mar	23	087	M	Seattle	
K	1	0295	07879	Burwell	Marion	1902	Jul	25	001	F	Madrone WA	SEA
				Busby		1899	Jun			M	Seattle	---
K	1	0025	04416	Busby	Dewey	1899	Jun	16	<1	M	Seattle	
				Bush		1899	Sep			M	Seattle	---
				Bush		1898	Jul			F	Seattle	---

S	R	PG	REC	LASTNAME	FIRSTNAME	DETH	MN	DT	AGE	S	DEATHPLACE	BIRTH
				Bush		1899	Dec			M	Seattle	IL
K	1	0025	04581	Bush	August	1899	Sep	16	032	M	Seattle	
K	1	0014	13936	Bush	Baby	1905	Jan	06	02d	f	329 5th Ave. N.	WA
K	1	0014	14098	Bush	Edith	1905	Jan	31	09m	F	Issaquah	WA
K	1	0011	12666	Bush	Franklin A.	1904	Apr	19	09m	M	921 16th Ave.	WA
K	1	0026	04772	Bush	Geo. S.	1899	Dec	13	033	M	Seattle	
K	1	0009	11566	Bush	Henry	1903	Aug	09	042	M	Providence Hosp.	GER
K	1	0018	01199	Bush	James W.	1894	Aug	31	069	M	Near Gilman	
1	1	0016	00458	Bush	Jos. W.	1892	Dec	30	<01	M	Gilman	
K	1	0024	03602	Bush	Lilly	1898	Jul	12	038	F	Seattle	
K	1	0017	15419	Bush	Martha S.	1905	Nov	28	060	F	Seattle	NY
K	1	0021	02339	Bush	William S.	1896	Aug	31	068	M	1003 Lake View St.	
K	1	0021	02397	Bushell	John	1896	Sep	15	<01	M	1930 8th Ave.	
K	1	0017	15413	Bushman	Elizabeth	1905	Nov	04	079	F	Seattle	GER
				Bushy		1900	Dec			F	Seattle	WI
K	1	0028	05858	Bushy	Etta	1900	Dec	30	020	F	Seattle	
K	1	0009	11449	Busk	Charles	1903	Jul	10	038	M	4023 4th Ave. N.E.	IA
K	1	0021	17373	Buss	Evelyn	1906	Dec	20	029	F	Seattle	GER
K	1	0019	16407	Bussamick	John	1906	Jun	26	s/b	M	Ballard	WA
K	1	0022	02674	Bussavich	Antonia	1897	Mar	27	039	F	West & Pike	
K	1	0013	13358	Bussell	George L.	1904	Sep	06	079	M	Dunlap	TN
K	1	0022	02965	Bussy	Francis	1897	Sep	10	064	M	Blk. Diamond	
K	1	0014	13645	Buston	Emma	1904	Dec	29	040	F	19th & Aloha St.	CA
K	1	0011	12366	Buswell	Joseph M.	1904	Feb	22	042	M	General Hosp.	GA
K	1	0017	15397	Butchard	George	1905	Nov	21	033	M	Redmond	CND
				Butler		1901	Feb			F	Seattle	IN
				Butler		1900	Feb			M	Seattle	EUR
				Butler		1898				M	Seattle	ENG
				Butler		1900	Jan			M	King Co. Hospital	AMR
				Butler		1875	Feb			M	Ohio	DAK
K	1	0018	01298	Butler	Alden G.	1894	Oct	27	063	M	West St. House	
K	1	0016	14689	Butler	Cornelia G.	1905	Jul	28	054	F	Seattle	MO
K	1	0297	10766	Butler	Fred	1903	Feb	22	004	M	So. Seattle	WA
K	1	0026	04958	Butler	Gus	1900	Feb	21	033	M	Seattle	
K	1	0020	02047	Butler	Hillory	1896	Feb	03	076	M	1508 4th St.	
K	1	0011	12367	Butler	James	1904	Feb	25	040	M	2nd Ave./Washington St.	
K	1	0024	03603	Butler	James	1898			023	M	Seattle	
K	1	0019	16232	Butler	Leon	1906	Apr	11	017	M	Renton	WA
K	1	0023	03184	Butler	Lillins	1898	Feb	22	054	F	Seattle	
K	1	0015	14400	Butler	Mary	1905	Apr	07	059	F	Seattle	IRl
K	1	0029	06071	Butler	Nancy R.	1901	Feb	05	074	F	Seattle	
K	1	0029	06062	Butler	Ormond	1875	Feb		011	M	Ohio	
K	1	0022	17932	Butler	Richard A.	1907	Feb	23	072	M	Renton Jct.	PA
1	1	0016	00333	Butler	Susa	1892	Jul	29	67	F	Birch Street, Seattle	ME
K	1	0026	04805	Butler	Thos.	1900	Jan	07	062	M	King Co. Hospital	
K	1	0019	16701	Butler	William P.	1906	Aug	09	001	M	Seattle	OR
K	1	0015	14536	Butller	William P.	1905	Apr	15	050	M	Hobart	
K	1	0015	14532	Butsche	Jeannie L.	1905	May	05	013	F	Seattle	WI
K	1	0010	12130	Butson	Nellie	1903	Dec	23	017	M	709 Washington St.	ND
				Butt		1901	Feb			F	S. Seattle	PA
K	1	0019	01711	Butt		1895	Jul	22	<01	M	Blk. Diamond	
K	1	0029	06061	Butt	Emma	1901	Feb	24	043	F	S. Seattle	
K	1	0023	03343	Butt	Mabel R.	1898	Mar	05	001	F	LIZABULA	
K	1	0023	03343	Butt	Mabel R.	1898	Mar	05	<01	F	Lisabula	
K	1	0020	01819	Butterfield	Ellen Mary	1895	Sep	05	<01	F	126 Rochester Ave.	
K	1	0295	10091	Butters	Charles	1902	Aug	03	---	M	Ballard	---
				Butterworth		1900	Apr			M	Seattle	NJ
K	1	0027	05162	Butterworth	T.	1900	Apr	12	026	M	Seattle	
				Button		1902	May			F	733 Beacon Place (Auburn)	NY
K	1	0022	02716	Button	(NR) Clare	1897	Apr	03	003	F	611 4th Ave.	
K	1	0022	02716	Button	Clare	1897	Apr	03	003	F	611 4TH AVE.	
K	1	0295	09931	Button	Robert	1902	Jun	22	075	M	Seattle	ENG
K	1	0010	12129	Buttrick	Phillip	1903	Dec	22	022	M	1227 Jackson	RUS

S	R	PG	REC	LASTNAME	FIRSTNAME	DETH	MN	DT	AGE	S	DEATHPLACE	BIRTH
				Butts		1900	Aug			M	Seattle	GER
K	1	0018	15829	Butts	Catherine A.	1906	Feb	06	075	F	Seattle	CT
K	1	0028	05472	Butts	Geo.	1900	Aug	20	049	M	Seattle	
K	1	0012	13045	Buxbaum	Willie	190	Jul	09	010	M	321 5th Ave. N.	WI
K	1	0018	16121	Buxby	Margaret B.	1906	Apr	10	085	F	Seattle	NY
K	1	0018	01270	Buzby	James	1894	Oct	15	<01	M	118 Lombard St.	
1	1	0017	00783	Buzby	James	1894	Jan	17	74	M	2546 Madison Street	
				Byard		1899	Oct			M	King Co. Hospital	AMR
K	1	0025	04560	Byard	Edwin	1899	Oct	22	049	M	King Co. Hospital	
				Byers		1901	Apr			M	Seattle	WA
K	1	0029	06292	Byers	Geo. D.	1901	Apr	20	6mo	M	Seattle	
K	1	0022	17931	Byers	Hamick	1907	Feb	20	085	F	Hanford	PA
K	1	0020	02090	Byers	Unis	1896	Mar	17	077	F	1012 Stacy Ave.	
K	1	0013	13355	Byler	Ethel May	1904	Sep	03	034	F	Providence Hosp.	IL
K	1	0010	12090	Bynun	D. M.	1903	Dec	09	040	M	King County Hosp.	OH
K	1	0009	11728	Byorkland	Nels	1903	Sep	25	020	M	Providence Hosp.	SWD
K	1	0011	12667	Byrne	Edward	1904	Apr	20	022	M	805 10th Ave. S.	IRL
				Byrs		1901	Jan			F	Seattle	MS
K	1	0029	05956	Byrs	Lena	1901	Jan	01	026	F	Seattle	
K	1	0013	13490	Bywater	Maggie	1904	Oct	11	064	F	1690 E. Fir St.	U.S
K	1	0031	00913	Cabanski	Flora	1894	Apr	10	011	F	132 Warren St.	
K	1	0047	18487	Cabauski	Scioto	1907	May	27	060	F	Seattle (b. Key	---
K	1	0037	12508	Cabel	Anna	1904	Mar	21	077	F	6033 Hillman	NY
K	1	0262	11044	Caber	Clyde	1903	Apr	28	08m	M	Ballard	sme
K	1	0040	14809	Cable	Baby	1905	Jul	28	04d	M	Seattle	WA
				Cade		1898	Apr			M	Seattle	IA
				Cade		1900	Dec			M	Seattle	IN
K	1	0044	16719	Cade	Elizabeth	1906	Aug	24	084	F	Seattle	TN
K	1	0034	03368	Cade	G.W.	1898	Apr	05	021	M	Seattle	
F	F	0041	05868	Cade	W.M.	1900	Dec	19	026	M	Seattle	
K	1	0265	06694	Cady	Evelyn	1901	Aug	15	010	F	Ballard	WA
K	1	0293	10513	Cady ?	Helen Mary	1902	Dec	25	---	F	1610 Minor Ave	SEA
K	1	0040	14549	Caffery	Elizabeth	1905	May	07	026	F	Seattle	ENG
K	1	0043	16589	Caffrey	Margaret W.	1906	Jul	28	021	F	Seattle	IL
K	1	0266	07012	Cahell	Jerremiah	1901	Dec	20	057	M	Palmer Jct.	IRL
				Cahen		1895	Mar			F	216 S. Eleventh St.	SEA
K	1	0034	02604	Cahen	A.S.	1897	Jan	19	065	M	102 Broadway	
K	1	0033	01561	Cahen	Hazel	1895	Mar	06	011	F	216 S. Eleventh St.	
k	1	0038	13189	Cahill	Mrs. Flora	1904	Aug	31	019	F	655 Yesler Way	WA
K	1	0030	00567	Cahille	Infant	1893	May	29	1da	M	Seattle	
				Cain		1901	Jul			M	Seattle	NS?
K	1	0035	03072	Cain	Leslie	1897	Dec	04	004	M	Seattle	
K	1	0041	15117	Cain	O.T.	1905	Sep	09	053	M	Georgetown	WA
K	1	0265	06607	Cain	Wm.	1901	Jul	14	035	M	Seattle	NS?
K	1	0035	11991	Caine	Alfred A.	1903	Nov	24	47	M	1422-22th Ave. S.	MI
K	1	0031	00796	Caine	Samuel	1894	Jan	16	029	M	Puget Sound	
K	1	0035	11465	Cairlo	Joe	1903	Jul	29	033	M	GN Tunnel Send	ITL
F	F	0040	05433	Cairns	Chas. Clyde	1900	Jun	29	004	M	Seattle	
K	1	0047	18723	Cairns	Mary Mc D.	1907	Jun	02	01d	F	Seattle	WA
				Calan		1894	Jun			M	1303 Joy St. Des Moines,	WA
K	1	0031	00996	Calan	Dean Prosser	1894	Jun	20	007	M	1303 Joy St.	
K	1	0045	17386	Calcutt	Hamett J.	1906	Dec	31	073	F	Seattle	CND
				Caldwell		1900	Feb			M	Seattle	IN
				Caldwell		1897	Jun			M	710 32nd Ave.	PA
K	1	0043	16583	Caldwell	Baby	1906	Jul	11	s/b	M	Seattle	WA
K	1	0035	02794	Caldwell	Charles	1897	Jun	15	064	M	710 32nd Ave.	
K	1	0037	12932	Caldwell	Henry Russell	1904	Jun	18	023	M	910 Pine ST.	WA
K	1	0293	10630	Caldwell	Infants	1902	Jan	16	s/b	M	27 Ave & Roy St	SEA
K	1	0039	13957	Caldwell	Mary	1905	Jan	23	054	F	43-9th Ave	IRL
K	1	0039	04964	Caldwell	R.G.	1900	Feb	23	051	M	Seattle	
K	1	0038	13180	Calella	Baby	1904	Aug	15	s/b	M	2652 Atlantic St	WA
				Calhoun		1898	May			F	Seattle	ENG
				Calhoun		1893	Mar			M	Palmer	AR

S	R	PG	REC	LASTNAME	FIRSTNAME	DETH	MN	DT	AGE	S	DEATHPLACE	BIRTH
K	1	0036	03461	Calhoun	E.M.	1898	May	10	060	F	Seattle	
K	1	0042	15687	Calhoun	John J.	1906	Jan	15	063	M	Seattle	NY
K	1	0030	00520	Calhoun	R. F.	1893	Mar	30	021	M	Palmer	
				Calighan		1894	Oct			M	Co. Hospital	---
K	1	0293	10791	Calistene	Sylvia	1902	Mar	12	005	F	1165 Republican St	SEA
				Calkins		1894	Jul			F	Seattle	NY
K	1	0045	17379	Calkins	David S.	1906	Dec	07	084	M	Seattle	NY
K	1	0032	01008	Calkins	Mary A.	1894	Jul	23	081	F	Seattle	
K	1	0036	12376	Calkins	Oscar M.	1904	Feb	17	026	M	1st & Battery	MI
K	1	0032	01413	Callaghan	Infant	1895	Jan	14	sb	F	715 Main St.	
K	1	0039	13648	Callaghan	Kate	1904	Nov	07	044	F	Prov. Hosp.	KY
				Callahan		1899	Mar			M	Seattle	MO
K	1	0036	12269	Callahan	Daniel C.	1904	Jan	02	044	M	Wayside Mission	MA
K	1	0038	04186	Callahan	John	1899	Mar	14	030	M	Seattle	
K	1	0041	15298	Callaman	Baby	1905	Oct	30	s/b	M	Seattle	WA
				Callero		1900	Feb			F	Van Assalt	ITL
K	1	0039	05254	Callero	Giacomo	1900	Feb	25	065	F	Van Assalt	
				Calletto*		1895	Jul			M	1213 Yesler	sme
K	1	0033	01576	Calletto*	-----	1895	Jul	13	s/b	M	1213 Yesler	
K	1	0046	18168	Calligan	Sadie	1907	Mar	28	001	F	Juanita, King Co.	WA
K	1	0044	17089	Callixtus	Bea	1906	Oct	16	062	M	Seattle	HLD
				Calman		1900	May			F	Seattle	CDN
				Calman		1900	May			M	Seattle	CND
K	1	0039	05268	Calman	Lizzie	1900	May	05	068	F	Seattle	
K	1	0039	05269	Calman	T.P.	1900	May	05	072	M	Seattle	
K	1	0041	15295	Calvert	Louisa C.	1905	Oct	16	066	F	Seattle	OH
K	1	0041	15252	Cam	Earl H.	1905	Oct	o2	020	M	Seattle	WI
K	1	0046	18478	Cam	Johh W.	1907	May	11	042	M	Seattle	USA
K	1	0041	15519	Camahan	Thomas J.	1905	Dec	25	073	M	Ballard	PA
K	1	0293	10627	Camaran	Nora	1902	Jan	03	060	F	2011 13 Ave	IRL
K	1	0039	13953	Came	Allen	1905	Jan	15	040	M	121-16th Ave	SCT
K	1	0040	14414	Camehl	John H.	1905	Apr	13	071	M	Seattle	GER
				Cameron		1896	Apr			F	338 Taylor	OH
				Cameron		1900	---			M	Seattle	CND
				Cameron		1900	Apr			M	Seattle	IL
				Cameron		1900	Apr			F	Seattle	PA
				Cameron		1898	Jul			M	Seattle	SEA
				Cameron		1898	Jan			M	Dexter Horton Bank	ONT
K	1	0035	03122	Cameron	A.	1898	Jan	14	057	M	Dexter Horton Bank	
K	1	0036	03612	Cameron	A.E.	1898	Jul	27	04m	M	Seattle	
K	1	0046	17996	Cameron	Allen W.	1907	Mar	05	026	M	Seattle	MI
K	1	0036	12272	Cameron	Baby	1904	Jan	26		F	1319 Yestler	WA
K	1	0046	18231	Cameron	Charles	1907	Apr	09	030	M	Seattle	CND
K	1	0044	16720	Cameron	Charles H.	1906	Aug	27	07m	M	Seattle	WA
K	1	0043	16588	Cameron	Donald	1906	Jul	24	055	M	Seattle	CND
K	1	0039	05107	Cameron	Dora	1900	Apr	06	051	F	Seattle	
K	1	0039	05189	Cameron	Geo.E.	1900	Apr	25	034	M	Seattle	
K	1	0038	13414	Cameron	Hannah T.	1904	Sep	22	050	F	Prov. Hosp.	CND
K	1	0292	10096	Cameron	Hugh	1902	Sep	01	040	M	Prov. Hosp.	---
K	1	0040	05762	Cameron	James	1900	---	07	052	M	Seattle	
K	1	0293	10790	Cameron	John	1902	Feb	26	040	M	King Co. Hosp	SCT
K	1	0293	10782	Cameron	John	1902	Feb	26	040	M	King Co. Hosp	SCT
K	1	0046	18170	Cameron	Juanita	1907	Apr	07	008	F	North Bend	CND
K	1	0034	02157	Cameron	Mrs. A.	1896	Apr	18	048	F	338 Taylor	
K	1	0042	15685	Cameron	Sam C.	1906	Jan	10	014	M	Seattle	KS
K	1	0044	16711	Camey	Thomas	1906	Aug	04	001	M	Seattle	WA
K	1	0040	14412	Camines	Manuel	1905	Apr	01	054	M	Seattle	ITL
				Campbell		1901	Apr			F	Prov. Hosp.	MI
				Campbell		1903	May			M	314 Pine St.	SEA
				Campbell		1893	Feb			M	Victoria, B.C.	CA
				Campbell		1900	May			M	Seattle	RI
				Campbell		1893	Nov			F	1015 Spring St., Seattle	sme
				Campbell		1895	Mar			M	Prov. Hospital	---

S	R	PG	REC	LASTNAME	FIRSTNAME	DETH	MN	DT	AGE	S	DEATHPLACE	BIRTH
				Campbell		1898	Apr			M	Seattle	---
				Campbell		1894	Oct			M	Hot Springs	---
				Campbell		1896	Sep			F	Fremont	sme
				Campbell		1894	Aug			M	Prov. Hospital	---
				Campbell		1894	Mar			M	3rd cor. Columbia Chester,	PA
				Campbell		1902	Apr			M	Holiday Ave.	MA
				Campbell		1901	Jul			M	Sumner	CT
				Campbell		1896	Feb			M	Knight ?	SEA
				Campbell		1902	May			F	Brighton Beach	AK
				Campbell		1901	Sep			M	Wellington (b.Belfast,	IRL
				Campbell		1893	Jun			F	Franklin	WA
K	1	0037	12693	Campbell	Alice M.	1904	May	13	042	F	2310-3rd Ave	WI
K	1	0262	11211	Campbell	Baby	1903	May	05	s/b	M	314 Pine St.	SEA
K	1	0031	00665	Campbell	Baby	1893	Nov	20	2da	F	1015 Spring St.	
K	1	0046	18442	Campbell	Betsy	1907	May	20	092	F	Youngstown	ME
K	1	0030	00562	Campbell	Charlott	1893	Jun	23	001	F	Franklin	
K	1	0041	15497	Campbell	Colin	1905	Dec	15	074	M	Georgetown	SCT
K	1	0032	01149	Campbell	Daniel	1894	Aug	24	053	M	Prov. Hospital	
K	1	0038	13176	Campbell	Dr. A.H.	1904	Aug	05	087	M	333 W 41st St	PA
K	1	0039	13951	Campbell	Effie G.	1905	Jan	10	049	F	117 E. 60th R St	IA
K	1	0039	05226	Campbell	F.H.	1900	May	26	058	M	Seattle	
K	1	0043	16306	Campbell	Frank	1906	May	04	006	M	Seattle	CA
K	1	0031	00912	Campbell	Grove Harry Klays	1893	Feb	12	013	M	Victoria, B.C.	
K	1	0033	01549	Campbell	Henry	1895	Mar	18	050	M	Prov. Hospital	
K	1	0034	02051	Campbell	Infant	1896	Feb	06	02d	M	Knight ?	
K	1	0034	02400	Campbell	Infant	1896	Sep	29	---	F	Fremont	
K	1	0042	15794	Campbell	Ira	1906	Feb	09	067	M	Ballard	VT
K	1	0045	17704	Campbell	James	1907	Jan	02	061	M	King Co.	ENG
K	1	0267	07641	Campbell	Jennie M.Elizabeth	1902	May	19	002	F	Brighton Beach	AK
K	1	0036	12140	Campbell	John	1903	Dec	28	088	M	1704 17th	SCT
K	1	0265	06779	Campbell	John J.	1901	Sep	11	021	M	Wellington (b.Belfast,	IRL
K	1	0042	15972	Campbell	John S.	1906	Mar	18	056	M	Seattle	CAN
K	1	0042	15845	Campbell	Joseph H.	1906	Feb	24	028	M	Seattle	SC
K	1	0293	10914	Campbell	Mabel (Miss)	1902	Mar	13	020	F	Prov. Hosp.	---
K	1	0041	15010	Campbell	Maletta	1905	Aug	22	05m	F	Seattle	WA
K	1	0038	12936	Campbell	Murdock	1904	Jun	23	043	M	920 Blewett St	ONT
K	1	0041	06326	Campbell	Nellie May	1901	Apr	07	025	F	Prov. Hosp.	
K	1	0038	13402	Campbell	Patrick J.	1904	Sep	17	001	M	15268 Fir St.	WA
K	1	0031	00808	Campbell	Robert	1894	Mar	14	040	M	3rd Cor. Columbia	
K	1	0036	12265	Campbell	Robert George	1904	Jan	08	030	M	Victoria, BC	MI
K	1	0032	01250	Campbell	Ross M.	1894	Oct	16	---	M	Hot Springs	
K	1	0265	06639	Campbell	Samuel	1901	Jul	30	068	M	Sumner	CT
K	1	0267	07537	Campbell	Samuel C.	1902	Apr	29	078	M	Holiday Ave.	MA
K	1	0035	11466	Campbell	Sarah	1903	Jul	30	064	F	King Co Hosp.	MI
K	1	0047	18727	Campbell	Thomas A.	1907	Jun	06	040	M	Seattle	---
K	1	0046	18229	Campbell	Vemet W.	1907	Apr	03	013	M	Seattle	WA
K	1	0292	10266	Campbell	W.M.	1902	Nov	16	065	M	313 2nd Ave N	CND
K	1	0036	03374	Campbell	Wm.	1898	Apr	23	070	M	Seattle	
K	1	0036	12378	Campobell	Baby	1904	Feb	21	04m	M	3136 Grand (Interbay)	WA
K	1	0039	13500	Cams	Charles E.	1904	Feb	03	036	M	Bremerton	OH
K	1	0044	16838	Canahan	Mary M.	1906	Aug	22	030	F	Ballard	IA
				Candor		1901	Apr			M	Co. Hosp.	IRL
K	1	0041	06343	Candor	Frank	1901	Apr	01	040	M	Co. Hosp.	
K	1	0040	14953	Caney	Philip	1905	Aug	06	022	M	Georgetown	SIS
				Canfield		1903	May			F	1535 17th Ave.	CT
K	1	0262	11209	Canfield	Sarah Wells	1903	May	10	057	F	1535 17th Ave.	CT
K	1	0044	16708	Canmon	Morgan	1906	Aug	01	025	M	Seattle	---
				Cannon		1902	Jul			M	Franklin	NC
K	1	0293	10788	Cannon	Charlotte	1902	Feb	06	077	F	3615 Interlake Ave	ENG
K	1	0267	09885	Cannon	George	1902	Jul	09	022	M	Franklin	NC
				Canode		1900	Jul			M	Seattle	---
F	F	0040	05403	Canode	H.F.	1900	Jul	16	039	M	Seattle	
K	1	0267	07781	Cantelo	Frank	1902	Jun	13	076	M	Fremont	ENG

S R PG REC	LASTNAME	FIRSTNAME	DETH MN DT AGE	S	DEATHPLACE	BIRTH
K 1 0047 18659	Cantor	William	1907 Jun 26 030	M	Georgetown	NY
K 1 0043 16584	Cantwell	Mrs. Morgan	1906 Jul 11 046	F	Seattle	WI
K 1 0040 14413	Capaide	Louis	1905 Apr 11 001	M	Seattle	WA
K 1 0039 13656	Capard	Margareta	1904 Dec 15 01m	F	Georgetown	WA
K 1 0046 18441	Capbabo	Joseppa	1907 May 14 001	M	Georgetown	sme
K 1 0032 01437	Capecci	Clotilda	1895 Jan 19 027	F	611 4th St	
K 1 0036 12270	Capell	Benjamin I.	1904 Jan 23 038	M	Woodinville	
K 1 0037 12511	Capelle	Salvatore	1904 Mar 26 001	M	1321 20th Ave S	WA
	Capone		1898 Apr	M	Seattle	ITL
K 1 0036 03369	Capone	S.	1898 Apr 11 045	M	Seattle	
K 1 0034 02491	CarKeek	Stephen	1896 Nov 04 047	M	1921 10th Ave.	
	Caralton		1901 Mar	F	Seattle	VA
K 1 0041 06089	Caralton	Josie	1901 Mar 24 040	F	Seattle	
	Carberry		1902 Apr	M	Green Lake	SEA
K 1 0267 07559	Carberry	Raymond	1902 Apr 18 05m	M	Green Lake	SEA
K 1 0041 15425	Carby	Nellie	1905 Nov 17 023	F	Seattle	
K 1 0042 15546	Carcy	Mrs. T.J.	1905 Dec 14 031	F	Seattle	IRL
K 1 0292 10262	Card	Azro E.	1902 Nov 02 003	M	429 Ewing St (b.Freemont	WA
K 1 0267 07586	Cardwell	Grace	1902 Apr 28 010	F	817 23rd Ave.	OR
	Carelovich		1902 Feb	M	Prov. Hospital	FRN
K 1 0266 07318	Carelovich	George	1902 Feb 18 054	M	Prov. Hospital	FRN
	Carey		1892 Apr	M	Gilman	---
	Carey		1895 May	F	Duwamish	AK
	Carey		1895 Apr	F	Depot & Broadway	MN
K 1 0033 01605	Carey	Ada	1895 Apr 23 023	F	Depot & Broadway	
K 1 0037 12930	Carey	Agethe M.	1904 Jun 08 008	F	1206-10th Ave S	IL
K 1 0293 10622	Carey	Austin George	1903 Jan 03 016	M	111 Virginia St	MT
K 1 0030 00248	Carey	John W.	1892 Apr 26 038	M	Gilman	
K 1 0030 00248	Carey	John W.	1892 Apr 06 038	M	Gilman	
K 1 0044 16718	Carey	M. E. J.	1906 Aug 21 050	M	Seattle	OH
K 1 0045 17934	Carey	Mary	1907 Feb 22 021	F	Georgetown	IN
K 1 0033 01633	Carey	Mary	1895 May 23 028	F	Duwamish	
K 1 0036 12383	Carey	Michael	1904 Feb 27 069	M	418 Spring	CND
K 1 0045 17785	Carey	Patrick J.	1907 Feb 25 005	M	Seattle	MA
K 1 0043 16586	Carignan	Joseph	1906 Jul 15 040	M	Seattle	CND
	Carkeek		1896 Nov	M	1921 10th Ave.	ENG
K 1 0042 15974	Carkeek	Annie	1906 Mar 21 023	F	Seattle	ENG
K 1 0293 10506	Carle	Thomas	1902 Dec 23 075	M	1302 Valley St	WV
K 1 0037 12928	Carle	Willis	1904 Feb 14 028	M	316 Front	OH
K 1 0038 13362	Carler	Clara	1904 Sep 06 018	F	Prov. Hosp.	WI
K 1 0036 12267	Carley	Mrs. J.E.	1904 Jan 15 046	F	5th Ave N.	NE
K 1 0035 11738	Carlile	Mary A.	1903 Sep 26 072	F	5th NE and 80th	OH
	Carlin		1893 Dec	M	Gilman	---
K 1 0031 00698	Carlin	James G.	1893 Dec 18 041	M	Gilman	
	Carlisle		1897 May	M	Summit Ave & Park	WA
K 1 0267 07430	Carlisle	Andrew G.	1902 Mar 03 014	M	1129 Summit	US
K 1 0035 02751	Carlisle	Baby	1897 May 23 ---	M	Summit Ave & Park	
K 1 0037 12697	Carlisle	Madge	1904 May 24 04m	F	605 University	WA
K 1 0292 10161	Carll	Albert	1902 Sep 23 056	M	Foot of Bay	ME
K 1 0031 00889	Carlson		1894 Apr 09 SB	M	708 So. 11th St.	
	Carlson		1895 Sep	M	Form F. A. Dector	---
	Carlson		1901 Feb	M	Prov Hosp.	FIN
	Carlson		1894 Apr	M	708 So. 11th St.	sme
	Carlson		1900 Aug	-	----	---
	Carlson		1899 Jan	F	Seattle	SEA
	Carlson		1897 Jul	M	Minor Ave	SWD
	Carlson		1898 Dec	M	Ballard	sme
	Carlson		1901 Sep	M	Ballard, WA	sme
	Carlson		1898 Mar	F	Novelty	SWD
	Carlson		1902 Feb	M	510 Olive St.	sme
	Carlson		1896 Jul	M	Prov Hospital	SWD
	Carlson		1894 Apr	M	Seattle, on the way to Hosp	---
	Carlson		1902 Apr	M	County Jail	SWD

S R	PG	REC	LASTNAME	FIRSTNAME	DETH	MN	DT	AGE	S	DEATHPLACE	BIRTH
			Carlson		1897	May			M	Seattle	WA
			Carlson		1899	Jun			F	Seattle	---
K 1	0044	17018	Carlson	-----	1906	Oct	23	027	M	Georgetown	SWD
K 1	0035	02831	Carlson	Anna	1897	Jul	23	024	M	Minor Ave	
K 1	0037	12504	Carlson	Augusta	1904	Mar	10	037	F	Thoems, Arizona	SWD
K 1	0266	07315	Carlson	Baby	1902	Feb	06	s/b	M	510 Olive St.	sme
K 1	0265	06895	Carlson	Baby	1901	Sep	24	s/b	M	Ballard, WA	sme
K 1	0040	14808	Carlson	C.W.	1905	Jul	25	045	M	Seattle	SWD
K 1	0037	12506	Carlson	C.Y.	1904	Mar	19	037	M	Phoenix, Arz	SWD
K 1	0047	18729	Carlson	Carl J. T.	1907	Jun	19	002	M	Seattle	WA
K 1	0036	12266	Carlson	Carrie	1904	Jan	15	026	F	King Co Hosp.	AL
K 1	0031	00915	Carlson	Charles	1894	Apr	24	038	M	Seattle, on way to hospital	
K 1	0035	03248	Carlson	Christine	1898	Mar	29	038	F	Novelty	
K 1	0037	03993	Carlson	Edw.	1898	Dec	17	001	M	Ballard	
K 1	0044	16712	Carlson	Ellen	1906	Aug	05	02m	F	Seattle	WA
K 1	0041	06077	Carlson	Fred	1901	Feb	19	024	M	Prov Hosp.	
K 1	0044	17093	Carlson	Greta	1906	Oct	25	01d	F	Seattle	WA
K 1	0044	16716	Carlson	I. J.	1906	Aug	12	040	M	Steilacoom	SWD
K 1	0040	05520	Carlson	Infant	1900	Aug	28	---	-	----	
K 1	0045	17509	Carlson	Infant	1906	Nov	19	s/b	F	Ballard	WA
K 1	0036	12139	Carlson	Infant	1903	Dec	28		F	12th Ave N.	WA
K 1	0037	04038	Carlson	Infant	1899	Jan	03	24h	F	Seattle	
K 1	0293	10738	Carlson	John	1902	Mar	02	037	M	King Co. Hosp	NRY
K 1	0293	10624	Carlson	John E	1903	Jan	30	023	M	N P Yards	SWD
K 1	0035	02791	Carlson	John J.	1897	May	30	01m	M	Seattle	
K 1	0293	10514	Carlson	John Oscar	1902	Dec	22	038	M	Monad Hosp.	SWD
K 1	0038	04440	Carlson	Karen	1899	Jun	30	053	F	Seattle	
K 1	0033	01830	Carlson	Lawrence B.	1895	Sep	09	03m	M	Form F. A. Dector	
K 1	0042	15842	Carlson	Lilliana	1906	Feb	18	021	F	Seattle	OR
K 1	0267	07585	Carlson	M.	1902	Apr	17	035	M	County Jail	SWD
K 1	0047	18868	Carlson	Marie O.	1907	Jun	23	010	F	Georgetown	MN
K 1	0034	02289	Carlson	Mathew	1896	Jul	11	034	M	Prov Hospital	
K 1	0045	17782	Carlson	Oscar E.	1907	Feb	17	003	M	Seattle	WA
K 1	0045	17708	Carlson	Swan	1907	Jan	25	026	M	Richmond	SWD
K 1	0046	18234	Carlson	Victor	1907	Apr	17	040	M	Seattle	---
			Carlton		1901	Nov			M	Monod Hospital	SEA
K 1	0266	07023	Carlton	Harold F.N.	1901	Nov	17	s/b	M	Monod Hospital	SEA
K 1	0043	16445	Carlton	Kim D.	1906	Jun	15	035	M	Seattle	---
K 1	0037	12629	Carlyon	Philip Owen	1904	Apr	10	005	M	Snoqualimie	TX
			Carmichael		1901	Jan			M	Seattle	NS
			Carmichael		1901	Oct			M	Ballard (b.Ontario,	---
			Carmichael		1902	May			F	130 31st Ave. So.	WA
K 1	0041	05963	Carmichael	D.	1901	Jan	03	034	M	Seattle	
K 1	0267	07677	Carmichael	E.L.	1902	May	15	010	F	130 31st Ave. So.	WA
K 1	0040	14694	Carmichael	Nellie M.	1905	Jun	18	037	F	Seattle	MA
K 1	0266	06896	Carmichael	Wm.	1901	Oct	12	043	M	Ballard (b.Ontario,	---
K 1	0038	13054	Carmody	John	1904	Jul	14	045	M	Seattle Gen. Hosp.	MI
K 1	0047	18730	Carnahan	Ed	1907	Jun	22	050	M	Seattle	PA
K 1	0037	12688	Carnahan	Mary	1904	Apr	23	057	F	4038-10th Ave NE	IA
			Carning		1900	Feb			M	Seattle	ENG
K 1	0039	04977	Carning	Wm.	1900	Feb	28	045	M	Seattle	
K 1	0039	05178	Carnlet	N.C.	1900	Apr	23	055	M	Seattle	
K 1	0292	10157	Caroher	Blanche Y.	1902	Sep	06	021	F	Prov. Hosp.	CA
			Carolan		1893	Dec			M	Gilman	IRL
K 1	0031	00692	Carolan	J. G.	1893	Dec	18	040	M	Gilman	
			Carpenter		1903	May			M	1457 13th Ave	SEA
			Carpenter		1897	Mar			F	Vashon Island	KS
			Carpenter		1899	Jan			M	Seattle	NY
			Carpenter		1899	Apr			F	Ross	MN
			Carpenter		1899	Oct			F	Seattle	---
			Carpenter		1900	Apr			F	Seattle	NY
K 1	0039	05097	Carpenter	A.	1900	Apr	20	059	F	Seattle	
K 1	0044	17088	Carpenter	Adelbert	1906	Oct	13	065	M	Seattle	NY

S	R	PG	REC	LASTNAME	FIRSTNAME	DETH	MN	DT	AGE	S	DEATHPLACE	BIRTH
K	1	0037	04060	Carpenter	Ethiel	1899	Jan	12	034	M	Seattle	
K	1	0262	11212	Carpenter	Gleason	1903	May	29	10d	M	1457 13th Ave	SEA
K	1	0038	04275	Carpenter	L.G.	1899	Apr	13	037	F	Ross	
K	1	0034	02668	Carpenter	Mary M.	1897	Mar	08	017	F	Vashon Island	
K	1	0036	12371	Carpenter	Rufus Edward	1904	Feb	11	044	M	1417 Dean St.	OH
K	1	0038	04651	Carpenter	Sarah A.	1899	Oct	12	065	F	Seattle	
				Carper		1898	Dec			F	Seattle	OH
				Carper		1900	Jun			M	Seattle	SEA
K	1	0039	05379	Carper	Baby	1900	Jun	19	05d	M	Seattle	
K	1	0037	04018	Carper	C.A.	1898	Dec	28	070	F	Seattle	
				Carr		1900	Oct			M	Seattle	CA
				Carr		1900	Nov			M	Seattle	ENG
				Carr		1900	Oct			M	Seattle	IL
				Carr		1899	Oct			M	Kirkland	sme
				Carr		1901	Jun			F	Seattle	sme
K	1	0038	04622	Carr	----	1899	Oct	23	14d	M	Kirkland	
K	1	0265	06492	Carr	Baby	1901	Jun	28	---	F	Seattle	sme
K	1	0040	05582	Carr	Clark Mills	1900	Oct	28	022	M	Seattle	
K	1	0043	16582	Carr	Claudia H.	1906	Jul	05	015	F	Seattle	WA
K	1	0041	15172	Carr	Elizabeth E.	1905	Sep	17	052	F	Seattle	IA
K	1	0292	10140	Carr	Frank H.	1902	Oct	03	040	M	Tacoma	PA
K	1	0292	10381	Carr	Frank H.	1902	Oct	01	040	M	Tacoma	PA
K	1	0292	09934	Carr	Jefferson	1902	Jul	05	077	M	Co. Hospital	---
K	1	0292	09932	Carr	Jefferson	1902	Jul	02	077	M	Co. Hosp.	---
K	1	0040	05861	Carr	John	1900	Nov	27	034	M	Seattle	
K	1	0044	16713	Carr	Joseph	1906	Aug	07	069	M	Seattle	IL
K	1	0044	16893	Carr	Lulu V.	1906	Sep	09	019	F	Seattle	MO
K	1	0040	05581	Carr	Wray Torrey	1900	Oct	28	015	M	Seattle	
				Carrigon		1893	Apr			F	Seattle San Francisco	CA
K	1	0030	00537	Carrigon	Miss Rose	1893	Apr	15	022	F	Seattle	
				Carrington		1982	Oct			F	Seattle	KS
				Carrington		1898	Aug			M	Seattle	KS
K	1	0030	00416	Carrington	C. May	1892	Oct	18	005	F	Seattle	
K	1	0036	03684	Carrington	T.	1898	Aug	16	012	M	Seattle	
K	1	0292	10095	Carrol	James	1902	Aug	04	042	M	Way Side Mission	---
				Carroll		1902	Apr			F	1629 14th Ave.	SEA
				Carroll		1902	Mar			F	1828 8th Ave.	MI
				Carroll		1903	May			M	1629 7th St.	SEA
				Carroll		1899	Dec			M	Seattle	SEA
				Carroll		1898	Jul			F	Seattle	SEA
				Carroll		1894	Apr			M	1928 11th St.	---
K	1	0036	03510	Carroll	Alexina	1898	Jul	16	009	F	Seattle	
K	1	0262	11210	Carroll	Baby	1903	May	30	s/b	M	1629 7th St.	SEA
K	1	0038	04758	Carroll	Chester A.	1899	Dec	06	001	M	Seattle	
K	1	0267	07427	Carroll	Dora	1902	Mar	15	015	F	1828 8th Ave.	MI
K	1	0040	14418	Carroll	George	1905	Apr	28	042	M	W. Seattle	CND
K	1	0267	07560	Carroll	Ida Eugene	1902	Apr	15	05m	F	1629 14th Ave.	SEA
K	1	0292	10158	Carroll	J.A.	1902	Sep	06	10d	M	215 Eteuria St, (b.Fremont,	---
K	1	0293	10628	Carroll	Jas.	1902	Jan	23	063	M	2810 Western Ave	---
K	1	0036	12368	Carroll	John	1904	Feb	02	030	M	Snoquamlie	
K	1	0292	10163	Carroll	Joseph P.	1902	Jun	19	04m	M	Olympia	sme
K	1	0035	11990	Carroll	Marguerite	1903	Nov	02	26	F	Seattle	CA
K	1	0036	12381	Carroll	Marguerite	1904	Feb	22	003	F	1123 12th	WA
K	1	0292	10162	Carroll	Mary V.	1902	Feb	04	014	F	Olympia	LA
K	1	0036	12262	Carroll	Patsy	1904	Jan	03	036	M	Wayside Mission	WA
K	1	0044	16892	Carroll	Sister Mary ofSt.Sebas	1906	Sep	06	054	F	Seattle	IRL
K	1	0031	00914	Carroll, Jr.	S. J.	1894	Apr	14	6mo	M	1928 11th St.	
K	1	0046	18479	Carruthers	James R.	1907	May	13	039	M	Seattle	ENG
K	1	0042	15688	Carse	John W.	1906	Jan	28	014	M	Seattle	WA
K	1	0033	01686	Carson	Anna B.	1895	Jun	13	038	F	215 Seneca	
K	1	0036	12369	Carson	F.W.	1904	Feb	03	026	M	Prov. Hosp.	
K	1	0042	15971	Carstens	Fred	1906	Mar	17	033	M	Seattle	GER
K	1	0039	14127	Carstensen	Christ	1905	Feb	06	018	M	Monte Christo	MN

S	R	PG	REC	LASTNAME	FIRSTNAME	DETH	MN	DT	AGE	S	DEATHPLACE	BIRTH
K	1	0041	15296	Carstensen	Ida	1905	Oct	19	081	F	Seattle	GER
				Carter		1902	Mar			M	King. Co. Hosp.	VA
				Carter		1894	Jun			F	916 9th St.	---
				Carter		1901	Jul			F	Seattle	NY
				Carter		1892	Jun			M	Seattle	CO
				Carter		1899	Aug			F	Seattle	SEA
				Carter		1897	Aug			M	Sunnydale	SCT
				Carter		1902	May			M	2917 Westlake Ave.	SEA
				Carter		1895	Oct			F	1810 6th St.	SEA
				Carter		1895	Apr			F	912 5th St.	---
K	1	0267	07675	Carter	Alex Tracy	1902	May	23	02d	M	2917 Westlake Ave.	SEA
K	1	0042	15545	Carter	Baby	1905	Dec	10	s/b	M	Seattle	WA
K	1	0033	01609	Carter	E.W.	1895	Apr	15	060	F	912 5th St.	
K	1	0038	04549	Carter	Ella May	1899	Aug	30	003	F	Seattle	
K	1	0033	01835	Carter	Eveline Roberta	1895	Oct	14	08m	F	1810 6th St.	
K	1	0038	13055	Carter	Frances H.	1904	Jul	15	004	M	1920 10th Ave	WA
K	1	0030	00310	Carter	Fred W.	1892	Jun	23	009	M	Seattle	
K	1	0292	10160	Carter	Helen	1902	Sep	22	08m	F	134 Belmont Ave,(b.PtAngele	---
K	1	0043	16440	Carter	J. E.	1906	Jun	02	060	M	Seattle	ENG
K	1	0035	02875	Carter	J.W.	1897	Aug	12	077	M	Sunnydale	
K	1	0267	07515	Carter	James	1902	Mar	06	076	M	King. Co. Hosp.	VA
K	1	0043	16309	Carter	Jane	1906	May	26	072	F	Seattle	ENG
k	1	0039	14126	Carter	John	1905	Feb	01	070	M	Prov. Hosp.	IRL
K	1	0043	16137	Carter	Joseph	1906	Apr	23	053	M	Seattle	
K	1	0037	12494	Carter	Mrs. C W	1904	Mar	23	043	F	167 23rd Ave	OR
K	1	0265	06583	Carter	Mrs. E.B.	1901	Jul	28	066	F	Seattle	NY
K	1	0032	01003	Carter	Pearl Digman	1894	Jun	14	019	F	916 9th St	
				Cartney		1891	Sep			F	Dwamish	---
K	1	0030	00069	Cartney	Alice	1891	Sep	09	01F	D	Dwamish	
K	1	0292	10156	Cartridge	Fannie	1902	Sep	30	054	F	2254 15 Ave W	OH
				Cartwright		1894	Jul			M	Black Diamond	CA
K	1	0034	02258	Cartwright	James	1894	Jul	12	019	M	Black Diamond	
K	1	0292	10099	Cartwright	Joseph	1902	Aug	13	032	M	Prov. Hosp.	ENG
				Carty		1902	Jan			M	Ballard	IRL
K	1	0266	07203	Carty	Martin	1902	Jan	22	050	M	Ballard	IRL
				Carver		1892	Jun			F	McLane	NC
				Carver		1902	Apr			M	Ballard	KS
K	1	0030	00313	Carver	A.	1892	Jun	29	065	F	McLane	
K	1	0042	15647	Carver	Benjamin E.	1906	Jan	04	078	M	Garden Sta	NY
K	1	0267	07538	Carver	Jessie	1902	Apr	05	07m	M	Ballard	KS
k	1	0039	14102	Carver	Seneca	1905	Feb	06	066	M	King Co. Hosp.	IL
K	1	0267	07673	Carvey	Inyes Louis	1902	May	21	005	F	N.55th & Keystone	ID
K	1	0039	13655	Cary	John	1904	Dec	17	067	M	511 Cherry St	CND
K	1	0039	13646	Cary	William H.	1904	Nov	01	054	M	126-65th Ave NE	WI
K	1	0045	17586	Casady	Louis E.	1907	Jan	12	039	M	Seattle	IA
k	1	0038	13329	Casassa		1904	Aug	27	020	F	Black Diamond	WA
				Case		1903	May			M	Ballard	KS
				Case		1899	Sep			M	Seattle	---
				Case		1899	Aug			M	Seattle	---
				Case		1897	May			F	700 4th Ave North	VT
				Case		1901	May			M	Ballard	WA
				Case		1894	Nov			M	Seattle Lubic,	ME
K	2	0035	11867	Case	Baby	1903	Oct	08	2mo	F	339 Wilbert (Ballard)	WA
K	1	0042	15973	Case	Baby	1906	Mar	21	s/b	M	Seattle	WA
K	1	0032	01333	Case	Charles	1894	Nov	01	068	M	Seattle	
K	1	0262	11205	Case	Earl F.	1903	May	16	002	M	Ballard	KS
K	1	0265	06468	Case	Ernest L.	1901	May	16	07m	M	Ballard	WA
K	1	0038	04602	Case	Herman	1899	Sep	25	059	M	Seattle	
K	1	0046	18484	Case	Infant	1907	May	22	s/b	F	Seattle	WA
K	1	0038	04517	Case	Lizzie	1899	Aug	08	023	M	Seattle	
K	1	0046	18169	Case	Lucie	1907	Mar	30	067	F	Hanford	NY
K	1	0035	02750	Case	Mary A.	1897	May	17	081	F	700 4th Ave North	
K	1	0045	17707	Case	Ruth	1907	Jan	22	03d	F	Ballard	WA

S	R	PG	REC	LASTNAME	FIRSTNAME	DETH	MN	DT	AGE	S	DEATHPLACE	BIRTH
K	1	0292	10011	Case	Winnifred M.	1902	Aug	09	05m	F	Ballard	sme
k	1	0040	14230	Casebeer	Mary A.	1905	Feb	11	057	F	Ballard	OH
K	1	0037	12696	Casebere	Ralph	1904	May	19	05m	M	419-30th Ave N	WA
				Casey		1897	Mar			F	Providence Hosp.	---
K	1	0040	14548	Casey	Baby	1905	May	05	s/b	M	Seattle	WA
K	1	0292	10376	Casey	Henry J.	1902	Oct	20	051	M	2508 E. Union	IRL
K	1	0040	14695	Casey	Maud L.	1905	Jun	19	025	F	Seattle	MN
K	1	0034	02677	Casey	Nellie	1897	Mar	25	038	F	Providence Hosp.	
K	1	0041	15297	Cash	James	1905	Oct	29	063	M	Seattle	SCT
K	1	0292	10380	Cashing	Amelia H.	1902	Oct	26	079	F	The Lincoln	MA
				Cashman		1894	Oct			M	Brooklyn, WA	---
K	1	0032	01269	Cashman	Earle	1894	Oct	14	015	M	Brooklyn, WA	
K	1	0040	14693	Caslen	Clifford W.	1905	Jun	16	03m	M	Ballard	WA
				Casler		1901	Dec			F	Vashon, WA	NY
K	1	0266	06983	Casler	Rachel Anna	1901	Dec	04	083	F	Vashon, WA	NY
K	1	0042	15541	Cason	Henry C.	1905	Dec	02	02m	M	Seattle	WA
				Caspar		1894	Jul			F	215 Box St.	IL
				Caspar		1900	Jul			F	Seattle	---
K	1	0032	01092	Caspar	Lillie	1894	Jul	15	030	F	215 Box St.	
K	1	0040	05693	Caspar	Lillie	1900	Jul	15	035	F	Seattle	
				Casper		1900	Jul			M	Seattle	SEA
F	F	0040	05393	Casper	Claude Harold	1900	Jul	23	001	M	Seattle	
				Cassel		1895	Mar			M	429 Banner	SWD
K	1	0033	01542	Cassel	A.P.	1895	Mar	27	067	M	429 Banner	
K	1	0041	15427	Cassel	Christana	1905	Nov	25	078	F	Seattle	SWD
				Casselbery		1900	Jun			M	----	PA
K	1	0039	05340	Casselbery	H.R.	1900	Jun	03	030	M	----	
K	1	0035	02830	Cassell	Joseph E.	1897	Jul	11	014	M	713 Lane St.	
				Cassey		1899	Mar			M	Seattle	US
K	1	0038	04187	Cassey	John	1899	Mar	14	023	M	Seattle	
				Cassiday		1900	Sep			M	Seattle	WA
K	1	0040	05641	Cassiday	Francis J.	1900	Sep	26	04m	M	Seattle	
K	1	0047	18658	Cassler	David	1907	May	10	055	M	Georgetown	GER
K	1	0047	18733	Castberg	John N.	1907	Jun	27	043	M	Seattle	NRY
K	1	0039	13652	Castello	George	1904	Nov	25	060	M	619-1st Ave So.	ITL
K	1	0039	05377	Castensen	G.	1900	Jul	18	016	M	Seattle	
				Castner		1896	Dec			M	922 5th Ave.	sme
K	1	0034	02538	Castner	(2) Male babies	1896	Dec	30	<7h	M	922 5th Ave.	
K	1	0035	02792	Caston	John	1897	Jun	04	051	M	Prov Hospital	
K	1	0039	13650	Castro	Lenora	1904	Nov	23	027	F	Thomas/Miner Ave	SWD
K	1	0037	12689	Caswell	Julia	1904	Apr	25	037	F	King Co. Hosp.	MI
				Cathcart		1900	May			F	Seattle	WA
				Cathcart		1900	May			F	Seattle	PA
				Cathcart		1903	Apr			F	Monod Hospital	SEA
K	1	0262	11033	Cathcart	Baby	1903	Apr	15	02d	F	Monod Hospital	SEA
K	1	0039	05270	Cathcart	J.J.	1900	May	20	052	F	Seattle	
K	1	0039	05235	Cathcart	L.M.	1900	May	05	018	F	Seattle	
K	1	0035	11571	Cathead	Geo. S.	1903	Aug	19	057	M	Prov. Hosp.	PA
K	1	0037	03907	Cathon	James H.	1898	Nov	28	002	M	Seattle	
K	1	0293	10792	Cathron	James M.	1902	Mar	13	09m	M	1127 Franklin Ave	SEA
				Catlin		1901	Feb			M	Seattle	NY
K	1	0041	06078	Catlin	Jerone	1901	Feb	17	065	M	Seattle	
				Caton		1898	Aug			F	Seattle	---
				Caton		1898	Aug			M	Seattle	SEA
K	1	0036	03687	Caton	B.C.	1898	Aug	25	013	F	Seattle	
K	1	0036	03688	Caton	Geo. T.	1898	Aug	25	003	M	Seattle	
K	1	0043	16439	Cattell	George W.	1906	Jun	01	034	M	Seattle (b.Dakota,	---
				Catterell		1900	Oct			F	Seattle	SEA
K	1	0040	05731	Catterell	Ruth E.	1900	Oct	27	008	F	Seattle	
				Cattrell		1892	Jul			M	County Farm	MA
K	1	0030	00470	Cattrell	Robert	1892	Jul	31	057	M	County Farm	
K	1	0041	15428	Catuee	Velardmo	1905	Nov	28	028	M	Seattle	ITL
K	1	0033	01613	Caughlin	Maurice	1895	Apr	12	065	M	Prov. Hospital	

S	R	PG	REC	LASTNAME	FIRSTNAME	DETH	MN	DT	AGE	S	DEATHPLACE	BIRTH
K	1	0042	15548	Caulkins	Lena	1905	Dec	19	034	F	Seattle	SWD
K	1	0046	18207	Caulkins	Stanley M.	1907	Apr	07	005	M	Kent	MN
K	1	0039	14130	Cavacc	Joseph	1905	Feb	18	055	M	Prov. Hosp.	
				Cavanaugh		1897	May			M	South Seattle	MI
K	1	0293	10793	Cavanaugh	Anna	1902	Mar	05	022	F	Kent, WA	IL
K	1	0035	02748	Cavanaugh	Emile E.	1897	May	07	022	M	South Seattle	
K	1	0035	11730	Cavanaugh	John	1903	Sep	17	068	M	North Bend	CA
K	1	0293	10785	Cavanaugh	John Patrick	1902	Feb	11	051	M	920 4 St	NY
K	1	0292	10263	Cave	Martha M.	1902	Nov	14	049	F	2628 Irving St	TN
K	1	0040	14415	Cavello	Rosie	1905	Apr	13	001	F	Seattle	WA
K	1	0035	11868	Caveny	Michael	1903	Oct	16	036	M	2nd E. Wash	MN
K	1	0043	16131	Cavo	William	1906	Apr	04	046	M	Seattle	ENG
k	1	0039	13959	Cawley	James	1905	Jan	31	074	M	4316 Sunset PL.	IN
K	1	0039	13654	Cawley	Matilda	1904	Dec	10	072	F	4316 Sunset Pl	IN
K	1	0266	07200	Cawthorn	Otto Oswell	1902	Jan	24	017	M	1012 First *	OR
K	1	0042	15683	Cawthorne	William B.	1906	Jan	04	086	M	Seattle	ENG
				Cayano		1901	Feb			M	Seattle	ITL
K	1	0041	06076	Cayano	Gaetano	1901	Feb	20	067	M	Seattle	
K	1	0038	04502	Cayton	Infant	1899	Aug	01	---	M	Seattle	
k	1	0038	13184	Cayzone	Carrie M.	1904	Aug	18	08m	F	518 Pontius Ave	WA
				Cease		1901	Oct			M	Providence Hosp.	WI
K	1	0265	06893	Cease	Leon	1901	Sep	07	006	M	Prov. Hospital	WI
K	1	0266	06893	Cease	Leon	1901	Oct	07	006	M	Providence Hosp.	WI
K	1	0035	11734	Cederberg	Carl Erick	1903	Sep	07	05m	M	Madison and Minor	WA
K	1	0035	02678	Ceis	John M.	1897	Mar	28	063	M	524 Atlantic St.	
K	1	0039	13503	Cella	Comwitts	1904	Oct	29	05m	M	State St and 194th Ave	WA
K	1	0041	15173	Cella	William	1905	Sep	21	044	M	Seattle	CA
K	1	0037	12684	Centes	Alex E.	1904	Apr	10	01m	M	615 14th ave	WA
				Ceovich		1900	Jan			M	Seattle	AUS
K	1	0039	04840	Ceovich	Pasev M.	1900	Jan	13	029	M	Seattle	
K	1	0292	10379	Cera	Anton	1902	Oct	11	042	M	Prov. Hosp.	AUS
K	1	0038	13183	Cerini	Baby	1904	Aug	17		M	Prov. Hosp.	WA
K	1	0042	15550	Cermer	Samuel	1905	Dec	22	040	M	Seattle	
K	1	0033	01678	Cerr	Mary E.	1895	Jun	01	030	F	2560 Union	
k	1	0039	14103	Cerschi	Henry	1905	Feb	26	030	M	King Co. Hosp.	SWT
				Chabot		1901	Apr			M	Prov Hosp.	CND
K	1	0041	06305	Chabot	C.	1901	Apr	17	045	M	Prov Hosp.	
K	1	0266	07018	Chacchiaro	Guiseppe	1901	Dec	13	090	M	711 Maynard	SEA
				Chadbourn		1897	Feb			F	7th & Pike	MI
K	1	0034	02634	Chadbourn	Jennie	1897	Feb	07	025	F	7th & Pike	
				Chadbourne		1897	Feb			M	7th & Pine	CA
K	1	0034	02633	Chadbourne	J. Franklin	1897	Feb	06	<3y	M	7th & Pine	
				Chadwick		1900	Mar			M	Prov. Hosp.	---
K	1	0039	05051	Chadwick	Thos. D.	1900	Mar	29	040	M	Prov. Hosp.	
				Chalmers		1897	Mar			M	Yesler Ave.	SCT
K	1	0034	02675	Chalmers	Wm.	1897	Mar	02	---	M	Yesler Ave.	
K	1	0040	14692	Chamberlain	Baby	1905	Jun	13	s/b	M	Seattle	WA
K	1	0040	14553	Chamberlain	Eva M.	1905	May	31	054	F	Seattle	OH
K	1	0035	11467	Chamberlain	Geo W.	1903	Jul	10	056	M	Prov. Hosp.	MI
K	1	0292	10268	Chamberlain	Judson	1902	Nov	01	055	M	------	---
K	1	0041	15421	Chamberlain	Stephen P.	1905	Nov	16	078	M	Seattle	MI
				Chambers		1899	May			F	Seattle	---
				Chambers		1900	May			M	Seattle	CND
K	1	0046	18000	Chambers	Earl J.	1907	Mar	23	016	M	Seattle	NE
K	1	0038	04354	Chambers	R.A.	1899	May	15	057	F	Seattle	
K	1	0039	05224	Chambers	Robt.	1900	May	04	054	M	Seattle	
				Champaugh		1895	Jun			F	Prov. Hospital	---
K	1	0033	01684	Champaugh	T.	1895	Jun	07	075	F	Prov. Hospital	
				Champion		1901	Aug			F	King Co. Hosp.	PA
				Champion		1901	Aug			F	1012 E. Thomas	SEA
				Champion		1901	Nov			F	Monod Hospital	ENG
K	1	0265	06687	Champion	Ellen	1901	Aug	13	033	F	King Co. Hosp.	PA
K	1	0265	06703	Champion	Gladis	1901	Aug	31	03m	F	1012 E. Thomas	SEA

S	R	PG	REC	LASTNAME	FIRSTNAME	DETH	MN	DT	AGE	S	DEATHPLACE	BIRTH
K	1	0266	07025	Champion	Margaret Rose	1901	Nov	07	060	F	Monod Hospital	ENG
K	1	0292	10010	Championx	E.	1902	Aug	15	045	M	Metropole Hotel	FRN
K	1	0035	11463	Chan	Alexander	1903	Jul	25	073	M	South Park	SCT
				Chancy		1896	Jul			M	Green Lake	NE
K	1	0034	02290	Chancy	Harold	1896	Jul	22	010	M	Green Lake	
				Chandler		1896	May			F	1217 Cherry	SEA
K	1	0043	16140	Chandler	Anna L.	1906	Apr	27	028	F	Seattle	MN
K	1	0034	02205	Chandler	Ruby Mildred	1896	May	02	11m	F	1217 Cherry	
K	1	0040	14806	Chandler	Winthrop F.	1905	Jul	23	001	M	Seattle	IA
K	1	0265	06894	Chaney	Frances Elizabeth	1901	Sep	03	049	F	Prov. Hospital	OH
K	1	0040	14417	Chang	Ah	1905	Apr	20	030	M	Seattle	CHN
K	1	0265	06396	Channing	Frank L.	1901	May	28	015	M	Seattle	MN
				Chantrel		1894	Sep			M	Arlingtn Wrf ft of Union St	GER
K	1	0032	01225	Chantrel	Chas.	1894	Sep	17	037	M	Arlingtn Wrf ft of Union St	
				Chapin		1900	Jul			F	Seattle	NY
				Chapin		1898	Apr			M	Seattle	MA
				Chapin		1898	May			M	Seattle	MA
K	1	0037	12503	Chapin	Celia M.	1904	Mar	09	024	F	421 Terrace	CA
K	1	0036	03366	Chapin	Eugene	1898	Apr	04	056	M	Seattle	
K	1	0036	03465	Chapin	Lorenzo	1898	May	31	081	M	Seattle	
K	1	0039	05299	Chapin	Mary Arquid	1900	Jul	19	034	F	Seattle	
K	1	0044	16709	Chapin	Mrs. E.	1906	Aug	03	044	F	Seattle	KS
				Chapman		1901	Dec			F	Seattle Gen. Hosp.	PA
				Chapman		1902	Jul			M	Seattle	WA
				Chapman		1895	Jan			F	Pt. Blakely, WA	sme
				Chapman		1895	May			M	Brooklyn	NY
				Chapman		1898	Jul			F	Maple Valley	ENG
				Chapman		1899	Aug			M	Seattle	SEA
K	1	0032	01410	Chapman	Ethel L.	1895	Jan	03	06m	F	Pt. Blakely, WA	
K	1	0267	09883	Chapman	G.D.	1902	Jul	12	009	M	Seattle	WA
K	1	0266	07013	Chapman	Gertrude Evans	1901	Dec	20	025	F	Seattle Gen. Hosp.	PA
K	1	0038	04525	Chapman	James	1899	Aug	14	009	M	Seattle	
K	1	0036	03606	Chapman	M.	1898	Jul	31	073	F	Maple Valley	
K	1	0045	17588	Chapman	Mary E.	1907	Jan	23	064	F	Seattle	OH
K	1	0033	01649	Chapman	W. H.	1895	May	18	039	M	Brooklyn	
K	1	0293	10921	Chapman	William	1902	Mar	31	077	M	2643 Irving St	ENG
				Chaput		1899	Aug			F	Seattle	FRN
K	1	0038	04544	Chaput	Mrs.	1899	Aug	28	020	F	Seattle	
K	1	0037	03905	Charland	Mrs. J.	1898	Nov	10	050	F	General Hospital	
				Charlebois		1895	Jan			F	509 Yakima St.	FRN
K	1	0032	01432	Charlebois	Annie	1895	Jan	15	049	F	509 Yakima St.	
				Charleston		1900	Nov			F	Seattle	CA
K	1	0040	05781	Charleston	Nellie G.	1900	Nov	07	043	F	Seattle	
				Charliebois		1900	Nov			M	Seattle	OR
K	1	0040	05761	Charliebois	Joseph	1900	Nov	20	013	M	Seattle	
				Charlton		1897	Dec			M	Pt. Blakeley	---
				Charlton		1902	May			F	208 9th Ave. So. (b.London,	ENG
K	1	0043	16448	Charlton	James F.	1906	Jun	28	049	M	Seattle	NY
K	1	0267	07676	Charlton	Rose G.	1902	May	13	026	F	208 9th Ave. So. (b.London,	ENG
K	1	0035	03073	Charlton	Thos.	1897	Dec	27	075	M	Pt. Blakeley	
				Chase		1901	Mar			M	South Seattle	NH
				Chase		1893	Mar			F	Bothell, WA	sme
				Chase		1897	Apr			F	Columbia	ME
				Chase		1897	May			F	709 Maynard Ave.	WA
				Chase		1897	Mar			F	Seattle Genl Hosp.	---
K	1	0041	06084	Chase	Elmer	1901	Mar	13	079	M	South Seattle	
K	1	0035	02711	Chase	Esther A.	1897	Apr	17	060	F	Columbia	
K	1	0035	02676	Chase	Harriett W.	1897	Mar	21	065	F	Seattle Genl Hosp.	
K	1	0044	17014	Chase	Lydia L.	1906	Sep	18	060	F	Seattle	VT
K	1	0030	00508	Chase	Nellie A.	1893	Mar	19	2dy	F	Bothell Wash	
K	1	0035	02754	Chase	Nora	1897	May	29	002	F	709 Maynard Ave.	
K	1	0033	01604	Chavet?	John	1895	Apr	24	077	M	Seattle	
				Cheadle		1900	Aug			F	King Co. WA	IN

S R	PG	REC	LASTNAME	FIRSTNAME	DETH	MN	DT	AGE	S	DEATHPLACE	BIRTH
			Cheadle		1901	Oct			M	Adelade,	OH
			Cheadle		1902	Apr			-	Prov.Hosp.	SEA
			Cheadle		1896	Nov			M	Fremont	US
K 1	0267	07739	Cheadle	Chas. E.	1902	Apr	25	012	-	Prov.Hosp.	SEA
K 1	0034	02492	Cheadle	Everette	1896	Nov	10	09m	M	Fremont	
K 1	0266	06897	Cheadle	Lamar	1901	Oct	06	074	M	Adelade,	OH
K 1	0040	05532	Cheadle	Malinda R.	1900	Aug	08	080	F	King Co. WA	
K 1	0034	02436	Cheal	Elizabeth	1896	Oct	24	062	F	128 Thomas Ave.	
K 1	0267	07780	Cheasty	Edw. S.	1902	Jun	01	072	M	Ballard	IRL
K 1	0038	04457	Cheasty	Margaret	1899	Jul	10	073	F	Seattle	
K 1	0045	17385	Checchetti	John	1906	Dec	27	018	M	Seattle	ITL
			Chesbrough		1892	Nov			F	---	SEA
K 1	0030	00412	Chesbrough	M. K.	1892	Nov	04	001	F		
			Chesney		1896	May			-	Des Moines	sme
K 1	0265	06493	Chesney	Baby	1901	Jun	23	06d	F	Seattle	sme
K 1	0034	02207	Chesney	Infant	1896	May	25	13h	-	Des Moines	
			Chester		1899	Apr			M	Seattle	SEA
K 1	0292	09933	Chester	Fay (Mrs.)	1902	Jul	12	049	F	Seattle	NY
K 1	0038	04238	Chester	Infant	1899	Apr	01	01m	M	Seattle	
			Chestnut		1900	Aug			M	Dutch Harbor AK	PA
K 1	0040	05510	Chestnut	J.H.W.	1900	Aug	05	053	M	Dutch Harbor AK	
K 1	0041	15167	Chiackera	Rosina	1905	Sep	02	08m	F	Seattle	WA
K 1	0045	17587	Chiba	H.	1907	Jan	16	032	M	Seattle	JPN
			Chick		1898	May			M	Seattle	ME
K 1	0036	03464	Chick	E.P.	1898	May	25	040	M	Seattle	
			Chico		1901	Jan			M	Gen. Hosp.	JPN
K 1	0041	05965	Chico	K.	1901	Jan	02	030	M	Gen. Hosp.	
K 1	0266	07316	Chighwood	Thomas	1902	Feb	03	010	M	946 13thAv.S.(b.Pt.Angeles,	WA
			Chilberg		1901	Jan			F	Seattle	PA
K 1	0292	10267	Chilberg	Chas F.	----	---	--	---	M	------	SWD
K 1	0042	15549	Chilberg	James P.	1905	Dec	21	067	M	Seattle	SWD
K 1	0041	05964	Chilberg	Rosa	1901	Jan	04	026	F	Seattle	
K 1	0037	04001	Chilcote	M.	1898	Dec	20	035	F	Seattle	
K 1	0038	13182	Chilcott	W.S.	1904	Aug	17	019	M	5 Madison	WA
			Childs		1897	Jun			F	1628 Harvard Ave.	MN
			Childs		1901	Dec			M	1523 5th Ave.	MD
K 1	0035	02795	Childs	Ada M	1897	Jun	25	020	F	1628 Harvard Ave.	
K 1	0044	17091	Childs	Infant	1906	Oct	20	s/b	M	Seattle	WA
K 1	0266	07017	Childs	Samuel	1901	Dec	16	067	M	1523 5th Ave.	MD
K 1	0040	14551	Chilson	Ernest	1905	May	25	03m	M	Seattle	WA
K 1	0044	16715	Chilton	John R.	1906	Aug	10	01d	M	Seattle	WA
			Chin		1902	Jun			M	Seattle	JPN
			Chin		1897	Nov			M	5th & Washington	CHN
			Chin		1902	May			M	Genl. Hospital	US
			Chin		1892	Jun			M	Seattle	CHN
K 1	0267	07678	Chin	Can	1902	May	19	915	M	Genl. Hospital	US
K 1	0267	07779	Chin	O.	1902	Jun	21	035	M	Seattle	JPN
K 1	0035	03022	Chin	Sam	1897	Nov	22	045	M	5th & Washington	
K 1	0030	00307	Chin	Wak Ben	1892	Jun	15	033	M	Seattle	
			Ching		1900	Nov			M	Seattle	CHN
K 1	0045	17508	Ching	Chin Get	1906	Oct	23	065	M	Hillman	CHN
K 1	0040	05770	Ching	Quong	1900	Nov	27	050	M	Seattle	
K 1	0035	11461	Ching	Tung Kah	1903	Jul	19	022	M	Str Shaumont	CHN
K 1	0036	12131	Ching	Wa	1903	Dec	07	052	M	220 Wash St.	CHN
K 1	0036	12136	Ching Ling	Sing	1903	Dec	18	046	M	Bet 4th And 5th	CHN
K 1	0265	06783	Chiodo	Peter C.	1901	Sep	16	050	M	Prov. Hospital	ITL
K 1	0042	15967	Chiotte	John	1906	Mar	04	025	M	Seattle	ITL
K 1	0044	16710	Chisholm	Clarence V.	1906	Aug	04	037	M	Seattle	ME
k 1	0038	13185	Chisholm	Martha	1904	Aug	18	060	F	1011 SE Union	IRL
K 1	0266	07314	Chishom	Flora	1902	Feb	03	s/b	F	Monod Hosp.	SEA
K 1	0292	10009	Chisiam	Sidney	1902	Aug	14	032	M	Seattle Gen. Hosp.	---
K 1	0041	15005	Chitwood	Allen R.	1905	Aug	07	059	M	Seattle	MO
			Chivington		1893	Jun			F	Renton, WA Vinton Co.	OH

S R PG REC	LASTNAME	FIRSTNAME	DETH MN DT AGE	S	DEATHPLACE	BIRTH
K 1 0030 00576	Chivington	Lorain	1893 Jun 15 059	F	Renton Wash	
	Chlopeck		1898 Oct	F	Oregon	MO
	Chlopeck		1900 Oct	M	Seattle	GER
K 1 0037 03846	Chlopeck	Clara	1898 Oct 05 029	F	Oregon	
K 1 0040 05742	Chlopeck	John B.	1900 Oct 31 045	M	Seattle	
K 1 0045 17776	Choir	Melody	1906 Dec 03 060	M	Seattle	---
K 1 0262 11204	Chok	Ching Den	1903 Apr 14 054	M	218 Washington St.	CHN
	Chong		1892 Mar	M	Seattle	CHN
K 1 0030 00230	Chong	Yep	1892 Mar 21 039	M	Seattle	
K 1 0293 10784	Choppel	Edward	1902 Feb 16 05h	M	2226 1st Ave	SEA
K 1 0044 17083	Chow	Tom Gin	1906 Oct 04 054	M	Seattle	sme
K 1 0041 15007	Chowen	Baby	1905 Aug 02 s/b	M	Seattle	WA
K 1 0037 03845	Choyaski	Aron	1898 Sep -- ---	M	Skagway	
K 1 0047 18657	Chrioruski	Vladimir	1907 May 09 023	M	Georgetown	RUS
K 1 0292 10100	Chrisholm	Allen	1902 Aug 05 050	M	Seattle Gen. Hosp.	NRY
K 1 0033 01998	Christ	John	1896 Jan 09 062	M	515 Yesler Ave.	
	Christensen		1902 Jul	M	Seattle	NRY
	Christensen		1896 Oct	M	Edgewater	MN
K 1 0044 17084	Christensen	Alfred	1906 Oct 10 029	M	Seattle	DNK
K 1 0267 07778	Christensen	Carl	1902 Jul 03 040	M	Seattle	NRY
K 1 0042 15840	Christensen	Frank F.	1906 Feb 06 018	M	Seattle	WA
K 1 0040 14952	Christensen	Frea	1905 Aug 04 049	M	Georgetown	SWD
k 1 0039 14129	Christensen	Martin	1905 Feb 15 024	M	254 Florentia	NRY
K 1 0035 11987	Christensen	Mrs. C.C	1903 Nov 29 049	F	Prov Hosp.	IA
K 1 0034 02437	Christensen	Otto	1896 Oct 29 023	M	Edgewater	
K 1 0044 17016	Christensen	Regina M.	1906 Sep 23 08d	F	Ballard	WA
	Christenson		1903 Apr	M	2ndAv&Virginia (b.Slt.Lake,	UT
	Christenson		1902 Mar	F	1223 Queen Anne Ave.	MN
K 1 0037 12687	Christenson	Anna	1904 Apr 19 079	F	960-22nd Ave	DNK
K 1 0267 07428	Christenson	Edna	1902 Mar 15 015	F	1223 Queen Anne Ave.	MN
K 1 0262 11039	Christenson	Frederick E.	1903 Apr 23 002	M	2ndAv&Virginia (b.Slt.Lake,	UT
	Christeson		1895 Sep	F	Seattle	ENG
K 1 0033 01832	Christeson	Lizzie	1895 Sep 17 034	F	Seattle	
K 1 0037 12685	Christian	Edward	1904 Apr 12 042	M	Monod Hosp.	
K 1 0044 16717	Christiansen	Baby	1906 Aug 13 06h	M	Seattle	WA
	Christianson		1894 Jan	F	Silver & Choate St.	NRY
K 1 0031 00795	Christianson	Anna Bergie	1894 Jan 11 029	F	Silver & Choate St.	
k 1 0038 13442	Christie	Mary	1904 Sep 02 044	F		SWD
K 1 0037 12505	Christman	E.J.	1904 Mar 18 035	M	Ballard	CND
K 1 0043 16590	Christman	Wilhelmina	1906 Jul 29 07m	F	Seattle	WA
	Christoferson		1894 Feb	F	1822 8th St.	NRY
K 1 0031 00804	Christoferson	Emeline	1894 Feb 28 024	F	1822 8th St.	
	Christopher		1894 Aug	F	2119 Front St.	---
	Christopher		1896 Oct	F	Seattle Genl. Hosp	DNK
K 1 0036 12132	Christopher	Helena	1903 Dec 07 025	F	Prov, Hosp.	NRY
K 1 0293 10625	Christopher	Karin Margate	1903 Jan 30 05m	F	54 Clay St	SEA
K 1 0034 02435	Christopher	Lena	1896 Oct 08 020	F	Seattle Genl. Hosp	
K 1 0035 11572	Christopher	Mrs. M.	1903 Aug 07 036	F	54 Clay St	NRY
K 1 0032 01145	Christopher	Tena	1894 Aug 14 080	F	2119 Front St.	
	Chriswell		1902 Feb	M	Prov. Hospital	US
K 1 0266 07320	Chriswell	M.J.	1902 Feb 19 065	M	Prov. Hospital	US
	Chub		1900 Oct	M	Co. Hosp.	ENG
K 1 0040 05695	Chub	John	1900 Oct 13 054	M	Co. Hosp.	
K 1 0036 12264	Chudnofsky	Baby	1904 Jan 06	M	2221 3rd Ave	WA
	Chung		1891 Oct	M	Seattle	CHN
	Chung		1903 May	M	Seattle	CHN
	Chung		1903 Jun	M	Steamer Defiance	CHN
	Chung		1898 Mar	M	Seattle	CHN
K 1 0036 03287	Chung	Bowther?	1898 Mar 09 037	M	Seattle	
K 1 0262 11222	Chung	Dong	1903 Jun 02 055	M	Steamer Defiance	CHN
K 1 0262 11214	Chung	Loy	1903 May 14 052	M	Seattle	CHN
K 1 0030 00115	Chung	Wu	1891 Oct 22 030	M	Seattle	
	Church		1894 Feb	F	818 Jefferson St.	---

S	R	PG	REC	LASTNAME	FIRSTNAME	DETH	MN	DT	AGE	S	DEATHPLACE	BIRTH
K	1	0265	06788	Church	Moretta M.	1901	Sep	17	05m	F	2912 1st Ave. (b.So.Bend,	---
K	1	0031	00802	Church	Rella Rae	1894	Feb	22	021	F	818 Jefferson St.	
				Churchill		1894	Jan			F	608 Olympic Ave. Hamburg,	GER
				Churchill		1899	Jan			M	Seattle	IL
K	1	0036	12268	Churchill	Charles Henry	1904	Jan	09	079	M	608 Olympic Pl.	NH
K	1	0037	04061	Churchill	Chas. E.	1899	Jan	14	045	M	Seattle	
K	1	0043	16308	Churchill	Franklin H.	1906	May	20	054	M	Seattle	MI
K	1	0036	12137	Churchill	J.E.	1903	Dec	21	054	M	1616 &th Ave	IL
K	1	0031	00800	Churchill	Martha B.	1894	Jan	30	036	F	608 Olympic Ave.	
K	1	0043	16441	Churchward	M.	1906	Jun	08	039	M	Seattle	ENG
				Circes		1898	Sep			F	Seattle	SEA
K	1	0037	03759	Circes	R.	1898	Sep	30	03w	F	Seattle	
				Cisero		1895	Aug			M	Avondale	NY
K	1	0033	01747	Cisero	Joseph	1895	Aug	21	035	M	Avondale	
				Claeys		1901	Jan			F	Seattle	SEA
K	1	0041	05971	Claeys	----	1901	Jan	24	<1d	F	Seattle	
				Clancy		1898	Sep			F	Alaska	SEA
				Clancy		1902	Jan			M	505 Main	SEA
				Clancy		1901	Sep			M	Cor.2nd & Washington	IRL
				Clancy		1900	Mar			M	Prov. Hosp.	ME
K	1	0040	14951	Clancy	Bernard S.	1905	Aug	31	06m	M	Columbia	WA
K	1	0047	18726	Clancy	Catherine	1907	Jun	06	02d	F	Seattle	WA
K	1	0047	18725	Clancy	Infant	1907	Jun	04	01d	M	Seattle	WA
K	1	0040	14273	Clancy	James	1905	Mar	19	073	M	Seattle	IRL
K	1	0039	05050	Clancy	Jas. L.	1900	Mar	18	030	M	Prov. Hosp.	
K	1	0266	07202	Clancy	Joseph D.	1902	Jan	19	001	M	505 Main	SEA
K	1	0036	03752	Clancy	Lottie	1898	Sep	05	027	F	Alaska	
k	1	0038	13361	Clancy	Mary Florence	1904	Sep	05	002	F	211 17th Ave	WA
K	1	0265	06782	Clancy	Thomas	1901	Sep	20	065	M	Cor.2nd & Washington	IRL
K	1	0047	18889	Claque	Isibaum	1907	Jun	13	089	F	Kent (b.Isle of Man	---
				Clare		1891	Oct			F	Seattle	MN
K	1	0030	00125	Clare	Maud Bertha	1891	Oct	20	005	F	Seattle	
				Clark		1898	Jul			M	Ballard	MI
				Clark		1902	Jan			F	404 Union	SEA
				Clark		1894	Oct			M	Western St. Hotel	---
				Clark		1897	Feb			F	Seattle Genl. Hosp.	---
				Clark		1892	Feb			F	Seattle	MN
				Clark		1901	Sep			F	Prov. Hospital	IRL
				Clark		1898	Apr			F	Ballard	PA
				Clark		1903	Apr			M	Seattle Gen. Hosp.	NY
				Clark		1897	Dec			F	Seattle Whatcom,	WA
				Clark		1900	Sep			M	Seattle	NY
				Clark		1897	Oct			M	1302 Weller St.	WA
				Clark		1901	Jun			M	Seattle	NY
				Clark		1903	Apr			M	Wayside Mission Hosp.	---
				Clark		1898	Dec			M	Edgewater	SCT
				Clark		1898	Sep			M	Kent	SEA
				Clark		1902	Apr			F	1120 Kilbourn	WI
				Clark		1897	Jan			M	820 Green St.	---
				Clark		1895	Mar			M	Black Diamond	sme
				Clark		1894	Dec			F	1412 Wash St.	---
				Clark		1894	Sep			F	2117 3rd St.	NB
				Clark		1898	Jun			M	Seattle	---
K	1	0036	03609	Clark	Alvi	1898	Jul	11	019	M	Ballard	
K	1	0040	14269	Clark	Baby	1905	Mar	05	pre	M	Seattle	WA
K	1	0043	16134	Clark	Baby	1906	Apr	11	s/b	M	Seattle	WA
K	1	0041	15426	Clark	Cathbert	1905	Nov	20	03h	M	Seattle	WA
K	1	0040	05727	Clark	Charles	1900	Sep	27	048	M	Seattle	
K	1	0034	02589	Clark	Charles D.	1897	Jan	06	07m	M	820 Green St.	
K	1	0045	17583	Clark	Chester H.	1907	Jan	03	064	M	Seattle	IL
K	1	0037	12501	Clark	D.W.	1904	Mar	01	070	M	Seattle Gen. Hosp.	
K	1	0039	13954	Clark	Edward	1905	Jan	17	072	M	King Co. hosp.	CND
K	1	0034	02635	Clark	Elizabeth	1897	Feb	23	044	F	Seattle Genl. Hosp.	

S	R	PG	REC	LASTNAME	FIRSTNAME	DETH	MN	DT	AGE	S	DEATHPLACE	BIRTH
K	1	0038	13394	Clark	Elmo	1904	Sep	19	08m	M	Green Lake	WA
K	1	0267	07657	Clark	Ema	1902	Apr	04	018	F	1120 Kilbourn	WI
k	1	0038	13188	Clark	Esther	1904	Aug	29	02m	F	417-20 Ave.	WA
K	1	0032	01289	Clark	F.	1894	Oct	27	---	M	Western St. Hotel	
K	1	0293	10916	Clark	Frankie Anderson	1902	Mar	19	039	M	1021 Union St	CND
K	1	0037	03968	Clark	George	1898	Dec	05	087	M	Edgewater	
K	1	0041	15429	Clark	George W.	1905	Nov	30	045	M	Seattle	MA
K	1	0043	16135	Clark	Grace	1906	Apr	12	020	F	Seattle	WI
K	1	0030	00199	Clark	Grace N.	1892	Feb	05	033	F	Seattle	
K	1	0036	03538	Clark	Harry	1898	Jun	11	065	M	Seattle	
K	1	0035	02967	Clark	Infant	1897	Oct	23	04m	M	1302 Weller St.	
K	1	0046	18238	Clark	Infant	1907	Apr	28	s/b	F	Seattle	WA
K	1	0035	03074	Clark	Ione D.	1897	Dec	31	019	F	Seattle	
K	1	0262	11031	Clark	James	1903	Apr	04	032	M	Wayside Mission Hosp.	---
K	1	0046	17995	Clark	James B.	1907	Mar	03	066	M	Seattle	PA
K	1	0265	06494	Clark	James L.	1901	Jun	22	079	M	Seattle	NY
K	1	0038	13057	Clark	Joesph Benn	1904	Jul	22	046	M	321 Republic	CA
K	1	0046	17997	Clark	Kate B.	1907	Mar	10	060	F	Seattle	CND
K	1	0036	12114	Clark	Laura S.	1898	Oct	04	048	F	Kent, WA	IL
K	1	0046	18485	Clark	Lena	1907	May	24	039	F	Seattle	MN
K	1	0036	03367	Clark	Maggie	1898	Apr	04	055	F	Ballard	
K	1	0032	01397	Clark	Martha S.	1894	Dec	21	030	F	1412 Wash St.	
K	1	0265	06891	Clark	Mary	1901	Sep	14	037	F	Prov. Hospital	IRL
K	1	0043	16142	Clark	Mary	1906	Apr	28	040	F	Seattle	OH
K	1	0033	01400	Clark	Mathew	1895	Mar	21	02d	M	Black Diamond	
K	1	0040	14274	Clark	Maud M.	1905	Mar	19	013	F	Seattle	MN
K	1	0041	15009	Clark	May	1905	Aug	19	03m	F	Seattle	WA
K	1	0266	07201	Clark	May D.	1902	Jan	10	007	F	404 Union	SEA
K	1	0037	12933	Clark	Nellie Maude	1904	Jun	19	060	F	1517 Bellmont	MA
K	1	0036	03754	Clark	O.J.	1898	Sep	22	002	M	Kent	
K	1	0040	14268	Clark	P.H.	1905	Mar	04	053	M	Seattle	CND
K	1	0041	15116	Clark	Pansy	1905	Aug	27	021	F	Georgetown	WA
K	1	0046	18235	Clark	Robert M.	1907	Apr	17	001	M	Seattle	WA
K	1	0045	17706	Clark	Sarah J.	1907	Jan	20	069	F	West Seattle	VT
K	1	0039	13661	Clark	Seth W.	1904	Dec	31	072	M	1517 Belmount Ave	NY
K	1	0032	01232	Clark	Susan	1894	Sep	24	069	F	2117 3rd St.	
K	1	0044	16837	Clark	Thomas	1906	Aug	18	067	M	Ballard	OH
K	1	0039	13347	Clark	W. Clarence	1904	Sep	11	021	M	816 Terry Ave	IA
K	1	0262	11036	Clark	W.H.	1903	Apr	21	053	M	Seattle Gen. Hosp.	NY
				Clarke		1898	Mar			F	Seattle	PA
				Clarke		1898	Jul			M	Seattle	MO
				Clarke		1900	Jan			M	Seattle	CND
				Clarke		1903	Apr			M	3926 10th Ave NE	RI
K	1	0039	04859	Clarke	Chas. F.	1900	Jan	22	01d	M	Seattle	
K	1	0262	11034	Clarke	Chas. W.	1903	Apr	18	081	M	3926 10th Ave NE	RI
K	1	0036	03611	Clarke	J.W.	1898	Jul	18	028	M	Seattle	
K	1	0035	03262	Clarke	Levina	1898	Mar	11	066	F	Seattle	
K	1	0039	13649	Clarke	Willard	1904	Nov	21	054	M	1210 Weller St	MI
K	1	0038	13036	Clasby	Owen	1904	Jul	16	069	M	King Co. Hosp.	IRL
K	1	0037	12493	Clasen	William H.	1904	Mar	24	038	M	Prov. Hosp.	CA
K	1	0035	11736	Classen	Frank	1903	Sep	14	053	M	27 and E. Olive	GER
				Clausen		1901	Feb			F	Seattle	GER
K	1	0292	10261	Clausen	Anna	1902	Nov	02	034	F	Prov. Hosp.	GER
K	1	0293	13383	Clausen	Jno Henry (infant)	1902	Oct	02	---	M	Georgetown	sme
K	1	0045	17377	Clausen	Thorwald	1906	Dec	04	005	M	Seattle	IA
K	1	0041	06081	Clausen	Wilhema	1901	Feb	05	071	F	Seattle	
				Clauson		1900	Dec			M	Seattle	SEA
F	F	0041	05869	Clauson	Heinrick	1900	Dec	12	003	M	Seattle	
				Claussen		1897	Nov			M	811 Boren Ave	GER
				Claussen		1898	Jun			M	Seattle	---
K	1	0036	03537	Claussen	G.	1898	Jun	11	032	M	Seattle	
K	1	0035	03023	Claussen	Peter J.	1897	Nov	24	061	M	811 Boren Ave	
				Clavadetscher		1899	Dec			M	Seattle	GER

S R	PG	REC	LASTNAME	FIRSTNAME	DETH	MN	DT	AGE	S	DEATHPLACE	BIRTH
K 1	0038	04751	Clavadetscher	Peter	1899	Dec	02	048	M	Seattle	
K 1	0037	12691	Clavpool	Samuel B.	1904	May	04	039	M	Hotel Northern	KT
			Clay		1898	May			F	Seattle	IL
			Clay		1900	Dec			M	Seattle	OH
K 1	0038	13175	Clay	Baby	1904	Aug	3	PRE	M	1501-18th Ave	WA
K 1	0036	03460	Clay	M.P.	1898	May	04	023	F	Seattle	
F F	0041	05866	Clay	Oliver	1900	Dec	04	073	M	Seattle	
K 1	0040	14805	Claycowl	Gratuille	1905	Jul	20	054	M	Seattle	IL
			Clayson		1899	---			M	Alaska Pt. Madison,	WA
K 1	0039	05378	Clayson	Fred H.	1899	---	--	---	M	Alaska	
			Clayton		1898	Apr			M	Seattle	ENG
K 1	0045	17383	Clayton	Infant	1906	Dec	23	04h	M	Seattle	WA
K 1	0045	17384	Clayton	Infant	1906	Dec	23	04h	M	Seattle	WA
K 1	0036	03365	Clayton	Ralph	1898	Apr	01	070	M	Seattle	
K 1	0038	04504	Cleary	Peter	1899	Aug	03	060	M	Seattle	
			Clem		1900	Oct			F	Seattle	IN
			Clem		1894	Jan			M	705 • Pike St.	OH
K 1	0040	05674	Clem	Elizabeth	1900	Oct	11	059	F	Seattle	
K 1	0031	00793	Clem	Ephram	1894	Jan	03	056	M	705 • Pike St.	
K 1	0044	17085	Clemens	John M.	1906	Oct	11	049	M	Seattle	ENG
K 1	0267	07639	Clement	Simon C.	1902	May	20	052	M	1729 12th So.	NY
			Clements		1894	Aug			M	Franklin	AMR
K 1	0045	17783	Clements	Edward	1907	Feb	21	043	M	Seattle	ME
K 1	0032	01049	Clements	Isaac	1894	Aug	24	058	M	Franklin	
K 1	0035	11986	Clements	Overand J.	1903	Nov	29	11m	M	Ship St.	OR
K 1	0039	13502	Clements	Ruth	1904	Oct	16	06d	F	Ballard	Wa
K 1	0036	12273	Clements	William	1904	Jan	30	012	M	Ballard	WA
K 1	0293	10507	Clen	Ida	1902	Dec	20	028	F	Prov. Hosp.	MI
			Cleveland		1899	Jul			F	Seattle	NB
			Cleveland		1900	Mar			M	Prov. Hosp.	OH
K 1	0039	05049	Cleveland	(nr) B.	1900	Mar	03	041	M	Prov. Hosp.	
K 1	0036	12263	Cleveland	Arnold	1904	Jan	04	069	M	Minor Ave N.	
K 1	0038	04474	Cleveland	Sarah A.	1899	Jul	20	030	F	Seattle	
K 1	0038	12935	Cleveland	T.F.	1904	Jun	22	072	M	Marten, WA	
K 1	0039	13657	Clewley		1904	Dec	18	s/b	F	118-17th Ave W.	WA
1	0041	14955	Cliff	Alice C.	1905	Aug	17	044	F	Bellevue	IL
K 1	0038	13179	Cliff	George B	1904	Aug	13	041	M	Squak Slough	WA
			Clifford		1895	Dec			M	Seattle	---
			Clifford		1900	Jan			M	King Co. Hosp.	AMR
K 1	0042	16064	Clifford	Baby	1906	Mar	23	01m	M	Ballard	WA
K 1	0038	04812	Clifford	J.	1900	Jan	30	042	M	King Co. Hosp.	
K 1	0033	01840	Clifford	Joseph Emery	1895	Dec	27	011	M	Seattle	
K 1	0043	16100	Cliffton	Charles	1906	Mar	19	040	M	Georgetown	MA
			Cline		1900	Dec			M	Seattle	---
			Cline		1898	Aug			F	Seattle	SEA
			Cline		1901	Feb			M	King Co. Hosp.	IRL
K 1	0037	03683	Cline	A.E.	1898	Aug	12	11m	F	Seattle	
K 1	0041	05943	Cline	Edward	1901	Feb	16	040	M	King Co. Hosp.	
K 1	0041	05863	Cline	Oliver	1900	Dec	04	073	M	Seattle	
			Clinton		1900	Nov			M	Seattle	SEA
K 1	0040	05806	Clinton	Baby	1900	Nov	23	12d	M	Seattle	
K 1	0043	16132	Clippinger	Rosemond L.	1906	Apr	07	025	F	Seattle	MI
			Clise		1898	Mar			M	Seattle	SEA
K 1	0036	03264	Clise	Miller H.	1898	Mar	19	005	M	Seattle	
K 1	0035	11747	Clise	Nancy R.	1903	Sep	15	073	F	1507-2nd Ave W	KY
			Clochesy		1900	Nov			M	Seattle	IRL
K 1	0040	05860	Clochesy	M.	1900	Nov	27	053	M	Seattle	
			Clock		1900	Nov			F	Seattle	PA
K 1	0040	05842	Clock	Emily	1900	Nov	11	060	F	Seattle	
K 1	0035	11468	Clodius	A.	1903	Aug	13	050	M	Str. Umatilia	MI
			Clofhanhoo		1901	Sep			M	Seattle	WA
K 1	0265	06792	Clofhanhoo	Jim	1901	Sep	15	045	M	Seattle	WA
			Clohecy		1899	Mar			F	Seattle	---

S R	PG	REC	LASTNAME	FIRSTNAME	DETH	MN	DT	AGE	S	DEATHPLACE	BIRTH
K 1	0038	04169	Clohecy	Catherine	1899	Mar	08	045	F	Seattle	
			Clopp		1898	Aug			F	Seattle	MA
K 1	0036	03681	Clopp	M.J.	1898	Aug	02	068	F	Seattle	
			Cloth		1893	Sep			F	308 Union St.	sme
K 1	0030	00618	Cloth	Infant	1893	Sep	01	5da	F	308 Union St.	
			Clough		1901	May			M	M. Hosp.	MI
			Clough		1894	Nov			M	303 Moltke St.	---
K 1	0265	06426	Clough	Chester	1901	May	15	058	M	M. Hosp.	MI
K 1	0043	16444	Clough	Mary A.	1906	Jun	12	065	F	Seattle	NH
K 1	0032	01368	Clough	Sullivan E.	1894	Nov	25	059	M	303 Moltke St.	
K 1	0039	13958	Cloyd	Charles B.	1905	Jan	28	018	M	2118-21st Ave S.	KY
			Clulow		1899	Feb			M	Seattle	ENG
K 1	0038	04143	Clulow	Jno.	1899	Feb	09	031	M	Seattle	
			Cluther--?		1899	Dec			M	Seattle	---
K 1	0038	04765	Cluther--?	A.A.	1899	Dec	09	056	M	Seattle	
			Clyde		1901	Feb			M	King Co. Hosp.	US
K 1	0044	16898	Clyde	Clement L.	1906	Sep	25	03m	M	Seattle	WA
K 1	0041	06073	Clyde	Edward	1901	Feb	17	042	M	King Co. Hosp.	
			Clymer		1894	May			F	Prov. Hospital	WA
K 1	0031	00966	Clymer	Dora	1894	May	18	022	F	Prov. Hospital	
K 1	0040	14804	Cmise	Bertram	1905	Jul	12	002	M	Seattle	WA
			Coates		1896	Aug			F	Green Lake City	NJ
			Coates		1894	Jun			M	822 Dravus Ave.	---
K 1	0032	01004	Coates	Gordon W.	1894	Jun	15	032	M	822 Dravus Ave	
K 1	0034	02343	Coates	Mrs. M.A.	1896	Aug	22	077	F	Green Lake City	
K 1	0045	17933	Coates	Rebecca A.	1907	Feb	15	047	F	South Park	MN
			Coats		1898	Sep			F	So. Park	WA
			Coats		1898	Sep			F	So. Park	WA
			Coats		1898	Oct			F	So. Park	sme
K 1	0037	03803	Coats	BM	1898	Oct	09	002	F	So. Park	
K 1	0037	03757	Coats	J.A.	1898	Sep	24	004	F	So. Park	
K 1	0037	03758	Coats	Verden	1898	Sep	30	006	F	So. Park	
			Cobe		1902	Jan			M	4316 Sunset Pl.	ENG
K 1	0266	07199	Cobe	George	1902	Jan	31	073	M	4316 Sunset Pl.	ENG
K 1	0035	11994	Coblentz	Marcella T.	1903	Nov	19	002	F	800 E Denny	WA
			Coburn		1900	Aug			M	Seattle	NY
K 1	0040	05537	Coburn	Forest	1900	Aug	20	065	M	Seattle	
K 1	0036	12380	Cochan	F.L.	1904	Feb	21	023	M	Seattle Gen. Hosp.	NY
			Cochran		1899	Apr			F	Seattle	---
K 1	0038	04285	Cochran	E.J.	1899	Apr	17	034	F	Seattle	
K 1	0037	12513	Cochran	Vera May	1904	Mar	30	05m	F	505 W 404 St	WA
			Cochrane		1903	Apr			M	Seattle Genl. Hosp.	---
K 1	0041	15422	Cochrane	Lydia	1905	Nov	05	038	F	Seattle	IL
K 1	0262	11040	Cochrane	W.N.	1903	Apr	18	040	M	Seattle Genl. Hosp.	---
K 1	0047	18728	Cockoran	Frank M.	1907	Jun	14	073	M	Seattle	IL
K 1	0045	17378	Coder	Burthe M.	1906	Dec	06	003	F	Seattle	WA
			Cody		1900	Mar			M	Seattle	---
K 1	0040	14231	Cody	Frank	1905	Feb	13	025	M	Ballard	MN
K 1	0039	05053	Cody	Jno.	1900	Mar	14	049	M	Seattle	
K 1	0047	18656	Cody	John	1907	Mar	22	045	M	Georgetown	NY
K 1	0035	11988	Cody	John A.	1903	Nov	18	010	M	Prov Hosp.	WA
K 1	0037	12695	Coe		1904	May	16	06d	M	Green Lake	
			Coe		1901	Feb			M	Seattle	LA
K 1	0039	13658	Coe	Ansker J.	1904	Dec	20	032	M	Cor. Fremont Ave	WI
K 1	0038	13056	Coe	Dr. Franz H.	1904	Jul	16	047	M	37th Ave Alaska St	IL
F F	0041	05865	Coe	Henry	1901	Feb	06	048	M	Seattle	
K 1	0038	13120	Coe	Susan McKay	1904	Jul	22	085	F	23rd Ave. E John ST.	NY
K 1	0265	06790	Coffer	Mrs. Emma	1901	Sep	06	040	F	Seattle	WA
			Coffey		1901	Jul			F	Seattle	IRL
			Coffey		1893	Oct			M	Seattle	SEA
K 1	0265	06597	Coffey	Mrs. Kate	1901	Jul	25	050	F	Seattle	IRL
K 1	0031	00643	Coffey, Jr.	Joseph	1893	Oct	04	5mo	M	Seattle	
K 1	0035	02874	Coffin	J.W.	1897	Aug	11	066	M	Monte Cristo	

S R PG REC	LASTNAME	FIRSTNAME	DETH	MN	DT	AGE	S	DEATHPLACE	BIRTH
K 1 0045 17584	Coffin	Oliver C.	1907	Jan	06	080	M	Seattle	MA
	Coffman		1898	May			M	----	---
K 1 0265 06784	Coffman	Thomas	1901	Sep	14	054	M	Prov. Hospital	OH
K 1 0036 03458	Coffman	Wm. M.	1898	May	08	---	M	----	
K 1 0046 18480	Cogan	Mary	1907	May	14	051	F	Seattle	SCT
K 1 0040 14416	Coggins	Frank	1905	Apr	16	031	M	Seattle	IRL
K 1 0043 16236	Coggins	Thomas F	1906	Apr	22	044	M	Seattle	NY
K 1 0038 13053	Coghill	Daniel	1904	Jul	11	032	M	Monod Hosp.	
K 1 0046 18236	Coglis	J.	1907	Apr	21	026	M	Seattle	ITL
	Cognemal		1903	Apr			M	242 • Western	---
K 1 0262 11037	Cognemal	Frank	1903	Apr	20	009	M	242 • Western	---
K 1 0038 13058	Cohee	Jessie	1904	Jul	25	041	F	King Co. Hosp.	MN
	Cohen		1894	Dec			M	718 Main St.	SEA
	Cohen		1897	Sep			M	Rossland B.C.	GER
	Cohen		1902	Feb			F	3rd Ave. & Columbia	CA
	Cohen		1902	May			-	Prov. Hosp. (b.Warsaw,	PLD
1 K 0032 01396	Cohen	----	1894	Dec	09	06d	M	718 Main St.	
K 1 0267 07637	Cohen	Aaron	1902	May	15	052	-	Prov. Hosp. (b.Warsaw,	PLD
K 1 0035 02927	Cohen	Alex	1897	Sep	21	048	M	Rossland B.C.	
K 1 0035 11992	Cohen	Isadore James	1903	Nov	24	3da	M	2101 Madison	WA
K 1 0042 15547	Cohen	Lemuel	1905	Dec	15	072	M	Seattle	NY
K 1 0266 07317	Cohen	Mrs. Al	1902	Feb	16	026	F	3rd Ave. & Columbia	CA
	Cohn		1893	Apr			F	Seattle	OH
K 1 0030 00526	Cohn	Lora	1893	Apr	10	024	F	Seattle	
K 1 0042 15843	Coil	J.E.	1906	Feb	18	060	M	Seattle	
K 1 0039 05298	Coire	Wm.Henry	1900	Jun	04	060	M	Seattle	
	Colamb		1898	May			F	So. Park	WA
K 1 0036 03442	Colamb	Elide	1898	May	24	004	F	So. Park	
K 1 0043 16694	Colder	Ella H.	1906	Jul	08	049	F	Ballard	IL
	Coldwell		1894	Sep			M	Cor White & Gaylar;Frnkln C	IN
K 1 0032 01226	Coldwell	Andrew	1894	Sep	19	76+	M	Cor White & Gaylar	
	Cole		1897	May			F	Prov. Hospital	CA
	Cole		1898	Aug			F	Seattle Anacortes,	WA
	Cole		1902	---			F	1006 Jackson	SEA
	Cole		1902	Feb			F	513 Melrose	OH
	Cole		1901	Nov			F	1818 14th Ave.	SEA
K 1 0038 13181	Cole	Baby	1904	Aug	15	s/b	M	1015 • 10th Ave S	WA
K 1 0266 07313	Cole	Eva Price	1902	Feb	04	045	F	513 Melrose	OH
K 1 0267 07740	Cole	Frances	1902	---	29	01m	F	1006 Jackson	SEA
K 1 0266 07022	Cole	Francis	1901	Nov	20	09m	F	1818 14th Ave.	SEA
K 1 0035 02747	Cole	Georgiana	1897	May	06	024	F	Prov. Hospital	
K 1 0043 16442	Cole	Ida	1906	Jun	08	036	F	Seattle	OH
K 1 0036 12134	Cole	Infant	1903	Dec	16		M	418-21 Ave	WA
K 1 0039 13949	Cole	Leo	1905	Jan	06	04d	M	1006 Jackson St	WA
K 1 0036 03686	Cole	Lilly E.	1898	Aug	19	006	F	Seattle	
K 1 0037 12636	Cole	Sadie	1904	Feb	17	022	F	King. Co. Hosp.	TN
K 1 0038 13052	Cole	W.W.	1904	Jul	03	073	M	King Co. Hosp.	IRL
K 1 0044 16896	Cole	William	1906	Sep	18	053	M	Seattle	NY
K 1 0038 13035	Cole	William W.	1904	Jul	05	073	M	King Co. Hosp.	WVA
	Colella		1901	Oct			F	1107 E. Spruce	SEA
	Colella		1899	May			F	Seattle	ITL
K 1 0038 04348	Colella	Andonia	1899	May	13	029	F	Seattle	
K 1 0044 17015	Colella	Felipo	1906	Sep	21	076	M	Van Asselt,Seattle	ITL
K 1 0045 17382	Colella	Infant	1906	Dec	14	---	M	Seattle	WA
K 1 0293 10509	Colella	Joe	1902	Dec	29	---	M	2952 Allantic St	SEA
K 1 0266 06890	Colella	Mary	1901	Oct	17	007	F	1107 E. Spruce	SEA
	Coleman		1894	Feb			M	Georgetown Yakima,	WA
	Coleman		1901	Mar			M	Seattle	WA
K 1 0044 16714	Coleman	Baby	1906	Aug	08	s/b	F	Seattle	WA
K 1 0041 06085	Coleman	Baby	1901	Mar	14	31d	M	Seattle	
K 1 0037 12630	Coleman	Clara C.	1904	Mar	06	052	F	Spring Hook	OR
K 1 0046 18232	Coleman	Henry	1907	Apr	11	025	M	Seattle	---
K 1 0035 11871	Coleman	James G.	1903	Oct	06	029	M	200 Spring	ME

S R	PG	REC	LASTNAME	FIRSTNAME	DETH MN	DT	AGE	S	DEATHPLACE	BIRTH
K 1	0035	11464	Coleman	James W. Sr.	1903 Jul	27	053	M	119-9 Ave S	MD
K 1	0031	00745	Coleman	Robert	1894 Feb	15	015	M	Georgetown	
K 1	0042	15682	Coles	M.A.G.	1906 Jan	02	041	F	Seattle	ENG
K 1	0265	06793	Colhurn	Amanda	1901 Sep	11	075	F	Ballard	ME
			Collier		1892 Aug			M	Seattle	ENG
			Collier		1898 Apr			M	Seattle	MA
K 1	0030	00371	Collier	Chas. H.	1892 Aug	23	045	M	Seattle	
K 1	0033	03371	Collier	Wm	1898 Apr	16	066	M	Seattle	
			Collin		1900 Oct			M	King Co. Hosp.	IRL
K 1	0038	04815	Collin	J.D.	1900 Oct	03	038	M	King Co. Hosp.	
K 1	0042	15543	Colling	Neil	1905 Dec	07	082	M	Seattle	CND
K 1	0037	12507	Colling	Sittiel	1904 Mar	21	01w	F	811 20th Ave s	WA
			Collins		1894 May			F	Georgetown, WA	---
			Collins		1902 Mar			M	Gale, Thurston Co.	KS
			Collins		1901 Nov			M	Green Lake	NY
			Collins		1901 May			M	Port Blakley	NJ
			Collins		1893 May			M	Georgetown	IRL
			Collins		1900 Dec			M	Seattle	---
			Collins		1900 Oct			F	Seattle	CND
			Collins		1900 Jan			F	Seattle	SEA
			Collins		1899 Sep			M	Seattle	---
			Collins		1903 Apr			M	702 Minor Ave.	IRL
			Collins		1898 May			M	Ballard	SEA
			Collins		1896 Jul			F	Yakima & Fremont	MA
			Collins		1898 Apr			F	Seattle	NE
K 1	0039	04899	Collins	----	1900 Jan	15	01d	F	Seattle	
K 1	0039	13952	Collins	Alice R.	1905 Jan	11	034	F	617-23rd Ave N.	OH
K 1	0042	15793	Collins	Andrew T.	1906 Feb	02	038	M	Tonopal, NV	NY
K 1	0031	00965	Collins	Annie	1894 May	14	045	F	Georgetown, Wash.	
K 1	0036	03455	Collins	Barney	1898 May	02	09m	M	Ballard	
K 1	0266	07020	Collins	C.M.	1901 Nov	23	071	M	Green Lake	NY
K 1	0037	12682	Collins	Charles William	1904 Apr	06	011	M	208th 7th Ave	MT
K 1	0267	07509	Collins	E.H.	1902 Mar	01	019	M	Gale, Thurston Co.	KS
K 1	0036	03373	Collins	Frances	1898 Apr	18	013	F	Seattle	
K 1	0035	11739	Collins	Infant	1903 Sep	17		F	617 23RD Ave	WA
K 1	0030	00549	Collins	James	1893 May	13	055	M	Georgetown	
F F	0041	05864	Collins	Jno. C.	1900 Dec	01	070	M	Seattle	
K 1	0262	11038	Collins	John	1903 Apr	22	067	M	702 Minor Ave.	IRL
k 1	0038	13187	Collins	Joseph	1904 Aug	28	025	M	Prov. Hosp.	IRL
K 1	0293	10512	Collins	Mary	1902 Dec	12	045	F	29th near Yesler Ave	NY
K 1	0040	05692	Collins	Mary E.	1900 Oct	01	067	F	Seattle	
K 1	0034	02292	Collins	Minnie	1896 Jul	25	027	F	Yakima & Fremont	
K 1	0035	11574	Collins	Mrs Minnie	1903 Aug	13	031	F	724 King St	CA
K 1	0038	13173	Collins	Mrs. Alice A.	1904 Aug	01	045	F	Prov. Hosp.	Il
K 1	0041	15171	Collins	Mrs. M. Smith	1905 Sep	16	030	F	Seattle	
k 1	0038	13370	Collins	Patrick	1904 Sep	03	022	F	Spokane Ave Bridge	IRL
K 1	0035	11989	Collins	Richard	1903 Nov	11	35	M	Monod Hosp.	PA
K 1	0038	04583	Collins	Thos.	1899 Sep	17	073	M	Seattle	
K 1	0265	06467	Collins	Walter M.	1901 May	04	078	M	Port Blakley	NJ
K 1	0042	15686	Collins	William	1906 Jan	11	004	M	Seattle	ENG
			Colman		1900 Aug			F	Seattle	ME
K 1	0043	16305	Colman	Agnes	1906 May	03	012	F	Seattle	WA
K 1	0041	15420	Colman	B.E.	1905 Nov	10	001	M	Seattle	WA
K 1	0045	17381	Colman	James M.	1906 Dec	13	074	M	Seattle	SCT
K 1	0040	05556	Colman	Mrs. Hattie	1900 Aug	24	032	F	Seattle	
K 1	0036	12492	Colman	Peter	1904 Mar	22	074	M	1629 Terry	SCT
			Colon		1903 Apr			F	923 First Ave. So.	SEA
K 1	0293	10626	Colon	Agnes Estella	1903 Jan	24	025	F	1527 5th Ave	MN
K 1	0262	11032	Colon	Mary Estella	1903 Apr	04	11m	F	923 First Ave. So.	SEA
			Colson		1893 Jun			M	Seattle	GER
K 1	0030	00561	Colson	Heinrich Philipp Van	1893 Jun	05	074	M	Seattle	
K 1	0041	15293	Colsosino	Phillip	1905 Oct	01	039	M	Seattle	ITL
K 1	0042	15841	Coluccio	Domenico	1906 Feb	11	024	M	Seattle	ITL

S	R	PG	REC	LASTNAME	FIRSTNAME	DETH	MN	DT	AGE	S	DEATHPLACE	BIRTH
				Colver		1900	Oct			F	Seattle	SEA
				Colver		1899	Mar			M	Seattle	---
				Colver		1894	Jun			M	1303 Joy St. Des Moines,	WA
K	1	0032	01006	Colver	Dian. P.	1894	Jun	20	007	M	1303 Joy St	
K	1	0040	05653	Colver	Katherine C.	1900	Oct	29	006	F	Seattle	
k	1	0041	15506	Colver	Mamie	1905	Dec	22	032	F	Columbia	MO
K	1	0038	04213	Colver	Richard J.	1899	Mar	25	---	M	Seattle	
				Colvin		1901	Oct			M	Prov. Hospital	OH
K	1	0266	06889	Colvin	R.L.	1901	Oct	14	046	M	Prov. Hospital	OH
K	1	0036	12133	Combes	Infant	1903	Dec	10		M	809 Madison	WA
				Combodonico		1894	Aug			M	Cor 8th & Blanchard	---
K	1	0032	01144	Combodonico	Stefano	1894	Aug	10	043	M	Cor 8th & Blanchard	
				Combs		1900	Jan			M	Ballard	sme
K	1	0045	17781	Combs	Elizabeth R.	1907	Feb	14	065	F	Seattle	PA
K	1	0036	12382	Combs	Louise	1904	Feb	23	034	F	164 Roy St.	OR
K	1	0039	04891	Combs	Twin babies	1900	Jan	20	---	M	Ballard	
				Comell		1894	Jun			M	1209 Second St.	WA
K	1	0032	01005	Comell	Marrion E.	1894	Jun	18	034	M	1209 Second St	
				Comer		1900	Aug			M	Ballard	CND
K	1	0039	05351	Comer	Charles T.	1900	Aug	26	068	M	Ballard	
K	1	0045	17380	Comer	Infant	1906	Dec	07	---	F	Seattle	WA
K	1	0039	13950	Comers	M.H.	1905	Jan	07	042	M	Wayside E. Hosp.	CA
				Comes		1901	Mar			M	Prov Hosp.	US
K	1	0041	06086	Comes	James	1901	Mar	14	053	M	Prov Hosp.	
K	1	0035	11870	Comings	Edward D.	1903	Oct	14	061	M	Stevens Hotel	VT
K	1	0040	14270	Comm	Charles	1905	Mar	11	066	M	Seattle	KY
				Complon		1898	May			M	So. Park	MI
K	1	0036	03457	Complon	Theo	1898	May	06	052	M	So. Park	
				Compton		1894	Sep			M	2118 Second St.	VA
				Compton		1895	Mar			M	Seattle	NJ
				Compton		1898	Jan			F	2118 2nd Ave.	ME
				Compton		1898	May			M	So. Park	MI
				Compton		1899	Feb			F	Seattle	---
K	1	0262	11223	Compton	Carleton W.	1903	Jun	03	014	M	E.64th & 1st NE	NE
K	1	0035	03123	Compton	Caroline F.	1898	Jan	28	067	F	2118 2nd Ave.	
K	1	0032	01224	Compton	Levi Frank	1894	Sep	16	069	M	2118 Second St.	
K	1	0033	01555	Compton	Oliver	1895	Mar	13	058	M	Seattle	
K	1	0037	04117	Compton	Rubena	1899	Feb	06	030	F	Seattle	
K	1	0036	03354	Compton	Theo	1898	May	06	052	M	So. Park	
K	1	0038	13412	Comstock	Frank E.	1904	Sep	22	019	M	1713 Bellevue Ave	ID
K	1	0041	15169	Comvay	Daniel G.	1905	Sep	13	11d	M	Seattle	WA
				Conable		1901	Jan			M	Seattle	VT
K	1	0041	05967	Conable	Rufus	1901	Jan	19	082	M	Seattle	
K	1	0293	10511	Conahan	Charles	1902	Dec	23	094	M	Plesant Valley	IRL
K	1	0041	15294	Conaty	Rosie	1905	Oct	14	075	F	Seattle	IRL
				Conboy		1898	Feb			F	815 4th Ave.	IRL
K	1	0035	03185	Conboy	Ann	1898	Feb	14	060	F	815 4th Ave.	
				Concannen		1892	Aug			F	Seattle	SEA
K	1	0030	00356	Concannen	M. C.	1892	Aug	20		F	Seattle	
				Concannon		1898	Dec			F	Seattle	---
K	1	0037	04009	Concannon	F.M.M.	1898	Dec	23	012	F	Seattle	
K	1	0265	06781	Concannon	Mary Ethel	1901	Sep	24	009	F	20th & Madison	IN
K	1	0267	07784	Concklin	Edna M.	1894	Oct	03	021	F	Seattle	MI
K	1	0267	07785	Concklin	T.J.	1894	Sep	03	024	M	Seattle	MI
K	1	0030	00010	Condarino	Giacomo	1891	Jul	31	050	M	Seattle	
K	1	0035	11460	Conder	Viola	1903	Jul	14	017	F	Wayside Mission	OR
				Condon		1898	Mar			M	Ballard	IRL
K	1	0035	03261	Condon	Edward	1898	Mar	05	067	M	Ballard	
K	1	0043	16136	Condon	Henry C.	1906	Apr	16	028	M	Seattle	
K	1	0037	12514	Condon	Winfield S.T.	1904	Mar	31	004	F	Seattle Gen. Hosp.	WA
K	1	0039	13956	Cone	John J.	1905	Jan	19	064	M	Hillman City	NY
K	1	0034	02340	Conerg?	John	1896	Aug	01	062	M	Seattle	
K	1	0034	02156	Conerly	Mrs. A. H.	1896	Apr	17	077	F	Seattle	

S R	PG	REC	LASTNAME	FIRSTNAME	DETH	MN	DT	AGE	S	DEATHPLACE	BIRTH
			Conery/Courry		1894	Sep			M	10th & Norman	sme
K 1	0032	01206	Conery/Courry	----	1894	Sep	06	s/b	M	10th & Norman	
K 1	0044	17017	Coneshall	Hester A.	1906	Sep	25	062	F	Georgetown	---
			Confort		1899	May			M	Seattle	SEA
K 1	0038	04369	Confort	Leslie	1899	May	26	03m	M	Seattle	
			Conklin		1894	Sep			M	Front & Bell	MI
			Conklin		1894	Oct			F	Front & Bell	MI
			Conklin		1897	Jun			M	Green Lake	MI
			Conklin		1903	May			F	1507 12th Ave.	WA
K 1	0262	11213	Conklin	Baby	1903	May	25	s/b	F	1507 12th Ave.	WA
K 1	0032	01256	Conklin	Edna M.	1894	Oct	03	021	F	Front & Bell	
K 1	0035	02796	Conklin	Mark	1897	Jun	20	018	M	Green Lake	
K 1	0032	01211	Conklin	T. J.	1894	Sep	03	024	M	Front & Bell	
K 1	0262	11219	Conkling	Annin	1903	Jun	27	060	F	Ballard	NY
K 1	0267	07638	Conlan	Michael	1902	May	18	050	M	Prov. Hosp.	IRL
			Conley		1896	Mar			M	Auburn	IRL
K 1	0034	02085	Conley	James	1896	Mar	13	065	M	Auburn	
K 1	0034	02192	Conley	Philip	1896	Apr	03	049	M	Spokane, WA	
K 1	0046	18486	Conlon	John	1907	May	24	040	M	Seattle	---
K 1	0042	15542	Connally	Baby	1905	Dec	06	06d	F	Seattle	WA
			Connell		1898	Jul			M	Seattle	SEA
K 1	0036	03613	Connell	Richard	1898	Jul	28	04m	M	Seattle	
K 1	0038	13379	Connell	Robert William	1904	Sep	12	11m	M	1420 16 Ave	WA
K 1	0293	10919	Connell	William	1902	Mar	28	025	M	Black Diamond	---
K 1	0045	17777	Connelly	Mary	1907	Feb	03	045	F	Seattle	IRL
K 1	0041	15007	Connelly	Nicholas	1905	Aug	13	038	M	Seattle	GER
			Conner		1898	Mar			M	Seattle	---
K 1	0262	11035	Conner	Amos	1903	Apr	19	023	M	Wayside Mission Hosp	KS
K 1	0042	15844	Conner	Baby	1906	Feb	21	s/b	M	Seattle	WA
K 1	0293	10918	Conner	Charles D.	1902	Mar	21	051	M	Ballard WA	PA
K 1	0036	03266	Conner	Robt.	1898	Mar	29	---	M	Seattle	
K 1	0040	14691	Conners	Ivan	1905	Jun	10	015	M	Seattle	WA
K 1	0036	03689	Conners	M.	1898	Aug	31	031	M	Seattle	
K 1	0040	14690	Conners	Patrick	1905	Jun	07	046	M	Seattle	IRL
K 1	0041	15170	Connett	A.W.	1905	Sep	15	047	M	Seattle	
K 1	0265	06395	Connett	Ella	1901	May	29	031	F	Fremont	IN
K 1	0262	11224	Connley	Mrs. Annie	1903	Jun	05	022	F	222 Virginia	MN
			Connolley		1900	Mar			F	Renton	sme
K 1	0039	05145	Connolley	F.M.	1900	Mar	31	<8m	F	Renton	
			Connolly		1900	Dec			M	Seattle	KS
			Connolly		1900	Nov			M	Seattle	IRL
K 1	0040	05817	Connolly	Malaehy	1900	Nov	24	072	M	Seattle	
K 1	0036	12375	Connolly	Richard	1904	Feb	16	047	M	Prov. Hosp.	IRE
K 1	0040	05862	Connolly	Wm.	1900	Dec	21	028	M	Seattle	
			Connor		1895	Jul			M	927 High St.	SEA
K 1	0033	01727	Connor	Infant	1895	Jul	18	10d	M	927 High St.	
K 1	0040	14807	Connor	Michael	1905	Jul	25	01d	M	Seattle	WA
K 1	0292	10265	Connor	Robert	1902	Nov	12	042	M	Way Side Mission	SCT
K 1	0035	11462	Conour	George J.	1903	Jul	21	020	M	Monod Hosp.	NE
			Conover		1896	Jan			M	1306 6th Ave.	NJ
K 1	0034	01999	Conover	W.H.C.	1896	Jan	25	041	M	1306 6th Ave.	
			Conover Jr.		1896	Dec			M	1514 Renton Ave.	SEA
K 1	0034	02537	Conover Jr.	Chas. Talmadge	1896	Dec	11	08m	M	1514 Renton Ave.	
K 1	0034	02052	Conovon	Patrick	1896	Feb	21	081	M	Seattle	
			Conrad		1898	Jun			M	Seattle	---
			Conrad		1900	May			M	Seattle	SEA
			Conrad		1894	May			M	Seattle, Queen Anne Hill	SEA
K 1	0043	16133	Conrad	B.S.	1906	Apr	08	070	M	Seattle	NY
K 1	0040	05488	Conrad	Elliott	1900	May	22	05d	M	Seattle	
K 1	0041	15423	Conrad	Ernest	1905	Nov	10	024	M	Seattle	WI
K 1	0031	00968	Conrad	Jans	1894	May	29	6mo	M	Seattle Queen Ann Hill	
K 1	0036	03536	Conrad	Karl	1898	Jun	01	040	M	Seattle	
K 1	0292	10007	Conrad	Phoebie	1902	Aug	12	062	F	319 25th Ave	MI

S R PG REC	LASTNAME	FIRSTNAME	DETH	MN	DT	AGE	S	DEATHPLACE	BIRTH
K 1 0035 11570	Conrage	Duncan	1903	Aug	13	052	M	Moran's Ship Yard	NF
	Conroy		1894	Jan			M	1113 S. 11th St., Seattle	SEA
	Conroy		1895	Oct			F	Alma & Watter	SEA
	Conroy		1898	Dec			F	Seattle	---
K 1 0033 01834	Conroy	Annie	1895	Oct	12	22m	F	Alma & Watter	
K 1 0040 14271	Conroy	Bartley	1905	MAr	13	048	M	Seattle	ENG
K 1 0036 12135	Conroy	Catherine	1903	Dec	17	073	F	York Station	IRE
K 1 0031 00736	Conroy	Coleman	1894	Jan	10	1mo	M	1113 So. 11th St., Seattle	
K 1 0037 03976	Conroy	Mary E.	1898	Dec	08	006	F	Seattle	
	Considine		1898	Mar			M	Seattle	SEA
	Considine		1901	Sep			M	802 16th Ave.	NY
K 1 0036 03267	Considine	----	1898	Mar	31	01d	M	Seattle	
K 1 0265 06780	Considine	Thomas J.	1901	Sep	28	004	M	802 16th Ave.	NY
	Consigene		1897	May			M	Ballard	WA
K 1 0035 02752	Consigene	Wm.	1897	May	23	007	M	Ballard	
K 1 0035 11737	Constantine	Carrie	1906	Sep	25	10m	F	1106 Howell	WA
K 1 0045 17778	Constantineff	Ivan	1907	Feb	04	045	M	Seattle	BUL
K 1 0265 06786	Constigan	Elsie May	1901	Sep	25	001	F	714 4th Ave	SEA
K 1 0043 16304	Contearo	Theresa	1906	May	01	021	F	Seattle	ITL
K 1 0042 15968	Conuts	John J.	1906	Mar	05	070	M	Seattle	
	Conway		1900	May			F	Bellevue, WA	WA
	Conway		1901	May			M	Prov. Hosp.	IA
	Conway		1893	Jul			M	8 or 9 miles from Kent	IRL
K 1 0040 05467	Conway	----	1900	May	22	49d	F	Bellevue, WA	
K 1 0265 06464	Conway	James	1901	May	01	040	M	Prov. Hosp.	IA
K 1 0030 00580	Conway	James G.	1893	Jul	15	033	M	8 or 9 miles from Kent	
K 1 0035 11573	Conway	Mrs Maragaret	1903	Aug	04	054	F	Prov. Hosp.	ENG
K 1 0038 13178	Coode	John Griffith Jr.	1904	Aug	08	007	M	6625 10th Ave N	WA
	Cook		1898	Sep			F	Bellevue	---
	Cook		1894	Jan			M	Seattle	SEA
	Cook		1895	Jun			M	405 James St.	ENG
	Cook		1893	May			M	Lake Union	IA
	Cook		1894	Jan			M	Seattle	SEA
	Cook		1901	Aug			M	3rd & Marion	US
	Cook		1895	Jun			M	Seattle	ENG
	Cook		1903	Jun			M	Kent, Wa	MI
	Cook		1895	Jun			M	4th & Pike	---
	Cook		1903	May			F	1908 • Minor Ave.	OH
	Cook		1897	Sep			M	Lake Washngtn pump station	IN
	Cook		1897	May			M	816 18th Ave.	IL
	Cook		1898	Sep			M	Seattle	SEA
	Cook		1893	Oct			M	Seattle	---
	Cook		1898	Sep			F	Bellevue	MN
	Cook		1903	May			F	Stmer.Cty of Aberdeen	NRY
	Cook		1901	Feb			M	Seattle	ENG
K 1 0292 10097	Cook	A.G.	1902	Aug	22	046	M	King Co. Hosp.	PA
K 1 0043 16443	Cook	Baby	1906	Jun	09	s/b	M	Seattle	WA
K 1 0037 03755	Cook	Chas.	1898	Sep	23	005	M	Seattle	
K 1 0041 15382	Cook	David	1905	Nov	04	078	M	Vashon	PA
K 1 0035 02749	Cook	E. E.	1897	May	08	041	M	816 18th Ave.	
K 1 0036 03745	Cook	E.L.	1898	Sep	24	016	F	Bellevue	
K 1 0035 02924	Cook	G.W.	1897	Sep	05	033	M	Lake Washngtn pump station	
K 1 0292 10377	Cook	Geo. S.	1902	Oct	25	041	M	Prov. Hosp.	---
K 1 0033 01573	Cook	Harry E.	1895	Jun	23	042	M	405 James St.	
K 1 0033 01698	Cook	Harry E.	1895	Jun	23	042	M	Seattle	
K 1 0031 00648	Cook	Hartley J.	1893	Oct	05	024	M	Seattle	
K 1 0293 10920	Cook	Infant	1902	Mar	30	n/b	M	Union Station	SEA
K 1 0045 17254	Cook	Irena	1906	Nov	29	012	F	Seattle	WA
K 1 0035 11459	Cook	Jacob	1903	Jul	03	060	M	South Park	
K 1 0030 00546	Cook	John A.	1893	May	11	021	M	Lake Union	
K 1 0046 18167	Cook	Leonard W.	1907	Mar	15	05m	M	Youngstown	WA
K 1 0037 03756	Cook	Lorett	1898	Sep	24	016	F	Bellevue	
K 1 0262 11217	Cook	Mathew F.	1903	Jun	07	021	M	Kent, Wa	MI

S	R	PG	REC	LASTNAME	FIRSTNAME	DETH	MN	DT	AGE	S	DEATHPLACE	BIRTH
K	1	0041	15424	Cook	Mitta R.	1905	Nov	11	046	F	Seattle	NY
K	1	0262	11216	Cook	Mrs. Annie	1903	May	30	042	F	Stmer.Cty of Aberdeen	NRY
K	1	0262	11208	Cook	Pearl J.	1903	May	27	033	F	1908 • Minor Ave.	OH
K	1	0041	06080	Cook	Phillip E.	1901	Feb	07	052	M	Seattle	
K	1	0031	00798	Cook	R. J.	1894	Jan	21	7wk	M	Seattle	
K	1	0031	00902	Cook	Ralph T.	1894	Jan	21	7wk	M	Seattle	
K	1	0265	06757	Cook	Thomas	1901	Aug	16	060	M	3rd & Marion	US
K	1	0033	01701	Cook	Willam	1895	Jun	29	035	M	4th & Pike	
K	1	0046	18002	Cook	Wm. F.	1907	Mar	25	069	M	Seattle	NY
				Cooke		1900	Sep			M	Seattle	ENG
K	1	0040	05743	Cooke	Henry	1900	Sep	20	053	M	Seattle	
				Cooker		1898	Jul			F	Seattle	NM
K	1	0036	03607	Cooker	S.E.	1898	Jul	05	063	F	Seattle	
				Cookson		1894	Feb			F	South Seattle	MI
K	1	0031	00801	Cookson	Lena	1894	Feb	05	007	F	South Seattle	
				Cookston		1894	Jan			F	South Seattle	OH
K	1	0031	00799	Cookston	Mrs. Emma J.	1894	Jan	28	032	F	South Seattle	
K	1	0046	18392	Cooley	Wm. E.	1907	Apr	07	037	M	North Bend	---
				Coon		1898	Mar			F	Seattle	MI
K	1	0034	02153	Coon	Chas F.	1896	Apr	16	040	M	Prov Hospital	
K	1	0036	03265	Coon	E.S.	1898	Mar	26	039	F	Seattle	
K	1	0039	13501	Coons	Pemilla W.	1904	Oct	02	047	F	805 Yakima Ave	CND
				Cooper		1897	Sep			M	Seattle Genl Hosp.	WA
				Cooper		1900	Sep			M	West Seattle	NY
				Cooper		1901	Jan			M	Gen. Hosp.	IA
				Cooper		1900	Mar			F	Seattle	KS
				Cooper		1900	Aug			M	Seattle	SEA
				Cooper		1893	Dec			F	Foot of Bell St.	SEA
				Cooper		1900	Mar			M	Seattle	SEA
				Cooper		1898	Mar			M	Seattle	MI
				Cooper		1901	Sep			M	Johnson's Warf	SEA
				Cooper		1901	Feb			F	Seattle	WA
				Cooper		1891	Aug			M	Palmer	---
				Cooper		1901	Apr			M	Hosp. Ship	IA
				Cooper		1895	Feb			F	Ballard	sme
				Cooper		1899	Jan			M	Dunlap	IN
				Cooper		1897	Sep			F	426 Moltke St.	ENG
				Cooper		1897	Nov			F	110 West Pine	KY
k	1	0039	13647	Cooper		1904	Nov	06	s/b	M	1823-12th Ave	WA
K	1	0265	06787	Cooper	Baby	1901	Sep	24	11?	M	Johnson's Warf	SEA
K	1	0043	16591	Cooper	Baby	1906	Jul	30	s/b	F	Seattle	WA
K	1	0040	05580	Cooper	Chas. N.	1900	Sep	20	066	M	West Seattle	
K	1	0039	05036	Cooper	Ed.C.	1900	Mar	19	21d	M	Seattle	
K	1	0035	02926	Cooper	Elizabeth	1897	Sep	09	039	F	426 Moltke St.	
K	1	0038	13177	Cooper	Ernest Thomas Sidney	1904	Aug	06	05m	M	210 Queen Ave	WA
K	1	0040	05555	Cooper	Infant	1900	Aug	04	---	M	Seattle	
K	1	0047	18639	Cooper	Isaac J.	1907	Apr	23	046	M	Bothel	PA
K	1	0042	15839	Cooper	J.A.	1906	Feb	03	051	M	Seattle	IL
K	1	0040	14552	Cooper	J.H.	1905	May	28	063	M	Seattle	MI
K	1	0033	02925	Cooper	James C.	1897	Sep	08	004	M	Seattle Genl Hosp.	
K	1	0033	01497	Cooper	Jennie	1895	Feb	02	01m	F	Ballard	
K	1	0037	04099	Cooper	Joseph E.	1899	Jan	29	048	M	Dunlap	
K	1	0046	18481	Cooper	Kate E.	1907	May	18	032	F	Seattle	ENG
K	1	0041	06328	Cooper	Louis	1901	Apr	07	036	M	Hosp. Ship	
K	1	0035	03021	Cooper	Lulu B.	1897	Nov	11	018	F	110 West Pine	
K	1	0030	00031	Cooper	M. S.	1891	Aug	23	Unk	M	Palmer	
K	1	0031	00697	Cooper	Maggie	1893	Dec	25	13m	F	Foot of Bell St.	
K	1	0036	03263	Cooper	Myron	1898	Mar	18	043	M	Seattle	
K	1	0292	10264	Cooper	Ruth	1902	Nov	18	052	F	West & Virginia	ENG
K	1	0039	05052	Cooper	Sarah	1900	Mar	03	023	F	Seattle	
K	1	0041	06083	Cooper	Susie M.	1901	Feb	03	001	F	Seattle	
K	1	0041	05966	Cooper	Willard	1901	Jan	12	019	M	Gen. Hosp.	
K	1	0040	14811	Cooper	William P.	1905	Aug	07	007	M	South Park	HLD

S R	PG	REC	LASTNAME	FIRSTNAME	DETH	MN	DT	AGE	S	DEATHPLACE	BIRTH
K 1	0046	18239	Cooper	Zella	1907	Apr	29	047	F	Seattle	NV
			Copeland		1894	Aug			M	14 Lake St.	---
			Copeland		1897	May			M	King Co. Hospital	MO
			Copeland		1898	Jan			F	1118 Steward St.	SCT
			Copeland		1901	Apr			M	Hosp. Seattle	NY
K 1	0041	06268	Copeland	Geo. F.	1901	Apr	28	057	M	Hosp. Seattle	
K 1	0035	02753	Copeland	H.H.	1897	May	27	042	M	King Co. Hospital	
K 1	0032	01148	Copeland	Hiram A.	1894	Aug	21	065	M	14 Lake St.	
K 1	0035	03121	Copeland	Margaret	1898	Jan	13	064	F	1118 Steward St.	
K 1	0037	12512	Copenhaven	Mrs. P.C.	1904	Mar	26	025	F	Prov. Hosp.	
K 1	0265	06407	Copland	William	1901	May	22	064	M	Prov. Hospital	SCT
			Copp		1892	Jun			M	---	NB
K 1	0030	00305	Copp	Arthur G.	1892	Jun	12	025	M		
K 1	0036	03462	Coppin	Charles	1898	May	07	080	M	Seattle	
			Copps		1898	Sep			M	Seattle	CO
K 1	0036	03753	Copps	Chas.	1898	Sep	08	040	M	Seattle	
			Corbaley		1899	Sep			F	Seattle Waterville,	WA
K 1	0038	04585	Corbaley	Corae	1899	Sep	17	001	F	Seattle	
			Corbett		1900	Aug			M	Bellevue, WA	SEA
			Corbett		1901	Dec			M	409 Yesler Way	CA
			Corbett		1894	Jan			M	423 Seneca St., Seattle	IRL
			Corbett		1901	Sep			F	Sidney, WA	ME
			Corbett		1895	Jun			F	127 Birch St.	---
K 1	0031	00730	Corbett	Campbell B.	1894	Jan	18	020	M	423 Seneca St., Seattle	
K 1	0265	06778	Corbett	Grace H.	1901	Sep	23	029	F	Sidney, WA	ME
K 1	0293	10631	Corbett	Infant	1902	Jan	19	s/b	M	162 21st Ave	SEA
K 1	0266	07015	Corbett	Jack	1901	Dec	25	---	M	409 Yesler Way	CA
K 1	0033	01679	Corbett	Rena E.	1895	Jun	01	024	F	127 Birch St.	
K 1	0046	18233	Corbett	Ruthie E.	1907	Apr	15	010	F	Seattle	MN
K 1	0040	05473	Corbett	Thomas M.	1900	Aug	03	nr	M	Bellevue, WA	
K 1	0262	11225	Corby	G.	1903	Jun	04	040	M	Wayside Mission	---
			Corcoran		1894	Feb			F	Prov. Hospl.	IRL
K 1	0031	00803	Corcoran	Johanna	1894	Feb	24	044	F	Prov. Hospl.	
			Cordes		1902	Mar			M	Monod Hosp.	SEA
K 1	0035	11733	Cordes	Baby	1903	Sep	06		M	Gen'l Hosp.	WA
K 1	0267	07440	Cordes	Baby	1902	Mar	25	009	M	Monod Hosp.	SEA
K 1	0036	12379	Cordoxe	Mrs. Catherine	1904	Feb	21	030	F	3rd & Washington	
K 1	0037	04121	Cordway	Jos. P.	1899	Feb	09	021	M	Seattle	
K 1	0046	18482	Corethwaite	Margaret	1907	May	19	055	F	Seattle	ENG
			Corey		1898	Dec			F	Vashon	sme
			Corey		1898	Nov			F	Vashon	WI
K 1	0037	03953	Corey	Mrs. W.V.	1898	Nov	23	025	F	Vashon	
K 1	0037	03952	Corey	Myla Helen	1898	Dec	02	02m	F	Vashon	
K 1	0034	02344	Corgell	Mary G.	1896	Aug	26	070	F	Green Lake City	
			Corkle		1892	Jun			F	Gilman	SCT
K 1	0030	00327	Corkle	Mrs. John	1892	Jun	24	045	F	Gilman	
K 1	0036	03372	Corless	Alice	1898	Apr	17	031	F	Lake Bennett	
K 1	0037	12929	Corman	Henrietta	1904	May	16	049	F		MI
K 1	0036	12370	Corman	Infant	1904	Feb	03		M	4737 Brooklyn	WA
K 1	0267	07783	Corneille	C.J.	1902	Jan	03	045	M	BolderCr.AK. (b.Montreal,	CND
K 1	0267	07429	Cornelius	Ottulia S.	1902	Mar	02	051	F	53 W. Virginia	SWD
			Cornell		1901	Jan			M	Seattle	SEA
K 1	0041	05969	Cornell	Baby	1901	Jan	18	01d	M	Seattle	
			Corner		1898	May			M	So. Park	SEA
K 1	0036	03459	Corner	James	1898	May	28	010	M	So. Park	
			Corning		1900	Apr			M	Seattle	SEA
K 1	0039	05164	Corning	L.R.	1900	Apr	24	01m	M	Seattle	
K 1	0293	10783	Cornwall	Lottie	1902	Feb	22	049	F	3818 10 Ave NE	MI
K 1	0038	04253	Corotto	John	1899	Apr	06	045	M	Seattle	
K 1	0037	12694	Corser	Mrs. Nellie	1904	May	13	044	F	Wayside Mission	KY
K 1	0041	15253	Corski	James G.	1905	Sep	26	10m	M	Ballard	WA
K 1	0041	15518	Coruthwaite	John	1905	Dec	14	055	M	Ballard	ENG
			Cory		1900	Apr			F	Seattle	IL

Page 63

S	R	PG	REC	LASTNAME	FIRSTNAME	DETH	MN	DT	AGE	S	DEATHPLACE	BIRTH
K	1	0037	03906	Cory	Mary L.	1898	Nov	19	03d	F	Seattle	
K	1	0039	05120	Cory	S. J.	1900	Apr	10	027	F	Seattle	
				Cosgrove		1900	Feb			M	Prov. Hosp.	IRL
K	1	0039	04926	Cosgrove	Thos.	1900	Feb	07	050	M	Prov. Hosp.	
K	1	0038	13174	Cosian	Antonia	1904	Aug	01	057	M	Seattle Gen. Hosp	
K	1	0030	00581	Cosman	Clyde	1893	Jul	15	006	M	Lake Union	
K	1	0044	16895	Cosman	Paulina	1906	Sep	15	001	F	Seattle	WA
K	1	0044	17090	Cosman	Peter	1906	Oct	16	042	M	Seattle	RUS
K	1	0035	11732	Coss	Austin G.	1903	Sep	01	042	M	Prov. Hosp.	PN
				Costa		1900	Apr			M	Seattle	ITL
K	1	0039	05163	Costa	E.	1900	Apr	26	025	M	Seattle	
K	1	0042	15969	Costa	Mary j.	1906	Mar	08	030	F	Seattle	
				Costello		1897	Oct			F	River Park	WA
K	1	0036	03456	Costello	Louisa	1898	May	03	040	F	Georgetown	
K	1	0036	12091	Costello	Magie	1903	Dec	22	040	F	King Co Hosp.	MN
K	1	0035	02966	Costello	Ruth	1897	Oct	11	005	F	River Park	
				Costigan		1900	Dec			M	Seattle	ME
K	1	0266	07319	Costigan	Charles Courtney	1902	Feb	22	004	M	714 4th Ave N.	WA
F	F	0041	05867	Costigan	Harrison	1900	Dec	05	087	M	Seattle	
K	1	0039	13955	Coswell	George	1905	Jan	18	17d	M	Green Lake	WA
				Cota		1901	Mar			M	Prov Hosp.	CND
K	1	0041	06087	Cota	Phillip	1901	Mar	19	052	M	Prov. Hosp.	
				Cotter		1903	May			F	W. Seattle	WI
K	1	0030	00210	Cotter	Ada	1892	Feb	14	042	F	Seattle	
K	1	0262	11215	Cotter	Louisa	1903	May	05	053	F	W. Seattle	WI
				Cotton		1895	Jul			M	Georgetown	NY
				Cotton		1898	Nov			F	South Park	KS
				Cotton		1901	Feb			F	Seattle	IRL
K	1	0041	06082	Cotton	Eliz.	1901	Feb	05	032	F	Seattle	
K	1	0037	03908	Cotton	Ines E.	1898	Nov	06	013	F	South Park	
K	1	0033	01575	Cotton	Russell	1895	Jul	03	051	M	Georgetown	
K	1	0047	18867	Cottrell	Mrs. A. S.	1907	Jun	15	047	F	Seattle	WI
K	1	0265	06777	Cough	Baby	1901	Sep	23	s/b	M	So.Seattle	sme
K	1	0038	12937	Coughlin	Mrs. Lizzie	1904	Jun	27	040	F	2216 5th Ave	NY
K	1	0044	16836	Coulson	William	1906	Aug	08	030	M	Seattle	---
K	1	0292	10012	Coulter	Care Cecil	1902	Aug	20	04m	F	321 • Clay	SEA
K	1	0036	12138	Counaton	Teresa	1903	Dec	28	035	F	Prov. jhosp.	IRE
K	1	0043	16139	Couness	William D.	1906	Apr	24	029	M	Seattle	KS
				Coupe		1899	Aug			F	Seattle	SEA
K	1	0038	04521	Coupe	Marie	1899	Aug	11	---	F	Seattle	
				Courtney		1895	Jan			F	Fremont	OR
				Courtney		1895	Aug			F	Van Asselt	---
				Courtney		1895	Dec			F	Prov. Hospital	---
K	1	0262	11218	Courtney	John	1903	Jun	21	019	M	VanAssalt	IA
K	1	0033	01748	Courtney	Maggie	1895	Aug	26	038	F	Van Asselt	
K	1	0032	01436	Courtney	Mary	1895	Jan	18	029	F	Fremont	
K	1	0039	13466	Courtney	Ruth M.	1904	Sep	24		F	Van Asselt, Wa	WA
K	1	0033	01839	Courtney	Theresa	1895	Dec	20	016	F	Prov. Hospital	
K	1	0262	11207	Courtright	Reggie Elwyn	1903	May	29	014	M	Seattle Genl Hosp.	WI
K	1	0265	06450	Courts	Thomas A.	1901	May	07	037	M	Prov. Hosp.	---
				Coutes		1894	Feb			F	South Park	PA
K	1	0031	00729	Coutes	Martha	1894	Feb	02	078	F	South Park	
K	1	0037	12509	Coutts	Donald	1904	Mar	23	024	M	Moran Bros	CND
				Couture		1897	Jun			M	312 Union St.	WA
K	1	0035	02793	Couture	Edward S.	1897	Jun	13	<1h	M	312 Union St.	
K	1	0040	14810	Coveney	James A.	1905	Jul	29	049	M	Redmond	NY
				Cowan		1901	Jan			M	Palmer Cutt Off	KY
K	1	0041	05962	Cowan	Henry	1901	Jan	08	050	M	Palmer Cutt Off	
K	1	0043	16587	Cowan	Thomas B.	1906	Jul	21	04m	M	Seattle	WA
K	1	0045	17589	Cowan	Wm. J.	1907	Jan	24	11m	M	Seattle	IL
				Cowden		1894	Oct			M	Langley, Island Co.	MI
				Cowden		1901	Oct			F	1614 24th Ave.	MN
K	1	0032	01305	Cowden	Chas. T.	1894	Oct	30	052	M	Langley, Island Co.	

S R PG REC	LASTNAME	FIRSTNAME	DETH MN DT AGE	S	DEATHPLACE	BIRTH
K 1 0293 10786	Cowden	Ester M.	1902 Feb 10 060	F	1159 Thomas	NY
K 1 0266 06888	Cowden	Harriette E.	1901 Oct 26 033	F	1614 24th Ave.	MN
	Cowell		1892 Jun	F	Gilman	sme
K 1 0030 00328	Cowell	Baby	1892 Jun 22 6w	F	Gilman	OH
	Cowen		1894 Mar	F	Inter Bay	OH
	Cowen		1901 May	F	Berlin, WA	CND
K 1 0031 00754	Cowen	Hattie A.	1894 Mar 04 040	F	Interbay	
K 1 0265 06478	Cowen	Mary	1901 May 17 049	F	Berlin, WA	CND
K 1 0267 07636	Cowie	Alex Donald	1902 May 11 024	M	Lake WAshington	OR
K 1 0036 12261	Cowlech	Antonia	1904 Jan 03 046	F	62 Cedar St.	AUS
	Cowles		1899 Jul	M	Seattle	---
	Cowles		1900 Jun	M	Transport body Idaho	IRL
K 1 0039 05330	Cowles	James	1900 Jun 24 064	M	Transport body Idaho	
K 1 0038 04489	Cowles	Jerry K.	1899 Jul 31 030	M	Seattle	
K 1 0262 11043	Cowley	Baby	1903 Apr 27 010	M	123 Belmont N.	SEA
K 1 0033 01831	Cowley	James	1895 Sep 13 066	M	Prov Hospital	
K 1 0042 15970	Cowradsen	Anna E.	1906 Mar 10 056	F	Seattle	DEN
	Cox		1901 Feb	M	Prov. Hosp.	ENG
K 1 0262 11221	Cox	Catherine	1903 Jun 28 060	F	817 Charles	ENG
K 1 0267 07432	Cox	Charles H.	1902 Mar 04 038	M	Woodinville	MO
K 1 0041 06075	Cox	E.A.	1901 Feb 27 051	M	Prov. Hosp.	
K 1 0039 13445	Cox	Ellen A.	1904 Sep 06 021	F	5533 Wallingford Ave	WI
K 1 0042 15966	Cox	William A.	1906 Mar 04 041	M	Seattle	CAN
K 1 0032 01452	Cox ?	Sarah P	1895 Jan 29 037	F	1406 Division St.	
K 1 0040 05524	Cox, Dr.	----	1900 Aug 16 045	M	Seattle	
K 1 0046 17998	Coxson	Will	1907 Mar 18 050	M	Seattle	---
	Coyle		1901 Jul	M	Seattle	WA
K 1 0042 15684	Coyle	Baby	1906 Jan 08 04d		Seattle	WA
K 1 0265 06632	Coyle	Mathew F.	1901 Jul 02 001	M	Seattle	WA
	Coyne		1901 Nov	F	Prov. Hospital	NY
K 1 0033 01560	Coyne	Frank	1895 Mar 07 038	M	Prov. Hospital	
K 1 0037 12683	Coyne	James E.	1904 Apr 07 026	M	Seattle Gen. Hosp.	NY
K 1 0266 07021	Coyne	May	1901 Nov 25 022	F	Prov. Hospital	NY
K 1 0046 18166	Coziar	M.	1907 Feb 12 088	M	Richmond	NY
	Cozier		1895 Jul	M	Snohomish Co.	FRN
K 1 0033 01743	Cozier	Eugene	1895 Jul 24 048	M	Snohomish Co.	
	Cozoza		1894 Nov	M	Black Diamond	sme
K 1 0032 01251	Cozoza	----	1894 Nov 01 02w	M	Black Diamond	
K 1 0034 02206	Cradwich	Pauline R.O.	1896 May 06 001	F	1017 Dearborn	
K 1 0033 01829	Crady	Patrick	1895 Sep 03 049	M	312 Poplar St.	
	Craeger		1900 Feb	F	Seattle	MI
K 1 0039 04040	Craeger	Amelia	1900 Feb 18 054	F	Seattle	
	Craid		1898 Aug	F	Seattle	KS
K 1 0036 03684	Craid	Sadie	1898 Aug 19 025	F	Seattle	
	Craig		1902 May	M	Green Lake	KY
	Craig		1895 Mar	M	Duwamish	---
	Craig		1901 Mar	F	Seattle	WA
	Craig		1899 May	M	Seattle	---
	Craig		1894 Dec	M	Black Diamond	sme
	Craig		1894 Dec	M	Prov Hospital	ICE
	Craig		1898 Aug	M	Seattle	SEA
	Craig		1898 Apr	F	Seattle	SEA
K 1 0038 04340	Craig	Chas.	1899 May 08 048	M	Seattle	
K 1 0032 01320	Craig	Earl	1894 Dec 26 11d	M	Black Diamond	
K 1 0033 01478	Craig	Frankie	1895 Mar 07 06w	M	Duwamish	
K 1 0292 10165	Craig	Infant	1902 Sep 01 04h	F	2029 Western Ave	SEA
K 1 0032 01340	Craig	John	1894 Dec 24 043	M	Prov Hospital	
K 1 0041 06088	Craig	Judith	1901 Mar 25 09m	F	Seattle	
K 1 0037 12690	Craig	Leigh	1904 Apr 26 001	M	614 Pine St	WA
K 1 0037 03682	Craig	R.E.	1898 Aug 09 02m	M	Seattle	
K 1 0036 03370	Craig	Ruth M.	1898 Apr 13 001	F	Seattle	
K 1 0267 07674	Craig	S.W.	1902 May 01 052	M	Green Lake	KY
K 1 0041 15398	Craig	Samuel	1905 Nov 12 053	M	Lester	

S	R	PG	REC	LASTNAME	FIRSTNAME	DETH	MN	DT	AGE	S	DEATHPLACE	BIRTH
K	1	0045	17582	Craig	Wm. E.	1907	Jan	01	043	M	Seattle	CND
				Cramer		1900	Sep			M	Georgetown	WA
K	1	0038	04714	Cramer	Amos	1899	Nov	16	068	M	Moran's Mill	
K	1	0042	15649	Cramer	Baby	1906	Jan	14		M	Columbia	WA
K	1	0040	05694	Cramer	Clarence D.	1900	Sep	19	001	M	Georgetown	
K	1	0036	12374	Cramer	John	1904	Feb	16	051	M	Seattle Gen Hosp	
K	1	0042	15648	Cramer	Theodore H.	1906	Jan	12	054	M	S. Park	GER
				Crandall		1900	Mar			F	S. Park	MA
K	1	0039	05029	Crandall	A.(nr)	1900	Mar	14	063	F	S. Park	
K	1	0040	14272	Crandall	Clyde V.	1905	Mar	15	01m	M	Seattle	WA
K	1	0043	16418	Crandall	George	1897	May	--	---	M	Fidalgo Island	---
k	1	0039	14131	Crandall	Joanna	1905	Feb	27	031	F	1328 Valley ST.	WLS
K	1	0045	17590	Crandall	Louisa M. J.	1907	Jan	31	060	F	Seattle	IL
K	1	0292	10382	Crane	C. H.	1902	Oct	12	040	M	Phoenix, AZ	NH
K	1	0292	10159	Crane	H. G.	1902	Sep	14	067	M	Prov. Hosp.	IL
K	1	0046	17999	Crane	Infant	1907	Mar	21	01d	M	Seattle	WA
K	1	0042	15544	Crane	Margaret	1905	Dec	o8	078	F	Seattle	PA
K	1	0293	10629	Crane	Michael	1902	Jan	13	062	M	Bremerton, WA	IRL
K	1	0042	16062	Crane	Virgil M	1906	Jan	24	039	M	Near Cape Beale BC	IL
K	1	0046	18001	Craney	Elizabeth	1907	Mar	24	075	F	Seattle	CND
K	1	0266	07198	Cranford	Charles D.	1902	Jan	11	036	M	Seattle Genl. Hosp	OH
K	1	0037	12931	Cranmer	Mrs. Lula Hovey	1904	Jun	15	032	F	Foot of 22nd ST.	WA
K	1	0292	10008	Cranney	Geo. Alexander	1902	Aug	18	012	M	1213 Aloha	SEA
K	1	0031	00964	Cranney	Sarah E.	1894	May	12	053	F	Providence Hosp.	
K	1	0265	06785	Cranson	A.B.	1901	Sep	02	069	M	Prov. Hospital	---
K	1	0045	17779	Cranston	Henry	1907	Feb	04	057	M	Seattle	NY
K	1	0036	12271	Cranzurch	Catherine	1904	Jan	24	052	F	1449 24th Ave S.	SWD
K	1	0043	16585	Crapley	Edwin	1906	Jul	13	022	M	Seattle	ENG
				Craus		1898	Jul			F	Seattle	SEA
K	1	0036	03608	Craus	Ronald	1898	Jul	07	02m	F	Seattle	
K	1	0043	16138	Crause	Percy M.	1906	Apr	24	080	M	Seattle	ENG
K	1	0041	14008	Cravens	Forrest	1905	Aug	13	003	M	Seattle	WA
				Crawford		1901	Feb			M	W. Seattle	IRL
				Crawford		1900	Dec			M	Seattle	ICE
K	1	0292	10164	Crawford	Alexander D.	1902	Sep	22	076	M	Columbia Bldg (b.Ontario,	---
K	1	0041	05970	Crawford	Geo. W.	1901	Jan	12	015	M	Ross Seattle	
K	1	0293	10623	Crawford	Gladys Florette	1903	Jan	19	012	F	Prov. Hosp.	SEA
K	1	0042	15952	Crawford	Griffin S.	1906	Apr	03	075	M	S. Park	PA
K	1	0293	10508	Crawford	Infants (2)	1902	Dec	31	---	M	Monad Hosp.	SEA
K	1	0036	03463	Crawford	Jean	1898	May	17	017	F	Seattle	
K	1	0293	10510	Crawford	Luella S.	1902	Dec	31	036	F	Monad Hosp.	ME
K	1	0039	04959	Crawford	Richard	1900	Feb	22	070	M	Seattle	
k	1	0039	14128	Crawford	Sarah M.	1905	Feb	07	057	M	Prov. Hosp.	CND
K	1	0041	06074	Crawford	Thos.	1901	Feb	09	045	M	West Seattle	
F	F	0041	05870	Crawford	Thos.	1900	Dec	11	024	M	Seattle	
K	1	0039	13659	Crawford	Tomma	1904	Dec	26	041	F	Green River Hot Springs	GER
K	1	0038	04385	Crawford	Willard	1899	May	27	025	M	West Seattle	
				Creeper		1900	Oct			M	Near Edmonds	WI
K	1	0040	05583	Creeper	J.A.	1900	Oct	24	030	M	Near Edmonds	
K	1	0045	17252	Crefeld	Ida M.	1906	Nov	16	026	F	Seattle	OR
K	1	0043	16307	Crefield	Franz E.	1906	May	07	033	M	Seattle	GER
				Cremer		1900	Jan			F	Prov. Hosp.	GER
K	1	0038	04833	Cremer	Helen M.	1900	Jan	10	027	F	Prov. Hosp.	
				Cresswell		1894	Jan			M	213 B St.	---
K	1	0031	00794	Cresswell	Edgar	1894	Jan	11	002	M	213 B St.	
K	1	0032	01147	Creton	Maggie	1894	Aug	19	040	F	311 9th St.	
K	1	0039	05201	Cribley	A.E.	1900	May	04	---	M	Ballard	
K	1	0040	14931	Crichton	Mary F.	1905	Aug	11	038	F	Ballard	NY
				Cridale		1896	May			F	Seattle	ENG
K	1	0034	02208	Cridale	Mary Alice	1896	May	31	037	F	Seattle	
K	1	0035	11985	Crikette	Samuel B.	1903	Oct	02	083	M		
K	1	0045	17780	Crilley	Michael	1907	Feb	12	040	M	Seattle	---
				Crine		1897	Jan			F	513 Yesler Way	SEA

S	R	PG	REC	LASTNAME	FIRSTNAME	DETH	MN	DT	AGE	S	DEATHPLACE	BIRTH
K	1	0034	02616	Crine	Grace M.	1897	Jan	29	02d	F	513 Yesler Way	
K	1	0045	17709	Criner	Mary A.	1907	Feb	05	080	F	King Co.	OH
K	1	0266	07019	Crippen	Burt	1901	Nov	29	921	M	Prov. Hospital	IL
K	1	0266	07190	Cristman	Martha	1902	Jan	--	061	F	Vashon, WA	OH
				Critchett		1900	Feb			M	Prov. Hosp.	MA
K	1	0032	01007	Critchett	Amanda N.?	1894	Jun	22	042	F	End Madison & Lk. Wash.	
K	1	0039	04917	Critchett	Geo.	1900	Feb	03	048	M	Prov. Hosp.	
				Crivelli		1901	Feb			F	Seattle	ITL
K	1	0041	06079	Crivelli	M.B.	1901	Feb	09	046	F	Seattle	
				Crocker		1899	Jan			F	Seattle	IL
K	1	0292	10378	Crocker	Betsy B.	1902	Oct	25	073	F	1009 E Madison	ME
K	1	0037	04095	Crocker	Dora	1899	Jan	26	045	F	Seattle	
				Crocket		1895	Oct			F	Seattle	SCT
				Crocket		1903	Apr			F	Monod Hosp.	IN
K	1	0032	01093	Crocket	Alex	1894	Jul	17	064	M	113 Joy St.	
K	1	0262	11041	Crocket	Mrs.	1903	Apr	08	---	F	Monod Hosp.	IN
K	1	0033	01833	Crocket	Mrs. Margaret	1895	Oct	04	060	F	Seattle	
K	1	0046	18477	Crockett	Hugh B.	1907	May	04	054	M	Seattle	VA
K	1	0046	18003	Crockett	Lydia C.	1907	Mar	29	053	F	Seattle	MI
K	1	0043	16141	Crockett	baby	1906	Apr	27	s/b	M	Seattle	WA
K	1	0036	12377	Croghill	Infant	1904	Feb	19	08m	F	7th ave	WA
K	1	0293	10787	Croix	Eugene St	1902	Feb	06	026	M	Queen Anne & Highland Dr	NY
K	1	0045	17253	Crombie	Infant	1906	Nov	17	02m	M	Seattle	WA
K	1	0044	16894	Crombie	Pauline E.	1906	Sep	13	025	F	Seattle	ME
K	1	0045	17705	Cromer	Charles	1907	Jan	18	052	M	Georgetown	GER
K	1	0037	12502	Cromett	Frank	1904	Mar	03	065	M	Palmer	WA
K	1	0031	00806	Cronin	Katie F.	1894	Mar	12	032	F	1102 Third St.	
k	1	0041	15505	Cronin	Philip	1905	Dec	02	025	M	Green River Hot Springs	IRL
K	1	0293	10632	Cronin	Phillip	1902	Jan	08	025	M	Skykomish	---
K	1	0293	10915	Cronk	Wm. H. B.	1902	Mar	19	062	M	4045 4 Ave NE	IN
K	1	0030	00332	Crook		1892	Jul	28	SB	F	Ballard	
				Crook		1892	Jul			F	Ballard	sme
K	1	0267	07640	Crook	Adell	1902	May	28	030	F	Prov. Hosp.	CT
				Crooks		1900	Jul			M	Juneau AK	US
K	1	0036	12373	Crooks	Infant	1904	Feb	15		M	Fremont Ave.	WA
K	1	0040	05741	Crooks	Lee	1900	Jul	19	021	M	Juneau AK	
				Crooms		1901	Apr			M	Prov. Hosp.	US
K	1	0041	06333	Crooms	H.J.	1901	Apr	05	024	M	Prov. Hosp.	
K	1	0045	17784	Crosbie	Infant	1907	Feb	25	s/b	M	Seattle	WA
				Crosby		1901	May			M	Seattle	---
K	1	0265	06392	Crosby	Peter	1901	May	31	035	M	Seattle	---
K	1	0046	18237	Crosman	Leroy H.	1907	Apr	27	023	M	Seattle	MN
				Cross		1901	Jan			M	Seattle London,	ENG
K	1	0044	16897	Cross	Audrey E.	1906	Sep	22	01m	F	Seattle	WA
K	1	0041	15006	Cross	Baby	1905	Aug	12	01m	F	Seattle	WA
K	1	0041	06006	Cross	Chas. E.L.	1901	Jan	07	070	M	Seattle	
K	1	0037	12692	Cross	Frank	1904	May	11	024	M	4th & Cherry	
K	1	0035	11993	Cross	Harry N.	1903	Nov	19	20	M	Wayside Mission	WI
K	1	0293	10789	Crossley	Charles G.	1902	Feb	03	023	M	807 21 Ave	---
K	1	0044	17092	Crossley	Stephen	1906	Oct	21	075	M	Seattle	ENG
K	1	0046	18004	Crosson	Martha L.	1907	Mar	29	078	F	Seattle	TN
K	1	0039	13651	Crotty	Lolia May	1904	Nov	24	026	F	1627 9th Ave	WA
				Crouch		1903	Apr			M	206 6th Ave N.	ENG
K	1	0046	17936	Crouch	Frank	1907	Feb	28	030	M	Fort Steilacoom	IL
K	1	0262	11042	Crouch	James	1903	Apr	28	057	M	206 6th Ave N.	ENG
				Crow		1897	Mar			F	Gilman	ICE
K	1	0035	02710	Crow	Elizabeth A.	1897	Mar	03	050	F	Gilman	
K	1	0265	06701	Crowder	Lizzie	1901	Aug	31	035	F	912 24th Ave.Seattle	IL
K	1	0032	01146	Crowe	Hubert E.	1894	Aug	16	002	M	618 Dexter St.	
K	1	0033	02094	Crowl	F.A.	1896	Mar	16	040	M	Everito House	
K	1	0044	17087	Crowley	Jas. H. Jr.	1906	Oct	13	03d	M	Seattle	WA
K	1	0030	00238	Crowley	Michael	1892	Mar	27		M	OBrien	
K	1	0044	17086	Croxford	Frederick S.	1906	Oct	11	050	M	Seattle	ENG

S	R	PG	REC	LASTNAME	FIRSTNAME	DETH	MN	DT	AGE	S	DEATHPLACE	BIRTH
K	1	0035	11995	Crozier	James	1903	Nov	04	027	M	5th Ave And Denny	CND
K	1	0047	18732	Crueger	Edward G.	1907	Jun	26	061	M	Seattle	GER
K	1	0037	12628	Cruikshank	Petershank	1904	Apr	02	58	M	King Co. Hosp.	SCH
K	1	0265	06892	Cryer	George W.	1901	Sep	11	074	M	1910 Spruce	MD
K	1	0045	17585	Cude	Alice	1907	Jan	06	008	F	Seattle	WA
K	1	0047	18724	Culhane	Clara	1907	Jun	03	056	F	Seattle	MI
K	1	0044	17235	Culhane	Patrick J.	1906	Nov	--	049	M	Orillia	IRL
K	1	0266	07424	Cull	Sarah C.	1902	Mar	28	022	F	100 Denny Way	KY
				Cullen		1898	Oct			M	Seattle	IRL
K	1	0040	14550	Cullen	Baby	1905	May	17	s/b	F	Seattle	WA
K	1	0262	11220	Cullen	Hope	1903	Jun	30	prm	F	1107 5th Ave	SEA
K	1	0037	03844	Cullen	James	1898	Oct	08	065	M	Seattle	
K	1	0043	16447	Cullen	Thomas	1906	Jun	23	044	M	Seattle	---
K	1	0030	00427	Culler	Thos. F.	1892	Nov	11	036	M	Seattle	
K	1	0035	11735	Cullitz	Eugene	1903	Sep	12	059	M	1219 Terrace Ct.	IRL
				Cully		1895	Nov			M	? and Madison	ONT
				Cully		1895	Dec			F	? and Madison	SEA
K	1	0033	01838	Cully	Baby	1895	Dec	06	04m	F	? and Madison	
K	1	0033	01837	Cully	John H.	1895	Nov	21	037	M	? and Madison	
K	1	0265	06470	Culver	Hazel	1901	May	17	001	F	So. Park	IA
K	1	0036	12372	Culver	Infant	1904	Feb	13		M	1013 1\2 Jackson	WA
K	1	0266	07014	Culver	J.M. Mrs.	1901	Dec	25	063	F	Pt. Townsend	US
K	1	0039	13653	Cummin	Frances	1904	Nov	30	064	F	110 Fairview Ave	VA
K	1	0043	16446	Cumming	Mary A.	1906	Jun	16	063	F	Seattle	SCT
				Cummings		1899	Mar			F	Seattle	SEA
				Cummings		1900	Jan			M	Seattle	IRL
				Cummings		1892	Oct			M	Blk. Diamond	MA
				Cummings		1902	Jul			M	Seattle	VA
				Cummings		1901	Jan			F	Seattle	SEA
K	1	0041	15168	Cummings	Albro L.	1905	Sep	03	02m	M	Seattle	WA
K	1	0038	12934	Cummings	Barney	1904	Jun	19	035	M	So. Park	IRL
K	1	0035	11869	Cummings	Bertha M.	1903	Oct	14	041	F	4027 4th NE	WI
K	1	0038	04177	Cummings	Dora	1899	Mar	12	07w	F	Seattle	
K	1	0039	04865	Cummings	Edw. P.	1900	Jan	23	030	M	Seattle	
K	1	0034	02257	Cummings	Eliza	1896	Jun	15	052	F	Prov Hospital	
K	1	0030	00397	Cummings	Frank	1892	Oct	18	063	M	Blk. Diamond	
K	1	0034	02341	Cummings	Laurence	1896	Aug	03	060	M	King Co. Jail	
K	1	0041	05968	Cummings	Mary	1901	Jan	19	09d	F	Seattle	
K	1	0032	01339	Cummings	Mary J.	1894	Dec	28	040	F	Yarrow, Wa	
K	1	0267	09884	Cummings	Pearcy	1902	Jul	10	026	M	Seattle	VA
K	1	0042	16063	Cune	Alice	1906	Mar	02	020	F	Ft. Steilacom	WA
				Cunningham		1899	Oct			M	Seattle	SEA
				Cunningham		1895	Jun			M	West Seattle	sme
				Cunningham		1895	Oct			M	Ballard	IRL
K	1	0293	10917	Cunningham	Arthur	1902	Mar	13	08d	M	W. Seattle	sme
K	1	0038	04642	Cunningham	C.	1899	Oct	08	01m	M	Seattle	
K	1	0040	14954	Cunningham	Edna R.	1905	Aug	13	10m	F	W. Seattle	WA
K	1	0031	00807	Cunningham	Homer	1894	Mar	13	009	M	509 Harrison	
K	1	0034	02342	Cunningham	Infant	1896	Aug	04	24h	F	West Seattle	
K	1	0034	02092	Cunningham	Jas.Jos.	1896	Mar	02	003	M	West Seattle	
K	1	0033	01676	Cunningham	John	1895	Jun	25	006	M	West Seattle	
K	1	0046	18230	Cunningham	Lucy D.	1907	Apr	06	082	F	Seattle	MA
K	1	0033	01836	Cunningham	Mathew	1895	Oct	23	067	M	Ballard	
K	1	0044	16899	Cunningham	Michael.	1906	Sep	29	068	M	Seattle	IRL
K	1	0292	10098	Cunningham	Myrtle	1902	Aug	24	14d	F	810 Charles	SEA
K	1	0046	18483	Cupp	R.	1907	May	21	035	M	Seattle	---
K	1	0267	07782	Cure	Osco	1902	Jun	07	022	F	Seattle	IA
K	1	0038	04216	Curly	John	1899	Mar	28	035	M	Seattle	
K	1	0266	07321	Curran	Edith R.	1902	Feb	16	019	F	3rd & Union	BC
K	1	0037	12510	Currie	Clayton	1904	Mar	23	002	M	Brighton, WA	WA
K	1	0262	11226	Currie	Edith	1903	Jun	04	033	F	Seattle Genl. Hosp.	Ont
K	1	0266	07016	Currier	George W.	1901	Dec	22	058	M	520 25th So.	MA
K	1	0046	17935	Curry	Daniel	1907	Feb	25	078	M	Ballard	CND

S R PG REC	LASTNAME	FIRSTNAME	DETH MN DT AGE	S	DEATHPLACE	BIRTH
K 1 0037 04072	Curry	Hattie	1899 Jan 17 030	F	Seattle	
	Curtes		1898 Jun	M	Seattle	US
K 1 0036 03539	Curtes	Edd	1898 Jun 20 042	M	Seattle	
	Curtis		1891 Nov	M	Coal Creek	PA
	Curtis		1896 Jul	M	302 Lake St.	SEA
K 1 0031 00797	Curtis	Ann	1894 Jan 21 078	F	905 Dearborn	
K 1 0044 17094	Curtis	Catherine B.	1906 Oct 25 074	F	Seattle	OH
K 1 0037 12686	Curtis	James	1904 Apr 14 043	M	Foot of Broad	
K 1 0034 02291	Curtis	Jas C.	1896 Jul 23 05m	M	302 Lake St.	
K 1 0040 14275	Curtis	Joesph B.	1905 Mar 22 047	M	Seattle	LA
K 1 0039 13660	Curtis	John	1904 Dec 31 040	M	City Jail	GER
K 1 0030 00133	Curtis	John E.	1891 Nov 06 010	M	Coal Creek	
K 1 0038 04692	Curtis	Mary E.	1899 Nov 02 014	F	Seattle	
K 1 0035 11731	Curtis	Mrs Anna	1903 Sep 10 056	F	10th And Denny	ENG
	Cushman		1896 Mar	F	----	WA
	Cushman		1901 Sep	F	Seattle	MO
	Cushman		1901 Nov	M	Prov. Hospital	OH
K 1 0031 00809	Cushman	nr F.	1894 Mar 20 031	F	2214 West St.	
K 1 0266 07024	Cushman	L.C.	1901 Nov 04 053	M	Prov. Hospital	OH
K 1 0038 13376	Cushman	Lilian Elizabeth	1904 Sep 11 021	F	2414 W. Ave	WI
K 1 0265 06791	Cushman	Sarah	1901 Sep 08 013	F	Seattle	MO
K 1 0034 02093	Cushman	Udla Mae	1896 Mar 07 015	F	----	
K 1 0262 11206	Custer	Lorenzo	1903 May 14 045	M	Westrn. WA Insane Hosp	WV
k 1 0038 13186	Custer	Mrs. Ada	1904 Aug 23 041	F	SEA. Gen. Hosp.	OH
	Cutler		1901 Sep	F	Interbay	ENG
	Cutler		1899 Sep	M	Vashon WA	MA
K 1 0265 06789	Cutler	Elizabeth	1901 Sep 06 064	F	Interbay	ENG
K 1 0038 04554	Cutler	Gerome	1899 Sep 21 062	M	Vashon WA	
K 1 0037 04068	Cutler	Ruth C.	1899 Jan 16 015	F	Seattle	
K 1 0040 05763	Cutler	Sarah	1888 Nov -- 079	F	Seattle	
	Cutter		1901 Jun	F	Vashon	MN
K 1 0265 06390	Cutter	Helen	1901 Jun 27 023	F	Vashon	MN
	Czarnecki		1900 Oct	M	Leary WA	RUS
K 1 0040 05730	Czarnecki	John	1900 Oct 26 035	M	Leary WA	
	Dabney		1903 Jan	F	1910 5th Ave.	OH
K 1 0047 05974	Dabney	Chas.	1901 Jan 19 024	M	Hot Springs	
K 1 0050 10636	Dabney	Elizabeth Ann	1903 Jan 10 054	F	1910 5th Ave.	
K 1 0055 15552	Dackvis	Francis E.	1905 Dec 11 038	F	Seattle	MN
	Dada		1901 Mar	M	Seattle	NY
K 1 0047 06091	Dada	E.P.	1901 Mar 19 069	M	Seattle	
K 1 0051 12274	Daggett	D. O.	1904 Jan 07 061	M	Prov. Hospital	---
K 1 0045 04236	Daggett	Monroe	1899 Apr 01 055	M	Seattle	
	Dahl		1901 Oct	F	Ballard	NRY
	Dahl		1903 Apr	F	1122 Franklyn Ave.	SEA
K 1 0044 02832	Dahl	----	1897 Jul 17 ---	-	7th Ward	
K 1 0057 17591	Dahl	Alice	1907 Jan 24 043	F	Seattle	NRY
K 1 0055 15691	Dahl	Andrew	1906 Jan 05 069	M	Seattle	NRY
K 1 0048 06900	Dahl	Guri	1901 Oct 08 031	F	Ballard	
K 1 0055 16143	Dahl	Lizzie	1906 Apr 11 033	F	Seattle	---
K 1 0058 18492	Dahl	Martin	1907 May 18 045	M	Seattle	FIN
K 1 0050 11049	Dahl	Ruth E.	1903 Apr 02 003	F	1122 Franklyn Ave.	
	Dahlberg		1902 Nov	M	Wayside Mission	SEA
K 1 0049 10272	Dahlberg	----	1902 Nov 14 s/b	M	Wayside Mission	
K 1 0056 16594	Dahlberg	Roy A.	1906 Jul 23 03m	M	Seattle	WA
	Dahlen		1895 Oct	M	519 Union St.	SEA
K 1 0043 01841	Dahlen	Fred	1895 Oct 01 004	M	519 Union St.	
	Dahlern		1901 Jun	F	Seattle	SEA
K 1 0048 06395	Dahlern	Anna	1901 Jun 15 ---	F	Seattle	
	Dahlgren		1903 Jun	F	King Co. Hosp.	SWD
	Dahlgren		1901 Sep	M	New Wellington	MN
K 1 0050 11233	Dahlgren	C.A.	1903 Jun 21 055	F	King Co. Hosp.	
K 1 0048 06794	Dahlgren	Frank G.	1901 Sep 11 040	M	New Wellington	
K 1 0051 11472	Dahlgren	J. H.	1903 Jul 22 048	M	Lake Union	SWD

S R PG REC	LASTNAME	FIRSTNAME	DETH MN DT AGE	S	DEATHPLACE	BIRTH
K 1 0051 11740	Dahlquist	O. P.	1903 Sep 27 055	M	Orilla	SWD
	Daiber		1900 Jul	M	Georgetown	CA
K 1 0047 05435	Daiber	Joseph	1900 Jul 19 013	M	Georgetown	
K 1 0052 12385	Daigh	Baby	1904 Feb 06 s/b	M	Gr. Lake	SEA
K 1 0043 01372	Dailey	A.M.	1894 Nov 28 ---	M	Ally btwn Madison & Marion	
K 1 0054 15175	Dailey	Baby	1905 Sep 18 s/b	M	Seattle	WA
K 1 0048 06568	Dailey	Jennie	1901 Jun 15 047		Transport body	
K 1 0046 04763	Dailey	Thos.	1899 Dec 09 035	M	Seattle	
	Dailmag		1903 Apr	F	1108 6th Ave.	CND
K 1 0050 11045	Dailmag	Elizabeth	1903 Apr 10 076	F	1108 6th Ave.	
K 1 0046 04446	Dairow	Mary P.	1899 Jul 02 072	F	Latona	
K 1 0057 17786	Daken	Whalen B.	1907 Jan 27 023	M	Seattle	---
	Dalby		1894 Aug	F	111 Eighth St.	SEA
K 1 0043 01151	Dalby	Baby	1894 Aug 04 03m	F	111 Eighth St.	
K 1 0052 12940	Dalby	Martin O.	1904 Jun 10 037	M	813 29th Ave S	NRY
	Daley		1900 Aug	M	Co. Hosp. Duwamish	IRL
K 1 0057 18011	Daley	Daniel	1907 Mar 31 040	M	Seattle	---
K 1 0047 05352	Daley	Thomas	1900 Aug 13 047	M	Co. Hosp. Duwamish	
	Dalgner		1898 Apr	F	Seattle	MN
K 1 0044 03375	Dalgner	E.	1898 Apr 18 010	F	Seattle	
K 1 0043 02294	Dalgreen	Carl August	1896 Jul 02 047	M	1608 6th St.	
	Dalmore		1896 Dec	M	428 So. 6th Ave.	ENG
K 1 0044 02539	Dalmore	G.B.	1896 Dec 25 060	M	428 So. 6th Ave.	
K 1 0051 11577	Dalquist	Gus	1903 Aug 28 045	M	Grant St. Bridge	---
K 1 0051 11999	Dalrymple	Israiah	1903 Nov 25 068	M	1202 Wash. St.	OH
K 1 0045 04279	Dalrymple	M.A.	1899 Apr 14 064	F	Seattle	
K 1 0056 16905	Dalsen	Wilbur G.	1906 Sep 23 065	M	Seattle	CND
	Dalton		1896 Aug	M	Kent	sme
K 1 0053 13675	Dalton	Frank	1904 Dec 24 019	M	Wayside E. Hosp.	CND
K 1 0044 02440	Dalton	Vernan	1896 Aug 30 ---	M	Kent	
K 1 0058 18742	Dalug	William	1907 Jun 17 042	M	Seattle	GER
	Daly		1898 Apr	M	Seattle	MA
K 1 0056 16900	Daly	Emma	1906 Sep 04 061	F	Seattle	ENG
K 1 0045 03376	Daly	Wm.	1898 Apr 14 050	M	Seattle	
K 1 0054 14962	Dambosis	Baby	1905 Aug 16 s/b	M	Seattle	WA
K 1 0051 12276	Damon	John Fox	1904 Jan 11 076	M	910 5 Ave	MA
K 1 0052 12939	Damon	Mary Lopsey (Mrs)	1904 Jun 09 062	F	910 5th Ave	MO
K 1 0043 01301	Danchise	Nicholas	1894 Oct 28 045	M	Prov. Hospital	
K 1 0057 18172	Dande	Elizabeth A.	1907 Mar 15 07m	F	Georgetown	WA
	Dane		1899 Oct	M	Seattle	DNK
K 1 0046 04657	Dane	Walter J.	1899 Oct 15 032	M	Seattle	
	Danielle		1893 Jul	M	Seattle	GER
K 1 0042 00582	Danielle	Martin	1893 Jul 06 035	M	Seattle	
	Daniels		1901 Aug	M	White River (So. Park)Butte	MT
K 1 0056 17255	Daniels	Baby	1906 Oct 10 02d	M	Seattle	WA
K 1 0048 06901	Daniels	Chas. Henry	1901 Aug 14 010	M	White River (So. Park)	
K 1 0057 17788	Daniels	Jeremiah	1907 Feb 03 078	M	Seattle	IRL
K 1 0046 04444	Daniels	Mrs.	1899 Jun 15 ---	F	Dawson City	
K 1 0051 11741	Daniels	Wm. Augustus	1903 Sep 03 046	M	Summit Lake	TN
	Danielson		1891 Jul	M	Seattle	SEA
K 1 0057 18171	Danielson	Alphia	1907 Mar 15 03d	M	No. Bend	WA
K 1 0042 00002	Danielson	Infant	1891 Jul 21 pre	M	Seattle	
	Danner		1894 Jan	F	Seattle	SEA
K 1 0042 00810	Danner	L. F.	1894 Jan 11 07d	F	Seattle	
K 1 0053 13666	Dansifer	Mrs.	1904 Nov 09 024	F	6036 Hillman Pl.	CA
	Dapses		1901 Oct	M	2823 1st Ave.	RUS
K 1 0048 06899	Dapses	Alice	1901 Oct 19 028	M	2823 1st Ave.	
	Darey		1899 Apr	M	Burton	ME
K 1 0045 04230	Darey	James	1899 Apr 10 060	M	Burton	
	Dark		1896 Dec	M	Prov Hospital	CHN
K 1 0044 02540	Dark	Ah	1896 Dec 28 035	M	Prov Hospital	
	Darling		1903 Mar	M	1629 9th Ave.	US
K 1 0050 10797	Darling	L.B.	1903 Mar 01 055	M	1629 9th Ave.	

S	R	PG	REC	LASTNAME	FIRSTNAME	DETH	MN	DT	AGE	S	DEATHPLACE	BIRTH
				Darn		1893	Feb			M	Ballard	sme
K	1	0042	00486	Darn	Henry Wm.	1893	Feb	01	07m	M	Ballard	
				Darnell		1901	Apr			M	Seattle	PA
K	1	0048	06273	Darnell	Harry B.	1901	Apr	27	040	M	Seattle	
K	1	0054	14419	Darrow	Peter J.	1905	Apr	18	048	M	Seattle	WI
				Dasha		1897	Aug			M	Elliott Bay	CA
K	1	0044	02876	Dasha	J.H.	1897	Aug	15	031	M	Elliott Bay	
K	1	0057	18436	Date	Claude W.	1907	May	24	015	M	Ballard	WA
K	1	0053	13665	Date	H.	1904	Nov	07	030	M	Wayside E. Hosp.	---
K	1	0058	18499	Dates	Baby	1907	May	31	s/b	F	Seattle	WA
K	1	0056	16903	Dates	Mary L.	1906	Sep	11	04m	F	Seattle	WA
K	1	0052	13063	Datesman	William Edward	1904	Jul	26	003	M	Ballard	OR
K	1	0056	16901	Daubersmith	Baby	1906	Sep	10	p/m	M	Seattle	WA
K	1	0056	16902	Daubersmith	Baby	1906	Sep	10	p/m	M	Seattle	WA
K	1	0043	02000	Daugan	James	1896	Jan	03	057	M	Ft. Steilacoom	
				Daugherty		1900	May			F	Seattle	VT
K	1	0046	05282	Daugherty	Annie	1900	May	19	041	F	Seattle	
K	1	0056	16592	Daugherty	Joseph P.	1906	Jul	01	013	M	Seattle	WA
				Daulton		1902	Mar			M	1621 16th Ave.	SEA
K	1	0049	07488	Daulton	Edwin Thedore	1902	Mar	29	010	M	1621 16th Ave.	
K	1	0051	12278	Dauthitt	Florence	1904	Jan	18	060	F	Monod Hosp.	OH
K	1	0058	18496	Dauz	Henry E.	1907	May	27	038	M	Seattle	NY
				Davenport		1899	Jan			M	Seattle	ME
K	1	0044	03188	Davenport	Frankie	1898	Feb	25	035	F	Seattle	
K	1	0045	04063	Davenport	Wm.	1899	Jan	14	045	M	Seattle	
K	1	0057	17258	Davensserand	Nicholas	1906	Nov	29	058	M	Seattle	ENG
K	1	0058	18739	David	Foster W.	1907	Jun	11	039	M	Seattle	---
K	1	0051	12277	David	Joseph	1904	Jan	17	054	M	218 7th Ave	CND
				Davidson		1899	Apr			F	Black Diamond	FIN
				Davidson		1901	Dec			M	Rear 58 Blanchard	DNK
				Davidson		1900	May			F	Seattle	PA
				Davidson		1893	Jan			F	Seattle	SCT
				Davidson		1896	Jan			M	Lobby Ldg House	MI
				Davidson		1899	Mar			M	Seattle	IRL
K	1	0056	16270	Davidson	A. C.	1906	May	10	055	M	Georgetown	OH
K	1	0046	04659	Davidson	Alex	1899	Oct	16	046	M	Seattle	
K	1	0045	04182	Davidson	Andrew	1899	Mar	14	076	M	Seattle	
K	1	0057	18489	Davidson	Baby	1907	May	15	s/b	M	Seattle	WA
K	1	0051	12146	Davidson	Duncan W.	1903	Dec	20	076	M	706 9 Ave S	IRL
K	1	0046	05257	Davidson	Ella	1900	May	22	040	F	Seattle	
K	1	0054	15430	Davidson	George	1905	Nov	03	024	M	Seattle	MI
K	1	0045	04232	Davidson	Ida	1899	Apr	12	028	F	Black Diamond	
K	1	0043	02003	Davidson	Jacob	1896	Jan	23	060	M	Lobby Ldg House	
K	1	0056	17256	Davidson	John	1906	Nov	05	067	M	Seattle	SWD
K	1	0042	00487	Davidson	Maggie D.	1893	Jan	25	035	F	Seattle	
K	1	0048	07026	Davidson	Nicholas	1901	Dec	27	067	M	Rear 58 Blanchard	
K	1	0043	02096	Davidson	Suzie F.	1896	Mar	25	020	F	1303 Yesler Ave.	
				Davies		1900	Sep			M	Seattle	ENG
				Davies		1903	Jun			M	No. 37th & Meridian Ave.	SEA
				Davies		1901	Feb			F	Seattle	NY
				Davies		1901	Sep			F	Ballard	IRL
				Davies		1901	Feb			M	Seattle	WLS
K	1	0047	06089	Davies	Ellen D.	1901	Feb	06	088	F	Seattle	
K	1	0047	05679	Davies	George	1900	Sep	03	061	M	Seattle	
K	1	0050	11234	Davies	George	1903	Jun	21	11m	M	No. 37th & Meridian Ave.	
K	1	0047	06081	Davies	Isacc	1901	Feb	28	037	M	Seattle	
K	1	0048	06795	Davies	Kate	1901	Sep	11	033	F	Ballard	
K	1	0050	11227	Davies	T.H.	1903	Nov	14	058	M	Brighten Beach	
				Davinney		1901	Apr			M	Georgetown	OR
K	1	0048	06372	Davinney	Bessie Mabel	1901	Apr	09	015	M	Georgetown	
				Davis		1900	Apr			F	Seattle	IRL
				Davis		1900	Mar			M	Prov. Hosp.	PA
				Davis		1894	Mar			M	St. John Ontario St.John,	ONT

S	R	PG	REC	LASTNAME	FIRSTNAME	DETH	MN	DT	AGE	S	DEATHPLACE	BIRTH
				Davis		1903	Jun			M	Edgewater	WI
				Davis		1903	Apr			M	140 32nd Ave	VT
				Davis		1902	Mar			F	8th & Bell St.	KS
				Davis		1900	Mar			F	Cal.	IL
				Davis		1903	Jan			F	214 Seneca St.	IRL
				Davis		1900	Feb			F	Monad	CND
				Davis		1901	Sep			M	Cape Nome Logging House	US
				Davis		1892	Mar			F	Seattle	MI
				Davis		1901	Sep			F	Green Lake	VT
				Davis		1896	Aug			M	Occidental Hotel	IL
				Davis		1901	Oct			M	Auburn, WA	IN
				Davis		1896	Jul			F	Gen'l Hospital	WLS
				Davis		1902	Jul			F	Seattle Index,	WA
				Davis		1901	May			M	Seattle	US
				Davis		1902	Jun			M	Seattle	GER
				Davis		1903	Feb			M	Renton, WA	WLS
				Davis		1902	Oct			M	So. Seattle	sme
				Davis		1891	Sep			M	King Co. Farm	GRC
				Davis		1899	Jan			M	Black Diamond	WLS
				Davis		1901	Dec			F	Leary, WA So.	WLS
				Davis		1898	Dec			M	Seattle	NH
				Davis		1898	Sep			F	Black Diamond	WA
				Davis		1895	Sep			M	Black Diamond	sme
				Davis		1898	Jun			F	Seattle	KY
				Davis		1899	Jan			F	Black Diamond	sme
				Davis		1894	Jan			F	Black Diamond Franklin,	WA
				Davis		1903	Apr			-	Greenlake	sme
K	1	0043	01793	Davis	----	1895	Sep	26	09m	M	Black Diamond	
K	1	0042	00811	Davis	----	1894	Feb	24	013	M	----	
K	1	0050	11055	Davis	----	1903	Apr	21	s/b		Greenlake	
K	1	0042	00716	Davis	----	1894	Jan	18	18m	F	Black Diamond	
K	1	0053	13197	Davis	Alfred	1904	Aug	23	048	M	Wayside Mission	---
K	1	0055	15796	Davis	Alma M.	1906	Feb	20	021	F	Ballard	MN
K	1	0057	17592	Davis	Amorilla	1907	Jan	24	072	F	Seattle	ME
K	1	0052	12706	Davis	Anna (Mrs)	1904	May	03	040	F	Seattle Gen Hosp.	---
K	1	0043	02293	Davis	Anne	1896	Jul	02	032	F	Gen'l Hospital	
K	1	0055	15551	Davis	Arthur L.	1905	Dec	06	043	M	Seattle	NH
K	1	0058	18731	Davis	Baby	1907	Jun	25	01d	F	Seattle	WA
K	1	0058	18493	Davis	Baby	1907	May	18	03h	F	Seattle	WA
K	1	0058	18491	Davis	Baby	1907	May	18	03h	M	Seattle	WA
K	1	0053	13664	Davis	Baby	1904	Nov	04	s/b	M	605 5th Ave	WA
K	1	0049	10384	Davis	Benjamin J.	1902	Oct	13	073	M	So. Seattle	
K	1	0048	06797	Davis	C.	1901	Sep	12	035	M	Cape Nome Logging House	
K	1	0042	00223	Davis	Carrie	1892	Mar	11	009	F	Seattle	
K	1	0054	14278	Davis	Carroll D.	1905	Mar	16	02m	M	Seattle	WA
K	1	0054	14817	Davis	Charles	1905	Jul	30	021	M	Georgetown	---
K	1	0055	15849	Davis	Charlotte	1906	Feb	15	026	F	Seattle	IN
K	1	0045	03540	Davis	Courtney	1898	Jun	02	049	F	Seattle	
K	1	0050	11050	Davis	D.E.	1903	Apr	05	076	M	140 32nd Ave	
K	1	0052	12632	Davis	David	1904	Apr	22	015	M	Blk Diamond	WA
K	1	0057	18009	Davis	David M.	1907	Mar	25	043	M	Seattle	WI
K	1	0050	10739	Davis	David R.	1903	Feb	07	057	M	Renton, WA	
K	1	0044	03076	Davis	David Z.	1897	Dec	14	060	M	Prov. Hospital	
K	1	0052	12699	Davis	Donald L.	1904	Apr	05	01m	M	625 6th Ave W	---
K	1	0049	09886	Davis	Dorothy	1902	Jul	19	06m	F	Seattle	
K	1	0055	16146	Davis	Emelia R.	1906	Apr	24	046	F	Seattle	OR
K	1	0053	13926	Davis	Evan	1905	Jan	23	023	M	Blk. Diamond	CA
K	1	0044	02345	Davis	Fred E.	1896	Aug	14	037	M	Occidental Hotel	
K	1	0054	14957	Davis	George	1905	Jun	27	069	M	Georgetown	WLS
K	1	0050	10515	Davis	George	1902	Dec	16	053	M	Wayside Mission	
K	1	0057	18241	Davis	George R.	1907	Apr	07	063	M	Seattle	NY
K	1	0042	00812	Davis	Hall	1894	Mar	31	069	M	St. John Ontario	
K	1	0054	14959	Davis	Harry V.	1905	Aug	07	05m	M	Columbia	WA

S	R	PG	REC	LASTNAME	FIRSTNAME	DETH	MN	DT	AGE	S	DEATHPLACE	BIRTH
K	1	0047	18731	Davis	Infant	1907	Jun	25	01d	F	Seattle	WA
K	1	0045	03690	Davis	Irene	1898	Sep	13	004	F	Black Diamond	
K	1	0048	06461	Davis	J.W.	1901	May	02	040	M	Seattle	
K	1	0054	14554	Davis	Jacob	1905	Apr	30	072	M	Ballard	OH
K	1	0045	04080	Davis	Janie	1899	Jan	20	004	F	Black Diamond	
K	1	0049	07433	Davis	Jessie Edna	1902	Mar	09	030	F	8th & Bell St.	
K	1	0056	16839	Davis	Joseph	1906	Aug	19	055	M	Palmer Junction	WLS
K	1	0056	17021	Davis	Joseph	1906	Sep	23	028	M	Georgetown	IL
K	1	0054	15174	Davis	Joseph H.	1905	Sep	01	040	M	Seattle	PA
K	1	0058	18734	Davis	Joseph I.	1907	Jun	02	042	M	Seattle	MO
K	1	0045	04013	Davis	Lot	1898	Dec	27	082	M	Seattle	
K	1	0052	12386	Davis	Louis	1904	Feb	16	003	M	1414 11 Ave	IN
K	1	0050	10623	Davis	Margaret A.	1903	Jan	21	070	F	214 Seneca St.	
K	1	0046	05112	Davis	Mary E.	1900	Apr	12	038	F	Seattle	
K	1	0043	01843	Davis	Mary J.	1895	Oct	03	031	F	511 6th St.	
K	1	0056	17217	Davis	Mary J.	1906	Oct	21	080	F	York	NY
K	1	0042	00219	Davis	Mrs.	1892	Mar	06	055	F	Maple Valley	
K	1	0045	03848	Davis	Mrs. A.N.	1898	Oct	15	060	F	Seattle	
K	1	0048	06796	Davis	Mrs. Allura	1901	Sep	05	074	F	Green Lake	
K	1	0049	07189	Davis	Mrs. Anne	1901	Dec	20	044	F	Leary, WA	
K	1	0046	04975	Davis	Mrs. Jennie	1900	Feb	27	048	F	Monad	
K	1	0054	14232	Davis	Myrtle	1905	Feb	01	02d	F	Ballard	WA
K	1	0042	00058	Davis	Nicholas	1891	Sep	18	028	M	King Co. Farm	
K	1	0053	13962	Davis	Percy D.	1905	Jan	20	005	M	Pacific Hosp.	MN
K	1	0046	05024	Davis	Rees	1900	Mar	19	030	M	Prov. Hosp.	
K	1	0054	15014	Davis	Richard M.	1905	Aug	16	056	M	Seattle	IRL
K	1	0050	11235	Davis	Robert James	1903	Jun	20	004	M	Edgewater	
K	1	0051	11743	Davis	Robt.	1903	Sep	06	050	M	708 Lenora St	WLS
K	1	0049	07788	Davis	Simon	1902	Jun	15	068	M	Seattle	
K	1	0048	06760	Davis	Sivy Adrim	1901	Oct	01	070	M	Auburn, WA	
K	1	0055	15774	Davis	Stephen William	1906	Feb	28	061	M	Kennydale	WLS
K	1	0057	18242	Davis	Talbot E.	1907	Apr	15	028	M	Seattle	WLS
K	1	0046	05014	Davis	Theresa	1900	Mar	11	032	F	Cal.	
K	1	0053	13676	Davis	Thomas	1904	Dec	25	056	M	Wayside E. Hosp.	---
K	1	0045	04044	Davis	W.B.	1899	Jan	07	040	M	Black Diamond	
K	1	0057	18007	Davis	Wyman L.	1907	Mar	21	012	M	Seattle	WA
K	1	0042	00423	Davitt	Geo. E.	1892	Nov	22	030	M	Seattle	
K	1	0052	12516	Davst	Tephann	1904	Mar	03	053	M	S. H. Hosp.	FRN
				Dawcett		1899	Dec			F	Latona	sme
K	1	0046	04808	Dawcett	Mary	1899	Dec	22	03d	F	Latona	
K	1	0042	00336	Dawe	Philip	1892	Jul	28	035	M	Seattle	
K	1	0057	17388	Dawkins	Edward G.	1906	Dec	06	022	M	Seattle	CND
				Dawley		1900	Sep			M	Ballard	NY
				Dawley		1902	Oct			M	Genl Hosp.	CA
K	1	0047	05613	Dawley	A.W.	1900	Sep	27	077	M	Ballard	
K	1	0049	10151	Dawley	James	1902	Oct	02	017	M	Genl Hosp.	
K	1	0045	04127	Daws	August	1899	Feb	10	043	M	Seattle	
				Dawson		1902	Apr			M	Niagra Rest.	CND
				Dawson		1898	Mar			M	Greenlake	sme
				Dawson		1893	Oct			F	Franklin	WA
				Dawson		1894	Aug			M	Franklin	ENG
				Dawson		1898	Feb			M	Seattle	PA
K	1	0044	03270	Dawson	Danl	1898	Mar	11	05d	M	Greenlake	
K	1	0052	12703	Dawson	Frank H.	1904	Apr	17	009	M	Ballard	WA
K	1	0053	13194	Dawson	John F.	1904	Aug	10	006	M	77 Fremont Ave (b.Fremont,	---
K	1	0044	03187	Dawson	John L.	1898	Feb	21	035	M	Seattle	
K	1	0042	01051	Dawson	Joseph	1894	Aug	24	019	M	Franklin	
K	1	0049	07587	Dawson	Joseph	1902	Apr	17	040	M	Niagra Rest.	
K	1	0042	00634	Dawson	Mary	1893	Oct	03	003	F	Franklin	
				Day		1900	Aug			M	Seattle	SEA
				Day		1896	Nov			M	412 Harrison	OH
				Day		1898	May			F	Seattle	VT
				Day		1891	Sep			F	Seattle	TN

S	R	PG	REC	LASTNAME	FIRSTNAME	DETH	MN	DT	AGE	S	DEATHPLACE	BIRTH
K	1	0057	18243	Day	Alcista D.	1907	Apr	26	069	F	Seattle	NY
K	1	0054	14280	Day	Arthur B. Jr.	1905	Mar	31	009	M	Ballard	TX
K	1	0052	12698	Day	Benj. F.	1904	Mar	24	069	M	Los Angeles	OH
K	1	0057	18240	Day	Charles W.	1907	Mar	30	076	M	Seattle	NY
K	1	0057	18010	Day	Elmer	1907	Mar	26	028	M	Seattle	MI
K	1	0044	02494	Day	Fletcher H.	1896	Nov	14	036	M	412 Harrison	
K	1	0047	05525	Day	James	1900	Aug	11	01m	M	Seattle	
K	1	0043	01557	Day	James A.	1895	Mar	13	030	M	Prov. Hospital	
K	1	0042	00065	Day	Josephine	1891	Sep	13	025	F	Seattle	
K	1	0045	03466	Day	M.E.A.	1898	May	03	047	F	Seattle	
K	1	0045	04262	Day	Roscoe	1899	Apr	09	022	M	Sedro Wooley, WA	
				Dayton		1898	Sep			M	Seattle	NY
K	1	0056	17096	Dayton	Baby	1906	Oct	30	s/b	F	Seattle	WA
K	1	0055	15976	Dayton	Rollin W.	1906	Mar	13	084	M	Seattle	NY
K	1	0045	03764	Dayton	S.M.	1898	Sep	16	054	M	Seattle	
K	1	0058	18660	De Boid	Marion	1907	Mar	06	---	M	Georgetown	---
K	1	0051	12280	De Graff	Peter	1904	Jan	25	037	M	615 Maynard Ave	BLG
				De Launay		1901	Dec			F	Prov. Hosp.	IRL
K	1	0048	07080	De Launay	Mary	1901	Dec	29	048	F	Prov. Hosp.	
K	1	0057	17709	De Lauri	Annetonette	1907	Jan	10	031	F	Blk Diamond	ITL
				De Long		1900	Dec			M	Ballard	ME
K	1	0057	17789	De Mode	Ken G.	1907	Feb	06	012	F	Seattle	MI
K	1	0052	12283	De Noe	Wealthy C.	1904	Jan	30	078	F	1806 Howard Ave	NY
				De Paoli		1901	Nov			F	111 • rear of 7th Ave	ITL
K	1	0048	07029	De Paoli	Felicina	1901	Nov	15	034	F	111 • rear of 7th Ave	
K	1	0052	12517	De Winter	Leonard	1904	Mar	12	005	M	Prov. Hospital	WA
				DeBeneditto		1896	Feb			F	Veosia, WA	WA
K	1	0043	02083	DeBeneditto	A.A.J.	1896	Feb	09	15m	F	Veosia, WA	
K	1	0045	04056	DeBerneau	J.F.	1899	Jan	11	059	M	Ballard	
K	1	0056	17020	DeBoice	John	1906	Sep	22	042	M	Woodinville	NJ
				DeBolt		1899	May			F	Latona	sme
K	1	0046	04357	DeBolt	Nellie	1899	May	16	02m	F	Latona	
K	1	0057	17937	DeBord	Charles R.	1907	Jan	24	044	M	Valdez, AK	TX
				DeCamp		1901	Aug			M	Prov. Hosp.	NJ
K	1	0048	06717	DeCamp	John Wallace	1901	Aug	22	042	M	Prov. Hosp.	
K	1	0042	00969	DeCamp	T.C.	1894	May	01	066	M	Irwin Ave.	
K	1	0054	15176	DeFoil	Baby	1905	Sep	23	06d	M	Seattle	WA
K	1	0053	13961	DeFrance	Henry	1905	Jan	11	068	M	West Seattle	FRN
K	1	0054	15013	DeGraaf	Mabel E.	1905	Aug	15	s/b	F	Seattle	WA
				DeGroot		1894	Nov			F	Green Lake	NY
K	1	0043	01371	DeGroot	Nancy	1894	Nov	30	081	F	Green Lake	
K	1	0055	15847	DeHon	Ernest J.	1906	Feb	05	071	M	Seattle	FRN
K	1	0058	18741	DeLanventi	Mrs. A.	1907	Jun	13	032	F	Seattle	ITL
				DeLarie		1893	Mar			F	Kirkland	CA
K	1	0042	00524	DeLarie	Mrs. C.J.	1893	Mar	23	033	F	Kirkland	
K	1	0052	12701	DeLashmutt	M. J.	1904	Apr	15	077	M	102 Harrison	VA
K	1	0043	01842	DeLill	Frank	1895	Oct	02	035	M	Dock Wanderer Saloon	
				DeLion		1894	Feb			M	Seattle	GER
K	1	0042	00747	DeLion	Rudolph	1894	Feb	27	056	M	Seattle	
K	1	0054	15129	DeLong	Theron	1905	Sep	01	04m	M	Ballard	WA
				DeMarino		1894	Aug			M	Franklin	ITL
K	1	0042	01070	DeMarino	Fellippe	1894	Aug	24	025	M	Franklin	
				DeMont		1901	Oct			M	Seattle	KS
K	1	0048	06898	DeMont	Ernest	1901	Oct	22	025	M	Seattle	
				DeMott		1901	Jan			F	Seattle	SEA
K	1	0047	05978	DeMott	Infant	1901	Jan	26	09d	F	Seattle	
K	1	0054	14420	DeNorth	Clara	1905	Apr	20	060	F	Seattle	GER
				DeReamer		1896	Oct			M	Prov. Hosp.	SEA
K	1	0044	02438	DeReamer	Geo. M.	1896	Oct	05	023	M	Prov. Hosp.	
				DeRoss		1899	Jan			M	Seattle	SEA
K	1	0045	04030	DeRoss	Geovanino	1899	Jan	01	---	M	Seattle	
K	1	0055	15690	DeSallier	Hercules	1906	Jan	05	082	M	Seattle	CND
K	1	0056	16906	DeSersy	Mary E.	1906	Sep	24	029	F	Seattle	TN

S	R	PG	REC	LASTNAME	FIRSTNAME	DETH	MN	DT	AGE	S	DEATHPLACE	BIRTH
				DeShane		1896	Jun			F	Seattle Gen. Hospital	MN
K	1	0043	02259	DeShane	Rosie May	1896	Jun	09	009	F	Seattle Gen. Hospital	
K	1	0051	12141	DeSmet	Camille A.	1903	Dec	02	041	M	Van Auolt	BLG
K	1	0053	13662	DeSmit	Thomas	1904	Oct	09	068	M	O'Brien	BLG
				DeSong		1903	Feb			M	80 Yesler Way	NS
K	1	0050	10795	DeSong	Walter W.	1903	Feb	23	030	M	80 Yesler Way	
K	1	0043	01369	DeWolf	W.H.	1894	Nov	07	066	M	1916 Madison St.	
K	1	0054	15015	DeWolfe	Baby	1905	Aug	17	14d	M	Seattle	WA
				Deady		1902	Jul			F	Seattle	SEA
K	1	0044	02610	Deady	Catherine	1897	Jan	26	055	F	1509 4th St.	
K	1	0051	12275	Deady	Michael	1904	Jan	07	075	M	604 Battery St (b.BR AM	---
K	1	0049	09887	Deady	Theda	1902	Jul	20	07m	F	Seattle	
				Deaido/Draido		1903	Jun			M	Occidental Hotel	PRS
K	1	0050	11236	Deaido/Draido	Paul	1903	Jun	15	048	M	Occidental Hotel	
K	1	0052	12284	Deal	Edward	1904	Feb	02	064	M	Columbia	NY
				Dean		1901	Apr			M	Seattle	NY
				Dean		1896	Apr			M	King & S. 2nd St.	PA
				Dean		1897	May			M	Seattle	WA
				Dean		1901	Jul			M	Seattle	SEA
				Dean		1902	Nov			F	Ballard, WA	sme
				Dean		1903	Jan			M	Wayside Mission	MI
K	1	0052	13060	Dean	Baby	1904	Jul	06	000	F	212 15th Ave	SEA
K	1	0050	10634	Dean	Charles	1903	Jan	27	022	M	Wayside Mission	
K	1	0048	06589	Dean	Donald C.	1901	Jul	24	001	M	Seattle	
K	1	0043	02160	Dean	Frank	1896	Apr	17	062	M	King & S. 2nd St.	
K	1	0052	12515	Dean	George	1904	Mar	03	040	M	211 • 2nd Ave S	---
K	1	0049	10015	Dean	Herbert	1902	Aug	31	055	M	80 Yesler Way	
K	1	0049	10273	Dean	Infant	1902	Nov	12	---	F	Ballard, WA	
K	1	0056	16310	Dean	Ivanica	1906	May	02	026	F	Seattle	AUS
K	1	0044	02755	Dean	Lloyd	1897	May	12	03w	M	Seattle	
K	1	0048	06319	Dean	Martin	1901	Apr	10	066	M	Seattle	
K	1	0052	12704	Dean	Winnie L.	1904	Apr	28	017	F	Los Angeles	CA
				Dearborn		1900	Oct			M	Monod	NY
				Dearborn		1898	Apr			M	Seattle	---
K	1	0047	05697	Dearborn	A.R.	1900	Oct	16	042	M	Monod	
K	1	0045	03378	Dearborn	Dix	1898	Apr	23	014	M	Seattle	
				Decker		1902	Mar			M	Green River	sme
				Decker		1898	Sep			M	Seattle	GER
K	1	0045	03760	Decker	Carl	1898	Sep	01	079	M	Seattle	
K	1	0052	12707	Decker	Fannie H.	1904	May	05	038	F	156 20th Ave	NY
K	1	0049	07756	Decker	Leslie	1902	Mar	30	06m	M	Green River	
K	1	0051	11579	Declaro	Willie	1903	Aug	30	02m	M	1411 20th S	SEA
				Declas		1900	Mar			M	Seattle	FRN
K	1	0046	04987	Declas	Emil	1900	Mar	04	043	M	Seattle	
K	1	0057	18393	Deel	Mary	1907	Apr	19	008	F	Seattle	PA
K	1	0058	18735	Deering	Lillian	1907	Jun	03	019	F	Seattle	ME
				Deery		1903	Jun			M	Prov. Hosp. Tacoma,	WA
K	1	0051	11238	Deery	Willie F.	1903	Jun	04	009	M	Prov. Hosp.	
K	1	0042	00566	Defiel	Chas. C.	1893	Jun	08	030	M	Grant St. near Chas.	
K	1	0058	18869	Degels	Nicholas	1907	Jun	04	038	M	Hobart	SWT
K	1	0051	12281	Degginger	Simon	1904	Jan	27	077	M	Prov. Hospital	GER
K	1	0051	12001	Dehan	John J.	1903	Nov	10	031	M	1611 3rd Ave	OH
K	1	0043	01765	Deheny	Mary	1895	Aug	10	066	F	Seattle	
K	1	0057	18490	Dehly	Severin M.	1907	May	17	053	M	Seattle	NRY
K	1	0045	03763	Deibert	E.H.	1898	Sep	15	041	M	Seattle	
K	1	0053	13508	Deihl	Cora	1904	Oct	06	025	F	Monod Hosp.	WI
				Deiz		1892	Apr			M	Seattle	SEA
K	1	0042	00260	Deiz	Chas.	1892	Apr	30	001	M	Seattle	
K	1	0057	18006	Deladuca	Violetta	1907	Mar	12	08m	F	Seattle	WA
				Delaney		1900	Oct			M	Prov. Hosp.	IRL
K	1	0047	05698	Delaney	Peter	1900	Oct	29	060	M	Prov. Hosp.	
K	1	0056	16148	Delaney	Thomas R.	1906	Apr	29	048	M	Seattle	OR
				Delano		1900	Jan			M	Seattle	MA

S	R	PG	REC	LASTNAME	FIRSTNAME	DETH	MN	DT	AGE	S	DEATHPLACE	BIRTH
K	1	0054	15279	Delano	Frank	1905	Oct	30	036	M	W.W.H. Insane	MA
K	1	0046	04873	Delano	Geo. E.	1900	Jan	29	068	M	Seattle	
K	1	0054	15016	Delfeld	M.	1905	Aug	23	038	F	Seattle	MN
				Delions		1900	Jan			M	Seattle	GA
K	1	0046	04824	Delions	C.D.	1900	Jan	05	033	M	Seattle	
K	1	0049	09982	Dellon	Mr.	1902	Jun	26	---	-	----	
				Delmos		1895	Feb			F	So. Third & Main	FRN
K	1	0043	01524	Delmos	Addia	1895	Feb	06	042	F	So. Third & Main	
				Delra		1897	Dec			F	28th & Main St. Seattle	IRL
K	1	0044	03075	Delra	Mary	1897	Dec	06	055	F	28th & Main St. Seattle	
				Demais		1901	May			M	Seattle	WA
K	1	0048	06406	Demais	----	1901	May	24	24d	M	Seattle	
K	1	0054	14960	Demaray	Aline	1905	Aug	14	07m	F	South Park	WA
				Demartini		1895	Dec			M	2133 7th St.	NY
K	1	0043	01845	Demartini	Joseph	1895	Dec	10	070	M	2133 7th St.	
K	1	0056	16264	Demel	Joseph	1906	May	14	047	M	Georgetown	AUS
				Demers		1902	Dec			M	Ballard, WA	CND
K	1	0056	16722	Demers	Joseph	1906	Aug	17	059	M	Seattle	NY
K	1	0050	10516	Demers	Nole	1902	Dec	16	037	M	Ballard, WA	
				Demersen		1894	Oct			M	1807 7th St.	CND
K	1	0043	01281	Demersen	John	1894	Oct	26	031	M	1807 7th St.	
K	1	0053	13668	Demmie	Pearl G.	1904	Nov	26	025	F	163 W. Elmira St.	PA
K	1	0045	04219	Demoise ?	Edward	1899	Mar	28	037	M	Wellington	
K	1	0054	14277	Dempsey	Lucy	1905	Mar	09	070	F	Seattle	---
				Dempsie		1902	Nov			F	2428 Day St.	WI
K	1	0049	10269	Dempsie	Mamie	1902	Nov	12	017	F	2428 Day St.	
				Deneger		1901	Apr			M	Coupeville, WA	PA
K	1	0048	06368	Deneger	DeAngele	1901	Apr	06	066	M	Coupeville, WA	
K	1	0055	15848	Denend	Baby	1906	Feb	14	s/b	F	Seattle	WA
				Denes		1900	Jan			F	Seattle	WLS
K	1	0046	04875	Denes	Margaret	1900	Jan	29	078	F	Seattle	
				Denis		1901	Apr			M	Seattle	WI
K	1	0048	06339	Denis	William	1901	Apr	04	050	M	Seattle	
K	1	0054	14697	Denmore	Albert H.	1905	Jun	26	048	M	South Park	MA
				Denning		1899	Sep			M	Maternity Hosp.	SEA
K	1	0046	04561	Denning	Baby	1899	Sep	02	08d	M	Maternity Hosp.	
				Dennis		1898	Mar			F	Seattle	SEA
K	1	0044	03272	Dennis	Lucy	1898	Mar	26	06w	F	Seattle	
				Dennison		1900	Mar			M	Seattle	DNK
K	1	0046	05077	Dennison	Lars	1900	Mar	11	059	M	Seattle	
K	1	0053	13505	Dennison	Sarah	1904	Oct	04	084	F	725 Stewart St.	NY
K	1	0053	14081	Denniston	-----	1905	Jan	18	s/b	F	Ballard	WA
				Denny		1900	Jul			F	Bothell	IN
				Denny		1902	Dec			F	18 Thomas St.	IL
				Denny		1896	Jan			M	Co. Hospital	MI
				Denny		1899	Dec			M	Seattle	SEA
				Denny		1900	Feb			F	Seattle Gen. Hosp.	IL
K	1	0045	04051	Denny	A.A.	1899	Jan	09	76+	M	Seattle	
K	1	0051	11997	Denny	David F.	1903	Nov	25	072	M	Green Lake	IN
K	1	0050	10517	Denny	Fanny Wood	1902	Dec	12	041	F	18 Thomas St.	
K	1	0053	13199	Denny	George C.	1904	Aug	31	022	M	4273 Winslow Pl.	SEA
K	1	0043	02001	Denny	J.B.	1896	Jan	16	040	M	Co. Hospital	
K	1	0047	05401	Denny	Janie M	1900	Jul	27	031	F	Bothell	
K	1	0046	04928	Denny	Nora L.	1900	Feb	09	048	F	Seattle Gen. Hosp.	
K	1	0046	04759	Denny	Roy Wm.	1899	Dec	07	11m	M	Seattle	
K	1	0042	00270	Denson	John	1892	Apr	07	051	M	Gilman	
K	1	0054	15390	Denton	Philena	1905	Nov	24	076	F	Ballard	NY
K	1	0054	14556	Dents	Emma	1905	May	11	017	F	Seattle	MI
K	1	0048	06561	Dereg	James	1901	Jun	03	064	M	Stanwood	
K	1	0051	12279	Derosiers	L. N.	1904	Jan	24	037	M	1024 Taylor Ave (b.Quebec	---
K	1	0043	01370	Derry	Bernard	1894	Nov	15	040	M	Port Susan	
K	1	0055	15695	Derry	James A.	1906	Jan	22	047	M	Seattle	CND
				Derter		1901	Jun			M	Seattle	SEA

S R	PG	REC	LASTNAME	FIRSTNAME	DETH	MN	DT	AGE	S	DEATHPLACE	BIRTH
K 1	0057	17793	Derue	George H.	1907	Feb	26	030	M	Seattle	WI
K 1	0051	11998	Des Mears	Donelda	1903	Nov	25	023	F	520 Terry Ave	CND
K 1	0050	11051	Desch	James	1903	Apr	15	030	M	Cor 2nd & James	CO
K 1	0045	03377	Deschua	Florentine	1898	Apr	17	077	F	Seattle	Ger
K 1	0057	17510	Desmit	Otto J.	1906	Nov	24	02m	M	Georgetown	WA
K 1	0042	00443	Desoya	Antonia	1892	Dec	22	050	M	Seattle	
K 1	0044	03271	Desthing	M.	1898	Mar	25	036	F	Seattle	
K 1	0049	07489	Detlefson	Marlin	1902	Mar	29	062	M	Georgetown	DNK
K 1	0056	17257	Detrich	C. A.	1906	Nov	15	---	M	Seattle	---
K 1	0049	07574	Dettenng	Mary L.	1902	Apr	30	033	F	Seattle Gen Hosp.	SWD
K 1	0049	07206	Deucond	----	1902	Jan	09	---	M	Genl Hosp.	SEA
K 1	0049	07789	Deunette	Edith	1902	Jun	11	066	F	Seattle	WLS
K 1	0047	05434	Deutsch	Henry	1900	Jul	14	021	M	Seattle	GER
K 1	0055	15977	Devanna	Patrick	1906	Mar	16	040	M	Seattle	---
K 1	0053	13504	Devarest	Baby	1904	Oct	04	01d	M	Wayside Mission	WA
K 1	0046	05055	Devereaux	Thos.	1900	Mar	14	054	M	Seattle	PA
K 1	0047	06085	Devereaux	Wm.	1901	Feb	28	045	M	Seattle	
K 1	0056	16724	Deverell	George	1906	Aug	25	050	M	Seattle	CND
K 1	0047	06090	Devin	Agnes H.	1901	Mar	01	070	F	East Sattle	NY
K 1	0054	14958	Devine	John	1905	Jul	20	050	M	Georgetown	MD
K 1	0048	06359	Devine	Joseph	1901	Apr	17	033	M	Duwamish	IRL
K 1	0047	05696	Devitt	Patrick	1900	Oct	08	021	M	Prov. Hosp.	
K 1	0048	06455	Dew	A.H.	1901	May	05	030	M	Seattle	CHN
K 1	0044	03268	Dewolf	Mrs. FS.	1898	Mar	06	057	F	Seattle	NC
K 1	0051	11470	Dewson	William	1903	Jul	20	083	M	Ballard, WA	MD
K 1	0050	11229	Dexter	----	1903	May	15	s/b	M	1224 Taylor Ave.	SEA
K 1	0048	06396	Dexter	Jake E.	1901	Jun	22	025	M	Seattle	
K 1	0042	00970	Deyette	Lorna Irving	1894	May	08	07m	F	1804 Yesler Ave.	SEA
K 1	0054	14133	Dezell	Ollie J.	1905	Feb	01	047	F	134 Taylor Ave	ENG
K 1	0056	16450	Deznchi	Y.	1906	Jun	20	023	M	Seattle	JPN
K 1	0046	04787	Dezza	Domeino	1899	Dec	22	035	M	Seattle	ITL
K 1	0045	03954	DiJulio	----	1898	Dec	03	10d	F	Black Diamond	
K 1	0056	16721	Diamond	Baby	1906	Aug	10	04d	F	Seattle	WA
K 1	0047	05405	Diamond	Gladys	1900	Jul	27	07m	F	Seattle	SEA
K 1	0054	14421	Diamond	Jack J.	1905	Apr	28	035	M	Seattle	---
K 1	0042	00525	Dick	Daniel	1893	Apr	21	030	M	Seattle	IN
K 1	0055	15850	Dick	J. H.	1906	Feb	15	048	M	Seattle	GER
			Dickenson		1901	Jun			M	Seattle Ft. Lawton,	WA
K 1	0051	11872	Dickenson	J. Harvey	1903	Oct	28	032	M	Georgetown	OR
K 1	0048	06397	Dickenson	W. L.	1901	Jun	19	21d	M	Seattle	
K 1	0052	13059	Dickerman	Halfred A.	1904	May	19	027	M	Alaska	NY
K 1	0042	00014	Dickey	Carrie L.	1891	Aug	17	03+	F	Ballard	WA
K 1	0051	11465	Dickey	Frank L.	1903	Jul	12	025	M	Seattle Gen Hospital	IN
			Dickinson		1900	Jun			M	Seattle	AL
			Dickinson		1903	Jun			M	South Park	OH
K 1	0051	12147	Dickinson	Hamler Vav	1903	Dec	23	---	M	165 Aoha St	SEA
K 1	0046	05301	Dickinson	Martin	1900	Jun	16	059	M	Seattle	
K 1	0050	11047	Dickinson	William	1903	Jun	18	049	M	South Park	
			Dickinson(father		1892	Mar			M	Seattle	SEA
K 1	0042	00220	Dickinson*	----	1892	Mar	04	s/b	M	Seattle	
			Dickson		1898	Mar			M	Ballard	NS
K 1	0058	18743	Dickson	Carrie M.	1907	Jun	23	044	F	Seattle	WI
K 1	0044	03273	Dickson	James	1898	Mar	30	058	M	Ballard	
K 1	0056	16840	Dickson	Peter	1906	Jul	22	038	M	Georgetown	SWD
K 1	0049	07588	Didiel	Matilda	1902	Apr	14	056	F	614 Waller	FRN
K 1	0043	02250	Didio	Valente	1896	May	26	---	M	Victoria B.C.	
K 1	0053	13667	Diefenbacher	Gussie	1904	Nov	21	043	F	Prov. Hosp.	GER
K 1	0054	14814	Dieseth	P. A.	1905	Jul	04	074	F	Ballard	NRY
			Dietrich		1900	Feb			M	Seattle	NJ
K 1	0052	12712	Dietrich	Elizabeth L.	1904	May	18	083	F	1208 Boylston Ave	VT
K 1	0046	04920	Dietrich	Geo.	1900	Feb	05	082	M	Seattle	
K 1	0053	13669	Dietzel	A. E.	1904	Nov	29	063	M	2201 1st Ave.	GER
K 1	0055	15432	Digby	James L.	1905	Nov	15	09d	M	Seattle	WA

S	R	PG	REC	LASTNAME	FIRSTNAME	DETH	MN	DT	AGE	S	DEATHPLACE	BIRTH
K	1	0054	15017	Digel	Melby	1905	Aug	25	04m	F	Seattle	WA
K	1	0053	13377	Dignan	Maria	1904	Sep	11	058	F	1545 12th Ave S (b.Toronto,	---
				Dilbridge		1898	Feb			F	Seattle	SWD
K	1	0044	03186	Dilbridge	Dorothy	1898	Feb	01	002	F	Seattle	
				Dill		1895	Nov			M	Ballard	MD
K	1	0043	01844	Dill	Wm. Henry	1895	Nov	08	073	M	Ballard	
K	1	0044	02296	Dill	Wm. Thos.	1896	Jul	03	042	M	Seattle Gen. Hospital	
K	1	0048	07030	Diller	Leonard	1901	Nov	02	062	M	1511 8th Ave.	OH
K	1	0056	16147	Dillger	John	1906	Apr	24	024	M	Seattle	---
				Dillon		1898	Sep			M	Seattle	IRL
				Dillon		1901	Jun			M	Seattle	IRL
				Dillon		1901	Feb			M	Seattle	IRL
K	1	0055	15693	Dillon	Edith	1906	Jan	09	036	F	Seattle	MI
K	1	0045	03761	Dillon	James	1898	Sep	05	053	M	Seattle	
K	1	0048	06398	Dillon	James	1901	Jun	05	058	M	Seattle	
K	1	0052	12938	Dillon	Lawrence	1904	Jun	03	056	M	Georgetown	MO
K	1	0052	13036	Dillon	Lawrence	1904	Jun	03	056	M	King Co. Hosp.	MO
K	1	0047	06086	Dillon	Thos.	1901	Feb	24	056	M	Seattle	
K	1	0051	11742	Dilsaaer	Mr. John	1903	Sep	24	067	M	114 Bluet St	OH
K	1	0056	16904	Dinckelspeil	Adolph	1906	Sep	20	058	M	Seattle	GER
				Dineen		1901	Apr			M	Prov. Hosp.	IRL
				Dineen		1902	Nov			M	Seattle	IRL
K	1	0048	06271	Dineen	J.P.	1901	Apr	27	060	M	Prov. Hosp.	
K	1	0049	10274	Dineen	Mike	1902	Nov	11	028	M	Seattle	
K	1	0044	02969	Dines	Elizabeth	1897	Oct	27	046	F	2605 3rd Ave.	ENG
K	1	0056	16595	Dines	Gracie G.	1906	Jul	28	003	F	Seattle	WA
K	1	0057	17795	Dines	Ruth	1907	Feb	28	07m	F	Seattle	WA
K	1	0044	02493	Dingley	Walter F.	1896	Nov	12	026	M	302 Harvard Ave.	CA
K	1	0049	10013	Dionne	Robert M.	1902	Aug	14	11m	M	Wenatchee, WA	WA
K	1	0054	15011	Dip	Lee Ging	1905	Aug	03	067	M	Seattle	CHN
K	1	0050	10925	Distin	----	1903	Mar	17	s/b	M	122 17th Ave.	SEA
K	1	0055	15642	Ditlevsen	Sophia	1906	Feb	02	---	F	Renton	DNK
K	1	0047	05979	Dittenhoufer	E.	1901	Jan	16	033	M	Prov. Hosp.	NY
K	1	0052	12944	Divelley	George	1904	Jun	29	066	M	Prov. Hospital	ME
K	1	0050	10923	Dix	Mrs. Martha	1903	Mar	28	049	F	513 James St.	OH
				Dixon		1895	Feb			M	Ross	sme
K	1	0051	11996	Dixon	G. F.	1903	Nov	08	030	M	nr Blk Diamond	WI
K	1	0054	14555	Dixon	George	1905	May	09	029	M	Seattle	VA
K	1	0053	13674	Dixon	James	1904	Dec	12	047	M	Prov. Hosp.	---
K	1	0050	10385	Dixon	Jno.	1902	Oct	02	035	M	Wayside Mission	
K	1	0056	16313	Dixon	Mary	1906	May	30	046	F	Seattle	CND
K	1	0043	01528	Dixon	Robert	1895	Feb	22	09m	M	Ross	
K	1	0049	10189	Dixson	Manuel	1902	Sep	07	026	F	Wayside Mission	TN
K	1	0052	12942	Dizard	Baby	1904	Jun	20	s/b	M	1111 24th Ave. S.	SEA
K	1	0052	12943	Dizard	Marie	1904	Jun	27	041	F	1111 24th Ave. S.	FRN
K	1	0044	03024	Doane	Howard C.	1897	Nov	26	08m	M	Sidney	WA
K	1	0048	06975	Doane	Lee	1901	Nov	18	068	M	King Co. Hosp.	NY
K	1	0053	13960	Doane	Margery E.	1905	Jan	04	002	F	Keyport	WA
K	1	0046	05300	Dobbins	Otto	1900	Jul	01	023	M	Mukilteo	
K	1	0052	12631	Dobson	Annie	1904	Mar	06	035	F	King Co. Hosp.	WA
K	1	0054	14961	Dobson	Jessie S.	1905	Aug	14	001	F	Issaquah	WA
K	1	0045	03847	Docker	John	1898	Oct	13	077	M	Seattle	SCT
K	1	0043	----4	Dockot	Janete	1894	Jul	22	058	F	1000 Chestnut 3rd Ave.	SCT
K	1	0051	12144	Dodd	Mrs. Blanch	1903	Dec	16	030	F	1611 3 Ave W	NY
K	1	0054	14279	Dodd	William Henry	1905	Mar	23	042	M	Ballard	CND
K	1	0052	12387	Dodds	Mrs. Nellie	1904	Feb	22	024	F	Monod Hosp.	IN
K	1	0045	03468	Dodds	R. J.	1898	May	28	045	M	Seattle	
K	1	0046	05209	Dodge	Dell Chas.	1900	May	16	020	M	Seattle	MN
K	1	0044	02833	Dodge	John F.	1897	Jul	29	081	M	Seattle	
K	1	0042	00337	Dodie	Fred.	1892	Jul	30	061	M	South Seattle	GER
K	1	0052	12702	Doers	M.	1904	Apr	15	037	M	Lake Union	GER
K	1	0057	18008	Dofsen	Baby	1907	Mar	23	s/b	M	Seattle	WA
K	1	0042	00087	Doheny	----	1891	Sep	20	s/b	F	Seattle	SEA

S	R	PG	REC	LASTNAME	FIRSTNAME	DETH	MN	DT	AGE	S	DEATHPLACE	BIRTH
K	1	0051	11874	Doheny	Infant	1903	Oct	14	01d	M	Seattle Gen. Hospital	SEA
K	1	0055	15776	Doherty	Joseph F.	1906	Jan	23	036	M	Near Cape Beal, B.C.	---
K	1	0047	05302	Dohrman	Gus	1900	Jul	05	035	M	Seattle	
K	1	0053	13671	Dolan	-----	1904	Nov	29	s/b	F	1716 Warren Ave	WA
K	1	0057	17787	Dom	Ralph S.	1907	Feb	01	075	M	Seattle	---
K	1	0045	03523	Dominic	Teresa	1898	Jun	10	024	F	Blk. Diamond	ITL
K	1	0043	01643	Dominico	C.	1895	May	26	042	M	508 7th	
K	1	0044	03024	Donahue	Dan'l	1897	Nov	01	040	M	Elliott Bay	CT
K	1	0047	05353	Donahue	James	1900	Sep	07	020	M	Co. Hosp. Duwamish	PA
K	1	0053	13195	Donahue	James	1904	Aug	15	074	M	Seattle Gen Hosp.	NY
K	1	0054	14816	Donahue	John F.	1905	Jul	20	051	M	Seattle	ME
K	1	0056	17095	Donald	Barbara	1906	Oct	04	078	F	Seattle	SCT
				Donaldson		1900	Aug			M	Seattle	SEA
K	1	0055	15795	Donaldson	Charles A.	1906	Feb	01	069	M	Alki Point	IRL
K	1	0053	13509	Donaldson	Charles F.	1904	Oct	09	032	M	3642 Phinney Ave	MO
K	1	0053	13200	Donaldson	Helen (Mrs)	1904	Aug	31	069	F	1803 E. Newton St.	SCT
K	1	0052	13061	Donaldson	Lonnie	1904	Jul	24	06m	M	2127 2nd Ave	SEA
K	1	0047	05539	Donaldson	Williamana	1900	Aug	21	28d	M	Seattle	
K	1	0046	04741	Dondlson	John	1899	Dec	22	073	M	King Co. Hosp.	SWD
K	1	0053	13198	Done	Mamie Bell	1904	Aug	27	024	F	3239 14th Ave W	KS
K	1	0045	03762	Donett	----	1898	Sep	07	s/b	F	Seattle	SEA
K	1	0046	04456	Dong	Dong	1899	Jul	10	040	M	Seattle	CHN
K	1	0053	13193	Donlan	Baby	1904	Aug	13	s/b	F	125 23rd Ave N	SEA
K	1	0047	05829	Donley	Rachael Ann	1900	Oct	15	076	F	North Bend	PA
K	1	0042	00731	Donnahue	Mary A.	1893	Dec	25	013	F	25 Green St. Seattle	
K	1	0049	07322	Donnell	Pat O.	1902	Feb	23	036	M	Prov. Hosp.	IRL
K	1	0056	16451	Donnellan	A. Marie	1906	Jun	20	013	F	Seattle	IL
K	1	0051	12142	Donnelly	Cyrus	1903	Dec	03	029	M	Port Gamble, WA	CA
K	1	0044	02401	Donnelly	Mrs. Sarah	1896	Sep	01	022	F	Renton	IRL
K	1	0053	13673	Donnelly	Sadie	1904	Dec	07	028	F	Prov. Hosp.	OR
K	1	0044	02782	Donnelly	Sarah	1896	Sep	01	072	F	Renton	IRL
				Donofrio		1903	Apr			M	Central Seattle	SEA
K	1	0050	11046	Donofrio	Walter	1903	Apr	12	001	M	Central Seattle	
				Donovan		1900	Nov			F	Prov. Hosp.	NY
				Donovan		1902	Jun			M	Seattle	SEA
K	1	0049	07787	Donovan	----	1902	Jun	13	s/b	M	Seattle	
K	1	0047	05793	Donovan	Mary	1900	Nov	10	042	F	Prov. Hosp.	
				Dooley		1897	Nov			F	812 23rd Ave.	WI
K	1	0052	12711	Dooley	Edward (Mrs)	1904	May	18	023	F	722 Weller St	---
K	1	0044	03026	Dooley	Maggie	1897	Nov	26	033	F	812 23rd Ave.	
K	1	0051	12000	Dor	Eugene	1903	Nov	14	055	M	Prov. Hospital	FRN
				Doran		1900	Sep			M	Monte Christo	IRL
K	1	0054	14815	Doran	-----	1905	Jul	17	050	M	Seattle	---
K	1	0057	17791	Doran	James E.	1907	Feb	18	078	M	Seattle	IRL
K	1	0045	04125	Doran	Mary	1899	Feb	10	076	F	Seattle	
K	1	0047	05584	Doran	Thomas	1900	Sep	02	058	M	Monte Christo	
				Dore		1903	Jun			M	1515 18th Ave.	MA
K	1	0051	11240	Dore	John Francis	1903	Jun	14	045	M	1515 18th Ave.	
K	1	0054	15012	Dorell	Allen T.	1905	Aug	05	10d	M	Seattle	WA
K	1	0053	13677	Doreus	-----	1904	Dec	30	s/b	F	913 3rd Ave	WA
K	1	0051	11471	Dorey	Eveline Clara	1903	Jul	20	017	F	149 Entroria St	OR
				Dorman		1900	Dec			M	Seattle	US
K	1	0047	05871	Dorman	John	1900	Dec	04	048	M	Seattle	
K	1	0052	12709	Dorman	Philip R.	1904	May	16	042	M	Ballard	MI
K	1	0045	03691	Dorn	Annie	1898	Aug	25	030	F	Seattle	
K	1	0056	17019	Dorn	Walter H.	1906	Sep	01	004	M	Ballard	WA
K	1	0057	17794	Dornung	Merle	1907	Feb	26	01m	F	Seattle	WA
				Dorothy		1896	Nov			F	813 Alder	SEA
				Dorothy		1899	Oct			F	Seattle	SEA
K	1	0051	12002	Dorothy	Infant	1903	Nov	01	02m	F	813 Alder St.	SEA
K	1	0044	02495	Dorothy	Infant	1896	Nov	17	<3m	F	813 Alder	
K	1	0046	04644	Dorothy	Infant	1899	Oct	10	04d	F	Seattle	
				Dorsey		1900	Oct			M	Seattle	IL

S R	PG	REC	LASTNAME	FIRSTNAME	DETH	MN	DT	AGE	S	DEATHPLACE	BIRTH
K 1	0057	17387	Dorsey	Harry	1906	Dec	01	050	M	Seattle	---
K 1	0047	05622	Dorsey	M.D.	1900	Oct	10	052	M	Seattle	
K 1	0053	13421	Dosch	Margaret	1904	Sep	21	042	F	Monod Hosp.	NY
K 1	0055	15640	Dose	Anthonia	1906	Jan	10	039	F	Kent	PLD
K 1	0044	02402	Dostator	Chas. A.	1896	Sep	01	036	M	Prov. Hosp.	
K 1	0054	15300	Doucet	Judith	1905	Oct	27	026	F	Seattle	CND
K 1	0051	11744	Dougan	Mary	1903	Sep	12	021	F	Wayside Mission	IRL
			Dougherty		1901	---			M	----	NY
			Dougherty		1902	May			F	408 Terrace St.	CA
			Dougherty		1903	Apr			M	Jefferson Hall	IRL
K 1	0056	16841	Dougherty	Cornelius	1906	Aug	27	05m	M	Van Asselt	WA
K 1	0048	06386	Dougherty	E. J.	1901	May	01	055	M	Portland Ave.	
K 1	0048	06663	Dougherty	J.	1901	---	09	028	M	----	
K 1	0050	11048	Dougherty	J.H.	1903	Apr	07	045	M	Jefferson Hall	
K 1	0049	07679	Dougherty	Nellie	1902	May	15	039	F	408 Terrace St.	
K 1	0054	14963	Dougherty	Thomas	1905	Aug	30	032	M	Georgetown	WA
K 1	0055	15689	Dougherty	William H.	1906	Jan	03	056	M	Seattle	IRL
			Douglas		1901	May			M	Seattle	VA
			Douglas		1902	Aug			M	Whitehorse,	YK
			Douglas		1902	Aug			M	South Park Whitehorse,	YK
			Douglas		1903	Mar			F	Seattle	IRL
			Douglas		1903	Jun			M	1114 17th Ave. So.	SEA
K 1	0049	10101	Douglas	Albert	1902	Aug	30	02m	M		
K 1	0056	16312	Douglas	Baby	1906	May	13	01d	F	Seattle	WA
K 1	0049	10102	Douglas	Cecil	1902	Aug	05	01m	M	South Park	
K 1	0051	11239	Douglas	Infant	1903	Jun	12	---	M	1114 17th Ave. So.	
K 1	0050	10924	Douglas	Margaret	1903	Mar	16	---	F	Seattle	
K 1	0048	06432	Douglas	Martha E.	1901	May	13	057	M	Seattle	
K 1	0053	13672	Douglas	William F.	1904	Dec	07	021	M	414 13th Ave N	CND
K 1	0058	18495	Dounellan	Ellen	1907	May	26	041	F	Seattle	ENG
K 1	0054	14132	Douthett	Enid	1905	Feb	05	007	F	1618 11th Ave	IA
K 1	0044	02496	Dover	F.	1896	Nov	23	045	M	Providence Hospital	
			Dow		1896	Jul			M	Ballard	SCT
			Dow		1899	Apr			F	Seattle	MA
K 1	0043	02295	Dow	Andrew	1896	Jul	03	082	M	Ballard	
K 1	0045	04280	Dow	F.M.	1899	Apr	15	009	F	Seattle	
K 1	0046	04645	Dow	Maggie	1899	Oct	09	055	M	Ballard	
			Dowd		1898	Jun			M	Seattle	TN
K 1	0045	03541	Dowd	J.B.	1898	Jun	24	016	M	Seattle	
			Dowell		1900	Sep			F	Seattle	SEA
K 1	0056	16452	Dowell	Drusilla	1906	Jun	28	031	F	Seattle	KS
K 1	0047	05623	Dowell	Nellie	1900	Sep	20	04m	F	Seattle	
K 1	0053	13507	Dowell	Richard	1904	Oct	06	03h	M	3118 Elliott Ave	WA
			Downer		1901	Mar			M	Seattle	OH
K 1	0047	06092	Downer	Chas.	1901	Mar	23	004	M	Seattle	
			Downey		1893	Feb			M	Black Diamond	PA
			Downey		1900	Aug			F	Seattle	WA
K 1	0054	14134	Downey	Baby	1905	Feb	22	03d	F	Seattle Gen Hosp.	WA
K 1	0042	00496	Downey	Dave	1893	Feb	21	040	M	Black Diamond	
K 1	0056	16237	Downey	George L.	1906	Apr	29	068	M	Ballard	ME
K 1	0050	11228	Downey	Mike	1903	Apr	22	060	M	Wayside Mission	
K 1	0057	17712	Downey	Patrick	1907	Feb	26	080	M	King Co.	IRL
K 1	0047	05511	Downey	Ruby	1900	Aug	27	03d	F	Seattle	
K 1	0052	12710	Downey	Thomas	1904	May	16	032	M	Sta. I, Seattle	KS
			Downie		1893	May			M	New Castle	S.
K 1	0042	00553	Downie	John	1893	May	22	030	M	New Castle	
K 1	0055	15696	Downie	William	1906	Jan	22	036	M	Seattle	CND
			Downing		1902	Jan			F	924 Norman	ENG
K 1	0049	07209	Downing	Annie Unice	1902	Jan	13	029	F	924 Norman	
K 1	0052	12705	Downing	Charles G.	1904	May	01	040	M	416 Lenora	MA
K 1	0052	12519	Downing	William	1904	Mar	28	018	M	SEA. Gen. Hosp.	MT?
			Downs		1899	Oct			M	King Co. Hosp.	AMR
K 1	0051	12145	Downs	Patrick	1903	Dec	19	060	M	S. Seattle	---

S R PG REC	LASTNAME	FIRSTNAME	DETH	MN	DT	AGE	S	DEATHPLACE	BIRTH
K 1 0046 04556	Downs	Thomas	1899	Oct	13	048	M	King Co. Hosp.	
K 1 0054 14135	Downy	Sidney	1905	Feb	24	070	M	1430 20th Ave	VT
	Dowson		1893	Dec			F	30 W. Wall St.	WA
K 1 0042 00693	Dowson	Minnie	1893	Dec	18	06d	F	30 W. Wall St.	
	Doyle		1899	May			F	Seattle	IRL
	Doyle		1899	Sep			M	Seattle	IRL
K 1 0046 04593	Doyle	Col. Arthur	1899	Sep	23	080	M	Seattle	
K 1 0046 04350	Doyle	Ellen	1899	May	14	070	F	Seattle	
K 1 0052 13191	Doyle	George	1904	Aug	02	030	M	Prov. Hospital	MO
K 1 0044 02403	Doyle	Mrs.	1896	Sep	15	036	F	County Hosp.	
K 1 0053 13663	Doyle	Owen	1904	Nov	03	076	M	712 Lake Front	IRL
K 1 0052 12518	Doyle	Patrick	1904	Mar	21	066	M	712 72nd Ave	IRL
K 1 0056 17218	Doyle	William B.	1906	Oct	22	022	M	Georgetown	MT
K 1 0055 15692	Drago	Baby	1906	Jan	07	s/b	M	Seattle	WA
	Drake		1892	Sep			M	Snoqualmie	NY
	Drake		1901	Nov			F	Gen. Hosp.	KS
K 1 0048 07028	Drake	Elenor	1901	Nov	26	020	F	Gen. Hosp.	
K 1 0042 00391	Drake	H.A.	1892	Sep	22	055	M	Snoqualmie	
K 1 0043 ----5	Drake	Nathaniel S.	1894	Jul	31	054	M	4 m. So. of River Park	
	Drange		1898	Jan			F	116 9th Ave.N.	SWD
	Drange		1899	Jun			M	Latona	sme
	Drange		1896	Sep			M	Monte Christo	WA
	Drange		1903	Apr			F	4310 Taceny Pl.	SEA
K 1 0046 04408	Drange	Berent	1899	Jun	12	17d	M	Latona	
K 1 0044 03124	Drange	Carrie	1898	Jan	03	035	F	116 9th Ave.N.	
K 1 0047 05732	Drange	Ervine C.	1896	Sep	04	11d	M	Monte Christo	
K 1 0050 11053	Drange	Matilda	1903	Apr	25	---	F	4310 Taceny Pl.	
	Draper		1903	May			F	649 Ewing St.	NY
	Draper		1897	Mar			F	Ballard	MN
	Draper		1900	Apr			F	Ballard	ENG
	Draper		1897	Mar			F	Ballard, WA	ME
K 1 0044 02679	Draper	Alice Pearl	1897	Mar	05	032	F	Ballard, WA	
K 1 0044 02712	Draper	Alice Pearl	1897	Mar	05	032	F	Ballard	
K 1 0046 05136	Draper	J.	1900	Apr	23	069	F	Ballard	
K 1 0050 11230	Draper	Mrs. L.L.	1903	May	09	058	F	649 Ewing St.	
K 1 0050 10922	Draper	Richard S.	1903	Mar	04	056	M	222 • 5th Ave.	
	Drew		1894	---			M	----	ME
	Drew		1901	Jan			M	Fosters Ranch	SCT
K 1 0047 05973	Drew	James	1901	Jan	25	032	M	Fosters Ranch	
K 1 0057 18244	Drew	Mabel F.	1907	Apr	29	014	F	Seattle	MN
K 1 0058 18497	Drew	Margaret M.	1907	May	30	s/b	F	Seattle	WA
K 1 0043 01150	Drew	Oscar	1894	---	--	038	M	----	
K 1 0043 02095	Drew	Thomas P.	1896	Mar	04	054	M	4th Ave. & Spring	
K 1 0053 13476	Drike	Baby	1904	Sep	02	s/b	M	2025 Charles St.	WA
	Drinkerrn/Drinke		1903	May			F	Georgetown	IRL
K 1 0050 11237	Drinkerrn/Drinke	Catherine	1903	May	03	073	F	Georgetown	
K 1 0053 13506	Drinkwine	Joseph	1904	Oct	06	088	M	815 Yesler Way	CND
	Drinseth		1901	Jan			F	Seattle	OH
K 1 0047 05977	Drinseth	Wm. M.	1901	Jan	12	058	F	Seattle	
	Driver		1899	Jun			F	Auburn	MT
K 1 0046 04386	Driver	Ella C.	1899	Jun	01	034	F	Auburn	
K 1 0051 11474	Droege	Mrs. Anthony	1903	Jul	27	056	F	1209 • 2nd Ave	ENG
	Droper		1894	Sep			M	Ballard	SEA
K 1 0043 01242	Droper	Frank	1894	Sep	01	003	M	Ballard	
	Drubbs		1902	Apr			M	337 Olympia Place	PA
K 1 0049 07539	Drubbs	Henry	1902	Apr	26	073	M	337 Olympia Place	
K 1 0058 18737	Druce	Louise W.	1907	Jun	08	02m	F	W. Seattle	WA
K 1 0054 14812	Drummond	Elliott S.	1905	Jul	01	050	M	Seattle	IL
	Dryfoos		1901	Feb			F	Seattle	NY
K 1 0047 06087	Dryfoos	Louise	1901	Feb	24	041	F	Seattle	
	Dryfors		0	---			-	San Antonio, TX	TX
K 1 0050 10635	Dryfors	Edith & Leo (twins)	----	---	--	18m	-	San Antonio, TX	
K 1 0057 17792	Drysdale	Henry E.	1907	Feb	20	063	M	Seattle	SCT

S	R	PG	REC	LASTNAME	FIRSTNAME	DETH	MN	DT	AGE	S	DEATHPLACE	BIRTH
K	1	0058	18494	Du Cett	Beulah C.	1907	May	21	002	F	Seattle	WA
				DuBusille		1903	Feb			M	Greenlake	WA
K	1	0057	17790	Dubcich	Lucas	1907	Feb	12	051	M	Seattle	AUS
				Dubois		1902	Sep			F	Genl Hosp.	VT
K	1	0049	10188	Dubois	Harriet A.	1902	Sep	13	073	F	Genl Hosp.	
K	1	0050	10794	Dubusille	Albert E.	1903	Feb	22	004	M	Greenlake	
				Dubycich		1902	Jan			M	W.W.H. Insane	AUS
K	1	0049	07205	Dubycich	Stephen	1902	Jan	29	039	M	W.W.H. Insane	
K	1	0055	16065	Duchatau	Philipine	1906	Apr	03	043	F	Georgetown	BLG
K	1	0058	18498	Duckering	Frank N.	1907	May	30	001	M	Seattle	WA
K	1	0058	18740	Duckett	George	1907	Jun	11	025	M	Seattle	ENG
				Duckworth		1899	May			M	Auburn	IN
K	1	0045	04327	Duckworth	John C.	1899	May	01	016	M	Auburn	
				Dudley		1901	Jul			F	Seattle	WA
K	1	0048	06631	Dudley	Lizzie J.	1901	Jul	03	036	F	Seattle	
K	1	0051	11873	Dudley	Mrs. Cinderella	1903	Oct	24	065	F	216 15 Ave N (b N.Orleans,	LA
K	1	0055	16145	Dudley	Nellie	1906	Apr	19	030	F	Seattle	SWD
				Dudo		1897	Oct			M	Denny Clay Works	OH
K	1	0044	02963	Dudo	Napoleon	1897	Oct	07	019	M	Denny Clay Works	
				Duell		1901	Jan			F	Seattle	IA
K	1	0047	05976	Duell	Albert	1901	Jan	06	004	F	Seattle	
K	1	0052	12700	Duell	Charles	1904	Apr	10	066	M	Georgetown	---
				Duelo		1899	Aug			F	So. Seattle	SEA
K	1	0046	04540	Duelo	Dora	1899	Aug	25	008	F	So. Seattle	
K	1	0057	17389	Duen	Maria	1906	Dec	24	069	F	Seattle	ME
				Duendenger		1902	Aug			F	Seattle Gen. Hosp.	IN
K	1	0049	10014	Duendenger	Cora S.	1902	Aug	29	035	F	Seattle Gen. Hosp.	
K	1	0055	15975	Duff	Baby	1906	Mar	04	s/b	F	Seattle	WA
K	1	0045	03765	Duff	Kate	1898	Sep	26	037	F	Seattle	
K	1	0057	18488	Duff	Rose M.	1907	May	03	02m	F	Seattle	WA
				Duffy		1901	Jun			F	Prov. Hosp.	MN
				Duffy		1898	Apr			F	Seattle	SEA
K	1	0054	14956	Duffy	B. A.	1905	Jun	08	043	M	Georgetown	NY
K	1	0057	17711	Duffy	Bamey	1907	Jan	14	062	M	Issaquah	IRL
K	1	0058	18738	Duffy	Gladys V.	1907	Jun	09	003	F	Seattle	WA
K	1	0051	11578	Duffy	Harry	1903	Aug	10	001	M	1010 Republican St.	SEA
K	1	0057	18443	Duffy	James	1907	May	04	045	M	Georgetown	---
K	1	0043	02002	Duffy	Julia	1896	Jan	22	073	F	Jackson, WA	
K	1	0048	06394	Duffy	Mary	1901	Jun	14	021	F	Prov. Hosp.	
K	1	0045	03467	Duffy	Owen	1898	May	20	053	M	Seattle	
K	1	0045	03379	Duffy	R.M.	1898	Apr	30	014	F	Seattle	
K	1	0046	04603	Duffy	Thos.	1899	Sep	26	09m	M	Seattle	
				Dufrisne		1902	Oct			M	Claim #10 Dexter Crk. AK	LA
K	1	0049	10271	Dufrisne	J. A.	1902	Oct	12	048	M	Clm #10 Dexter Crk. AK	
K	1	0054	14930	Dugan	Mary C.	1905	Aug	01	078	F	Auburn	VT
K	1	0043	02260	Duggan	Jack	1896	---	--	028	M	----	
K	1	0051	11473	Dugo	Frances	1903	Jul	27	081	M	Seattle Gen Hospital	---
				Duke		1902	Jan			F	Green Lake	NY
K	1	0049	07208	Duke	Agnes M.	1902	Jan	22	051	F	Green Lake	
K	1	0056	16723	Duke	Baby	1906	Aug	19	s/b	F	Seattle	WA
K	1	0055	15846	Dulin	Baby	1906	Feb	04	s/b	F	Seattle	WA
				Dullum		1898	Mar			M	Seattle	NRY
K	1	0044	03269	Dullum	J.R.	1898	Mar	08	039	M	Seattle	
K	1	0048	06567	Dumontier	Richard	1901	Jun	07	018		Transport body	
				Dumphy		1903	May			M	King Co. Hosp.	CT
K	1	0050	11056	Dumphy	Patrick	1903	May	24	050	M	King Co. Hosp.	
				Dunbar		1897	Feb			M	Providence Hosp.	US
K	1	0044	02636	Dunbar	J.	1897	Feb	11	024	M	Providence Hosp.	
K	1	0051	11469	Duncam	Mrs. Eva	1903	Jul	15	048	F	1420 • 4th Ave	MN
				Duncan		1901	Jun			M	Steillacom	TN
				Duncan		1900	Oct			F	Seattle	SEA
				Duncan		1903	May			F	Green Lake	SEA
				Duncan		1903	Feb			F	King Co. Hosp.	PA

S	R	PG	REC	LASTNAME	FIRSTNAME	DETH	MN	DT	AGE	S	DEATHPLACE	BIRTH
				Duncan		1893	Dec			M	Prov. Hosp.	SCT
				Duncan		1894	Nov			F	1217 Wash. St.	WA
				Duncan		1901	Dec			F	Fremont	sme
K	1	0048	07027	Duncan	----	1901	Dec	02	s/b	F	Fremont	
K	1	0043	01386	Duncan	Christina	1894	Nov	25	036	F	1217 Wash. St.	
K	1	0050	10796	Duncan	Eliza	1903	Feb	14	064	F	King Co. Hosp.	
K	1	0050	11231	Duncan	Eva	1903	May	20	03m	F	Green Lake	
K	1	0054	14696	Duncan	Fred	1905	Jun	02	001	M	Seattle	WA
K	1	0054	14276	Duncan	George S.	1905	Mar	04	001	M	Seattle	WA
K	1	0048	06392	Duncan	Gordon E.	1901	Jun	27	024	M	Steillacom	
K	1	0042	00676	Duncan	J.A.	1893	Dec	01	045	M	Prov. Hosp.	
K	1	0047	05614	Duncan	Jessie M.	1900	Oct	25	11m	F	Seattle	
K	1	0055	15694	Duncan	Maggie M.	1906	Jan	21	005	F	Seattle	MT
K	1	0053	13964	Duncan	Roy C.	1905	Jan	21	03m	M	2029 Waverly Pl	WA
				Dunckers		1900	Jun			M	Black Diamond	sme
K	1	0047	05369	Dunckers	----	1900	Jun	30	02m	M	Black Diamond	
K	1	0056	16311	Dundar	Nellie	1906	May	05	026	F	Seattle	MI
				Dung		1896	Oct			M	112 Orion St.	NJ
K	1	0044	02439	Dung	Baby	1896	Oct	24	05d	M	112 Orion St.	
				Dunham		1903	May			F	Monad Hosp.	NY
K	1	0053	13196	Dunham	Elias F.	1904	Aug	21	060	M	4214 10 Ave NE(b.N Brunwick	---
K	1	0050	11232	Dunham	James	1903	May	24	057	F	Monad Hosp.	
K	1	0043	02158	Dunken	Rachel	1896	Apr	13	006	F	8th & Weller	
				Dunkers		1894	Aug			M	Franklin	AMR
K	1	0042	01050	Dunkers	Christopher	1894	Aug	24	019	M	Franklin	
				Dunkin		1903	Apr			F	Crittenton Home	IA
K	1	0050	11054	Dunkin	Bessie	1903	Apr	25	018	F	Crittenton Home	
K	1	0042	00498	Dunlap	Joseph	1893	Mar	03	077	M	Seattle	
K	1	0052	12708	Dunlap	Lucy M.	1904	May	13	034	F	Dunlap, WA	MN
				Dunn		1894	Aug			M	Cor. Ky. & Temperance	ENG
				Dunn		1895	May			M	Seattle	KS
				Dunn		1902	Jan			F	Latona	WI
K	1	0053	13670	Dunn	-----	1904	Nov	29	19d	F	Seattle Gen. Hosp.	SEA
K	1	0043	01152	Dunn	Alfred	1894	Aug	18	043	M	Cor. Ky. & Temperance	
K	1	0049	07207	Dunn	Anna	1902	Jan	25	032	F	Latona	
K	1	0051	12143	Dunn	Edward	1903	Dec	07	035	M	Cor Main/R R Ave	---
K	1	0052	12941	Dunn	J. Henry	1904	Jun	16	026	M	Mercer Slough	---
K	1	0051	11575	Dunn	John	1903	Aug	30	055	M	Seattle Gen.	---
K	1	0053	13510	Dunn	John	1904	Oct	31	052	M	Wayside E. Hosp.	USA
K	1	0057	18005	Dunn	Marie	1907	Mar	01	011	F	Seattle	WI
K	1	0054	14813	Dunn	Mary	1905	Jul	03	026	F	Seattle	KY
K	1	0043	01482	Dunn	Reda	1895	Mar	17	016	F	Seattle	
K	1	0043	01650	Dunn	Scott	1895	May	18	020	M	Seattle	
K	1	0053	13963	Dunn	Thomas D.	1905	Jan	21	042	M	1517 11th Ave	WI
K	1	0045	04004	Dunne	Eliza	1898	Dec	21	040	F	Seattle	
K	1	0054	15431	Dupes	Charles	1905	Nov	10	003	M	Seattle	WA
K	1	0051	11576	Dupre	Rosena A.	1903	Aug	16	057	F	Georgetown, WA	IN
K	1	0052	12282	Dural	Mrs. Peter	1904	Jan	29	061	F	King Co. Hospital	CND
K	1	0055	15851	Durant	George	1906	Feb	21	050	M	Seattle	NH
K	1	0044	02680	Durant	W.H.	1897	Mar	20	066	M	Seattle Gen'l Hosp.	
				Duranti		1900	May			M	Seattle	ITL
K	1	0046	05288	Duranti	Prof. D.	1900	May	18	048	M	Seattle	
				Durfer		1901	Jan			M	Ballard	NY
K	1	0047	05972	Durfer	Capt. L.B.	1901	Jan	30	033	M	Ballard	
K	1	0055	16092	Durham	Leonard E.	1906	Apr	16	05m	M	South Park	WA
				Durian		1900	Sep			-	Dawson, AK	RUS
K	1	0047	05744	Durian	Rudolph	1900	Sep	28	---	-	Dawson, AK	
				Durie		1896	Apr			F	Seattle	SEA
K	1	0043	02159	Durie	Minnie Lanourtle	1896	Apr	13	002	F	Seattle	
K	1	0057	17710	Durkin	Sarah H.	1907	Jan	10	080	F	W. Seattle	IRL
				Durnam		1902	Dec			M	2821 1st Ave.	MN
K	1	0049	10275	Durnam	Albert	1902	Dec	05	024	M	2821 1st Ave.	
K	1	0055	16091	Durocher	Pauline	1906	Apr	16	04m	F	West Seattle	WA

S	R	PG	REC	LASTNAME	FIRSTNAME	DETH	MN	DT	AGE	S	DEATHPLACE	BIRTH
K	1	0058	18736	Durocher	Violet W	1907	Jun	06	020	F	Seattle	MI
K	1	0042	00898	Dusharm	Frank	1894	Apr	18	035	M	Seattle	
				Duston		1900	Apr			M	Seattle	MI
K	1	0046	05159	Duston	H.H.	1900	Apr	28	024	M	Seattle	
				Dutton		1898	May			M	Bothell	WA
				Dutton		1898	May			F	Bothell	MI
K	1	0045	03438	Dutton	Grace	1898	May	06	012	F	Bothell	
K	1	0045	03437	Dutton	Leroy	1898	May	01	009	M	Bothell	
K	1	0046	04986	Duttys	Max	1900	Mar	26	---	M	Summit	
				Duval		0	---			F	Dawson, Y.T.	---
K	1	0056	16545	Duvall	William J.	1906	Jun	05	057	M	Georgetown	NY
K	1	0048	06662	Duvat	Gertie	----	---	--	---	F	Dawson, Y.T.	
				Dwelley		1903	Apr			M	Prov Hosp.	ME
K	1	0050	11052	Dwelley	John	1903	Apr	11	073	M	Prov Hosp.	
				Dwyer		1902	Jan			M	King Co. Hosp.	IRL
				Dwyer		1892	Jun			M	Poor Farm	IRL
				Dwyer		1902	Apr			M	616 Fairview Ave.	SEA
				Dwyer		1902	Apr			F	616 Fairview St.	NH
				Dwyer		1902	Nov			M	1623 Harvard Ave.	IRL
K	1	0049	07540	Dwyer	Baby	1902	Apr	10	---	M	616 Fairview Ave.	
K	1	0049	10270	Dwyer	Edw. F.	1902	Nov	11	069	M	1623 Harvard Ave.	
K	1	0042	00324	Dwyer	Jerry	1892	Jun	15	048	M	Poor Farm	
K	1	0049	07204	Dwyer	Martin	1902	Jan	04	043	M	King Co. Hosp.	
K	1	0049	07741	Dwyer	Mary E.	1902	Apr	23	028	F	616 Fairview St.	
K	1	0054	15399	Dwyer	Thomas	1905	Nov	14	035	M	Black River Junc.	---
K	1	0056	16449	Dybival	Olufine	1906	Jun	13	027	F	Seattle	NRY
				Dye		1902	Jun			M	Seattle	NY
K	1	0053	13192	Dye	-----	1904	Aug	03	s/b	M	425 16th Ave	SEA
K	1	0049	07786	Dye	Albert E.	1902	Jun	16	059	M	Seattle	
K	1	0055	16144	Dye	Chloe	1906	Apr	17	049	F	Seattle	OH
				Dyer		1901	Feb			M	Seattle	WA
K	1	0056	16593	Dyer	Gilbert W.	1906	Jul	17	036	M	Seattle	MN
K	1	0054	15299	Dyer	Lillie M.	1905	Oct	01	045	F	Seattle	IL
K	1	0047	06088	Dyer	Raymond E.	1901	Feb	16	07m	M	Seattle	
				Dykeman		1901	Jan			F	Brighton Beach	NY
K	1	0047	05975	Dykeman	Mary L.	1901	Jan	18	041	F	Brighton Beach	
K	1	0052	13062	Dymond	J. T.	1904	Jul	26	30	M	Richeliew Hotel	---
K	1	0065	12003	Eagan	Sarah	1903	Nov	16	050	F	Monod Hosp.	MN
K	1	57	6905	Eagen	Mr. T.	1901	Sep	26	57	M	South Park	NY
K	1	0054	00387	Earl	E.M.	1894	Nov	06	030	M	Prov. Hospital	
K	1	0065	11749	Earley	Patrick	1903	Sep	26	050	M	Police Station	---
K	1	58	9935	Early	Clara M.	1902	Jul	7	18	F	Seattle	WI
K	1	56	4208	Easterly	Harriett	1899	Mar	24	32	F	Seattle	
K	1	0067	16600	Eastman	Caltha	1906	Jul	27	19d	F	Seattle	WA
K	1	0065	11582	Eastman	W. L.	1903	Aug	16	040	M	1201 1st Ave.	---
				Easton		1896	Apr			F	Fremont	CND
K	1	0055	02162	Easton	Amelia M.	1896	Apr	20	058	F	Fremont	
K	1	56	4167	Easty	Mary	1899	Mar	7	28	F	Seattle	ENG
K	1	57	6497	Easveld	Clarence	1901	Jun	15	2	M	Seattle	MT
				Eaton		1897	Feb			F	Yesler House	MA
K	1	0056	03543	Eaton	C. nr	1898	Jun	03	006	M	Seattle	
K	1	58	10800	Eaton	Leonia	1903	Mar	11	21	F	512 Eatman St.	MT
K		58	10800	Eaton	Leonia	1903	Mar	11	21	F	512 Eatman St.	
K	1	0055	02638	Eaton	Mary	1897	Feb	06	050	F	Yesler House	
K	1	57	5693	Ebans	E. T.	1900	Oct	21	52	M	Co. Hosp.	ENG
				Ebbinghouse		1898	Jan			M	Prov Hosp.	GER
K	1	0055	03125	Ebbinghouse	Chas.	1898	Jan	19	060	M	Prov. Hosp.	
K		58	10190	Ebey	Mary Irving	1902	Sep	11	48	F	539 2nd Ave. W.	
K	1	58	10190	Ebey	Mary Irving	1902	Sep	11	48	F	539 2nd Ave. W.	LA
				Ebinghouse		1897	Feb			F	Maple Leaf	WA
				Ebner		1896	Jan			F	Hotel Butler	ME
K	1	0055	02006	Ebner	Etta	1896	Jan	27	037	F	Hotel Butler	
K	1	0066	13336	Ech	Joseph I.	1904	Sep	14	068	M	2323 8th Ave	PA

S R	PG	REC	LASTNAME	FIRSTNAME	DETH	MN	DT	AGE	S	DEATHPLACE	BIRTH
K 1	0065	11475	Echt	Minnie C.	1903	Jul	25	032	F	General Hosp.	KY
K 1	0055	01846	Eckart	Charles	1895	Sep	18	07m	M	2611 West St.	
K 1	0066	15433	Eckert	Edward G. Jr.	1905	Nov	01	01m	M	Seattle	WA
K 1	56	5091	Eckert	J.B.	1900	Mar	18	32	M	Seattle	
K 1	0066	13450	Eckhardt	August	1904	Sep	17	033	M	SEA General Hosp.	IL
K 1	0066	15019	Eckles	John	1905	Aug	02	052	M	Seattle	PA
K 1	57	6285	Eckles	W. M.	1901	Apr	23	35	M	Seattle	IL
			Eckloff		1895	Dec			M	Seattle	SEA
K 1	0055	01850	Eckloff	John	1895	Dec	17	02y	M	Seattle	
K 1	58	10924	Eckman	Augusta	1903	Mar	17	24	F	2209 8th Ave	DNK
K 1	0066	15302	Eckman	Baby	1905	Oct	12	s/b	M	Seattle	WA
K 1	58	7434	Eckstrand	John H.	1902	Mar	10	73	M	519 Rep.	SWD
K 1	0066	15018	Eddinfield	Charles	1905	Jul	31	064	M	Seattle	---
K 1	0067	17260	Eddman	Flo	1906	Nov	21	08m	F	Seattle	WA
K 1	0067	16907	Edds	George	1906	Aug	29	01m	M	Seattle	WA
K 1	58	11241	Eddy	Lillian Conway	1903	May	30	39	F	Prov. Hosp.	MI
K 1	0068	18744	Eddy	Thomas	1907	Jun	03	040	M	Seattle	---
K 1	57	6904	Eden	Wm.	1901	Oct	24	40	M	Seattle Gen. Hosp.	CND
K 1	0066	14423	Edenholm	Baby	1905	Apr	01	s/b	M	Seattle	WA
K 1	0068	17261	Edenholm	Lillian F.	1906	Nov	24	007	F	Seattle	PA
K 1	0066	14698	Edgar	Robert	1905	Jun	04	080	M	Seattle	IRL
K 1	0065	12005	Edgar	Samuel	1903	Nov	03	065	M	Ft/ME St	IRL
K 1	0065	12388	Edgar	William	1904	Feb	02	045	M	King Co. Hosp.	SCT
K 1	0055	02261	Edgar	William	1896	Jun	01	022	M	Genl Hosp.	
K 1	57	5756	Edith		1900	Aug	24	0	F	Crittenton Home	SEA
			Edlund		1898	Dec			F	Georgetown	WA
K 1	0056	04008	Edlund	Maud H.	1898	Dec	22	---	F	Georgetown	
K 1	0065	13064	Edmondson	Mrs. Millie	1904	Jul	02	053	F	Monod Hosp.	---
			Edmondston		1898	Jun			F	Pt. Madison	KS
K 1	0056	03546	Edmondston	Grace (snt to Kitsap C	1898	Jun	30	016	F	Pt. Madison	
			Edmunds		1900	May			M	E. Columbia	WLS
			Edmunds		1899	Oct			M	Seattle	SEA
K 1	56	4646	Edmunds	Amod	1899	Oct	9	5	M	Seattle	SEA
K 1	56	5210	Edmunds	David	1900	May	2	43	M	E. Columbia	WLS
K 1	0066	13678	Edson	Ernest	1904	Nov	07	026	M	Prov. Hosp.	SWD
K 1	0066	13472	Edson	Guy	1904	Sep	15	028	M	S. Park	WI
K 1	0065	11875	Edson	Hiram D.	1903	Oct	16	022	M	S. Pk.	WI
K 1	0065	12092	Edson	Hiram D.	1903	Oct	16	022	M	River Park	WI
K 1	0066	13213	Edvers	Janet M.	1904	Aug	25	001	F	310 Harvard Ave N.	SEA
			Edwards		1897	Oct			F	2015 30th Ave.	PA
			Edwards		1898	Jun			F	Seattle	NB
			Edwards		1892	Sep			F	Black Diamond	WA
			Edwards		1899	Jun			F	Ballard	MO
			Edwards		1895	Mar			F	Black Diamond	sme
K 1	0054	00358	Edwards	----	1892	Sep	01	01m	F	Black Diamond	
K 1	57	5980	Edwards	A. J. Capt.	1901	Jan	24	74	M	Genl. Hosp.	IL
K 1	0054	00916	Edwards	Benjamin	1894	Apr	08	020	M	Ballard	
K 1	0054	00752	Edwards	Capt John	1894	Mar	07	055	M	Yesler Ave. & Squire Ave.	
K 1	0066	13682	Edwards	Charles	1904	Dec	19	030	M	3rd Ave/Jeff. St.	---
K 1	0065	11745	Edwards	Hope	1903	Sep	27	01m	F	Gen. Hosp.	SEA
K 1	0067	16271	Edwards	Leah	1906	May	13	048	F	Blk. Diamond	WLS
K 1	0055	01977	Edwards	Lenora	1895	Dec	14	050	F	So. Seattle Co. Hosp.	
K 1	0056	03850	Edwards	Lizzie	1898	Oct	28	017	F	----	
K 1	0056	03544	Edwards	M.B.	1898	Jun	14	014	F	Seattle	
K 1	0067	16725	Edwards	Margaret	1906	Jul	30	059	F	Seattle	WLS
K 1	0055	02970	Edwards	Margaret J.	1897	Oct	05	029	F	2015 30th Ave.	
K 1	56	4403	Edwards	Mary P.	1899	Jun	9	52	F	Ballard	MO
K 1	0067	16599	Edwards	Pearl	1906	Jul	20	004	F	Seattle	NY
K 1	0066	14559	Edwards	Rex	1905	May	29	046	M	Seattle	OH
K 1	0054	01147	Edwards	Twins	1895	Mar	05	07d	F	Black Diamond	
K 1	56	4053	Edwards	William	1899	Jan	10	30	M	Ballard	
K 1	57	7210	Edwards	Wm.	1902	Jan	2	55	M	City Hall	US
K 1	0068	18017	Edwarss	Roy W.	1907	Mar	25	024	M	Seattle	MI

S	R	PG	REC	LASTNAME	FIRSTNAME	DETH	MN	DT	AGE	S	DEATHPLACE	BIRTH
				Edwin		1898	Mar			M	Seattle Preston,	WA
K	1	0056	03274	Edwin	Oscar H.	1898	Mar	04	002	M	Seattle	
				Efer		1898	Dec			M	Seattle	GER
K	1	0056	03979	Efer	William	1898	Dec	11	050	M	Seattle	
				Egan		1898	Aug			M	Seattle	MN
				Egan		1895	Oct			F	979 Hyde St.	sme
K	1	0055	01847	Egan	Baby	1895	Oct	05	07d	F	979 Hyde St.	
K		58	10103	Egan	Daniel Francis	1902	Sep	1	20	M	1014 Harrison	
K	1	58	10103	Egan	Daniel Francis	1902	Sep	1	20	M	1014 Harrison	PA
K	1	0056	03692	Egan	John	1898	Aug	01	040	M	Seattle	
K	1	0065	13066	Egan	John Lot	1904	Jul	15	028	M	1207 E. Howell	NY
K	1	0065	13202	Egbers	Mrs. Emma	1904	Aug	23	047	F	560 • 1st Ave S.	VT
K	1	57	6604	Egbert	E. M.	1901	Jul	16	36	M	Seattle	PA
K	1	0067	17024	Egdtvet	Effie P.	1906	Sep	27	021	F	Ballard	MN
K	1	0068	18247	Egermann	Mary	1907	Apr	22	010	F	Seattle	MN
K	1	0068	17391	Egermann	Michael	1906	Dec	17	003	M	Seattle	WA
				Eggan		1893	May			M	Seattle	SEA
				Eggan		1894	Feb			F	1822 8th St.	SEA
				Eggan		1894	Oct			F	Foot of Thomas St.	SEA
K	1	0054	01268	Eggan	Angus Signite	1894	Oct	14	02m	F	Foot of Thomas St.	
K	1	0054	00540	Eggan	Paul C.	1893	May	06	20m	M	Seattle	
K	1	0054	00813	Eggan	Signie Constana	1894	Feb	22	10m	F	1822 8th St.	
K	1	0067	16598	Egge	Barbara	1906	Jul	16	069	F	Seattle	NRY
K	1	0067	16547	Eggleston	Charles	1906	Jul	26	044	M	W. Seattle	NY
K	1	0065	12947	Egman	Martha T.	1904	Jun	14	068	F	1308 Minor Ave	PA
K	1	57	6498	Ehman	F. H.	1901	Jun	13	54	M	Seattle	MO
K	1	0067	16910	Ehrenberg	Therese	1906	Sep	20	076	F	Seattle	GER
K	1	0067	16453	Eide	Henry	1906	Jun	16	051	M	Seattle	NRY
				Eidemiller		1902	Dec			M	139 27th St.	IA
K	1	58	10518	Eidemiller	Henry	1902	Dec	8	40	M	139 27th St. No.	IA
K	1	0050	10518	Eidemiller	Henry	1902	Dec	08	040	M	139 27th St.	
K	1	56	4032	Eidemiller	Mary	1899	Jan	2	7	F	Seattle	SEA
				Eidson		1898	Oct			F	Seattle	KY
K	1	0056	03849	Eidson	Sallie	1898	Oct	12	037	F	Seattle	
				Eijanson		1897	Jan			F	Seattle	PA
K	1	0055	02608	Eijanson	A.E.	1897	Jan	22	058	F	Seattle	
				Einstein		1896	Jan			F	1620 2nd Ave.	GER
K	1	0055	02004	Einstein	Therese	1896	Jan	04	060	F	1620 2nd Ave.	
K	1	0055	02142	Einstein	Therese	1896	Jan	04	060	F	1620 2nd St.	
K	1	0068	18016	Eisenbies	Lottie	1907	Mar	13	013	F	Seattle	WA
K	1	0066	14558	Eke	Nels A.	1905	May	22	011	M	Ballard	SWD
				Eklund		1896	Jul			F	Seattle Genl Hosp.	OR
K	1	0067	16149	Eklund	Baby	1906	Apr	17	s/b	M	Seattle	WA
K	1	0054	01756	Eklund	Baby	1895	Aug	03	05h	F	Stewart St.	
K	1	0055	02297	Eklund	Mary	1896	Jul	09	022	F	Seattle Genl Hosp.	
K	1	0054	00703	Elam	James	1893	Dec	10	027	M	Lake Union	
K	1	0067	16908	Elbert	H. J.	1906	Sep	02	050	M	Seattle	---
K	1	0066	14557	Eldange	Rose A.	1905	May	09	026	F	Seattle	IA
				Elder		1893	Jan			M	Seattle	PA
K	1	0068	17512	Elder	James	1906	Dec	10	13d	M	Skykomish	WA
K	1	0065	13201	Elder	Jane	1904	Aug	06	077	F	210 18 Ave N	PA
K	1	0054	00481	Elder	T.B.	1893	Jan	20	066	M	Seattle	
K	1	0066	15301	Eldridge	Mrs. E. M.	1905	Oct	07	071	F	Seattle	---
K	1	0068	18899	Elefson	Ole	1907	Nov	29	052	M	Seattle	NRY
K	1	0065	12633	Elina	Helga	1904	Apr	28	30d	F	Richmond	sme
K	1	0068	18012	Eliot	Lesseta	1907	Mar	01	023	F	Seattle	AR
K	1	0068	18438	Elkington	Florence M.	1907	May	22	007	F	Ballard	MI
				Elliot		1891	Aug			M	Seattle	SEA
K	1	0054	00021	Elliot	Bennie	1891	Aug	18	15d	M	Seattle	
				Elliott		1900	Apr			M	King Co. Hosp.	IRL
				Elliott		1899	Apr			F	Seattle	OH
K	1	0068	17595	Elliott	Blanche F.	1907	Jan	29	043	F	Seattle	IL
K	1	0065	11746	Elliott	C. B.	1903	Sep	10	070	M	King Co. Hosp.	MA

S	R	PG	REC	LASTNAME	FIRSTNAME	DETH	MN	DT	AGE	S	DEATHPLACE	BIRTH
K	1	56	4286	Elliott	Francis A.	1899	Apr	18	44	F	Seattle	OH
K	1	0065	12150	Elliott	George E.	1903	Dec	27	035	M	Wayside Hosp.	---
K	1	0068	18018	Elliott	J. Milton	1907	Mar	27	014	M	Seattle	MN
K	1	57	6496	Elliott	Maggie	1901	Jun	21	47	F	Seattle	NB
K	1	0065	11748	Elliott	Margaret	1903	Sep	18	03m	F	2315 N 65th St.	SEA
K	1	0055	02797	Elliott	Margaret G.	1897	Jun	26	026	F	Seattle	
K	1	56	4982	Elliott	Tom	1900	apr	11	73	M	King Co. Hosp.	IRL
K	1	58	11243	Elliott	infant	1903	May	22		F	South Seattle	SEA
K		58	11243	Elliott	infant	1903	May	22		F	South Seattle	
				Ellis		1894	Mar			M	Renton, WA	WLS
K	1	0067	16150	Ellis	Albir H.	1906	Apr	24	051	F	Seattle	ME
K	1	0067	17098	Ellis	Amanda	1906	Oct	19	024	F	Seattle	WA
K	1	0065	11583	Ellis	Andrew	1903	Aug	27	034	M	King Co. Hosp	NRY
K	1	57	6902	Ellis	Asbria	1901	Oct	19	14	F	Seattle Gen. Hosp.	SWD
K	1	0066	15303	Ellis	Austin R.	1905	Oct	31	024	M	Seattle	CA
K	1	0067	16317	Ellis	Baby	1906	May	27	01d	F	Seattle	WA
K	1	0066	14428	Ellis	Baby	1905	Apr	29	s/b	M	Seattle	WA
K	1	0066	14281	Ellis	Baby	1905	Mar	12	s/b	M	Seattle	WA
K	1	0065	12285	Ellis	Baby	1904	Jan	16	---	F	218 27 Ave N	SEA
K	1	0055	02497	Ellis	Dorcas	1896	Nov	19	019	F	1514 8th St.	
K	1	58	9934	Ellis	Guy A.	1902	Jul	27	1	M	Seattle	WA
K	1	57	5668	Ellis	Infant	1900	Sep	7	0	F	Seattle	SEA
K	1	0054	00749	Ellis	John	1894	Mar	01	042	M	Renton, WA	
K	1	0067	16909	Ellis	John M.	1906	Sep	07	024	M	Seattle	WA
K	1	0067	15554	Ellis	Laura	1905	Dec	31	039	F	Seattle	IL
K	1	58	7213	Ellis	Lincoln G.	1902	Jan	16	38	M	Fort. Steilacom	MS
K	1	0065	12148	Ellis	Lorenzo	1903	Nov	18	083	M	23 Ave/King St	VT
K	1	0065	12238	Ellis	Perl Woodward	1903	Feb	03	009	F	Lester	MT
K	1	0068	18502	Ellis	Sarah E.	1907	May	16	053	F	Seattle	ENG
K	1	56	4140	Ellis	Wm.	1899	Feb	4	60	M	Seattle	
K	1	0066	13681	Ellsworth	Antoine	1904	Dec	12	060	M	2nd Ave S/Main	MA
K	1	58	11057	Ellsworth	Gregory	1903	Apr	1	31	M	2200 Yesler Way	IL
K		58	11057	Ellsworth	Gregory	1903	Apr	1	31	M	2200 Yesler Way	
K	1	0068	17713	Elmer	Peter	1907	Jan	06	041	M	Georgetown	GER
K	1	0068	18248	Elmore	Baby	1907	Apr	29	s/b	M	Seattle	WA
				Elms		1896	Oct			M	Chicago House	SEA
K	1	0055	02441	Elms	Edward E.J.	1896	Oct	14	05m	M	Chicago House	
K	1	57	6427	Elms	John C.	1901	May	14	46	M	Seattle Gen. Hosp.	SWD
K	1	0054	01279	Elms	Lilly L.	1894	Oct	23	07m	F	508 Commercial St.	
K	1	0065	13067	Elsasser	Fred	1904	Jul	21	026	M	-----	---
K	1	0067	16316	Elsteriet	August	1906	May	25	041	M	Seattle	GER
K	1	0067	17259	Elvidge	Mary	1906	Nov	06	076	F	Seattle	ENG
				Elwell		1895	Aug			M	Seattle	WA
K	1	0054	01715	Elwell	E.A.	1895	Aug	23	05m	M	Seattle	
K	1	57	6972	Elwell	Wallace E.	1901	Nov	22	45	M	West Seattle	ME
K	1	58	10641	Ely	Albert	1903	Jan	13	55	M	Alaska Commercial Hotel	
K	1	0066	13968	Ely	Amanda	1905	Jan	27	080	F	123 - 24th Ave	IN
K	1	57	6798	Ely	John D.	1901	Sep	5		M	Seattle	US
				Emard		1895	Apr			F	Woodland Park	sme
				Emard		1897	Jul			M	Broad & Water St.	MI
K	1	0054	01618	Emard	Baby	1895	Apr	10	30m	F	Woodland Park	
K	1	57	5835	Emard	Benj. B.	1900	Nov	12	53	M	Seattle	CND
K	1	0055	02834	Emard	Fred	1897	Jul	19	022	M	Broad & Water St.	
K	1	0066	13511	Emenes	R. B.	1904	Oct	06	052	M	Monod Hosp.	WI
				Emerson		1898	Dec			M	Seattle	MN
K	1	57	5981	Emerson	Geo. J.	1901	Jan	6	24	M	Seattle	WA
K	1	58	7742	Emerson	James L.	1902	Mar	27	42	M	Chehalis River	NB
K	1	0067	15553	Emerson	Jessie R.	1905	Dec	19	030	F	Seattle	IL
K	1	0056	03973	Emerson	Michael T.	1898	Dec	08	028	M	Seattle	
K	1	0055	02210	Emerson	Peter J.	1896	May	19	026	M	1112 10th St.	
K	1	0066	14965	Emerson	Ralph W.	1905	Aug	26	33	M	Georgetown	OR
K	1	57	7211	Emerson	Rev. Charles	1902	Jan	25	83	M	1819 7th Ave.	ME
K	1	0056	03766	Emerson	Susie	1898	Sep	18	025	F	Denver, CO	

S R PG	REC	LASTNAME	FIRSTNAME	DETH	MN	DT	AGE	S	DEATHPLACE	BIRTH
		Emery		1900	Mar			F	Ballard	sme
K 1 58	10249	Emery	Arthur Roy	1902	Dec	12	3	M	Snoqualmie, WA	WA
K 1 56	5011	Emery	C. A.	1900	Mar	14	0	F	Ballard	WA
K 1 57	6425	Emery	C. D.	1901	May	15	68	M	Seattle	PA
K 1 58	10248	Emery	Cora May	1902	Dec	22	6	F	Snoqualmie, WA	WA
K 1 0065	11876	Emmerson	Mrs. Margarett	1903	Oct	28	031	F	Prov. Hosp.	CA
K 1 58	10279	Emmirson	Margaret	1902	Nov	29	15	F	1155 Franklin Ave.	TX
		Emmons		1891	Oct			F	Seattle Pt. Angeles,	WA
		Emmons		1894	Mar			M	Dyer Ave	WA
		Emmons		1898	Jun			F	Seattle	NY
K 1 0054	00814	Emmons	3 Triplets	1894	Mar	25	01h	M	Dyer Ave	
K 1 0054	00085	Emmons	Rozie	1891	Oct	04	05m	F	Seattle	
K 1 0056	03542	Emmons	S.M.	1898	Jun	01	076	F	Seattle	
K 1 0068	17593	Emmons	Thaddeus W.	1907	Jan	08	070	M	Seattle	OH
K 1 0067	15854	Emory	George	1906	Feb	27	030	M	Seattle	---
K 1 0067	16596	Emory	George M.	1906	Jul	09	037	M	Seattle	GA
K 1 56	4473	Emrie	Harry	1899	Jul	19	74	M	Ballard	OH
k 1 57	7035	Emsly		1901	Nov	19	20	M	321 27th Ave. No.	WA
K 1 57	6092	Engbren	O.	1901	Apr	12	74	M	Seattle	SWD
K 1 57	5380	Engbretson	Edwin H.	1900	Jun	9	2	M	Seattle	WA
		Engdahl		1892	Oct			F	Franklin	IL
		Engdahl		1894	Aug			M	Franklin	SWD
K 1 0054	01052	Engdahl	Andrew	1894	Aug	24	033	M	Franklin	
K 1 0067	17097	Engdahl	John	1906	Oct	15	074	M	Seattle	SWD
K 1 0054	00403	Engdahl	Rosa	1892	Oct	27	029	F	Franklin	
K 1 0065	12094	Engel	Alecy	1903	Dec	15	031	M	King Co. Hosp.	GER
K 1 0067	15434	Engel	Ernest M.	1905	Nov	05	075	M	Seattle	GER
K 1 0065	12149	Engelbrecht	Erulstine	1903	Dec	15	068	F	39 Ave/E. Howell	GER
K 1 0065	12391	Engelbrecht	Herman	1904	Feb	21	077	M	1821 14th Ave	GER
K 1 0067	16314	Engelhorn	Ellen S.	1906	May	18	033	F	Seattle	MN
K 1 58	9888	Engelkin	G. W.	1902	Jul	17	20	M	Seattle	GER
K 1 0066	13512	Engelle	Augusta	1904	Oct	06	062	F	9th Ave S./Plummer	GER
		Engels		1901	Jun			F	Seattle	
		Engels		1901	Sep			M	Seattle	
K 1 57	6800	Engels	Marquerette	1901	Sep	16	0	M	Seattle	WA
K 1 57	6499	Engels	Rosie	1901	Jun	4	0	F	Seattle	WA
K 1 0066	15178	Engelskjean	Bergiue	1905	Sep	22	029	F	Seattle	NRY
K 1 0068	17594	Engelson	Baby	1907	Jan	21	06d	F	Seattle	WA
K 1 0068	18503	Engholm	Emma K.	1907	May	24	023	F	Seattle	SWD
K 1 0066	14818	England	Elma D.	1905	Jul	04	016	F	Seattle	WA
K 1 0055	02101	Engle	Elizabeth	1896	Mar	07	054	F	831 Lake Wash Ave.	
		Englebrecht		1894	Aug			M	CorChestnut & P.William St.	GER
K 1 0054	01041	Englebrecht	Walter Franz Rudolph	1894	Aug	08	023	M	CorChestnut & P.William St.	
		Engler		1899	Mar			M	Green Lake	GER
K 1 0067	16842	Engler	Charlie O.	1906	Aug	26	08m	M	Seattle	WA
K 1 56	4175	Engler	Joseph	1899	Mar	10	76	M	Green Lake	GER
K 1 0065	12714	Engles	Peter	1904	May	22	35d	M	S. Seattle	sme
K 1 0068	18893	Engleson	Theodore	1907	May	23	024	M	Seattle	WI
		English		1897	Jul			F	705 7th St. So.	SEA
K 1 0055	02835	English	Baby	1897	Jul	22	01d	F	705 7th St. So.	
K 1 0055	02595	English	Peter	1897	Jan	09	---	M	Ballard, WA	
K 1 56	5303	English	Robert	1900	Jul	3	44	M	Palmer	
K 1 0068	18015	Englishby	Eugene	1907	Mar	18	058	M	Seattle	NY
		Engstrom		1900	Apr			M	Seattle	SEA
K 1 56	5143	Engstrom	Baby	1900	Apr	15	0	M	Seattle	
K 1 0067	17022	Engstrom	Mable E.	1906	Sep	11	04m	F	Seattle	WA
K 1 0067	16546	Engstrom	Oscar	1906	Jul	23	---	M	Georgetown	---
K 1 0066	14422	Engus ?	Baby	1905	Apr	06	s/b	M	Seattle	WA
K 1 0065	12945	Engwall	Mrs. Mary	1904	Jun	02	037	F	Taylor	NRY
		Enins		1897	Jun			M	652 Jackson St.	WA
K 1 0055	02798	Enins	Charles	1897	Jun	30	004	M	652 Jackson St.	
		Ennis		1892	Nov			M	Seattle	NY
K 1 0054	00413	Ennis	Albert	1892	Nov	06	030	M	Seattle	

S	R	PG	REC	LASTNAME	FIRSTNAME	DETH	MN	DT	AGE	S	DEATHPLACE	BIRTH
K	1	0054	01554	Ennis	Bessie	1895	Mar	14	025	F	607 So. 10th St.	
K	1	57	6409	Enos	Francis	1901	May	22	18	F	Seattle	MI
K	1	0054	01477	Enquist	John	1895	Mar	09	030	M	Kent	
K	1	56	4323	Enson	Infant	1899	Apr	6		F	Seattle	SEA
K	1	58	7487	Ent	W. H.	1902	Mar	24	38	M	W.W.H.I. Steilacom	MO
k	1	58	10386	Entwistle	James	1902	Oct	30	70	M	Smith's Cove	NJ
K	1	0055	02209	Entz	I.W.	1896	Apr	28	039	M	Cripple Creek CO.	
K	1	0068	17797	Epperson	Nancy	1907	Feb	16	071	F	Seattle	PA
K	1	0067	16066	Erb	Gus	1906	Mar	13	048	M	Sherwood	---
				Erickson		1898	May			M	Seattle	SEA
				Erickson		1897	Oct			M	Maple Valley	SWD
				Erickson		1897	Aug			M	2208 1st Ave.	SWD
				Erickson		1896	Sep			F	Seattle	NRY
				Erickson		1896	Sep			M	415 Madison St.	BC
				Erickson		1900	Mar			M	Seattle	SEA
				Erickson		1894	Sep			M	Chester & Broadway	SWD
				Erickson		1892	Jan			M	5 mi. from Ballard	SWD
				Erickson		1902	Apr			M	314 5th So.	
				Erickson		1891	Nov			M	Canton	---
				Erickson		1892	Jul			M	Seattle	NRY
K	1	0054	00154	Erickson	A.	1891	Nov	25	040	M	Canton	
K	1	57	6495	Erickson	Albert	1901	Jun	24	25	M	Kirkland, WN	IL
K	1	58	7295	Erickson	Andrew	1902	Feb	19	33	M	King Co. Hosp.	SWD
K	1	59	11245	Erickson	Anna Ericka	1903	Jun	17	15	F	cor. 2nd & Mercer	SWD
K	1	0066	13679	Erickson	August	1904	Nov	10	060	M	917 R NE St	SWD
K	1	0055	02878	Erickson	Axel	1897	Aug	26	031	M	2208 1st Ave.	
K	1	0055	02404	Erickson	Baby	1896	Sep	10	02m	M	415 Madison St.	
K	1	0066	14964	Erickson	Baby	1905	Aug	20	s/b	M	Seattle	WA
K	1	0067	16108	Erickson	Baby	1906	May	06	s/b	F	W. Seattle	NRY
K	1	0065	12284	Erickson	Baby	1904	Jan	11	s/b	F	527 Fairview Ave	SEA
K	1	0055	02405	Erickson	Bessie	1896	Sep	26	038	F	Seattle	
K	1	0054	01239	Erickson	C.F.	1894	Sep	27	037	M	Chester & Broadway	
K	1	58	7593	Erickson	Carl A.	1902	Apr	11	1	M	314 5th So.	WA
K	1	0065	12093	Erickson	Charles	1903	Oct	25	038	M	King Co. Hosp	SWD
K	1	56	5030	Erickson	Ednin	1900	Mar	2	2	M	Seattle	SEA
K	1	57	6598	Erickson	Edw. B.	1901	Jul	18	24	M	Seattle	CA
K	1	57	7031	Erickson	Edwin	1901	Dec	20	7	M	134 Belmont Ave. No.	WA
K	1	57	6903	Erickson	Francis W.	1901	Oct	29	0	M	430 24th Ave.	WA
K	1	0067	15777	Erickson	Fred	1906	Jan	23	040	M	nr. Cape Beale, B.C.	SWD
K	1	58	10244	Erickson	George	1902	Nov	5	29	M	Auburn, WA	MN
K	1	0067	15499	Erickson	Gustave	1905	Dec	13	050	M	Georgetown	NRY
K	1	0068	18245	Erickson	Gustave R.	1907	Apr	01	021	M	Seattle	SWD
K	1	0066	15177	Erickson	Herman	1905	Sep	04	027	-	Seattle	NRY
K	1	57	6981	Erickson	Howard	1901	Dec	19	1ub	M	Auburn	WA
K	1	57	6593	Erickson	Jacob	1901	Jul	20	12	M	Seattle	WA
K	1	58	11058	Erickson	Jacob E.	1903	Apr	2	50	M	510 1st Ave S.	
K	1	0068	17714	Erickson	Johanna	1907	Jan	28	062	F	Ballard	NRY
K	1	0066	13680	Erickson	John	1904	Dec	02	054	M	King Co. Hospital	FIN
K	1	0054	00184	Erickson	John	1892	Jan	09	038	M	5 mi. from Ballard	
K	1	0055	02139	Erickson	Knudt	1896	Apr	19	058	M	Auburn, WA	
K	1	0054	00378	Erickson	Lewis	1894	Nov	23	033	M	Monte Cristo	
K	1	0065	12634	Erickson	Martha	1904	May	09	011	F	Bothell	sme
K	1	57	7033	Erickson	Martha addine	1901	Nov	5	34	F	Fremont	TN
K	1	0066	14427	Erickson	Mary	1905	Apr	18	032	F	Seattle	NRY
K	1	0067	16597	Erickson	Mary V.	1906	Jul	09	004	F	Seattle	WA
K	1	0056	03469	Erickson	O.E.	1898	May	10	06m	M	Seattle	
K	1	0065	12389	Erickson	Olaf	1904	Feb	14	061	M	309 E. Olive	SWD
K	1	0054	00320	Erickson	Peter	1892	Jul	01	032	M	Seattle	
K	1	0068	18501	Erickson	Peter R.	1907	May	15	034	M	Seattle	NRY
K	1	0068	18014	Erickson	Susie	1907	Mar	16	036	F	Seattle	CA
K	1	0055	02974	Erickson	Swan	1897	Oct	16	036	M	Maple Valley	
K	1	58	10799	Erickson	Syebery	1903	Feb	7	78	F	Portland, OR	NRY
K	1	0065	12390	Erickson	Victor H.	1904	Feb	17	004	M	251 Mercer (b.Pt.Townsend	---

S R PG REC	LASTNAME	FIRSTNAME	DETH MN DT AGE	S	DEATHPLACE	BIRTH
K 1 56 4829	Erjanson	Chas. Paul	1900 Jan 7 0	M	Seattle	SEA
K 1 58 7212	Erlandson	Andrew	1902 Jan 22 40	M	Prov. Hosp.	NRY
K 1 0068 17796	Ernst	Charles J	1907 Feb 08 062	M	Seattle	GER
K 1 58 11059	Ernst	Estella M.	1903 Apr 28 41	F	752 Blewett Ave	WI
K 58 11059	Ernst	Estella M.	1903 Apr 28 41	F	752 Blewett Ave	
K 1 56 4789	Ernst	Magdalena	1899 Dec 25 56	F	Seattle	GER
K 1 58 7573	Errickson	Charles	1902 Apr 14 44	M	Prov. Hospital	SWD
K 1 58 7790	Errickson	Lyydi E.	1902 Jul 2 3	F	Seattle	WA
	Ertz		1897 Dec	M	King Co. Hospital	GER
K 1 0055 03077	Ertz	August	1897 Dec 16 070	M	King Co. Hospital	
K 1 0056 03470	Erust	Wesley	1898 May 23 003	M	Seattle	
K 1 0066 13469	Esary	Andrew J.	1904 Sep 30 041	M	Camano	VA
K 1 58 7606	Esary	Myrtle M.	1902 May 11 18	F	722 5th Ave.	WA
K 1 0068 18500	Escher	Merton C.	1907 May 09 04m	M	Seattle	WA
K 1 0065 12006	Escrett	Thomas Luther	1903 Nov 01 24d	M	Fremont	sme
K 1 57 6091	Eshelman	J. H.	1901 Mar 26 28r	M	Ballard	MI
K 1 0055 03189	Eshelman	Mary	1898 Feb 04 079	F	West Seattle	
K 1 0055 01849	Eshleman	Mary A.	1895 Nov 23 041	F	West Seattle	
K 1 57 6799	Esman	Lot	1901 Sep 25 0	M	218 West Lake	WA
K 1 0065 12004	Esman	Willard	1903 Nov 12 02m	M	2203 15 Ave S	SEA
K 1 0065 13065	Esperanza	Mrs. Emelia	1904 Jul 07 047	F	Prov. Hosp.	SPN
K 58 10191	Espesit	Cie ?	1902 Sep 28 24	M	Prov. Hosp.	
K 1 58 10191	Espesit	Cie ?	1902 Sep 28 24	M	Prov. Hosp.	NRY
K 1 0065 13068	Espy	Marinda	1904 Jul 25 065	F	Hillman City	IL
K 1 0068 17390	Estell	William B.	1906 Dec 17 050	M	Seattle	PA
K 1 57 6090	Estep	Sevila (Mrs.)	1901 Feb 22 85	F	Seattle	GER
K 58 11244	Estep	W. H.	1903 Jun 30 60	M	115 19 Ave.	
K 1 58 11244	Estep	W. H.	1903 Jun 30 60	M	115 19 Ave.	OH
K 1 57 5453	Esterbrook	Grace	1900 Jun 9 2	M	Seattle	NY
K 1 0066 15254	Estes	Alice	1905 Sep 05 053	F	Ballard	NY
K 1 0068 18437	Estes	Walsie	1907 May 18 009	F	Ballard (b.Ind. Ter.	---
K 1 0054 01764	Esworthy	E.A.	1895 Aug 03 05h	F	Seattle	
K 1 0055 02346	Eton	Arthur	1896 Aug 04 028	M	Prov. Hosp.	
K 1 56 4344	Ettinger	Elizabeth	1899 May 12 60	F	Near Madison	
K 1 0066 14425	Eugene	Catharine	1905 Apr 09 026	F	Seattle	IRL
K 1 72 10523	Eukai	Y.	1902 Dec 31 26	M	Providence Hosp	JPN
K 1 0054 00724	Eurico	Peter	1893 --- -- ---	M	----	
	Eustic		1895 Nov	F	218 Wall St.	MA
K 1 0055 01848	Eustic	Mrs. Allen	1895 Nov 05 053	F	218 Wall St.	
K 1 58 7607	Euston	Edward	1902 May 5 35	M	Grant St. Bridge	ENG
K 58 10640	Evangelista	Joseph	1903 Jan 26 40	M	Wayside Mission	
K 1 58 10640	Evangelista	Joseph	1903 Jan 26 40	M	Wayside Mission	ITL
	Evans		1895 Feb	M	Franklin	WLS
	Evans		1903 Jan	M	2509 Western Ave.	KS
	Evans		1897 Jan	M	Black Diamond	WLS
	Evans		1899 Kim	M	Seattle Philadelphia,	PA
	Evans		1893 Feb	M	Newcastle	WLS
	Evans		1899 Feb	F	Blk. Diamond	CA
	Evans		1895 Feb	F	216 East Wall St.	KY
	Evans		1896 Mar	M	Seattle Genl Hosp.	MO
	Evans		1897 Aug	M	110 • 4th Ave So.	PA
	Evans		1892 Apr	F	Seattle Newcastle,	WA
	Evans		1892 Jan	F	Newcastle	WLS
K 1 0055 02161	Evans	Annie Mary, Mrs.	1896 Apr 08 018	F	Prov Hosp.	
K 1 0068 17798	Evans	Baby	1907 Feb 24 s/b	F	Seattle	WA
K 1 0067 17219	Evans	Baby	1906 Jul 23 01d	F	Auburn	WA
K 1 0067 16555	Evans	Baby	1906 Jul 23 01d	M	Auburn	WA
K 1 0067 15978	Evans	Baby	1906 Mar 01 s/b	M	Seattle	WA
K 1 0067 16275	Evans	Baby	1906 May 08 01d	M	Hillman	WA
K 1 0055 02102	Evans	Broxon	1896 Mar 12 070	M	Seattle Genl Hosp.	
K 1 58 10637	Evans	Caleb	1903 Jan 1 10	M	2509 Western Ave.	KS
K 1 0050 10637	Evans	Caleb	1903 Jan 01 070	M	2509 Western Ave.	
K 1 58 11242	Evans	Chas. E.	1903 May 5 73	M	Seattle Gen. Hosp.	NY

S R	PG	REC	LASTNAME	FIRSTNAME	DETH	MN	DT	AGE	S	DEATHPLACE	BIRTH
K 1	56	4405	Evans	Chas. Noble	1899	Kim	10	36	M	Seattle	PA
K 1	0068	18745	Evans	Chester A.	1907	Jun	16	072	M	Seattle	NY
K 1	0054	00155	Evans	Christina	1891	Dec	02	022	F	Franklin	
K 1	0054	00490	Evans	David	1893	Feb	03	---	M	Newcastle	
K 1	0065	11580	Evans	Elizabeth	1903	Aug	29	075	F	855 17th Ave S	WLS
K 1	0054	01153	Evans	Elmer	1894	Aug	30	03m	M	207 So. 5th St.	
K 1	0054	01502	Evans	Fannie T.	1895	Feb	26	047	F	216 East Wall St.	
K 1	0066	14820	Evans	Florence	1905	Jul	15	09m	F	Seattle	WA
K 1	0054	01466	Evans	Geo.	1895	Feb	26	035	M	Franklin	
K 1	57	5354	Evans	Hannah	1900	Jul	12	62	F	Seattle	WLS
K 1	0068	18013	Evans	Harold L.	1907	Mar	05	004	M	Seattle	WA
K 1	0066	14082	Evans	Hattie	1905	Jan	11	---	F	Columbia	---
K 1	0055	02836	Evans	Hugh	1897	Jul	29	057	M	Genl Hosp.	
K 1	0068	17511	Evans	J. C.	1906	Dec	07	070	M	Paradise Lk.	---
K 1	0055	02584	Evans	J.B.	1897	Jan	25	056	M	Black Diamond	
K 1	0068	17513	Evans	James M.	1907	Jan	21	076	M	Seattle	VA
K 1	57	6801	Evans	John J.	1901	Sep	2	46	M	Prov. Hosp.	WLS
K 1	0066	14424	Evans	Lois E.	1905	Apr	08	076	F	Seattle	NY
K 1	0054	00178	Evans	Mary	1892	Jan	06	025	F	Newcastle	
K 1	57	6713	Evans	Mary A.	1901	Aug	16	37	F	1901 9th Ave.	WLS
K 1	0065	11581	Evans	Mary A.	1903	Aug	26	03m	F	406 28th Ave S	SEA
K 1	58	10639	Evans	Ollie	1903	Jan	20	1	F	165 Thomas St.	KS
K	58	10639	Evans	Ollie	1903	Jan	20	1	F	165 Thomas St.	
K 1	58	10277	Evans	Pearl	1902	Nov	28	15	F	Prov. Hosp.	KS
K	58	10277	Evans	Pearl	1902	Nov	28	15	F	Prov. Hosp.	
K 1	0066	14819	Evans	Reese	1905	Jul	04	060	M	Seattle	---
K 1	0066	14699	Evans	Roscoe	1905	Jun	15	021	M	Seattle	IL
K 1	56	4155	Evans	Sallie	1899	Feb	10	27	F	Blk. Diamond	CA
K 1	0055	02877	Evans	Thomas	1897	Aug	21	032	M	110 • 4th Ave So.	
K 1	0054	00259	Evans	Zelda D.	1892	Apr	29	006	F	Seattle	
K 1	58	7650	Evanson	Tilla	1902	May	17	37	F	315 3rd Ave W.	NRY
K 1	0065	12713	Evars	Nazirano	1904	Apr	17	049	M	Prov. Hosp	ITL
			Evens		1898	Feb			M	Ballard	MO
K 1	0056	03190	Evens	W.D.	1898	Feb	06	081	M	Ballard	
			Evenson		1898	Jun			M	Seattle	SEA
			Evenson		1903	Jan			M	Cor. Preston & R.R. Ave.	
K 1	0068	18246	Evenson	Christian	1907	Apr	16	074	M	Seattle	NRY
K 1	0056	03545	Evenson	Harold	1898	Jun	16	004	M	Seattle	
K 1	58	10638	Evenson	Henry E.	1903	Jan	19		M	Cor. Preston & R.R. Ave.	WA
K	58	10638	Evenson	Henry E.	1903	Jan	19		M	Cor. Preston & R.R. Ave.	
			Everett		1898	Dec			F	Seattle	IA
K 1	0055	02100	Everett	Geo. M.	1896	Mar	01	060	M	1504 Poplar St.	
K 1	0056	03988	Everett	Grace	1898	Dec	16	035	F	Seattle	
K 1	0067	17023	Everett	Henry	1906	Sep	14	028	M	Barneston	---
K 1	58	10276	Everett	Kathleen	1902	Nov	22	1	F	1606 3rd Ave. W.	WA
K 1	0065	12946	Everhard	Charles A.	1904	Jun	07	047	M	1202 • 7th Ave	WI
K 1	57	7034	Everson	Hilda Oliver	1901	Nov	26	3	F	Queen Anne Hill	CA
K 1	0067	16315	Evjen	P. O.	1906	May	19	050	M	Seattle	NRY
			Evoritt		1894	Mar			F	South Seattle	sme
K 1	0054	00815	Evoritt	Nina May	1894	Mar	26	7y+	F	South Seattle	
K 1	58	7531	Ewaid	Eva	1902	May	1	76	F	218 4th Ave. No.	GER
			Ewing		1895	Jul			M	909 8th St.	NC
K 1	0067	15852	Ewing	Baby (twin)	1906	Feb	02	s/b	M	Seattle	WA
K 1	0067	15853	Ewing	Baby (twin)	1906	Feb	02	s/b	F	Seattle	WA
K 1	0066	13214	Ewing	Florence G.	1904	Aug	21	001	F	321 Redmond Ave N.	SEA
K 1	58	10798	Ewing	G. M.	1903	Feb	12	30	M	Wayside Mission Hosp.	US
K 1	56	5287	Ewing	Luther	1900	May	17	18	M	Fremont	KS
K 1	0054	01719	Ewing	W.H.	1895	Jul	28	058	M	909 8th St.	
K 1	0054	01600	Eyerdam	Baby	1895	Apr	20	03w	M	Edgewater	
			Eyler		1896	Jan			F	Seattle	SEA
K 1	0055	02005	Eyler	----	1896	Jan	17	06h	F	Seattle	
K 1	0066	14426	Eyre	Marion	1905	Apr	11	001	F	Columbia	CND
K 1	70	5585	Faber	Chas. H.	1900	Aug	3			Manilla, P.I.	

S R	PG	REC	LASTNAME	FIRSTNAME	DETH	MN	DT	AGE	S	DEATHPLACE	BIRTH
K 1	68	2928	Fablegurt	Emma	1897	Sep	2	25	F	Seattle Gen. Hosp.	SWD
K 1	0076	15555	Fabry	Adrian	1905	Dec	16	024	M	Seattle	---
K 1	0073	12715	Fackler	Mrs. Bertha	1904	Apr	15	045	F	Prov. Hosp.	GER
K 1	69	5009	Fadden	Bertha M.	1900	Mar	17	39	F	Seattle	VT
K 1	70	5944	Faden	M.	1901	Feb	12	53	M	King Co, Hosp.	CND
K 1	71	6806	Fagan	John	1901	Sep	11	60	M	2306 2nd Ave.	NY
K 1	0075	15021	Fageant	Everard R.	1905	Aug	13	03m	M	Seattle	WA
K 1	0073	12289	Fager	Peter H	1904	Jan	29	046	M	1915 1st Ave N	SWD
K 1	72	9889	Fagerberg	Emil	1902	Jul	19	19	M	King Co.	WA
K	66	1252	Fai		1894	Nov	23	0	M	Black Diamond	
K 1	67	2007	Fain	Mrs. John	1896	Jan	16	28	F	Seattle Central Hotel	CND
K 1	66	816	Fair	Franklin	1894	Jan	29	47	M	Wykoff St.	NY
K 1	0076	15557	Fairbanks	Anastasia	1905	Dec	30	027	F	Seattle	IA
1 7	71	6803	Fakada	Y.	1901	Sep	26	20	M	Seattle Gen. Hosp.	JPN
K 1	0076	15697	Faler	Milton H.	1905	Nov	20	06m	M	Seattle	WA
K 1	0077	16606	Fales	Wm. J.	1906	Jul	19	034	M	Seattle	MI
K 1	71	7037	Falk	Edward	1901	Dec	1	38	M	Prov. Hosp.	SWD
k 1	67	2211	Falk	Mattie A.	1896	May	21	6	F	1401 24th St.	WA
K 1	72	7793	Falk	Olga Y.G.	1902	Jun	13	4	F	Seattle	ME
K 1	67	2010	Falk	infant	1896	Jan	15	0	M	1401 ? Manillor	WA
k 1	70	6573	Fall	Frank H.	1901					Transportation of Corpse	
K 1	66	389	Fallehee	Edw.	1892	Sep	19	34	M	Seattle	MN
K 1	0078	18253	Fallon	Joseph	1907	Apr	19	057	M	Seattle	CND
K 1	0075	14136	Fallow	Edward	1905	Feb	09	039	M	Prov. Hosp.	KS
K 1	68	4046	Falsetti	Lillie	1899	Jan	8	27	F	Seattle	CA
K 1	71	6637	Falsetto	Bernanrd	1901	Jul	1	3	M	Seattle	WA
K 1	73	10928	Famum	Annie	1903	Mar	15	46	F	Prov. Hosp.	GER
K 1	0077	17263	Fan	Effie E.	1906	Nov	06	031	F	Seattle	IA
K 1	71	6906	Fanah	Wesley B.	1901	Oct	17	70	M	116 14th Ave N.	OH
K 1	70	5459	Fandt	Geo. E.	1900	Jun	4	47	M	Seattle	CO
K 1	0078	18208	Fanesworth	Mary S.	1907	Apr	02	083	F	Kent	VT
K 1	70	5370	Fankboner	Baby	1900	Jul	4		M	Fremont	WA
K 1	0075	14432	Fapia	Joachim	1905	Apr	25	035	M	Seattle	CHL
K 1	66	522	Farber	Jacob B.	1893	Mar	27	68	M	Enumclaw	
K 1	72	10644	Farbo	Joseph	1903	Jan	25	49	M	Providence Hospital	ITY
K 1	70	5984	Farely	Ed. W.	1901	Jan	22	38	M	Seattle	CND
K 1	66	539	Farley	Christina	1893	May	3	21	F	Keith Station	PA
K 1	0077	16603	Farley	James	1906	Jul	06	035	M	Seattle	---
K 1	0074	13692	Farley	James H.	1904	Dec	03	07m	M	2207 • 1st Ave	WA
K 1	0078	18444	Farley	Patrick	1907	May	22	070	M	West Seattle	---
K 1	72	9890	Farman	Geo. W.	1902	Jul	26	60	M	Seattle	MA
K 1	73	11064	Farmer	Baby	1903	Apr	14		M	112 7th Ave	SEA
K 1	0074	13467	Farmer	David	1904	Sep	24	041	M	Vashon, WA	IA
K 1	0074	13515	Farmer	Thomas	1904	Oct	24	081	M	Columbia	ENG
K 1	73	11062	Farnham	Anna	1903	Apr	26	33	F	Wayside Mission	ENG
K 1	0075	14141	Farnham	Jerry W.	1905	Feb	20	076	M	2322 2nd Ave	ME
K 1	69	4269	Farnsworth	J.H.	1899	Apr	11	59	M	Seattle	
K 1	68	3698	Farr	James	1898	Aug	30	81	M	Seattle	MA
K 1	68	2799	Farr	Patti	1897	Jun	7	0	F	Willow & Hyde	
K 1	0074	13691	Farr	Thomas R.	1904	Nov	27	065	M	3200 Yesler Wy.	ENG
K 1	69	5202	Farr	Wm. J.	1900	May	16	36	M	Seattle	ENG
K 1	72	10104	Farraher	Patrick	1902	Aug	20	60	M	County Hosp.	IRL
K 1	0074	12720	Farrell	Andrew Lewis	1904	May	05	04d	M	111 32nd Ave	SEA
K 1	0075	15020	Farrell	James	1905	Aug	08	040	M	Seattle	---
K 1	72	10803	Farrell	John E.	1903	Feb	20	86	M		SWD
K 1	73	10807	Farrell	Joseph	1903	Mar	24	55	M	King Co. Hosp.	IRL
K 1	0077	16602	Farrell	Marie C.	1906	Jul	05	081	F	Seattle	SWD
K 1	0074	12719	Farrell	Michael J.	1904	May	01	013	M	419 Terrace	SEA
K 1	0074	13687	Farrell	Timothy C.	1904	Nov	11	080	M	Prov. Hosp.	IRL
K 1	0076	15507	Farrew	Ernest J.	1905	Dec	29	008	M	South Park	CA
K 1	0078	17802	Farrington	Evelyn	1907	Feb	15	010	F	Seattle	WA
K 1	70	5876	Farris	Jim	1900	Dec	26	63	M	Seattle	SCT
K 1	73	11061	Farrow	Annie G.	1903	Apr	5	34	F	Wayside Mission	OR

S R PG	REC	LASTNAME	FIRSTNAME	DETH	MN	DT	AGE	S	DEATHPLACE	BIRTH
K 1 67	2140	Farrow	Maria	1896	Apr	21	87	F	Auburn	ENG
K 1 68	4039	Farrow	Mary A.	1898	Jan	5	31	F	Seattle	ENG
K 1 68	3191	Farrup	Martin	1898	Feb	3	9	M	2614 3rd Ave.	CA
K 1 68	3969	Farwell	D.C. Mrs.	1898	Dec	5	75	F	Seattle	NY
K 1 71	7562	Farwell	Joseph	1902	Apr	4	33	M	Prov. Hosp.	CA
K 1 0077	16157	Farwell	Marcella L.	1906	Apr	28	076	F	Seattle	VT
K 1 71	7216	Farwell	Violet	1902	Jan	26	0	F	423-23rd Ave.	WA
K 1 71	7215	Farwell	Violo	1902	Jan	26	0	F	423-23rd Ave.	WA
K 1 68	3694	Farwell	Vivian	1898	Aug	4	0	M	Seattle	WA
K 1 66	817	Fascia	Natalena	1894	Feb	19	25		Dexter & Harrison Sts.	
K 1 0076	15182	Fashay	W. D.	1905	Sep	23	073	M	Seattle	NY
K 66	1097	Fask	Karl	1894	Jul	24	44	M	Prov. Hosp.	
K 1 66	1097	Fask	Karl	1894	Jul	24	44	M	Prov. Hosp.	FIN
K 1 71	6678	Faska	Geo.	1901	Aug	14	0	M	Blk. Diamone	MT
K 1 73	10927	Fastee	Edward	1903	Mar	4	50	M	Ballard WN	MN
K 1 69	4988	Fathner	John M.	1900	Mar	21	43	M	Prov. Hosp.	IA
K 1 69	4793	Faucett	F.W.	1899	Nov	10	21	M	Seattle	US
K 1 0075	14083	Faulk	Sophia	1905	Jan	26	065	F	Ballard	SWD
K 1 73	11252	Faulkner	Baby	1903	Jun	10		M	2308 West St	WA
K 1 0078	17801	Faulkner	Charles U.	1907	Feb	13	039	M	Seattle	---
K 1 72	10387	Faulkner	Daniel	1902	Oct	26	84	M	Ballard WN	SCT
K 1 66	1312	Faulkner	Martha	1894	Oct	4	50	F	Ballard	IN
K 66	1312	Faulkner	Martha	1894	Oct	4	50	f	Ballard	
K 1 66	1252	Faull		1894	Nov	23	0	M	Black Diamond	WA
K 1 71	7745	Faulls	John	1902	May	25	2	M	Blk. Diamond	WA
K 1 70	6162	Favro		1901	Feb	20	0	F	Blk. Diamond	WA
K 1 66	1053	Fawiri	Louis	1894	Aug	24	30	M	Franklin	ITL
K 66	1053	Fawiri	louis	1894	Aug	24	30	M	Franklin	
K 1 0074	13686	Fay	John B.	1904	Nov	12	008	M	SEA. Gen. Hosp.	WA
K 1 0073	11584	Fay	Lottie	1903	Aug	25	029	F	Wayside Mission	OR
K 1 0078	18752	Fay	Permelia D.	1907	Jun	30	070	F	Seattle	NY
K 1 69	4245	Faye	Wm. H.	1899	Apr	3	68	M	Seattle	NH
K 1 0076	15304	Feagles	J. H.	1905	Oct	11	070	M	Seattle	---
K 1 69	4198	Feas	A.S.	1899	Mar	21	65	M	Near Colby	PA
K 1 67	2262	Featherstone	Ida M.	1896	Jan	1	31	f	610 Thomas Ave.	
K 1 0077	16454	Federspiel	Infant	1906	Jun	06	s/b	M	Seattle	WA
K 1 0076	15024	Fee	Adelaide	1905	Aug	27	062	F	Seattle	VT
		Feed		1894	Feb			F	9th Ward	CND
		Feek		1896	Jan			F	So. 13th and Catherine	
		Feek		1897	Apr			M	Seattle Gen. Hosp.	
K 1 0074	13479	Feek	(Infant)	1904	Sep	12	---	M	911 Jackson St.	WA
K 1 68	2717	Feek	Arthur	1897	Apr	17	53	M	Seattle Gen. Hosp.	CND
K 1 67	2263	Feek	Mrs. nina	1896	Jan	28	24	F	So. 13th and Catherine	CA
K 1 68	2800	Feeley	Sadie May	1897	Jun	20	0	F	519 • Yesler Way	WA
K 1 0078	18021	Fehr	Weldon	1907	Mar	07	015	M	Seattle	OR
K 1 0078	17393	Fehre	Edward	1906	Dec	08	086	M	Seattle	RUS
K 1 73	10930	Feindberg	Rosa	1903	Mar	19	27	F	816 8 Ave So.	RUS
K 1 71	7324	Feitz	Charles	1902	Feb	9	26	M	Lake Station	ITY
K 1 72	10016	Feldz	Phillip	1902	Aug	6	42	M	Gig Harbor, WN	CND
K 1 67	2011	Felitz	Hugh	1896	Jan	15	76	M	1918 8th Ave.	GER
K 1 0073	12393	Felitz	Hugo	1904	Feb	22	038	M	204 Jackson St	CND
K 1 0073	11754	Felitz	Willie J.	1903	Sep	25	007	M	Providence WA	SEA
K 1 0075	13969	Fell	(infant)	1905	Jan	27	---	F	1815 Blewett	WA
K 1 0073	12523	Fell	Baby	1904	Nov	27	s/b	F	1815 Blewett St	---
K 1 0077	17103	Fell	Infant	1906	Oct	15	01d	F	Seattle	WA
K 1 0074	12722	Fellier	(infant)	1904	May	10	--0	M	5587 Kenwood	sme
K 1 0078	18749	Felton	Infant	1907	Jun	19	---	F	Seattle	WA
K 1 72	10521	Felton	Infant	1902	Dec	28		M	Soth Park	SEA
K 1 68	3078	Felton	Mary T.	1897	Dec	30	8	F	315 7th Ave. So., Seattle	
K 1 0075	14139	Femald	Matie	1905	Feb	16	038	F	Kent	NH
K 1 73	10929	Fendall	Charles L.	1903	Mar	18	42	M	Prov. Hosp.	OR
K 1 0076	16154	Fenn	Dorothy B.	1906	Apr	12	018	F	Seattle	WA
K 1 70	5874	Fennessy	Kate C.	1900	Dec	9	40	F	Seattle	KY

S R	PG	REC	LASTNAME	FIRSTNAME	DETH	MN	DT	AGE	S	DEATHPLACE	BIRTH
K 1	70	6091	Fenningan	Thos.	1901	Feb	28		M	Vancouver, B.C.	
K 1	0077	16912	Fensath	Infant	1906	Sep	17	02m	F	Seattle	WA
K 1	68	3275	Fenske	Charles	1898	Mar	27	54	M	Seattle	GER
K 1	0075	14140	Fenster	Lillian M.	1905	Feb	19	042	F	Sammamish	MI
K 1	0073	12716	Fenston	Howard	1904	Apr	15	009	M	Fremont	WA
K 1	0075	13923	Fentein	Ray M.	1904	Dec	19	08m	M	Kent	WA
K 1	0074	13696	Fentein	Raymond M.	1904	Dec	20	08m	M	Kent	WA
K 1	72	10646	Fentern	Mark	1903	Jan	27		M	So. Seattle	WA
K 1	67	2606	Fenton	Julia	1897	Jan	21	68	F	Woodland Park	IL
K 1	0074	13689	Fenton	King W.	1904	Nov	23	092	M	Fremont Ave N.	MA
K 1	68	3381	Ferari	Charles	1898	Apr	20	35	M	Seattle	ITY
K 1	0073	11750	Fergeson	Samuel B.	1903	Sep	23	025	M	Dunlap	IRL
K 1	0078	17395	Fergueson	Alvin D.	1906	Dec	18	001	M	Seattle	WA
K 1	0075	13697	Ferguson	A. G.	1904	Dec	21	053	M	King Co. Hosp.	SCT
K 1	71	6743	Ferguson	Daid	1901	Aug	31	75	M	Prov. Hosp.	SCT
K 1	69	4967	Ferguson	Daniel	1900	Feb	24	22	M	Prov. Hosp.	VT
K 1	0074	13516	Ferguson	Elizabeth	1904	Oct	28	063	F	Interbay	IRL
K 1	0074	13073	Ferguson	James	1904	Jul	29	060	M	Prov. Hosp.	---
K 1	66	57	Ferguson	John	1891	Sep	12		M	King Co. Farm	
K 1	0074	13205	Ferguson	W. J.	1904	Aug	01	030	M	1111 31 Ave S	CND
K 1	71	7514	Ferney	Patrick	1902	Mar	15	43	M	King Co. Hosp.	IRL
K 1	67	1667	Ferrani	Guy	1895	May	4	50	M	317 Wash. St.	
K 1	70	5818	Ferris	Isabella	1900	Nov	8	80	M	So. Park	IRL
K 1	0076	15983	Ferry	Edith C.	1906	Mar	29	028	F	Seattle	MN
K 1	72	10641	Ferry	Elain L.	1903	Jan	9	511	M	2003 1/2 1st Ave	MA
K 1	67	1854	Ferry	Elisha P.	1895	Oct	14	70	M	2nd & Madison	
K 1	67	2406	Ferryman	Anna	1896	Sep	5	0	F	Leavenworth	WA
K 1	0076	15306	Feshara	Manuel	1905	Oct	23	030	M	Seattle	CA
K 1	68	3548	Fetterly	D.	1898	Jun	28	25	M	Seattle	IA
K 1	68	3767	Fetterly	E.	1898	Sep	12	19	M	Seattle	
K 1	67	1699	Fetterly	Ezina	1895	Jun	28	55	F	Prov. Hosp.	CND
K 1	66	628	Fetting	Charlotte	1893	Sep	4	81	F	South 10 Seattle	GER
K 1	0078	18251	Feuren	Louis	1907	Apr	16	064	M	Seattle	GER
K 1	0076	15856	Fickett	Fred F.	1906	Feb	26	043	M	Seattle	ME
K 1	69	4849	Fiddler	Magdalena	1900	Jan	17	55	F	Seattle	FRN
K 1	0073	11476	Fiehrberg	Christian	1903	Jul	04	075	M	2231 8th Ave	GER
K 1	66	917	Field	James	1894	Apr	17	46		West Seattle	
K 1	0078	18255	Field	John W.	1907	Apr	27	069	M	Seattle	CND
K 1	68	4025	Field	Ross	1899	Jan	17	3	M	Vashon	OR
K 1	0073	12520	Fielder	Ed S.	1903	Oct	19	044	M	Nome, AK	IN
K 1	69	5089	Fields	Edna L.	1900	Mar	25	15	F	Seattle	DAK
K 1	0077	16320	Fields	Maria G.	1906	May	27	056	F	Seattle	CND
K 1	71	7635	Fierce	Mona	1902	May	6	48	F	Prov. Hosp.	MO
K 1	71	7217	Fies	Salvador	1902	Jan	18	1	M	2621 Day St.	AUS
K 1	0077	16731	Fieser	Hiram A.	1906	Aug	29	054	M	Seattle	CND
K 1	0076	15556	Fiffer	Alice E.	1905	Dec	19	053	F	Seattle	ME
K 1	68	3909	Filer	Chas. H.	1898	Nov	3	16	M	Latona	IL
K 1	73	10933	Filippo	Baby	1903	Mar	31	0	M	910 10 Ave So	SEA
K	67	2099	Filire	C.	1896		21	45	M	Providence Hosp.	
K 1	66	1261	Filmer	Eliza M. A.	1894	Oct	6	52	F	1216 2nd St., City	
K 1	0077	16411	Filmore	Edna E.	1906	Jun	30	010	-	S.E. Seattle	WA
K 1	0077	17236	Filson	Davidson	1906	Nov	07	075	M	Kent	OH
K 1	0077	16410	Finch	Anna	1906	Jun	01	056	F	Foster	MI
K 1	0074	13513	Finch	Francis M.	1904	Oct	11	062	M	1415 E. Denny	IN
K 1	67	2098	Finch	Miss Mary	1896	Mar	15	21	F	Seattle Gen. Hosp.	
K 1	66	1096	Findley	Jno.	1894	Jul	9	55		1204 Howell St.	
K 1	69	5271	Fink	H.J.	1900	May	16	27	M	Seattle	CND
K 1	0074	12948	Finlay	Mary	1904	Jun	07	066	F	1306 Howell St.	SCT
K 1	0074	13688	Finley	-----	1904	Nov	20	---	M	2018 8th Ave	WA
K 1	67	1471	Finn	Belle	1895	Feb	21	21	F	Black Diamoand	
K 1	0076	15436	Finn	James D.	1905	Nov	07	050	M	Seattle	IL
K 1	72	10645	Finnegan	Dennis A.	1903	Jan	25	39	M	Black Diamond	
K 1	69	4869	Finnegan	Oley	1900	Jan	28	53	M	Seattle	OH

S	R	PG	REC	LASTNAME	FIRSTNAME	DETH	MN	DT	AGE	S	DEATHPLACE	BIRTH
K	1	66	1154	Finnerin	Frank	1894	Aug	18	38	M	Ballard	
K	1	67	2442	Finnerman	M.	1896	Oct	12	20	M	County Hosp.	
K	1	0077	17262	Finnie	Wm. W. A.	1906	Nov	05	024	M	Seattle	CO
K	1	72	10740	Finnigan	Thos.	1903	Feb	7	63	M		
K	1	67	2008	Fiorillo	Frank	1896	Jan	17	21	M	Prov. Hosp.	
K	1	0077	16844	Fired	Infant	1906	Aug	31	05d	M	Ballard	WA
K	1	0077	16843	Firps	Mary	1906	Aug	19	040	F	Auburn	ITL
K	1	0077	17102	Firstenburg	Wm. H.	1906	Oct	15	001	M	Seattle	OH
K	1	66	637	Fischer	Emma	1893	Oct	11	35	F	10th & Spring Sts.	
K	1	0077	17101	Fischer	Eugenie	1906	Oct	04	048	M	Seattle	GER
K	1	66	118	Fish		1891	oct	3	0	F	Houghton	
K	1	0073	12151	Fish	Eva Pearl	1903	Dec	13	001	F	2711 3rd Ave	WA
K	1	68	3246	Fish	John	1897	Oct	24	78	M	Houghton	
K	1	66	201	Fish	Susie	1892	Jan	8	21	F	Houghton	
K	1	68	3697	Fisher	A. A.	1898	Aug	23	81	M	Seattle	
K	1	0076	16152	Fisher	Anna D.	1906	Apr	04	084	F	Seattle	IRL
K	1	67	1855	Fisher	Catharine	1895	Nov	18	2	F	2104 4th St.	
K	1	67	1674	Fisher	Edgar	1895	Jun	29	29	M	West Seattle	
K	1	71	7634	Fisher	Francis	1902	May	24	0	F	1152 Broadway	
K	1	72	10647	Fisher	Fred	1903	Jan	3	40	M	Providence Hosp.	
k	1	67	2347	Fisher	Fred S.	1896	Aug	2	20	M	1223 Cherry St.	
K	1	0079	18870	Fisher	Iska B.	1907	Jun	09	048	M	Georgetown (b.Sandwch Isle	---
K	1	0078	18507	Fisher	John P.	1907	May	31	027	M	Seattle	GER
K	1	0073	12287	Fisher	Mrs. R. A.	1904	Jan	06	080	F	Rainier Beach	NY
K	1	0076	15981	Fisher	Robert	1906	Mar	13	078	M	Seattle	PA
K	1	72	7798	Fisher	S.M.	1902	Jun	29	40	M	Portland, Or	
K	1	0078	18394	Fisher	Susan E.	1907	Apr	04	079	F	Fort Steilacoom	MA
K	1	69	4451	Fisher	Thos.	1899	Jul	6	45	M	Seattle	
K	1	67	1577	Fisher	Vonni A.	1895	Apr	30	0	F	Ballard	
K	1	73	10804	Fisher	William G.	1903	Feb	19	29	M	Ballard WN	
K	1	73	11248	Fisk	Infant	1903	May	1		F	715 Jefferson St	SEA
K	1	0074	13683	Fisk	Irving	1904	Oct	31	09m	M	813 Alder St.	WA
K	1	0074	13206	Fisk	Orson	1904	Aug	01	071	M	Ballard, WA	NY
K	1	71	6807	Fiske	William H.	1901	Sep	26	41	M	Prov. Hosp	
K	1	70	5406	Fitch	Walter	1900	Jul	17	22	M	North Yakima	IN
K	1	0076	15520	Fitch	Wm. H.	1905	Dec	04	063	M	Ballard	MI
K	1	69	5021	Fitley	Richard	1900	Mar	18	33	M	Prov. Hosp.	
K	1	73	10806	Fitzgerald		1903	Mar	10	31	F	Convent of Good Shephard	
K	1	69	4955	Fitzgerald	J.	1900	Feb	21	45	M	Prov. Hosp.	
K	1	0079	18890	Fitzgerald	John	1907	Jun	11	---	M	Kent	IRL
K	1	0078	18746	Fitzgerald	John J.	1907	Jun	11	027	M	Seattle	IRL
K	1	69	4600	Fitzgerald	Richard	1899	Sep	25	56	M	Seattle	
K	1	0077	16455	Fitzgerald	Susan	1906	Jun	23	046	F	Seattle	CND
K	1	0076	15023	Fitzgerald	Wm. H.	1905	Aug	26	005	M	Seattle	CND
K	1	70	6264	Fitzgerale	Marshall	1901	Apr	1	62	M	Duwamish	
K	1	0076	15698	Fitzhenry	Bridget	1906	Jan	03	066	F	Seattle	IRL
K	1	0078	18173	Fitzhenry	James A.	1907	Mar	14	035	M	Cracroft Island, B.C.	ME
K	1	70	5586	Fitzmaurice	Emmett	1900	Oct	15	22	M	Seattle	CA
K	1	70	5982	Fitzpatrick	B.	1901	Jan	6	49	M	King Co, Hosp.	
K	1	67	1670	Fitzpatrick	J. J.	1895	May	2	9	M	918 Weller	
K	1	0074	13070	Fitzpatrick	James	1904	Jul	21	091	M	110 Broadway	IRL
K	1	66	1389	Fitzpatrick	Josie	1894	Dec	10	18	F	420 S. 14th St.	
K	1	0073	11477	Fitzsimmons	Louisa	1903	Jul	22	041	F	Prov. Hosp.	IL
K	1	0074	13695	Fjarlie	Ole H.	1904	Dec	19	021	M	Pacific Hosp.	NRY
K	1	68	3911	Flack	Marie	1898	Nov	7	71	F	Point White	
K	1	0076	15180	Fladland	N. N.	1905	Sep	08	050	M	Seattle	NRY
K	1	71	7497	Fladseth	Mrs. Mary	1902	Mar	20	55	F	Ballard	
K	1	70	5872	Flagg	Cap. Am.	1900	Oct	28	50	M	Seattle	
K	1	71	7681	Flaherty	James	1902	May	1	58	M	Stimson Mill Co	
K	1	71	7325	Flaherty	John Leonard	1902	Apr	16	9	M	Douglas Alaska	
K	1	0078	17392	Flake	Infant	1906	Dec	07	s/b	M	Seattle	WA
K	1	0077	16728	Flanagan	-----	1906	Aug	23	060	M	Seattle	---
K	1	70	5557	Flanagan	G.A.	1900	Aug	10	56	F	Seattle	MI

S	R	PG	REC	LASTNAME	FIRSTNAME	DETH	MN	DT	AGE	S	DEATHPLACE	BIRTH
K	1	0078	18022	Flanagan	Ida M.	1907	Mar	14	041	F	Seattle	MN
K	1	0073	11878	Flanagan	John	1903	Oct	23	040	M	Prov. Hosp.	IRL
K	1	0078	18504	Flanders	James	1907	May	09	067	M	Seattle	---
K	1	66	414	Flanery	Jno.	1892	Oct	5	0	M	Seattle	SEA
K	1	0076	15980	Flanigan	Mary	1906	Mar	11	038	F	Seattle	IRL
K	1	70	6163	Flanigan	mary	1901	Mar	15	29	F	Seattle	
K	1	68	3965	Flanley	Baby	1898	Dec	3	0.	F	Seattle	
K	1	0073	12717	Flanley	Thos. William	1904	Apr	22	034	M	706 Bellevue (b.Ontario,	CND
K	1	73	11246	Flannagan	John	1903	May	10	42	M	King Co. Hosp.	ENG
K	1	0075	14561	Flannery	infant	1905	May	14	---	M	Seattle	WA
K	1	0075	14283	Flannigan	Viola	1905	Mar	04	010	F	Seattle	IA
K	1	73	10931	Flavin	Michael	1903	Mar	17	43	M	King Co. Hosp.	IRL
K	1	0075	13970	Flayter	Donald	1905	Jan	28	03m	M	Green Lake	WA
K	1	0075	13968	Flayter	Dorothy	1905	Jan	26	03w	F	Green Lake	WA
K	1	66	394	Fleenan	Wilford R.	1892	Sep	19	0	M	Seattle	
K	1	0073	11877	Fleischer	JS Cartin	1903	Oct	03	006	M	Georgetown	sme
K	1	67	2348	Fleming		1896	Aug	16	0	F	1526 11th St.	
				Fleming		1896	Aug			F	1526 11th St.	
K	1	66	646	Fleming	John	1893	Oct	23	60	M	Seattle	
K	1	0077	17265	Fleming	Marion	1906	Nov	09	06m	F	Seattle	WA
K	1	66	1155	Fleming	Rev. R. I.	1894	Aug	28	35	M	Prov. Hosp.	
K	1	72	10282	Fleming	Rosa	1902	Nov	6	43	F	General Hosp	CND
K	1	70	6342	Fleming	Thomas	1901	Apr	2	66	M	Seattle	
K	1	69	5258	Flemings	T.	1900	May	24	32	M	Seattle	IRL
K	1	0076	15699	Flemming	Ella	1906	Jan	29	029	F	Seattle	NE
K	1	66	314	Flemming	Louis	1892	Jun	29	28	M	Seattle	
K	1	70	5684	Flemming	Nancy	1900	Oct	13	78	F	South Park	IRL
K	1	69	4464	Flemmming	Lucy	1899	Jul	17	30	F	Seattle	AL
K	1	0075	14431	Fles	Lena	1905	Apr	19	041	F	Seattle	ND
K	1	67	1799	Fletcher	Elizabeth	1895	Oct	8	69	F	Kent, WA	
K	1	69	4956	Fletcher	Geo.	1900	Feb	21	50	M	Prov. Hosp.	
K	1	71	7791	Fletcher	Henry B.	1902	Jun	7	43	M	Clifton Arizona	
K	1	0073	12007	Fletcher	William	1903	Sep	?	022	M	Chico WM	---
K	1	71	6871	Flick	Louis	1901	Oct	27	64	M	King Co. Hosp.	
K	1	72	10522	Flinn	Elizabeth	1902	Dec	30	97	F	711 Main St	CND
K	1	70	6545	Flint	Agnes	1901	Jun	21	35	F	County Hospital	
K	1	72	10202	Flint	Arthur	1902	Sep	22	30	M	na Hosp.	
K	1	71	6628	Flint	C.	1901	Jul	5	60	M	Seattle	
K	1	66	554	Flint	Eliza	1893	May	22	31	F	Seattle	SWD
K	1	0074	12724	Flint	Mary	1904	May	17	094	F	1104 29th Ave	CND
K	1	0078	18505	Flood	John H.	1907	May	20	049	M	Seattle	MD
K	1	68	2801	Flora	Infanat	1897	Jun	22	0	F	Seattle	
K	1	0077	17027	Florence	Blanche	1906	Oct	12	005	F	North Bend	WA
K	1	0077	16866	Florence	Dollie	1906	Sep	25	014	F	North Bend	WA
K	1	0074	13685	Florine	Edward	1904	Nov	09	038	M	Prov. Hosp.	WA
K	1	0078	18252	Flory	Loretta	1907	Apr	16	032	F	Seattle	OH
K	1	70	5572	Flosman		1900	Jul	3	66	M	Nome Alaska	
K	1	0076	15439	Flower	Dan	1905	Nov	29	045	M	Seattle	---
K	1	0076	15984	Flower	infant	1906	Mar	30	s/b	F	Seattle	WA
K	1	0073	11879	Floyd	Edward J.	1903	Oct	16	039	M	Prov. Hosp.	MI
K	1	0078	18506	Floyd	Jeremiah C.	1907	May	24	089	M	Seattle	ME
K	1	0076	16151	Floyd	William	1906	Apr	01	075	F	Seattle	CND
K	1	0075	14564	Flynn	Bridget	1905	May	17	065	F	Seattle	CND
K	1	69	5304	Flynn	Dennis	1900	Jul	5	41	M	Seattle	IRL
K	1	0078	18249	Flynn	Ethel A.	1907	Mar	23	07m	F	Seattle	WA
K	1	67	1851	Flynn	Frank	1895	Sep	22	35	M	Prov. Hosp.	
K		67	1851	Flynn	Frank	1895	Sep	22	35	M	Prov. Hosp.	
K	1	0073	12286	Flynn	Georgette	1904	Jan	06	035	F	5 Ave S/King St	---
K	1	67	1496	Flynn	Hazel	1895	Feb	11	4	F	Ballard	
K	1	0078	17596	Flynn	John	1907	Jan	26	056	M	Seattle	IA
K	1	70	5764	Flynn	Louise A.	1900	Nov	11	24	F	Seattle	
K	1	71	7436	Flynn	Margaret Adelaio	1902	Mar	13	24	F	902 2nd Ave	
K	1	0075	14137	Flynn	Margie	1905	Feb	10	034	F	Prov. Hosp.	SWD

S	R	PG	REC	LASTNAME	FIRSTNAME	DETH	MN	DT	AGE	S	DEATHPLACE	BIRTH
K	1	70	5782	Flynn	William	1900	Nov	3	43	M	Co. Hosp.	IRL
K	1	72	10520	Flynn	William J.	1902	Dec	27	19	M	Tacoma WA	CA
K	1	70	5627	Flynn	Wm.	1900	Oct	28	54	M	Redmond	IRL
K	1	0075	14286	Foch	George	1905	Mar	26	035	M	Seattle	---
K	1	0073	12008	Foetus (Baby)	-----	1903	Nov	--	---	-	-----	SEA
K	1	66	1390	Foffusteller	Lulu R.	1894	Nov	25	4	f	3 Booth St.	
K	1	0076	15437	Fogelbach	Ethel M.	1905	Nov	18	014	F	Seattle	OH
K	1	0077	17100	Fogelquist	Hannah W.						Seattle	WA
K	1	71	7561	Fogh	J.P.	1902	Apr	25	51	M	Seattle Gen. Hosp	
K	1	68	3194	Foley	Bridget, Mrs.	1898	Feb	28	74	F	Seattle	
K	1	72	10801	Foley	James	1903	Feb	28	40	M	609 1 Ave So,	
K	1	71	6620	Foley	John	1901	Jul	8	45	M	Seattle	
K	1	72	10642	Foley	Michael	1903	Jan	16	50	M	Wayside Mission	
K	1	0074	13403	Foley	Peter J.	1904	Sep	18	027	M	Lake Washington	IRL
K	1	71	6729	Foley	Richard	1901	Aug	1	45	M	Seattle	
K	1	72	10389	Foley	Thomas	1902	Oct	29	38	M	704 Maynard Ave	
K	1	70	5460	Folkart	Henry	1900	Jul	12	30	M	Seattle	GER
K	1	0077	16409	Follmer	Wallace R.	1906	May	22	024	M	Forsythe	IL
K	1	70	5437E	Folsom	Harriet A.	1900	Jul	30	70	F	Seattle	
K	1	67	2639	Foltzke	Edw.	1897	Feb	11		M	Elliott	
K	1	0073	11585	Fonden	Ethel B.	1903	Aug	26	01m	F	Green Lake	SWD
K	1	0074	13690	Fong	Ching	1904	Nov	27	031	M	414 Wash St	CHN
K	1	0077	17099	Fontana	Geo.	1906	Oct	01	024	M	Seattle	---
K	1	0076	15305	Fonts	infant	1905	Oct	20	---	M	Seattle	WA
K	1	67	1791	Foote	Mary Ida	1895	Aug	27	22	f	116 Albert St.	
K	1	72	7795	Footer	mary Lee	1902	Jun	13	30	F	Georgetown	
K	1	71	7219	Forbes	Dr. Charles	1901	Dec	26	42	M	Co. Hosp.	
K	1	66	312	Forbes	Mary	1892	Jun	28	1	F	Seattle	
K	1	0078	17268	Forbes	Thomas	1906	Nov	29	060	M	Seattle	SCT
K	1	69	4969	Ford	Al	1900	Feb	25	30	M	Prov. Hosp.	
K	1	0073	12152	Ford	Baby	1903	Dec	17	---	F	Columbia City	sme
K	1	68	3774	Ford	C.G.	1898	Sep	26	41	F	Seattle	
K	1	0075	13699	Ford	Catherine	1904	Dec	27	067	F	Prov. Hosp.	IRL
K	1	0077	16601	Ford	John J.	1906	Jul	04	052	M	Seattle	IRL
K	1	68	3546	Ford	John P.	1898	Jun	5	60	M	Seattle	
K	1	0073	12524	Ford	Mrs. Clara B.	1904	Nov	30	052	F	1422 Seneca	LA
K	1	68	2929	Ford	Thos. F.	1897	Sep	4	9	M	528 Minor Ave. N.	
K	1	0077	16604	Fordraw	Infant	1906	Jul	17	01d	F	Seattle	WA
K	1	0077	16726	Fore	Ann E.	1906	Aug	16	074	F	Seattle (b.Roy ?	
K	1	72	9937	Fore	C.J.	1902	Jul	15	78	M	Seattle	
K	1	69	4417	Forehand	May Belle	1899	Jun	16	18	F	Seattle	IN
K	1	70	6451	Forekand	Sarah L.	1901	May	6	27	F	Seattle	
K	1	67	2407	Forest	Baby	1896	Sep	11	0	M	C. Bell and 3rd Ave.	
K	1	0075	14821	Forest	Johanna	1905	Jul	05	066	F	Georgetown	IRL
K	1	70	5436	Forest	Patrick	1900	Jul	23	76	M	Seattle	IRL
K	1	71	6804	Forest	William	1901	Sep	2	1	M	Seattle	
K	1	0073	11755	Forget	Leon	1903	Sep	29	020	M	King Co. Hosp.	NY
K	1	70	5875	Formel	Chas.	1900	Dec	25	34	M	Seattle	
K	1	69	5234	Forner	Maggie	1900	May	23	19	F	Ballard	ND
K	1	70	5780	Forney	Charles	1900	Nov	21	57	M	Seattle	PA
K	1	0073	11751	Forney	Stephen	1903	Sep	17	040	M	Des Moines	USA
K	1	69	4335	Forrest	Nellie H.	1899	May	6	46	F	Seattle	US
K	1	70	6092	Forrow	A.S.	1901	Feb	27	56	M	Seattle	
K	1	69	4939	Forsbery	A.	1900	Feb	12	57	M	Prov. Hosp.	SWD
K	1	72	10519	Forsey	Stella B.	1902	Dec	9	22	F	Lopez Island	WA
K	1	66	463	Forsstrom	Christina	1893	Jan	3	60	F	Seattle	SWD
K	1	66	1418	Forstense	Nina	1895	Jan	28	0	F	Columbia, WA	
K	1	0075	14825	Forsyth	Annie	1905	Jul	28	063	F	Seattle	IN
K	1	0077	16730	Forsyth	John	1906	Aug	28	073	M	Seattle	SCT
K	1	0073	12288	Forsyth	John	1904	Jan	09	035	M	106 • 6th Ave S	SCT
K	1	71	7036	Fortier	Mabel	1901	Dec	14	17	F	2414 Western Ave	
K	1	0074	13022	Fortiorenyer	(Infant)	1904	Jul	18	--0	M	Georgetown	sme
K	1	0073	12095	Fortney	Ethel	1903	Jul	22	015	F	River Pk.	IA

S	R	PG	REC	LASTNAME	FIRSTNAME	DETH	MN	DT	AGE	S	DEATHPLACE	BIRTH
K	1	68	3614	Foshay	Rosalia	1898	Jul	23	59	F	Seattle	
K	1	0077	16727	Foshner	Fannie	1906	Aug	18	070	F	Seattle	GER
K	1	68	3547	Fosland	M. A.	1898	Jun	14	51	F	Seattle	
K	1	0077	16556	Fosnot	G. W.	1906	Jul	25	053	M	Georgetown	IA
K	1	69	5332	Foss	Matt	1900	Jun	28		M	Seattle	FIN
K	1	72	7796	Fosster	james	1902	Jun	4	0	M	Georgetown	
K	1	0077	16319	Foster	Arthur A.	1906	May	24	001	M	Seattle	WA
K	1	0073	12522	Foster	Arthur W.	1904	Nov	22	03m	M	426 Evenston	SEA
K	1	0076	16153	Foster	Aseneth M.	1906	Apr	04	067	F	Seattle	NH
K	1	0073	11478	Foster	Church	1903	Jul	22	040	M	SEA. Gen. Hosp.	---
K	1	68	3695	Foster	D. P.	1898	Aau	9	2	M	Seattle	
K	1	0077	16156	Foster	Eliza A.	1906	Apr	27	066	F	Seattle	NY
K	1	0078	17799	Foster	Elva R.	1907	Feb	02	056	F	Seattle	MI
K	1	70	5873	Foster	Grear	1900	Dec	10	70	M	Seattle	
K	1	67	2163	Foster	Infant	1896	Apr	10	0	M	404 Rollin St.	
K	1	66	647	Foster	Jack	1893	Oct	15	40	M	Seattle	
K	1	0074	13684	Foster	Jennie M.	1904	Nov	07	060	F	947 11th Ave S.	ME
K	1	71	6802	Foster	John J.	1901	Sep	15	22	M	Black Diamone	
K	1	0075	13966	Foster	Joseph T.	1905	Jan	04	026	M	Foster	WA
K	1	68	3471	Foster	Julia A.	1898	May	19	42	F	Ballard	
K	1	72	7797	Foster	Leonard	1902	Jun	23	2	M	Seattle	
K	1	0073	12395	Foster	Mary Ellen	1904	Feb	27	001	F	519 Olympic Pl.	WA
K	1	71	7039	Foster	Moser	1901	Dec	2	68	M	Gen. Hosp.	
K	1	0078	17800	Foster	Mrs. G.	1907	Feb	07	025	F	Seattle	---
K	1	0073	12392	Foster	Nellie B.	1904	Feb	02	008	F	Georgetown (b.B.C.	---
K	1	71	6907	Foster	Rachell	1901	Oct	14	63	F	Kitsap Co.	
K	1	67	1525	Foster	S. H.	1895	Feb	5	75	M	107 Lincoln St.	
K	1	67	1800	Foster	Sella Tilda	1895	Oct	2	0	F	Issaquah	
K	1	67	2349	Fostrom	O. P.	1896	Aug	23	63	M	Fremont	
K	1	0074	13693	Fosyth	Joseph W.	1904	Dec	10	039	M	Burnett	---
K	1	0076	15022	Fountain	-----	1905	Aug	22	030	M	Seattle	---
K	1	0076	15131	Fountain	Carrie	1905	Sep	08	080	F	Georgetown	ENG
K	1	66	91	Fountain	Eva	1891	Sep	29	0	F	Seattle	
K	1	69	4582	Fountain	John	1899	Sep	17	76	M	Seattle	
K	1	66	614	Fountian		1893	Aug	24	0	F	Seattle	
K	1	71	7323	Fournice	E.P.	1902	Feb	12	43	M	Prov. Hosp.	
K	1	66	550	Fournier	Wallace	1893	May	17	29	M	New Castle	IL
K	1	72	7794	Fouts	Baby	1902	Jun	19	0	M	Seattle	
1	7	72	10802	Fowler	Agro	1903	Feb	9	80	M	302 14 Ave No	
K	1	0077	16321	Fowler	Chalkley T.	1906	May	29	066	M	Seattle	OH
K	1	70	5983	Fowler	Charlotte	1901	Jan	17	55	F	King Co. Hosp.	
K	1	73	11251	Fowler	Hannah Mrs.	1903	Jun	14	57	F	Wayside Mission	
K	1	0077	16911	Fowler	Infant	1906	Sep	11	s/b	M	Seattle	WA
K	1	0078	18250	Fowler	Marjorie K.	1907	Apr	09	005	F	Seattle	WA
K	1	72	10280	Fowler	Whitehead	1902	Nov	20	69	M	723 Madison St.	NY
K	1	66	901	Fox	Bernodine	1894	May	6	1	F	River Park	
K	1	0073	11587	Fox	Gertrude	1903	Aug	12	09d	F	Dunlap	sme
K	1	71	7530	Fox	Ignaty	1902	Apr	29	52	M	2707 2nd Ave	
K	1	68	2838	Fox	J. E.	1897	Jul	29	45	M	Seattle	
K	1	72	10475	Fox	Jean Forsyth	1902	Sep	6	28	F	302 Broadway	SCT
K	1	0074	12726	Fox	John	1904	May	28	035	M	Wayside Mission	---
K	1	0076	15982	Fox	Lucy	1906	Mar	17	05m	F	Seattle	WA
K	1	66	523	Fox	Mary Ann	1893	Apr	19	74	F	Seattle	CT
K	1	67	2097	Fox	Thomas	w.	Mar	13	76	M	507 Taylor St.	
K	1	0074	12950	Fracher	-----	1904	Jun	26	--0	F	411 Widvale Ave.	SEA
K	1	71	7435	Francis	E.H.	1902	Mar	25	52	M	Butler Hotel	
K	1	72	9936	Francis	Robert F.	1902	Jul	17	34	M	Seattle	
K	1	0078	17803	Francis	Walter	1907	Feb	20	025	M	Seattle	ENG
K	1	0073	11753	Francis	William	1903	Sep	12	011	M	Fremont	SEA
K	1	0078	18020	Franecke	August	1907	Mar	06	030	M	Seattle	GER
K		67	1852	Franenthal	Emil	1895	Sep	28	14	M	1003 Yesler Ave.	
K	1	67	1852	Franenthal	Emil	1895	Sep	28	14	M	1003 Yesler Ave.	
K	1	0075	14563	Frank	Anna	1905	May	15	004	F	Seattle	RUS

S R	PG	REC	LASTNAME	FIRSTNAME	DETH	MN	DT	AGE	S	DEATHPLACE	BIRTH
K 1	0075	14560	Frank	Anna M.	1905	May	09	007	F	Seattle	RUS
K 1	0075	14823	Frank	Augusta J.	1905	Jul	18	059	F	Seattle	SWD
K 1	0077	16729	Frank	Fred	1906	Aug	27	02m	M	Seattle	WA
K 1	0075	14562	Frank	Frederick	1905	May	15	07m	M	Seattle	RUS
K 1	67	2443	Frank	Infant	1896	Oct	25	0	M	813 Alder St.	
K 1	0077	17025	Frank	Marie	1906	Sep	08	053	F	South Park	GER
K 1	0076	15855	Frank	infant	1906	Feb	16	07m	M	West Seattle	WA
K 1	0075	14565	Frankland	Elizabeth C.	1905	May	26	061	F	Seattle	RI
K 1	66	298	Franklin	E.	1892	Mar	28	80	M		
K 1	72	10643	Franklin	Fannie	1903	jan	28	45	F	Providence Hospital	
K 1	70	6606	Franklin	Hy	1901	Jul	14	32	M	Prov. Hosp.	
K 1	70	5822	Franklyn	Alfred M.	1900	Nov	22	0	M	Seattle	SEA
K 1	0075	14285	Franks	John	1905	Mar	24	048	M	Ravensdale	---
K 1	73	11063	Fransen	Mary Mrs.	1903	Apr	9	36	F	Boise Idaho	ID
K 1	0074	12723	Frary	Fedelia	1904	May	12	088	F	115 E 62nd St	MA
K 1	0078	18747	Frasch	Kate	1907	Jun	12	035	F	Seattle	CA
K 1	71	7218	Fraser	A.	1902	Jan	27	24	M	Leary WN	
K 1	68	3380	Fraser	J. S. C.	1898	Apr	10	0	M	Ballard	
K 1	68	3696	Fraser	M. B.	1898	Aug	21	35	M	Seattle	
K 1	69	4188	Fraser	Wm. H.	1899	Mar	15	46	M	County Hospital	
K 1	0073	12521	Frawley	Mattie	1904	Nov	10	030	F	Wayside Mission	CA
K 1	67	1598	Frazer	Harry L.	1895	Apr	26	31	M	Prov. Hosp.	
K 1	0078	18748	Frazer	James I.	1907	Jun	12	071	M	Seattle	PA
K 1	73	11250	Frazer	Joseph	1903	Jul	26	58	M	King Co. Hosp.	
K 1	70	5836	Frazer	W.L.H.	1900	Nov	7	39	M	Seattle	
K 1	0075	13967	Frazier	Hamit	1905	Jan	20	065	F	Pacific Hosp.	ENG
K 1	0075	14430	Frazier	Wilson B.	1905	Apr	12	032	M	Seattle	MI
K 1	68	2972	Fread	Infant	1897	Oct	1	0	M	813 Alder St.	
K 1	67	2591	Fredericks	Helen S.	1897	Jan	7	39	F	1070 Columbia	
K 1	0078	17394	Fredericksen	Claudia	1906	Dec	15	028	F	Seattle	NRY
K 1	66	156	Frederickson	Anna	1891	Dec	3	0	F	Seattle	
K 1	0075	14822	Fredermeyer	Archie	1905	Jul	08	09m	M	Seattle	WA
K 1	71	6726	Fredland	Andrew	1901	Aug	28	29	M	W. Gen. Hosp.	
K 1	66	1391	Fredland	J.	1895	Jan	7	0	M	blk. Diamond	
K 1	68	3347	Fredlund		1898	Apr	24	1	M	B. Diamond	
K 1	0074	12721	Fredlund	(infant)	1904	May	05	---	M	Yesler -bet. 8 & 9	SEA
K 1	0076	15130	Fredricks	Annie	1905	Aug	28	053	F	Oak Lake	WI
K 1	71	7214	Fredrickson	Andy	1902	Jan	27	42	M	Gen. Hosp.	
K 1	73	11060	Fredrickson	Anna M.	1903	Apr	26	7	F	Monod Hospt	SEA
K 1	0078	18750	Fredrickson	Barre	1907	Jun	27	067	M	Seattle	NRY
K 1	0078	17514	Fredrickson	Gundall	1906	Nov	13	075	M	Bothell	SWD
K 1	0074	12949	Fredrickson ??	Emlymalene Leona	1904	Jun	17	06m	F	3618 21 Ave W	SEA
K 1	69	5237	Freeborn	A.C.	1900	May	4	37	M	W. Seattle	CND
K 1	66	60	Freedman	Rosa	1891	Sep	5	0	F	Seattle	
K 1	0077	17104	Freeland	Carl R.	1906	Oct	22	001	M	Seattle	WA
K 1	0078	17267	Freeland	Elizabeth L.	1906	Nov	14	075	F	Seattle	PA
K 1	66	759	Freeman	Chas.	1894	Mar	16	45	M	Slaughter	
K 1	69	5122	Freeman	Chas.	1900	May	3	55	M	Seattle	FIN
K 1	0073	12396	Freeman	Eb	1904	Feb	27	040	M	Wayside Mission	---
K 1	67	2498	Freeman	Emily S.	1896	Nov	5	88	F	Franklin Ave	
K 1	0075	13698	Freeman	Florence	1904	Dec	26	010	F	Wayside E. Hosp	CND
K 1	72	10201	Freeman	Harold	1902	Sep	19	0	M	326 39th W.	WA
K 1	0077	17026	Freeman	Infant	1906	Oct	03	04d	F	King Co.	WA
K 1	0076	15979	Freeman	James W.	1906	Feb	28	036	M	Seattle	---
K 1	71	7038	Freeman	John	1901	Dec	1	39	M	King St. Bunkers	
K 1	69	5283	Freeman	M.	1900	Jun	10	43	F	Franklin	MO
K 1	0074	13514	Freeman	Noah M.	1904	Oct	18	066	M	1524 Franklin Ave.	MA
K 1	72	10199	Freeman	Sarah M.	1902	Sep	30	56	F	2703 Jackson	OH
K 1	69	5331	Freeman	Thos. P.	1900	Jun	8	75	M	Seattle	PA
K 1	0076	15438	Frees	Hammon	1905	Nov	20	063	M	Seattle	OH
K 1	0077	17264	Freeze	Kenneth	1906	Nov	09	05m	M	Seattle	WA
K 1	0075	14824	Freich	infant	1905	Jul	26	---	M	Seattle	WA
K 1	0076	15435	Freick	Maggie	1905	Nov	07	047	F	Seattle	MI

S R	PG	REC	LASTNAME	FIRSTNAME	DETH	MN	DT	AGE	S	DEATHPLACE	BIRTH
K 1	0073	11586	Freiderickson	Jennie A.	1903	Aug	06	037	F	Seattle	NRY
K 1	71	7498	French	(Baby)	1902	Mar	4		M	Ballard	
K 1	73	11249	French	Baby	1903	May	5		M	General Hospital	
K 1	0075	14700	French	Charlotte	1905	Jun	05	072	F	Seattle	ENG
K 1	0075	14566	French	Chas. E.	1905	May	29	051	M	Georgetown	WI
K 1	0075	14701	French	Chas. H.	1905	Jun	12	049	M	Seattle	AFR
K 1	0073	11479	French	Darey B.	1903	Jul	24	013	M	Ballard	MN
K 1	0073	12649	French	F W	1904	Feb	08	037	M	Auburn	sme
K 1	70	5654	French	F.O.	1900	Nov	20	47	M	Co. Hosp.	ME
K 1	70	5802	French	Fred	1900	Nov	20	50	M	Co. Hosp.	ME
K 1	0078	18254	French	Robert	1907	Apr	22	018	M	Seattle	KS
K 1	69	4170	French	Walter H.	1899	Mar	8	56	M	Seattle	
K 1	0074	13694	Freshfield	Helen	1904	Dec	14	02m	F	501 Eastlake	WA
K 1	0076	15650	Fressell	Arthur P.	1906	Jan	23	008	M	Ballard	WA
K 1	68	3192	Freund	John F.	1898	Feb	8	63	M	Ballard	
K 1	72	10017	Frey	Judge	1902	Jul	8	55	M	Nome Alaska	IN
K 1	72	9938	Frick	Adolph	1902	Jul	4	35	M	Seattle	
K 1	69	4266	Friden	John	1899	Apr	10	39	M	Seattle	
K 1	67	1708	Friedman	Sarah	1895	Jun	11	7	F	South Park	
K 1	66	1388	Friend	Arthur J.	1894	Nov	3	15	M	3002 Yesler Ave.	
K 1	72	10388	Friend	E.B. Mrs.	1902	Oct	25	49	F	Ashland Wis	NY
K 1	69	4922	Friend	Edw. B.	1900	Feb	5	51	M	Seattle	AUS
K 1	72	10200	Fries	Margaretha	1902	Sep	11	44	F	9 Ave at Norman	GER
K 1	0074	12718	Frigo	Mrs. Caroline	1904	Apr	26	082	F	120 15th Ave	NY
K	69	4082	Frimson	John	1899	Jan	20	2	M	Seattle	
K 1	68	2756	Frisbee	Chas. W.	1897	May	23	52	M	Money Creek	
K 1	69	5181	Frisell	E.O.	1900	Apr	28	4	F	Seattle	SEA
K 1	0076	15179	Fritz	Dora Agnes	1905	Aug	28	08m	F	Seattle	WA
K 1	0076	15819	Fritz	John	1905	Nov	25	065	M	Georgetown	ITL
K 1	0078	18661	Fritzenhoft	Chas.	1907	Jan	18	045	M	Georgetown	GER
K 1	0074	13071	Fronckowich	Edward J.	1904	Jul	25	06m	M	702 Rainier Av	SEA
K 1	0074	13069	Fronckowich	Mary	1904	Jul	07	05m	F	702 Rainier Ave	SEA
K 1	68	2801	Frost	Frank B.	1897	Jul	29	45	M	S. G. Hospital	
K 1	69	4628	Frost	Fred W.	1899	Oct	3	47	M	Seattle	
K 1	0073	11880	Frost	Lester Bond	1903	Oct	11	030	M	Prov. Hosp. (b.Chicago,	IL
K 1	0075	14233	Frost	Margaret	1905	Mar	08	064	F	Ballard	CND
K 1	0075	14284	Frost	Margaret	1905	Mar	08	064	F	Ballard	CND
K 1	73	10805	Frost	maggie Mrs.	1903	Mar	8	38	F	819 11 Ave	
K 1	0076	16067	Fruk	Hannah	1906	Mar	14	056	F	Portland, OR	IL
K 1	0075	14826	Frunell	Alta M.	1905	Jul	28	033	F	South Seattle	MI
K 1	68	3193	Fry	R. D.	1898	Feb	24		M	Seattle	
K 1	0075	14282	Fry	Wm S.	1905	Mar	03	077	M	Georgetown	IN
K 1	0075	14138	Frye	James M.	1905	Feb	14	043	M	1306 Madison	WA
K 1	0078	18751	Fryer	Evelyn	1907	Jun	27	019	F	Seattle	KS
K 1	0074	12951	Fryer	Peter J.	1904	Jun	30	079	M	204 20 Ave S.	NY
K 1	69	5008	Fuenfsinger	Carl	1900	Mar	14	0	M	Seattle	SEA
K 1	0076	16068	Fuer	Mary	1906	Mar	27	044	F	Youngstown	ENG
K 1	0073	12394	Fugishima	Kisuka	1904	Feb	25	021	M	327 7th Ave S	JPN
K 1	0078	17804	Fuhrberg	Caroline	1907	Feb	28	070	F	Seattle	GER
K 1	72	7792	Fuisfad	Albert	1902	Jun	29	25	M	North Yakima	
K 1	0076	15181	Fujii	I.	1905	Sep	15	032	M	Seattle	JPN
K 1	0076	16155	Fujita	Masame	1906	Apr	27	02m	M	Seattle	WA
K 1	0078	18019	Fujita	Ukie	1907	Mar	04	02m	F	Seattle	WA
K 1	0073	11752	Fukarmoto	Tayosuke	1903	Sep	14	030	M	Index	JPN
K 1	72	10281	Fukuoa	na	1902	Nov	30	27	F	Providence Hosp.	JPN
K 1	67	2099	Fukure	C.	1896		21	45	M	Providence Hosp.	JPN
K 1	73	11247	Fuller	Albert H.	1903	May	10	27	M	Yakima St	NS
K 1	73	10932	Fuller	Andrew	1903	Mar	31	73	M	319 17 Ave N.	OH
K 1	67	2009	Fuller	Dannie	1896	Jan	17	0	M	Columbia City	
K 1	68	3910	Fuller	J.C.	1898	Nov	30	11	F	Seattle	WA
K 1	68	3693	Fuller	L. D.	1898	Aug	4	58	M	Seattle	
K 1	0077	16318	Fuller	R. C.	1906	May	16	050	M	Seattle	---
K 1	69	4811	Fuller	Thos. A. Jr.	1899	Dec	31	16	M	Seattle	CO

S R	PG	REC	LASTNAME	FIRSTNAME	DETH	MN	DT	AGE	S	DEATHPLACE	BIRTH
K 1	0078	17266	Fullerton	Infant	1906	Nov	13	s/b	F	Seattle	WA
K 1	69	4261	Fulton	Wm. M.	1899	Apr	9	71	M	Seattle	ME
K 1	0074	12725	Fung	Goo	1904	May	23	040	M	LaConner	CHN
K 1	69	5165	Funney	Annie	1900	Apr	5	35	F	Seattle	
K 1	70	6475	Furo	J.E.	1901	May	7	42	M	Alaska	NB
K 1	0074	13072	Fursman	Rose C.	1904	Jul	28	033	F	2026 2nd Ave	GA
K 1	68	3851	Furth	Frederick	1898	Oct	19	60	M	Seattle	AUS
K 1	70	6438	Furuya	Tii	1901	May	11	34	F	Sea Gen. Hosp.	JPN
K 1	67	1853	Fury	Catherine F.	1895	Oct	5	42	F	Prov. Hosp.	
K 1	72	10105	Fusselman	Olive E.	1902	Aug	10	50	F	Prov. Hosp.	ENG
K 1	0087	13037	Gablick	Jim	1904	Jul	26	025	M	-----	AK
K 1	0092	17274	Gabriel	Zephaniah O.	1906	Nov	13	046	M	Seattle	---
K 1	87	11256	Gaetuno	Conciato	1903	May	5	36	M	167 Washington St.	ITY
K 1	85	6912	Gaffner	William	1901	Oct	17	73	M	Elliott Bay	US
K 1	0091	16608	Gaffney	Lawrence	1906	Jul	08	065	M	Seattle	CND
K 1	0092	17399	Gaffney	Mary A.	1906	Dec	15	068	F	Seattle	PA
K 1	87	10648	Gaffney	Mrs. James	1902	Dec	10	26	F	1116 1/2 Terrace Ave	MO
K 1	85	6670	Gaffney	mary	1901	Jul	12	14	F	Seattle, WN	
K 1	0091	16734	Gage	Eli A.	1906	Aug	02	039	M	Seattle	IL
K 1	79	1545	Gaggie	Philip	1895	Mar	24	40	M	Seattle	ITY
K 1	0094	18396	Gagliardo	Tony	1907	Apr	13	017	M	Van Asselt	ITL
K 1	0092	17275	Gagnon	Etta	1906	Nov	18	030	F	Seattle	IA
K 1	0090	15558	Gagnon	Fred	1905	Dec	02	038	M	Seattle	---
K 1	83	4985	Gagnon	Jos.	1900	Mar	26	26	M	Summit	CND
K 1	83	6101	Gain	R.F.	1901	Feb	15	64	M	King Co. Hosp	US
K 1	0087	12952	Gairer	? Reker G.	1904	Jun	09	042	F	Ballard	FIN
K 1	80	2974	Galbraith	Carrie L.	1897	Oct	30	0	F	Ballard	WA
K 1	0087	13074	Galbraith	H. J.	1904	Jul	02	028	M	On N.P. Portland Train	CND
K 1	0086	11482	Galbraith	I.N.	1903	Jul	06	049	M	Foot of Battery	TN
K 1	83	4890	Galbreath	Jas. A.	1900	Jan	19	82	M	Ballard	TN
K 1	86	10391	Gale	Claude	1902	Oct	1	25	M	Elliott Bay	WA
K 1	78	193	Gale	Ella	1892	Jan	18	36	F	Ballard	CA
K 1	0091	16458	Gale	Mary	1906	Jun	25	15d	F	Seattle	WA
K 1	81	3617	Galer	G.V.	1898	Jul	21	59	M	Seattle	ENG
K 1	0094	18398	Gall	Charles	1907	Apr	29	025	M	Kangley	---
K 1	84	6094	Gall	Mrs. Almira	1901	Feb	23	61	F	Hosp.	CND
K 1	0088	13709	Gallagher	Daniel	1904	Dec	11	031	M	1320 3rd Ave	CA
K 1	0086	11589	Gallagher	Edward	1903	Aug	27	048	M	Wellington, WA	---
K 1	86	10207	Gallagher	James	1902	Sep	9	83	M		IRL
K 1	0093	18023	Gallagher	John	1907	Feb	14	069	M	Seattle	IRL
K 1	0093	17812	Gallagher	John	1907	Feb	13	035	M	Seattle	IRL
K 1	81	3550	Gallagher	M.	1898	Jun	15	50	M	Seattle	ICE
K 1	84	6095	Gallagher	Patrick	1901	Feb	27	68	M	W. Seattle	IRL
K 1	82	4653	Gallagher	Ray	1899	Oct	13	1	M	Seattle	SEA
K 1	81	3775	Gallaher	Clara	1898	Jul	28	22	F	Seattle	MN
K 1	87	10808	Gallaher	John	1903	Jan	29	35	M	Prov Hosp	
K 1	78	574	Gallaher	P.P.	1893	Jul	15	58	M	Franklin	IRL
K 1	80	1861	Gallaher	Terence	1895	Nov	28	0	M	Seattle	NY
K 1	0093	17811	Galland	Caroline K.	1907	Feb	13	065	F	Seattle	GER
K 1	0088	13522	Gallaway	Baby	1904	Oct	23	01d	M	1922 Miner	WA
K 1	0087	12954	Gallaway	James	1904	Jun	17	093	M	5747 Terrace	IRL
K 1	0087	13076	Gallaway	Lee	1904	Jul	11	019	M	131 23rd Ave N	IN
K 1	86	10285	Galli	George	1902	Nov	24		M	1223 Washington St	SEA
K 1	0091	16612	Galliac	Jamie	1906	Jul	27	040	M	Seattle	MA
K 1	85	7566	Gallie	Frank	1902	Apr	13	51	M	1214 E. Madison	FRN
K 1	0093	17806	Galligher	Patrick H.	1907	Feb	03	080	M	Seattle	MA
K 1	0086	11762	Galliher	Herbert	1903	Sep	27	012	M	803 Rep. St.	OR
K 1	0092	17402	Galloway	Sarah J.	1906	Dec	22	067	F	Seattle	CND
K 1	0091	16238	Gamage	Charles F	1906	Jan	22	027	M	nr Cape Beale, B.C.	ME
K 1	0090	14967	Gamall	Joseph	1905	Aug	27	074	M	Steilacoom, WA	OH
K 1	85	6735	Gamble	Henry	1901	Aug	6	73	M	Green Lake	CND
K 1	0088	13977	Gammnetz	Baby	1905	Jan	23	01d	M	614 Terrace	WA
K 1	0093	18029	Gamon	James T	1907	Mar	13	050	M	Seattle	---

S	R	PG	REC	LASTNAME	FIRSTNAME	DETH	MN	DT	AGE	S	DEATHPLACE	BIRTH
K	1	87	11260	Gamper	albert	1903	Jun	26	30	M	4th Ave & cherry	
K	1	79	1706	Ganar ? (father)		1895	Jun	7		F	Yesler	WA
K	1	0091	15986	Gangl	Martin J.	1906	Mar	23	001	M	Seattle	MN
K	1	0091	16613	Gangl	Wm.	1906	Jul	28	05m	M	Seattle	WA
K	1	0092	17396	Ganier	Baby	1906	Nov	30	02d	F	Seattle	WA
K	1	87	10650	Ganignes	Thos. A.	1903	jan	28	18	M	Prov Hosp	KS
K	1	87	11069	Gank	Gladys	1903	Apr	3	0	F	Ballard	WA
K	1	0088	14142	Ganmnetz	Lloyd	1905	Feb	01	12h	M	322 Harvard	WA
K	1	85	7326	Ganowi	Jungo	1902	Feb	13	26	M	Cor 2nd Ave & Jackson	JPN
K	1	87	10810	Gant	C.H.	1903	Feb	20	28	M	313 1/2 Main St	MI
K	1	86	10147	Gant	Harry	1902	Oct	4	40	M	6th & Weller	CA
1	8	80	2408	Ganterman	Infant	1896	Sep	12	0	F	504 7th St	WA
K	1	0091	16412	Garber	John	1906	Jun	09	067	M	Columbia	NY
K	1	0091	16343	Garbutt	J.L.	1906	May	04	041	M	Seattle	---
K	1	84	5880	Garcia	Doloras	1900	Dec	12	52	F	Seattle	CA
K	1	78	1157	Garckin	Lillian	1894	Aug	17	3	F	1212 1/2 Front St.	
K	1	0090	15769	Gardanof	Lazar	1906	Jan	20	031	M	Georgetown	RUS
K	1	83	6446	Gardes	Martha	1901	May	8	1	F	Seattle	WA
K	1	86	7682	Gardiner	Louise	1902	May	10	19	F	Seattle Gen. Hosp	IL
K	1	0093	18030	Gardiner	Victor E.	1907	Mar	14	012	M	Seattle	MEX
K	1	86	7744	Gardinero	Mary	1902	May	3	0	F	Blk. Diamond	
K	1	0091	16735	Gardner	Alfred E	1906	Aug	23	029	M	Seattle	MN
K	1	0089	14702	Gardner	Baby	1905	Jun	06	s/b	F	Seattle	WA
K	1	0088	13708	Gardner	E. A.	1904	Dec	07	056	M	Danville, WA	NY
K	1	79	1456	Gardner	Elizabeth	1895	Feb	12	46	F	Ravenna Park	OH
K	1	78	651	Gardner	Fred Amos	1893	Nov	3	40	M	Seattle	ME
K	1	86	7802	Gardner	Fred R.	1902	Jun	20	40	M	Seattle	
K	1	87	10813	Gardner	Geo. T.	1903	Mar	5	51	M	1911 1st Ave N	NY
K	1	82	4000	Gardner	Gertie	1898	Dec	20	17	F	Seattle	WA
K	1	0087	13207	Gardner	Harry	1904	Aug	01	027	M	Race Track	---
K	1	94	18755	Gardner	Joseph	1907	Jun	17	76	M	Seattle	NY
K	1	0094	18395	Gardner	Joseph W.	1907	Apr	11	068	M	Rainier Beach	MA
K	1	0088	13215	Gardner	Mary B.	1904	Aug	26	047	F	1609 E. Fir	OH
K	1	0086	11761	Gardner	Reuben S.	1903	Sep	25	068	M	503 E. Rep. St.	PA
K	1	0089	14568	Gardner	Walter A.	1905	May	10	004	M	Seattle	NY
K	1	84	5700	Garely	Arthur	1900	Oct	7	45	M	Co. Hosp.	IRL
K	1	78	918	Garfield	Wm. Chase	1894	Apr	1	40	M	Hotel Stevens	KY
K	1	0093	18028	Garfinkle	Kenneth	1907	Mar	12	05m	M	Seattle	WA
K	1	87	11262	Garfinkle	Mrs. Kate	1903	Jun	17	48	F	1020 Wash. St	PLD
K	1	0087	12531	Gargan	Elizabeth	1904	Mar	30	01m	F	313 15th Pl	WA
K	1	0088	14143	Garland	Agnes	1905	Feb	09	008	F	Greenlake	NH
K	1	85	7501	Garland	Thos.	1902	Mar	17	73	M	Co. Hosp.	ENG
K	1	85	7608	Garlich	Alfred	1902	May	4	36	M	Brighton Beach	NY
K	1	0089	14831	Garlich	Grace	1905	Jul	16	017	F	Brighton	OH
K	1	0091	16327	Garlich	Jane A.	1906	May	23	023	F	Seattle	WLS
K	1	0091	16456	Garlich	Ruth Jane	1906	Jun	04	07m	F	Seattle	WA
K	1	84	5879	Garnable	Marie	1900	Dec	27	70	F	Seattle	NY
K	1	84	5624	Garner	Raymond S,	1900	Sep	7	12	M	Seattle	CA
K	1	79	1774	Garrard	Alice E.	1895	Aug	18	2	F	114 Sstewart St	WA
K	1	0091	16322	Garrard	William	1906	May	03	084	M	Seattle	KY
K	1	0088	13523	Garrett	Jean Wm.	1904	Oct	26	08m	M	1527 5th Ave	WA
K	1	82	4075	Garrett	Thos.	1899	Jan	19	46	M	Seattle	
K	1	0091	15947	Garriot	S.A.	1906	Mar	02	052	M	Georgetown	KY
K	1	86	10397	Garrison	Gladys	1902	Oct	29	12	F	Renton, WA	WA
K	1	79	1274	Garrison	John	1894	Oct	22	41	M		
K	1	86	9891	Garrison	John	1902	Jul	25	35	M	Tolt	MN
K	1	80	3127	Garrison	Lorenzo M.	1898	jan	21	54	M	Prov. Hosp	
K	1	79	1619	Garrison	M.M.	1895	Apr	9	25	F	616 6th St	
K	1	79	1493	Garrison	M.M.	1895	Apr	9	25	F	516 Sixth St	IN
K	1	82	4020	Garrity	Joseph	1898	Dec	30		M	Seattle	
K	1	0093	18174	Garvey	Maggie	1907	Mar	18	064	F	E. Seattle	IRL
K	1	0093	18177	Garvin	Baby	1907	Mar	30	05d	M	Hillman	WA
K	1	0094	18508	Garvin	Ellen R.	1907	May	08	078	F	Seattle	ENG

S R	PG	REC	LASTNAME	FIRSTNAME	DETH	MN	DT	AGE	S	DEATHPLACE	BIRTH
K 1	83	6431	Garwood	Margaret	1901	May	13	51	F	Seattle	
K 1	80	2164	Gasch	C.	1896	Apr	5	17	M	Seattle Gen. Hosp.	
K 1	94	18662	Gaskell	Adelbert	1906	Dec	21	26	M	Georgetown	
K 1	87	11259	Gass	Lizzie	1903	Jun	19	70	F	117 3 Ave N.	
K 1	83	5408	Gass	Mrs. Hattie	1900	Jul	2	48	F	Co. Hosp.	MA
K 1	0087	13209	Gasselin	Stephen	1904	Aug	10	066	M	Puget Sound	CND
K 1	0091	15987	Gast	James	1906	Mar	31	062	M	Seattle	---
K 1	79	1255	Gaston	Herbert	1894	Oct	3	64	M	Prov Hospital	
K 1	0089	14145	Gaston	Levi	1905	Feb	12	090	M	1212 Highland Dr.	NY
K 1	0086	12011	Gaston	Minnie M.	1903	Nov	11	023	F	Co. Hosp.	CA
K 1	0090	15280	Gately	J.J.	1905	Oct	02	035	M	Georgetown	CA
K 1	0091	16732	Gates	Baby	1906	Aug	01	s/b	M	Seattle	WA
K 1	0091	16733	Gates	Baby	1906	Aug	01	s/b	M	Seattle	WA
K 1	78	818	Gates	Infant	1894	Jan	17	0	M	116 Blanchard	
K 1	84	5987	Gates	Wm. W.	1901	Jan	1	48	M	Prov. Hosp.	
K 1	0090	15259	Gatterdam	Josephine A.	1905	Oct	07	030	F	Georgetown (b.Bohemia,	---
K 1	0093	17805	Gauble	SA	1900	Dec	27	046	M	Seattle	IA
K 1	80	3080	Gaufor	Mabel	1897	Dec	15	20	F	Seattle Gen Hosp	
K 1	0089	14433	Gaughan	Sarah J. A.	1905	Apr	01	023	F	Seattle	MN
K 1	87	11254	Gaulke	William	1903	May	8	37	M	Lake Union	
K 1	0089	14832	Gaus	Maria	1905	Jul	22	092	F	Seattle	PA
K 1	0093	17810	Gauther	Alice M.	1907	Feb	12	010	F	Seattle	MT
K 1	0090	14966	Gavegan	Edward J.	1905	Aug	19	017	M	Ballard	MN
K 1	0090	15702	Gavin	Julia S	1906	Jan	25	037	F	Seattle	NY
K 1	83	4835	Gavuston	Enrico	1900	Jan	11	30	M	Seattle	ITL
K 1	0091	16324	Gay	Charles W.	1906	May	11	059	M	Seattle	IRL
K 1	80	2720	Gay	Infant	1897	Apr	17	0	M	Columbia	
K 1	79	1785	Gay	Nellie	1895	Aug	28	0	F	Marion	
K 1	0086	12013	Gaymon	Esther A.	1903	Nov	12	036	F	1802 1/2 20th Ave	NY
K 1	86	9941	Gaynor	A.L.	1902	Jul	29	50	M	Seattle	
K 1	84	5587	Gear	A.S.	1900	Sep	3	53	M	Skykomish	OH
K 1	0093	18256	Geary	Patrick G.	1907	Apr	02	069	M	Seattle	NY
K 1	0086	11483	Gee	Ching	1903	Jul	10	027	M	Providence Hosp.	CHN
K 1	0088	13973	Geer	Baby	1905	Jan	04	s/b	M	Greenlake	WA
K 1	0091	15985	Geerds	Herman	1906	Mar	16	045	M	Seattle	---
K 1	0090	15187	Geery	Czarina	1905	Sep	13	057	F	Seattle	MO
K 1	0087	12953	Gefferd	Baby	1904	Jun	10	pre	F	Monod Hosp.	SEA
K 1	94	18894	Geffert	Ron	1898	Apr	03	45	M	DYEA, AK	
K 1	87	18901	Gehring	William	1896	Jun	3	50	M	(see file)	
K 1	80	18901	Gehring	William J.	1896	Jun	3				
K 1	79	1595	Gehue	Adam	1895	Apr	24	33	M	Lutz House	
K 1	0087	12735	Geisler	Kattie Ruth	1904	May	16	003	F	956 20th St (b.Chicago	---
K 1	83	4934	Gell	Thos. Melvin	1900	Feb	11	0	M	Seattle	SEA
K 1	83	5558	Gelluly	2 infants	1900	Aug	7	0	F	Seattle	SEA
K 1	0090	15313	Gemmell	Walter	1905	Oct	22	010	M	Seattle	MT
K 1	0088	13701	Generer	Joseph	1904	Nov	11	052	M	King Co. Hosp.	ENG
K 1	0086	11883	Genke	Albert A.	1903	Oct	09	032	M	Phinney Creek	MI
K 1	0086	12154	Genke	M.	1903	Dec	16	---	M	Ballard	sme
K 1	83	5394	Gensen	Gus	1900	Jul	26	40	M	Seattle	DNK
K 1	0091	16614	Gentile	Baby	1906	Jul	28	s/b	F	Seattle	WA
K 1	84	5881	Gentili	Carolina	1900	Dec	26	40	F	Seattle	
K 1	82	4742	Gentrey	Conl M.	1899	Dec	25	34	M	King Co	IRL
K 1	82	4719	George	A.J.	1899	Nov	18	29	M	Seattle	CA
K 1	0092	17400	George	Baby	1906	Dec	18	pre	F	Seattle	WA
K 1	79	1536	George	D.J.	1895	Mar	10	67	M	Kirkland	
K 1	0089	14294	George	Elizabeth	1905	Mar	15	062	F	Seattle	MI
K 1	79	1544	George	Jesse W.	1895	Mar	24	59	M	Cor 4th & Cherry	
K 1	0086	11484	George	Robt. H.	1903	Jul	25	024	M	Monod Hospital	PA
K 1	82	4472	George	Thomas	1899	Jul	19	33	M	Prov. Hospital	
K 1	87	11255	Georgie	John Gottfred	1903	May	22	62	M	Menod.? Hosp.	
K 1	80	3435	Gepfurt	Com.	1898	Apr	3	42	M	Alaska	
K 1	0092	17515	Geppe	Marie J.	1906	Nov	10	027	F	Ballard	NRY
K 1	0092	17514	Geppe	Marion J.	1906	Nov	10	01m	M	Ballard	WA

S R	PG	REC	LASTNAME	FIRSTNAME	DETH	MN	DT	AGE	S	DEATHPLACE	BIRTH
K 1	78	505	Gera	Peter	1893	Mar	14	56	M	Blk. Diamond	ITL
K 1	79	1272	Gerald	Sarah Florida	1894	Oct	22	17	F	Fremont	
K 1	0087	14210	Gerard	Peter	1904	Aug	12	056	M	Ballard	CND
K 1	83	4979	Gerhardt	Frank	1900	Mar	30	38	M	Co. Hosp.	US
K 1	0087	12733	Gerinaty	Thomas F.	1904	Apr	12	041	M	2224 6th Ave	IN
K 1	0087	12398	Gerirty	Mrs. Manuel	1904	Feb	04	031	F	1114 8th W.	IL
K 1	0087	13080	Germain	Fred	1904	Jul	28	024	M	Prov. Hosp.	---
K 1	0086	12155	German	Bernard C.	1903	Dec	13	001	M	1505 16th Ave	SEA
K 1	83	5559	German	John H.	1900	Mar	6		M	Alaska	
K 1	0087	12729	German	Joseph	1904	Apr	06	047	M	Holly, WA	---
K 1	80	2681	Geron	Mary	1897	Mar	14	44	F	Prov. Hosp	
K 1	0086	11756	Gerrich	Geo.	1903	Sep	04	027	M	Spokane, WA	---
K 1	0087	12955	Gershanovitz	Baby	1904	Jun	30	s/b	M	1227 Jackson	SEA
K 1	85	7040	Gerto	William Thomas	1901	Dec	31	88	M	805 East Newton	
K 1	83	6105	Gervais	W.J.	1901	Mar	9	25	M	King Co. Hosp	
K 1	0086	11485	Gessner	Peter J.	1903	Jul	29	051	M	Georgetown, WA	OH
K 1	87	11065	Getchell	Edmond P.	1903	Apr	6	50	M	609 6th Ave	ME
K 1	0091	16165	Getman	Thomas	1906	Apr	27	067	M	Seattle	NY
K 1	0091	16158	Gettman	Johnnie	1906	Apr	01	01m	M	Seattle (b.at sea	---
K 1	0090	15312	Geuthner	Margaret A.	1905	Oct	20	027	F	Seattle	TN
K 1	80	3521	Gevillym	Lizzie	1898	May	29	6	F	Blk. Diamond	
K 1	83	6377	Giansmire	Hattie Z.	1901	Apr	12	2	F	Black Diamond	
K 1	0088	13703	Gibb	Charles L.	1904	Nov	15	040	M	Battery St & 1st Ave	SCT
K 1	86	10019	Gibb	Earl Franklin	1902	Aug	7	10	M	Ballard	OR
K 1	81	3913	Gibb	Isabella	1898	Nov	6	52	F	Dunlap Station	
K 1	85	7042	Gibb	Leora	1901	Dec	8	39	F	Ballard	
K 1	85	7549	Gibb	Thomas Grant	1902	Mar	29	47	M	Ballard	
K 1	0086	12096	Gibbon	David	1903	Oct	16	070	M	Blk. Diamond	WLS
K 1	80	1860	Gibbon	Jeannette	1895	Nov	16	78	F	122 Birch St	
K 1	0087	12528	Gibbons	Agnew	1904	Mar	11	057	M	Monod Hosp.	---
K 1	79	1220	Gibbons	Wm Richard	1894	Sep	11	0	M	Brooklyn, WA	
K 1	83	5272	Gibbs	F.H.	1900	May	14	55	M	Seattle	SWD
K 1	0088	13441	Gibbs	Jennie	1904	Sep	30	019	F	Main & No.	OR
K 1	0091	16326	Gibbs	John M.	1906	May	19	086	M	Seattle	VT
K 1	0087	12664	Gibbs	S. M.	1904	Apr	13	069	M	Brighton Beach	WI
K 1	0088	13517	Gibson	Devereauy	1904	Oct	08	016	M	607 8th Ave	NC
K 1	0093	17938	Gibson	Harry B.	1907	Feb	05	043	M	Georgetown	US
K 1	0089	14828	Gibson	Hester F.	1905	Jul	05	032	M	Seattle	PA
K 1	78	1054	Gibson	James	1894	Aug	24	26	M	Franklin	US
K 1	94	18754	Gibson	James A.	1907	Jun	14	37	M	SEATTLE	CND
K 1	82	4113	Gibson	Thomas	1899	Feb	8	75	M	Seattle	IRL
K 1	0091	16459	Gibson	Timothy D.	1906	Jun	26	067	M	Seattle	CND
K 1	85	6908	Gibson	W.G.	1901	Oct	20	26	M	Glenwood House	
K 1	87	11070	Gibson	W.H.	1903	Apr		32	M	Oreg.	
K 1	79	1263	Gidding	Wm F. (d.d.d.)	1894	Oct	7	40	M	Burke block, Seattle	
K 1	82	4328	Giddings	Elisha L.	1899	May	1	86	M	Vashon	OH
K 1	84	5796	Giddings	Karl A.	1900	Nov	27	14	M	Seattle	ME
K 1	83	6106	Giering	Albert E.	1901	Mar	8	48	M	Seattle	
K 1	0088	14084	Gierke	David	1905	Jan	03	065	M	Ballard	GER
K 1	0092	17269	Giersch	Annette A.	1906	Oct	31	028	F	Seattle	PA
K 1	80	2682	Gifford	Ann	1897	Mar	20	80	F	Green Lake	
K 1	84	5877	Gifford	Chas. J.	1900	Dec	11	26	M	Seattle	
K 1	80	2718	Gifford	Kittie	1897	Apr	26	34	F	117 1/12 Wash. St	
K 1	82	4426	Gifford	mary A.	1899	Jun	22	50	F	Prov. Hospital	ME
K 1	81	3912	Gilbert	A.W.	1898	Nov	17	50	M	Seattle	
K 1	0087	12737	Gilbert	Alex	1904	May	20	050	M	Prov. Hosp.	CND
K 1	0089	14833	Gilbert	Ethan M.	1905	Jul	23	07m	M	Seattle	WA
K 1	78	544	Gilbert	G. Adolf	1893	Mar	31	37	M	Ballard	NRY
K 1	0092	17401	Gilbert	Grace R.	1906	Dec	22	s/b	F	Seattle	WA
K 1	0089	14151	Gilbert	Herman	1905	Feb	26	071	M	Prov. Hosp.	Ger
K 1	78	360	Gilbert	Infant	1892	Aug	31		M	Ballard	
K 1	0092	16738	Gilbert	Joseph H.	1906	Aug	28	044	M	Seattle	MA
K 1	0087	12397	Gilbert	Josephine	1904	Feb	04	022	F	302 Bell St	MN

S	R	PG	REC	LASTNAME	FIRSTNAME	DETH	MN	DT	AGE	S	DEATHPLACE	BIRTH
K	1	0091	16457	Gilbert	Martha A.	1906	Jun	20	074	F	Seattle	AR
K	1	0090	15185	Gilbert	Nina M.	1905	Sep	02	28d	F	Seattle	WA
K	1	87	10649	Gilbert	Victor Bryan	1903	Jan	11	4	M	3rd Ave & Baker	SEA
K	1	80	3382	Gilbertson	H.C.	1898	Apr	20	6	M	Seattle	
K	1	0093	17520	Gilbraith	Samuel	1907	Jan	04	04d	M	Ballard	WA
K	1	86	9986	Gilchrist	Geo.	1902	Jul	20	44	M	Co. Hosp.	
K	1	0088	13518	Gilday	Fannie H.	1904	Oct	10	071	F	2921 1/2 2nd Ave	PA
K	1	0092	16913	Gildersleeve	Clarence S	1906	Sep	13	02m	M	Seattle	WA
K	1	78	38	Gildersleeve	Ralph	1891	Aug	28	1	M	Sunnydale	
K	1	82	4594	Gildown	Lillian	1899	Sep	23	13	F	Seattle	WA
K	1	81	3768	Giles	Mary	1898	Sep	7	52	F	Seattle	
K	1	0089	14569	Giles	Rose	1905	May	12	003	F	Seattle	WA
K	1	87	10526	Gilio	Infant	1902	Dec	22		M	804 7th Ave	SEA
K	1	80	3473	Gilkes	E.I.	1898	May	22	23	F	Seattle	
K	1	81	3773	Gill		1898	Sep	23	0	F	Seattle	
K	1	82	4292	Gill	Alice	1899	Apr	19	7	F	Seattel	
K	1	0088	13216	Gill	Carrie A.	1904	Aug	29	039	F	Prov. Hosp.	KY
K	1	83	5157	Gill	Jno.	1900	May	18	45	M	Seattle	ENG
K	1	79	1510	Gill	Ruth W.	1895	Feb	18	1	F	133 Yakima	
K	1	80	2593	Gill	Sarah E.	1897	Jan	8	31	F	Prov. Hosp	
K	1	94	18756	Gill	Sarah N.	1907	Jun	27	64	F	SEATTLE	OH
K	1	80	2103	Gill	William A.	1896	Mar	18	0	M	221 Bell St	
K	1	87	10937	Gillam	Herold M.	1903	Mar	31	2	M	Seattle Gen. Hosp.	SEA
K	1	85	7436	Gillam	James J.	1902	Mar	25	56	M	Prov. Hosp	
K	1	85	6911	Gillespie	Addie	1901	Oct	22	11	F	1816 9th Ave	
K	1	0090	15314	Gillespie	Emanuel S	1905	Oct	27	077	M	Seattle	OH
K	1	0087	12728	Gillespie	Eva A.	1904	Apr	04	075	F	1135 21st Ave	OH
K	1	85	6753	Gillespie	Jas.	1901	Jul	30		M	Elliott Bay	
K	1	0091	16609	Gillette	Baby	1906	Jul	09	s/b	F	Seattle	WA
K	1	0092	17221	Gillette	C. W.	1906	Oct	--	060	M	Georgetown	MI
K	1	82	4375	Gilliam	F.	1899	May	1	0	M	Ballard	WA
K	1	0086	11593	Gilliam	W. H.	1903	Aug	12	076	M	Seattle Gen. Hosp.	OH
K	1	81	3772	Gillies	Chapin	1898	Sep	18	4	M	Seattle	
K	1	82	4512	Gillies	Christina	1899	Aug	6	39	F	Prov. Hospital	
K	1	83	4852	Gillies	John	1900	Jan	18	40	M	Seattle	
K	1	80	2841	Gillis	John	1897	Jul	26	16	M	Fremont	
K	1	0086	12153	Gillis	Joseph	1903	Dec	05	040	M	6th Ave & King	---
K	1	0090	15562	Gillis	Thomas R	1905	Dec	26	053	M	Seattle	OH
K	1	83	6276	Gillis	burnett H.	1901	Apr	28	15	M	Fremont	
K	1	79	1859	Gillson	Harriet	1895	Nov	5	88	F	1206 Lake View St	
K	1	80	2839	Gilluly	Edith	1897	Jul	2	0	F	319 7th Ave S.	
K	1	0088	13704	Gilluly	Thomas A.	1904	Nov	21	004	M	1504 E. Alder	WA
K	1	0090	15860	Gilman	Baby	1906	Feb	28	06d	M	Seattle	WA
K	1	80	2350	Gilman	Capt. A.M.	1896	Jul	14		M	Alaska	
K	1	80	3081	Gilman	Chas.	1897	Dec	25	6	M	West & Virginia	
K	1	0089	14703	Gilmer	Irene B.	1905	Jun	09	014	F	Seattle	CA
K	1	80	3549	Gilmore	Alex	1898	Jun	1	53	M	Fairhaven	
K	1	80	3245	Gilmore	Baby	1898	Feb	22		M	Seattle	
K	1	87	10934	Gilmore	Margaret	1903	Mar	25	55	F	Green Lake	IRL
K	1	80	2499	Gilmore	Mary ellen	1896	nov	6	43	F	Prov Hosp	
K	1	0089	14704	Gilmour	Baby	1905	Jun	23	s/b	F	Seattle	WA
K	1	0093	18026	Gilmour	Baby	1907	Mar	09	s/b	-	Seattle	WA
K	1	0089	14436	Gilray	Wm.	1905	Apr	12	045	M	Seattle	---
K	1	0087	13075	Gilsey	James	1904	Jul	08	08m	M	Georgetown	sme
K	1	0093	18027	Gilson	Edna	1907	Mar	03	015	F	Seattle	WA
K	1	79	1594	Gilson	G.F.	1895	Apr	28	72	M	2413 Third	
K	1	79	1703	Gilson	Ida	1888	Mar	2	24	F	Cal	
K	1	82	4336	Gilson	Sarah	1899	May	7	65	F	Seattle	NY
K	1	79	1795	Gilson	Winfred Esslie	1895	Sep	22	0	F	Issaquah	
K	1	78	376	Ginder		1892	Sep	4	0	M	Blk Diamond	
K	1	79	1567	Ginder	Alex	1895	Apr	13	47	M	Blk Diamond	
K	1	0089	14287	Gingerick	P.R.	1905	Feb	28	042	M	Seattle	---
1	8	80	2446	Giordano	Louis	1896	Oct	13	30	M	231 Day St	

S R	PG	REC	LASTNAME	FIRSTNAME	DETH	MN	DT	AGE	S	DEATHPLACE	BIRTH
K 1	86	10278	Giovanni	Tomasino	1902	Nov	29	35	M	Prov Hosp	ITL
K 1	0091	16399	Gippe	Martha L.	1906	Jun	20	003	F	Ballard	ND
K 1	82	4380	Girard	John	1899	May	17	38	M	King Co	
K 1	85	7041	Girdeman	Theodore	1901	Dec	23	70	M	Ballard	
K 1	86	10392	Girson	George	1902	Oct	27	54		Prov Hosp	RUS
K 1	0092	17065	Gislason	Herdes	1906	Oct	28	083	F	Ballard	ICE
K 1	85	6914	Githner	Albert	1901	Oct	20	51	M	County Hosp	
K 1	80	2053	Gittis	Infant	1896	Feb	15	0	F	813 Alder St	
K 1	0088	14099	Gius	John	1905	Feb	08	28d	M	Issaquah	WA
K 1	0092	17271	Glasgow	Samuel B.	1906	Nov	07	076	M	Seattle	OH
K 1	79	1856	Glasier	Lillie	1895	Sep	7	14	F	Seattle	
K 1	0092	17403	Glass	C. K.	1906	Dec	25	046	M	Seattle	CND
K 1	0090	15311	Glass	Mary J.	1905	Oct	20	039	F	Seattle	CND
K 1	83	5341	Glasscock	Anna W.	1900	Jun	24	42	F	Seattle	CA
K 1	0091	16328	Gleason	Edwin D.	1906	May	25	073	M	Seattle	MA
K 1	79	1201	Gleason	Eva	1894	Sep	19	0	F	Near Gilman	
K 1	0093	18025	Gleason	George F	1907	Mar	08	020	M	Seattle	WA
K 1	85	7043	Gleason	H.M.	1901	Dec	9	35	M	Prov. Hosp.	
K 1	0089	14146	Gleason	John L	1905	Feb	14	040	M	6th Ave N. & King St.	---
K 1	0093	18034	Gleason	Julia	1907	Mar	27	017	F	Seattle	KS
K 1	78	1009	Gleason	Mrs. Kate	1894	Jun	21	34	F	Near Gilman	NY
K 1	80	1862	Gleason	Patrick	1895	Dec	7	50	M	Prov. Hosp	
K 1	87	11257	Gleason	Sara F.	1903	May	3	38	M	189 ? Ave West	
K 1	0090	15309	Gleason	Sarah	1905	Oct	12	021	F	Seattle	WA
K 1	85	7609	Gleason	Susie	1902	Apr	30	33	F	Prov. Hosp.	
K 1	0092	17064	Gleeman	Lillian	1906	Oct	16	02m	F	Ballard	WA
K 1	0088	13520	Glencross	Leo	1904	Oct	20	009	M	1617 Boren	CA
K 1	78	971	Glenn	N.T.	1894	May	24	33	M	Prov. Hosp.	
K 1	0092	17107	Glennan	Wm. B	1906	Oct	14	038	M	Seattle	CA
K 1	0090	15559	Glennon	Annie M.	1905	Dec	03	042	F	Seattle	ENG
K 1	83	5215	Glessmann	Christ	1900	May	4	42	M	Edmonds	GER
K 1	78	541	Glou	Mrs.	1893	May	4	40	F	Redmond WA	
K 1	0092	17397	Glover	Frank	1906	Dec	02	055	M	Seattle	---
K 1	94	18514	Glover	John L.	1907	May	30	4	M	SEATTLE	MA
K 1	83	6104	Glover	Thos. G.	1901	Mar	26	41	M	Ballard	
K 1	0090	15579	Glud	Peter	1906	Jan	23	050	M	nr Cape Beale, B.C.	DNK
K 1	86	7804	Gnest	Edw. H.	1902	May	30	46	M	Seattle	
K 1	78	215	Gni	Fong	1892	Feb	29	0	M	Seattle	
K 1	0091	16069	Gnwozoonskie	Antony	1906	Mar	01	01m	M	Georgetown	WA
K 1	83	5306	Goad	Eunice Pearl	1900	Jul	4	27	F	Seattle	IN
K 1	0091	16159	Gobbi	Carlo	1906	Apr	10	045	M	Seattle	ITL
K 1	0090	15441	Goddard	Baby	1905	Nov	15	s/b		Seattle	WA
K 1	87	10812	Goddard	Raymond	1903	Mar	1	3	M	Fremont	OR
K 1	0093	17817	Goddard	Sarah G.	1907	Feb	22	07m	F	Seattle	WA
K 1	0086	12290	Godfrey	Baby	1904	Jan	11	s/b	F	3839 24th Ave W	SEA
K 1	0088	13519	Godfrey	George B.	1904	Oct	15	065	M	Prov. Hospital	ENG
K 1	0090	15307	Godfrey	George M.	1905	Oct	01	054	M	Seattle	IA
K 1	79	1857	Godfrey	Infant	1895	Oct	1	0	F	22 Orion St	
K 1	80	2757	Godfrey	Peter B.	1897	May	15	0	M	909 Washington	
1 8	80	2445	Godrich	James	1896	Oct	12	54	M	Heussy Blk	
K 1	0091	16276	Godson	Mary L.	1906	May	06	051	F	Georgetown	CND
K 1	85	6689	Godson	William H.	1901	Aug	11	13	M	King Co. Hosp.	
K 1	0091	16607	Godwin	Hallie E	1906	Jul	06	10m	F	Seattle	WA
K 1	79	1448	Goebel	Julia	1895	Jan	24	56	F	Seattle	
K 1	79	1159	Goebel	Mrs. Amalia	1894	Aug	30	81	F	123 Poplar St.	
K 1	0090	15183	Goeghegan	Belle	1905	Sep	03	09m	F	Seattle	WA
K 1	81	3699	Goetz	A.M.	1898	Aug	4	7	F	Seattle	
K 1	82	4037	Goetz	Lizzie	1899	Jan	2	33	F	Seattle	SWT
K 1	0088	13705	Gogerty	Julia E.	1904	Nov	22	030	F	Prov. Hosp.	MI
K 1	79	1533	Goldberg	Karsti	1895	Mar	15	49	F	West Seattle	
K 1	85	6808	Goldberg	Mary	1901	Sep	15	48	F	1570 3rd Ave	
K 1	0090	15315	Golden	George	1905	Oct	28	053	M	Seattle	CND
K 1	78	1098	Golden	Kitie Ellen	1894	Jul	27	26	F	315 Thomas St.	Il

S	R	PG	REC	LASTNAME	FIRSTNAME	DETH	MN	DT	AGE	S	DEATHPLACE	BIRTH
K	1	0093	17819	Golden	Marguerite A.	1907	Feb	24	048	F	Seattle	CND
K	1	83	5121	Golden	Mike	1900	Apr	24	29	M	Seattle	GER
K	1	94	18757	Golden	Mike C.	1907	Jun	30	49	M	SEATTLE	KY
K	1	0086	11759	Golden	Wm.	1903	Sep	15	035	M	Seattle Gen. Hosp.	IRL
K	1	83	5221	Goldie	Emma	1900	May	31	18	F	W. Seattle	MA
K	1	87	10741	Goldman		1902	Oct	6			221 Main Sst	
K	1	0088	13214	Goldman	Baby	1904	Aug	25	s/b	M	166 11th Ave	SEA
K	1	86	10395	Goldman	Baby	1902	Oct	16		F	1221 Main St	SEA
K	1	0086	11884	Goldman	Bonita	1903	Oct	28	022	F	Interbay	KS
K	1	0088	13217	Goldman	Jennie	1904	Aug	29	048	F	166 11th Ave	RUS
K	1	82	4766	Goldsael	Harry	1899	Dec	10	48	M	Seattle	
K	1	0090	15858	Goldsmith	Dora	1906	Feb	16	066	F	Seattle	GER
K	1	87	10525	Goldsmith	Jas	1902	Dec	18	44	M	Seattle Ambulance	IA
K	1	0089	14705	Goldsmith	Joe D.	1905	Jun	24	038	M	Seattle	CA
K	1	83	6098	Goldsmith	Joseph	1901	Feb	16	68	M	Prov. Hosp	
K	1	0092	17404	Goldsmith	Pauline	1906	Dec	30	062	F	Seattle	GER
K	1	0086	12156	Goldsmith	Richard	1903	Dec	15	046	M	Prov. Hosp.	---
K	1	0089	14292	Goldstein	Jennie	1905	Mar	14	025	F	Seattle	PA
K	1	0089	14293	Goldstein	Lewis	1905	Mar	15	035	M	Seattle	---
K	1	0090	15857	Goldstein	Mrs. A.M.	1906	Feb	09	047	F	Seattle	WA
K	1	83	5355	Goldstein	Reuben	1900	May	29	69	M	Seattle	RUS
K	1	85	7500	Goldstein	Wm.	1902	Mar	10	25	M	Juneau Alaska	
K	1	0089	14829	Goldthorpe	Earl H.	1905	Jul	06	05m	M	Hillman	WA
K	1	85	7042	Golofon	Gertie C.	1901	Dec	8	27	F	714 1/2 Plummer	
K	1	78	317	Gombert	Frank	1892	Jun	25	56	M	Seattle	
K	1	0094	18397	Gonigs	Lee	1907	Apr	14	015	M	Ballard	NE
K	1	0087	12738	Good	H. C.	1904	May	29	040	M	Wayside Mission	---
K	1	0093	17815	Good	John E.	1907	Feb	20	069	M	Seattle	NY
K	1	82	4596	Good	O.S.	1899	Sep	23	36	M		
K	1	85	6909	Good	Ogda	1901	Oct	31	21	F	Argile House Pike & 6th	
K	1	0093	17940	Goodchild	Baby	1907	Mar	07	23d	M	Ballard	WA
K	1	86	10284	Goode	Baby	1902	Nov	25		F	135 54th St	WA
K	1	0092	17276	Goodenham	Ireton M.	1906	Nov	18	013	M	Seattle	NH
K	1	0090	15264	Goodfell	Thomas	1905	Oct	05	---	M	Georgetown	---
K	1	85	7327	Goodman	Anna L.	1902	Feb	24	20	F	5th & Columbia	
K	1	80	3028	Goodman	Christena	1897	Nov	15	61	F	2030 First Ave	
K	1	0092	17516	Goodman	Ellen J.	1906	Dec	09	039	F	Hanford	WI
K	1	80	2597	Goodman	Etta L.	1897	Jan	13	27	F	Prov Hosp	
K	1	0089	14834	Goodman	Julia A.	1905	Jul	24	051	F	Seattle	MO
K	1	0092	17517	Goodman	Lloyd	1906	Dec	09	04m	M	So. Pk.	WA
K	1	86	10283	Goodman	Thomas	1902	Nov	19	34	M	Ballard	ICE
K	1	0089	14150	Goodnow	Charles C.	1905	Feb	25	059	M	4533 14th Ave NE	MA
K	1	84	5701	Goodnow	John	1900	Oct	10	50	M	Prov. Hosp.	MA
K	1	94	18663	Goodrich	Eva	1907	Apr	28	50	F		PA
K	1	81	3619	Goodrich	Zora A.	1898	Jul	29	30	F	Seattle	
K	1	79	1661	Goodsell	Myrtle	1895	May	8	21	F	1428 3rd St	
1	8	80	2444	Goodwald	Louis	1896	Oct	2	33	M	Prov. Hosp	
K	1	0089	14290	Goodwill	Mary E.	1905	Mar	11	051	F	Seattle	MI
K	1	85	7437	Goodwin	Fred	1902	Mar	1	25	M	303 Dexter Ave	
K	1	0087	12526	Goodwin	Hazel Clara	1904	Mar	08	005	F	2215 1/2 1st Ave	CA
K	1	0089	14148	Goodwin	Patsy	1905	Feb	23	030	M	6th & Madison	IRL
K	1	0087	12400	Goodwin	Philip C.	1904	Feb	24	006	M	727 Marion	MT
K	1	0086	11885	Goodwin	Sarah L.	1903	Oct	09	068	F	16 Roy St	OH
K	1	0093	17813	Goraulfs	Lucy	1907	Feb	15	026	F	Seattle	IL
K	1	84	5807	Gordan	Wn. Joseph	1900	Nov	28	0	M	Seattle	SEA
K	1	0088	13974	Gordon	Andrew	1905	Jan	05	022	M	Prov. Hosp.	---
K	1	86	10203	Gordon	Annie	1902	Sep	2	41	F	Prov. Hosp.	NRY
K	1	0093	18031	Gordon	Baby	1907	Mar	17	s/b	F	Seattle	WA
K	1	82	4222	Gordon	Emily A.	1899	Mar	29	0	F	Seattle	SEA
K	1	86	9940	Gordon	Infant	1902	Jul	18	0	M	Seattle	
K	1	82	4629	Gordon	John	1899	Oct	3	76	M	Georgetown	
K	1	0089	14437	Gordon	John P.	1905	Apr	12	045	M	Sedro Wooley	NH
K	1	79	1393	Gordon	Julia K.	1894	Nov	19	49	F	Prov Hosp	

S	R	PG	REC	LASTNAME	FIRSTNAME	DETH	MN	DT	AGE	S	DEATHPLACE	BIRTH
K	1	87	10811	Gordon	Nettie	1903	Feb	21	50	F	365 John St	US
K	1	0088	13330	Gordon	Olive	1904	Sep	03	11m	F	---- b.Snoqualmie,	WA
K	1	80	3276	Gordon	Roy	1898	Mar	15	22	M	Seattle	
K	1	0090	15186	Gordon	Sarah M.	1905	Sep	10	03m	F	Seattle	WA
K	1	83	6325	Gordon	Thos. Marcus	1901	Apr	8		M	Interbay Wash.	
K	1	83	5427	Gordon	Wm.	1900	Jun	10	67	M	Fremont	ON
K	1	78	455	Gordon	margaret	1892	Dec	28	50	F	Renton	OH
K	1	87	10490	Gorham	Henry Otto (Henriette	1902	Oct	10	8	F	Bellevue	WA
K	1	86	9939	Gori	James	1902	Jul	31	0	M	Seattle	
K	1	78	419	Goring		1892	Nov	30	0	M	Renton	WA
K	1	83	5305	Gorman	Frank	1900	Jun	30	38	M	Seattle	IA
K	1	0092	17109	Gorman	John J.	1906	Oct	23	054	M	Seattle	ENG
K	1	87	10809	Gorman	Mamie	1903	Feb	1/	21	F	919 E. Marion	
K	1	87	11068	Gorman	Phillip	1903	Apr	5	75	M	Prov Hosp	IRL
K	1	80	2642	Gormley	James C.	1897	Feb	26	45	M	Prov. Hosp	
K	1	79	1735	Gorrie	Infant	1895	Jul	3	0	M	Fremont	
K	1	81	3620	Gorso	John	1898	Jul	25	33	M	Blk. Diamond	
K	1	0094	18511	Goshom	Joseph F.	1907	May	19	020	M	Seattle	NE
K	1	0093	18257	Gosney	Wm. L.	1907	Apr	07	042	M	Seattle	MO
K	1	0086	12009	Goss	Baby	1903	Nov	17	pre	F	317 Battery ST	SEA
K	1	0086	11760	Goss	Charlie	1903	Sep	21	10m	M	3920 Densmore Ave	SEA
K	1	80	2840	Goss	E.M.	1897	Jul	21	45	M	Prov. Hospital	
K	1	0093	17816	Goss	Elenora	1907	Feb	21	047	F	Seattle	ENG
K	1	0086	11588	Goss	John J.	1903	Aug	01	070	M	-----	NY
K	1	78	527	Gotchey	Joseph	1893	Apr	28	61	M	Bothell	CND
K	1	0092	17270	Goto	Nakahei	1906	Nov	03	035	M	Seattle	JPN
K	1	0089	14296	Gottstein	Louis	1905	Mar	23	029	M	Seattle	RUS
K	1	86	10154	Goudy	Budd Healy	1902	Sep	30		M	154 Broadway	SEA
K	1	86	10204	Gould	A.H.W.	1902	Sep	18	36	F	414 Spring St	ON
K	1	0089	14289	Gould	Augusta J.	1905	Mar	03	061	F	Seattle	IN
K	1	78	483	Gould	Chas.	1893	Jan	24		M	Boise	
K	1	82	4541	Gould	Fred W.	1899	Aug	25	29	M	Seattle	
K	1	78	171	Gould	Pearley	1891	Nov	4	0	F	Seattle	
K	1	0088	13976	Goulett	Baby	1905	Jan	21	s/b	M	707 5th Ave	WA
K	1	83	5090	Goulett	Ida	1900	Feb	14	22	F	Seattle	SEA
K	1	0087	12736	Goulett	Mrs. Obelin M.	1904	May	19	050	F	617 Pontius	CND
K	1	84	6093	Goulett	Rosa	1901	Feb	8	1	F	W. Seattle	
K	1	0089	14830	Gouman	Sarah	1905	Jul	16	045	F	Seattle	RUS
K	1	0090	15442	Gourman	Frank	1905	Nov	16	040	M	Seattle	---
K	1	80	2973	Govan	D.C.	1897	Oct	6	60	F	Seattle	
K	1	87	11263	Gowan	Mercedes	1903	Jun	8	0	F	3508 Lewis St	
K	1	0092	16739	Gowen	Mannie	1906	Aug	31	059	F	Seattle	CND
K	1	0092	17272	Gowlland	Susie	1906	Nov	09	022	F	Seattle	CND
K	1	82	4617	Gozelski	Anton	1899	Sep	30	0	M	Seattle	SEA
K	1	0086	12158	Grace	George R.	1903	Dec	24	035	M	1605 8th Ave	---
K	1	87	10527	Grace	John Christopher	1902	Dec	22	53	M	Wayside Mission	ENG
K	1	0092	17273	Grace	Lillian J.	1906	Nov	12	047	F	Seattle	MS
K	1	86	7801	Gradjinsky	I.P.	1889	Jul	25	56	M	San Fran.	
K	1	0089	14295	Grady	Catherine	1905	Mar	21	080	F	Seattle	IRL
K	1	82	4325	Grady	Ernest Adam	1899	Apr	21	16	M	Renton	MN
K	1	82	4802	Grady	James	1899	Dec	27	60	M	Cedar Mt.	
K	1	0090	15700	Graessner	Alfred	1906	Jan	22	046	M	Seattle	GER
K	1	79	1581	Graf	Adam	1895	Apr	24	45	M	Alki Point	
K	1	85	7044	Graf	James	1901	Nov	22	66	M	Kirkwood green lake	
K	1	80	2930	Graff	Alice	1897	Sep	1	16	F	Denny Way	
K	1	0089	14147	Graff	Baby	1905	Feb	21	s/b	M	1722 Broadway	WA
K	1	87	11258	Graff	John H.	1903	Jun	15	26	M	Montana	NRY
K	1	78	677	Graff	Nanna Selma (Selnra?)	1893	Nov	29	20	F	Seattle	
K	1	0092	16737	Grafton	Joseph H.	1906	Aug	24	032	M	Seattle	MS
K	1	86	7656	Gragurich	Peter	1902	May	1	26	M	King Co Hosp.	
K	1	78	905	Graham		1894	Mar	6		F	Kirkland	
k	1	82	4029	Graham	Ada	1898	Dec	31	22	F	Seattle	
K	1	80	2879	Graham	Albert	1897	Aug	3	15	M	Fremont	

S R	PG	REC	LASTNAME	FIRSTNAME	DETH	MN	DT	AGE	S	DEATHPLACE	BIRTH
K 1	0088	14144	Graham	Allison C.	1905	Feb	11	013	M	1021 1/2 Stewart	WA
K 1	0088	13707	Graham	Alta C.	1904	Nov	28	016	F	2130 63rd St	MN
K 1	80	2542	Graham	Archibald M.	1896	Dec	20	15	M	217 Hyde St	
K 1	0090	15308	Graham	Baby	1905	Oct	10	s/b	M	Seattle	WA
K 1	78	420	Graham	Cath. M.	1892	Nov	22	42	F	Renton	KY
K 1	86	7803	Graham	Chas.	1902	Jun	18	38	M	Seattle	
K 1	0091	16239	Graham	Daniel	1906	Apr	05	053	M	So. Pk.	CND
K 1	0087	12529	Graham	Daniel Henry	1904	Mar	26	022	M	Prov. Hosp.	WA
K 1	0093	18024	Graham	Frances H.	1907	Mar	06	052	F	Seattle	NY
K 1	0093	17814	Graham	Fred	1907	Feb	20	046	M	Seattle	MA
K 1	0088	13972	Graham	George	1905	Jan	04	040	M	Covington, WA	---
K 1	83	5407	Graham	Helen	1900	Jun	26	17	F	Seattle	NS
K 1	86	10393	Graham	Infant	1902	Oct	22		F	111 Virginia St.	WA
K 1	0090	15778	Graham	J.B.	1906	Jan	23	062	M	nr Cape Beale, B.C.	GA
K 1	85	6910	Graham	James H.	1901	Oct	29	76	M	1015 Yesler Way	
K 1	79	1858	Graham	James R.	1895	Oct	17	36	M	Pt. Gamble	
K 1	83	6419	Graham	Julia	1901	May	19	20	F	Seattle	
K 1	0086	11596	Graham	Laura	1903	Aug	18	030	F	Prov. Hosp.	IL
K 1	80	2054	Graham	Lena	1896	Feb	19	18	F	Seattle	
K 1	86	7805	Graham	Lizzie	1902	Jun	20	57	F	Walla Walls	
K 1	87	10935	Graham	Louise	1903	Mar	11	46	F	San Fran. Cal	GER
K 1	0088	13978	Graham	Mary A.	1905	Jan	28	050	F	355 N. 76th	OH
K 1	80	3027	Graham	Mary E.	1897	Nov	3	19	F	Edgewater	
K 1	0092	17278	Graham	Minerva	1906	Nov	26	071	F	Seattle	OH
K 1	85	6913	Graham	Minnie	1901	Sep	28	34	F	Ballard	
K 1	80	2541	Graham	Mrs. E.G.	1896	Dec	16	80	F	1014 Rainier St.	
K 1	0089	14291	Graham	R. D.	1905	Mar	12	050	M	Seattle	---
K 1	0089	14434	Graham	Wm. Thomas	1905	Apr	04	071	M	Hillman	PA
K 1	84	5989	Gram	Herman	1901	Jan	28	50	M	Seattle	
K 1	79	1669	Gramlight	Jacob	1895	May	2	75	M	Edgewater	
K 1	0087	12530	Granbarth	Melinda	1904	Mar	27	047	F	218 5th Ave (b.N.Brunswick	---
K 1	82	4745	Granby	Richard	1899	Dec	1	3	M	Seattle	SEA
K 1	79	1783	Grandy	John	1895	Aug	24	57	M	Prov. Hosp	
K 1	0092	17398	Granger	Myrta E.	1906	Dec	04	031	F	Seattle	NE
K 1	86	10205	Grangstrom	Isaac	1902	Sep	18	36	F	2nd & Yesler	SWD
K 1	0087	12399	Granslade	Mrs. Frank	1904	Feb	12	s/b	M	3816 Evanston	SEA
K 1	87	10651	Grant	Archibald	1903	Jan	25	28	M	Georgetown	
K 1	0088	13975	Grant	Celia	1905	Jan	07	089	F	603 14th Ave N.	CND
K 1	85	7328	Grant	Charles	1902	Feb	16	48	M	608 5th Ave.	
K 1	0090	15265	Grant	Dolly	1905	Oct	09	002	F	Georgetown	---
K 1	85	6731	Grant	Edward	1901	Aug	4		M	Seattle	
K 1	0092	17237	Grant	Gorden A.	1906	Nov	05	06m	M	Kent	WA
K 1	87	10398	Grant	Henry	1902	Sep	28	48	M	Dawson	
K 1	0086	11592	Grant	Mary Olive	1903	Aug	12	045	F	1411 15th Ave	IL
K 1	78	82	Grant	Montague	1891	Sep	6	0	F	Kirkland	
K 1	0089	14827	Grant	Robert S.	1905	Jul	01	071	M	Seattle	SCT
K 1	78	1056	Grantilli	John	1894	Aug	24	19	M	Franklin	
K 1	81	3700	Grasch	Wilane	1898	Aug	12	17	F	Seattle	
K 1	0092	16915	Grass	Baby	1906	Sep	29	s/b	M	Seattle	WA
K 1	78	nr	Grassner	Louisa	1892	Feb	3	2	F	Seattle	WA
K 1	0091	16162	Gratton	James	1906	Apr	17	075	M	Seattle	IRL
K 1	0086	11594	Grauer	Amelia	1903	Aug	15	038	F	313 21st Ave	GER
K 1	0086	11591	Grauer	Infant	1903	Aug	14	---	M	313 21st Ave	sme
K 1	82	4609	Graves	Emma	1899	Sep	29	63	F	Seattle	NY
K 1	0087	12732	Graves	F. L.	1904	Apr	12	---	M	Dening, WA	---
K 1	0092	16914	Graves	Francis	1906	Sep	20	076	M	Seattle	---
K 1	0090	15025	Graves	Honoraa	1905	Aug	07	034	F	Seattle	OH
K 1	82	4295	Graves	J. Henry	1899	Apr	21	44	M	Seattle	NS
K 1	0088	13924	Graves	Joel C.	1905	Jan	25	071	M	Bothell	NY
K 1	0087	12401	Graves	Joseph	1904	Feb	27	054	M	Seattle Gen. Hosp.	---
K 1	79	1739	Graves	Lillian L.	1895	Jul	1	10	F	Cor 3rd & Columbia	
K 1	0087	12734	Graves	Mary M.	1904	Apr	19	061	F	1520 11th Ave	NY
K 1	85	7045	Graves	Sarah M. Adams	1901	Nov	7	73	F	1414 East Howell	

S	R	PG	REC	LASTNAME	FIRSTNAME	DETH	MN	DT	AGE	S	DEATHPLACE	BIRTH
K	1	80	2719	Graves	Solomon	1897	Apr	13	79	M	1120 Jefferson	
K	1	0089	14435	Graves	W.P.	1905	Apr	09	076	M	Seattle	NY
K	1	80	2300	Graw	George	1896	Jul	29	54	M	Fremont	
K	1	83	6440	Gray	A.R.	1901	May	10	59	M	Seattle	
K	1	0090	15561	Gray	Baby	1905	Dec	26	007	M	Seattle	---
K	1	82	4205	Gray	Cecilia L.	1899	Mar	23	4	F	Seattle	SEA
K	1	84	6096	Gray	Hazel b.	1901	Feb	25	9	F	Seattle	
K	1	78	385	Gray	Isabel	1892	Sep	28	36	F	Seattle	
K	1	0086	12010	Gray	James	1903	Nov	20	040	M	O'Brien	---
K	1	83	4838	Gray	Jas. J.	1900	Jan	12	39	M	Seattle	MO
K	1	0089	14567	Gray	Mabel	1905	May	01	040	F	Seattle	---
K	1	0086	11590	Gray	Mrs. Harmon	1903	Aug	22	072	F	415 Parl ?	ENG
K	1	0086	12012	Gray	Sarah L.	1903	Nov	14	033	F	39 Fremont Ave	IA
K	1	84	5878	Gray	W.J.	1900	Jan	1	35	M	Seattle	
K	1	0090	15391	Greaves	Baby	1905	Nov	30	s/b	F	Ballard	WA
K	1	83	6521	Gredler	John	1901	Jul	7	47	M	Seattle, WN	
K	1	86	7799	Greemlade	Rob't	1902	Jul	6	60	F	West Wash Hosp	
K	1	81	3771	Green	A.M.	1898	Sep	13	60	M	Seattle	
K	1	83	6500	Green	Ada M.	1901	Jun	17	23	F	Seattle, WN	
K	1	0086	12157	Green	Aleck	1903	Dec	19	022	M	King Co. Hosp.	ENG
K	1	0093	17820	Green	Arthur A.	1907	Feb	28	023	M	Seattle	IL
K	1	0089	14835	Green	Arthur H.	1905	Jul	30	046	M	Seattle	ENG
K	1	0093	18175	Green	Audred M.	1907	Mar	20	099	M	Kent	KY
K	1	83	5196	Green	Baby	1900	Apr	30	0	M	Seattle	SEA
K	1	0094	18513	Green	Baby	1907	May	27	s/b	M	Seattle	WA
K	1	0087	13208	Green	Clifford	1904	Aug	08	009	M	2239 Franklin	MN
K	1	0090	15184	Green	Donald W.	1905	Sep	04	05m	M	Seattle	WA
K	1	0092	16845	Green	Evaline C.	1906	Aug	27	03m	F	Ballard	WA
K	1	84	5986	Green	Ferdinand	1901	jan	21	25	M	Sunnydale	
K	1	87	10649	Green	G.	1903	jan	26		M	1118 Republican	
K	1	0086	11757	Green	Gladys M.	1903	Sep	04	05m	F	So. Park	sme
K	1	79	1593	Green	Harriet M.	1895	Apr	29	44	F	511 Sutter St	
K	1	79	1221	Green	Harry	1894	Sep	12	22	M	Commercial St. (Yesler/Wash	
K	1	80	3195	Green	Henry	1898	Feb	13	65	M	Seattle	
K	1	80	2298	Green	Herman	1896	Jul	11	24	M	Redmond	
K	1	0093	18258	Green	James	1907	Apr	12	040	M	Seattle	---
K	1	86	10286	Green	James J.	1902	Nov	8	62	M	205 Taylor Ave	IRL
K	1	0091	16610	Green	Jediah	1906	Jul	13	070	M	Seattle	CND
K	1	83	5291	Green	Jimmie	1900	May	3	30	F	Seattle	MN
K	1	78	1158	Green	L.H.	1894	Aug	26	28	M	Fremont	
K	1	86	10106	Green	Lidia	1902	Aug	23	27	F	King Co Hosp	CA
K	1	87	11253	Green	Louis	1903	Apr	24	30	M	Prov Hosp	NRY
K	1	87	10524	Green	Mary A.	1902	Dec	15	46	F	Prov Hosp	IN
K	1	83	6102	Green	Mary F.	1901	Feb	1	74	F	Seattle	
K	1	80	2932	Green	Maud	1897	Sep	24	22	F	Gilbert House	
K	1	80	2137	Green	Millie	1896	Apr	23	0	F	Blk Diamone	
K	1	86	7684	Green	Miranda S.	1902	May	15	78	F	4326 Brookline	
K	1	83	5390	Green	Mrs. Joe Etta	1900	May	2	42	F	Seattle	ME
K	1	0089	14149	Green	Otto C.	1905	Feb	24	021	M	Mt. View	IA
K	1	83	6100	Green	S.S.	1901	Feb	6	74	M	Seattle	
K	1	0090	15859	Green	Sarah E.	1906	Feb	21	078	F	Seattle	MO
K	1	86	7800	Green	Sylvan	1902	May	29	69	M	Port Blakely	
K	1	86	7683	Green	T.A.	1902	May	24	52	M	Seattle Gen. Hosp	
K	1	82	4605	Green	Thos. A.	1899	Sep	26	48	M	Seattle	
K	1	85	6809	Green	Walleston	1901	Sep	4	0	M	225 9th Ave. N.	
K	1	83	4846	Greenburg	Emma	1900	jan	16	25	F	Seattle	ME
K	1	80	2931	Greene	C.E.	1897	Sep	10	35	M	Prov. Hosp	
K	1	0091	16160	Greene	Caroline L.	1906	Apr	16	072	F	Seattle	ME
K	1	0086	11758	Greene	D. W.	1903	Sep	08	063	M	729 27th Ave S.	NY
K	1	0089	14288	Greene	Sarah E.	1905	Mar	01	070	F	Seattle	NY
K	1	0093	17597	Greene	Wm. E.	1907	Jan	21	090	M	Seattle	NY
K	1	81	3615	Greenes	R.P.	1898	Jul	11	0	M	Seattle	
K	1	80	2447	Greenfield	Carlis G.	1896	Oct	24	19	M	516 John St	

S R	PG	REC	LASTNAME	FIRSTNAME	DETH	MN	DT	AGE	S	DEATHPLACE	BIRTH
K 1	0086	12291	Greenfield	Glenn	1904	Jan	11	009	M	802 22nd Ave S	OH
K 1	82	4428	Greenleaf	Silas N.	1899	Jun	24	61	M	Seattle	ME
K 1	83	5381	Greenwald	Joseph	1900	Jul	22	45	M	Seattle	KY
K 1	0089	14932	Greenwood	Baby	1905	Aug	20	29d	F	Ballard	WA
K 1	0086	12097	Greenwood	W. H.	1903	Nov	17	072	M	King Co. Hosp.	DE
K 1	78	1055	Greer	Andrew	1894	Aug	24	26	M	Franklin	
K 1	82	4735	Greevius	Geo.	1899	Nov	22	52	M	Seattle	GER
K 1	0091	16736	Gregg	Albert	1906	Aug	23	045	M	Seattle	KS
K 1	80	2824	Gregg	George Austin	1897	Jun	9	0	M	Auburn	
K 1	0090	15651	Gregg	Harvey	1906	Jan	24	030	M	nr Cape Beale, B.C.	MD
K 1	0092	17108	Gregg	Mattie	1906	Oct	22	041	F	Seattle	NY
K 1	0086	11481	Gregg	S. D.	1903	Jul	05	023	M	Nome AK	PA
K 1	0090	15701	Greggory	Cornelius Wm.	1906	Jan	23	062	M	Seattle	ENG
K 1	0094	18512	Gregoire	Adolfe	1907	May	22	065	M	Seattle	PHL
K 1	0088	13971	Gregory	Annie C.E.	1905	Jan	03	039	F	482 Belmont N.	WA
K 1	0091	16164	Gregson	Thomas G. Jr.	1906	Apr	22	020	M	Seattle	ENG
K 1	94	18753	Grentman	Emil	1907	Jun	14	25	M	SEATTLE	SWZ
K 1	0090	15560	Grevstad	Baby	1905	Dec	17	s/b	F	Seattle	WA
K 1	82	4658	Grey	Alex C.	1899	Oct	15	50	M	Seattle	
K 1	80	2165	Gribbin	James E.	1896	Apr	7	0	M	Cor Lombard & John	
K 1	0091	16161	Gribble	Susan	1906	Apr	16	079	F	Seattle	ENG
K 1	0087	12731	Gribble	William H.	1904	Apr	07	038	M	Renton (b. Ontario	---
K 1	0088	13369	Gribler	Clara D.	1904	Sep	09	023	F	321 27th Ave S (b.St.Cloud,	MN
K 1	86	10394	Griesbach	Wm.	1902	Oct	19		M	111 Virginia St.	SEA
K 1	85	6698	Griesch	Ernest	1901	Aug	28	13	M	South Park	
K 1	0088	13702	Griffin	-----	1904	Nov	11	s/b	M	15th E Ship	WA
K 1	0092	16916	Griffin	Belle	1906	Sep	30	030	F	Seattle	ID
K 1	83	4933	Griffin	Fannie	1900	Feb	11	0	F	Seattle	SEA
K 1	83	5048	Griffin	Jas H.	1900	Mar	3	23	M	Seattle	SEA
K 1	83	6099	Griffin	John	1901	Feb	16	40	M	Prov Hosp	
K 1	78	758	Griffin	Lawrence	1894	Mar	29	1	M	Franklin	
K 1	0088	13706	Griffin	Nellie	1904	Nov	25	026	F	King Co. Hosp.	IL
K 1	80	2104	Griffin	Rachel	1896	Mar	25	15	F	935 Bush 26th Ave	
K 1	82	4749	Griffin	Rosella	1899	Dec	29	19	F	Seattle	SEA
K 1	83	5013	Griffin	Stanley A.	1900	Mar	2	0	M	Seattle	SEA
K 1	86	40018	Griffith	Baby	1902	Aug	6	0	M	165 Thomas	
K 1	0087	12730	Griffith	Baby	1904	Apr	07	s/b	F	Detroit Hotel	SEA
K 1	80	3441	Griffith	Bessie	1898	May	24	17	F	Blk Diamond	
K 1	0088	13430	Griffith	Elizabeth J.	1904	Sep	27	01m	F	671 A. Wash St	SEA
K 1	83	6393	Griffith	Hellen	1901	May	31	11	M	Seattle	
K 1	81	3987	Griffith	John	1898	Dec	15	22	M	Seattle	
K 1	81	3770	Griffith	John R.	1898	Sep	10	47	M	Seattle	
K 1	0086	12242	Griffith	Kathryn	1904	Jan	25	016	F	Blk. Diamond	MO
K 1	78	475	Griffith	Margaret	1893	Jan	31	43	F	Blk. Diamond	WLS
K 1	83	4848	Griffith	Maura	1900	Jan	17	7	F	Seattle	
K 1	78	626	Griffith	Thos.	1893	Sep	25	38	M	Eddiville	
K 1	86	10390	Griffith	W.T.	1902	Oct	19	35	M	Sitka Alaska	NY
K 1	0088	13521	Griffiths	Edward R.	1904	Oct	21	019	M	103 6th Ave N.	WA
K 1	82	4823	Griffiths	Susan	1900	Jan	5	65	F	Seattle	WLS
K 1	0087	13077	Griffyn	James	1904	Jul	13	028	M	Wayside Mission	---
K 1	81	3852	Grighow	Viola	1898	Oct	15	35	F	Seattle	
K 1	78	616	Grillmour	Stephen	1893	Sep	3	48	M	Skykomish	
K 1	78	1156	Grindle	Mary	1894	Aug	13	21	F	12th St Near Cedar	
K 1	85	7502	Grinnell	Hazel Ellen	1902	Mar	15	22	F	Green Lake	
K 1	83	6103	Grinwald	Gracie	1901	Mar	12	14	F	Dunlap	
K 1	80	2611	Grisamore	Marie	1897	Jan	26	0	F	221 Box St	
K 1	0086	11882	Grisdale	James Jr.	1903	Oct	12	032	M	Phinney Creek	MI
K 1	82	4807	Griswold	Adeline	1900	Jan	9	73	F	Burton Wn	NY
K 1	0094	18510	Griswold	Albert	1907	May	15	024	M	Seattle	WA
K 1	83	5439	Griswole	Stephen	1900	Jun	11	77	M	King Co. Hosp.	NY
K 1	86	7743	Groberg	lilly	1902	Apr	2	14	F	Ballard	
K 1	0090	15026	Grocco	John	1905	Aug	19	035	M	Seattle	ITL
K 1	0093	17807	Grodem	Harry	1907	Feb	04	002	M	Seattle	WA

S R	PG	REC	LASTNAME	FIRSTNAME	DETH	MN	DT	AGE	S	DEATHPLACE	BIRTH
K 1	0092	17105	Groden	Oluf	1906	Oct	10	030	M	Seattle	NRY
K 1	83	5333	Grodzinsky	Pauline	1900	Jun	17	53	F	Seattle	GER
K 1	81	3769	Groening	Lena	1898	Sep	7	24	F	Seattle	
K 1	83	6459	Grogran	Nina	1901	May	4	32	F	Prov. Hosp.	
K 1	82	4574	Groherey	Wilheim S.	1899	Sep	9	0	M	Ballard	WA
K 1	0093	17818	Groll	Frank	1907	Feb	23	030	M	Seattle	---
K 1	0089	14706	Gronstad	Hjalmer	1905	Jun	28	023	M	Seattle	SWD
K 1	0087	12727	Grose	George	1904	Apr	02	034	M	2314 E. Olive (b.Wash, DC	
K 1	80	3079	Grose	Lovina J.	1897	Dec	3	35	F	Prov Hosp	
K 1	81	3618	Grose	Wm.	1898	Jul	26	65	M	Seattle	
K 1	0087	13211	Grosh	Baby	1904	Aug	14	---	-	1310 7th Ave	WA
K 1	0093	18033	Gross	Arthur	1907	Mar	27	05m	M	Seattle	WA
K 1	0089	14570	Gross	Baby	1905	May	13	04d	M	Seattle	WA
K 1	82	4669	Gross	Fred'k W.	1899	Oct	22	28	M	Seattle	US
K 1	83	6680	Grosse	Mabel	1901	Sep	11	2	F	Enumclaw	
K 1	80	3029	Grotlisch	W.E.	1897	Nov	25	35	F	Prov. Hosp.	
K 1	0086	12159	Grovamier	Charles	1903	Dec	29	041	M	Prov. Hosp.	ITL
K 1	81	3616	Grove	Mary J.	1898	Jul	16	57	F	Seattle	
K 1	80	3472	Grove	Ole	1898	May	31	33	M	Ballard	
K 1	87	11261	Grover	Edwin Raymond	1903	Jun	13		M	Dayton Ave	
K 1	83	5088	Grover	F.K.	1900	Mar	28	18	F	Fremont	MO
K 1	78	359	Grover	Flora	1892	Sep	2	20	F	Georgetown	
K 1	84	5985	Grover	James A.	1901	Jan	29	45	M	Seattle	
K 1	85	7043	Groves	H.A.	1901	Dec	25	78	M	Fremont	
K 1	85	7412	Growbridge	Geo. M.	1902	Mar	14	7	M	Ballard Wn	
K 1	87	10652	Gruber	Charlotte	1903	jan	15	72	F	Ballard	
K 1	87	11066	Grubuick	Catherine	1903	Apr	1	53	F	62 Wall St	SEA
K 1	87	11067	Grubuick	Stella	1903	Apr	7	24	F	62 Wall st	AUS
K 1	78	732	Grumwald	M.J.	1893	Dec	14	29	F	Ross Station	
K 1	79	1652	Grunkranz	John	1895	May	17	51	M	Seattle	
K 1	86	10396	Gruonmo	Albertina	1902	Oct	4	73	F	Spriggins Add-Ballard	NRY
K 1	85	7513	Gualtieri	Roceo	1902	Mar	13	56	M	King Co. Hosp.	
K 1	0087	12525	Gubble	John H.	1904	Mar	05	079	M	132 31st Ave	ENG
K 1	87	10936	Gudger	Mrs. W.G.	1903	Mar	30	30	F	Prov Hosp	KS
K 1	80	3126	Gueuther	Herman J.	1898	Jan	15	0	M	817 Howell St	
K 1	84	5988	Guffy	Geo. L.	1901	Jan	12	41	M	Seattle	
K 1	0087	13079	Gugan	Francis Joseph	1904	Jul	27	05m	M	2804 Jackson	WI
K 1	80	2880	Gugelberger	Fredelin S.	1897	Aug	28	0	m	600 Jackson	
K 1	80	2299	Guger	Wm. C.	1896	Jul	31	36	M	1607 Grant Aave	
K 1	0094	18259	Guibor	Louise	1907	Apr	22	059	F	Seattle	NY
K 1	0088	13700	Guinan	Thomas J.	1904	Nov	08	003	M	Lakewood	WA
K 1	0093	17519	Guion	Wm. D.	1906	Dec	27	036	M	Tacoma, WA	KS
K 1	0093	18032	Guiter	Fredrick E.	1907	Mar	26	038	M	Seattle	IA
K 1	79	1392	Guitteau	Geo. A.	1894	Nov	5	50	M	Lake Dell Ave	
K 1	82	4376	Gull	Barbara	1899	May	1	36	F	Ballard	GER
K 1	83	5192	Gullichson	A.	1900	Apr	9	31	M	Seattle	MN
K 1	78	819	Gulliford	Gladys	1894	Feb	14	8	F	Lake Hill Add.	
K 1	0093	17808	Gulliford	Jessiem	1907	Feb	07	004	F	Seattle	WA
K 1	79	1237	Gully	John	1894	Sep	27	82	M	Prov Hosp	
K 1	0092	17106	Gulmundsen	Anna	1906	Oct	11	032	F	Seattle	NRY
K 1	0093	17939	Gumbrecht	Paul	1907	Feb	15	055	M	nr Quarter Mstr	GER
K 1	0092	17518	Gumks	Jacob	1906	Dec	17	030	M	Ft. Steilacoom	AUS
K 1	84	6097	Gummerson	Frank	1901	Feb	24	58	M	Prov. Hosp.	
K 1	0092	17220	Gundersen	Goodman	1906	Sep	08	04m	M	So. Pk.	WA
K 1	0091	16611	Gunderson	Alfred W.	1906	Jul	22	06m	M	Seattle	WA
K 1	85	6728	Gunderson	G.A.	1901	Aug	28	44	m	Seattle	
K 1	83	5438	Gunderson	Gunder	1900	Jul	1	60	M	Seattle	
K 1	0090	15440	Gunderson	Joseph H.	1905	Nov	09	018	M	Seattle	SD
K 1	86	7757	Gunderson	Josephine	1902	Apr	1	0	F	Fremont	
K 1	85	7565	Gunderson	Martin	1902	Apr	16	40	M	Prov. Hosp.	
K 1	0089	14571	Gunderson	Ole	1905	May	20	065	M	Seattle	NRY
K 1	0092	17277	Gunn	Alfred J.	1906	Nov	19	013	M	Seattle	WA
K 1	83	5035	Gunn	Baby	1900	Mar	19	0	M	Seattle	SEA

S	R	PG	REC	LASTNAME	FIRSTNAME	DETH	MN	DT	AGE	S	DEATHPLACE	BIRTH
K	1	0087	12527	Gunnerson	Amanda	1904	Mar	11	038	F	Seattle Gen. Hosp	SWD
K	1	85	7499	Gunterman	Mrs. Jane	1902	Mar	30	62	F	3rd & James	
K	1	0091	16163	Gunther	Elizabeth	1906	Apr	17	073	F	Seattle	GER
K	1	0091	16325	Gunther	Frank	1906	May	11	011	M	Seattle	IN
K	1	79	1200	Gunther	Mrs. Thersia	1894	Sep	15	48	F	Inglewood, King Co.	
K	1	85	7548	Gunwaln	Fred A.	1902	Apr	27	17	M	9th & Yesler	
K	1	86	10206	Guptill	Jennie	1902	Sep	28	27	F	Prov Hosp	SCT
K	1	82	4429	Guptill	L.C.	1899	Jun	25	47	F	Prov. Hospital	
K	1	80	2641	Gurney	Isabella	1897	Feb	3	36	F	420 Lake Dr.	
K	1	0093	17809	Gustafson	Frederick C.	1907	Feb	11	023	M	Seattle	IL
K	1	83	5489	Gustavson	Omia	1900	Aug	18	36	F	Seattle	SWD
K	1	82	4086	Gustin	Anna L.	1899	Jan	22	37	F	Seattle	
K	1	79	1654	Gutheil	C.R.	1895	May	16	43	M	Seattle	
K	1	0094	18509	Guthrie	Andrew	1907	May	11	027	M	Seattle	IRL
K	1	0086	11595	Guthrie	Elisabeth H.	1903	Aug	20	019	F	734 Blewett	SEA
K	1	0087	13078	Guthrie	Greta	1904	Jul	19	s/b	F	Columbia	WA
K	1	0093	18176	Guthrie	L.T.	1907	Mar	28	008	M	Ballard	MI
K	1	0088	13213	Guthrie	Ruth R.	1904	Aug	17	001	F	908 26th Ave S	SEA
K	1	83	5208	Gutsell	M.E.	1900	May	31	17	F	Lake Union	NE
K	1	83	5474	Guy	Alfred E.	1900	Aug	3	38	M	East Sound	CND
K	1	83	5200	Guy	Edward	1900	May	16	19	M	Seattle	NJ
K	1	81	3621	Guy	G.M.	1898	Jul	30	4	M	Erlich Wn	
K	1	0088	13212	Gwin	Sarah	1904	Aug	17	076	F	6602 E. Green Lake Blvd.	IN
K	1	0093	18035	Gyger	Bertha	1907	Mar	29	017	F	Seattle	WA
K	1	80	1863	Gygu	Oscar Howard	1895	Dec	19	0	M	Seattle	
K	1	0090	15310	Gyrdt	Arthur	1905	Oct	19	026	M	Seattle	GER
K	1	0088	13462	Gyrdt	Mary	1904	Sep	16	048	F	King Co. Hosp	GER
K	1	0158	03563	Haas	Alvin	1898	Jun	02		M	Seattle	
K	1	104	14572	Haas	Joseph	1905	May	01	34		SEATTLE	
K	1	102	12758	Haas	Nicholas	1904	May	19	59	M	705 7TH AV N	GER
K	1	0094	01438	Hab	Nicolas	1895	Jan	19	057	M	3rd & Clay St.	FRN
K	1	0093	01010	Habencht	August	1894	Jun	03	035	M	Black Diamond	
K	1	0102	05526	Hacashy	S.	1900	Aug	14	030	M	Seattle	JPN
K	1	107	7812	Hachey	Daniel	1902		20	1	M	SEATTLE	NB
K	1	100	11600	Hackett	John Q.	1902	Aug	26	38	M	PROV HOSP	ENG
K	1	0102	05521	Hackett	Joseph	1900	Aug	11	065	M	Issaquah	ENG
K	1	0092	00318	Hackett	Keziah	1892	Jun	30	053	F	Seattle	
K	1	102	12749	Hackney	Clara	1904	Apr	27	11	F	GEORGETOWN	WA
K	1	111	17828	Hadden	Alexander B.	1907	Feb	14	37	M	SEATTLE	SCT
K	1	0103	06265	Hadden	Geo.	1901	Apr	01	046	M	King Co. Hosp.	ENG
K	1	0104	06323	Hadden	John	1901	Apr	08	023	M	Hosp. Ship	ENG
K	1	106	15568	Hadfield	Aaron H.	1905	Dec	20	23D	M	SEATTLE	WA
K	1	0102	05745	Hadfield	J. (Mrs.)	1900	Oct	07	040	F	Fremont	IA
K	1	107	15707	Hadley	Amy B.	1906	Jan	27	25	F	SEATTLE	MI
K	1	0103	05814	Hadley	Geo. W.	1900	Nov	13	058	F	Seattle	PA
K	1	0097	03128	Hafferty	Thomas or Jones	1897	Dec	31	035	M	Ballard	
K	1	0103	06114	Hagan	Lillie	1901	Mar	02	006	F	Seattle	WA
K	1	112	18264	Hage	Chris	1907	Apr	12	24	M	SEATTLE	NRY
K	1	106	7615	Hagemon	M.	1902		21	21	M	524 WASH ST.	JPN
K	1	0107	10107	Hagen	John	1902	Aug	20	038	M	Way Side Mission	WA
K	1	100	11893	Hagen	Mange Jane	1903	Oct	03	8MO	F	2802 WEST AVE	NRY
K	1	0100	04422	Hagenbach	F.G.	1899	Jun	21	030	F	Seattle	
K	1	0099	03916	Hager	Gustave	1898	Nov	20	040	M	Seattle	
K	1	0101	05308	Hagerman	Paul	1900	Jun	08	020	M	Seattle	GER
K	1	104	14573	Haggard	Wm. F.	1905	May	01	34	M	SEATTLE	
K	1	0105	07048	Haggerty	Wm.	1901	Dec	22	074	M	Ballard	PA
K	1	107	7746	Hagglund	John	1902		1	69	M	BALLARD WASH.	NRY
K	1	0101	05117	Haglund	Annie	1900	Apr	14	026	F	Seattle	SWD
K	1	109	17110	Haglund	Baby	1906	Oct	01	2D	M	SEATTLE	WA
K	1	110	17717	Hagman ?	Carl A.	1907	Jan	19	17	M	BALLARD	WA
K	1	108	16692	Hagnian	Victor	1906	Jul	27	15	M	BALLARD	WA
K	1	0101	05130	Hahn	Adolph	1900	Apr	13	008	M	Fremont	WA
K	1	0107	10026	Hahn	Hulda Mrs.	1902	Sep	03	034	F	Colman Blk.	GER

S R	PG	REC	LASTNAME	FIRSTNAME	DETH	MN	DT	AGE	S	DEATHPLACE	BIRTH
K 1	104	14152	Haigh	John W.	1905	Feb	01	41	M	WAYSIDE MISSION	IN
K 1	0106	07439	Haight	C.B.	1902	Feb	06	046	M	Prov. Hosp.	IN
K 1	112	18762	Haight	Martha	1907	Jun	20	76	F	SEATTLE	IA
K 1	0298	10289	Haight	Olive	1902	Nov	22	065	F	23rd/Norman St (b.Ontario,	---
K 1	103	13227	Haines	Edna May	1904	Aug	23	2	F	GREEN LAKE WA	SEA
K 1	0299	11278	Haines	Josiah M	1903	May	04	079	M	1411 E Spruce St	NH
K 1	103	13225	Haines	Loney	1904	Aug	18	5	F	1320 HOWELL ST	SEA
K 1	0095	02014	Hains	D.H.	1896	Jan	29	049	F	2310 Western Ave.	ENG
K 1	0096	02449	Hainsworth	Wm.	1896	Oct	12	065	M	West Seattle	ENG
K 1	103	13720	Hairkey	Miranda	1904	Dec	04	78	F	121 TALLMAN	OH
K 1	0096	02802	Haisch	G. D.	1899	Jun	18	039	F	1302 Main St.	NY
K 1	0097	03033	Haisch	John G.	1897	Dec	05	5mo	M	1302 Main St.	SEA
K 1	0100	04684	Haisch	Walter A.	1899	Oct	29	015	M	Seattle	NY
K 1	110	17608	Halbert	Harold	1907	Jan	24	1MO	M	SEATTLE	WA
K 1	0099	04319	Halder	James	1899	Apr	20	035	M	Skykomish	
K 1	0099	04152	Hale	Carrie	1899	Feb	02	017	F	Franklin, Wash.	TN
K 1	108	16332	Hale	James M.	1906	May	23	38	M	SEATTLE	TX
K 1	108	16463	Hale	Martha M.	1906	Jun	12	6	F	SEATTLE	WA
K 1	0104	06508	Halen	Carl	1901	Jun	03	004	M	Seattle	SEA
K 1	0098	03781	Haley	Ed H.	1898	Sep	29	030	M	Seattle	SCT
K 1	108	16617	Hall	Baby	1906	Jul	17	SB	M	SEATTLE	WA
K 1	105	14933	Hall	Baby	1905	Jul	17	SB	F	BALLARD	WA
K 1	0094	01500	Hall	Baby	1895	Feb	27	10d	M	Seattle	SEA
K 1	108	16465	Hall	Bnice P.	1906	Jun	15	7	M	SEATTLE	WA
K 1	0298	10654	Hall	Cora E	1903	Jan	03	038	F	Union Blk	MN
K 1	103	13535	Hall	Dondal	1904	Oct	10	58	M	7451 4 AVE NE	WA
K 1	100	11486	Hall	Elizabeth Jane	1903	Jul	2	63	F	PROV. HOSP	ENG
K 1	0298	10653	Hall	Elizabeth M.	1903	Jan	04	054	F	1533 Boylston Ave(b.Lockpt,	NY
K 1	107	7690	Hall	Emma L.	1902	Apr	23	76	F	315 20TH AVE. S.	ENG
K 1	0105	06816	Hall	Florence V.	1901	Sep	01	037	F	Seattle	MO
K 1	110	17607	Hall	Frank W.	1907	Jan	26	23	M	SEATTLE	KS
K 1	0097	02978	Hall	George O.	1897	Oct	28	032	M	620 20th Ave.	
K 1	0093	00920	Hall	Hannah J.	1894	Apr	29	056	F	127 Berch St.	IN
K 1	0092	00528	Hall	I.M.	1893	Apr	25	052	M	Seattle	
K 1	0107	09895	Hall	J.	1902	Jul	14	035	M	Seattle	US
K 1	0097	02935	Hall	J. Matt	1899	Sep	11	048	M	Prov. Hosp.	VA
K 1	106	15191	Hall	J. Wilkes	1905	Sep	17	71	M	SEATTLE	OH
K 1	0299	10819	Hall	James A	1903	Feb	26	058	M	Monod Hosp	ME
K 1	0093	00699	Hall	Jennie C.	1893	Dec	11	043	F	Georgetown	
K 1	0093	01058	Hall	John	1894	Aug	24	020	M	Franklin	ENG
K 1	110	17282	Hall	Kathie A.	1906	Nov	09	43	F	SEATTLE	MN
K 1	111	17825	Hall	Lucius	1907	Feb	08	57	M	SEATTLE	WA
K 1	111	17823	Hall	Maggie	1907	Feb	07	18	F	SEATTLE	CND
K 1	111	18043	Hall	Manae F.	1907	Mar	20	32	F	SEATTLE	IL
K 1	0100	04819	Hall	Mary	1900	Jan	02	041	F	Seattle	NC
K 1	0299	10938	Hall	Mary A.	1903	Feb	08	015	F	Crittenden Home	KY
K 1	0096	02410	Hall	Mattie C.	1896	Sep	26	050	F	923 Hyde St.	
K 1	0097	03201	Hall	Nathan	1898	Feb	21	036	M	Seattle Gen. Hosp.	
K 1	112	18182	Hall	Oscar W.	1907	Mar	23	21	M	WILBERTON	CND
K 1	110	17284	Hall	Pauline	1906	Nov	19	43	F	SEATTLE	NRY
K 1	0093	00952	Hall	Phoebe	1860	May	23	034	F	Auburn, Wash.	OR
K 1	0092	00386	Hall	R.O.	1892	Sep	10		M	Palmer	
K 1	0298	10404	Hall	Samuel C	1902	Oct	25	082	M	So Pk	---
K 1	111	17830	Hall	Sarah E.	1907	Feb	20	70	F	SEATTLE	IN
K 1	0099	04044	Hall	Sarah F.	1899	Jan	06	055	F	Seattle	IL
K 1	112	18260	Hall	Tena	1907	Apr	05	25	F	SEATTLE	WI
K 1	110	17405	Hall	Thomas	1906	Dec	06	50	M	SEATTLE	ENG
K 1	108	16619	Hall	Vorinia A.	1906	Jul	22	2D	F	SEATTLE	WA
K 1	108	16464	Hall	W. Finley	1906	Jun	14	81	M	SEATTLE	MO
K 1	105	14838	Hall ?	Eugene	1905	Jul	16	47	M	GEORGETOWN	FRN
K 1	0092	00504	Halland	J.J.	1893	Jan	28	053	M	Ballard	NB
K 1	0105	06918	Hallenbeck	Charles E.	1901	Oct	06	046	M	Lake Union	NY
K 1	0096	02758	Haller	G O	1899	May	02	078	M	606 Minor Ave.	PA

S R	PG	REC	LASTNAME	FIRSTNAME	DETH	MN	DT	AGE	S	DEATHPLACE	BIRTH
K 1	0106	07344	Haller	baby	1902	Feb	03		F	114 Roy	WA
K 1	0104	06502	Halley	Esther V.	1901	Jun	29	001	F	Seattle	SEA
K 1	0100	04804	Halley	Michael	1900	Jan	07	072	M	King Co. Hosp.	IRL
K 1	0093	00682	Halligan	Michael C.	1893	Dec	09	024	M	Prov. Hospital	IRL
K 1	101	12635	Halliwell	Fred W.	1904	Mar	28	43	M	8 HOLBROOK	ENG
K 1	0096	02622	Hallman	E.R.	1896	May	07	038	M	Main St.	PA
K 1	107	16287	Hallock	Ernest	1906	May	19	03	M	BALLARD	WA
K 1	109	16749	Halloran	Honore	1906	Aug	24	8	F	SEATTLE	WA
K 1	111	17834	Hallum	Alonzo	1907	Feb	28	14	M	SEATTLE	KS
K 1	106	15400	Hallut	Ethel	1905	Nov	22	21	F	HOT SPRINGS	SD
K 1	0103	05887	Halman	Ruth M.	1901	Jan	04	001	F	Seattle	ND
K 1	0099	04156	Halmberg	Oscar	1899	Mar	25	061	M	Fremont	SWD
K 1	101	12166	Halpin	Dennis	1903	Dec	14	44	M	KING CO HOSP	IRL
K 1	112	18515	Halpin	Michael H.	1907	May	03	65	M	SEATTLE	IRL
K 1	0095	01867	Halsness	Martin	1895	Oct	04	028	M	Ballard	
K 1	0095	01867	Halsness	Martin	1895	Oct	04	028	M	Ballard	NRY
K 1	0095	01803	Halsness	Martin	1895	Oct	11	028	M	Ballard, Wash.	NRY
K 1	106	15035	Halstead	Haritey	1905	Aug	04	49	M	SEATTLE	CND
K 1	0298	10531	Halverson	N.P.	1902	Dec	26	043	M	Sea. Gen. Hosp.	NRY
K 1	102	12750	Halverson	Thomas	1904	Apr	27	82	M	3607 LAKE DILL	NRY
K 1	0299	10743	Halvorsen	Ella	1903	Mar	06	002	F	Skykomish (b.Everett,	WA
K 1	104	14105	Halvorsen	Julia	1905	Feb	21	25	F	KING CO HOSP	NRY
K 1	109	17116	Ham	Grancis	1906	Oct	09	19	M	SEATTLE	WA
K 1	101	12739	Ham	Milton	1904	Mar	03	42	M	MONOD? HOSP	NY
K 1	0104	06381	Ham	Thomas L.	1901	May	18	003	M	Vashon	WA
K 1	100	11605	Hamamitsa	Naokichi	1903	Aug	29	26	M	1447 WESTERN	JPN
K 1	100	11606	Hamamitsa	Naokichi	1903	Aug	28	26	M	1447 WESTERN	JPN
K 1	0299	10816	Hamamolo	M	1903	Feb	24	029	M	Gen Hosp	CA
K 1	105	14712	Hamblet	Mary	1905	Jun	23	65	F	SEATTLE	BC
K 1	105	14710	Hambley	(Infant)	1905	Jun	17	1D	F	SEATTLE	WA
K 1	0102	05409	Hambley	Wm. (Mrs.)	1900	Jul	11	053	F	Seattle	PA
K 1	0093	00762	Hamblin	James	1894	Mar	06	050	M	Providence Hosp.	CND
K 1	0094	01623	Hamboch	A.D.	1895	Apr	07	002	M	624 Spring	SEA
K 1	0096	02352	Hambson	Alfred E.	1896	Aug	20	3mo	M	318 Oak St.	SEA
K 1	92	268	Hambuiger	Henry	1892	May	1	1	M	Seattle	
K 1	107	15991	Hamburg	Charles S.	1906	Mar	16	05	M	SEATTLE	WA
K 1	109	16917	Hamburg	June J.	1906	SPT	02	2MO	F	SEATTLE	
K 1	105	14580	Hamburger ?	Jennie	1905	May	31	36	F	SEATTLE	GER
K 1	0106	07508	Hamel	William	1902	Mar	28	026	M	Prov. Hosp.	TN
K 1	111	18054	Hamer	Frederick	1907	Mar	27	3M	M	SEATTLE	WA
K 1	107	7811	Hamer	Sewald J.	1902		20	1	M	SEATTLE	MN
K 1	0099	04264	Hamill	Michael	1899	Apr	10	045	M	Sunnydale	
K 1	0107	10021	Hamill	Wm.	1902	Aug	04	030	M	Pasadena, Calif.	NY
K 1	109	17239	Hamilton	Anna	1906	Nov	07	49	F	KENT	CND
K 1	107	7688	Hamilton	B.A.	1902		18	42	M	OCCIDENTAL & CONN.	
K 1	0103	06294	Hamilton	C.H.	1901	Apr	29	060	M	Prov. Hosp.	US
K 1	101	12537	Hamilton	Chas. F.	1904	Mar	20	62	M	2612 KEYSTONE PL	KY
K 1	111	18179	Hamilton	Cynthia	1907	Mar	09	83	F	ISSAQUAH	MA
K 1	111	18048	Hamilton	Emma M.	1907	Mar	27	57	F	SEATTLE	NY
K 1	0299	11266	Hamilton	Harpy	1903	Apr	30	035	M	cor 1st Ave/VA	ENG
K 1	111	18036	Hamilton	Harriet C.	1907	Mar	02	45	F	SEATTLE	IL
K 1	112	18758	Hamilton	Hazel L.	1907	Jun	08	10M	F	SEATTLE	WA
K 1	0099	04291	Hamilton	I. J.	1899	Apr	18	007	M	Seattle	
K 1	0105	07056	Hamilton	Ira A.	1901	Dec	09	017	M	South Seattle	SD
K 1	0298	10663	Hamilton	Jessie B	1903	Jan	17	005	F	San Jose, CA	SEA
K 1	0107	09980	Hamilton	Joe	1902	May	23	055	M	Co. Hosp.	IRL
K 1	0316	11286	Hamilton	John	1903	Jun	08	040	M	E Yesler/Occidental	---
K 1	0093	00737	Hamilton	John	1894	Feb	10	044	M	Near Blk. Diamomd	SCT
K 1	0093	00887	Hamilton	Lester	1894	Apr	01	2mo	M	617 5th St, Seattle	SEA
K 1	110	17715	Hamilton	Lizzie	1907	Jan	09	49	F	GEORGETOWN	PA
K 1	0098	03854	Hamilton	Lucy J.	1898	Oct	15	045	F	Seattle	
K 1	0092	00431	Hamilton	Mrs. Ida	1892	Nov	18	029	F	Ballard	ON
K 1	0094	01381	Hamilton	Robt.	1894	Sep	23	045	M	Near City Park	

S R	PG	REC	LASTNAME	FIRSTNAME	DETH	MN	DT	AGE	S	DEATHPLACE	BIRTH
K 1	110	17602	Hamilton	Roy	1907	Jan	11	12	M	SEATTLE	
K 1	0102	05461	Hamilton	Sam	1900	Jun	18	028	M	Seattle	
K 1	0100	04431	Hamilton	Simon	1899	Jun	27	078	M	Gilman	PA
K 1	0097	03280	Hamilton	T.J.	1898	Mar	07	053	M	Seattle Gen. Hosp.	IN
K 1	107	15993	Hamington	John V.	1906	Mar	24	49	M	SEATTLE	IA
K 1	109	17127	Hamlan ?	Baby	1906	Oct	30	SB	F	SEATTLE	WA
K 1	0093	01230	Hamleburg	Victor	1894	Sep	21	062	M	Prov. Hospital	
K 1	0316	11281	Hamlet	M H	1903	Jun	09	060	M	Co. Hosp.	VA
K 1	0097	03034	Hamlin	Fred'k. B.	1897	Dec	10	003	M	Everett, Wash.	OH
K 1	100	11597	Hamlin	James M.	1903	Aug	29	22	M	CEDAR MT. WA	NY
K 1	0299	10940	Hamlin	M (Mrs)	1903	Feb	14	050	F	Cedar Mt.	NY
K 1	0100	04670	Hamlin	Marie	1899	Oct	22	047	F	Seattle	ONT
K 1	0102	05443	Hamm	Jacob	1900	Jul	24	049	M	South Park	GER
K 1	102	12957	Hammer	Frank A.	1904	Jun	04	71	M	1110 ROY AV S	WI?
K 1	101	12532	Hammer	Gertie	1904	Mar	06	16	F	GEORGETOWN	IA
K 1	101	12408	Hammer	Maggie	1904	Feb	16	31	F	1110 RR AV	PA
K 1	0094	01459	Hammer	Willey	1895	Feb	07	052	M	Franklin	
K 1	110	17525	Hammer ?	John	1906	Nov	19	43	M	GEORGETOWN	SWD
K 1	0095	02042	Hammersmark	Danille B.	1896	Jan	26	075	F	Lisabeula	NRY
K 1	0105	06982	Hammersmark	Thorkeld	1901	Dec	09	071	M	Prov. Hosp.	NRY
K 1	102	12081	Hammond	(Infant)	1904	Jul	02	0	F	923 BOYLSTON	SEA
K 1	102	13081	Hammond	(Infant)	1904	Jul	02	SB	F	923 BOYLSTON	WA
K 1	109	16744	Hammond	Louise	1906	Aug	11	56	F	SEATTLE	CND
K 1	107	15868	Hammons	Baby	1906	Feb	15	SB	F	SEATTLE,WA	WA
K 1	112	18521	Hampton	Eagan	1907	May	18	22	M	SEATTLE	IN
K 1	0104	06309	Hampton	Jennie	1901	Apr	15	019	F	Hospital	IRL
K 1	105	15028	Hampton	Manuel	1905	Aug	05	25	F	SEATTLE	IRL
K 1	105	Aug	Hampton	Manuel	1905	Aug	05	25	F	SEATTLE	KY
K 1	0105	07053	Hamren	Charlotte	1901	Dec	21	011	F	511 29th Ave. N.	SEA
K 1	108	16548	Hamschele	Albert	1906	Jul	22	10D	M	GEORGETOWN	WA
K 1	109	17126	Hamshaw ?	Fred L.	1906	Oct	28	53	M	SEATTLE	MA
K 1	106	15188	Hamson	Alfred	1905	Sep	01	66	M	SEATTLE	ENG
K 1	112	18760	Hamson	Emma	1907	Jun	13	28	F	SEATTLE	WA
K 1	107	15706	Hamson	Hattie	1906	Jan	23	29	F	SEATTLE	OR
K 1	104	14155	Hamson	Wm. W.	1905	Feb	11	43	M	SEATTLE GEN HOSP	
K 1	105	14840	Hamther ?	Margaret A.	1905	Jul	19	26	F	BALLARD	WA
K 1	109	16745	Han	Mrs. C.	1906	Aug	11	29	F	SEATTLE	JPN
K 1	105	14719	Hanafusa	Shigo	1905	Jun	27	8MO	M	SEATTLE	WA
K 1	109	16920	Hanan	Martin	1906	SPT	07	42	M	SEATTLE	
K 1	103	13714	Hanasharaki	Charles	1904	Nov	19	28	M	SEATTLE GEN HOSP	JPN
K 1	0299	11274	Hanbury	Charles H	1903	May	24	043	M	Prov. Hosp	CT
K 1	107	15996	Hanbury	Vivian	1906	Mar	28	7MO	F	SEATTLE	WA
K 1	0094	01295	Hancher	Amy	1894	Oct	27	1.5	F	West St. House	
K 1	0094	01292	Hancher	Erma	1894	Oct	27	006	F	West St. House	
K 1	0094	01293	Hancher	Mrs. Allie	1894	Oct	27	027	F	West St. House	
K 1	0094	01296	Hancher	Pearl	1894	Oct	27	004	F	West St. House	
K 1	0095	01869	Hanck	Baby	1895	Oct	23	1mo	M	Seattle	
K 1	92	34	Hancock	Geo. L.	1891	Sep	3	25	M	Seattle	
K 1	106	15564	Hancock	Jesse	1905	Dec	05	06	M	SEATTLE	OR
K 1	0106	07290	Hancock	Susan	1902	Jan	09	079	F	304 Queen Anne Ave.	VA
K 1	0099	04263	Hand	Fred K.	1899	Apr	10	016	M	Seattle	
K 1	100	11491	Hanens	Zita Maud	1903	Jul	25	18	F	3645 MERIDIAN	NE
K 1	102	10386	Hanes	J. P.	1904	Jul	13	76	M	411 TERRY AVE N	NY
K 1	102	12755	Haney	Arleigh F.	1904	May	17	23	M	MONOD HOSP	IA
K 1	0095	02213	Haney	Henry	1896	May	07	066	M	Prov. Hosp.	
K 1	0096	02452	Haney	Sarah A.	1896	Oct	24	054	F	Prov. Hosp.	
K 1	106	15449	Hanford	Abby JR.	1905	Nov	25	81	F	SEATTLE	OH
K 1	0093	01101	Hanford	Anna E W	1894	Jul	15	030	F	Cor. 9th & Spring St.	OR
K 1	0106	07340	Hanford	Jessie	1902	Feb	23	022	F	Seattle Gen. Hosp.	SEA
K 1	0095	02266	Hanford	Ralph C.	1896	Jun	19	012	M	1021 Madison	SEA
K 1	111	18050	Hang	Wong	1907	Mar	26	39	M	SEATTLE	CHN
K 1	0095	01874	Hanison	Jesse	1895	Dec	05	019	M	Ross, Wash.	IA
K 1	0104	06574	Hanks	Henry	1901	Jul	15		M		

S R	PG	REC	LASTNAME	FIRSTNAME	DETH	MN	DT	AGE	S	DEATHPLACE	BIRTH
K 1	0101	05057	Hanley	Jno.	1900	Mar	14	040	M	Seattle	
K 1	0098	03551	Hanlon	Mary Jane	1898	Jun	09	076	F	Tacoma	IRL
K 1	0104	06504	Hanna	Wm. S.	1901	Jun	24	032	M	Seattle	CT
K 1	0094	01383	Hannah	John J.	1894	Nov	15	039	M	723 Tenth St.	IL
K 1	102	12754	Hannahan	(Infant)	1904	May	15	4DS	F	427 63 ST	WA
K 1	0298	10529	Hansard	Baby	1902	Dec	20	s/b	M	729 Harvard Ave	SEA
K 1	0104	06715	Hansard	Emily	1901	Aug	27	058	F	122 14th N.	ENG
K 1	0096	02722	Hansbery	J.K.	1899	Apr	14	079	M	Freemont	OH
K 1	0095	02055	Hansen	Alfred J.	1896	Feb	10	022	M	Seattle Prov. Hosp.	MN
K 1	103	13387	Hansen	Amelia V.	1904	Sep	15	11M	F	66 VINE ST	SEA
K 1	0095	01978	Hansen	Andrew M.	1895	Dec	30	7mo	M	Ward VIII (?)	
K 1	0298	10530	Hansen	Anna (Mrs)	1902	Aug	20	075	F	Silverdale	AUS
K 1	0105	07058	Hansen	Annie	1901	Nov	15	073	F	Alki Point	NRY
K 1	0093	01011	Hansen	Annie C.	1894	Jun	01	032	F	211 Bannor St.	NRY
K 1	0095	02351	Hansen	Anton	1896	Aug	18	2mo	M	Ballard	WA
K 1	0103	05888	Hansen	Axsel	1900	Dec	01	008	M	Seattle	WA
K 1	108	16614	Hansen	Baby	1906	Jul	01	1D	F	SEATTLE	WA
K 1	0094	01790	Hansen	Baby	1895	Aug	26	3wk	M	Madison	SEA
K 1	0105	06916	Hansen	Bernhard	1901	Oct	31	045	M	Fremont	NRY
K 1	0105	07222	Hansen	Capt. F. M.	1902	Jan	11	065	M	Foot of Wash. St.	US
K 1	0106	07332	Hansen	Dora S.	1902	Feb	07	047	F	313 Boylston Ave.	NRY
K 1	0101	05042	Hansen	E.M.	1900	Mar	31	4mo	F	Ballard	WA
K 1	109	16847	Hansen	George	1906	Aug	05	54	M	GEORGETOWN	DNK
K 1	0298	10403	Hansen	Gorinne	1902	Oct	20	054	F	207 N	NRY
K 1	0101	05148	Hansen	Haus M.	1900	Apr	08	036	M	Seattle	DNK
K 1	92	103	Hansen	Hazel O.	1891	Oct	22	1	F	Ballard	WA
K 1	111	18038	Hansen	Helga A.	1907	Mar	06	21	F	SEATTLE	NRY
K 1	102	13089	Hansen	Henry M.	1904	Jul	20	15	M	HARRISON SLOOP	WA
K 1	0298	10665	Hansen	Howard Arthur	1903	Jan	02	002	M	Ballard	sme
K 1	0101	05106	Hansen	Jno.	1900	Apr	11	045	M	Seattle	SWD
K 1	106	15037	Hansen	John	1905	Aug	24	28	M	SEATTLE	WA
K 1	103	13712	Hansen	Leander	194	Nov	11	35	M	SEATTLE GEN HOSP	
K 1	0102	05332	Hansen	Markus	1900	Jul	13	7mo	M	Seattle	WA
K 1	107	7765	Hansen	Mette	1902		4	24	F	VASHON	GER
K 1	0094	01608	Hansen	Paul	1895	Apr	15	073	M	3rd & Smith St.	DNK
K 1	105	14935	Hansen	Salem W.	1905	Aug	07	01	M	BALLARD	WA
K 1	112	18271	Hansen	Seoren E.	1907	Apr	25	60	M	SEATTLE	NRY
K 1	101	12167	Hansen	T.	1903	Dec	14	25	M	KING CO HOSP	NRY
K 1	0298	10292	Hansen	Thomas	1902	Nov	14	032	M	Wayside Mission	NRY
K 1	0102	05743	Hansen	Tobins	1900	Sep	13	032	F	Seattle	NRY
K 1	0098	03701	Hansen	W.	1898	Aug	01	045	M	Ballard	DNK
K 1	112	18524	Hansen	Wilhelmina S.	1907	May	26	51	F	SEATTLE	DEN
K 1	0106	07342	Hansen	Wm. Frederick	1902	Feb	22	5mo	M	Ballard	WA
K 1	104	14577	Hanson	(Infant)	1905	May	19	5D	F	BALLARD	WA
K 1	103	13230	Hanson	(Infant)	1904	Aug	27		M	GREEN LAKE	SEA
K 1	105	14714	Hanson	(Infant)	1905	Jun	30	SB	M	SEATTLE	WA
K 1	0299	10815	Hanson	Albert A.	1903	Feb	07	022	M	Bremerton	WI
K 1	101	12405	Hanson	Anders	1904	Feb	06	77	M	110 STEWART ST	SWD
K 1	109	16849	Hanson	Andrew	1906	Aug	26	50	M	BALLARD	NRY
K 1	106	15316	Hanson	Andrew	1905	Oct	06	24	M	SEATTLE	
K 1	110	17529	Hanson	Christian	1907	Jan	04	1MO	M	BALLARD	WA
K 1	0097	03279	Hanson	Christine	1898	Mar	03	068	F	Seattle Gen. Hosp.	NRY
K 1	0098	03780	Hanson	E.	1898	Sep	28	13m	M	Ballard	WA
K 1	0298	10532	Hanson	Edward	1902	Dec	26	029	M	Hosp. Ship	USA
K 1	100	11598	Hanson	Eliz. C	1903	Aug	28	4MO	F	BALLARD	WA
K 1	109	17028	Hanson	Enoch	1906	SPT	08	07	M	BALLARD	WA
K 1	0094	01617	Hanson	G.R.	1895	Apr	10	009	M	281 Lewis St.	WI
K 1	0094	01617	Hanson	G.R.	1895	Apr	10	009	M	281 Lewis St.	
K 1	108	16461	Hanson	George H.	1906	Jun	10	52	M	SEATTLE	NRY
K 1	104	13980	Hanson	Hans	1905	Jan	02	34	M	SKYKOMISH	
K 1	110	17598	Hanson	Hans	1906	Dec	30	23	M	SEATTLE	SWD
K 1	0095	01866	Hanson	Hilda	1895	Sep	23	009	F	64 Stewart St.	WA
K 1	0097	03200	Hanson	Ida	1898	Feb	21	005	F	Ballard	WA

S	R	PG	REC	LASTNAME	FIRSTNAME	DETH	MN	DT	AGE	S	DEATHPLACE	BIRTH
K	1	107	15995	Hanson	J. Hans	1906	Mar	28	48	M	SEATTLE	NRY
K	1	100	11492	Hanson	Jake	1903	Jul	31	35	M	115 61 AVE NE	CA
K	1	0099	03914	Hanson	Jennie	1898	Nov	02	015	F	Seattle	
K	1	0298	10400	Hanson	John P.	1902	Oct	27	026	M	Gen Hosp	IL
K	1	0105	06814	Hanson	Levi Olaf	1901	Sep	09	5da	M	2128 Elliott Ave.	WA
K	1	0102	05444	Hanson	Martin	1900	Jul	26	079	M	Alki Point	NRY
K	1	105	14711	Hanson	Mrs. HT.	1905	Jun	17	56	F	LAWSON	WI
K	1	0102	05655	Hanson	Peter	1900	Nov	22	052	M	Co. Hosp.	DNK
K	1	0096	02723	Hanson	Richard S.	1899	Apr	10	8mo	M	2014 5th Ave.	SEA
K	1	0099	03962	Hanson	Rufus J.	1898	Dec	01	008	M	Seattle	
K	1	109	16750	Hanson	Sarah E.	1906	Aug	28	5MO	F	SEATTLE	WA
K	1	0101	05277	Hanson	Wm.	1900	May	27	048	M	Seattle	SWD
K	1	105	14670	Hanson ?	Martha J.	1905	Jun	17	56	F	BLACK DIAMOND	WI
K	1	0098	03387	Hapgood	Baby	1898	Apr	29	6mo	F	Seattle	SEA
K	1	0099	03855	Hapton	C.J.	1898	Oct	27	035	M	Seattle	ENG
K	1	104	13987	Hara	Shizue	1905	Jan	24	9DA	F	SEATTLE GEN HOSP	WA
K	1	101	12293	Harbaugh	George W	1904	Jan	06	07	M	515 BOYLESTON	WA
K	1	0101	05078	Harber	Jast B.	1900	Mar	15	068	M	Brooklyn	NJ
K	1	0299	11074	Harber	William	1903	Apr	18	065	M	Prov. Hosp.	---
K	1	0092	00460	Hardeman	M	1892	Dec	31	038	F	Seattle	WA
K	1	0105	06819	Hardenburg	Julia Eller	1901	Sep	10	019	F	1002 Howell	NB
K	1	0103	05883	Harder	John	1900	Dec	11	032	M	Seattle	GER
K	1	0102	05573	Hardester	Ella M.	1900	Aug	01	033	F	Ravena Park	OR
K	1	109	17112	Hardesty	De Mill	1906	Oct	05	5MO	M	SEATTLE	WA
K	1	104	14574	Hardie	(Infant)	1905	May	09	2D	M	SEATTLE	
K	1	0099	04361	Hardimon	Jas.	1899	May	21	084	M	Seattle	IRL
K	1	111	18041	Hardin	Baby	1907	Mar	14	SB	M	SEATTLE	WA
K	1	111	18041	Hardin	Bob	1907	12	14	SB	M	SEATTLE	WA
K	1	0101	05058	Hardin	Chas.	1900	Mar	04	040	M	Seattle	
K	1	0095	02059	Hardin Jr.	Thomas B.	1896	Feb	19	004	M	Eaton & Clarence	SEA
K	1	0100	04655	Harding	Elmer E.	1899	Oct	14	039	M	Yesler	IA
K	1	106	15281	Hardman	Margaret	1905	Oct	05	83	F	GEORGETOWN	IRL
K	1	102	12748	Hardman	William	1904	Apr	25	54	M	OCCIDENTAL HOTEL	GER
K	1	109	17119	Hardwick	Baby	1906	Oct	13	1D	M	SEATTLE	WA
K	1	101	12162	Hardy	Harvey	1903	Dec	04	37	M	214 SENECA ST	NY
K	1	0102	05468	Hare	Ancil	1900	Jul	18	2mo	F	Seattle	SEA
K	1	101	12295	Harima	Genjiro	1904	Jan	12	31	M	SEA GEN HOSP	JPN
K	1	0099	04001	Harl (nr)	Sarah	1899	Jan	30	5mo	F	Seattle	WA
K	1	0093	00822	Harlan	Elizabeth T.	1894	Mar	08	053	F	4th & Virginia	OH
K	1	0093	00822	Harlan	Elizabeth T.	1894	Mar	08	053	F	4th & Virginia	OH
K	1	0092	00485	Harlan	Ella R.	1893	Feb	05	024	F	Seattle	OH
K	1	112	18520	Harlan	Wilbert E.	1907	May	12	24	M	SEATTLE	IN
K	1	0102	05538	Harland	Harry W.	1900	Jul	08		M	Nome, Alaska	
K	1	0298	10246	Harley	Anne	1902	Nov	20	002	F	Blk Diamond (b.Renton,	WA
K	1	110	17604	Harley	Janet I.	1907	Jan	15	53	F	SEATTLE	OH
K	1	0299	10818	Harmer	Bessie M	1903	Feb	09	049	F	Gen Hosp	USA
K	1	0093	00820	Harmon	Jane	1894	Jan	06	086	F	Corner 4th and Battery	
K	1	0104	06602	Harmon	Janet	1901	Jul	17	023	F	Latona	CA
K	1	0102	05625	Harmon	Marie	1900	Oct	29	059	F	Seattle	IN
K	1	0104	06601	Harmon	Wm. W.	1901	Jul	28	004	M	Latona	CA
K	1	0092	00400	Harn	Geo. D.	1892	Oct	12	003	M		WA
K	1	0094	01314	Harn	Lysle	1894	Oct	03	5mo	F	West Seattle, Wash.	SEA
K	1	109	17120	Harnden	Benjamin	1906	Oct	15	22	M	SEATTLE	
K	1	0103	05996	Harneit	Albertine	1901	Jan	15	063	F	Prov. Hosp.	GER
K	1	0098	03624	Harnet	Henry	1898	Jul	15	068	M	Seattle	GER
K	1	0107	07814	Harns	Eliz.	1902	Jun	12	069	F	Seattle	IRL
K	1	0096	02759	Harold	Otto Jr.	1899	May	07	4mo	M	Maitlane Blk.	SEA
K	1	103	13718	Harp	Wm.	1904	Dec	01	42	M	813 22ND AVE	SCT
K	1	0101	05135	Harper	C.H.	1900	Apr	01	037	M	Seattle	ENG
K	1	0098	03853	Harper	Ethel May	1898	Oct	07	009	F	Seattle	
K	1	0107	10113	Harper	Evangeline C.	1902	Aug	04	019	F	651 Kinnear Place	OH
K	1	0299	11264	Harper	Florence C	1903	Apr	30	025	F	651 Kimear Pl	OH
K	1	0092	00568	Harper	Geo.	1893	Jun	29	030	M	Prov. Hospital	

S R	PG	REC	LASTNAME	FIRSTNAME	DETH	MN	DT	AGE	S	DEATHPLACE	BIRTH
K 1	0094	01409	Harper	Jane	1895	Feb	14	068	F	Blk. Diamond	ENG
K 1	103	13221	Harper	Richard Stanley	1904	Aug	10	9M	M	5TH & MADISON	SEA
K 1	110	17524	Harper	W F	1906	Nov	19	35	M	W. SEATTLE	ENG
K 1	0092	00497	Harrie	James	1893	Mar	02	054	M	Seattle	ME
K 1	0100	04393	Harrilk	Lulu S.	1899	Jun	01	012	F	Seattle	SEA
K 1	100	11768	Harriman	Philip	1903	Sep	15	20	M	318 20 AVE N	MA
K 1	105	14935	Harrington	Baby	1905	Aug	26	22D	F	BALLARD	WA
K 1	105	14736	Harrington	Baby	1905	Aug	27	22D	F	BALLARD	WA
K 1	111	18051	Harrington	Lenora L.	1907	Mar	26	56	F	SEATTLE	CT?
K 1	105	14971	Harrington	Mary	1905	Aug	11	32	F	BALLARD	NY
K 1	0101	05252	Harrington	W.	1900	Jun	16	050	M	Duwamish	NY
K 1	107	16172	Harrington	Wm L.	1906	Apr	15	6MO	M	SEATTLE	W
K 1	107	5704	Harris	Addramyttiom	1906	Jan	10	74	M	SEATTLE	IN
K 1	109	17124	Harris	Baby	1906	Oct	22	SB	M	SEATTLE	WA
K 1	0101	05259	Harris	Carrie	1900	Jun	01	039	F	Seattle	MI
K 1	0094	01451	Harris	Egbert	1895	Jan	29	062	M	Prov. Hospital	
K 1	0099	04326	Harris	Elizabeth	1899	May	02	038	F	Renton	WLS
K 1	0093	01193	Harris	Ellen	1894	Sep	20	058	F	Black Diamond	ENG
K 1	0096	02355	Harris	Elsie M.	1896	Aug	28	006	F	1620 12th St.	SEA
k 1	100	11888	Harris	Eva Junaita	1902	Oct	05	12	F	GEN HOSP	NE
K 1	0093	00751	Harris	Infant Oliver	1894	Feb	10	2da	M	813 Alder St.	SEA
K 1	106	15444	Harris	James	1905	Nov	09	58	M	SEATTLE	IRL
K 1	0093	01103	Harris	James	1894	Jul	26	028	M	Queen Ann Hill	NC
K 1	0103	06116	Harris	Jennie	1901	Mar	16	001	F	Seattle	WA
K 1	92	206	Harris	John	1892	Feb	21	52	M	Ballard	
K 1	109	16925	Harris	Kate B.	1906	SPT	26	35	F	SEATTLE	IL
K 1	0098	03386	Harris	Louis W.	1898	Apr	27	028	M	Seattle	IA
K 1	0107	09896	Harris	Lucy C.	1902	Jul	08	057	F	Seattle	NC
K 1	101	12406	Harris	Mary E. (Mrs.)	1904	Feb	07	40	F	1620 MINOR AV	SWD
K 1	0105	06810	Harris	Rebecca	1901	Sep	27	6mo	F	Seattle	SEA
K 1	0098	03778	Harris	Same	1898	Sep	27	045	M	Seattle	
K 1	100	11890	Harris	Sarah (Mrs.)	1903	Oct	16	29	F	SEA GEN HOSP	WI
K 1	0103	05808	Harris	Sarah E.	1900	Nov	02	019	F	Seattle	NC
K 1	100	11489	Harris	Shirley	1903	Jul	17	09	F	115 MAYNARD AV	ID
K 1	0104	06466	Harris	Wm. H.	1901	May	01	059	M	Seattle	OH
K 1	109	17125	Harris ?	Allie	1906	Oct	26	12	F	SEATTLE	WA
K 1	110	17821	Harris ?	N. Arthur R.	1907	Feb	01	18	M	SEATTLE	WA
K 1	100	11764	Harrison	Evaline S.	1903	Sep	27	71	F	316 23 AVE S	KY
K 1	100	11764	Harrison	Evaline S.	1903	Sep	27	71	F	316 23 AVE S	MN
K 1	0299	11268	Harrison	Frank	1903	May	16	028	M	Whatcom	IL
K 1	0298	10213	Harrison	Martha	1902	Sep	12	064	F	1117 1/2 7th Ave	IN
K 1	111	17942	Harrolsen	Anna H.	1907	Feb	11	01	F	BALLARD	WA
K 1	0106	07329	Harry	Hilma S.	1902	Feb	18	030	F	1014 1/2 Pine St.	FIN
K 1	110	17718	Hart	Arline V.	1907	Jan	28	8MO	F	BALLARD	MI
K 1	109	16848	Hart	C.	1906	Aug	13	39	M	GEORGETOWN	FIN
K 1	0105	07046	Hart	Chas.	1901	Dec	31	040	M	Ballard	
K 1	106	15448	Hart	Edna	1905	Nov	24	32	F	SEATTLE	MN
K 1	107	15997	Hart	Ezra	1906	Mar	29	27	F	SEATTLE	MI
K 1	105	14844	Hart	Franklin	1905	Jul	20	1	M	SEATTLE	WA
K 1	0105	07055	Hart	Helen A.	1901	Dec	18	1mo	F	16th & Roy	SEA
K 1		3202	Hart	Ida	1898	Feb	23	006	F	SEATTLE	
K 1	0097	03196	Hart	James Ulumy	1898	Feb	07	004		Seattle	ON
K 1	0104	06295	Hart	John	1901	Apr	18	043	M	Prov. Hosp.	NS
K 1	104	14096	Hart	Louisa	1905	Feb	18	92	F	CHRISTOPHER	ENG
K 1	0106	07343	Hart	Mrs. Augusta	1902	Feb	20	028	F	W.W.H.I.	US
K 1	0107	10024	Hart	Nellie	1902	Aug	31	026	F	717 N. 40th	MI
K 1	0097	03198	Hart	Norman R.	1898	Feb	12	010	M	West Seattle	ON
K 1	111	18044	Hart	Penelope D.	1907	Mar	22	68	F	SEATTLE	KY
K 1	107	16071	Hart	Stanley B.	1906	Mar	06	18	M	CHRISTOPHER	WA
K 1	92	23-	Harte	Richard	1892	Mar	27	35	M	O'Brien	
K 1	0098	03623	Hartley	Amelia	1898	Jul	15	077	F	Seattle	NB
K 1	0107	10020	Hartley	Anna M.	1902	Aug	23	064	F	2321 1st	PA
K 1	108	16460	Hartley	Baby	1906	Jun	09	2MO	M	SEATTLE	WA

S R	PG	REC	LASTNAME	FIRSTNAME	DETH	MN	DT	AGE	S	DEATHPLACE	BIRTH
K 1	111	17826	Hartley	Lucy S.	1907	Feb	08	78	F	SEATTLE	CND
K 1	0101	04966	Hartman	B. Von	1900	Feb	24	2mo	M	Seattle	SEA
K 1	102	10393	Hartman	Eva Miss	1904	Jul	28	47	F	920 22 AVE	CO
K 1	102	3093	Hartman	Eva Miss	1904	Jul	28	47	F	920 22 AVE	CT
K 1	0092	00447	Harton	Darius	1892	Dec	03	050	M	Seattle	IL
K 1	102	12746	Hartquist	(Infant)	1904	Apr	22		F	1303 6TH AV N.	WA
K 1	104	14156	Hartsfield	N. D.	1905	Feb	24	42	M	KING CO HOSP	SC
K 1	112	18399	Hartung	Dora M.	1907	Apr	05	26	F	W. SEATTLE	MO
K 1	111	17944	Hartung	Gertrude	1907	Feb	25	01	F	RAINIER BCH	WA
K 1	0094	01689	Hartwell	Mary A.	1895	Jun	17	046	F	HG Shepherd	NY
K 1	103	13711	Hartwig	Otto	1904	Nov	08	66	M	30TH AVE & E COLUMBIA	GER
K 1	0298	10530	Harvey	Alveria Gould	1902	Dec	17	029	F	Ballard	CND
K 1	0299	11273	Harvey	Charlie Arthur	1903	May	09	010	M	308 29th Ave N	WA
K 1	106	15501	Harvey	Daniel	1905	Dec	02	62	M	GEORGETOWN	NY
K 1	110	17716	Harvey	Eliza H.	1907	Jan	19	74	F	BALLARD	NY
K 1	104	14438	Harvey	Geo. B.	1905	Mar	31	46	M	SEATTLE	RI
K 1	0316	11287	Harvey	Marcella	1903	Jun	02	001	F	528 28 Ave S (b.Ballard,	---
K 1	107	7813	Harvey	Mary E.	1902		28	21D	F	SEATTLE	SEA
K 1	104	14578	Harvey	Neal	1905	May	20	55	M	SEATTLE	
K 1	112	18665	Harvey	Thomas	1907	Feb	24	53	M	GEORGETOWN	IRL
K 1	112	18665	Harvey	William	1907	Feb	24	53	M	GEORGETOWN	IRL
K 1	0106	07336	Harvy	William H.	1902	Jan	31	067	M	138 23rd Ave. S.	OH
K 1	106	15038	Harzard	Thomas	1905	Aug	25	72	M	SEATTLE	NY
K 1	0316	11285	Hasaka	Yashi (Mrs.)	1903	Jun	02	036	F	Prov. Hosp.	JPN
K 1	107	16170	Hashizeks	Baby	1906	Apr	11	SB	F	SEATTLE	WA
K 1	0097	02939	Haskell		1897	Oct	04	8mo	M	Star Lake	
K 1	104	13813	Haskell	Myrtle L.	1904	Nov	15	01	F	LAKEWOOD	WA
K 1	0093	01100	Haskell	Royal	1894	Jul	04	059	M	Cor. Valley & Warren St.	
K 1	111	17822	Hasket	George W.	1907	Feb	06	45	M	SEATTLE	IN
K 1	108	16466	Haski	Sophia	1906	Jun	24	46	F	SEATTLE	FIN
K 1	107	16072	Haskins	Nancy	1906	Mar	19	77	F	RENTON	MO
K 1	102	12745	Hassell	Anna N.	1904	Apr	18	72	F	211 NOB HILL	ENG
K 1	0100	04754	Hassell	Richard	1899	Dec	03	079	M	Seattle	ENG
K 1	0298	10533	Hassen	E.J.	1902	Dec	23	040	M	1st Ave S/Spokane St	---
K 1	101	16329	Hassenpflug	Anna	1906	May	01	40	F	SEATTLE	GER
K 1	106	15192	Hassenpflug	Harry	1905	Sep	26	42	M	SEATTLE	GER
K 1	111	17941	Hassey	M. J.	1907	Feb	10	52	F	BRIGHTON	IN
K 1	0102	05483	Hassimoto	F.	1900	Aug	02	028	M	Seattle	JPN
K 1	105	14934	Hassland	Marie	1905	Aug	06	47	F	BALLARD	SWD
K 1	0094	01379	Hastig	Infant	1894	Dec	16	1mo	F	1509 Hyde St.	SEA
K 1	0101	05056	Hasting	J.W.	1900	Apr	24	024	M	Seattle	CA
K 1	0102	05442	Hastings	Annie	1900	Jul	24	030	F	Seattle	
K 1	0095	02264	Hastings	James	1896	Jun	18	077	M	214 Lenora	
K 1	0100	04543	Hastings	Mrs. R.D.	1899	Aug	27	079	F	Seattle	
K 1	0104	06650	Hastings	Russell	1901	Jul	25	001	M	Columbia	WA
K 1	101	12297	Hastlen	W. H.	1904	Jan	22	50	M	2328 1 AVE	
K 1	107	16171	Haston	Walter L.	1906	Apr	14	7MO	M	SEATTLE	WA
K 1	0102	05703	Hatall	Sophie	1900	Sep	10	068	F	Seattle	GER
K 1	0103	06108	Hatch	Elizabeth	1901	Feb	16	063	F	Ballard	ENG
K 1	0098	03552	Hatch	Geo. A.	1898	Jun	09	30m	M	Seattle	NH
K 1	0107	10111	Hatchell	Edward	1902	Aug	21	3da	M	166 25th Ave.	SEA
K 1	0096	02503	Hatfield	John A.	1896	Nov	19	047	M	323 Marion	ENG
K 1	0316	11284	Hatfield	William H.	1903	Jun	13	024	M	1st Ave S/Center St	KS
K 1	0316	11282	Hathaway	---	1903	Jun	12	041	M	Co. Hosp.	---
K 1	0098	03622	Hathaway	J.B.	1898	Jul	01	080	M	Seattle	MI
K 1	112	18263	Hathaway	Lloyd M.	1907	Apr	10	01	M	SEATTLE	WA
K 1	0106	07341	Hatheman	Peter	1902	Feb	24	026	M	Prov. Hosp.	FIN
K 1	106	15193	Hatheway	Alice M.	1905	Sep	26	30	F	SEATTLE	CND
K 1	92	43	Hattabough		1891	Aug	12	6	M	Seattle	
K 1	0103	06101	Hatten	W.D.	1901	Feb	02	067	M	King Co. Hosp.	WVA
K 1	110	17523	Hatton	Esther A.	1906	Nov	18	78	F	BALLARD	NY
K 1	104	14442	Hatton	Michael L.	1905	Apr	12	42	M	SEATTLE	CND
K 1	106	15522	Haublet	E T.	1905	Dec	20	85	M	BALLARD	NY

S R	PG	REC	LASTNAME	FIRSTNAME	DETH	MN	DT	AGE	S	DEATHPLACE	BIRTH
K 1	106	15450	Haubner	Genevieve	1905	Nov	26	55	F	SEATTLE	GER
K 1	0094	01680	Haubris	Maggie	1895	Jun	03	036	F	736 Wilford	NB
K 1	0097	03037	Hauchett	Mabel	1898	Jan	15	20m	F	Adelaids	WA
K 1	111	18052	Hauck	Stuart H.	1907	Mar	26	21	M	SEATTLE	NY
K 1	111	18055	Haug	Merna	1907	Mar	31	23	F	SEATTLE	NRY
K 1	0299	11077	Hauge	Baby	1903	Apr	28	s/b	F	760 Republican	SEA
K 1	111	17827	Haugen	John	1907	Feb	10	65	M	SEATTLE	NRY
K 1	102	13088	Haury	Clinton L.	1904	Jun	14	62	M	540 26 AVE S	MI
K 1	0101	04932	Haus	A.O.	1900	Feb	10	040	M	Prov. Hosp.	NRY
K 1	106	15036	Hausberg	Anna B.	1905	Aug	21	02M	F	SEATTLE	WA
K 1	100	12099	Hauser	Anna	1903	Nov	06	47	F	BLACK DIAMOND	GER
K 1	106	15270	Haustman	Baby	1905	Oct	04	-	M	BALLARD	WA
K 1	92	26-	Hauthkker	Infant	1892	Apr	8	0	F	Seattle	SEA
K 1	0097	02975	Haverstick	Chester	1897	Oct	06	007	M	1719 7th Ave.	WA
K 1	92	200	Hawes	Elizabeth	1892	Feb	7	81	F		
K 1	0103	05993	Hawk	Thomas J.	1901	Jan	01	004	M	Columbia	WA
K 1	107	16169	Hawkes	Marguerette	1906	Apr	10	21	F	SEATTLE	DAK
K 1	107	7810	Hawkey	Rebecca A.	1902		27	47	F	WEST WASH. HOSPITAL	IN
K 1	103	13721	Hawkins		1904	Dec	6	SB	M	2624 E. ALOHA ST	WA
K 1	0095	02169	Hawkins	Alice	1896	Apr	27	012	F	Prov. Hosp.	WA
K 1	0299	11073	Hawkins	Allen M.	1903	Apr	18	049	M	Sea. Gen. Hosp.	IA
K 1	112	18270	Hawkins	Caleb	1907	Apr	25	87	M	SEATTLE	VA
K 1	0298	10664	Hawkins	Edward	1903	Jan	27	035	M	Vancouver, B.C.	---
K 1	0100	04630	Hawkins	F.S.	1899	Oct	03	013	M	Seattle	OR
K 1	106	15508	Hawkins	George C.	1905	Dec	09	44	M	HILLMAN	MA
K 1	0096	02721	Hawkins	Infant	1899	Apr	16	7da	M	627 27 Ave. So.	SEA
K 1	0101	05187	Hawkins	J.M.	1900	Apr	24	9mo	F	Seattle	SEA
K 1	0105	06754	Hawkins	L.S.	1901	Aug	15	054	M	Gen. Hosp.	NY
K 1	0098	03282	Hawkins	P.E.C.	1898	Mar	10	073	F	Seattle	OH
K 1	0102	05589	Hawks	baby	1900	Sep	04	2hr	M	Seattle	WA
K 1	0107	10210	Hawley	A.M.	1902	Sep	04	045	M	Prov. Hosp.	IA
K 1	0099	03917	Hawley	Daniel H.	1898	Nov	23	072	M	Latona	
K 1	0103	05997	Hawley	Frank M.	1901	Jan	27	030	M	Seattle	MN
K 1	105	14847	Hawley	Mary C.	1905	Jul	31	75	M	STEILACOOM	NY
K 1	0105	06820	Hawley	Robert	1901	Sep	08	5mo	M	Monod Hosp.	MT
K 1	0101	04927	Haworth	Lucy	1900	Feb	08	067	F	Seattle	NY
K 1	0103	05882	Hawsey	Alfred	1901	Jan	31	033	M	Seattle	CT
K 1	110	17720	Hay	Baby	1907	Feb	19	4MO	M	PRESTON	WA
K 1	0093	01057	Hay	Peter	1894	Aug	24	028	M	Franklin	SCT
K 1	101	12533	Hayachi	T.	1904	Mar	07	32	M	SOUTH PARK	JPN
K 1	0103	05824	Hayashi	infant	1900	Nov	26	010	M	Seattle	SEA
K 1	0096	02354	Hayberg	Martin	1896	Aug	27	067	M	Ballard	NRY
K 1	0104	06389	Hayden		1901	Jun	26	074	M	Vashon	MI
K 1	0093	01271	Hayden	Ella H.	1894	Oct	16	032	F	Spring between 3rd & 4th	IA
K 1	0298	10291	Hayden	J.R.	1902	Nov	15	065	M	502 Royston Ave	NY
K 1	102	12760	Hayden	Queeny (Mrs.)	1904	May	21	42	F	PROV HOSP	IN
K 1	103	13724	Hayden	Richard	1904	Dec	20	33	M	223 HOWARD ST	ENG
K 1	102	2744	Hayes		1904	Apr	15		F	1312 5AVE	312
K 1	102	12744	Hayes		1904	1-4	15		F	1312 5TH AVE	WA
K 1	100	11487	Hayes	A. M.	1903	Jul	05	45	M	NOME AK	PA
K 1	109	17111	Hayes	Baby	1906	Oct	4	3D	M	SEATTLE	WA
K 1	0101	05091	Hayes	Barney	1900	Apr	02		M	Seattle	
K 1	0106	07224	Hayes	Charles	1902	Jan	20		M	King Co. Hosp.	
K 1	0107	10112	Hayes	Con	1902	Aug	22	035	M	Prov. Hosp.	IRL
K 1	109	17033	Hayes	Frank	1906	Oct	07	33	M	GEORGETOWN	NY
K 1	0095	02168	Hayes	Geo. W.	1896	Apr	22	067	M	Interbay	
K 1	106	7611	Hayes	Henry	1902	May	02	60	M	PROV. HOSPITAL	MO
K 1	106	15653	Hayes	James Q.	1906	Jan	24	13	M	ATLANTIC CITY	MN
K 1	108	16742	Hayes	Pearl	1906	Aug	06	12	F	SEATTLE	WA
K 1	111	18178	Hayes	William	1907	Feb	28	86	M	GEORGETOWN	IRL
K 1	0094	01406	Hayner	Wiley	1895	Feb	06	Unk	M	Franklin	
K 1	101	12414	Haynes	Marie	1904	Feb	25	22	F	PROV HOSP	IRL
K 1	112	18759	Haynes	Mary C.	1907	Jun	13	08	F	SEATTLE	WA

S	R	PG	REC	LASTNAME	FIRSTNAME	DETH	MN	DT	AGE	S	DEATHPLACE	BIRTH
K	1	0104	06645	Haynes	infant	1901	Aug	01		M	W. Seattle	SEA
K	1	111	17824	Hays	John W.	1907	Feb	07	4MO	M	SEATTLE	WA
K	1	102	13083	Hays	Joseph J.	1904	Jul	06	55	M	323 MARION ST	IN
K	1	0299	11270	Hays	Margaret	1903	May	22	038	F	W.Seattle	SWD
K	1	106	7687	Hayward	G. Helen	1902		8	15	F	614 NICKERSON AVE.	NZD
K	1	0097	02977	Hayward	Henry	1897	Oct	24	072		Fremont	ENG
K	1	0101	05322	Hayway	Walter	1900	Jul	13	11m	M	River Park	WA
K	1	0092	00518	Haywood	G.	1893	Mar	23	040	M	Seattle	
K	1	0095	02056	Haywood	Rev. E.R.	1896	Feb	11	049	M	307 Battery St.	WI
K	1	110	17283	Haywood ?	F. Robert	1906	Nov	18	26	M	SEATTLE	WI
K	1	106	15260	Hazelharst	Fredrick	1905	Oct	16	1MO	M	FALL CITY	WA
K	1	100	11603	Hazen	Ella A.	1903	Aug	15	48	F	802 12TH AVE	CT
K	1	104	14443	Hazen	Naomi S.	1905	Apr	12	41	F	STEILACOOM	MI
K	1	112	18445	Hazleton	Frazier C.	1907	May	08	62	M	MERCER ISLAND	WI
K	1	0103	05843	Hazlett	Beulah E.	1900	Nov	15	036	F	Seattle	WA
K	1	0101	05278	Hazzard	Clara S.	1900	May	26	047	F	Seattle	WI
K	1	107	15780	Hazzard	George L.	1906	Jan	24	20	M	CAPE BEALE B. C.	KS
K	1	0105	06920	Hazzard	infant	1901	Oct	30		M	at home	WA
K	1	100	11608	Head	Lillie	1903	Aug	27	29	F	2122 7TH AVE	MN
K	1	0097	03199	Head	S. C., Rev.	1898	Feb	15	053		Fremont	IN
K	1	111	17945	Headland	Amelia C.	1907	Mar	01	43	F	SEATTLE	SWD
K	1	0098	03289	Heakman	Mrs. A.	1898	Mar	27	026	F	Seattle	MO
K	1	102	10387	Healy	(Infant)	1904	Jul	13	0	F	6817 10 AVE NE	SEA
K	1	102	12752	Healy	Benj B.	1904	May	05	88	M	718 MINOR AVE	MA
K	1	0104	06691	Healy	Regina Mary	1901	Aug	21	005	F	Green River Hot Springs	SEA
K	1	0104	06626	Healy	Thomas C.	1901	Jul	06	027	M	Seattle	MT
K	1	108	16557	Heard	George C.	1906	Jun	30	57	M	SKAGWAY AK	MO
K	1	0097	03129	Hearms	Diedrich Jan	1898	Jan	02	051	M	Seattle	GER
K	1	106	7613	Hearst	Martha	1902		8	7	F	16TH AVE. SO.	WA
K	1	104	14441	Heart	George	1905	Apr	12	37	M	SEATTLE	CND
K	1	0105	07051	Heart	John	1901	Dec	21	030		Prov. Hosp.	
K	1	0105	07051	Heart	John	1901	Dec	21	030		Prov. Hosp.	
K	1	0093	01160	Heartman	Katherine	1894	Aug	29	8mo	F	813 So. 9th St.	SEA
K	1	0093	01102	Heath	Angie	1894	Jul	24	034	F	Ballard	MI
K	1	101	12409	Heath	Ernest	1904	Feb	16	03	M	COLUMBIA WA	WA
K	1	105	15034	Heath	John H.	1905	Aug	01	73	M	SEATTLE	NY
K	1	0102	05441	Heathfield	L.	1900	Jul	02	050	M	Seattle	GER
K	1	107	15867	Heberling	Charlotte A.	1906	Feb	15	61	F	SEATTLE,WA	WI
K	1	0099	04217	Hebert	Jas. H.	1899	Mar	28	024	M	Seattle	CND
K	1	0101	04952	Hecht	Chas.	1900	Feb	19	1mo	M	Brooklyn	SEA
K	1	0095	02216	Hecht	Mary E.	1896	May	22	029	F	900 17 Ave.	
K	1	112	18525	Hecht	Wesley	1907	May	27	04	M	SEATTLE	WA
K	1	0102	05490	Heck	Frank Edward	1900	Aug	06	053	M	Latona	GER
K	1	106	7686	Heckart	Albert H.	1902		8	8	M	818 OLIVE	OR
K	1	0099	03919	Hedges	Elizabeth J.	1898	Nov	30	068	F	Seattle	IN
K	1	109	16922	Hedges ?	Emma J.	1906	SPT	11	46	F	SEATTLE	OR
K	1	0102	05733	Hedman	Alma	1900	Oct	21	002	F	Columbia, Wn	
K	1	0098	03383	Hedrick	H.A.	1898	Apr	02	3mo	M	Seattle	SEA
K	1	0095	01870	Hedstrom	Mathias	1895	Nov	01	062	M	1321 Dexter St.	SWD
K	1	103	13223	Hefel	Luverne	1904	Aug	18	7M	M	2614 BROADWAY	SEA
K	1	108	16558	Heffleman	Harry K.	1906	Jul	09	37	M	PORTLAND	IA
K	1	109	17114	Hegaas	Emma	1906	Oct	07	58	F	SEATTLE	NRY
K	1	107	16168	Hegaas	Fred	1906	Apr	09	24	M	SEATTLE	WA
K	1	0103	05998	Hegass	Herman	1901	Jan	28	026	M	Monod Hos.	WI
K	1	104	14301	Hegdall	Karen S.	1905	Mar	30	84	F	BALLARD	NRY
K	1	108	16331	Heggen	Gertrude	1906	May	23	38	F	SEATTLE	NRY
k	1	101	12407	Hegler	(Infant)	1904	Feb	16		M	625 10 AV N	WA
K	1	0101	05265	Hegquist	Alfred	1900	May	22	1mo	M	Gr. Lake	WA
K	1	109	16924	Heiber	Max C.	1906	SPT	24	61	M	SEATTLE	GER
K	1	0316	11288	Heidel	Baby	1903	Jun	08	---	F	310 Nob Hill Ave	SEA
K	1	0101	05289	Heidmote	T.	1900	May	31	025	M	Seattle	JPN
K	1	103	13527	Heikkila	Alexander	1904	Oct	20	42		SEATTLE GEN HOSP.	FIN
K	1	0099	04192	Heilbon	Eva D.	1899	Mar	17	035		Seattle	

S R	PG	REC	LASTNAME	FIRSTNAME	DETH	MN	DT	AGE	S	DEATHPLACE	BIRTH
K 1	0094	01626	Heilbron	Geo. H.	1895	Apr	05	034	M	Seattle	
K 1	110	17522	Heimann ?	August	1906	Nov	13	40	M	SO PK	GER
K 1	109	17238	Heimeissa ?	August	1906	Nov	13	46	M	SO PK	GER
K 1	0095	02105	Heinerloch		1896	Mar	07	3da	F	220 Ninth Ave.	WA
K 1	0095	02166	Heinig	Augusta	1896	Apr	19	051	F	901 South 11th	GER
K 1	112	18516	Heintz	Peter R.	1907	May	04	28	M	SEATTLE	NY
K 1	107	7806	Heisler	Peter	1902	Jun	1	22	M	SEATTLE	BM
K 1	109	17279	Hela	Adam	1906	Nov	03	1D	M	SEATTLE	WA
K 1	92	16	Helberg	Alfred	1891	Aug	4	0	M	Seattle	
K 1	111	18039	Helberg	Olof	1907	Mar	08	30	M	SEATTLE	NRY
K 1	101	12411	Held		1904	Feb	17		F	412 20 AVE	WA
K 1	0102	05734	Held	Adam B.	1900	Sep	28	1mo	M	Seattle	
K 1	0099	04352	Held	infant	1899	May	14	36h	F	Seattle	WA
K 1	0093	01104	Helensen	Edw'd.	1894	Jul	28	031	M	Prov. Hospital	
K 1	0104	06379	Helgers	Anna	1901	Apr	12	063	F	Houghton	NRY
K 1	112	18763	Helgesen	Baby	1907	Jun	25	6D	M	SEATTLE	WA
K 1	0095	01872	Helibron	A	1895	Nov	30	059	M	1101 Cherry St.	
K 1	100	12016	Helin	A.	1903	Nov	23	41	M	506 1/2 1 AVE	SWD
K 1	106	15652	Helland	Joseph C.	1906	Jan	11	45	M	BALLARD	MN
K 1	112	18268	Helle	Frederick	1907	Apr	24	67	M	SEATTLE	GER
K 1	111	17833	Hellenbrandt	Frederick C.	1907	Feb	27	46	M	SEATTLE	ME
K 1	102	10392	Hellenthal	Joseph	1904	Jul	22	55	M	FERNWOOD STA	GER
K 1	102	13092	Hellenthal	Joseph	1904	Jul	22	55	M	FERNWOOD STA.	WA
K 1	109	16919	Heller	Edwin H.	1906	SPT	04	60	M	SEATTLE	NY
K 1	0094	01761	Hellerick	Christine (M or F)?	1895	Aug	07	028	M	Lane & Florence	GER
K 1	0096	02501	Hellman	Philip	1896	Nov	02	056	M	Duwamish	
K 1	112	18273	Hellstrom	Otto	1907	Apr	27	27	M	SEATTLE	SWD
K 1	104	13986	Hellyer	Bertie M.	1905	Jan	22	23	F	510 JAMES ST	OR
K 1	0100	04461	Helms	Dora J.	1899	Jul	13	027	F	Seattle	
K 1	0100	04411	Helms	Ella	1899	Jun	14	005	F	Seattle	
K 1	0094	01454	Helms	J.C.	1895	Jan	31	075	M	Cor. 12th & Judson	
K 1	0100	04615	Helms	Philander	1899	Sep	30	023	M	Seattle	
K 1	0298	10214	Helmsly	Paul	1902	Sep	17	023	M	Prov. Hosp.	WI
K 1	105	15033	Helzer	Walter	1905	Aug	20	4MO	M	SEATTLE	WA
K 1	110	17407	Heman ?	C W	1906	Dec	14	54	M	SEATTLE	
K 1	101	12168	Hemes ?	Ann B.	1903	Dec	16	67	F	102 W KILBOURN	ME
K 1	103	13722	Hemesmaa	John	1904	Dec	09	27	M	KING CO HOSP	FIN
K 1	109	17032	Hemick	John	1906	Oct	19		M	GEORGETOWN	PRS
K 1	0094	01382	Hemingway	Janette	1894	Nov	20	049	F	Prov. Hospital	CND
K 1	0106	07345	Hempey	M.H.	1902	Feb	10	041	M	King Co. Hosp.	OH
K 1	0095	02167	Hemrich	Andrew	1896	Apr	10	029	M	Prov. Hosp.	
K 1	0096	02353	Hemrich Sr.	John	1896	Aug	24	073	M	Seattle	GER
K 1	106	15443	Henchey	Dennis A.	1905	Nov	05	31	M	SEATTLE	
K 1	110	17521	Henderson	Albert	1906	Nov	03	35	M	CHERRY VALLEY	NRY
K 1	0298	10405	Henderson	Baby	1902	Oct	09	s/b	F	1633 15th Ave	SEA
K 1	0098	03779	Henderson	F.C.	1898	Sep	27	1mo	M	Seattle	WA
K 1	111	18049	Henderson	Florence A.	1907	Mar	25	12	F	SEATTLE	WA
K 1	0096	02583	Henderson	George	1897	Jan	06	043	M	21st Ave. & Mercer St.	ENG
K 1	107	15990	Henderson	J.S.	1906	Mar	16	65	M	SEATTLE,WA	SCT
K 1	0092	00600	Henderson	James B.	1893	Aug	24	059	M	Prov. Hospital	
K 1	0092	00529	Henderson	John J.	1893	Apr	04	047	M	Birch	
K 1	112	18517	Henderson	Lillian	1907	May	06	33	F	SEATTLE	WI
K 1	0101	04839	Henderson	Lloyd A.	1900	Jan	13	3mo	M	Seattle	SEA
K 1	106	7612	Henderson	Phyllis M.	1902		17	13	F	1633 15 AVE.	BC
K 1	107	7747	Henderson	Phyllis Mary	1902	May	17	13	F	1633 15TH AVE.	CND
K 1	0095	02012	Henderson	Violet Isabella	1896	Jan	15	1yr	F	111 East Alder St.	SEA
K 1	0098	03708	Hendicks	J.J.	1898	Aug	24	014	M	Seattle	OR
K 1	109	17113	Hendrick	M. A.	1906	Oct	05	50	M	SEATTLE	SWD
K 1	0097	03036	Hendricks	Frank	1897	Dec	24	061	M	Genl. Hosp.	
K 1	0101	04918	Hendricks	Isaiah A.	1900	Feb	03	036	M	Seattle	TX
K 1	0100	04398	Hendrickson		1899	Jun	01	8da	M	Seattle	SEA
K 1	106	7589	Hendrickson	Francis W. F/M	1902	Apr	18			2003 WESTERN AVE.	SEA
K 1	0103	05995	Hendrickson	H.C.	1900	Jun	01	032	M	Ballard	

S	R	PG	REC	LASTNAME	FIRSTNAME	DETH	MN	DT	AGE	S	DEATHPLACE	BIRTH
K	1	0101	05321	Hendrickson	Henry	1900	Jun	01	032	M	Ballard	MI
K	1	0099	04085	Hendrickson	N.A.	1899	Jan	21	002	F	Seattle	WA
K	1	0098	03553	Hendrickson	R.D.	1898	Jun	04	14d	M	Seattle	SEA
K	1	0093	01217	Hendrickson	Rufus	1894	Sep	07	1yr	M	Fremont, Wash.	WA
K	1	0099	03918	Henen	A.J.J.	1898	Nov	26	018		Seattle	NC
K	1	0102	05410	Hengan	Wm.	1900	Jun	09	057	M	Issaquah	IRL
K	1	104	13982	Heniker	Katherine	1905	Jan	11	76	F	2011 YESLER WAY	MO
K	1	0095	02086	Henke	Paul	1896	Mar	19	4da	M	Cedar Mtn.	WA
K	1	104	14575	Henneberry	Helen	1905	May	12	06	F	SEATTLE	MN
K	1	0100	04421	Henneken	Anton	1899	Jun	20	048	M	Seattle	
K	1	0099	04058	Hennesey	Minnie	1899	Jan	12	032	F	Ballard	WI
K	1	0101	05105	Hennesy	Jas.	1900	Apr	15	055	M	Seattle	
K	1	0099	03921	Hennigar	Eva B.V.	1898	Nov	26	025	F	Ballard	WI
K	1	0100	04836	Henning	Florence S.	1900	Jan	11	009	F	Seattle	CA
K	1	0100	04786	Henningsen	Olga M.	1899	Dec	22	021	F	Seattle	
K	1	0106	07331	Henninsen	Henry N.	1902	Feb	11	058	M	801 Columbia	DNK
K	1	0099	04026	Henniseg	Baby	1898	Dec	27	2da	F	Ballard	WA
K	1	0099	03914	Henrich	E.	1898	Nov	04	035	M	Seattle	
K	1	92	309	Henrickson	H.	1892	Jun	28	30	M	Ballard	
K	1	0101	05057	Henry	Jno. L.	1900	Mar	05	044	M	Seattle	IRL
K	1	0316	11283	Henry	John J.	1903	Jun	19	079	M	1515 5th Ave W	MN
K	1	107	15869	Henry	John T.	1906	Feb	21	63	M	SEATTLE,WA	GER
K	1	100	11892	Henry	P. H.	1903	Oct	10	47	M	2312 ELLIOTT AV	
K	1	109	16743	Henry	Virginia	1906	Aug	09	47	F	SEATTLE	IL
K	1	102	10391	Henry	William	1904	Jul	22	4MO	M	66 BROAD ST	SEA
K	1	0102	05475	Henschien	Adolph	1900	Aug	09	040	M	Seattle	NRY
K	1	0096	02842	Hensel	Geo. Frank	1899	Jul	07	5mo	M	Ballard Hospital	WA
K	1	107	7807	Hensel	Pauline	1902		15	54	F	SEATTLE	GER
K	1	0099	04225	Hensel	Sophia	1899	Mar	31	050	F	Seattle	GER
K	1	109	16923	Henthill	OW	1906	SPT	15	58	M	SEATTLE	PA
K	1	107	16070	Henwood	Thomas	1906	Mar	02	43	M	SEATTLE	ENG
K	1	102	12751	Hepel	Friederike	1904	May	02	82	F	LAKE DILL	GER
K	1	109	17280	Hera ?	Kenneth ? E.	1906	Nov	06	81	F	SEATTLE	CND
K	1	0104	06367	Heran	O.	1901	Apr	05		M	Seattle	WA
K	1	110	17601	Herbert	Agnes	1907	Jan	10	29	F	SEATTLE	IN
K	1	0097	03131	Herbert	Frederick H.	1898	Jan	15	017	M	Fremont	NY
K	1	0107	09990	Herbert	Rich	1902	Aug	08	062	M	Co. Hosp.	ENG
K	1	108	16616	Hereium	Amelia O.	1906	Jul	11	56	F	SEATTLE	SWD
K	1	0101	04877	Heremann	Freda	1900	Jan	30	029	F	Seattle	GER
K	1	0107	09892	Hergaton	Wm. E.	1902	Jul	06	054	M	So. Park	IRL
K	1	107	7764	Hergeson	Willm.	1902	Jul	6	54	M	RIVER PARK	IRL
K	1	101	12294	Herike	A.	1904	Jan	04	26	M	308 4 AV S	JPN
K	1	0105	07059	Herington	Alice R.	1901	Nov	22	027	F	Seattle Gen. Hosp.	IL
K	1	0100	04724	Herkenuth	Henry W.	1899	Nov	21	065	M	Seattle	GER
K	1	103	13726	Herman	Ezra A.	1904	Dec	30	62	M	212 19TH AVE	OH
K	1	100	11765	Herman	Louis Anna	1903	Sep	03	22	F	431 23 AVE S	MN
K	1	107	16167	Herman	Sarah V.	1906	Apr	03	60	F	SEATTLE	KY
K	1	110	17599	Herman	W. H.	1907	Jan	06	42	M	SEATTLE	NY
K	1	103	13228	Hermen	Frank	1904	Aug	24	62		M PROVIDENCE HOSP	
K	1	112	18523	Hermen ?	Archibald	1907	May	23	74	M	SEATTLE	NC
K	1	0299	11277	Hermenson	Christina	1903	May	15	063	F	2910 Westn Ave	---
K	1	107	15864	Heron	John	1906	Feb	10	27	M	SEATTLE,WA	ENG
K	1	0298	10661	Heroy	Elizabeth	1903	Jan	06	073	F	1130 4th Ave	ENG
K	1	0101	05334	Herpel	Herman Geo.	1900	Jul	22	063	M	Lake Dell	PRS
K	1	0102	05702	Herren	Jennie J.	1900	Oct	23	024	F	Fremont	WI
K	1	0093	00760	Herriman	Fanny	1894	Mar	29	088	F	River Park	NY
K	1	109	16921	Herriu ?	Eliza A.	1906	SPT	10	77	F	SEATTLE	CND
K	1	108	16330	Herron	George W.	1906	May	02	65	M	SEATTLE	KY
K	1	0107	09893	Hertlein	Geo. C.	1902	Jul	31	5mo	M	Seattle	SEA
K	1	0094	01751	Herton	Edwin	1895	Aug	01	023	M	YMCA	SCT
K	1	0106	07337	Herzog	Mrs. Carolina (M or F	1902	Feb	23	056	M	2904 E. Republican	GER
K	1	0299	11269	Hess	Arthur T	1903	May	16	038	M	Fanny Paddock Hosp.	MI
K	1	0094	01620	Hess	Geo. H.	1895	Apr	07	037	M	Bancroft St.	

S	R	PG	REC	LASTNAME	FIRSTNAME	DETH	MN	DT	AGE	S	DEATHPLACE	BIRTH
K	1	105	14845	Hesse	Marie E.	1905	Jul	20	6MO	F	SEATTLE	IN
K	1	0094	01394	Hester	Earnest H.	1894	Dec	21	071	M	Sunnydale	GER
K	1	104	14153	Hester	Thomas F.	1905	Feb	07	30	M	SEATTLE GEN HOSP	WV
K	1	0099	03959	Heston	Dean	1898	Dec	18	003	M	Auburn	NB
K	1	0093	00678	Hetherington	Harriet N.	1893	Aug	26	064	F	Seattle	CND
K	1	0100	04506	Hetrick	Lima	1899	Aug	03	003		So. Park	SEA
K	1	0096	02500	Hetterick	Maud S.	1896	Nov	01	002	F	Boulevard	SEA
K	1	0100	04366	Hettrilk	Geo. V.	1899	May	25	007	M	Seattle	SEA
K	1	112	18527	Heummingsen	Herbert P.	1907	May	30	07	M	SEATTLE	WA
K	1	106	15189	Heuny	Baby	1905	Sep	03	5D	F	SEATTLE	WA
K	1	0106	07338	Hever	Clara	1902	Feb	25	012	F	23 Ave S. & Atlantic	SEA
K	1	103	13331	Hewari	Heraru	1904	Aug	28	27	M	KING COUNTY HOSP	JPN
K	1	107	15866	Hewes	H.C.	1906	Feb	14	75	M	SEATTLE,WA	ME
K	1	0101	04960	Hewett	J.B.	1900	Feb	22	066	M	Seattle	ENG
K	1	103	13224	Hewitt	Else S.	1904	Aug	18	0	F	SOUTH SEATTLE	SEA
K	A	106	15039	Hewitt	John	1905	Aug	26	70	M	SEATTLE	ENG
K	1	0098	03703	Hewitt	Wm.	1898	Aug	10	022	M	Georgetown	MO
K	1	0298	10402	Heycock	Job	1902	Nov	03	067	M	164 WA (b. S.	WLS
K	1	112	18522	Heyer	Anthony J.	1907	May	18	07	M	SEATTLE	WA
K	1	0096	02685	Heyer	Minnie	1899	Mar	30	004	F	124 Irving	SEA
K	1	0100	04267	Heyes	Edmund G.	1899	May	25	003	M	Seattle	SEA
K	1	0298	10655	Heyster	Marguseta	1903	Jan	03	027	F	Renton	WA
K	1	0106	07441	Hibbard	Ann	1902	Mar	21	073	F	1000 E. Columbia	CND
K	1	0095	01865	Hibbard	Leander	1895	Sep	20	052	M	Cor. Bell & Front	MA
K	1	0104	06400	Hibbs	Roy	1901	May	26	011	M	Seattle	CA
K	1	0104	06501	Hickle	Rosa	1901	Jun	10	029	F	White Horse, Ala.	GER
K	1	0103	06106	Hicknot	A. Jr.	1901	Feb	07	067	M	Seattle Hos.	CND
K	1	0092	00461	Hickock	Mary	1893	Jan	01	065	F	Seattle	OH
K	1	0098	03288	Hickor	Chas. E.	1898	Mar	26	027	M	Seattle	IA
K	1	0106	07330	Hicks	A.L.	1902	Feb	09	039	M	Moran's Shipyard	
K	1	0299	10817	Hicks	Henry M	1903	Feb	17	024	M	Green Lk	CA
K	1	0097	03132	Hicks	James	1898	Jan	22	040	M	Duwamish	
K	1	112	18262	Hicks	Minnie	1907	Apr	09	41	F	SEATTLE	IA
K	1	107	15865	Hicks	Rose	1906	Feb	11	21	F	SEATTLE	OR
K	1	110	17719	Hicox ?	Irvin	1907	Jan	28	21	M	GEORGETOWN	NY
K	1	106	15190	Hidarta	A.	1905	Sep	09	35	M	SEATTLE	JPN
K	1	0092	00530	Hiekman	Robt. F.	1893	Apr	05	017	M	North of Smith's Cove	
K	1	102	12753	Hifel	Lucile	1904	May	13	4MO	F	2300 HOWARD N	WA
K	1	108	16618	Higbee	J.	1906	Jul	17	21	M	SEATTLE	WI
K	1	0098	03474	Higgings	D.W.	1898	May	04	065	M	Seattle	
K	1	0107	10109	Higgins	Ben	1902	Aug	20	14d	M	Wayside Mission	SEA
K	1	100	12017	Higgins	David	1903	Nov	21	76	M	SEA GEN HOSP	NY
K	1	0100	04768	Higgins	John	1899	Dec	12	070	M	Seattle	IRL
K	1	0096	02411	Higgins	Jos.	1896	Sep	27	6hr	M	1621 10th St.	SEA
K	1	109	16748	Higgins	Noble M.	1906	Aug	22	6MO	F	SEATTLE	WA
K	1	0298	10658	Higgins	William	1903	Jan	20	040	M	25/E Pine	WI
K	1	105	14841	Higgins ?	Edward C.	1905	Jul	19	5MO	M	SEATTLE	WA
K	1	0099	04297	Higgs	Chas.	1899	Apr	22	035	M	Wellington	ENG
K	1	105	14836	Highland ?	John H.	1905	Jul	10	53	M	BELLEVUE	IRL
K	1	0299	11071	Highstead	Jessie	1903	Apr	14	015	F	1000 E. Spruce (b.Dakota	---
K	1	0105	06919	Higlan	Bert L.	1901	Sep	28	007	M	511 24th St.	MN
K	1	0299	10823	Higley	Baby	1903	Feb	15	s/b	F	2805 Madison St	SEA
K	1	0104	06385	Higlow	Nels	1901	May	16	057	M	Hospital	SWD
K	1	0093	00821	Higman	Infant of Carl	1894	Jan	09	NB	M	Thomas & Light	SEA
K	1	112	18664	Hil	William	1907	Jan	04	33	M	GEORGETOWN	ENG
K	1	0106	07507	Hildbrand	Carmilita	1902	Mar	28	021	F	Prov. Hosp.	CND
K	1	109	17117	Hildebrant	George	1906	Oct	09	32	M	SEATTLE	WI
K	1	0093	01014	Hilderhandt	Amanda	1894	Jun	23	023	F	423 Taylor	OR
K	1	0102	05590	Hildreth	Fred	1900	Oct	20	029	M	Wellington	WA
K	1	0101	05197	Hildritch	J.S.	1900	Apr	13	7mo	M	Seattle	SEA
K	1	107	16109	Hildrith ?	Raymond	1906	Apr	13	1MO	M	BALLARD	WA
K	1	0093	00823	Hildrum	Jno.	1894	Mar	17	052	M	Co. farm	
K	1	104	14299	Hile	Frank	1905	Mar	24	39	M	SEATTLE	BAV

S R	PG	REC	LASTNAME	FIRSTNAME	DETH	MN	DT	AGE	S	DEATHPLACE	BIRTH
K 1	0103	06110	Hiles	Cecil M.	1901	Feb	23	009	F	Seattle	MI
K 1	109	17118	Hilgert	Mary H.	1906	Oct	12	41	F	SEATTLE	GER
K 1	0093	01016	Hilkey	W.C.	1894	Jun	27	025	F	Great Falls, Mont.	
K 1	0099	04307	Hilks	Edith	1899	Apr	25	004	F	Interbay	WA
K 1	0105	07061	Hill		1901	Nov	05		M	Fremont	WA
K 1	101	12402	Hill	(Infant)	1904	Feb	02		M	WAYSIDE MISSION	WA
K 1	0094	01380	Hill	Alex Munro	1894	Dec	08	009	M	1108 6th St.	
K 1	0096	02356	Hill	Alonzo F.	1896	Aug	30	059	M	513 Union St.	ME
K 1	107	15799	Hill	Andrew	1906	Mar	06	77	M	BALLARD, WA	NRY
K 1	0299	10742	Hill	August	1903	Nov	10	039	M	King Co. Hosp.	FIN
K 1	0102	05642	Hill	Austin D.	1900	Oct	06	055	M	Seattle	NY
K 1	100	11601	Hill	B. F.	1903	Aug	15	45	M	FT OF MARION	-
K 1	0096	02543	Hill	Baby	1896	Dec	04	SB	M	Seattle	SEA
K 1	0102	05357	Hill	David H.	1900	Jul	27	060	M	Seattle	ME
K 1	0096	02544	Hill	E.E.	1896	Dec	10	039	M	S. G. Hospital	VT
K 1	0299	10814	Hill	Edith A.	1903	Feb	21	09m	F	S. Seattle (b.Fremont	---
K 1	0101	04855	Hill	Edith Botnen	1900	Jan	20	006	F	Seattle	ND
K 1	0102	05356	Hill	Edward E.	1900	Aug	07	052	M	Co. Hos.	CND
K 1	0095	02265	Hill	Elizabeth A.	1896	Jun	19	077	F	2713 3d St.	
K 1	0097	02882	Hill	Ella	1899	Aug	21	026	F	River Park	KS
K 1	0105	06813	Hill	Eugene	1901	Sep	26	013	M	Ballard	MI
K 1	0092	00392	Hill	Frances	1892	Sep	30	059	F	Seattle	NB
K 1	0102	05656	Hill	Frank (Mrs.)	1900	Oct	23	031	F	Seattle	CA
K 1	0298	10295	Hill	Grant	1902	Oct	26	045	M	Wayside Mission	---
K 1	103	13220	Hill	Infant	1904	Aug	6	0	M	1425 22 AVE	SEA
K 1	0095	02215	Hill	Infant	1896	May	19	1da	F	911 4 St.	SEA
K 1	101	12403	Hill	Mary (Mrs)	1904	Feb	03	33	F	WAYSIDE MISSION	CND
K 1	0093	01013	Hill	Mrs. R.G.	1894	Jun	18	069	F	Seattle 216 Box	VT
K 1	109	17031	Hill	Otto	1906	SPT	18	21	M	GR. RIVER HOT SPRINGS	
K 1	0098	03777	Hill	R.S.	1898	Sep	20	019	M	Seattle	
K 1	102	12757	Hill	T. E.	1904	May	17	50	M	KING CO HOSP	
K 1	100	11599	Hill	Thomas H.	1902	Aug	21	48	M	PROV. HOSP	IL
K 1	112	18265	Hill	Towell B.	1907	Apr	16	72	M	SEATTLE	NC
K 1	0097	03035	Hill	Walter	1897	Dec	12	002	M	Pease House	SEA
K 1	102	12962	Hill	William F.	1904	Jun	22	41	M	PROV HOSP	ME
K 1	0101	04872	Hill	William H.	1900	Jan	28	045	M	Seattle	WI
K 1	0096	02645	Hillagar	John	1899	Feb	22	021	M	near Monahar	
K 1	111	17829	Hillenthal	John F.	1907	Feb	18	21D	M	SEATTLE	WA
K 1	0105	06817	Hillestad	Elmer	1901	Sep	27	5mo	M	Seattle	OR
K 1	101	12536	Hillevany	(Infant)	1904	Mar	28		F	BALLARD	WA
K 1	0092	00402	Hillgreen	L.	1892	Oct	20	050	M	Bothell	SWD
K 1	0098	03286	Hilliard	Guy	1898	Mar	16	037	M	Seattle	HLD
K 1	0098	03284	Hilliard	Lucy B.	1898	Mar	13	022	F	Seattle	KY
K 1	111	18180	Hillier	Edwin	1907	Mar	13	50	M	KENT	ENG
K 1	102	13084	Hilliker	Merton C.	1904	Jul	09	20	M	GREEN LAKE	NY?
K 1	102	12084	Hilliker	Merton C. 1904	1904	JU	09	20	M	GREEN LAKE	NYS
K 1	111	18037	Hillis	Annie A.	1907	Mar	03	34	F	SEATTLE	CND
K 1	111	18027	Hillis	Annie A.	1907	Mar	06	21	F	SEATTLE	NRY
K 1	111	18037	Hillis	Annie A.	1907	Mar	02	24	F	SEATTLE	CND
K 1	100	11607	Hillis	Wm H.	1903	Aug	04	7DA	M	515 PINE ST	SEA
K 1	0104	06721	Hillman	F.H.E.Warren	1901	Aug	24	1mo	M	Manod Hosp.	WA
K 1	102	12743	Hills	Elmira F.	1904	Apr	14	62	F	1803 30 AVE	MI
K 1	103	13710	Hills	James L.	1905	Nov	05	67	M	STATE & MAINE ST	NY
K 1	111	18042	Hillstrom	Will J.	1907	Mar	18	32	M	SEATTLE	WA
K 1	111	18042	Hillstrow	Baby	1907	Mar	18	32	M	SEATTLE	WA
K 1	0094	01384	Hillyard	Thos. P.	1894	Nov	11	028	M	Prov. Hospital	ME
K 1	0098	03290	Hiltbrumer	Ruby	1898	Mar	30	7mo	F	Seattle	SEA
K 1	0100	04586	Hiltner	Sarah	1899	Sep	18	024	F	Seattle	IA
K 1	0098	03776	Hilton	Charles J.	1898	Sep	15	055	M	Tacoma	ENG
K 1	0098	03477	Hilton	E.	1898	May	14	054	M	Seattle	
K 1	0097	02883	Hilton	Esther	1899	Aug	24	2mo	F	Seattle	WA
K 1	105	14579	Hilton	Frank B.	1905	May	20	43	M	SEATTLE	MA
K 1	0098	03385	Hilton	G.J.	1898	Apr	11	9mo	F	Seattle	SEA

S	R	PG	REC	LASTNAME	FIRSTNAME	DETH	MN	DT	AGE	S	DEATHPLACE	BIRTH
K	1	0106	07442	Hiltra	Mrs.	1902	Mar	05	051	F	Prov. Hosp.	ME
K	1	112	18269	Him	Wong Tie	1907	Apr	24	57	M	SEATTLE	CHN
K	1	0103	06107	Himeno	K.	1901	Feb	16	040	M	W. Seattle	JPN
K	1	0095	02057	Hinchley	Charles B.	1896	Jan	17	032	M	Ft. Stilicome	CA
K	1	106	15318	Hinckley	Baby	1905	Oct	27	SB	M	SEATTLE	WA
K	1	0095	02214	Hinckley	Dr. Ferd	1896	May	11	028	M	Los Angeles, Cal.	
K	1	0104	06507	Hinckley	Ferdinand	1901	Jun	07	062	M	Seattle	IL
K	1	111	17831	Hinckley	Timothy D.	1907	Feb	21	79	M	SEATTLE	IL
K	1	110	17406	Hinegest ?	Nils E.	1906	Dec	12	55	M	SEATTLE	DEN
K	1	103	13374	Hinen	Baby	1904	Sep	09	21D	M	GREEN LAKE	WA
K	1	103	13725	Hinetine		1904	Dec	28	SB	M	292 1/2 2ND AVE	WA
K	1	0298	10293	Hing	Len	1902	Nov	10	054	M	Gen Hosp	CHN
K	1	0106	07223	Hing	Tom	1902	Jan	08	037	M	5th bet. Yesler & Wash.	CHN
K	1	105	14969	Hingam	William	1905	Jun	15	72	F	GEORGETOWN	IRL
K	1	0103	05765	Hink	Anna	1900	Nov	16	042	F	Seattle	GER
K	1	0096	02843	Hinkle	J.H.	1899	Jul	13	037	M	Russell House, Seattle	
K	1	0099	04247	Hinkle	Jno.	1899	Apr	04	055	M	Seattle	PA
K	1	0107	10108	Hinkle	Willard G. Dr.	1902	Aug	02	030	M	Prov. Hosp.	KY
K	1	0105	06818	Hinkley	Marguerette	1901	Sep	14	10d	F	1730 14th Ave.	WA
K	1	0101	05307	Hinlein	Clara Falk	1900	Jun	16	029	F	Seattle	PA
K	1	101	12404	Hinman	Annie Laura (Mrs)	1904	Feb	05	38	F	SEA GEN HOSP	OR
K	1	111	17832	Hinman	Marie	1907	Feb	26	07	F	SEATTLE	OR
K	1	101	12163	Hinnan	Ella L.	1903	Dec	04	29	F	613 7TH AVE	IA
K	1	0095	01868	Hinnigar	Amy	1895	Oct	06	7da	F	Ballard	WA
K	1	0104	06405	Hinton	Chas. L.	1901	May	24	022	M	Prov. Hosp.	CA
K	1	104	14154	Hinton	Isaac	1905	Feb	09	77	M	7018 AURORA AVE	OH
K	1	104	14576	Hinton	Mary	1905	May	14	74	F	SEATTLE	PA
K	1	100	12014	Hippe	Adeleine	1903	Nov	24	26	F	323 TERRY AVE	GER
K	1	101	12161	Hippi	Cerzezia	1903	Dec	02	01	F	323 TERRY AVE N	GER
K	1	0100	04468	Hipson	Edward	1899	Jul	18	082	M	West Seattle	
K	1	101	12160	Hirage	Kurawasake (Mrs)	1903	Dec	01	36	F	PROV HOSP	JPN
K	1	101	12296	Hirala ?	(Infant)	1904	Jan	16		M	609 WELLER	WA
K	1	0104	06695	Hirata	baby	1901	Aug	29	2mo	F	Ballard	SEA
K	1	107	16175	Hiriai	Baby	1906	Apr	24	SB	M	SEATTLE	WA
K	1	0099	042X9	Hirsch	Mathilde	1899	Mar	24	046	F	Fremont Wa.	NRY
K	1	0092	00430	Hirst		1892	Nov	12	3mo	F	Snoqualmie	WA
K	1	100	11606	Hirtt	G. K.	1903	Aug	07	45	M	200 E. LAKE AV	IN
K	1	111	18040	Hiscock	M. H.?	1907	Mar	08	30	M	SEATTLE	NY
K	1	111	18040	Hiscock	Olof	1907		12	75 M	M	NY	
K	1	101	12412	Hissock	Lucretia	1904	Feb	24	67	F	PROV HOSP	MA
K	1	101	12413	Hitchcock	Mattie M.	1904	Feb	25	33	F	BALLARD	NY
K	1	0298	10288	Hite	David	1902	Nov	22	030	M	Prov. Hosp.	KS
K	1	112	18432	Hitsman	William	1907	May	10	18	M	BOTHELL	MN
K	1	0095	02301	Hitson	Alice	1896	Jul	11	042	F	Seattle	CA
K	1	101	12164	Hitzler	Sarah (Mrs)	1903	Dec	07	64	F	1120 9 AV	PA
K	1	104	14104	Hivols	John	1905	Feb	14	53	M	KING CO HOSP	FIN
K	1	0100	04707	Hixson	J.M.	1899	Nov	13	074	M	Seattle	
K	1	0100	04510	Hjort	Andrew	1899	Aug	06	024	M	Lake Washington	
K	1	103	13219	Hjorth	Louis Halvar	1904	Aug	04	08	M	WEST SEATTLE WN	WI
K	1	109	17030	Hmut	Donald R.	1906	SPT	13	2M0	M	BALLARD	WA
K	1	107	16240	Hmut ?	Jennie	1906	Apr	14	45	F	YOUNGSTOWN	
K	1	109	17281	Hnote ?	Gertrude E.	1906	Nov	08	30	F	SEATTLE	MO
K	1	0097	03111	Hoag	Nathaniel P.	1897	Nov	24	082	M	Kent Wash.	VT
K	1	0100	04445	Hoar	Phillip H.	1899	Jul	02	073	M	Seattle	
K	1	106	7685	Hoar	William	1902		18	33	F	GENERAL HOSPITAL	IA
K	1	112	18267	Hobartt	George A.	1907	Apr	21	62	M	SEATTLE	WY
K	1	0094	01504	Hobbart	E.H.	1895	Feb	25	058	M	1874 8th St.	US
K	1	0093	00950	Hobenicht	August	1894	Jun	02	038	M	Black Diamond	PA
K	1	0096	02804	Hobert	Maude	1899	Jun	24	024	F	Seattle Gen. Hosp.	
K	1	0106	07506	Hobin	John A.	1902	Feb	26	029	M	2nd & Olive	NJ
K	1	0094	01646	Hoctor	John	1895	May	20	085	M	Pro. Hospital	
K	1	0096	02448	Hodges	Bernice M.	1896	Sep	27	-	F	Kent	WA
K	1	0105	06915	Hodges	Elizabeth	1901	Oct	26	046	F	Seattle	OH

S	R	PG	REC	LASTNAME	FIRSTNAME	DETH	MN	DT	AGE	S	DEATHPLACE	BIRTH
K	1	108	16559	Hodges	Fred R.	1906	Jul	13	51	M	GEORGETOWN	VT
K	1	107	7809	Hodges	Mary	1902	Jun	23	59	F	WEST WASH. HOSPITAL	NY
K	1	104	13925	Hodgeson		1905	Jan	16	2MO	M	BLK DIAMOND	WA
K	1	0102	05626	Hodgins	Fay	1900	Sep	13	2mo	F	Seattle	SEA
K	1	105	14837	Hodgson	(Infant)	1905	Jul	15	4MO	M	SEATTLE	ENG
K	1	0105	07220	Hodgson	James N.	1902	Jan	31	085	M	4018 10th Ave. NE	NH
K	1	0100	04635	Hodgson	Jas. A.	1899	Oct	05	033	M	Seattle	
K	1	0299	10820	Hodgson	Mark	1903	Feb	28	070	M	Gen Hosp	ENG
K	1	0097	03281	Hoeke	W.A.	1898	Mar	09	001	F	Latona	
K	1	0097	03030	Hoelscher	Henry	1897	Nov	17	031	M	Seattle	GER
K	1	107	15781	Hoelscher	Herman T.	1906	Jan	22	29	M	CAPE BEALE B.C.	CO
K	1	102	12756	Hoelzle	(Infant)	1904	May	17		F	3715 DINSMORE	WA
K	1	0106	07444	Hoelzle	Lulu R.	1902	Mar	08	013	F	Fremont	KS
K	1	0096	02683	Hoenakka	Martha	1899	Mar	22	044	F	near Georgetown	NRY
K	1	105	14713	Hoencke ?	Adam	1905	Jun	24	73	M	SOUTH PARK	
K	1	0101	04929	Hofer	Geo. C.	1900	Feb	07	048	M	Seattle	
K	1	0299	11076	Hoff	Baby	1903	Apr	15	07h	M	Sea. Gen. Hosp.	SEA
K	1	0104	06506	Hoff	Helen	1901	Jun	09	020	F	Seattle	MN
K	1	0299	11075	Hoff	Myrtle	1903	Apr	15	027	F	Sea. Gen. Hosp.	PA
K	1	0096	02545	Hoffeditz	M.L.	1896	Dec	13	051	M	Co. Seattle	PA
K	1	0104	06442	Hoffer	Rose	1901	May	07	026	F	Seattle	IL
K	1	0096	02643	Hoffman	A.J.	1897	Jan	09	028	M	Ballard, Wash.	
K	1	0100	04743	Hoffman	Anton	1899	Dec	26	039	M	Everett, Wash.	
K	1	100	11891	Hoffman	Frank	1903	Oct	12		M	WAYSIDE MISSION	
K	1	107	15870	Hoffman	Irene	1906	Feb	23	14	F	SEATTLE,WA	WA
K	1	106	7610	Hoffman	James	1902		04	55	M	KING CO HOSPITAL	OH
K	1	0100	04579	Hoffman	John C.	1899	Sep	15	058		So. Park	
K	1	0094	01294	Hoffman	Mrs. J.M.	1894	Oct	27	050	F	West St. House	
K	1	0097	02976	Hoffman	Nicholas	1897	Oct	17	049	M	Issaquah	FRN
K	1	0298	10401	Hoffman	Paul F	1902	Oct	25	038	M	Sea Gen Hosp	GER
K	1	0099	03970	Hofgood	Calvin	1898	Dec	05	006	M	Seattle	
K	1	102	13090	Hofgood	Walter (Mrs)	1904	Jul	22	35	F	WESTERN & HARRISON	WA
K	1	101	12410	Hofset	Armand	1904	Feb	17	19	M	PROV HOSP	SWD
K	1	102	12956	Hofstetter	(Infant)	1904	Jun	03	SB	M	415 12TH AVE	WA
K	1	102	12960	Hofstetter	Mary Edna	1904	Jun	04	33	F	415 12 AVE W	WI
K	1	0104	06336	Hogan		1901	Apr	05	045	M	Seattle	GRL
K	1	102	12747	Hogan	Daniel	1904	Apr	24	49	M	ST JAMES HOTEL	ME
K	1	0103	06113	Hogan	Frances	1901	Feb	05	053	F	Prov. Hosp.	IRL
K	1	0105	06746	Hogan	Frank	1901	Aug	16	004	M	Fremont	MN
K	1	0099	03990	Hogan	John	1898	Dec	16	3wk	M	Edgewater	SEA
K	1	0298	10528	Hogan	John L	1902	Dec	19	043	M	Prov. Hosp.	NJ
K	1	0104	06435	Hogen	infant	1901	May	13	7da	M	Green Lake	WA
K	1	0103	05886	Hoggart	Marie	1900	Dec	03	032	F	Seattle	MO
K	1	109	16918	Hogland	Aaron	1906	SPT	04	47	M	SEATTLE	SWD
K	1	0095	01875	Hognoe	Mrs. E.	1895	Dec	16	064	F	10th & Pine	NRY
K	1	108	16462	Hogy	John H.	1906	Jun	12	62	M	SEATTLE	VA
K	1	102	13082	Hoh	Emily	1904	Jul	06	08	F	GEORGETOWN	WA
K	1	0105	06917	Hohn	Carl Gustaf	1901	Oct	01	015	M	1324 7th Ave.	SWD
K	1	107	15861	Hohn	Ole	1906	Feb	01	68	M	SEATTLE,WA	NRY
K	1	107	15863	Hohn	Parl John	1906	Feb	08	34	M	SEATTLE	FIN
K	1	0093	01015	Hojirl	Mary	1894	Jun	07	031	F	Georgetown	SCT
K	1	0095	02013	Hokman	Winfred (Winifred)?	1896	Jan	16	022	F	Seattle Gen. Hosp.	SEA
K	1	107	7808	Holbock	Luke	1902	Apr	6	13	M	LA CONNER	CA
K	1	104	13981	Holcomb	Glenn	1905	Jan	07	16	M	1401 23RD AVE	KS
K	1	106	15317	Holcomb	J. E.	1905	Oct	16	51	M	SEATTLE	IN
K	1	105	14708	Holcomb	Jane	1905	Jun	03	06	F	SEATTLE	WA
K	1	109	16746	Holcomb	Louisa	1906	Aug	15	20	F	SEATTLE	UT
K	1	0101	04812	Holcomb	Walter	1900	Jan	14	046	M	Seattle	
K	1	0095	01864	Holcombe	Infant	1895	Sep	14	1da	F	Seattle	SEA
K	1	100	11767	Holden	Ellen I.	1903	Sep	06	6MO	F	611 HARRISON ST	WA
K	1	0103	06119	Holden	Fred	1901	Mar	23	045	M	Seattle	
K	1	102	12958	Holden	Jacob J.	1904	Jun	09	37	M	PROV HOSP	NRY
K	1	92	63	Holden	K. ?	1891	Sep	19	76	F	Seattle	

S	R	PG	REC	LASTNAME	FIRSTNAME	DETH	MN	DT	AGE	S	DEATHPLACE	BIRTH
K	1	0104	06370	Holden	R.M.	1901	Apr	03	072	M	Seattle	PA
K	1	103	13384	Holder	George	1904	Sep	14	36	M	WAYSIDE MISSION	CND
K	1	0103	05991	Holderbeck	Peter	1901	Jan	18	037	M	St. J. Hospital	BLG
K	1	0103	05991	Holderbeck	Peter	1901	Jan	18	037	M	St. J. Hospital	
K	1	0105	06811	Holding	Frank T.	1901	Sep		008	M	Roche Harbor	WA
K	1	0105	06812	Holding	Mary	1901	Sep		7da	F	Columbia City	WA
K	1	0098	03625	Holding	Wilford	1898	Jul	29	003	F	Seattle	MN
K	1	0097	02884	Hole	Beatrice Alston	1899	Aug	30	8mo	F	Seattle	WA
K	1	0299	10942	Holin	Baby	1903	Feb	12	s/b	F	Fremont	sme
K	1	0094	01412	Holland	Baby	1895	Jan	14	Stb	M	Pike St.	IA
K	1	0097	03277	Holland	Edw.	1898	Mar	01	011	M	Seattle Gen. Hosp.	IL
K	1	0096	02760	Holland	G.H.	1899	May	10	064	M	River Park	WI
K	1	103	13218	Holland	Leah (Mrs)	1904	Aug	2	74	F	PROV. HOSPITAL	IN
K	1	0100	04504	Holland	Mary	1899	Aug	01	028	F	Seattle	SEA
K	1	103	13399	Holland	Mary A.	1904	Sep	18	22	F	1022 LAKE VIEW AVE	SD
K	1	100	11609	Hollaran	Annie (Mrs)	1903	Aug	17	37	F	WESTERN & PIKE	IRL
K	1	92	4	Hollenbeck	F.W.	1891	Jul	10	26	M	Seattle	
K	1	0098	03702	Hollerin	A.	1898	Aug	10	015	F	Seattle	SEA
K	1	0106	07438	Hollingsworth	Chas. Farris	1902	Feb	13	11m	M	1314 Yesler	MT
K	1	0299	11271	Hollister	Emeline (Mrs)	1903	May	01	063	F	S. Pk	MA
K	1	107	15862	Hollister	H. G.	1906	Feb	06	54	M	SEATTLE,WA	IL
K	1	0298	10534	Hollister	John	1902	Dec	19	053	M	714 Columbia	MA
K	1	0095	02106	Holloway	Charlotte A.	1896	Mar	20	070	F	423 Sutter St.	GER
K	1	107	16277	Holloway	Harold	1906	May	09	02	M	KING CO	WA
K	1	109	17029	Holm	Carl F.	1906	SPT	11	20	M	BALLARD	KS
K	1	0096	02485	Holm	Dorothea	1896	Nov	06	041	F	Auburn	GER
K	1	0098	03784	Holm	John J.	1898	Oct	24	023	M	Auburn	NB
K	1	0103	05783	Holm	William	1900	Nov	11	043	M	Hos.Spip Idaho (Ship?)	NRY
K	1	105	14842	Holman	Alma C.	1905	Jul	19	39	F	SEATTLE	SWD
K	1	0094	01677	Holman	Bessie	1895	Jun	01	032	F	Seattle	IN
K	1	0094	01657	Holman	Friend H.	1895	May	15	067	M	Seattle	
K	1	100	11766	Holman	Grace E.	1903	Sep	05	32	F	1202 1/2 7 AVE	OH
K	1	0299	10821	Holman	Mary Elizabeth	1903	Feb	01	052	F	724 Spring St	OR
K	1	0103	05992	Holman	Ruth M.	1901	Jan	04	001	F	Wellington	
K	1	0100	04810	Holman	infant	1899	Dec	30	1da	M	Seattle	SEA
K	1	0104	06643	Holmberg	Bennie	1901	Jun	21	009	M	W. Seattle	IL
K	1	100	11763	Holmberg	George	1903	Sep	27	11	M	WAYSIDE MISSION	WA
K	1	0299	11272	Holmes	Baby	1903	May	30	s/b	F	Sea. Gen. Hosp.	SEA
K	1	100	12098	Holmes	Charles H.	1903	Nov	19	05	M	KENMORE WA	
K	1	0097	03130	Holmes	Edwin W.	1898	Jan	13	068	M	Prov. Hosp.	NJ
K	1	0098	03291	Holmes	James	1898	Apr	18	067	M	Spragur	ME
K	1	0105	07057	Holmes	Jonathan	1901	Dec	11	085	M	6th & Olive	PA
K	1	0299	11276	Holmes	Louis	1903	May	18	051	M	Wayside Mission	SWD
K	1	0106	07334	Holmes	Lydia	1902	Feb	15	052	F	726 27th Ave. S.	WVA
K	1	0095	01792	Holmes	William	1895	Aug	28	026	M	Co. Jail House	
K	1	108	16549	Holmsbog	August	1906	Jul	26	34	M	GEORGETOWN	SWD
K	1	111	18045	Holoran	John	1907	12	22	55	M	SEATTLE	IN
K	1	0094	01754	Holscher	Wm.	1895	Aug	03	001	M	2112 Front St.	SEA
K	1	103	13719	Holt	Albert H.	1904	Dec	02	3MO	M	922 26TH AVE S	WA
K	1	104	14444	Holt	Arthur H.	1905	Apr	18	4MO	M	SEATTLE	WA
K	1	112	18526	Holt	Don's	1907	May	30	17D	M	SEATTLE	WA
K	1	103	13222	Holt	H.E.	1904	Aug	15	35	M	5TH & MADISON	US
K	1	101	12239	Holt	Mary (Mothers name)	1904	Jan	08		M	CRITTENDEN HOME	WA
K	1	0103	05885	Holte	Anne B.	1896	Jun	01	048	F	Seattle	NRY
K	1	103	13524	Holtening	John	1904	Oct	06	13	M	PROV HOSP	NJ
K	1	0298	10662	Holton	Charles F	1903	Jan	13	055	M	Prov. Hosp	MA
K	1	105	15031	Holts	Norman M.	1905	Aug	16	3MO	M	SEATTLE	WA
K	1	0094	01278	Holzsehuer	Karl	1894	Oct	23	065	M	Cor. Knight & McClair St.	GER
K	1	0094	01278	Holzsehuer	Karl	1894	Oct	23	065	M	Cor. Knight & McClair St.	
K	1	112	18400	Homan	Anna E.	1907	Apr	16	60	F	BALLARD	PA
K	1	0094	01750	Home	Emma M.	1895	Aug	27	037	F	Sidney	PA
K	1	0100	04425	Homsee	Mary E.	1899	Jun	22	069	F	Brooklyn	
K	1	103	13715	Honda	K.	1904	Nov	25	42	M	323 7TH AVE	JPN

S	R	PG	REC	LASTNAME	FIRSTNAME	DETH	MN	DT	AGE	S	DEATHPLACE	BIRTH
K	1	106	15040	Honda	K.	1905	Aug	29	25	M	SEATTLE	JPN
K	1	92	221	Honet	Fannie	1892	Feb	14	17	F	Wash	
K	1	0298	10212	Hong	Chin	1902	Sep	10	039	M	4th/WA	CHN
K	1	0298	10657	Hong	Lillie	1903	Jan	18	05m	F	4th/WA	SEA
K	1	102	12959	Hong	Lucy (Mrs)	1904	Jun	10	31	F	110 4TH AVE S	
K	1	106	15446	Hontz	Benjamin H.	1905	Nov	14	56	M	SEATTLE	IA
K	1	105	14970	Hood	Anna	1905	Aug	11	40	F	ANACORTES	
K	1	0097	03032	Hood	Chas. A.	1897	Dec	02	020	M	Prov. Hosp.	
K	1	105	15027	Hood	Christopher, Jr	1905	Aug	05	47	M	SEATTLE	IRL
K	1	0105	07221	Hood	Mary T.	1902	Jan	28	046	F	720 19th Ave.	IRL
K	1	107	15992	Hood	Robert	1906	Mar	18	77	M	SEATTLE	ENG
K	1	111	18053	Hoodless	Genet	1907	Mar	27	20	M	SEATTLE	WA
K	1	106	15509	Hook	Edward	1905	Dec	12	44	M	GEORGETOWN	NY
K	1	109	16846	Hooken	W. J.	1906	Aug	1	32	M	ALKI PT	OR
K	1	0299	11279	Hooper	Gerald E	1903	May	02	---	M	1204 6 Ave N	SEA
K	1	106	15565	Hooper	Mabel	1905	Dec	11	01	F	SEATTLE	WA
K	1	0095	02217	Hooper	Roy	1896	May	27	9mo	M	Ballard	OR
K	1	0104	06571	Hoover	Mrs.	1901				F	Corpse transportation	
K	1	0094	01415	Hoover	Mrs. Mary	1895	Jan	19	038	F	Star Lake, Wash.	
K	1	106	15271	Hoover	T. W.	1905	Oct	16	72	M	BALLARD	PA
K	1	105	15029	Hop	Wong	1905	Aug	13	49	M	SEATTLE	CHN
K	1	107	15797	Hope	Frederick J.	1906	Feb	09	52	M	BAKERSFIELD CA	MA
K	1	104	14445	Hope	John H.	1905	Apr	30	41	M	CHARLESTON	SCT
K	1	0105	07047	Hopey	Gladys	1901	Nov	29	003	F	Ballard	WA
K	1	0102	05685	Hopkins	Carrie F.	1900	Sep	23	003	F	Portland, OR	WA
K	1	0099	04184	Hopkins	Charles	1899	Mar	14	080	M	Seattle	
K	1	106	15569	Hopkins	Charles H	1905	Dec	27	25	M	SEATTLE	NY
K	1	0104	06449	Hopkins	Dollie	1901	May	07	003	F	Seattle	WA
K	1	106	7614	Hopkins	Edw. J.	1902		4	76	M	1518 BIGELOW AVE.	ENG
K	1	92	197	Hopkins	Margaret	1892	Jan	15	69	F	Seattle	
K	1	0095	01871	Hopkins	Norice	1895	Nov	19	3mo	M	813 Alder	
K	1	0299	10939	Hopkins	Rebecca	1903	Feb	22	031	F	Prov. Hosp.	OH
K	1	106	15563	Hopkins	Thomas	1905	Dec	04	45	M	SEATTLE	
K	1	104	14297	Horan	Barney	1905	Mar	04	37	M	GEORGETOWN	ENG
K	1	0102	05491	Horan	Henry George	1900	Aug	13	7mo	M	Seattle	SEA
K	1	0100	04666	Hordland	Fred O.	1899	Oct	20	041	M	Seattle	
K	1	0100	04666	Hordland	Fred O.	1899	Oct	20	041	M	Seattle	
K	1	101	12535	Hordum	Nelson	1904	Mar	19	48	M	WAYSIDE MISSION	-
K	1	0098	03283	Horfer	F.A.	1898	Mar	11	3mo	F	Fremont	WA
K	1	111	18181	Horgan	Jeremiah J.	1907	Mar	22	69	M	BALLARD	CND
K	1	112	18272	Hormell	William H.	1907	Apr	26	44	M	SEATTLE	OH
K	1	102	12963	Horn	Adellah (Mrs)	1904	Jun	28	35	F	GEORGETOWN	MO
K	1	102	12961	Horn	Mary N. (Mrs)	1904	Jun	21	65	F	1014 E. JOHN	IRL
K	1	0103	05778	Horn	Thomas	1900	Nov	20	058	M	Seattle	IL
K	1	0092	00612	Hornbeck	Nellie L.	1893	Aug	12	026	M	Ballard	IA
K	1	0107	10022	Horner	Annie E.	1902	Aug	06	056	F	Interbay	CND
K	1	0101	05018	Horner	Rob	1899	Nov	15	039	M	Manilla	ONT
K	1	103	13407	Horniekel	Mary	1904	Sep	18	35	F	6215 LINDEN AVE	GER
K	1	112	18266	Horsfall	Elizabeth L.	1907	Apr	20	70	F	SEATTLE	CND
K	1	0098	03475	Horslich	S.	1898	May	22	036	M	Seattle	ROM
K	1	0097	02845	Horsman (Horstma	Albert G.	1899	Jul	23	10d	M	Leland House	WA
K	1	0097	02844	Horstman	Mary G.	1899	Jul	23	10d	F	Leland House	WA
K	1	103	13226	Hort	Edwin	1904	Aug	22	7M	M	115 MAYNARD AVE	SEA
K	1	110	17605	Horton	Alice	1907	Jan	16	39	F	SEATTLE	IA
K	1	102	10394	Horton	Dexter	1904	Jul	28	78	M	CORNER SENECA & 3 AVE	NY
K	1	105	14968	Horton	Harry	1905	Jun	02	52	M	GEORGETOWN	NY
K	1	107	15872	Hortvedt	Helga K.	1906	Feb	26	25	F	SEATTLE,WA	NRY
K	1	108	16740	Horvtvest	Baby	1906	Aug	04	SB	F	SEATTLE	WA
K	1	107	15705	Hosie ?	John	1906	Jan	12	42	M	SEATTLE	SCT
K	1	0095	02058	Hoskins	Lonnora	1896	Feb	17	046	F	Co. Hospital	IN
K	1	105	14846	Hoskins	Webster	1905	Jul	31	10	M	SEATTLE	IL
K	1	101	12292	Hotchberg	Percis	1904	Jan	03	07	M	919 1/2 NASH ST	NY
K	1	104	14439	Hotowitz	M. F.	1905	Apr	02	21	M	SEATTLE	

S	R	PG	REC	LASTNAME	FIRSTNAME	DETH	MN	DT	AGE	S	DEATHPLACE	BIRTH
K	1	0298	10373	Houghton	Charles W	1902	Dec	08	064	M	Vashon	IN
K	1	0093	01099	Houghton	Dr. J.S.	1894	Jul	02	066	M	1109 Farm St.	
K	1	105	15030	Houghton	Emily J.	1905	Aug	16	68	F	SEATTLE	WI
K	1	0100	04505	Houghton	Eva May	1899	Aug	03	013	F	Seattle	TN
K	1	0106	07333	Houghton	Mary Bradford	1902	Feb	06	070	F	1109 7th Ave. N.	ME
K	1	109	16747	Houlahan	Daniel J.	1906	Aug	20	53	M	SEATTLE	ENG
K	1	0096	02451	Houloich	Dominick	1896	Oct	24	044	M	Foot of Pike	AUS
K	1	107	15871	Houm	Ida	1906	Feb	25	52	F	SEATTLE,WA	NRY
K	1	109	17122	House	Alice M.	1906	Oct	22	62	F	SEATTLE	NY
K	1	106	15572	House	Thomas	1905	Dec	28	38	M	SEATTLE	MD
K	1	0098	03285	Householder	F.	1898	Mar	16	037	M	Seattle	OH
K	1	100	11770	Houseman	F.	1903	Sep	27	25	M	PROV. HOSPITAL	NY
K	1	0104	06649	Houser	M.F.	1901	Jul	03	046	M	Ballard	IL
K	1	111	17943	Houston	Emmet	1907	Feb	13	4MO	M	BALLARD	WA
K	1	0098	03476	Houston	Pat	1898	May	13	060	M	Seattle	IRL
K	1	0316	11280	Houston	William	1903	May	31	060	M	Wayside Mission	USA
K	1	102	12759	Hovey	Mable C. (Mrs)	1904	May	21	22	F		WA
K	1	0107	09894	Hovey	N.	1902	Jul	13	014	F	Seattle	OH
K	1	0093	00761	Hovey	W.D.	1894	Feb	27		M	Stuck Junction	
K	1	106	15521	Hovick	Leif O.	1905	Dec	19	01	M	BALLARD	WA
K	1	0105	07188	How	Lee Yek	1901	Nov	06	051	M	Prov. Hosp.	CHN
K	1	0105	07060	Howard	Catharine	1901	Nov	25	001	F	Seattle	SEA
K	1	0103	06115	Howard	Chas. E.	1901	Mar	07	077	M	Seattle	NY
K	1	0105	07050	Howard	Chas. G.	1901	Dec	22	047	M	Mission Hosp.	NY
K	1	0100	04438	Howard	Chas. W.	1899	Jun	28	046	M	Seattle	MO
K	1	112	18261	Howard	Edward	1907	Apr	08	19	F	SEATTLE	MN
K	1	0104	06373	Howard	Eugenia	1901	Apr	15	052	F	South Park	ENG
K	1	0096	02502	Howard	Infant	1896	Nov	07	2mo	M	Cor. Alton & Main	ME
K	1	100	11488	Howard	James	1903	Jul	11	40	M	AUBURN WA	
K	1	111	18046	Howard	James W.	1907	Mar	24	56	M	SEATTLE	MI
K	1	0100	04538	Howard	Janet	1899	Aug	22	060	F	Seattle	KY
K	1	0103	06111	Howard	Kitty	1901	Feb	23	032	F	Prov. Hosp.	CA
K	1	111	18047	Howard	Marjorie	1907	Mar	24	21	F	SEATTLE	TN
K	1	0107	10211	Howard	Nellie Lyons	1902	Sep	06	044	F	Prov. Hosp.	MA
K	1	0098	03555	Howard	R.	1898	Jun	12	055	M	Seattle	
K	1	0102	05348	Howard	Silas Lee	1900	Jun	29	058	M	Seattle	MO
K	1	0102	05440	Howard	William	1900	Jul	19	4mo	M	Green Lake	WA
K	1	0105	06751	Howard	infant	1901	Aug	12		F	Manod Hosp.	SEA
K	1	107	16166	Howe	Baby	1906	Apr	06	SB	F	SEATTLE	WA
K	1	0097	03197	Howe	John Herbert	1898	Feb	11	003	M	West Seattle	WA
K	1	0105	07052	Howe	Noble Prescott	1901	Dec	23	047		Prov. Hosp.	OH
K	1	0105	07049	Howe	Rebecca J.	1901	Dec	09	046	F	1632 Belleview Ave.	CND
K	1	0107	10208	Howeattle	Florence	1902	Sep	27	001	F	Duwamish	WA
K	1	107	16174	Howell	Elizabeth	1906	Apr	20	51	F	SEATTLE	WLS
K	1	103	13526	Howell	Oscar C.	1904	0CT	16	49	M	139 BURKE AVE	IL
K	1	104	14440	Howell	Phillip W.	1905	Apr	05	39	M	SEATTLE	
K	1	0092	00495	Howells	G.F.	1893	Feb	21	040	M	Cokedale	PA
K	1	92	173	Howells	John G.?	1892	Jan	13	66	M	Blk. Diamond	
K	1	110	17600	Howland	Ella D.	1907	Jan	08	21	F	SEATTLE	MN
K	1	112	18518	Howland	John C.	1907	May	10	34	M	SEATTLE	NY
K	1	101	12741	Howland	Stephens	1904	Apr	01	56	M	42ND & MADISON	MA
K	1	112	18183	Howlett	Hattie M.	1907	Mar	25	20	F	KENT	MO
K	1	107	15989	Howlett	Helen A.	1906	Mar	12	12	F	SEATTLE,WA	WA
K	1	0298	10290	Howlett	M	1902	Nov	10	027	M	Prov. Hosp.	ENG
K	1	100	11602	Howse	Louisa M.	1902	Aug	15	48	F	2120 E. SPRUCE	KS
K	1	0107	10025	Hoy	Lee	1902	Sep	03	050	M	on ship	CHN
K	1	0298	10399	Hoye	Peter	1902	Oct	03	023	M	Wayside Mission	CND
K	1	0103	06117	Hoyt	Hanson	1901	Mar	15	071	M	Seattle	
K	1	103	13723	Hubbard		1904	Dec	15	1MO	F	320 NORTH	WA
K	1	0106	07556	Hubbard	Aaron Cyril	1902	Apr	24	3mo	M	9th S. & Jackson	WA
K	1	0103	06118	Hubbard	Anna Ma	1901	Mar	20	023	F	Fremont	WI
K	1	0299	10941	Hubbard	Baby	1903	Feb	16	05d	F	Ballard	sme
K	1	0099	04059	Hubbard	E.H.	1899	Jan	12	007	F	Seattle	WA

S	R	PG	REC	LASTNAME	FIRSTNAME	DETH	MN	DT	AGE	S	DEATHPLACE	BIRTH
K	1	101	12740	Hubbard	George W.	1904	Apr	01	25	M	WAYSIDE MISSION	
K	1	0298	10535	Hubbard	Lydia M	1902	Dec	04	058	F	Green Lake	MI
K	1	0097	03278	Hubbard	M.	1898	Mar	02	031	M	Seattle Gen. Hosp.	
K	1	0098	03478	Hubbard	M.R.	1898	May	16	1mo	M	Seattle	
K	1	102	12742	Hubbard	Norman R.	1904	Apr	03	24	M	FT OF WASH	IA
K	1	0104	06737	Hubbard	infant	1901	Aug	07	3mo	M	1111 8th Ave.	SEA
K	1	0097	02933	Hubbart		1899	Sep	03	2mo	M	1814 8th St.	WA
K	1	106	15319	Hubbell	Frank B.	1905	Oct	28	47	M	SEATTLE	CND
K	1	106	15566	Hubbell	George	1905	Dec	12	40	F	SEATTLE	
K	1	108	16741	Hubbell	Wellington	1906	Aug	05	78	M	SEATTLE	NY
K	1	112	18402	Hubberd	Mary A.	1907	May	10	01	F	BALLARD	CND
K	1	110	17285	Huber	Baby	1906	Nov	25	SB	M	SEATTLE	WA
K	1	107	15570	Huber	Baby	1905	Dec	27	SB	M	SEATTLE	WA
K	1	0094	01423	Hubert	Charl	1895	Jan	02	058	M	1016 Wash. St.	GER
K	1	0094	01398	Hubert	Charles	1895	Jan	02	058	M	1016 Wash. St.	GER
K	1	107	15703	Hucka	Margarete	1906	Jan	07	6MO	F	SEATTLE	WA
K	1	0102	05735	Hucke	Elizabeth	1900	Oct	08	035	F	Prov. Hosp.	ENG
K	1	100	12018	Hucke	Ernest	1903	Nov	18	51	M	PROV HOSP	GER
K	1	105	14843	Huddard ?	Joacim	1905	Jul	20	02	M	SEATTLE	WA
K	1	105	14581	Hudesett ?	Edith	1905	Jun	02	17	F	WOODENVILLE	MO
K	1	103	13364	Hudgens	Anna J.	1904	Sep	07	65	F	500 9TH AVE	MO
K	1	104	13985	Hudson	Bennie	1905	Jan	20	7MO	M	4216 GREENWOOD AVE	WA
K	1	1OO	11490	Hudson	Chas. M.	1903	Jul	23	38	M	WAYSIDE MISSION	NY
K	1	0098	03384	Hudson	E.J.	1898	Apr	03	3mo	M	Seattle	
K	1	0101	05133	Hudson	H.H.	1900	Apr	20	064	M	Seattle	NY
K	1	107	15873	Hudson	Martha O.	1906	Feb	26	56	F	SEATTLE,WA	NY
K	1	110	17603	Hudson ?	May A.	1907	Jan	13	57	F	SEATTLE	CND
K	1	105	15032	Huebling	Fritz	1905	Aug	17	25	M	SEATTLE	SWT
K	1	0106	07443	Huey	baby	1902	Mar	05	4mo	M	1303 Grant	WA
K	1	0105	06815	Hufeld	Helen	1901	Sep	02	070	F	Seattle	NRY
K	1	0093	00824	Huff	Francis Wardell	1894	Mar	17	039	M	Queens Hotel, Victoria	
K	1	0104	06503	Huffman	Geo. W.	1901	Jun	27	055	M	Seattle	
K	1	103	13332	Huffman	Howard H.	1904	Sep	03	7MO	M	VASHON WA	WA
K	1	0096	02577	Huffman	Louise	1896	Dec	24	022	F	Near Fall City	IL
K	1	110	17286	Huffman	Selma C.	1906	Nov	29	08	F	SEATTLE	MO
K	1	105	14709	Hughes	(Infant)	1905	Jun	17	1D	M	SEATTLE	WA
K	1	0096	02602	Hughes	Arthur	1897	Jan	18	048	M	Prov. Hosp.	
K	1	0092	00645	Hughes	Chas.	1893	Oct	24	035	M	Seattle	SWD
K	1	105	14671	Hughes	David	1905	Jun	30	49	M	AUBURN	US
K	1	104	14300	Hughes	Edward	1905	Mar	29	60	M	SEATTLE	
K	1	095	02015	Hughes	Elizabeth	1896	Jan	30	018	F	Seattle Gen. Hosp.	
K	1	0093	01059	Hughes	Evan	1894	Aug	24	Unk	M	Franklin	
K	1	0105	06756	Hughes	Harriet C.	1901	Aug	12	057	F	1710 19 Ave.	MO
K	1	110	17526	Hughes	J. Alexander	1906	Dec	03	54	M	AUBURN	MO
K	1	0101	05080	Hughes	Jno.	1900	Mar	04	022	M	Seattle	BC
K	1	0106	07335	Hughes	John A.	1902	Feb	18	11m	M	119 Terry Ave. N.	SEA
K	1	100	11889	Hughes	Joshua F.	1903	Oct	26	69	M	PROV HOSP	WLS
K	1	100	11769	Hughes	Leanda (Mrs)	1903	Sep	17	46	F	814 21 AVE S	MO
K	1	0298	10287	Hughes	Leslie Leroy	1902	Nov	24	010	M	York Station	WA
K	1	0102	05358	Hughes	Louisa	1900	Jun	06	041	F	S. G. Hospital	ENG
K	1	100	11771	Hughes	Max	1903	Sep	27	55	M	826 22 AVE S	GER
K	1	0299	11079	Hughes	Mickael	1903	Apr	18	078	M	King Co. Hosp.	IRL
K	1	108	16615	Hughes	Scottie	1906	Jul	07	1MO	M	SEATTLE	WA
K	1	0096	02684	Hughes	Thomas R.	1899	Mar	25	048	M	314 Commercial	WLS
K	1	0100	04683	Hughes	Thos.	1899	Oct	28	040	M	Seattle	ENG
K	1	0102	05591	Hughes	William	1900	Oct	13	023	M	Cedar Mt.	WA
K	1	0101	05213	Hughes	Wm.	1900	May	27	067	M	Seattle	ENG
K	1	107	15994	Hughlett	Roy	1906	Mar	25	22	M	SEATTLE	IA
K	1	0103	05994	Hughs	Nannie	1901	Jan	10	010	F	Spokane, Wn.	
K	1	0099	04049	Hugis	Midland	1899	Jan	09	007	M	Interban	SEA
K	1	110	17527	Hugo	Addie R	1906	Dec	23	47	F	HIMMAN	MN
K	1	0093	00763	Hugoz	Mary	1894	Mar	02	022	F	Cottage Lake	GER
K	1	104	14298	Huku	Gust	1905	Mar	16	01	M	BALLARD	WA

S R	PG	REC	LASTNAME	FIRSTNAME	DETH	MN	DT	AGE	S	DEATHPLACE	BIRTH
K 1	112	18519	Hulbert	Baby	1907	May	12	SB	F	SEATTLE	WA
K 1	0093	00825	Hulen	L.J.	1894	Mar	31	055	M	Fremont	SWD
K 1	106	15132	Huljor	Tony	1905	Sep	20	8MO	M	W. SEATTLE	WA
K 1	0298	10659	Hull	David B.	1903	Jan	21	068	M	1916 1st Ave	IRL
K 1	0095	01873	Hull	Elizabeth A.	1895	Dec	02	071	F	2012 Republican	
K 1	0107	10209	Hull	J.W.	1902	Sep	12	072	M	Seattle Gen. Hosp.	MI
K 1	103	13715	Hull	Wm. J.	1904	Nov	25	36	M	W. WA HOSP FOR INSANE	MO
K 1	104	14302	Hullman	Chas.	1905	Apr	04	59	M	GEORGETOWN	IL
K 1	0097	02937	Hullworth	John	1897	Sep	17	054	M	Issaquah	ENG
K 1	0099	04211	Hulmer	Oscar	1899	Mar	25	061	M	Seattle	SWD
K 1	0104	06505	Hulscher	Lydie	1901	May	04	001	F	Seattle	SEA
K 1	92	51	Hultgrew	Harry	1891	Sep	21	0	M	Slaughter	
K 1	104	14303	Humbert	(Infant)	1905	Apr	11	5D	F	GEORGETOWN	WA
K 1	103	13717	Hume	Mary J.	1904	Nov	27	60	F	1905 1/2 5TH AVE	ENG
K 1	106	15567	Hume	Mittie ?	1905	Dec	16	43	F	SEATTLE	IL
K 1	106	15392	Humes	Anna G.	1905	Nov	30	32	F	BALLARD	MN
K 1	102	12762	Humes	Joseph	1904	May	22	25	M	411 TERRY AV	WA
K 1	103	13713	Humes	Sarah	1904	Nov	13	54	F	411 TERRY AVE	OH
K 1	104	13979	Humes	Thomas J.	1904	Nov	09	55	M	FAIRBANKS AK	IN
K 1	0093	00972	Hummell	John E.	1894	May	31	064	M	Keith, Wash.	
K 1	0096	02409	Hummer	Wensel	1896	Sep	25	084	M	Prov. Hosp.	GER
K 1	100	12019	Humphrey	(Baby)	1903	Nov	15	2MO	F	MONAD HOSP	SEA
K 1	105	14707	Humphrey	Grace V.	1905	Jun	02	27	F	SEATTLE	IL
K 1	0107	10023	Humphreys	O.G.	1902	Aug	26	050	M	City Jail	
K 1	110	17287	Humphries	Baby	1906	Nov	20	SB	M	SEATTLE	WA
K 1	106	15571	Humphries	William	1905	Dec	28	1MO	M	SEATTLE	WA
K 1	100	12015	Hun	Yung	1903	Nov	25	31	M	WAYSIDE MISSION	CHN
K 1	100	11604	Hung	Lee	1903	Aug	20	35	M	SEA GEN	CHN
K 1	0103	06112	Hunkins	Leslie	1901	Feb	13	001	M	Ross	MN
K 1	0103	06109	Hunsucker	Maggie	1901	Feb	25	031	F	Seattle	CA
K 1	92	52	Hunt	Geo. O.	1891	Sep	12	6	M	Seattle	ON
K 1	103	13528	Hunt	Helen	1904	Oct	22	56	F	SE COR E. PIKE & 11TH AVE	KEY
K 1	0099	03920	Hunt	Joseph W.	1898	Nov	22	056	M	Seattle	
K 1	104	13984	Hunt	Martha J.	1905	Jan	18	79	F	821 16TH AVE	CT
K 1	0106	07339	Hunt	baby	1902	Feb	27	1da	M	1918 Minor Ave.	SEA
K 1	106	15447	Hunter	Baby	1905	Nov	19	SB	F	SEATTLE	WA
K 1	0104	06653	Hunter	Col. George	1901				M		
K 1	0093	01012	Hunter	Levina	1894	Jun	06	050	F	316 Union	NY
K 1	112	17401	Hunter	Scott	1907	Apr	23	50	M	BALLARD	
K 1	107	7689	Hunter	Virginia	1902		17	58	F	709 9TH AVE. S.	VA
K 1	0299	11275	Huntley	George E	1903	May	26	059	M	Prov. Hosp	ME
K 1	0105	07054	Huntley	Melinda	1901	Dec	20	052	F	2913 1st Ave.	ME
K 1	0096	02644	Huntoon	Isaac D.	1899	Feb	18	066	M	Front & Union	
K 1	0102	05508	Huny	E.	1900	Aug	30	3da	M	Seattle	SEA
K 1	0298	10656	Hupe	Melba Irene	1903	Jan	07	003	F	121 Terry Ave N (b.Spokane,	---
K 1	0103	06105	Hurchi	G.	1901	Feb	15	025	M	Seattle	JPN
K 1	0107	10110	Hurd	Daniel	1902	Aug	21	065	M	Prov. Hosp.	
K 1	112	18761	Hurd	Florence M.	1907	Jun	20	34	F	SEATTLE	KS
K 1	0107	09909	Hurlbut	N.H.	1902	Jul	09	040	M	Seattle	MA
K 1	0299	11265	Hurlebaus	Mary (Mary)	1903	Apr	29	026	F	Prov. Hosp	---
K 1	107	15798	Hurleu?	Thomas	1906	Feb	23	66	M	YOUNGSTOWN, WA	IRL
K 1	0100	04455	Hurlock	Benj.	1899	Jul	09	048	M	Prov. Hosp.	
K 1	0094	01441	Hurup	Frank	1895	Jan	23	077	M	Prov. Hospital	
K 1	0100	04141	Hury	Mabel J.	1899	Jun	30	2mo	F	Seattle	SEA
K 1	0092	00467	Huse	John J.	1892	Sep	30	059	M	County Hosp.	ENG
K 1	0104	06316	Huse	Mrs. R.C.	1901	Apr	11	058	F	Interbay	VT
K 1	0299	11072	Huser	George L.	1903	Apr	17	011	M	Sea. Gen. Hosp.	SEA
K 1	0102	05647	Huson	Carl	1900	Sep	23		M	Seattle	SEA
K 1	0103	05823	Husser	Harry	1900	Nov	08	015	M	Seattle	WI
K 1	0097	02881	Hussez	Alfred G.	1899	Aug	02	045		906 23rd Ave.	
K 1	0097	03031	Hustan	L.W.	1897	Nov	26	080	M	Seattle	DE
K 1	0096	02450	Husthoff	Bertha M.	1896	Oct	21	009	F	403 6th St.	SEA
K 1	100	11886	Hustings	Mary	1903	0CT	22	58	F	KING CO HOSPITAL	CND

S	R	PG	REC	LASTNAME	FIRSTNAME	DETH	MN	DT	AGE	S	DEATHPLACE	BIRTH
K	1	0093	00718	Huston	Baby	1894	Jan	09	002	F	8811 7	SEA
K	1	0102	05757	Huston	Grace L.	1900	Sep	21	023	F	Seattle	MI
K	1	0100	04480	Hutcherson	H.E.	1899	Jul	23	020	M	Ballard	
K	1	0299	10822	Hutchins	Ane	1903	Feb	12	022	M	Sea. Gen. Hosp.	IA
K	1	102	13085	Hutchins	Geo. L.	1904	Jul	10	63	M	WAYSIDE MISSION	
K	1	105	14839	Hutchins ?	Baby	1905	JU	17	3D	F	SEATTLE	WA
K	1	0098	03554	Hutchinson	E.	1898	Jun	06	030	F	Seattle	
K	1	107	16173	Hutchinson	Harold B.	1906	Apr	18	7D	M	SEATTLE	WA
K	1	0103	05884	Hutchinson	J.W.	1900	Dec	05	069	M	Seattle	ENG
K	1	0104	06477	Hutchinson	S.C.	1901	May	15	059	M	Columbia City	PA
K	1	0097	02834	Hutchinson	Sarah G.	1899	Sep	09	040	F	Main St. & 10th Ave. So.	MD
K	1	0099	04045	Hutchinson	W.H.	1899	Jan	08	070	M	Seattle	ME
K	1	0098	03626	Hutton	Ann	1898	Jul	30	071	F	Seattle	ENG
K	1	101	12165	Hutton	Donald Le	1902	Dec	10		M	658 ?	MI
K	1	0106	07225	Hydahl	Clara M.	1902	Jan	17	007	F	Ballard	WA
K	1	0102	05588	Hyde	Alto	1900	Sep	16	007	M	Seattle	WA
K	1	107	15654	Hyde	Baby	1906	Feb	05	SB	M	BALLARD	WA
K	1	0096	02803	Hyde	Catharine	1899	Jun	24	078	F	Cedar & John	MA
K	1	0097	02936	Hyde	Enoch	1897	Sep	10		M	King Co. Hosp.	
K	1	109	17115	Hyde	James P.	1906	Oct	07	76	M	SEATTLE	PA
K	1	100	11887	Hyde	Z. Calvin	1903	Oct	08	4MO	M	SO. PARK	SAM
K	1	109	17121	Hyland	Mary A.	1906	Oct	18	67	F	SEATTLE	IRL
K	1	0106	07524	Hyland	Mrs. Alice	1902	Apr	30	030	F	Wayside Mission Hosp.	ENG
K	1	0299	11267	Hyle	Ellsworth	1903	May	02	011	M	Columbia	WA
K	1	104	13983	Hynes	(Infant)	1905	Jan	17	SB	F	SEATTLE GEN HOSP	WA
K	1	0103	05990	Hysnick	Wm.	1901	Jan	21	028	M	King Co. Hosp.	IA
K	1	0299	11078	Hysom	Baby	1903	Apr	14	pre	F	14 Ave NE/42 St	SEA
K	1	0108	03923	Icks	Mattie	1898	Nov	30	032	F	Seattle	WA
K	1	0109	11011	Iddinas	Jas. D.	1903	Apr	09		M	Springbrook, Wn.	TN
K	1	0108	06577	Ihrig	Christina	1901	Jul	29	062	F	Seattle	GER
K	1	0108	00826	Ihrig	Josephine	1894	Mar	26	048	F	2020 2nd St. - Seattle	GER
K	1	0108	07504	Ihrig	baby	1902	Mar	10	010	F	Latona	WA
K	1	0108	07691	Iiams	Olive	1902	May	16	007	F	Ballard	CA
K	1	0108	07824	Ikawa	N.	1902	Jun	02	020	M	Seattle	JPN
K	1	0108	06564	Iliff	Wm. T.	1901					transportation of corpse	
K	1	0108	01161	Imhoff	Eva Julia	1894	Aug	05	9mo	F	917 Dearborn St.	WA
K	1	0108	03924	Impett	Archie K.	1898	Nov	22	018	M	Ballard	WA
K	1	0108	00511	Indian	unknown child	1892	Oct	11	6yr	F	unknown	WA
K	1	0108	01876	Ineson	infant	1895	Oct	25	000	M	2010 9th St.	SEA
K	1	79	1492	Infant		1895	Mar	26		M	Birch, WA	
K	1	0108	04888	Ingalls	Carrie M.	1900	Jan	15	022	F	Ballard	IL
K	1	0108	07227	Ingalls	Frank W.	1902	Jan	25	047	M	Ballard	IL
K	1	0108	07067	Ingalls	H.R.	1901	Dec	10	064	M	Seattle	NY
K	1	0108	05784	Ingalls	Mabel L.	1900	Nov	02	021	F	Ballard	IL
K	1	0108	05945	Ingberigston	Vas	1901	Feb	12	080	M	King Co. Hosp.	NRY
K	1	0108	03292	Ingersoll	Miranda S.	1898	Mar	05	029	F	Seattle	OH
K	1	0108	07551	Ingold	Inez	1902	Apr	14	11m	F	2223 8th Ave.	WA
K	1	0108	04378	Ingraham	Lee	1899	May	06	066	M	San Juan Isds.	
K	1	0108	00415	Iquires	Georgin	1892	Oct	11	019	F	Mercer Island	OH
K	1	0108	02454	Irnesdole	baby	1896	Oct					
K	1	0108	00775	Irven		1894	Mar	16	035	F	Seattle	IN
K	1	0108	06922	Irvin	Buddy	1901	Oct	02	5da	M	Green Lake (chil. Home)	SEA
K	1	0108	06921	Irvin	Ralph	1901	Oct	28	3mo	M	Green Lake (child. Home)	SEA
K	1	0108	01445	Irvine		1895	Jan	24	3mo	F	2210 1/2 8th St.	SEA
K	1	0109	10666	Irvine		1903	Jan	11		F	2135 1/2 6th Ave.	
K	1	0108	01385	Irving	Mary	1894	Oct	16	041	F	Co. Hospital	
K	1	0108	07346	Irving	Sarah	1902	Feb	20	082	F	1815 19th Ave.	ENG
K	1	0108	01060	Irwin	John	1894	Aug	24	025	M	Franklin	
K	1	0108	07226	Irwin	Ralph	1901	Oct	28	3mo	M	Green Lake	SEA
K	1	0109	11289	Irwin	Victor	1903	Jun	04		M	1521 15th Ave.	SEA
K	1	0109	10943	Isakson	Sadie A.	1903	Mar	10	001	F	Pleasant Beach	WA
K	1	0108	04687	Isebel	Calvin	1899	Nov	13	023	M	Franklin	TN
K	1	0108	07647	Ishida	Masapro	1902	May		026	M	4th & Main	JPN

S	R	PG	REC	LASTNAME	FIRSTNAME	DETH	MN	DT	AGE	S	DEATHPLACE	BIRTH
K	1	0108	02453	Isokama	Y.	1896	Oct	07	025	M	S.S. Konura Maui	
K	1	0108	05747	Isorn	Lena H.C.	1900	Jul	16		F	Yukon Terr.	IL
K	1	0109	10536	Ito	Hide Mrs.	1902	Dec	18	025	F	Providence Hosp.	JPN
K	1	0108	10027	Ito	baby	1902	Aug	13	SB	M	Seattle	SEA
K	1	0108	03782	Ittuer (?)	F.E.	1898	Sep	11	010	M	Seattle	IA
K	1	0108	02080	Iverson	C.	1895	Dec	24	032	M	Port Gamble	
K	1	0108	07505	Iverson	Dora	1902	Mar	26	026	F	222 John St.	SEA
K	1	0108	00827	Iverson	Johannes	1894	Mar	31	9mo	M	Cor. Thomas & Light.	WA
K	1	0108	07550	Iwanaga	Kametaro	1902	Apr	13	025	M	Seattle Gen. Hosp.	JPN
K	1	0119	01399	Jabel	Julik	1895	Jun	25	056	F	315 Alabaster St.	GER
K	1	0123	07062	Jack	Poker	1901	Nov	04	071	M	King Co.Hospital	
K	1	0124	10114	Jackman	William	1902	Aug	13	024	M	Wayside Mission	
				Jackson		1902	Nov			F	710 28th Ave So.	TN
				Jackson		1903	Jun			M	309 Seneca St.	
				Jackson		1902	Jun			M	Seattle	
				Jackson		1901	Oct			M	Fairview Ave. & John	KY
				Jackson		1902	Apr			M	2620 Lay St.	WA
				Jackson		1902	Jun			M	Seattle	WV
				Jackson		1901	Nov			M	118 West John	
				Jackson		1903	Jun			M	309 Seneca St.	SEA
				Jackson		1903	Mar			M	Wayside Mission	
				Jackson		1900	May			F	Ballard	MA
				Jackson		1902	Mar			M	29th & Yesler	
				Jackson		1903	Mar			M	Wayside Mission	---
				Jackson		1901	Nov			M	118 West John	SEA
				Jackson		1900	Sep			M	Seattle	SEA
				Jackson		1902	Mar			M	29th & Yesler	AL
K	1	0123	07066	Jackson	----	1901	Nov	11	01d	M	118 West John	
K	1	0122	04496	Jackson	A.	1899	Aug	14	043	M	Co. Hospital	NRY
K	1	0122	05253	Jackson	A.E.	1900	May	06	073	F	Ballard	
K	1	0124	07485	Jackson	Andrew	1902	Mar	16	052	M	29th & Yesler	
K	1	0119	01884	Jackson	Daniel B.	1895	Nov	29	062	M	1529 8th St.	
K	1	0119	01884	Jackson	Daniel B.	1895	Nov	29	062	M	1529 8th St.	
K	1	0125	11291	Jackson	Harold C.	1903	Jun	01	02m	M	309 Seneca St.	
K	1	0124	07579	Jackson	Infant	1902	Apr	04	---	M	2620 Lay St.	
K	1	0125	10944	Jackson	J.A.	1903	Mar	11	040	M	Wayside Mission	
K	1	0124	07825	Jackson	John A.	1902	Jun	16	035	M	Seattle	
K	1	0124	10296	Jackson	Laura Ann	1902	Nov	16	027	F	710 28th Ave So.	
K	1	0120	03293	Jackson	M.J.	1898	Mar	25	054	F	Seattle	MA
K	1	0120	02846	Jackson	M.J. (Mrs.)	1897	Jul	17	054	F	Fremont	OH
K	1	0118	00608	Jackson	Mrs. May	1893	Sep	07	044	F	Hot Springs	NRY
K	1	0121	03857	Jackson	T. (Capt.)	1898	Oct	22	042	M	Seattle	
K	1	0120	03203	Jackson	Thomas D.	1898	Jan	27	049	M	Fall City	
K	1	0118	00189	Jackson	Wm.	1892	Jan	29	011	M	Bellevue	
K	1	0123	05638	Jackson	Wm.Thos.	1900	Sep	11	16d	M	Seattle	
K	1	0120	02219	Jackson	infant	1896	May	24	1da	F	1214 Jones St.	SEA
				Jacobs		1901	Sep			M	Seattle	NY
K	1	0121	04201	Jacobs	David W.	1899	Mar	22	037	M	Seattle	
K	1	0121	03784	Jacobs	Geo. S.	1898	Sep	13	045	M	Seattle	
K	1	0122	05522	Jacobs	John	1900	Aug	19	023	M	Seattle	
K	1	0121	03977	Jacobs	Julia	1898	Dec	09	023	F	Seattle	NY
K	1	0118	00583	Jacobs	Louis	1893	Jul	21	042	M	Seattle	GER
K	1	0123	06823	Jacobs	O.B.	1901	Sep	01	082	M	Seattle	
				Jacobson		1903	Jan			M	Ballard	MN
				Jacobson		1900	Sep			F	Ballard	NRY
				Jacobson		1900	Oct			F	Seattle	NRY
				Jacobson		1899	Nov			F	Seattle	DNK
				Jacobson		1901	Sep			F	Seattle	SEA
K	1	0122	04485	Jacobson	Bertha	1899	Jul	27	042	F	Ballard	NRY
K	1	0121	04256	Jacobson	Chas.	1899	Apr	08	033	M	Seattle	
K	1	0122	05593	Jacobson	Christina	1900	Oct	24	066	F	Seattle	
K	1	0122	04725	Jacobson	H.S. Mrs.	1899	Nov	11	064	F	Seattle	
K	1	0123	06822	Jacobson	Helen	1901	Sep	11	11m	F	Seattle	

S R PG REC	LASTNAME	FIRSTNAME	DETH MN DT AGE	S	DEATHPLACE	BIRTH
K 1 0123 05686	Jacobson	Lena	1900 Sep 27 039	F	Ballard	
K 1 0125 10669	Jacobson	Morris A.	1903 Jan 13 017	M	Ballard	
K 1 0120 02805	Jacobson	Wm.	1897 Jun 13 020	M	1119 Front St.	
K 1 0121 04098	Jacques	Bartholmia	1899 Jan 27 049	M	Seattle	IRL
	Jaha		1901 Jul	M	Seattle	SYR
K 1 0123 06597	Jaha	Nazeeb	1901 Jul 20 004	M	Seattle	
	Jakobovitz		1901 Aug	M	King Co. Hosp.	GER
K 1 0123 06688	Jakobovitz	Martin	1901 Aug 31 067	M	King Co. Hosp.	
K 1 0121 04178	Jamason	Edw.	1899 Mar 12 030	M	Port Gamble	DNK
K 1 0118 00516	Jameison	John L.	1893 Mar 20 038	M	Seattle	CND
	James		1902 Jun	F	Green Lake	sme
	James		1900 Oct	F	Silver Bow, MN	
	James		1900 Jul	M	Seattle	ME
K 1 0124 07817	James	Baby	1902 Jun 04 04d	F	Green Lake	
K 1 0119 02061	James	Ethel P.	1896 Feb 09 017	F	2808 2nd St.	MA
K 1 0120 02172	James	Geo. G.	1896 Apr 15 042	M	Marysville	MA
K 1 0122 05628	James	Geo. Mrs.	1900 Oct 20 053	F	Silver Bow, MN	
K 1 0122 04515	James	H.A.	1899 Aug 08 060	M	Seattle	NH
K 1 0122 05309	James	Isaac	1900 Jul 22 033	M	Seattle	
K 1 0118 00507	James	Myrtle	1893 Mar 06 001	F	Seattle	WA
K 1 0119 02016	James	babies (?)	1896 Jan 05 SB	F	Seattle	SEA
K 1 0118 00557	James	infant	1893 Jun 05	F	Seattle	
	Jamieson		1902 Oct	F	Dawson Utica,	NY
K 1 0124 10299	Jamieson	Mary	1902 Oct 16 039	F	Dawson	
	Jamison		1900 Apr	F	Ballard	SD
	Jamison		1900 Nov	F	Seattle	IRL
K 1 0123 05797	Jamison	Elizabeth	1900 Nov 01 080	F	Seattle	
K 1 0122 05113	Jamison	Mary H.	1900 Apr 03 015	F	Ballard	
K 1 0121 04064	Jamison	Robt.	1899 Jan 14 035	M	Seattle	SCT
	Janes		1901 Apr	F	Seattle	NY
K 1 0123 06376	Janes	Cormelia P.	1901 Apr 13 072	F	Seattle	
	Janocco		1900 Apr	M	Seattle	ITL
K 1 0122 05102	Janocco	Carlo	1900 Apr 20 038	M	Seattle	
	Jansen		1902 Apr	F	1314 Howell St.	MN
K 1 0124 07581	Jansen	Carry	1902 Apr 16 026	F	1314 Howell St.	
K 1 0119 01162	Jansen	baby	1894 Aug 12 25d	M	333 Rollin St.	WA
K 1 0121 03628	Janson	R.H.	1898 Jul 22 4mo	M	Seattle	SEA
K 1 0120 02504	Jasper	J.M.	1896 Nov 29 055	M	New England Hotel	
K 1 0120 02647	Jay	infant	1897 Feb 22 4mo	F	813 Alder St.	SEA
K 1 0120 03032	Jefferson	T.H.	1897 Nov 01 070	M	7th & Main	
K 1 0120 03204	Jefferson	Wm. D.	1898 Feb 04 029	M	Seattle	
K 1 0120 02617	Jehorick	Walter H.	1897 Jan 31 4mo	M	2808 Madison	OR
	Jelio		1902 Dec	F	804 7th Ave.	ITL
K 1 0125 10539	Jelio	Aurelia Muccellio	1902 Dec 26 040	F	804 7th Ave.	
K 1 0118 00023	Jendraleskey	John H.	1891 Aug 21 040	M	Seattle	GER
	Jenft		1903 Apr	F	Pike St.	
	Jenft		1903 Apr	F	Pike St.	SEA
K 1 0125 11080	Jenft	Louisa	1903 Apr 01 001	F	Pike St.	
	Jenkins		1902 Feb	M	2320 East Johns	ME
K 1 0124 07347	Jenkins	Thomas B.	1902 Feb 15 069	M	2320 East Johns	
K 1 0119 01883	Jenner	Archibald C.	1895 Nov 25 019	M	La Clede House	
K 1 0118 00159	Jenner	Cornelia	1891 Dec 04 046	F	Seattle	NY
K 1 0118 00828	Jenner	baby	1894 Jan 06 17d	M	Seattle	WA
K 1 0120 02546	Jennings	J.W.	1896 Dec 01 051	M		
K 1 0121 03629	Jennings	Kate	1898 Jul 25 025	F	Seattle	CA
K 1 0121 04452	Jennings	Lottie J.	1899 Jul 07 015	F	Seattle	FL
K 1 0119 01603	Jennings	Margaret	1895 Apr 24 055	F	Cor. Lake & Kenney	
	Jensen		1900 Sep	M	Seattle	NRY
	Jensen		1901 Oct	M	Skykomish	SWD
K 1 0121 03706	Jensen		1898 Aug 22 6da	M	Ballard	WA
	Jensen		1900 Nov	F	West Seattle	sme
	Jensen		1901 Sep	F	Ballard	DNK
	Jensen		1902 Jan	M	26th Ave. & Washington	SEA

S R	PG	REC	LASTNAME	FIRSTNAME	DETH	MN	DT	AGE	S	DEATHPLACE	BIRTH
K 1	0124	07232	Jensen	----	1902	Jan	11	---	M	26th Ave. & Washington	
K 1	0123	06821	Jensen	Agnes	1901	Sep	16	025	F	Ballard	
K 1	0123	06925	Jensen	Bror	1901	Oct	21	030	M	Skykomish	
K 1	0120	02885	Jensen	Carrie	1897	Aug	19	022	F	Ross	DNK
K 1	0123	05803	Jensen	Cora S.	1900	Nov	22	03m	F	West Seattle	
K 1	0119	01254	Jensen	Geo.	1894	Oct	01	045	M	Crown Add. Seattle	NRY
K 1	0119	01163	Jensen	Gertrude	1894	Aug	13	036	F	Keith Station	
K 1	0120	03055	Jensen	Henrietta	1897	Nov	20	007	F	Mercer East Lake	WA
K 1	0119	01532	Jensen	Homer	1895	Mar	05	5wk	M	145 Irving Ave.	SEA
K 1	0121	03480	Jensen	Lena	1898	May	19	014	F	Seattle	
K 1	0118	00531	Jensen	Mrs. Mary	1893	Apr	29	051	F	Seattle	SWD
K 1	0122	05592	Jensen	Oleo F.	1900	Sep	03	023	M	Seattle	
K 1	0121	03783	Jensen	R.	1898	Sep	01	056	M	Seattle	DNK
			Jester		1902	Jan			F	Prov. Hosp.	IL
K 1	0124	07231	Jester	C.E. Miss	1902	Jan	18	040	F	Prov. Hosp.	
K 1	0119	0169?	Jewell	Wm.	1895	Jun	24	052	M	Pro. Hosp.	CND
			Jinnie		1901	Nov			F	813 Alder	SEA
K 1	0123	07064	Jinnie	----	1901	Nov	08	04m	F	813 Alder	
			Joddrell		1900	May			F	Seattle	SEA
K 1	0122	05255	Joddrell	Pearl	1900	May	31	008	F	Seattle	
K 1	0121	03860	Johansen	Johan	1898	Oct	18	035	M	on Steamer Roanoke	SWD
			John		1902	May			M	1402 23rd Ave.	SEA
K 1	0124	07692	John	Carl Robt.	1902	May	24	01m	M	1402 23rd Ave.	
K 1	0118	01062	John	Evan	1894	Aug	24	019	M	Franklin	
K 1	0118	01063	John	Evan D.	1894	Aug	24	018	M	Franklin	
K 1	0118	01061	John	John E.	1894	Aug	24	049	M	Franklin	
K 1	0120	02646	John	infant	1897	Feb	07	1yr	M	813 Alder St.	
			Johnson		1900	Jun			F	Seattle	---
			Johnson		1901	Jul			M	Richmond, WA	WA
K 1	0118	00831	Johnson		1894	Mar	26	043	F	H & Victor	IRL
			Johnson		1900	Jun			F	Seattle	SEA
			Johnson		1901	Oct			M	Co. Hospital	
			Johnson		1902	Dec			M	132 18th Ave. No.	
			Johnson		1901	Jun			F	So. Park	MD
K 1	0120	02669	Johnson		1897	Mar	01	9mo	M	Blk. Dimond	WA
			Johnson		1903	Feb			F	722 7th Ave. No.	
K 1	0118	00176	Johnson		1892	Jan	18	14h	F	Ballard	WA
			Johnson		1903	Mar			M	King Co. Hospital	IL
			Johnson		1901	Jul			M	Ballard	NRY
			Johnson		1901	Jun			M	Latona	
			Johnson		1900	Aug			M	King Co. Hospital	SWD
			Johnson		1901	Nov			M	King Co.Hospital	SWD
			Johnson		1900	Apr			F	Seattle	---
			Johnson		1900	Aug			M	Seattle	
			Johnson		1900	Feb			M	Prov. Hospital	---
			Johnson		1902	May			F	Aurora St. Fremont	CND
			Johnson		1900	Mar			M	Seattle	NRY
			Johnson		1903	Apr			M	Providence Hosp.	
			Johnson		1903	Apr			M	Ballard	WI
			Johnson		1901	Nov			F	813 Alder	SEA
			Johnson		1903	Jul			M	King Co. Hospital	
			Johnson		1902	Oct			M	134 18th Ave.	---
			Johnson		1902	Nov			M	General Hospital	---
			Johnson		1900	Nov			F	Seattle	
			Johnson		1901	May			M	South Seattle	
			Johnson		1900	Aug			F	Seattle	FIN
			Johnson		1902	Jan			M	607 35th Ave.	
			Johnson		1902	Apr			M	3rd & Cherry	MA
			Johnson		1900	Feb			F	Seattle	ENG
			Johnson		1901	Jan			M	West Seattle	
			Johnson		1899	Oct			M	Seattle	NRY
			Johnson		1900	Aug			F	Ballard	
			Johnson		1902	Jan			M	Green Lake	

S R PG REC	LASTNAME	FIRSTNAME	DETH MN DT AGE	S	DEATHPLACE	BIRTH
	Johnson		1901 Feb	F	Seattle	ICE
	Johnson		1901 Apr	F	Seattle	
	Johnson		1902 Oct	F	Ballard	
	Johnson		1900 Aug	F	Seattle	WA
	Johnson		1902 Mar	M	Prov. Hospital	NRY
	Johnson		1901 Jul	M	Ballard	
K 1 0118 00176	Johnson		1892 Jan 18 14h	F	Ballard	
	Johnson		1902 Jan	M	2124 6th Ave.	
	Johnson		1900 Feb	M	Seattle	SWD
	Johnson		1902 Nov	F	Georgetown	
	Johnson		1902 Oct	M	Seattle General Hosp.	
	Johnson		1902 Nov	F	Georgetown	NRY
	Johnson		1903 Apr	M	Ballard	
	Johnson		1901 Nov	M	King Co. Hospital	
	Johnson		1901 May	M	National Hotel	
	Johnson		1901 Jul	M	Richmond, WA	
	Johnson		1900 Aug	M	Seattle	CND
	Johnson		1901 Jun	F	So. Park	
	Johnson		1902 Jun	F	Ballard	SWD
K 1 0120 02669	Johnson		1897 Mar 01 9mo	M	Blk. Dimond	
	Johnson		1902 Apr	M	3rd & Cherry	
	Johnson		1902 Oct	M	134 18th Ave.	
	Johnson		1903 Feb	F	722 7th Ave. No.	NRY
	Johnson		1902 Jan	M	2124 6th Ave.	SEA
	Johnson		1903 Apr	M	Providence Hosp.	FIN
	Johnson		1900 Aug	F	Ballard	sme
	Johnson		1901 Feb	F	Seattle	
	Johnson		1903 Apr	M	Ballard	
	Johnson		1900 May	F	Richmond	sme
	Johnson		1903 Apr	M	Ballard	sme
	Johnson		1900 Dec	F	Seattle	ME
	Johnson		1903 Jul	M	King Co. Hospital	NRY
	Johnson		1902 Jun	M	Seattle Revelstoke,	CND
	Johnson		1901 Jun	M	Latona	OR
	Johnson		1901 Jan	F	Prov. Hospital	
	Johnson		1901 Jan	M	West Seattle	NRY
	Johnson		1901 May	M	National Hotel	USA
	Johnson		1901 Oct	M	Co. Hospital	NRY
	Johnson		1902 Apr	M	502 Maynard Ave.	SWD
	Johnson		1900 Nov	F	Seattle	OR
	Johnson		1902 Jun	M	Seattle	
	Johnson		1902 Jan	M	Green Lake	CA
	Johnson		1900 Feb	M	Prov. Hospital	SWD
	Johnson		0 ---	-	Transport of body.	---
	Johnson		1902 Dec	M	-------	
	Johnson		1901 Apr	F	Seattle	WA
	Johnson		1900 Apr	M	Seattle	IN
	Johnson		1902 Oct	F	Ballard	FIN
	Johnson		1900 Dec	F	Seattle	
	Johnson		1902 Dec	M	-------	NY
	Johnson		1903 Jan	M	614 King St.	SWD
	Johnson		1902 Dec	M	132 18th Ave. No.	SEA
	Johnson		1902 May	F	Aurora St. Fremont	
	Johnson		1903 Jan	M	614 King St.	
	Johnson		1902 Nov	M	General Hospital	
	Johnson		1903 Mar	M	King Co. Hospital	
	Johnson		1901 May	M	South Seattle	WA
	Johnson		0 ---	-	Transport of body.	
	Johnson		1901 Nov	F	813 Alder	
	Johnson		1901 Jan	F	Prov. Hospital	PA
	Johnson		1902 Apr	M	502 Maynard Ave.	
	Johnson		1902 Mar	M	Prov. Hospital	
	Johnson		1902 Oct	M	Seattle General Hosp.	SWD

S R	PG	REC	LASTNAME	FIRSTNAME	DETH	MN	DT	AGE	S	DEATHPLACE	BIRTH
			Johnson		1902	Jan			M	607 35th Ave.	SEA
K 1	0123	07230	Johnson	R. Johnson's children	1902	Jan	21	---	M	607 35th Ave.	
K 1	0123	07065	Johnson	----	1901	Nov	14	05d	F	813 Alder	
K 1	0119	01280	Johnson	A.	1894	Oct	25	025	M	Providence Hosp.	SWD
K 1	0119	01752	Johnson	A.G.	1895	Aug	01	3mo	M	1622 8th St.	WA
K 1	0122	04733	Johnson	A.G.	1899	Oct	26	039	M	Seattle	
K 1	0122	05195	Johnson	A.J.	1900	May	14	001	F	Richmond	
K 1	0122	05180	Johnson	Alice	1900	Apr	30	022	F	Seattle	
K 1	0121	03388	Johnson	Andrew	1898	Apr	05	054	M	Seattle	SWD
K 1	0120	02358	Johnson	Anna	1896	Aug	26	076	F	Johnson's Whf.	IRL
K 1	0125	10824	Johnson	Anna Gertrude	1903	Feb	14	020	F	722 7th Ave. No.	
K 1	0125	11085	Johnson	Arthur Thomas	1903	Apr	01	004	M	Ballard	
K 1	0120	03345	Johnson	Aug	1898	Apr	21	058	M	Buenna	SWD
K 1	0124	07818	Johnson	Bertha P.	1902	Jun	25	080	F	Ballard	
K 1	0123	05837	Johnson	Bessie L.	1900	Nov	05	015	F	Seattle	
K 1	0122	05335	Johnson	Blossom	1900	Jun	08	10w	F	Seattle	
K 1	0122	04462	Johnson	C. Oscar	1899	Jul	15	6da	M	Ballard	WA
K 1	0121	04281	Johnson	C.A.	1899	Apr	15	052	M	Seattle	PA
K 1	0121	04381	Johnson	C.C.	1898	May	20	017	F	Seattle	
K 1	0118	00177	Johnson	Carl T.	1892	Jan	24	005	M	Ballard	WA
K 1	0118	00973	Johnson	Charles	1894	May	15	023	M	Prov. Hosp.	
K 1	0124	10298	Johnson	Charles	1902	Nov	17	046	M	General Hospital	
K 1	0121	04358	Johnson	Chas.	1899	May	16	004	M	Seattle	SEA
K 1	0122	04971	Johnson	Chas.	1900	Feb	26	029	M	Prov. Hospital	
K 1	0119	01602	Johnson	Chas. A.	1895	Apr	24	036	M	1234 Harrison St.	SWD
K 1	0118	00472	Johnson	Chris	1892	Sep	06	035	M	County Farm	DNK
K 1	0121	03858	Johnson	Christina	1898	Oct	25	021	F	Seattle	
K 1	0120	02505	Johnson	Clement	1896	Nov		052	M	South Park	
K 1	0121	04313	Johnson	Cora F.	1899	Apr	27	014	F	Seattle	MN
K 1	0122	05512	Johnson	Daisy	1900	Aug	18	03d	F	Seattle	
K 1	0120	03205	Johnson	David	1898	Feb	27	051	M	Seattle	SWD
K 1	0122	05132	Johnson	David M.	1900	Apr	24	052	M	Seattle	
K 1	0119	01881	Johnson	E.	1895	Nov	13	028	M	So. 3rd, International Hse.	NRY
K 1	0119	01164	Johnson	Ed.	1894	Aug	24		M	Franklin	
K 1	0122	05005	Johnson	Ed.G.	1900	Mar	31	031	M	Seattle	
K 1	0124	10538	Johnson	Edward	1902	Dec	29	---	M	132 18th Ave. No.	
K 1	0120	02989	Johnson	Edward B.	1897	Sep	05	001	M	Seattle	
K 1	0120	03088	Johnson	Elizabeth	1897	Dec	01	061	F	1607 3rd Ave. N.	NY
K 1	0121	04424	Johnson	Elizabeth	1899	Jun	22	040	F	Seattle	SWD
K 1	0123	06115	Johnson	Ellen	1901	Feb	06	010	F	Seattle	
K 1	0118	00179	Johnson	Emma	1892	Jan	07	17m	F	New Castle	WA
K 1	0118	00631	Johnson	Erick A.	1893	Sep	07	4mo	M	1012 Pine St.	SEA
K 1	0120	02412	Johnson	Ethel S.	1896	Sep	23	4mo	F	1913 9th Ave.	WA
K 1	0121	03859	Johnson	Everett	1898	Oct	25	2mo	M	Seattle	SEA
K 1	0123	06434	Johnson	Felix	1901	May	13	052	M	National Hotel	
K 1	0119	01531	Johnson	Frank	1895	Mar	19	036	M	Co, Hosp.	
K 1	0124	07571	Johnson	Frank B.	1902	Apr	24	053	M	3rd & Cherry	
K 1	0122	05531	Johnson	G.E.	1900	Aug	19	043	M	Seattle	
K 1	0122	05031	Johnson	G.V. Mrs.	1900	Feb	24	048	F	Seattle	
K 1	0119	01882	Johnson	Geo. L.	1895	Nov	22	037	M	1106 Williams St.	
K 1	0125	10744	Johnson	George E.	1903	Mar	02	046	M	King Co. Hospital	
K 1	0123	07229	Johnson	George M.	1902	Jan	21	063	M	Green Lake	
K 1	0118	00321	Johnson	Gertie	1892	May	25	030	F	Seattle	ICE
K 1	0124	10300	Johnson	Gurina	1902	Nov	19	034	F	Georgetown	
K 1	0121	03479	Johnson	H.	1898	May	12	003	F	Seattle	SEA
K 1	0121	03785	Johnson	Hans	1898	Sep	26	042	M	King	
K 1	0123	05999	Johnson	Hans	1901	Jan	02	060	M	West Seattle	
K 1	0125	11290	Johnson	Harry	1903	Jul	29	029	M	King Co. Hospital	
K 1	0121	03925	Johnson	Herman	1898	Nov	06	035	M	Prov. Hospital	
K 1	0119	01105	Johnson	Hugh	1894	Jul	23	038	M	Wickersham, Wash.	SWD
K 1	0123	06482	Johnson	Infant	1901	May	26	02d	M	South Seattle	
K 1	0124	10406	Johnson	Infant	1902	Oct	23	---	M	134 18th Ave.	
K 1	0122	05560	Johnson	Infant	1900	Aug	15	---	F	Ballard	

S R	PG	REC	LASTNAME	FIRSTNAME	DETH	MN	DT	AGE	S	DEATHPLACE	BIRTH
K 1	0122	04514	Johnson	J.C.	1899	Aug	07	053	M	Seattle	
K 1	0121	03705	Johnson	J.F.	1898	Aug	02	2mo	M	Seattle	SEA
K 1	0118	00908	Johnson	Jas.	1894	Feb	24	080	M	Boise	ENG
K 1	0122	04942	Johnson	John	1900	Feb	13	029	M	Seattle	
K 1	0121	03707	Johnson	John	1898	Aug	29	040	M	Seattle	SWD
K 1	0120	02304	Johnson	John	1896	Jul	15	024	M	Jefferson Co.	SWD
K 1	0120	02170	Johnson	John	1896	Mar	31	035	M	waters of Admiralty Inlet	NRY
K 1	0123	06566	Johnson	John F.	----	---	--	---	-	Transport of body.	
K 1	0118	00331	Johnson	Josephine	1892	Jul	21	5mo	F	Seattle	SEA
K 1	0123	07063	Johnson	L.E.	1901	Nov	19	047	M	King Co. Hospital	
K 1	0119	01659	Johnson	L.H. (Mrs.)	1895	May	13	055	F	65 Light St.	ICE
K 1	0121	04145	Johnson	Lizzie E.	1899	Feb	22	024	F	Seattle	IA
K 1	0122	04935	Johnson	Louis	1900	Feb	11	050	M	Prov. Hospital	
K 1	0124	10407	Johnson	Ludwig	1902	Oct	25	026	M	Seattle General Hosp.	
K 1	0123	05889	Johnson	M. Mrs.	1900	Dec	26	019	F	Seattle	
K 1	0121	04133	Johnson	M. Wilson	1899	Feb	12	049	M	Elliott Bay	VT
K 1	0124	10408	Johnson	Maggie	1902	Oct	09	034	F	Ballard	
K 1	0121	04277	Johnson	Mamie	1899	Apr	13	007	F	Seattle	SEA
K 1	0122	05412	Johnson	Marlin	1900	Aug	25	035	M	King Co. Hospital	
K 1	0123	06000	Johnson	Mary E.	1901	Jan	26	070	F	Prov. Hospital	
K 1	0119	02062	Johnson	Mary E.	1896	Feb					
K 1	0119	02062	Johnson	Mary E.	1896	Feb					
K 1	0123	06558	Johnson	Matilda	1901	Jun	17	088	F	So. Park	
K 1	0122	05413	Johnson	Matilda	1900	Jun	13	037	F	Seattle	
K 1	0125	11083	Johnson	Matt	1903	Apr	23	040	M	Providence Hosp.	
K 1	0119	01587	Johnson	Minnie	1895	Apr		033	F		
K 1	0120	02940	Johnson	Moses E.	1897	Sep	19	073	M	Brighton Beach	GA
K 1	0124	07580	Johnson	Nils	1902	Apr	11	034	M	502 Maynard Ave.	
K 1	0123	06648	Johnson	Ole	1901	Jul	24	040	M	Ballard	
K 1	0119	01597	Johnson	Olie	1895	Apr	27	032	M	Providence Hospital	NRY
K 1	0120	03033	Johnson	Oscar	1897	Nov	26	028	M	5th & Main	
K 1	0123	07228	Johnson	Oscar	1902	Jan	11	01y	M	2124 6th Ave.	
K 1	0118	01017	Johnson	Oscar Victor	1894	Jun	13	9mo	M	1716 13th St.	
K 1	0125	10667	Johnson	Peter	1903	Jan	24	042	M	614 King St.	
K 1	0124	09943	Johnson	R.J.	1902	Jun	18	004	M	Seattle	
K 1	0119	01624	Johnson	Ralph G.	1895	Apr	05	023	M	512 Huston St.	OH
K 1	0123	06388	Johnson	Reuben Jasper Carl	1901	Jul	04	Inf	M	Richmond, WA	
K 1	0120	02305	Johnson	Robert	1896	Jul	22	1da	M	Randolph St.	SEA
K 1	0118	00006	Johnson	Ronald A	1891	Jul	10	004	M	East Seattle	
K 1	0120	02455	Johnson	S.D.	1896	Oct	23	039	M		CND
K 1	0119	01710	Johnson	Samuel M.	1895	Aug	04	7mo	M	Brighton Beach	WA
K 1	0124	07693	Johnson	Sarah	1902	May	10	063	F	Aurora St. Fremont	
K 1	0124	07446	Johnson	Silver A.	1902	Mar	14	066	M	Prov. Hospital	
K 1	0125	11087	Johnson	Simon John	1903	Apr	01	002	M	Ballard	
K 1	0122	05484	Johnson	Sophia	1900	Aug	30	044	F	Seattle	
K 1	0118	01018	Johnson	Swan Nelson Jr.	1894	Jun	14	1da	M	Ballard	WA
K 1	0118	00152	Johnson	Thomas Dee	1891	Dec	01	045	M	Elliotts Bay	DNK
K 1	0123	06371	Johnson	Verna L.	1901	Apr	12	003	F	Seattle	
K 1	0119	01877	Johnson	W.	1895	Sep	06	20m	M	1624 9th St.	SEA
K 1	0123	06923	Johnson	W.A.	1901	Oct	21	056	M	Co. Hospital	
K 1	0123	06548	Johnson	Walter E.	1901	Jun	26	006	M	Latona	
K 1	0124	10476	Johnson	William	1902	Dec	06	050	M	-------	
K 1	0119	01644	Johnson	baby	1895	May	25	03d	M	115 Dexter St.	WA
K 1	0120	02218	Johnson	infant	1896	May	20		F	1828 8th St.	
			Johnston		1900	Jan			M	Seattle	IRL
			Johnston		1901	Feb			M	Seattle	NY
			Johnston		1900	Mar			F	Seattle	OH
K 1	0122	05079	Johnston	A.D. Mrs	1900	Mar	17	048	F	Seattle	
K 1	0118	00292	Johnston	Ada L.	1892	Jun	15	032	F	Ballard	ME
K 1	0119	01510	Johnston	James	1895	Feb	11	037	M	Prov. Hosp.	
K 1	0122	04847	Johnston	John	1900	Jan	17	039	M	Seattle	
K 1	0124	10411	Johnston	Peter	1902	Oct	14	050	M	2nd Ave So. & Washington	
K 1	0123	06111	Johnston	Richard	1901	Feb	28	060	M	Seattle	

S R PG REC	LASTNAME	FIRSTNAME	DETH MN DT AGE	S	DEATHPLACE	BIRTH
K 1 0119 01130	Johnstone	Fred P.	1894 Aug 29 1yr	M	Ballard	WA
K 1 0120 02357	Joiner	B.L.	1896 Aug 06 028	M	North Bend	MO
K 1 0118 00829	Joiner	G.W.	1894 Jan 16 060	M	North Bend	WI
	Jolezzo		1903 Feb	M	Off Cape Flattery	ITL
K 1 0125 10948	Jolezzo	A.	1903 Feb 03 040	M	Off Cape Flattery	
	Jonas		1902 Aug	M	Cleveland House 6th & Pike	
	Jonas		1902 Aug	M	Cleveland House 6th & Pike	WA
K 1 0124 10215	Jonas	Harry	1902 Aug 07 03m	M	Cleveland House 6th & Pike	
	Jones		1902 Jun	M	Seattle	ENG
	Jones		1900 Nov	F	Seattle	
	Jones		1900 Nov	F	Green Lake	sme
	Jones		1902 May	F	158 18th Ave.	
	Jones		1901 Oct	M	1631 23rd Ave.	SEA
	Jones		1901 Jun	M	General Hosp. Seattle	
	Jones		1902 May	F	158 18th Ave.	WA
	Jones		1901 Oct	M	1631 23rd Ave.	
	Jones		1900 Oct	M	Seattle	
	Jones		1902 Apr	M	Providence Hospital	---
	Jones		1902 May	M	414 5th Ave.	
	Jones		1902 Aug	M	610 Dearborn	
	Jones		1902 Dec	M	Georgetown	
	Jones		1902 Jun	M	Wayside Mission	
	Jones		1902 Jun	M	Seattle	
	Jones		1902 Feb	M	East 42nd St. Latona	ENG
	Jones		1901 Jun	M	General Hosp. Seattle	WA
	Jones		1902 Mar	M	1602 1st Ave.	WA
	Jones		1902 May	M	414 5th Ave.	IRL
	Jones		1903 Mar	M	217 Westlake Ave.	
	Jones		1902 Dec	M	Georgetown	IA
	Jones		1902 Mar	M	2nd So. & Norman	
	Jones		1903 Apr	M	2013 8th Ave.	SEA
	Jones		1900 Nov	F	Green Lake	
	Jones		1902 Mar	M	1602 1st Ave.	
	Jones		1903 Apr	M	2013 8th Ave.	
	Jones		1899 Oct	F	Seattle	---
	Jones		1903 Mar	F	Georgetown	
	Jones		1900 Sep	F	Seattle	PA
	Jones		1902 Apr	M	Providence Hospital	
	Jones		1899 Oct	M	Seattle	
	Jones		1903 Mar	M	217 Westlake Ave.	NY
	Jones		1903 Jan	M	South Seattle	SCT
	Jones		1902 Oct	F	Walla Walla, WA	
	Jones		1900 Sep	F	Seattle	
	Jones		1902 Mar	M	2nd So. & Norman	SEA
	Jones		1900 Oct	M	Seattle	SEA
	Jones		1899 Oct	M	Seattle	SEA
	Jones		1903 Jan	M	South Seattle	
	Jones		1903 Mar	F	Georgetown	IA
	Jones		1902 Jun	M	Wayside Mission	---
	Jones		1900 Jul	F	Seattle	SEA
	Jones		1902 Feb	M	East 42nd St. Latona	
	Jones		1900 Nov	F	Seattle	ENG
	Jones		1900 Jun	M	Black Diamond	WLS
	Jones		1900 Jan	M	Issaquah	WLS
	Jones		1902 Aug	M	610 Dearborn	SEA
	Jones		1902 Nov	F	2220 3rd Ave.	KY
K 1 0118 01064	Jones	A.J.	1894 Aug 24 029	M	Franklin	
K 1 0120 02612	Jones	Abraham	1897 Jan 27 053	M	1673 8th St.	
K 1 0123 05748	Jones	Annie	1900 Sep 16 015	F	Seattle	
K 1 0123 05629	Jones	Arthur	1900 Oct 03 01m	M	Seattle	
K 1 0122 04660	Jones	Baby	1899 Oct 16 01d	M	Seattle	
K 1 0123 05813	Jones	Beatrice	1900 Nov 14 005	F	Green Lake	
K 1 0124 07754	Jones	Benjamin	1902 Apr 01 046	M	Providence Hospital	

S R	PG	REC	LASTNAME	FIRSTNAME	DETH	MN	DT	AGE	S	DEATHPLACE	BIRTH
K 1	0118	00107	Jones	Carrie Mrs.	1891	Oct	16	051	F	Seattle	
K 1	0124	10028	Jones	Chas A.	1902	Aug	10	-?6	M	610 Dearborn	
K 1	0125	11082	Jones	Claude Sherman	1903	Apr	20	---	M	2013 8th Ave.	
K 1	0120	02303	Jones	David	1896	Jul	16	073	M	Co. Hospital	
K 1	0119	02041	Jones	David	1896	Jan	24	065	M	Black Diamond	WLS
K 1	0121	03957	Jones	David H.	1898	Dec	08	004	M	Renton	WA
K 1	0124	07816	Jones	David R.	1902	Jun	12	040	M	Seattle	
K 1	0119	01885	Jones	Dean C.	1895	Dec	15	033	M	9th & Charles	PA
K 1	0125	10947	Jones	Della M.	1903	Mar	19	028	F	Georgetown	
K 1	0119	01809	Jones	Duance C.	1895	Dec	15	033	M	Seattle	PA
K 1	0123	05766	Jones	Elizabeth	1900	Nov	15	049	F	Seattle	
K 1	0118	00949	Jones	Elmer	1894	Jun	10	005	M	Franklin	WA
K 1	0119	01886	Jones	Emma	1895	Dec	17	026	F	414 5th St.	SEA
K 1	0121	04423	Jones	Flora	1899	Jun	21	030	F		
K 1	0124	07445	Jones	Florence M.	1902	Mar	22	002	M	2nd So. & Norman	
K 1	0120	02547	Jones	Frank	1896	Dec	03	035	M	Elliott Bay	WA
K 1	0118	00830	Jones	Frank Bartley	1894	Feb	03		M	Prov. Hosp.	
K 1	0118	00563	Jones	Fred	1893	Jun	14	003	M	Franklin	OR
K 1	0124	10410	Jones	Grace	1902	Oct	22	015	F	Walla Walla, WA	
K 1	0124	07826	Jones	H.H.	1902	Jun	13	040	M	Wayside Mission	
K 1	0118	00373	Jones	H.M.	1892	Aug	27	043	M	Seattle	PA
K 1	0120	02587	Jones	Henry S.	1897	Jan	03	045	M	404 6th St. - Seattle	
K 1	0122	05411	Jones	Howell T.	1900	Jan	03	054	M	Issaquah	
K 1	0124	07605	Jones	Humphrey	1902	May	02	072	M	414 5th Ave.	
K 1	0124	07603	Jones	Ida May	1902	May	22	008	F	158 18th Ave.	
K 1	0124	07486	Jones	Infant	1902	Mar	27	---	M	1602 1st Ave.	
K 1	0123	06926	Jones	Infant	1901	Oct	31	---	M	1631 23rd Ave.	
K 1	0118	00506	Jones	J.W.	1893	Mar	06	041	M	near Blk. Diamond	WLS
K 1	0121	04316	Jones	James W.	1899	May	13	026	M	Seattle	
K 1	0124	10537	Jones	John H.	1902	Dec	31	037	M	Georgetown	
K 1	0120	02302	Jones	John T.	1896	Jul	06	051	M	Danville, Wash.	WLS
K 1	0121	03389	Jones	Lewis	1898	Apr	15	045	M	Seattle	
K 1	0122	04671	Jones	Lizzie	1899	Oct	22	041	F	Seattle	
K 1	0120	03034	Jones	Loisa J.	1897	Nov	28	036	F	King Co. Hosp.	ENG
K 1	0119	01683	Jones	Maggie	1895	Jun	07	027	F	Latona	WLS
K 1	0118	00181	Jones	Mary	1892	Jan	12	2mo	F	Franklin	WA
K 1	0124	10297	Jones	Minerva A.	1902	Nov	09	074	F	2220 3rd Ave.	
K 1	0121	03856	Jones	Nellie	1898	Oct	13	023	F	Seattle	PA
K 1	0119	01796	Jones	R.L. Mrs.	1895	Jun	07	027	F	Seattle	
K 1	0119	01065	Jones	R.W.	1894	Aug	24	033	M	Franklin Mines	
K 1	0121	03482	Jones	S. V.	1898	May	25	2mo	M	Seattle	SEA
K 1	0118	00198	Jones	Sam	1892	Feb	01	052	M	Seattle	
K 1	0123	06559	Jones	Samuel	1901	Jun	08	020	M	General Hosp. Seattle	
K 1	0125	10945	Jones	Theo. M.	1903	Mar	23	070	M	217 Westlake Ave.	
K 1	0120	02598	Jones	Thomas J.	1897	Jan	13	037	M	519 Yesler Way	WLS
K 1	0119	01880	Jones	Thos. A.	1895	Oct	30	073	M	Sec. 21, Tp. 26N, R. 4E.	NJ
K 1	0119	02136	Jones	Thos. F.	1896	Apr	02	066	M	Blk. Diamond	WLS
K 1	0122	05344	Jones	Topsy	1900	Jul	09	03d	F	Seattle	
K 1	0119	02063	Jones	W.O.	1896	Feb			M	Puget Sound	WLS
K 1	0124	07346	Jones	Walter	1902	Feb	03	057	M	East 42nd St. Latona	
K 1	0119	01066	Jones	William P.	1894	Aug	24		M	Franklin Mines	
K 1	0121	04069	Jones	Willie	1899	Jan	16	8mo	M	Blk. Dimond	WA
K 1	0125	10670	Jones	Wm. M.C.	1903	Jan	23	056	M	South Seattle	
K 1	0122	05414	Jones	Wm. T.	1900	Jun	12	059	M	Black Diamond	
			Jordan		1902	May			M	2411 4th Ave.	VT
K 1	0121	03704	Jordan	C.	1898	Aug	02	076	F	Seattle	IRL
K 1	0124	07604	Jordan	C.M.	1902	May	14	062	M	2411 4th Ave.	
K 1	0121	04165	Jordan	Edward	1899	Mar	07	024	M	Seattle	
K 1	0120	02171	Jordan	Sallie Snow	1896	Apr	06	034	F	Seattle Gen. Hosp.	
K 1	0120	02506	Jordan	Thomas	1896	Nov	19	075	M	Seattle	IRL
K 1	0121	04388	Jordan	Wm. L.	1899	Jun	07	069	M	Green River P.O.	OH
			Jorgensen		1900	Jan			M	Seattle	MN
K 1	0122	04912	Jorgensen	Wm.	1900	Jan	01	009	M	Seattle	

S R PG REC	LASTNAME	FIRSTNAME	DETH	MN	DT	AGE	S	DEATHPLACE	BIRTH
K 1 0118 00606	Jorgeson		1893	Aug	25	SB	M	4th St. Norwegian Church	WA
	Jose		1903	Jan			M	428 Eastlake Ave.	ENG
	Jose		1900	Mar			F	Seattle	NV
	Jose		1903	Apr			M	345 16th Ave. No.	SEA
	Jose		1902	Jul			M	Seattle	ENG
K 1 0124 07815	Jose	Afd.	1902	Jul	06	054	M	Seattle	
K 1 0122 05045	Jose	Bessie	1900	Mar	21	017	F	Seattle	
K 1 0120 02220	Jose	Lillian	1896	May	30	020	F	2nd & Stewart St.	
K 1 0121 03627	Jose	Mary J.	1898	Jul	02	053	F	Seattle	
K 1 0125 10668	Jose	Thomas	1903	Jan	26	070	M	428 Eastlake Ave.	
K 1 0125 11081	Jose	Thomas	1903	Apr	13	001	M	345 16th Ave. No.	
K 1 0120 02781	Jose	baby	1897	May	07	1da	M	9-8 Pike	WA
	Joseph		1902	Oct			M	720 1/2 Maynard	KS
K 1 0124 10409	Joseph	Frank E.	1902	Oct	02	003	M	720 1/2 Maynard	
	Joyce		1903	Mar			M	Providence Hosp. Washington	DC
K 1 0125 10825	Joyce	Richard J.	1903	Mar	01	062	M	Providence Hosp.	
	Judkins		1900	Aug			F	Seattle	
	Judkins		1903	Apr			M	Yuma, AZ	SEA
	Judkins		1900	Aug			F	Seattle	BC
K 1 0122 05571	Judkins	Edith A.	1900	Aug	30	017	F	Seattle	
K 1 0119 01878	Judkins	Ida	1895	Sep	24	035	F	Depot Street	
K 1 0125 11084	Judkins	John R.	1903	Apr	11	028	M	Yuma, AZ	
	Juelfs		1903	Apr			M	1108 8th Ave. W.	GER
K 1 0125 11086	Juelfs	Henry D.	1903	Apr	25	051	M	1108 8th Ave. W.	
	Juhlin		1900	Dec			M	Seattle	SWD
K 1 0123 05890	Juhlin	C.J.	1900	Dec	18	073	M	Seattle	
K 1 0122 04578	Jurey	John S.	1899	Sep	15	086	M	Seattle	
K 1 0119 01879	Jurgenson	Einar V.	1895	Oct	16	002	M	620 Florence St.	SEA
	Kafoury		1902	Dec			M	527 Fairview Ave.	SEA
K 1 0135 10541	Kafoury	Infant	1902	Dec	14	---	M	527 Fairview Ave.	
	Kahaley		1899	Apr			F	Seattle	OR
K 1 0131 04294	Kahaley	E. M.	1899	Apr	20	034	F	Seattle	
K 1 0131 03926	Kahaley	H. R.	1898	Nov	03	017	M	Seattle	
	Kahayaski		1903	Jan			M	Seattle Genl. Hosp.	JPN
K 1 0134 10671	Kahayaski	G.	1903	Jan	23	030	M	Seattle Genl. Hosp.	
	Kaiser		1896	Jan			F	Seattle General Hosp.	GER
	Kaiser		1894	Oct			M	Hospital - Insane	SWD
K 1 0128 01303	Kaiser	Emil	1894	Oct	30	036	M	Hospital - Insane	
K 1 0129 02018	Kaiser	Lena	1896	Jan	24	034	F	Seattle General Hosp.	
	Kakayama		1902	Sep			M	Edmonds, WA	JPN
K 1 0135 10477	Kakayama	Gisuke	1902	Sep	01	028	M	Edmonds, WA	
	Kalberg		1896	Nov			M	Cor. Lombard & Harrison	NRY
K 1 0130 02507	Kalberg	O.N.	1896	Nov	07	066	M	Cor. Lombard & Harrison	
	Kalin		1903	Mar			M	Providence Hosp.	ENG
K 1 0134 10829	Kalin	A.	1903	Mar	11	024	M	Providence Hosp.	
	Kallman		1902	Apr			-	Lincoln Flats	WA
K 1 0134 07577	Kallman	Infant	1902	Apr	14	---	-	Lincoln Flats	
K 1 0129 02173	Kaln	Katie	1896	Apr	28	020	F	Seattle	
	Kamber		1902	Jan			M	Houghton, WA	WA
K 1 0133 07292	Kamber	Charley	1902	Jan	19	10w	M	Houghton, WA	
	Kanach		1902	Aug			M	209 E. Roy	WI
K 1 0134 10030	Kanach	Bertold	1902	Aug	19	019	M	209 E. Roy	
	Kane		1902	Jul			M	Seattle Tacoma,	WA
	Kane		1892	Aug			M	Seattle	PA
	Kane		1903	Feb			M	501 Olive St.	SEA
	Kane		1894	Jan			M	Elliott Bay	SCT
	Kane		1900	Jul			M	Seattle	SEA
	Kane		1902	Jul			M	Seattle	NRY
K 1 0128 00375	Kane	Edward	1892	Aug	23	029	M	Seattle	
K 1 0134 10827	Kane	Edward J.	1903	Feb	25	02m	M	501 Olive St.	
K 1 0132 05469	Kane	George Earl	1900	Jul	11	004	M	Seattle	
K 1 0134 09947	Kane	James E.	1902	Jul	27	004	M	Seattle	
K 1 0134 09946	Kane	John	1902	Jul	24	022	M	Seattle	

S R PG REC	LASTNAME	FIRSTNAME	DETH MN	DT	AGE	S	DEATHPLACE	BIRTH
K 1 0128 00719	Kane	Samuel	1894 Jan	10	035	M	Elliott Bay	
K 1 0134 07849	Kantiz	Otto	1902 Jun	05	035	F	Valdes, AK	
	Kantz		1895 Sep			M	dupl. of #01797	GER
	Kantz		1895 Sep			M	S.W. Cor. 11th & James	GER
K 1 0129 01888	Kantz	August	1895 Sep	05	067	M	dupl. of #01797	
K 1 0129 01797	Kantz	August V.	1895 Sep	04	067	M	S.W. Cor. 11th & James	
	Karasek		1901 Mar			F	Seattle	CND
K 1 0132 06121	Karasek	Almira W.	1901 Mar	19	017	F	Seattle	
K 1 0128 00832	Karn	Moses	1894 Jan	13	061	M	Karn Block	
	Karnot		1895 Jun			M	502 Main	JPN
K 1 0128 01700	Karnot	O.K.	1895 Jun	29	027	M	502 Main	
	Karns		1897 Oct			F	Ballard	PA
	Karns		1897 Jul			F	Ballard	WA
K 1 0130 02980	Karns	Clara A.	1897 Oct	11	022	F	Ballard	
K 1 0130 02848	Karns	Mary B.	1897 Jul	12	12d	F	Ballard	
	Karr		1897 Nov			M	216 Wall St.	WA
K 1 0130 03036	Karr	Hugh H.	1897 Nov	21	03m	M	216 Wall St.	
	Kastall		1902 Feb			M	Providence Hosp.	WA
K 1 0133 07348	Kastall	Infant	1902 Feb	09	03d	M	Providence Hosp.	
	Kastill		1902 Feb			F	Providence Hosp.	FIN
K 1 0133 07351	Kastill	Annie	1902 Feb	17	024	F	Providence Hosp.	
	Kata		1902 Mar			M	Seattle	JPN
K 1 0134 07823	Kata	Kenpa	1902 Mar	31	026	M	Seattle	
	Kath		1896 May			F	Ballard	GER
	Kath		1902 Mar			M	Monod Hospital	KS
K 1 0129 02223	Kath	Katherine	1896 May	31	048	F	Ballard	
K 1 0134 07447	Kath	Louis H.	1902 Mar	03	025	M	Monod Hospital	
	Kato		1899 Apr			M	Smith's Cove	JPN
K 1 0131 04259	Kato	Kenji	1899 Apr	09	020	M	Smith's Cove	
	Katzenberger		1894 Aug			M	So. 12th St. Seattle	SEA
K 1 0128 01046	Katzenberger	Charles	1894 Aug	19	001	M	So. 12th St. Seattle	
K 1 0129 02307	Kau	Gon	1896 Jul	28	040	M	On Topeka	
	Kauck		1903 Apr			M	Foot of Washington St.	GER
K 1 0134 11092	Kauck	Harry	1903 Apr	13	045	M	Foot of Washington St.	
	Kawamurs		1897 Sep			M	Nippen Yusen Kaisha	JPN
K 1 0130 02941	Kawamurs	Tetsuzo	1897 Sep	12	040	M	Nippen Yusen Kaisha	
	Kay		1897 Sep			M	813 Alder St.	WA
	Kay		1902 Jan			M	2433 Irvin Victoria,	BC
K 1 0133 07234	Kay	Horace	1902 Jan	25	004	M	2433 Irvin	
K 1 0130 02943	Kay	Infant	1897 Sep	23	17d	M	813 Alder St.	
	Kayser		1898 Oct			M	Seattle	GER
	Kayser		1894 May			M	County Hospital	GER
K 1 0131 03862	Kayser	Louise	1898 Oct	14	038	M	Seattle as written	
K 1 0128 00974	Kayser	T.	1894 May	04	---	M	County Hospital	
	Kealy		1892 Sep			M	Enumclaw	CND
K 1 0128 00383	Kealy	Thomas	1892 Sep	28	044	M	Enumclaw	
K 1 0134 10830	Kearful	A.M.	1903 Mar	09	040	M	Hotel Northern	
	Kearney		1901 Sep			M	Providence Hosp.	ONT
K 1 0133 06827	Kearney	Arthur	1901 Sep	21	015	M	Providence Hosp.	
	Keating		1899 Dec			-	Seattle	SEA
K 1 0131 04750	Keating	Infant	1899 Dec	02	---	-	Seattle	
	Keddell		1899 Aug			M	Auburn	CND
K 1 0131 04494	Keddell	Arthur R.	1899 Aug	07	041	M	Auburn	
	Keefe		1901 Feb			F	Seattle	GER
K 1 0132 06117	Keefe	Alma P.	1901 Feb	15	038	F	Seattle	
K 1 0133 07233	Keeley	Wm. L.	1902 Jan	28	---	M	1st Ave. So.	
	Keenan		1902 Mar			M	So. Park	IRL
	Keenan		1901 Jul			M	Ballard, WA	NY
K 1 0133 06654	Keenan	Daniel	1901 Jul	10	036	M	Ballard, WA	
K 1 0134 07502	Keenan	James	1902 Mar	12	062	M	So. Park	
	Keene		1898 Jul			M	Seattle	WI
	Keene		1902 Jun			F	Nome, AK	SEA
K 1 0134 07819	Keene	Gladys M.	1902 Jun	10	011	F	Nome, AK	

S R PG REC	LASTNAME	FIRSTNAME	DETH MN DT AGE	S	DEATHPLACE	BIRTH
K 1 0131 03630	Keene	Henry S.	1898 Jul 25 062	M	Seattle	
	Keener		1900 Nov	M	Wooley, WA	ONT
K 1 0129 02306	Keener	Henry	1896 Jul 25 034	M	Bothell	
K 1 0132 05767	Keener	Ml.	1900 Nov 14 035	M	Wooley, WA	
	Keerer		1896 May	M	521 Dexter Ave.	KY
K 1 0129 02222	Keerer	Wm.	1896 May 20 031	M	521 Dexter Ave.	
	Keevey		1900 Feb	F	Greenlake	OH
K 1 0131 04962	Keevey	Relta	1900 Feb 23 066	F	Greenlake	
	Kehler		1892 Nov	M	----	MA
K 1 0128 00404	Kehler	Augh A.	1892 Nov 03 29+	M	----	
	Kehoe		1901 Jun	M	So. Seattle	IRL
	Kehoe		1894 Apr	F	Corner So. 3rd & Yesler	IRL
	Kehoe		1901 Jan	F	Seattle	MI
K 1 0128 00922	Kehoe	Anna	1894 Apr 19 051	F	Corner So. 3rd & Yesler	
K 1 0132 06002	Kehoe	Ethie May	1901 Jan 01 036	F	Seattle	
K 1 0133 06573	Kehoe	Sam'l	1901 Jun 05 068	M	So. Seattle	
	Keil		1902 Jul	M	Green Lake Cooper,	WA
K 1 0134 09897	Keil	Max	1902 Jul 12 021	M	Green Lake	
	Keim		1902 Dec	M	Georgetown, WA	GER
	Keim		1902 Mar	M	Prescott, Pierce Co.	MN
K 1 0134 07503	Keim	F.M.	1902 Mar 04 027	M	Prescott, Pierce Co.	
K 1 0135 10544	Keim	L. A.	1902 Dec 13 062	M	Georgetown, WA	
	Kein		1901 Mar	F	Georgetown	GER
K 1 0132 06119	Kein	Catherine	1901 Mar 06 057	F	Georgetown	
	Keith		1891 Dec	F	Maple Valley	sme
K 1 0128 00168	Keith	Myrtle	1891 Dec 06 007	F	Maple Valley	
	Kellar		1897 Apr	M	115 Rainier Ave.	SEA
	Kellar		1901 Jan	M	Co. Hospital	GER
K 1 0132 05892	Kellar	Gus	1901 Jan 16 061	M	Co. Hospital	
K 1 0130 02724	Kellar	Mark A.	1897 Apr 10 08m	M	115 Rainier Ave.	
	Kelleher		1901 Jun	M	So. Seattle	SEA
	Kelleher		1901 Nov	M	Leary, WA	NB
K 1 0133 06571	Kelleher	Edw. R.	1901 Jun 29 02m	M	So. Seattle	
K 1 0133 07079	Kelleher	John	1901 Nov 18 032	M	Leary, WA	
	Keller		1901 Dec	M	411 Republican St. West	OR
	Keller		1902 Nov	F	519 7th Ave. So.	IA
	Keller		1898 Jan	M	Seattle	GER
	Keller		1903 Apr	M	Fremont, WA	IA
	Keller		1903 May	F	8th Ave. & Union	ME
K 1 0134 11090	Keller	Benjamin C.	1903 Apr 18 037	M	Fremont, WA	
K 1 0135 11295	Keller	Betsey, Mrs	1903 May 23 080	F	8th Ave. & Union	
K 1 0130 03137	Keller	Ferdinand	1898 Jan 10 067	M	Seattle	
K 1 0133 07075	Keller	John William	1901 Dec 01 005	M	411 Republican St. West	
K 1 0134 10304	Keller	May	1902 Nov 15 044	F	519 7th Ave. So.	
	Kellett		1902 Feb	M	Gen. Hospital	ENG
K 1 0133 07349	Kellett	John George	1902 Feb 12 046	M	Gen. Hospital	
	Kelley		1902 Jun	M	Seattle	KS
	Kelley		1897 Dec	M	203 Boren Ave.	SEA
	Kelley		1901 Jun	F	Ballard	ENG
K 1 0132 05060	Kelley	Annie	1900 Mar 02 049	F	Seattle	
K 1 0133 06393	Kelley	Caroline	1901 Jun 09 067	F	Ballard	
K 1 0130 03485	Kelley	J.	1898 May 25 079	M	Seattle	
K 1 0134 07821	Kelley	John T.	1902 Jun 20 041	M	Seattle	
K 1 0130 03039	Kelley	Laurence	1897 Dec 05 02m	M	203 Boren Ave.	
K 1 0129 01890	Kelley	Richard	1895 Sep 23 035	M	5th & Pike	
K 1 0134 10949	Kelley	Thomas E.	1903 Mar 25 060	M	Smith's Cove	
	Kelliher		1901 Nov	M	Leary, WA	NB
K 1 0133 06977	Kelliher	John	1901 Nov 18 032	M	Leary, WA	
	Kellog		1901 Mar	F	Seattle	WA
	Kellog		1902 Nov	M	1328 6th Ave.	WI
K 1 0134 11012	Kellog	D.L.	1903 Feb 27 032	M	-----	
K 1 0135 10415	Kellog	E.C.	1902 Nov 12 052	M	1328 6th Ave.	
K 1 0132 06123	Kellog	Philathea	1901 Mar 29 ---	F	Seattle	

S R	PG	REC	LASTNAME	FIRSTNAME	DETH	MN	DT	AGE	S	DEATHPLACE	BIRTH
			Kellogg		1898	May			M	Seattle	SEA
			Kellogg		1902	Aug			M	922 Seneca	NY
K 1	0132	06004	Kellogg	Hurly B.	1900	Mar	22	055	M	Manilla	
K 1	0134	10032	Kellogg	John C.	1902	Aug	31	081	M	922 Seneca	
K 1	0130	03484	Kellogg	M.G.	1898	May	15	08m	M	Seattle	
K 1	0132	05492	Kellogg	Philathea	1900	Aug	14	---	F	Northport,	
			Kelly		1902	Apr			M	413 Boren Ave.	CND
			Kelly		1894	May			M	214 So. 11th.	MA
			Kelly		1902	Oct			M	Nome	CND
			Kelly		1903	Jul			M	King Co. Hosp.	IRL
			Kelly		1895	Jan			M	215 Brook	SEA
			Kelly		1901	Oct			M	207 2nd Ave. So.	IRL
			Kelly		1903	Jan			F	548 16th Ave.	OH
			Kelly		1901	Aug			M	Seattle	SEA
K 1	0133	06928	Kelly	---	1901	Oct	14	045	M	207 2nd Ave. So.	
K 1	0134	10672	Kelly	Etta M.	1903	Jan	05	058	F	548 16th Ave.	
K 1	0135	10307	Kelly	F.J.	1902	Oct	14	033	M	Nome	
K 1	0133	06718	Kelly	Infant	1901	Aug	23	s/b	M	Seattle	
K 1	0135	10414	Kelly	J.	1902	Oct	14	028	M	Skykomish, WA	
K 1	0128	01411	Kelly	James	1895	Jan	03	---	M	215 Brook	
K 1	0136	11299	Kelly	James	1903	Jul	18	060	M	King Co. Hosp.	
K 1	0128	00976	Kelly	M. A.	1894	May	06	043	M	214 So. 11th.	
K 1	0132	06347	Kelly	Mary R.	1901	Mar	04	045	F	Seattle	
K 1	0128	00834	Kelly	Norman	1894	Feb	11	033	M	---	
K 1	0131	04026	Kelly	Patrick J.	1899	Jan	28	042	M	Wellington Av.	
K 1	0134	07572	Kelly	Thomas	1902	Apr	19	068	M	413 Boren Ave.	
K 1	0132	06348	Kelly	Thos.	1901	Mar	21	067	M	Seattle	
K 1	0128	01690	Kelly	Vina	1895	Jun	18	014	F	Cedar & West	
			Kelsall Fa.Surn		1893	Jun			M	1410 2nd St.	SEA
K 1	0128	00573	KelsallFa.Sir N	Infant	1893	Jun	27	15h	M	1410 2nd St.	
			Kelso		1897	---			M	Green Lake	sme
K 1	0130	03090	Kelso	Geo. A.	1897	---	31	003	M	Green Lake	
			Kemig		1896	Jan			F	820 So. 8th St.	SEA
K 1	0129	02017	Kemig	Georgia May	1896	Jan	07	15m	F	820 So. 8th St.	
			Kemlick		1901	Jul			M	King Co. Hospital	GER
K 1	0133	06387	Kemlick	Chas.	1901	Jul	04	040	M	King Co. Hospital	
			Kemp		1898	Dec			M	Eagle Gorge	ENG
K 1	0131	04014	Kemp	George	1898	Dec	27	027	M	Eagle Gorge	
K 1	0134	10545	Kemps	H.R.	1902	Dec	04	037	M	Chico, WA	
			Kempster		1901	Dec			M	Seattle Genl. Hospital	ENG
			Kempster		1902	Jan			F	402 Howard Ave.	NY
K 1	0130	03295	Kempster	C.J.	1898	Mar	14	029	F	Seattle	
K 1	0133	07235	Kempster	Martha M.	1902	Jan	12	050	F	402 Howard Ave.	
K 1	0133	07071	Kempster	Thos. L.	1901	Dec	19	069	M	Seattle Genl. Hospital	
			Kenaahshi		1899	Sep			M	Providence Hosp.	JPN
K 1	0131	04598	Kenaahshi	F.	1899	Sep	24	032	M	Providence Hosp.	
			Kenasa		1892	May			M	Seattle	ITL
K 1	0128	00278	Kenasa	Loritz	1892	May	17	030	M	Seattle	
			Kendall		1898	May			M	Seattle	IL
			Kendall		1901	Mar			F	Seattle	IRL
K 1	0130	03483	Kendall	F.B.	1898	May	09	079	M	Seattle	
K 1	0132	06317	Kendall	Winnefred T.	1901	Mar	11	064	F	Seattle	
			Kendred		1899	Apr			M	Seattle	SEA
K 1	0131	04296	Kendred	L.I.	1899	Apr	22	001	M	Seattle	
			Kendrick		1898	Jan			M	Edgewater	ONT
			Kendrick		1898	Aug			F	Seattle	OR
K 1	0130	03133	Kendrick	F. B.	1898	Jan	01	049	M	Edgewater	
K 1	0131	03708	Kendrick	J.J.	1898	Aug	27	014	F	Seattle	
K 1	0128	00780	Kengle	Clarence B.	1894	Mar	05	02m	M	1612 5th St.	
			Kenidy		1900	Feb			M	King Co. Hosp.	IRL
K 1	0131	04898	Kenidy	Jos.	1900	Feb	15	044	M	King Co. Hosp.	
			Keniston		1902	Jun			M	Seattle	SEA
K 1	0134	07820	Keniston	Infant	1902	Jun	11	04d	M	Seattle	

S	R	PG	REC	LASTNAME	FIRSTNAME	DETH	MN	DT	AGE	S	DEATHPLACE	BIRTH
				Kennah		1902	Apr			F	1513 Bellevue Ave.	SEA
K	1	0134	07547	Kennah	Infant	1902	Apr	27	---	F	1513 Bellevue Ave.	
K	1	0134	11096	Kennah	Infant	1903	Apr	09	s/b	-	1513 Belleview Ave.	
				Kennedy		1895	Dec			M	S. G. Hospital	PEI
				Kennedy		1896	Nov			M	416 Lenora	IRL
				Kennedy		1901	Jan			M	Co. Hospital	SCT
				Kennedy		1902	Oct			F	King Co. Hospital	SCT
				Kennedy		1900	Feb			F	Seattle	NB
				Kennedy		1898	Mar			F	Seattle	Tac
K	1	0130	03294	Kennedy	Adah	1898	Mar	11	013	F	Seattle	
K	1	0131	04961	Kennedy	Adam F.	1900	Feb	22	026	F	Seattle	
K	1	0134	10745	Kennedy	Florence, Mrs.	1902	Oct	24	062	F	King Co. Hospital	
K	1	0132	05891	Kennedy	Francis F.	1901	Jan	23	090	M	Co. Hospital	
K	1	0129	01892	Kennedy	Harry	1895	Dec	17	027	M	S. G. Hospital	
K	1	0135	10543	Kennedy	Hugh	1902	Dec	29	041	M	1726 19th Ave.	
K	1	0130	02510	Kennedy	Infant	1896	Nov	26	03m	M	Arlington Hotel	
K	1	0130	02508	Kennedy	Joseph	1896	Nov	14	073	M	416 Lenora	
K	1	0130	02806	Kennedy	Mrs.	1897	Jun	04	---	F	925 East St.	
				Kenney		1900	May			F	Seattle	SCT
				Kenney		1897	Mar			F	Cor. Rep & Bellevue	IRL
				Kenney		1896	Nov			F	Hughston & East James	SEA
K	1	0130	02509	Kenney	Mary Agnes	1896	Nov	23	11m	F	Hughston & East James	
K	1	0130	02687	Kenney	Mary Ann	1897	Mar	10	082	F	Cor. Rep & Bellevue	
K	1	0132	05216	Kenney	Mrs. L.	1900	May	28	074	F	Seattle	
K	1	0128	01517	Kenney	Samuel	1895	Feb	13	066	M	515 Huston St.	
				Kennington		1900	May			M	Seattle	ENG
K	1	0132	05218	Kennington	Wm.	1900	May	04	073	M	Seattle	
				Kenny		1902	Oct			F	1626 21st Ave.	CA
K	1	0134	10088	Kenny	Mary E.	1902	Oct	09	025	F	1626 21st Ave.	
				Kenstra		1901	Nov			M	Providence Hosp.	MO
K	1	0133	07078	Kenstra	Geo. F.	1901	Nov	25	054	M	Providence Hosp.	
				Kent		1902	Jul			M	Seattle	MN
K	1	0134	09945	Kent	C. F.	1902	Jul	22	040	M	Seattle	
K	1	0131	04563	Kent	Mrs. Mary	1899	Sep	03	056	F	Providence Hosp.	
K	1	0134	10950	Kent	Myra	1903	Mar	16	004	F	Green Lake	
				Kenworthy		1900	Oct			M	Ballard	sme
K	1	0132	05659	Kenworthy	C. S.	1900	Oct	26	11d	M	Ballard	
				Kenyon		1894	Jul			M	1621 Kentucky St.	NY
				Kenyon		1903	Apr			M	So. Seattle	NE
K	1	0134	11091	Kenyon	Teddy	1903	Apr	10	003	M	So. Seattle	
K	1	0128	00008	Kenyon	Wm. L.	1894	Jul	31	062	M	1621 Kentucky St.	
				Keown		1894	Feb			F	Renton	NB
K	1	0128	00750	Keown	Jessie B.	1894	Feb	22	017	F	Renton	
K	1	0133	06572	Keppler	Martin	1901	Jun	20	042	M	So. Seattle	
				Kerberg		1895	Sep			M	Ballard	sme
K	1	0129	01891	Kerberg	Andrew	1895	Sep	24	01m	M	Ballard	
K	1	0131	03863	Kerebud	Infant	1898	Oct	16	20d	F	Seattle	
				Kerkow		1895	Apr			M	442 Taylor St.	SEA
				Kerkow		1897	Nov			F	821 Terrace	WA
K	1	0130	03035	Kerkow	Hazel B.	1897	Nov	14	01m	F	821 Terrace	
K	1	0128	01632	Kerkow	Infant	1895	Apr	01	12h	M	442 Taylor St.	
				Kerner		1902	Apr			F	York Station	sme
K	1	0134	07755	Kerner	Beatrice	1902	Apr	05	03m	F	York Station	
				Kernig		1902	Aug			M	526 Boren Ave.	KY
K	1	0134	10031	Kernig	A.R.	1902	Aug	16	041	M	526 Boren Ave.	
K	1	0128	01377	Kerns	John	1894	Nov	27	054	M	1825 11th St.	
				Kerovef ?		1896	Apr			M	Pease House	WIN
K	1	0129	02174	Kerovef ?	A.	1896	Apr	29	037	M	Pease House	
				Kerr		1894	Sep			M	Corner 6th & James	US
				Kerr		1899	Oct			M	Providence Hosp.	IRL
K	1	0130	02518	Kerr	Chas. A.	1896	Dec	05	---	M	Salt Lake City, UT	
K	1	0128	01198	Kerr	John	1894	Sep	17	036	M	Corner 6th & James	
K	1	0131	04654	Kerr	Joseph	1899	Oct	13	040	M	Providence Hosp.	

S	R	PG	REC	LASTNAME	FIRSTNAME	DETH	MN	DT	AGE	S	DEATHPLACE	BIRTH
				Kerry		1901	Feb			F	Seattle	MI
K	1	0132	06118	Kerry	Mary E.	1901	Feb	07	031	F	Seattle	
				Kertland		1901	Dec			F	Ballard	ME
K	1	0133	07069	Kertland	Bessie L.	1901	Dec	17	027	F	Ballard	
				Kessler		1902	Apr			M	732 26th So.	WA
K	1	0134	07578	Kessler	Baby	1902	Apr	02	---	M	732 26th So.	
				Kettila		1901	Sep			M	325 2nd Ave. West	FIN
K	1	0133	06826	Kettila	Antle	1901	Sep	06	027	M	325 2nd Ave. West	
				Kettles		1896	Sep			F	St. Charles Hotel;Lummi Rst	WA
K	1	0129	02413	Kettles	Nellie	1896	Sep	14	045	F	St. Charles Hotel	
K	1	0131	03861	Khez	Louise	1898	Oct	01	001	F	Seattle	
				Kidd		1902	May			F	674 E 11th Ave.	SEA
K	1	0134	07697	Kidd	Arthur	1902	May	19	07m	F	674 E 11th Ave.	
				Kidney		1902	Aug			M	Seattle	US
K	1	0134	10029	Kidney	J.M.	1902	Aug	11	050	M	Seattle	
				Kieffer		1898	Sep			M	Seattle	CA
K	1	0131	03788	Kieffer	A.W.	1898	Sep	14	004	M	Seattle	
				Kienan		1894	Jul			M	Ft. Steilacoom	IRL
K	1	0128	01106	Kienan	Stewart J.	1894	Jul	09	030	M	Ft. Steilacoom	
				Kight		1899	May			F	Seattle	CO
K	1	0131	04363	Kight	Josephine	1899	May	22	020	F	Seattle	
				Kigma		1899	Jul			M	Seattle	JPN
K	1	0131	04459	Kigma	K. Shinda	1899	Jul	12	018	M	Seattle	
				Kihn		1897	Oct			M	Fall City, WA	GER
K	1	0130	02079	Kihn	Edward	1897	Oct	09	058	M	Fall City, WA	
				Kikuchi		1898	Feb			M	S.G. Hospital	JPN
K	1	0130	03206	Kikuchi	T.	1898	Feb	01	019	M	S.G. Hospital	
				Kilcup		1901	Jul			M	So. Seattle	WA
K	1	0133	06592	Kilcup	Irving	1901	Jul	22	09m	M	So. Seattle	
				Kilgore		1895	Feb			M	417 Thomas	ME
K	1	0128	01520	Kilgore	A. M. C.	1895	Feb	11	067	M	417 Thomas	
				Kilm		1898	Feb			M	Ft. Steilacoom	GER
K	1	0130	03207	Kilm	Wm.	1898	Feb	17	057	M	Ft. Steilacoom	
				Kilmer		1894	Sep			M	Bothell	NY
K	1	0128	01203	Kilmer	Henry	1894	Sep	14	092	M	Bothell	
				Kimball		1898	Sep			F	Seattle	OH
				Kimball		1899	May			M	Seattle	NY
K	1	0131	04343	Kimball	G.W.	1899	May	11	068	M	Seattle	
K	1	0131	03787	Kimball	M.E.	1898	Sep	09	068	F	Seattle	
				Kimble		1901	Sep			M	604 7th Ave. So.	PA
K	1	0133	06825	Kimble	George M.	1901	Sep	28	051	M	604 7th Ave. So.	
				Kimbro		1897	Jul			M	Seattle	MO
K	1	0130	02849	Kimbro	Robt. C.	1897	Jul	15	045	M	Seattle	
				Kimmel		1903	Jan			F	Vashon	IA
K	1	0134	10605	Kimmel	Carrie	1903	Jan	03	032	F	Vashon	
K	1	0131	03786	Kimmerly	F. M.	1898	Sep	09	030	M	Wellington Av.	
				Kinder		1902	Nov			M	165 Denny Way	UT
K	1	0134	10303	Kinder	J.H.	1902	Nov	20	035	M	165 Denny Way	
				King		1903	May			M	King Co. Hospital	TX
				King		1900	May			M	Seattle	ENG
				King		1902	Apr			F	Burke Ave. Ballard,	WA
				King		1902	Nov			M	2223 2nd Ave.	SEA
				King		1896	Oct			F	Ballard	IRL
				King		1902	Apr			M	223 27th No.	WA
				King		1901	Mar			F	Seattle	IRL
				King		1899	Feb			M	Seattle	NY
				King		1897	Mar			M	Broadway	ENG
				King		1899	Apr			M	Issaquah	ENG
				King		1900	Apr			M	Seattle	NY
				King		1903	Jan			-	219 27th Ave.	SEA
				King		1902	Nov			M	Providence Hosp.	IL
				King		1903	May			M	Seattle Genl Hosp.	GA
				King		1903	May			M	Monad Hospital	SEA

S R	PG	REC	LASTNAME	FIRSTNAME	DETH	MN	DT	AGE	S	DEATHPLACE	BIRTH
			King		1903	Jun			F	602 Belmont Ave.	OH
			King		1899	Jun			M	Seattle	SEA
			King		1896	Jun			M	Gilman	IA
			King		1903	Apr			F	West Seattle	SEA
K 1	0131	04119	King	A.	1899	Feb	08	060	M	Seattle	
K 1	0132	05128	King	A.	1900	Apr	06	066	M	Seattle	
K 1	0134	07546	King	Aline	1902	Apr	15	01m	F	Burke Ave.	
K 1	0132	05279	King	C.W.	1900	May	03	032	M	Seattle	
K 1	0134	10301	King	Chas. W.	1902	Nov	06	028	M	Providence Hosp.	
K 1	0128	01767	King	E.H.	1895	Aug	12	020	F	2310 3rd St.	
K 1	0130	02456	King	Ellen	1896	Oct	26	069	F	Ballard	
K 1	0136	11298	King	Fannie Clark	1903	Jun	15	041	F	602 Belmont Ave.	
K 1	0130	02686	King	George	1897	Mar	02	062	M	Broadway	
K 1	0134	11095	King	Ina (Cleo?)	1903	Apr	26	03m	F	West Seattle	
K 1	0135	11293	King	Infant	1903	May	07	---	M	Monad Hospital	
K 1	0134	07576	King	Infant	1902	Apr	18	---	M	223 27th No.	
K 1	0134	10673	King	Infant	1903	Jan	03	---	-	219 27th Ave.	
K 1	0131	04435	King	Jos. W.	1899	Jun	27	02m	M	Seattle	
K 1	0132	06120	King	Mary	1901	Mar	05	068	F	Seattle	
K 1	0128	00466	King	Rita L.	1893	Jan	20	018	F	Seattle	
K 1	0134	11097	King	Robert	1903	May	02	027	M	King Co. Hospital	
K 1	0128	00339	King	Robert B.	1892	Jul	23	022	M	Seattle	
K 1	0134	10302	King	Sherman	1902	Nov	20	---	M	2223 2nd Ave.	
K 1	0129	02224	King	Walter	1896	Jun	03	013	M	Gilman	
K 1	0131	04248	King	Wm. R.	1899	Apr	04	049	M	Issaquah	
K 1	0135	11294	King	Wm. T.	1903	May	09	047	M	Seattle Genl Hosp.	
K 1	0130	02942	Kingston	John	1897	Dec	24	052	M	Providence Hosp.	
			Kinkade		1903	May			M	410 11th Ave.	WA
			Kinkade		1903	May			M	410 11th Ave.	
K 1	0135	11292	Kinkade	Eddie	1903	May	29	009	M	410 11th Ave.	
K 1	0130	02847	Kinley	Lulu	1897	Jul	10	021	F	Ballard	
			Kinnen		1899	Dec			F	Seattle	NB
K 1	0131	04781	Kinnen	Catherine	1899	Dec	19	075	F	Seattle	
			Kinney		1901	Oct			M	519 23rd Av.So.	MI
			Kinney		1901	Nov			M	Providence Hosp.	WI
			Kinney		1902	Dec			M	1454 E. Republican	ME
			Kinney		1894	Nov			F	1718 Broadway	WA
K 1	0128	01395	Kinney	Abbie	1894	Nov	11	001	F	1718 Broadway	
K 1	0134	10546	Kinney	Edson L.	1902	Dec	26	048	M	1454 E. Republican	
K 1	0133	07077	Kinney	H.P.	1901	Nov	23	021	M	Providence Hosp.	
K 1	0133	06929	Kinney	Maggie	1901	Oct	02	028	M	519 23rd Av.So.sex ?	
K 1	0129	02027	Kippe	John	1896	Jan	04	046	M	Providence Hosp.	
			Kirby		1895	Jul			F	10th & Weller	SEA
K 1	0128	01720	Kirby	Annie C.	1895	Jul	27	09m	F	10th & Weller	
			Kirk		1898	Apr			F	Seattle	SEA
			Kirk		1899	Oct			F	Providence Hosp.	ENG
			Kirk		1896	Feb			F	So. Park	sme
			Kirk		1902	May			M	Western WA Hospital	KY
			Kirk		1902	Oct			M	Semiahmoo	IRL
K 1	0134	07748	Kirk	Daniel W.	1902	May	04	042	M	Western WA Hospital	
K 1	0131	04631	Kirk	Elizabeth	1899	Oct	03	050	F	Providence Hosp.	
K 1	0130	03390	Kirk	Hazel	1898	Apr	17	03w	F	Seattle	
K 1	0135	10413	Kirk	Henry	1902	Oct	14	038	M	Semiahmoo	
K 1	0129	02065	Kirk	Irene	1896	Feb	26	05m	F	So. Park	
			Kirkpatrick		1892	Jul			F	Renton, WA.	WA
K 1	0128	00353	Kirkpatrick	---	1892	Jul	15	02d	F	Renton, WA.	
			Kirkwood		1900	May			M	Seattle	IA
K 1	0132	05211	Kirkwood	W.W.	1900	May	13	032	M	Seattle	
K 1	0132	05464	Kirmsi	Mrs. H. D.	----	---	--	029	-	Skagway	
			Kirschner		1893	Nov			F	Seattle	GER
			Kirschner		1897	Jun			M	Seattle	OH
K 1	0130	02808	Kirschner	Fred	1897	Jun	29	040	M	Seattle	
K 1	0128	00660	Kirschner	Marie	1893	Nov	15	069	F	Seattle	

S R	PG	REC	LASTNAME	FIRSTNAME	DETH	MN	DT	AGE	S	DEATHPLACE	BIRTH
			Kiser		1903	Apr			M	Grace, WA	SWD
K 1	0134	11088	Kiser	Joseph	1903	Apr	04	037	M	Grace, WA	
			Kjelland		1902	Sep			M	Monod Hospital	NRY
K 1	0135	10478	Kjelland	Chris	1902	Sep	04	027	M	Monod Hospital	
			Klanning		1901	Jun			M	So. Seattle	GER
K 1	0133	06509	Klanning	Wm. J.	1901	Jun	07	061	M	So. Seattle	
			Klein		1902	Nov			F	318 2nd Ave No.	SEA
K 1	0128	00519	Klein	Ludwig A.	1893	Mar	30	040	M	Hot Springs	
K 1	0134	10305	Klein	Mabel	1902	Nov	26	---	F	318 2nd Ave No.	
			Kleinfelter		1903	Apr			F	752 Thomas St.	NB
K 1	0134	11093	Kleinfelter	Eliza J.	1903	Apr	08	038	F	752 Thomas St.	
			Klemm		1901	Dec			F	Near Brickyard S.S.	ENG
K 1	0133	07074	Klemm	Mrs. Mary	1901	Dec	01	042	F	Near Brickyard S.S.	
K 1	0128	01241	Klett	John	1894	Sep	30	050	M	Grant St.	
K 1	0130	03138	Kleve	Baby	1898	Jan	15	001	F	Ballard	
			Kliebe		1902	May			F	1310 Denny Way	SEA
K 1	0134	07696	Kliebe	Emma	1902	May	26	---	F	1310 Denny Way	
K 1	0134	07695	Kliebe	Martha	1902	May	26	---	F	1310 Denny Way	
			Klievis		1896	Jun			F	2710 Weller St.	KY
K 1	0129	02267	Klievis	Adoh	1896	Jun	24	041	F	2710 Weller St.	
			Kline		1898	Mar			M	Franklin	PA
			Kline		1902	Jan			M	Seattle Genl. Hospital	LA
			Kline		1901	Feb			F	Fremont	GER
K 1	0132	06116	Kline	Anna M.	1901	Feb	22	035	F	Fremont	
K 1	0133	07236	Kline	Dr. Harry Douglas	1902	Jan	19	046	M	Seattle Genl. Hospital	
K 1	0130	03209	Kline	Harry F.	1898	Mar	11	025	M	Franklin	
K 1	0129	02359	Kline	Joseph	1896	Aug	02	01m	M	So. 10th St.	
			Klinefelter		1892	Mar			F	Seattle	CND
			Klinefelter		1902	May			F	130 27th No.	SEA
K 1	0134	07645	Klinefelter	Infant	1902	May	29	s/b	F	130 27th No.	
K 1	0128	00239	Klinefelter	Mrs. Frank	1892	Mar	01	027	F	Seattle	
			Klinger		1902	Dec			M	325 East Lake Ave.	SEA
K 1	0135	10542	Klinger	Emil	1902	Dec	14	006	M	325 East Lake Ave.	
			Klise		1900	Sep			M	Co. Hospital	WI
K 1	0132	05785	Klise	A.	1900	Sep	23	023	M	Co. Hospital	
			Klodt		1900	Oct			M	Seattle	GER
K 1	0132	05615	Klodt	Louis	1900	Oct	01	041	M	Seattle	
			Kloppenburg		1899	Jun			M	Seattle	GER
K 1	0131	04432	Kloppenburg	C. W.	1899	Jun	28	071	M	Seattle	
			Knapp		1900	Oct			F	Brooklyn	SEA
			Knapp		1902	Nov			F	3644 Ashworth St. Fremont,	WA
K 1	0135	10306	Knapp	Baby	1902	Nov	10	---	F	3644 Ashworth St.	
K 1	0128	00007	Knapp	John B.	1894	Jul	14	08m	M	2411 Lane St.	
K 1	0132	05658	Knapp	Marian	1900	Oct	07	05d	F	Brooklyn	
			Knappe		1903	Feb			M	Providence Hosp.	WI
K 1	0134	10826	Knappe	William F.	1903	Feb	26	041	M	Providence Hosp.	
			Kneiss		1898	Jan			M	Providence Hosp.	IL
K 1	0130	03134	Kneiss	John F.	1898	Jan	04	043	M	Providence Hosp.	
			Knez		1898	Oct			F	Seattle	---
			Knez		1901	Nov			F	Alaska Hotel	SEA
K 1	0133	07076	Knez	Anne	1901	Nov	24	006	F	Alaska Hotel	
			Knibbe		1896	Dec			F	So. Park, Seattle	sme
K 1	0130	02519	Knibbe	Della	1896	Dec	23	03m	F	So. Park, Seattle	
			Knigamato		1902	Feb			M	Near Edmonds	JPN
K 1	0134	07352	Knigamato	----	1902	Feb	02	024	M	Near Edmonds	
			Knight		1899	Feb			M	Seattle	CND
			Knight		1901	Sep			M	Near Wellington Av.	US
			Knight		1893	Mar			F	Bellevue Twnsp.	NB
K 1	0131	04106	Knight	Albert J.	1899	Feb	03	029	M	Seattle	
K 1	0133	06824	Knight	Henry	1901	Sep	11	035	M	Near Wellington Av.	
K 1	0128	00509	Knight	Margaret	1893	Mar	15	065	F	Bellevue Twnsp.	
K 1	0131	03789	Knight	R.	1898	Sep	24	087	M	Seattle	
			Knisey		1896	Feb			M	Snoqualmie, WA	NJ

S R PG REC	LASTNAME	FIRSTNAME	DETH MN DT AGE	S	DEATHPLACE	BIRTH
K 1 0136 18900	Knisey	Edmund J.	1896 Feb 15 052	M	Snoqualmie, WA	
	Knowles		1897 Jun	F	509 Yesler Way	ME
	Knowles		1900 Apr	M	Seattle	ME
K 1 0129 01889	Knowles	Albert	1895 Sep 19 066	M	Sunnydale	
K 1 0132 05177	Knowles	Harry	1900 Apr 12 019	M	Seattle	
K 1 0130 02807	Knowles	Mary	1897 Jun 21 056	F	509 Yesler Way	
	Knowlton		1899 Apr	M	Vashon	ME
K 1 0131 04228	Knowlton	C. B.	1899 Apr 03 071	M	Vashon	
K 1 0130 03208	Knowlton	W.L.	1898 Feb 28 024	M	S.G. Hospital	
	Knudson		1896 Mar	F	Ballard	sme
	Knudson		1896 Mar	F	Ballard	sme
	Knudson		1896 Mar	F	dupl. of #02107	sme
	Knudson		1897 May	F	Providence Hosp.	NRY
	Knudson		1900 Feb	M	Ballard	NRY
	Knudson		1901 Jan	M	Ballard	WA
K 1 0129 02108	Knudson	K.O.	1896 Mar 13 09m	F	Ballard	
K 1 0129 02107	Knudson	O. M.	1896 Mar 07 003	F	Ballard	
K 1 0130 02761	Knudson	Oaslog	1897 May 24 007	F	Providence Hosp.	
K 1 0132 06001	Knudson	Olaf	1901 Jan 14 09m	M	Ballard	
K 1 0131 04816	Knudson	Ole	1900 Feb 05 057	M	Ballard	
K 1 0129 02135	Knudson	Olga Mathilda	1896 Mar 07 003	F	dupl. of #02107	
	Knuteson		1900 Feb	M	Seattle	NRY
K 1 0131 04924	Knuteson	Olaf	1900 Feb 06 043	M	Seattle	
K 1 107 15988	Knutsman ?	Mary F,	1906 Mar 06 14	F	Seattle, WA	IA
	Koch		1896 May	M	Duwamish	GER
	Koch		1894 Dec	M	1424 5th St.	GER
	Koch		1900 Dec	M	Co. Hospital	GER
	Koch		1902 Oct	M	Maynard Ave. & Charles	MO
K 1 0129 02221	Koch	A.	1896 May 17 030	M	Duwamish	
K 1 0135 10412	Koch	Frederick	1902 Oct 27 017	M	Maynard Ave. & Charles	
K 1 0132 05657	Koch	Henry	1900 Dec 06 060	M	Co. Hospital	
K 1 0128 01019	Koch	John	1894 Jun 10 023	M	Swift & Plummer St.	
K 1 0128 01367	Koch	Martiz	1894 Dec 11 050	M	1424 5th St.	
K 1 0133 06570	Koegan	J.J.	1901 Jun 30 045	M	So. Seattle	
K 1 0131 04884	Koehler	Sam	1900 Jan 05 038	M	Wellington Av.	
	Koeller		1893 Sep	F	Corner Rose & Eades St.	SEA
K 1 0128 00617	Koeller	Susana L.	1893 Sep 03 02m	F	Corner Rose & Eades St.	
K 1 0128 00975	Koeller	Wm.	1894 May 04 010	M	Remington & Kinney	
	Koenig		1900 Jun	F	Enumclaw	GER
K 1 0132 05445	Koenig	Marie	1900 Jun 27 054	F	Enumclaw	
	Koerber		1902 Sep	F	314 Dexter Ave.	MN
K 1 0134 10216	Koerber	Annie	1902 Sep 11 023	F	314 Dexter Ave.	
	Kohl		1893 Jun	M	Seattle	GER
K 1 0128 00559	Kohl	---	1893 Jun 01 028	M	Seattle	
	Kohn		1902 Apr	F	523 Prospect Ave.	SEA
K 1 0134 07575	Kohn	Infant	1902 Apr 23 >3d	F	523 Prospect Ave.	
	Kohne		1898 Jan	M	Seattle	CA
K 1 0130 03135	Kohne	Chas.	1898 Jan 06 032	M	Seattle	
	Kolberg		1900 Apr	F	Seattle	SWD
	Kolberg		1896 Feb	M	Seattle	SEA
K 1 0129 02064	Kolberg	Arthur G.	1896 Feb 21 022	M	Seattle	
K 1 0132 05182	Kolberg	Carrie	1900 Apr 08 026	F	Seattle	
K 1 0132 04998	Kolp	Chas.	1900 Mar 11 059	M	Seattle	
	Kolstad		1894 Mar	F	Corner Love & 2nd St.	SEA
K 1 0128 00835	Kolstad	Rosie	1894 Mar 24 12m	F	Corner Love & 2nd St.	
	Komichi		1901 May	M	Seattle Genl. Hospital	JPN
K 1 0132 06410	Komichi	K.	1901 May 21 025	M	Seattle Genl. Hospital	
	Konnakovitz		1901 Mar	M	Dalside City	GER
K 1 0132 06374	Konnakovitz	Fred	1901 Mar 14 058	M	Dalside City	
	Kono		1900 Jun	F	Seattle	SEA
K 1 0132 05383	Kono	Michage	1900 Jun 07 02m	F	Seattle	
	Kontz		1901 Dec	M	Genl. Hospital	AUS
K 1 0133 07072	Kontz	Louis	1901 Dec 20 050	M	Genl. Hospital	

S R	PG	REC	LASTNAME	FIRSTNAME	DETH MN	DT	AGE	S	DEATHPLACE	BIRTH
			Korn		1894 Jan			F	1201 Yesler Ave.	GER
			Korn		1902 Apr			M	Lk. WA. near Bothell	AFG
			Korn		1902 May			F	Seattle Gen. Hospital	BAV
K 1	0134	07555	Korn	Annenali	1902 Apr	25	037	M	Lk. WA. near Bothell	
K 1	0134	07644	Korn	Barbara, Mrs.	1902 May	22	065	F	Seattle Gen. Hospital	
K 1	0128	00833	Korn	Ernestine	1894 Jan	26	058	F	1201 Yesler Ave.	
			Kow		1901 Dec			M	5th bet. Yesler & WA. St.	CHN
K 1	0133	07070	Kow	Yep	1901 Dec	28	048	M	5th bet. Yesler & WA. St.	
			Kowitz		1891 Sep			F	Seattle	GER
K 1	0128	00081	Kowitz	Rosae K.	1891 Sep	04	048	F	Seattle	
			Krafft		1901 May			M	South Park	GER
K 1	0133	06471	Krafft	Fred	1901 May	18	047	M	South Park	
			Kraft		1903 May			F	Providence Hosp.	GER
K 1	0136	11297	Kraft	Mary	1903 May	16	068	F	Providence Hosp.	
			Kragh		1899 Aug			M	King Co. Hospital NRY or	DNK
K 1	0131	04498	Kragh	J.C.	1899 Aug	18	064	M	King Co. Hospital	
			Kram		1901 Dec			M	King Co. Hospital	AUS
K 1	0133	07068	Kram	Moses	1901 Dec	15	059	M	King Co. Hospital	
			Kramer		1901 Mar			F	Seattle	PQ
			Kramer		1894 Dec			F	Black Diamond, WA	sme
			Kramer		1901 Mar			F	Seattle	PA
K 1	0128	01316	Kramer	---	1894 Dec	13	18m	F	Black Diamond, WA	
K 1	0132	06122	Kramer	Mildred M.	1901 Mar	22	024	F	Seattle	
			Krantz		1901 Aug			M	Greenlake	NJ
K 1	0133	06724	Krantz	Walter	1901 Aug	27	03m	M	Greenlake	
			Krauch		1900 May			M	Greenlake	GER
K 1	0132	05235	Krauch	Wm.	1900 May	04	045	M	Greenlake	
			Kraus		1894 Apr			F	Ballard	SWD
K 1	0128	00893	Kraus	Mary	1894 Apr	02	076	F	Ballard	
			Krause		1894 Mar			F	Ballard	HUN
K 1	0128	00836	Krause	Mary	1894 Mar	21	074	F	Ballard	
			Kreuzer		1900 Mar			M	Issaquah	WA
K 1	0132	04981	Kreuzer	---	1900 Mar	30	002	M	Issaquah	
			Krieck		1901 Oct			M	2nd Ave. So. & Jackson	US
K 1	0133	06827	Krieck	Wm.	1901 Oct	03	045	M	2nd Ave. So. & Jackson	
			Kriegk		1900 Nov			M	Seattle Hotel	GER
K 1	0132	05786	Kriegk	Dr. G.F.	1900 Nov	18	047	M	Seattle Hotel	
			Kriete		1902 Feb			M	1815 Howard Ave.	SEA
K 1	0133	07350	Kriete	Leroy Karl	1902 Feb	18	005	M	1815 Howard Ave.	
			Kriety		1895 Sep			M	Brunswick Hotel	IL
K 1	0129	01887	Kriety	Henry H.	1895 Sep	04	030	M	Brunswick Hotel	
			Kroff		1896 Aug			F	Pike St.	CTY
K 1	0129	02360	Kroff	Fredia	1896 Aug	18	06m	F	Pike St.	
			Krogh		1900 Feb			M	Seattle	SEA
K 1	0131	04950	Krogh	Baby	1900 Feb	18	04d	M	Seattle	
			Kronquist		1903 Mar			M	Wayside Mission	FIN
K 1	0134	10828	Kronquist	L.	1903 Mar	04	024	M	Wayside Mission	
			Kross		1895 Feb			M	Dupl. of #01408	IA
K 1	0128	01511	Kross	Otto	1895 Feb	18	026	M	Dupl. of #01408	
			Kross*		1895 Feb			M	Providence Hosp.	IA
K 1	0128	01408	Kross*	Otto	1895 Feb	18	026	M	Providence Hosp.	
K 1	0128	00249	Kruse	Wm.	1892 Apr	09	040	M	Seattle	
			Kubabian		1903 May			M	Providence Hosp.	PA
K 1	0136	11296	Kubabian	Edward M.	1903 May	11	023	M	Providence Hosp.	
			Kubatzky		1901 Jan			F	Seattle	CA
K 1	0132	06003	Kubatzky	Grace	1901 Jan	27	06m	F	Seattle	
			Kuebl		1902 May			M	711 Dearborn	SEA
K 1	0134	07694	Kuebl	Baby	1902 May	27	21d	M	711 Dearborn	
			Kuehl		1900 Feb			M	Seattle	SEA
K 1	0131	04974	Kuehl	Conrad A.	1900 Feb	27	02m	M	Seattle	
			Kuehn		1894 Apr			-	----	SEA
K 1	0128	00921	Kuehn	Baby	1894 Apr	15	05h	-	----	
			Kuhn		1902 Jul			M	Seattle	WI

S	R	PG	REC	LASTNAME	FIRSTNAME	DETH	MN	DT	AGE	S	DEATHPLACE	BIRTH
				Kuhn		1900	Feb			F	Seattle	MN
K	1	0131	04916	Kuhn	Ellen C.	1900	Feb	03	039	F	Seattle	
K	1	0134	07822	Kuhn	Frank C.	1902	Jul	03	033	M	Seattle	
				Kukalis		1903	Apr			F	Renton, WA	WA
K	1	0134	11089	Kukalis	Clara	1903	Apr	09	---	F	Renton, WA	
				Kuklis		1903	Apr			F	Renton, WA	WA
K	1	0134	11094	Kuklis	Clara	1903	Apr	09	---	F	Renton, WA	
				Kumff		1899	Jan			F	Seattle	SWT
K	1	0131	04090	Kumff	Ernestine	1899	Jan	24	046	F	Seattle	
				Kumpf		1902	Dec			F	1113 Tenth Ave.	SEA
K	1	0135	10540	Kumpf	Annie	1902	Dec	07	008	F	1113 Tenth Ave.	
				Kunkhe		1895	Apr			M	1912 4th St.	GER
K	1	0128	01629	Kunkhe	Carl	1895	Apr	03	054	M	1912 4th St.	
				Kurth		1898	Jan			M	S. G. Hospital	GER
K	1	0130	03136	Kurth	Jacob	1898	Jan	09	038	M	S. G. Hospital	
				Kurtz		1895	Feb			M	Auburn	GER
K	1	0128	01468	Kurtz	Mike	1895	Feb	24	036	M	Auburn	
				Kuschell		1901	Nov			M	Leary, WA	AUS
K	1	0133	06976	Kuschell	John	1901	Nov	16	056	M	Leary, WA	
				Kyle		1901	Dec			M	1323 9th Ave. So.	ONT
				Kyle		1902	Feb			M	King Co.Hospital	IRL
K	1	0133	07073	Kyle	Albert	1901	Dec	13	017	M	1323 9th Ave. So.	
K	1	0134	07353	Kyle	Matt	1902	Feb	26	051	M	King Co.Hospital	
				La Moure		1898	Dec			M	Seattle	CND
K	1	0144	04019	La-Moure	Frank	1898	Dec	30	078	M	Seattle	
K	1	0145	05687	LaBallister	Emily	1900	Oct	07	070	F	Seattle	
				LaBelle		1893	Feb			F	Ballard	CND
K	1	0140	00503	LaBelle	Marceline	1893	Feb	28	075	F	Ballard	
				LaClare		1903	Mar			M	Green Lake	ONT
K	1	0149	10952	LaClare	David	1903	Mar	14	035	M	Green Lake	
				LaDuke		1903	Jan			M	Burton Beach	CND
K	1	0149	10606	LaDuke	Mitchell	1903	Jan	11	073	M	Burton Beach	
				LaMar		1903	Feb			M	Green Lake	SEA
				LaMar		1903	Feb			M	Green Lake	
K	1	0149	10835	LaMar	Alva J.	1903	Feb	10	006	M	Green Lake	
K	2	0153	15454	LaPointe	Ella M	1905	Nov	23	042	F	Seattle	MI
				LaRocque		1901	Mar			F	Seattle	CA
K	1	0146	06124	LaRocque	Mary J.	1901	Mar	22	027	F	Seattle	
				Lacey		1894	May			F	809 Market St. - City	SEA
				Lacey		1901	Jan			M	Co. Hospital	ENG
K	1	0144	03983	Lacey	Bessie	1898	Dec	13	031	F	Seattle	
K	1	0146	05896	Lacey	C.	1901	Jan	16	045	M	Co. Hospital	
K	2	0153	15334	Lacey	Hannah C	1905	Oct	23	053	F	Seattle	NJ
K	2	0153	15329	Lachapelle	Baby	1905	Oct	10	s/b	F	Seattle	WA
K	2	0155	16631	Lachapelle	Baby	1906	Jul	24	s/b	M	Seattle	WA
				Lacroix		1892	May			F	Franklin	WA
				Lacy		1901	May			F	Seattle	NY
K	1	0146	06445	Lacy	Jane L.	1901	May	08	081	F	Seattle	
				Ladd		1899	Mar			M	Seattle	OH
				Ladd		1898	Apr			F	Seattle	OH
K	1	0143	03392	Ladd	Emma	1898	Apr	05	042	F	Seattle	
K	2	0154	17224	Ladd	Homer E	1906	Oct	09	036	M	W. Seattle	CA
K	1	0144	04174	Ladd	John A.	1899	Mar	10	051	M	Seattle	
K	2	0154	16345	Ladd	Leondo L	1906	May	01	051	M	Seattle	IN
K	2	0152	14597	Ladds	E. J.	1905	May	15	034	M	Seattle	ME
K	1	0144	04364	Ladine	Olive	1899	May	23	075	F	Seattle	
				Ladoucer		1898	Feb			M	Seattle	CND
K	1	0143	03211	Ladoucer	Frank	1898	Feb	18	028	M	Seattle	
K	1	0140	00273	Laeroix	Lottie	1892	May	08	15m	F	Franklin	
K	2	0154	17419	Lafferty	Maude A	1906	Dec	11	07m	F	Seattle	WA
K	2	0156	18669	Lafferty	Robert	1907	Jan	30	050	M	Georgetown	NY
K	2	0156	18872	Lafon	Nicholas A	1907	Jun	18	077	M	Youngstown	NY
				Lafteson		1894	May			F	Ballard	SWD

S R PG REC	LASTNAME	FIRSTNAME	DETH	MN	DT	AGE	S	DEATHPLACE	BIRTH
K 1 0141 00978	Lafteson	Sophia	1894	May	27	076	F	Ballard	
	Lagersteadt		1898	Jan			M	Seattle	SWD
K 1 0143 03139	Lagersteadt	Philip	1898	Jan	06	035	M	Seattle	
K 2 0152 14321	Laing	Ada	1905	Mar	19	032	F	Seattle	ENG
K 2 0153 15204	Laing	William T	1905	Sep	13	027	M	Seattle	USA
K 1 0150 11315	Lair	P.J.	1903	Jun	03	050	M	Prov. Hosp.	
	Laird		1897	Jan			F	109 East St.	IL
	Laird		1900	Mar			M	Seattle	MN
K 1 0142 02613	Laird	Hannah	1897	Jan	28	052	F	109 East St.	
K 1 0145 05062	Laird	Jas. S.	1900	Mar	04	023	M	Seattle	
K 2 0155 16852	Laiti	Baby	1906	Sep	20	09m	F	Fall City	WA
K 2 0155 17729	Laiti	Herman	1907	Feb	09	003	M	Fall City	WA
K 2 0154 16110	Laitie	Mabel F	1906	May	03	014	F	Ballard	SD
K 2 0150 13240	Lajoie	Delena	1904	Aug	12	030	F	Prov. Hosp.	MI
	Lake		1902	Jul			M	Seattle	WLS
	Lake		1898	Oct			M	Ballard	NRY
	Lake		1900	Feb			M	Seattle	CHN
K 1 0140 00009	Lake	Daniel	1891	Jul	13	036	M	City Jail	
K 1 0145 04944	Lake	Joe	1900	Feb	13	040	M	Seattle	
K 1 0148 09950	Lake	Mrs. Mary	1902	Jul	24	030	F	Seattle	
K 1 0148 09900	Lake	S.H.	1902	Jul	19	040	M	Seattle	
K 1 0144 03866	Lake	Thos. W.	1898	Oct	20	074	M	Ballard	
K 2 0153 14858	Lakenes	Gertie J.	1905	Jul	20	06m	F	Seattle	WA
	Lally		1902	Jul			M	Seattle	IRL
K 1 0148 09951	Lally	John	1902	Jul	22	056	M	Seattle	
	Lamar		1898	Jun			M	Seattle	MN
K 1 0143 03556	Lamar	A.	1898	Jun	01	012	M	Seattle	
	Lamb		1894	May			F	16th & Frederick	MN
	Lamb		1898	Apr			M	Seattle	KS
	Lamb		1903	Apr			M	Ft. Casey	US
K 1 0141 01666	Lamb	Eugenia M.	1894	May	04	035	F	16th & Frederick	
K 1 0143 03391	Lamb	H.H.	1898	Apr	01	065	M	Seattle	
K 2 0153 15049	Lamb	John	1905	Jul	--	047	M	Seattle	---
K 1 0149 11099	Lamb	John E.	1903	Apr	01	044	M	Ft. Casey	
	Lambert		1900	Jul			F	Genl. Hosp.	NRY
	Lambert		1900	Jun			M	Seattle	SEA
K 2 0154 16094	Lambert	Baby	1906	Apr	10	02d	M	Auburn	WA
K 1 0145 05391	Lambert	Gena	1900	Jul	12	030	F	Genl. Hosp.	
K 1 0145 05415	Lambert	Infant	1900	Jun	06	01d	M	Seattle	
K 2 0151 13761	Lambert	Mary	1904	Dec	04	072	F	611 Wall St	IRL
K 2 0152 14324	Lambert	Ruth Ann	1905	Mar	26	085	F	Seattle	ME
K 2 0155 18285	Lamers	Margaret C	1907	Apr	12	001	F	Seattle	WA
	Lamir		1901	Jul			F	Seattle	PA
K 1 0147 06586	Lamir	Eliza	1901	Jul	27	083	F	Seattle	
K 2 0154 16562	Lamon	Rachael	1906	Jul	04	047	F	Van Asselt	MO
K 2 0154 16485	Lamont	Mary L	1906	Jun	25	044	F	Seattle	CND
K 2 0151 13392	Lamoreux	Helen	1904	Sep	17	02m	F	720 19th Ave	SEA
	Lamorist		1901	May			M	Seattle	WA
K 1 0146 06402	Lamorist	----	1901	May	26	10d	M	Seattle	
K 2 0156 18779	Lamote	Erma	1907	Jun	24	022	F	Seattle	BLG
K 2 0151 13759	Lamp	Dorothy M.	1904	Nov	25	05m	F	414 28 Ave S	WA
	Lampert		1902	Oct			M	2912 Elliott Ave.	HLD
K 1 0148 10145	Lampert	Lewis	1902	Oct	05	062	M	2912 Elliott Ave.	
K 1 0149 10954	Lampkin	C.A.	1903	Mar	18	045	M	Providence Hosp.	
	Lampman		1901	May			M	Seattle	WA
K 1 0146 06456	Lampman	Infant	1901	May	04	08d	M	Seattle	
K 2 0151 13749	Lanagan	Arthur L.	1904	Nov	02	024	M	2418 Madison	WA
	Lancaster		1903	Feb			F	2223 Western St.	SEA
K 1 0149 10832	Lancaster	Louise E.	1903	Feb	18	002	F	2223 Western St.	
K 2 0156 18780	Lance	Baby	1907	Jun	27	s/b	M	Seattle	WA
	Land		1902	Aug			M	County Hosp.	IL
K 1 0148 09993	Land	Chas	1902	Aug	06	035	M	County Hosp.	
	Landenglos		1901	Apr			M	Seattle	WI

S R PG REC	LASTNAME	FIRSTNAME	DETH	MN	DT	AGE	S	DEATHPLACE	BIRTH
K 1 0146 06288	Landenglos	Adam	1901	Apr	06	052	M	Seattle	
	Lander		1902	Dec			M	Ballard	SWD
	Lander		1894	Apr			M	Asylum, Ft. Steilacoom	ENG
K 1 0141 00926	Lander	Edward	1894	Apr	26	058	M	Asylum, Ft. Steilacoom	
K 1 0149 10549	Lander	John	1902	Dec	08	054	M	Ballard	
	Landes		1901	Nov			M	Monoad Hosp.	SEA
K 1 0147 07089	Landes	----	1901	Nov	01	17d	M	Monoad Hosp.	
K 2 0152 14323	Landes	Katherine K.	1905	Mar	26	009	F	Seattle	WA
	Landon		1901	May			M	Ft. Steilcoom	NY
K 1 0146 06390	Landon	Walter E.	1901	May	21	040	M	Ft. Steilcoom	
K 2 0153 15205	Landquist	Baby	1905	Sep	15	s/b	M	Seattle	WA
	Lane		1895	Sep			M	227 Market St. Lane,	NY
	Lane		1898	Jun			F	Seattle	KS
	Lane		1895	Sep			M	2010 8th St. Fremont,	WA
K 1 0143 03561	Lane	Fay	1898	Jun	30	05m	F	Seattle	
K 1 0142 01896	Lane	Garlman	1895	Sep	09	03m	M	2010 8th St.	
K 1 0142 01899	Lane	Thomas W.	1895	Sep	27	057	M	227 Market St.	
	Lang		1893	May			M	Coal Creek	SCT
	Lang		1901	Apr			F	Seattle	WA
K 2 0155 16770	Lang	Arthur Sr	1906	Aug	09	082	M	Seattle	CND
K 1 0140 00548	Lang	David	1893	May	12	030	M	Coal Creek	
K 2 0154 17420	Lang	Henrietta S	1906	Dec	12	01d	F	Seattle	WA
K 1 0146 06281	Lang	Janie Catherine	1901	Apr	25	003	F	Seattle	
K 2 0151 13545	Lang	Joseph	1904	Oct	21	046	M	3113 Western	GER
K 1 0141 00924	Lang	Mrs.	1894	Apr	04	052	F	County Farm	
K 2 0155 16628	Langan	James	1906	Jul	15	075	M	Seattle	IRL
K 2 0153 15256	Langanbacher	Ernestine W	1905	Sep	06	043	F	Ballard	GER
K 2 0156 18549	Langdon	Baby	1907	May	13	01d	M	Seattle	WA
K 2 0152 14728	Langdon	William F	1905	Jun	23	035	M	Seattle	USA
K 2 0155 16630	Lange	Ernest	1906	Jul	16	053	M	Seattle	GER
K 1 0141 01111	Langer	Sophia, Mrs.	1894	Jul	30	---	F	Co. Hosp. Georgetown	
K 2 0156 18776	Langford	Lovisa V	1907	Jun	02	056	F	Seattle	CA
K 2 0155 18286	Langland	Niels	1907	Apr	16	033	M	Seattle	NRY
	Langley		1900	Sep			F	Seattle	MN
K 2 0155 16936	Langley	E. W	1906	Sep	23	050	M	Seattle	---
K 1 0146 05705	Langley	Mrs. John A.	1900	Sep	30	024	F	Seattle	
	Langpre		1893	Sep			M	Rolland St.	SEA
K 1 0140 00621	Langpre	Gaspard	1893	Sep	04	10m	M	Rolland St.	
	Langstaff		1893	Mar			M	Seattle	IA
K 1 0140 00512	Langstaff	T.F.	1893	Mar	09	063	M	Seattle	
K 2 0155 18290	Langue	William	1907	Apr	29	041	M	Seattle	MI
	Languss		1893	May			F	Franklin, WA	KS
K 1 0140 00555	Languss	Lurinda	1893	May	20	027	F	Franklin, WA	
K 2 0155 18065	Langway	Fred	1907	Mar	18	034	M	Seattle	CA
	Langwell		1901	Mar			F	Seattle	BLG
K 1 0146 06122	Langwell	Josephine	1901	Mar	18	076	F	Seattle	
K 2 0153 14732	Lanmore	Margaret J.	1905	Jun	29	075	F	Seattle	OH
	Lansbury		1901	Apr			M	Ballard	MI
K 1 0146 06354	Lansbury	John H.	1901	Apr	22	024	M	Ballard	
	Lanscott		1900	Mar			M	Seattle	SEA
K 1 0145 05038	Lanscott	D.S.	1900	Mar	30	02m	M	Seattle	
	Lansing		1894	Jan			F	Providence Hosp.	NY
K 1 0140 00837	Lansing	Catherine nr	1894	Jan	15	060	F	Providence Hosp.	
K 2 0153 14861	Lanson	John	1905	Aug	02	072	M	Ballard	SWD
	Lansway		1902	Jul			M	Steilicoom	OH
K 1 0148 09949	Lansway	John	1902	Jul	27	035	M	Steilicoom	
K 1 0142 01900	Lanty	Isaac	1895	Oct	10	056	M	Seattle	
K 2 0154 16006	Lapasen	Baby	1906	Mar	29	s/b	M	Seattle	WA
	Lapham		1900	Aug			M	Ballard	WA
	Lapham		1900	Aug			M	Ballard dupl see 5342	SEA
K 2 0154 15656	Lapham	Baby	1906	Jan	02	01d	M	Ballard	WA
K 1 0145 05506	Lapham	Edwin W.	1900	Aug	13	01y	M	Ballard dupl see 5342	
K 1 0145 05342	Lapham	Edwin W.	1900	Aug	12	01y	M	Ballard	

S	R	PG	REC	LASTNAME	FIRSTNAME	DETH	MN	DT	AGE	S	DEATHPLACE	BIRTH
K	2	0154	16266	Lapham	Harriett	1906	May	14	047	F	Georgetown	MN
				Lapine		1899	May			F	Seattle	---
				Lappan		1903	Jun			M	Wayside Mission	ENG
K	1	0150	11308	Lappan	Thos.	1903	Jun	20	031	M	Wayside Mission	
K	2	0151	13348	Lapworth	Harold Rupert	1904	Sep	01	010	M	923 1st Ave S	AFR
				Larinear		1902	Jan			M	4th & Spring St.	IA
K	1	0147	07240	Larinear	Wm. W.	1902	Jan	16	062	M	4th & Spring St.	
				Larkin		1902	Dec			M	Ballard	SEA
				Larkin		1894	Mar			M	Poor Hosp.	IRL
K	1	0141	00840	Larkin	James	1894	Mar	10	073	M	Poor Hosp.	
K	1	0149	10551	Larkin	Thos.	1902	Dec	22	07d	M	Ballard	
K	1	0141	01628	Larkins	John	1894	Apr	03	---	M	Phoenix Hotel	
K	2	0153	15581	Larmore	Ollie J	1905	Dec	09	035	F	Seattle	TN
K	1	0150	11306	Larrimore	Wm. A.	1903	May	20	030	M	Skykomish	
K	2	0155	16934	Larry	Tarfield	1906	Aug	26	062	M	Seattle	CND
				Larsell		1901	Feb			F	Ballard	SWD
K	1	0146	06119	Larsell	Anna	1901	Feb	20	040	F	Ballard	
				Larsen		1903	Mar			M	Ballard	WI
				Larsen		1895	Jan			M	Garfield & Orange	SWD
				Larsen		1896	Dec			F	224 Virginia St.	WA
				Larsen		1902	May			F	Providence Hosp.	DNK
				Larsen		1901	Mar			M	Ballard	WA
				Larsen		1899	Aug			F	Seattle	NRY
				Larsen		1898	Aug			F	Seattle	SWD
				Larsen		1900	May			M	Seattle	NRY
				Larsen		1901	Mar			M	Ballard	WA
				Larsen		1896	Nov			F	Black Diamond	sme
				Larsen		1892	May			M	County Farm	SWD
				Larsen		1899	Feb			M	Black Diamond	WA
				Larsen		1901	Apr			M	Seattle	NRY
				Larsen		1898	Jun			M	Seattle	WI
K	1	0142	02486	Larsen	---	1896	Nov	07	11w	F	Black Diamond	
K	1	0144	04102	Larsen	----	1899	Feb	04	08m	M	Black Diamond	
K	1	0149	10946	Larsen	Alfred	1903	Mar	11	011	M	Ballard	
K	1	0146	06297	Larsen	Andrew	1901	Apr	19	027	M	Seattle	
K	1	0142	02551	Larsen	Anna	1896	Dec	18	012	F	224 Virginia St.	
K	2	0155	18546	Larsen	August E	1907	May	08	08m	M	Seattle	WA
K	2	0153	15202	Larsen	Bessie	1905	Sep	12	033	F	Seattle	NRY
K	2	0151	13752	Larsen	Christina	1904	Nov	14	074	F	King Co. Hosp.	NRY
K	2	0153	15200	Larsen	Christina	1905	Aug	30	021	F	Seattle	---
K	1	0143	03560	Larsen	Edw.	1898	Jun	18	016	M	Seattle	
K	2	0151	13777	Larsen	Edward	1904	Dec	24	033	M	Wayside E. Hosp.	NRY
K	2	0153	15206	Larsen	Ellen	1905	Sep	30	002	F	Seattle	MN
K	2	0152	14595	Larsen	Emma	1905	Apr	21	s/b	F	Ballard	WA
K	2	0150	13109	Larsen	Infant	1904	Jul	27	000	M	713 1/2 7 Ave	---
K	1	0140	00294	Larsen	John	1892	May	11	029	M	County Farm	
K	2	0155	16563	Larsen	Joseph	1906	Jul	29	029	M	W. Seattle	MN
K	1	0145	05244	Larsen	L.G.	1900	May	08	029	M	Seattle	
K	2	0151	13242	Larsen	Lena	1904	Aug	19	055	F	1111 Spring St	NRY
K	1	0144	04537	Larsen	Maren	1899	Aug	22	046	F	Seattle	
K	2	0153	15201	Larsen	Martin	1905	Sep	05	020	M	Seattle	NRY
K	2	0151	13542	Larsen	Martin	1904	Oct	09	075	M	232 22nd Ave S	NRY
K	1	0146	06126	Larsen	Martin	1901	Mar	05	---	M	Ballard	
K	1	0146	06121	Larsen	Martin	1901	Mar	05	---	M	Ballard	
K	1	0143	03709	Larsen	Mrs. A.	1898	Aug	29	034	F	Seattle	
K	2	0154	15888	Larsen	Ole A	1906	Feb	25	043	M	Seattle	NRY
K	1	0141	01439	Larsen	Saloman	1895	Jan	19	029	M	Garfield & Orange	
K	1	0148	07698	Larsen	Sugabey	1902	May	24	020	F	Providence Hosp.	
				Larson		1866	---			F	Ballard (d. in the fall)	NRY
				Larson		1899	Oct			M	Seattle	SEA
				Larson		1903	May			M	2511 4th Ave.	NRY
				Larson		1894	Aug			M	221 Rollin St.	SEA
				Larson		1896	Oct			F	333 Rollins St.	SEA

S R	PG	REC	LASTNAME	FIRSTNAME	DETH	MN	DT	AGE	S	DEATHPLACE	BIRTH
			Larson		1894	Mar			M	114 1/2 Main St.	SWD
			Larson		1903	Jan			M	Watcom	SWD
			Larson		1902	Nov			F	Providence Hospital;Atl.Ocn	AOc
			Larson		1902	Oct			M	207 1st Ave. So.	NRY
			Larson		1902	Jan			F	Ballard	NRY
			Larson		1900	Sep			F	Seattle	SEA
			Larson		1895	Sep			M	Providence Hosp.	SWD
K 1	0142	02362	Larson	Allen	1894	Aug	20	03m	M	221 Rollin St.	
K 1	0150	11305	Larson	Andrew	1903	May	31	055	M	2511 4th Ave.	
K 1	0145	05061	Larson	Andrew	1900	Mar	13	058	M	Seattle	
K 1	0145	05669	Larson	Anna L.	1900	Sep	13	02m	F	Seattle	
K 1	0145	04896	Larson	Annie	1866	---	--	060	F	Ballard (d. in the Fall)	
K 1	0148	09977	Larson	Chris	1902	Jul	21	---	-	See 9898	
K 1	0148	09898	Larson	Chris	1902	Jul	22	038	M	South Bend, WA	
K 1	0148	10309	Larson	Elizabeth C.	1902	Nov	22	022	F	Providence Hospital	
K 2	0155	18287	Larson	Florence V D	1907	Apr	19	006	F	Seattle	WA
K 1	0141	01167	Larson	Frank	FF24	Aug	24	---	M	Franklin, WA	
K 1	0144	04685	Larson	Fred'k	1899	Oct	29	07m	M	Seattle	
K 2	0155	18283	Larson	Henry C	1907	Apr	04	02m	M	Seattle	WA
K 1	0141	00891	Larson	Hilda	1894	Apr	03	020	F	Seattle	
K 1	0142	02437	Larson	Infant	1896	Oct	01	>2d	F	333 Rollins St.	
K 2	0155	18288	Larson	James	1907	Apr	22	020	M	Seattle	MN
K 1	0145	04895	Larson	James	1866	---	--	065	M	Ballard (d. in the Fall)	
K 2	0154	16481	Larson	Jessie	1906	Jun	13	001	F	Seattle	WA
K 1	0142	01897	Larson	John	1895	Sep	20	037	M	Providence Hosp.	
K 1	0147	07237	Larson	Julia	1902	Jan	20	032	F	Ballard	
K 2	0155	17622	Larson	Lars J	1907	Jan	10	050	M	Seattle	SWD
K 2	0154	16279	Larson	Laura	1906	May	22	022	F	Ballard	NRY
K 2	0154	16482	Larson	Lilly A	1906	Jun	21	026	F	Seattle	WI
K 1	0140	00764	Larson	Louis	1894	Mar	04	026	M	114 1/2 Main St.	
K 1	0149	10418	Larson	Louis	1902	Oct	21	---	M	207 1st Ave. So.	
K 2	0155	17859	Larson	Louisa	1907	Feb	16	037	F	Seattle	WI
K 2	0154	17299	Larson	Mary	1906	Nov	16	027	F	Seattle	KS
K 1	0149	10678	Larson	Nelce Edward	1903	Jan	13	023	M	Watcom	
K 2	0153	15054	Larson	Nellie	1905	Jul	29	031	F	Seattle	CHL
K 1	0150	11307	Larson	Pete	1903	Jun	25	040	M	Utsaladdy, WA	
K 2	0155	18067	Larson	Peter	1907	Mar	23	030	M	Seattle	NRY
K 2	0152	14326	Larson	Thomas	1905	Mar	29	036	M	Seattle	NRY
K 2	0153	14857	Lash	J. M.	1905	Jul	05	023	M	Seattle	---
			Lassen		1902	Feb			F	2015 1st Ave.	NRY
K 1	0148	07358	Lassen	E.J.	1902	Feb	17	069	F	2015 1st Ave.	
K 1	0144	04016	Lassignan	Jos.	1898	Dec	27	035	M	Seattle	
K 2	0155	17141	Lassy	Mary	1906	Oct	04	026	F	Seattle	FIN
K 2	0151	13765	Latchford	G. S.	1904	Dec	13	065	F	107 Pontius	OH
K 1	0144	04494	Latham	M.L.	1899	Jun	10	066	F	Seattle	
			Lathe		1895	Sep			M	2203 1/2 Front St.	SEA
K 2	0151	13748	Lathe	Hannah E.	1904	Nov	01	077	F	926 Jackson	NY
K 1	0142	01898	Lathe	Infant	1895	Sep	27	01d	M	2203 1/2 Front St.	
			Lathrop		1901	Nov			F	345 16th Ave. No.	NY
K 1	0147	07085	Lathrop	Melissa I.	1901	Nov	16	083	F	345 16th Ave. No.	
			Latimer		1898	Feb			M	Seattle	IL
K 1	0141	01645	Latimer	Sarah C.	1894	May	21	070	F	Seattle	
K 1	0143	03210	Latimer	William G.	1898	Feb	01	065	M	Seattle	
K 2	0155	18068	Latrell	Rupert	1907	Mar	30	013	M	Seattle	CA
			Lauderbeck		1894	Mar			M	723 Warren St.,Seattle	OH
K 1	0140	00776	Lauderbeck	Norman	1894	Mar	31	038	M	723 Warren St.,Seattle	
K 2	0153	14859	Laudgraf	Emma	1905	Jul	24	001	F	Seattle (b.Yukon Terr,	---
K 2	0153	14860	Laudgraf	Louise E	1905	Jul	31	004	-	Seattle	CA
K 2	0154	16185	Laudwehr	Henry A	1906	Apr	03	057	M	Seattle	IN
K 2	0155	17948	Laug	Maryann	1907	Feb	06	068	F	Ballard	CND
			Lauger		1898	Mar			M	Seattle	GER
K 1	0143	03297	Lauger	F. John	1898	Mar	21	044	M	Seattle	
			Laugh		1895	Sep			M	Western Add. Seattle	ONT

S	R	PG	REC	LASTNAME	FIRSTNAME	DETH	MN	DT	AGE	S	DEATHPLACE	BIRTH
				Laughain		1901	Apr			M	Seattle	GER
K	1	0146	06304	Laughain	August	1901	Apr	18	038	M	Seattle	
K	1	0145	04711	Laughborough	Mrs.	1899	Nov	15	028	F	Seattle	
				Laugland		1899	Dec			F	Seattle	SWD
K	1	0145	04790	Laugland	Inglerburg	1899	Dec	26	072	F	Seattle	
				Laull		1903	Jun			M	Genl. Hosp.	WA
K	1	0150	11312	Laull	Roland Julian	1903	Jun	02	014	M	Genl. Hosp.	
K	2	0152	14460	Launer	Susan	1905	Apr	24	088	F	So. Park	OH
K	2	0151	13753	Laurensen	Edward	1904	Nov	15	083	M	King Co. Hosp.	NRY
K	2	0151	13391	Lavan	Louis	1904	Sep	16	039	M	Prov. Hosp.	CND
K	2	0151	13756	Lavegne	Joseph	1904	Nov	20	035	M	611 1/2 Yesler	CA
K	2	0152	14459	Lavender	Edith L.	1905	Apr	12	002	F	Seattle	WA
K	1	0149	10420	Lavender	Hugo	1902	Oct	01	---	M	Lawson Mine	
				Lavenroth		1897	Oct			F	324 So. 5th Ave.	RUS
K	1	0143	02982	Lavenroth	Anna	1897	Oct	16	058	F	324 So. 5th Ave.	
K	1	0141	00977	Lavin	Thomas	1894	May	15	03m	M	2407 Lane St.	
K	1	0144	04427	Lavoil	Louis	1899	Jun	24	024	M	Seattle	
				Law		1903	May			-	Ballard	WA
K	1	0150	11301	Law	Baby	1903	May	11	---	-	Ballard	
K	2	0156	18551	Law	Vera	1907	May	21	08m	F	Seattle	WA
K	2	0151	13409	Lawarence	Dora	1904	Sep	21	039	F	6423 5th Ave NE	MN
				Laweitsen		1891	Oct			F	Seattle	DNK
K	1	0140	00117	Laweitsen	Christina	1891	Oct	15	021	F	Seattle	
				Lawler		1903	Mar			M	815 Alder St.	SEA
K	1	0149	10839	Lawler	Frederick C.	1903	Mar	10	001	M	815 Alder St.	
K	2	0155	17140	Lawler	Mary C	1906	Aug	10	037	F	Seattle	ENG
				Lawrence		1903	Apr			F	217 Pontias Ave.	CT
				Lawrence		1902	Dec			F	1609 19th Ave.	NC
				Lawrence		1900	Nov			M	Seattle	WIN
				Lawrence		1902	Nov			F	Ballard	NY
				Lawrence		1903	May			F	Green Lake	IL
K	2	0155	18284	Lawrence	Baby	1907	Apr	10	01d	F	Seattle	WA
K	2	0156	18777	Lawrence	Charles M	1907	Jun	13	08m	M	Seattle	WA
K	1	0149	10554	Lawrence	Cora May	1902	Dec	31	019	F	1609 19th Ave.	
K	2	0155	17144	Lawrence	Della M	1906	Oct	11	024	F	Seattle	IA
K	1	0150	11102	Lawrence	Frances	1903	Apr	20	023	F	217 Pontias Ave.	
K	1	0146	05801	Lawrence	Fred K.	1900	Nov	17	052	M	Seattle	
K	2	0153	15332	Lawrence	John	1905	Oct	20	043	M	Seattle	---
K	1	0150	11303	Lawrence	Julia	1903	May	25	052	F	Green Lake	
K	1	0148	10308	Lawrence	Mary	1902	Nov	28	052	F	Ballard	
K	2	0154	15718	Lawrence	Mary A	1906	Jan	02	057	F	Seattle	NY
				Lawrie		1900	Feb			M	Seattle	ONT
K	1	0145	04911	Lawrie	Jno. M.	1900	Feb	01	053	M	Seattle	
				Laws		1891	Aug			F	Fall City	PA
K	2	0152	14006	Laws	Charles	1905	Jan	19	034	M	Wayside E. Hosp	KS
K	1	0140	00018	Laws	Eliz.	1891	Aug	04	004	F	Fall City	
				Lawson		1903	Apr			M	Maynard Hosp.	SEA
				Lawson		1900	Mar			M	Providence Hospital	KY
				Lawson		1903	Apr			F	Maynard Hosp.	IRL
				Lawson		1902	Mar			M	Maynard Hosp.	WA
				Lawson		1901	Sep			F	Ballard	WA
K	1	0149	11098	Lawson	Anna M.	1903	Apr	26	033	F	Maynard Hosp.	
K	1	0145	04994	Lawson	Chas. F.	1900	Mar	18	039	M	Providence Hospital	
K	1	0143	02810	Lawson	Ellen E.	1897	Jun	14	039	F	Seattle Genl. Hosp.	
K	2	0151	13778	Lawson	Georgie C.	1904	Dec	26	027	F	3919 12th Ave NE	MN
K	2	0154	17298	Lawson	Gladys	1906	Nov	14	012	F	Seattle	AL
K	1	0149	11100	Lawson	Infant	1903	Apr	26	---	M	Maynard Hosp.	
K	1	0148	07481	Lawson	Infant	1902	Mar	27	---	M	Maynard Hosp.	
K	2	0155	17142	Lawson	John	1906	Oct	09	064	M	Seattle	ENG
K	1	0147	06833	Lawson	Violet M.	1901	Sep	26	07m	F	Ballard	
				Lawton		1891	Oct			M	Seattle	ENG
K	1	0140	00114	Lawton	Chas W.	1891	Oct	17	053	M	Seattle	
K	1	0141	00841	Lawton	Henry B.	1894	Mar	14	058	M	Providence Hosp.	

S R PG REC	LASTNAME	FIRSTNAME	DETH MN DT AGE	S	DEATHPLACE	BIRTH
	Layton		1902 Dec	F	Seattle Genl. Hosp.	GA
	Layton		1902 Dec	M	Seattle Genl. Hosp.	SEA
K 1 0149 10752	Layton	Infant	1902 Dec 29 ---	M	Seattle Genl. Hosp.	
K 1 0149 10548	Layton	Susan Elizabeth	1902 Dec 29 027	F	Seattle Genl. Hosp.	
K 2 0153 14975	Le Gate	Ds H.	1905 Jul 31 071	M	LaConner	---
K 2 0152 14727	Le Noir	G. W.	1905 Jun 22 044	M	Seattle	CND
	LeAbbe		1898 Jan	M	Seattle	CO
K 1 0143 03142	LeAbbe	G. A.	1898 Jan 19 004	M	Seattle	
	LeBallister		1898 Oct	M	Seattle	ME
K 1 0144 03898	LeBallister	C.T.	1898 Oct 01 068	M	Seattle	
	LeClare		1894 Feb	M	Co. Hospital	GER
K 1 0141 00839	LeClare	John	1894 Feb 03 033	M	Co. Hospital	
K 1 0144 04031	LeFoulgac	Pierre	1899 Jan 02 033	M	Seattle	
	LeMoin		1902 Oct	M	1212 6th St.	CA
K 1 0149 10419	LeMoin	Clarence	1902 Oct 25 029	M	1212 6th St.	
	LeVake		1900 Sep	F	Brooklyn St.	NY
K 1 0145 05670	LeVake	Norma	1900 Sep 13 01m	F	Brooklyn St.	
	Leach		1899 Feb	M	Seattle	NE
	Leach		1899 Jan	M	Latona	KY
K 1 0144 04135	Leach	Charles	1899 Feb 14 019	M	Seattle	
K 1 0144 04071	Leach	John	1899 Jan 17 060	M	Latona	
K 1 0141 01109	Leach	Maggie	1894 Jul 13 030	F	2931 1/2 Front St.	
K 2 0151 13541	Leadbeter	Infant	1904 Oct 05 24d	F	812 1/2 Howell St.	WA
K 1 0148 07536	Leadbetter	Harvey Harold	1901 Nov 13 007	M	See record	
	Leader		1896 Feb	M	Fremont	ENG
K 1 0142 02087	Leader	Edward	1896 Feb 08 038	M	Fremont	
K 1 0149 10552	Leadworth	Michael	1902 Dec 19 035	M	Seattle Genl. Hosp.	
K 2 0152 14004	Leahy	Baby	1905 Jan 16 s/b	M	2123 6th Ave	WA
	Leak		1894 Jun	F	Kirkland	PA
K 1 0142 01709	Leak	Electa C.	1894 Jun 30 029	F	Kirkland	
K 2 0155 17854	Leaman	Amelia	1907 Feb 06 029	F	Seattle	WI
K 2 0154 16480	Learned	William H	1906 Jun 10 050	M	Seattle	MN
	Lease		1902 Jun	M	Seattle	CND
K 1 0148 07827	Lease	H.F.	1902 Jun 22 050	M	Seattle	
	Leatham		1896 Sep	F	Howard House	SEA
K 1 0142 02414	Leatham	Florence	1896 Sep 11 06m	F	Howard House	
	Leather		1901 Mar	F	Seattle	WA
K 1 0146 06125	Leather	Elizabeth C.	1901 Mar 29 003	F	Seattle	
	Leavett		1901 Apr	F	Seattle	IRL
K 1 0146 06226	Leavett	Anna	1901 Apr 22 050	F	Seattle	
	Leavy		1902 Dec	M	419 Warren Ave.	IRL
K 1 0149 10552	Leavy	John	1902 Dec 10 069	M	419 Warren Ave.	
K 1 0149 10834	Leawright	Clay Crosby	1903 Feb 10 054	M	Globe Hotel	
K 2 0154 17417	Lebarge	Irene M	1906 Dec 02 017	F	Seattle	MI
K 2 0154 15884	Lebold	Conrad Henry	1906 Feb 05 061	M	Seattle	OH
	Leckie		1903 Mar	M	County Hosp.	CND
	Leckie		1903 Mar	M	see dupl. 10838	CND
K 1 0149 10838	Leckie	Stewart	1903 Mar 01 054	M	County Hosp.	
K 1 0149 10951	Leckie	Stewart	1903 Mar 01 054	M	see dupl. 10838	
	Ledgerwood		1898 Jul	M	Seattle	WA
K 1 0143 03632	Ledgerwood	J.	1898 Jul 01 014	M	Seattle	
	Lee		1902 Sep	M	1027 1st Ave. So.	IN
	Lee		1898 May	M	Seattle	SEA
	Lee		1892 Apr	F	South Seattle	SEA
	Lee		1902 Apr	M	King Co. Hospital	NRY
	Lee		1897 Nov	M	813 Alder St.	WA
	Lee		1900 May	F	Seattle	SEA
	Lee		1899 Feb	M	Seattle	SEA
	Lee		1899 Aug	M	Seattle	SEA
K 1 0143 03488	Lee	A.	1898 May 22 10m	M	Seattle	
K 2 0152 14316	Lee	Alexander	1905 Mar 05 054	M	Georgetown	MN
K 2 0152 14725	Lee	Carl A	1905 Jun 06 040	M	Pontiac	NRY
K 1 0140 00257	Lee	Franklin	1892 Apr 27 04m	F	South Seattle	

S R PG REC	LASTNAME	FIRSTNAME	DETH MN DT AGE	S	DEATHPLACE	BIRTH
K 1 0144 04552	Lee	Freddie	1899 Aug 31 09m	M	Seattle	
K 2 0155 18410	Lee	Gehrhart	1907 May 07 03m	M	Ballard	WA
K 2 0155 17856	Lee	H F	1907 Feb 09 050	M	Seattle	---
K 1 0140 01216	Lee	Hattie L	1894 Mar 05 062	F	Fremont, WA	
K 1 0143 03037	Lee	Infant	1897 Nov 07 03m	M	813 Alder St.	
K 1 0148 07520	Lee	Jack	1902 Apr 04 051	M	King Co. Hospital	
K 2 0154 16483	Lee	John A	1906 Jun 22 01m	M	Seattle	WA
K 1 0140 00039	Lee	Jonithan	1891 Aug 07 079	M	Seattle	
K 2 0151 13755	Lee	Josie	1904 Nov 17 047	F	SEA. Gen Hosp.	OH
K 2 0154 16347	Lee	Ole	1906 May 06 071	M	Seattle	NRY
K 1 0145 05260	Lee	P.L.	1900 May 28 10m	F	Seattle	
K 1 0141 01165	Lee	R.K.	1894 Aug 02 070	M	Clay & 4th St.	
K 2 0154 15886	Lee	Robert W	1906 Feb 14 065	M	Seattle	OH
K 2 0155 16769	Lee	Sadie	1906 Aug 06 045	F	Seattle	OH
K 2 0154 17150	Lee	Simon R	1906 Oct 31 072	M	Seattle	NRY
K 1 0144 04146	Lee	Victor Grant	1899 Feb 25 08m	M	Seattle	
K 2 0151 13396	Lee	Victor J.	1904 Sep 08 044	M	520 1st Ave N	AUT
K 1 0148 10219	Lee	W. M.	1902 Sep 25 042	M	1027 1st Ave. So.	
	Leed		1903 Feb	F	Maynard Hosp.	SEA
K 1 0149 10837	Leed	Infant	1903 Feb 02 ---	F	Maynard Hosp.	
	Leehey		1901 Sep	M	Seattle	SEA
	Leehey		1902 May	M	700 Kinnear Pl.	SEA
K 1 0148 07699	Leehey	John Kenneth	1902 May 15 06m	M	700 Kinnear Pl.	
K 1 0147 06828	Leehey	Maurice G.	1901 Sep 07 09m	M	Seattle	
K 2 0155 18409	Lees	Lewis E	1907 Apr 17 020	M	Georgetown	CND
K 1 0141 00838	Legas	Jennie	1894 Feb 02 008	F	10th & Norman St.	
	Legeard		1895 Feb	F	Cosmop. Hotel	FRN
K 1 0141 01458	Legeard	Adelle	1895 Feb 08 042	F	Cosmop. Hotel	
	Legg		1901 Sep	M	913 5th Ave. No.	WA
K 1 0147 06834	Legg	Louis Henry	1901 Sep 15 02m	M	913 5th Ave. No.	
	Leggett		1901 Oct	M	Occidental Ave.	SEA
K 1 0147 06931	Leggett	Charlie	1901 Oct 27 22m	M	Occidental Ave.	
	Lehman		1902 Oct	F	Eagle Harbor, WA	GER
K 1 0149 10421	Lehman	Sophie	1902 Oct 12 061	F	Eagle Harbor, WA	
	Lehmann		1899 Oct	M	Seattle	NRY
K 1 0144 04639	Lehmann	Emil A.L.	1899 Oct 07 074	M	Seattle	
K 2 0155 18066	Lehmanowsky	Leslie	1907 Mar 21 015	M	Seattle	OR
K 2 0154 16005	Lehn	Adolph	1906 Mar 10 022	M	Seattle	MN
K 2 0153 15402	Lehu	Minnie	1905 Nov 28 077	F	Ballard	GER
K 2 0155 17727	Leibman	Anna	1907 Jan 01 003	F	Youngstown	WA
	Leighton		1897 Aug	F	Green Lake	ME
	Leighton		1901 Aug	M	Seattle	ME
K 2 0154 15719	Leighton	Elizabeth J	1906 Jan 11 051	F	Seattle	NY
K 1 0143 02886	Leighton	Ellen F.	1897 Aug 31 064	F	Green Lake	
K 2 0152 14171	Leighton	George H.	1905 Feb 11 024	M	2016 N 78 St	MA
K 1 0147 06738	Leighton	John D.	1901 Aug 08 079	M	Seattle	
K 1 0147 06644	Leighton	John M.	1901 Aug 02 079	M	Seattle	
K 2 0155 17035	Leinan	Erling	1906 Sep 10 003	M	Ballard	NRY
K 2 0154 17149	Leipsey	Leula	1906 Oct 30 002	F	Seattle	MN
	Leitch		1902 Jun	M	City Jail	MA
K 1 0148 07828	Leitch	N.A.	1902 Jun 03 040	M	City Jail	
K 2 0156 18645	Lelievre	Adelaid	1907 May 09 032	F	Riverton	FRN
	Leman		1894 Aug	F	433 Olympic Ave. Seattle	VT
K 1 0141 01166	Leman	Caroline C.	1894 Aug 04 073	F	433 Olympic Ave. Seattle	
K 2 0155 16692	Leman	Frederick	1906 Jul 28 028	M	Seattle	NRY
K 2 0153 15333	Lemarbre	Omer	1905 Oct 20 031	M	Seattle	---
	Lement		1891 Sep	F	Seattle	OH
K 1 0140 00066	Lement	Marinda	1891 Sep 29 080	F	Seattle	
	Lemm		1898 Jun	M	Seattle	OH
K 1 0143 03559	Lemm	M. H.	1898 Jun 07 049	M	Seattle	
K 2 0151 13779	Lemmon	James	1904 Dec 28 080	M	115 3rd Ave N	OH
K 2 0155 16935	Lemon	Baby	1906 Sep 20 s/b	F	Seattle	WA
	Lenaw		1901 Apr	M	Co. Jail	SWD

S R PG REC	LASTNAME	FIRSTNAME	DETH MN DT AGE S	DEATHPLACE	BIRTH
K 1 0146 06320	Lenaw	L.B.	1901 Apr 09 030 M	Co. Jail	
	Lendfers		1893 Sep M	Decatur St. near Madison	SEA
K 1 0140 00635	Lendfers	Louis	1893 Sep 09 03m M	Decatur St. near Madison	
K 2 0155 17143	Lenenberger	Frederick	1906 Oct 09 053 M	Seattle	SWT
K 2 0154 16486	Lener	Baby	1906 Jun 29 s/b F	Seattle	WA
K 2 0155 18448	Lenman	J. C.	1906 Dec 18 066 M	Alaska	ME
K 1 0140 00253	Lennon	John	1892 Apr 19 055 M	Elliott Bay	
	Lenont		1896 Feb F	Denver House	MN
K 1 0142 02066	Lenont	Miss Anna	1896 Feb 07 025 F	Denver House	
K 1 0141 01257	Lentz	Emily Augusta	1894 Oct 03 019 F	Cor. McClair & Knight St.	
K 2 0155 17858	Lenz	Mathilde	1907 Feb 15 072 F	Seattle	GER
	Leo		1899 Dec F	Seattle	GER
K 1 0145 04780	Leo	Marie	1899 Dec 19 080 F	Seattle	
	Leona		1899 Mar M	Seattle	
K 1 0144 04215	Leona	Willie Gan	1899 Mar 27 003 M	Seattle	
	Leonard		1894 Mar F	1806 1/2 11th St.	NY
K 1 0141 01541	Leonard	Eliza	1894 Mar 27 067 F	1806 1/2 11th St.	
K 2 0153 15050	Leonard	Esther R	1905 Jul 15 02m F	Seattle	WA
K 2 0155 16625	Leonard	Frances E	1906 Jul 01 047 F	Seattle	WI
K 2 0151 13750	Leonard	Lewis N.	1904 Nov 11 001 M	519 Leime St	IL
	Leong		1899 Mar M	Seattle	SEA
K 2 0156 18782	Leong	Mary E	1907 Jun 28 076 F	Seattle	IN
K 1 0145 05594	Leong	Yon	1900 Sep 05 044 M	Seattle	
K 2 0154 16348	Leonhardt	Jessie E	1906 May 10 034 F	Seattle	WI
K 2 0152 14168	Lepage	Horace R.	1905 Feb 04 01m M	1513 4 Ave	WA
K 1 0147 07081	Lepeire	Lord	1901 Dec 15 024 M	Providence Hosp.	
K 2 0154 16077	Lepisto	John	1906 Mar 20 026 M	Kerriston	---
K 1 0150 11314	Leplat	Margaret	1903 Jun 09 069 F	S. Seattle	AF
K 1 0150 11314	Leplat	Margaret	1903 Jun 09 069 F	S. Seattle	
K 2 0154 17146	Lernm	Andrea B	1906 Oct 21 005 M	Seattle	WA
K 1 0147 06570	Leroque	Mary	1901 --- -- --- -	See pg 146 rec.#6124	
	Lerrier		1902 Oct F	Providence Hosp.	NY
K 1 0149 10423	Lerrier	Bertha	1902 Oct 09 016 F	Providence Hosp.	
	Leslie		1899 Sep M	Seattle	SEA
	Leslie		1901 Mar F	Seattle	WA
K 1 0146 06123	Leslie	Baby	1901 Mar 18 --- F	Seattle	
K 2 0150 13107	Leslie	Ephraim	1904 Jul 02 055 M	Prov. Hosp.	---
K 1 0144 04608	Leslie	Infant	1899 Sep 28 10d M	Seattle	
K 2 0152 14007	Leslie	Norman	1905 Jan 24 002 M	813 E 70th St	IRL
	Lessinger		1901 Nov M	Elliott Bay	US
K 1 0147 07088	Lessinger	James M.	1901 Nov 01 030 M	Elliott Bay	
	Lessiski		1902 Oct M	Providence Hosp.	RUS
K 1 0149 10417	Lessiski	John	1902 Oct 29 038 M	Providence Hosp.	
	Lester		1894 Mar M	Providence Hosp.	NY
K 1 0140 01233	Lester	Joseph	1894 Mar 24 035 M	Providence Hosp.	
K 2 0152 14172	Leth	William	1905 Feb 12 059 M	Wayside E. Hosp.	DNK
K 1 0144 04181	Leucht	Charles	1899 Mar 13 029 M	Seattle	
	Leuter		1898 Jun M	Seattle	GER
K 1 0144 03969	Leuter	William (amended see 3	1898 Jun 05 061 M	Seattle	
K 1 0143 03558	Leuter	William J.	1898 Jun 05 061 M	Seattle	
K 2 0152 14598	Leuzi	P	1905 May 15 025 M	Seattle	ITL
K 2 0152 14317	Levandis	George	1905 Mar 08 050 M	Seattle	GRC
	Lever		1902 Jun F	Seattle	AUS
K 1 0148 07830	Lever	Meri	1902 Jun 15 020 F	Seattle	
	Levy		1901 Jun M	Seattle	DC
	Levy		1900 Jan F	Seattle	WA
K 1 0144 04172	Levy	Charles	1899 Mar 09 056 M	Seattle	
K 2 0152 14599	Levy	Eugene H	1905 May 17 047 M	Seattle	CA
K 1 0142 01698	Levy	Joseph	1894 Jun 26 042 M	Providence Hosp	
K 1 0146 06546	Levy	Nelson A.	1901 Jun 21 044 M	Seattle	
K 1 0145 04845	Levy	Victoria	1900 Jan 15 006 F	Seattle	
K 1 0140 00252	Lewin	L.B.	1892 Feb 17 025 M	Fremont	
	Lewis		1902 Aug F	933 Lake View Ave.	DNK

S R	PG	REC	LASTNAME	FIRSTNAME	DETH MN	DT	AGE	S	DEATHPLACE	BIRTH
			Lewis		1897 Oct			M	Providence Hosp.	MA
			Lewis		1900 Aug			M	Grand St. Bridge	IN
			Lewis		1898 Dec			F	Seattle	IL
			Lewis		1901 Oct			M	Foot of Washington St.	ENG
			Lewis		1893 Jul			M	1616 Yesler Ave.	ENG
			Lewis		1901 Dec			M	717 Stewart St.	PA
			Lewis		1902 Aug			F	Green Lake	WA
			Lewis		1903 Jun			M	619 Miner Ave.	WLS
			Lewis		1899 Apr			M	Seattle	NRY
K 1	0144	04310	Lewis	Abraham	1899 Apr	26	080	M	Seattle	
K 2	0154	15885	Lewis	Anna	1906 Feb	14	033	F	Seattle	---
K 2	0152	14729	Lewis	Baby	1905 Jun	25	07h	F	Seattle	WA
K 1	0144	04547	Lewis	Delancy B.	1899 Aug	29	030	M	Seattle	
K 2	0153	15051	Lewis	Dora	1905 Jul	16	076	F	Seattle	GER
K 1	0143	02981	Lewis	E.	1897 Oct	08	063	M	Providence Hosp.	
K 1	0148	10036	Lewis	Frances Mary	1902 Aug	31	002	F	Green Lake	
K 1	0145	05561	Lewis	Frank	1900 Aug	10	026	M	Grand St. Bridge	
K 2	0155	18544	Lewis	George	1907 May	02	033	M	Seattle	---
K 2	0155	17067	Lewis	George W	1906 Oct	15	038	M	Ballard	WV
K 2	0151	13764	Lewis	Granvil S.	1904 Dec	13	066	M	1717 Boylston	OH
K 1	0143	03489	Lewis	H. A.	1898 May	25	055	F	Seattle	
K 2	0154	15721	Lewis	Helen M	1906 Jan	14	070	F	Seattle	ME
K 1	0147	07084	Lewis	John R.	1901 Dec	05	056	M	717 Stewart St.	
K 2	0153	15053	Lewis	Leonard	1905 Jul	25	009	M	Seattle	WA
K 1	0148	10035	Lewis	Lilly L.	1902 Aug	26	012	F	933 Lake View Ave.	
K 2	0150	13108	Lewis	Lizzie	1904 Jul	20	038	F	King Co. Hosp.	CA
K 1	0144	03895	Lewis	Louisa	1898 Dec	14	054	F	Seattle	
K 1	0149	10676	Lewis	Manse	1903 Jan	06	040	M	523 Yesler Way	
K 2	0152	14458	Lewis	Margaret	1905 Apr	09	053	F	Seattle	CND
K 2	0153	15120	Lewis	Mary E	1905 Sep	13	051	F	Blk Diamond	KY
K 1	0150	11310	Lewis	Morris	1903 Jun	11	072	M	619 Miner Ave.	
K 1	0148	07359	Lewis	Robert	1901 Oct	27	035	M	Foot of Washington St.	
K 1	0140	00575	Lewis	Thomas	1893 Jul	10	029	M	1616 Yesler Ave.	
			Ley		1895 Mar			F	611 Pearl	ONT
K 1	0141	01538	Ley	Mary Anne	1895 Mar	30	028	F	611 Pearl	
			Leyde		1902 Apr			M	New Van Asalt	MN
K 1	0148	07528	Leyde	James	1902 Apr	20	---	M	New Van Asalt	
K 1	0144	04656	Leyde	Samuel	1899 Oct	14	060	M	Seattle	
			Leyshon		1896 Mar			F	Oakland, CA	WLS
K 1	0142	02109	Leyshon	Mary	1896 Mar	09	039	F	Oakland, CA	
			Liandis		1900 May			M	Seattle	PHL
K 1	0145	05204	Liandis	Rufus	1900 May	15	035	M	Seattle	
			Libbee		1902 Oct			M	2815 1st Ave.	WA
K 1	0148	10416	Libbee	Infant	1902 Oct	03	---	M	2815 1st Ave.	
			Libby		1896 Jul			M	126 Wilfred St.	SEA
			Libby		1901 Apr			F	Seattle Genl. Hosp.	IA
K 1	0142	02309	Libby	Chas. W.	1896 Jul	17	049	M	126 Wilfred St.	
K 1	0146	06302	Libby	Jessie H.	1901 Apr	19	036	F	Seattle Genl. Hosp.	
K 2	0155	17423	Liberty	Asida	1906 Dec	20	041	F	Seattle	CND
K 2	0152	14730	Lidman	Josefine	1905 Jun	28	030	F	Seattle	NRY
			Lidstone		1898 Jan			M	Seattle	CA
K 1	0143	03141	Lidstone	Joseph	1898 Jan	17	052	M	Seattle	
			Liedborg		1901 Jul			M	Seattle	SWD
K 1	0147	06635	Liedborg	C.V.	1901 Jul	01	045	M	Seattle	
K 2	0150	13157	Lief	Young	1904 Jul	13	034	M	SEA Gen Hosp	CHN
K 2	0154	17297	Lies	August	1906 Nov	05	044	M	Seattle	---
			Lillico		1900 Jan			M	Seattle	CND
K 1	0145	04861	Lillico	Peter	1900 Jan	23	062	M	Seattle	
			Lillie		1901 Aug			M	Seattle	WA
K 2	0153	15203	Lillie	Albert E	1905 Sep	13	052	M	Seattle	WI
K 1	0147	06740	Lillie	Marshall V.	1901 Aug	07	012	M	Seattle	
			Lillis		1894 ---			M	Georgetown	IRL
K 2	0152	13780	Lillis	Julia	1904 Dec	28	071	F	Georgetown	NY

S R PG REC	LASTNAME	FIRSTNAME	DETH	MN	DT	AGE	S	DEATHPLACE	BIRTH
K 1 0142 01704	Lillis	Patrick	1894	---	05	049	M	Georgetown	
	Lilly		1898	Mar			M	Seattle	IRL
K 2 0151 13463	Lilly	Alice M.	1904	Sep	19	10m	F	Dunlap (b.NW Terr.	---
K 1 0143 03299	Lilly	John	1898	Mar	25	045	M	Seattle	
K 2 0156 18783	Lilly	Valena G	1907	Jun	28	073	F	Seattle	NY
	Lillygren		1894	Jul			M	Queen Anne Hill	SEA
K 1 0142 01729	Lillygren	Ednega	1894	Jul	15	006	M	Queen Anne Hill	
	Linberg		1897	Feb			F	112 Light St.	ME
K 1 0142 02648	Linberg	Mable	1897	Feb	04	007	F	112 Light St.	
	Linbug		1896	Aug			F	Light St.	SEA
K 1 0142 02361	Linbug	Vera F.	1896	Aug	14	02m	F	Light St.	
K 2 0156 18781	Lincolm	Alvin C	1907	Jun	27	064	M	Seattle	MA
	Lincoln		1895	Jan			F	Brooklyn Ave.	WA
	Lincoln		1903	Apr			M	Wayside Mission	---
K 1 0150 11300	Lincoln	Abraham	1903	Apr	27	022	M	Wayside Mission	
K 2 0152 14174	Lincoln	Emma	1905	Feb	24	046	F	Pacific Hosp.	NY
K 1 0141 01428	Lincoln	Lulu	1895	Jan	11	16m	F	Brooklyn Ave.	
	Lind		1903	Feb			M	Providence Hosp.	FIN
	Lind		1902	Aug			F	Maynard Hosp.	FRN
K 1 0143 03633	Lind	A.E.	1898	Jul	08	039	F	Seattle	
K 1 0149 10833	Lind	John	1903	Feb	25	021	M	Providence Hosp.	
K 1 0148 10037	Lind	Lea	1902	Aug	25	---	F	Maynard Hosp.	
K 2 0152 13781	Lind	Margaret	1904	Dec	29	03d	F	3214 5th Ave W	WA
K 2 0151 13543	Lindal	Jacob	1904	Oct	11	052	M	221 E Polk St	ICE
	Lindberg		1903	Feb			M	Fremont	SWD
	Lindberg		1898	Nov			F	Seattle	SWD
K 1 0144 03927	Lindberg	Bertha	1898	Nov	10	015	F	Seattle	
K 2 0153 14974	Lindberg	Ida E.	1905	Aug	20	029	F	W. Seattle	SWE
K 1 0149 10836	Lindberg	Julius	1903	Feb	26	074	M	Fremont	
	Lindell		1899	Jan			M	Seattle	SEA
K 2 0152 14325	Lindell	Alfred	1905	Mar	29	036	M	Seattle	SWD
K 1 0144 04035	Lindell	Robert	1899	Jan	02	009	M	Seattle	
	Linder		1899	Dec			M	Seattle	SEA
	Linder		1903	May			F	King Co. Hosp.	FIN
K 1 0150 11101	Linder	Mary	1903	May	28	028	F	King Co. Hosp.	
K 1 0145 04784	Linder	Theadore	1899	Dec	21	001	M	Seattle	
	Lindgren		1901	Jul			M	Nome, AK	SWD
	Lindgren		1902	Feb			F	820 23rd Ave So.	SEA
K 1 0147 06666	Lindgren	C. Richard	1901	Jul	15	022	M	Nome, AK	
K 1 0148 07357	Lindgren	Lillian Laura	1902	Feb	19	001	F	820 23rd Ave So.	
	Lindguist		1901	Jan			M	Seattle	SWD
	Lindmark		1895	Sep			M	Park Ave, Baker St.	SEA
K 1 0142 01893	Lindmark	Otto F.	1895	Sep	01	03y	M	Park Ave, Baker St.	
K 2 0151 13243	Lindoff	Leroy	1904	Aug	26	000	M	South Seattle	SEA
K 2 0152 14318	Lindquist	Baby	1905	Mar	15	s/b	F	Seattle	WA
K 1 0146 06011	Lindquist	John	1901	Jan	16	071	M	Seattle	
K 2 0151 13758	Lindsay	R. E.	1904	Nov	22	048	M	Prov. Hosp.	---
	Lindsey		1899	Jun			F	Seattle	SEA
	Lindsey		1900	Aug			M	Co. Hospital	KY
K 1 0144 04433	Lindsey	----	1899	Jun	29	02w	F	Seattle	
K 1 0145 05387	Lindsey	A. B.	1900	Aug	22	070	M	Co. Hospital	
K 2 0155 17422	Lindsey	William F	1906	Dec	17	026	M	Seattle	MO
	Lindstrom		1901	Apr			M	Providence Hosp.	SWD
K 2 0156 18873	Lindstrom	Peter	1907	Jun	23	050	M	Skykomish	NRY
K 1 0146 06301	Lindstrom	Peter	1901	Apr	19	029	M	Providence Hosp.	
	Lindvall		1902	Aug			M	Seattle	SEA
K 1 0148 09899	Lindvall	Chas.	1902	Aug	03	002	M	Seattle	
	Line		1902	Aug			F	Green Lake	SEA
K 1 0148 10033	Line	Abbie	1902	Aug	09	05m	F	Green Lake	
K 2 0153 15133	Lineham	Phil	1905	Sep	27	045	M	------	---
K 2 0155 17531	Lines	Esther	1906	Dec	23	079	F	Ballard	CT
K 2 0153 15394	Lines	N B	1905	Nov	19	080	M	Ballard	CT
K 2 0154 15887	Linford	Dorothy M	1906	Feb	17	011	F	Seattle	WA

S	R	PG	REC	LASTNAME	FIRSTNAME	DETH	MN	DT	AGE	S	DEATHPLACE	BIRTH
				Ling		1895	Aug			M	Steamer Idaho	CHN
K	1	0142	01772	Ling	Charlie	1895	Aug	16	---	M	Steamer Idaho	
K	1	0141	01020	Lingnau	Hilda	1894	Jun	02	035	F	Lewis St. nr Remington Ave.	
				Lingren		1902	Feb			M	Providence Hosp.	SWD
K	1	0147	07355	Lingren	O.F.	1902	Feb	09	041	M	Providence Hosp.	
				Linke		1902	Jan			F	2208 6th Ave.	NE
K	1	0147	07244	Linke	Hattie M.	1902	Jan	16	016	F	2208 6th Ave.	
				Linmark		1900	Nov			M	Hospital Ship-Idaho	FIN
K	1	0146	05787	Linmark	A.	1900	Nov	20	043	M	Hospital Ship-Idaho	
K	2	0156	18778	Linn	Roy	1907	Jun	24	017	M	Seattle	WA
				Linnet		1891	Aug			F	Fremont	VA
K	1	0140	00011	Linnet	Charlotta	1891	Aug	04	02y	F	Fremont	
K	1	0142	01702	Linquist	Charles	1894	Jun	30	027	M	Providence Hosp	
				Linscott		1900	Jul			M	Auburn	WI
K	1	0145	05384	Linscott	A.O.	1900	Jul	13	033	M	Auburn	
				Lintz		1894	Apr			M	Renton, WA	NY
K	1	0141	00946	Lintz	Harvey B.	1894	Apr	21	028	M	Renton, WA	
K	2	0154	16184	Lipman	L L	1906	Apr	01	066	M	Seattle	FRN
				Lippencott		1902	Apr			M	Providence Hosp	OH
K	1	0148	07552	Lippencott	Major A.E.	1902	Apr	16	056	M	Providence Hosp	
				Lippy		1901	---			-	Transportation of corpse	---
K	1	0147	06569	Lippy	Randolph P.	1901	---	--	---	-	Body transported ???	
				Lipse		1897	Nov			M	Green Lake	WA
K	1	0143	02983	Lipse	Walter	1897	Nov	15	002	M	Green Lake	
				Liskie		1901	Sep			M	Seattle	MI
K	1	0147	06829	Liskie	John	1901	Sep	25	025	M	Seattle	
				Litchfield		1900	Mar			M	Co. Hospital	Amr
K	2	0151	13540	Litchfield	Thomas H.	1904	Mar	04	063	M	Georgetown	MA
K	1	0145	04902	Litchfield	Thos. H.	1900	Mar	04	063	M	Co. Hospital	
				Littell		1902	Oct			F	1312 Terry Ave.	CT
K	1	0149	10422	Littell	Louisa S.	1902	Oct	08	083	F	1312 Terry Ave.	
				Little		1901	Oct			F	Seattle Genl Hosp	CND
				Little		1901	Oct			F	Port Blakely	SCT
				Little		1896	Jul			M	412 Broadway	SEA
K	2	0155	17532	Little	------	1906	Dec	09	---	-	Georgetown	SWD
K	2	0153	15384	Little	Baby	1905	Oct	03	02d	M	Auburn	WA
K	1	0147	06933	Little	Ellen Waker	1901	Oct	26	071	F	Port Blakely	
K	1	0149	10550	Little	Frank N.	1902	Dec	01	056	M	Sutton, NH	
K	1	0142	02308	Little	Herman	1896	Jul	10	18m	M	412 Broadway	
K	2	0153	15510	Little	Homer H	1905	Dec	13	10m	M	NE 4 twp 29, R4	WA
K	2	0156	18548	Little	James E	1907	May	11	017	F	Seattle	NE
K	1	0147	06930	Little	Mary Edith	1901	Oct	24	022	F	Seattle Genl Hosp	
K	1	0140	00027	Little	Willis	1891	Aug	09	018	M	Seattle	
K	2	0155	17626	Littlefield	Charles W	1907	Jan	22	048	M	Seattle	---
				Littlejohn		1901	Dec			F	52 W. Cedar	WA
K	1	0147	07083	Littlejohn	Marion	1901	Dec	06	09m	F	52 W. Cedar	
K	2	0154	17148	Liu	Goon	1906	Oct	25	007	F	Seattle	WA
				Livesley		1894	Jul			F	218 Taylor St.	ENG
K	1	0141	01037	Livesley	Margaret	1894	Jul	19	063	F	218 Taylor St.	
				Livingood		1903	Jun			M	Providence Hosp.	PA
K	1	0150	11309	Livingood	Joseph	1903	Jun	12	049	M	Providence Hosp.	
				Livingston		1903	Mar			M	West Seattle	SEA
K	1	0140	00663	Livingston	Everet C.	1893	Nov	07	01y	M	So. Seattle	
K	2	0155	17625	Livingston	J J	1907	Jan	19	045	M	Seattle	---
K	1	0149	10956	Livingston	Ralph E.	1903	Mar	24	006	M	West Seattle	
K	2	0153	14731	Lizby	Alice	1905	Jun	28	042	F	Seattle	IL
				Llewellyn		1896	May			F	710 So. 9th St.	SEA
				Llewellyn		1898	Oct			F	Seattle	SEA
K	1	0144	03865	Llewellyn	Hazel	1898	Oct	13	002	F	Seattle	
K	1	0142	02227	Llewellyn	Jennie L.	1896	May	31	026	F	710 So. 9th St.	
K	1	0147	07354	Llewellyn	Wm.	1902	Jan	31	039	M	1st Ave. So.	
				Llewelyn		1892	Jan			F	Franklin	WA
K	1	0140	00180	Llewelyn	Mary	1892	Jan	11	18m	F	Franklin	

S R PG REC	LASTNAME	FIRSTNAME	DETH MN DT AGE	S	DEATHPLACE	BIRTH
K 1 0140 00556	Lloyd	Jessie A.	1893 May 27 028	F	Seattle	
	Loasby		1903 Mar	M	Providence Hosp.	MT
K 1 0149 10953	Loasby	Archie G.	1903 Mar 12 021	M	Providence Hosp.	
K 1 0147 07082	Lobb	H.M.	1901 Dec 07 047	M	Providence Hosp.	
	Lobe		1898 May	M	Seattle	CA
K 1 0143 03487	Lobe	M. E.	1898 May 17 010	M	Seattle	
K 2 0152 14319	Loberg	Annie	1905 Mar 17 048	F	Seattle	SWD
K 2 0155 18289	Lock	Eng	1907 Apr 26 056	M	Seattle	CHN
	Lockard		1898 Mar	F	Seattle	KY
K 1 0143 03296	Lockard	M. E.	1898 Mar 16 063	F	Seattle	
	Locke		1891 Sep	F	Seattle	MN
	Locke		1900 Jun	M	Seattle	WA
K 1 0140 00067	Locke	Belle	1891 Sep 15 01y	F	Seattle	
K 1 0145 05323	Locke	Geo.	1900 Jun 05 035	M	Seattle	
	Lockwood		1903 Jan	M	135 Taylor Ave.	NY
K 1 0150 11311	Lockwood	C.	1903 Jun 13 035	M	Wayside Mission	
K 1 0149 10677	Lockwood	Ephram	1903 Jan 29 060	M	135 Taylor Ave.	
K 2 0150 13238	Loeb	Infant	1904 Aug 02 000	M	209 13th N	WA
	Loedeike		1902 Jan	M	Yesler, WA	GER
K 1 0147 07241	Loedeike	August	1902 Jan 01 060	M	Yesler, WA	
K 2 0154 15722	Loekke	Baby	1906 Jan 17 s/b	M	Seattle	WA
	Lofgren		1894 May	F	Queen Anne Hill	SWD
K 1 0141 01639	Lofgren	Matilda	1894 May 30 048	F	Queen Anne Hill	
	Loftus		1898 Dec	M	Duwamish	IRL
	Loftus		1900 May	F	Seattle	PA
	Loftus		1898 Sep	F	Renton	IRL
K 2 0155 16626	Loftus	Baby	1906 Jul 01 07m	F	Seattle	WA
K 2 0151 13751	Loftus	Julia C. M.	1904 Nov 14 022	F	1022 Pine St.	MI
K 1 0145 05206	Loftus	Katie	1900 May 01 014	F	Seattle	
K 1 0144 03792	Loftus	Mary	1898 Sep 14 086	F	Renton	
K 1 0144 04022	Loftus	Pat	1898 Dec 31 086	M	Duwamish	
K 2 0152 14320	Logan	Fannie	1905 Mar 19 052	F	Georgetown	KY
K 1 0148 07829	Logan	Rob't	1902 Mar 29 039	M	Seattle	
K 2 0156 18670	Logan	William	1907 May 18 047	M	Georgetown	SCT
K 2 0155 16937	Logan	William W	1906 Sep 30 04m	M	Seattle	WA
K 2 0151 13546	Logeny	Florence B.	1904 Oct 24 017	F	4347 7th Ave NE	USA
	Logie		1902 Jan	M	1628 9th Ave.	NY
K 1 0147 07241	Logie	Wm.	1902 Jan 29 044	M	1628 9th Ave.	
	Lohen		1900 Nov	F	Ballard	WA
K 1 0146 05809	Lohen	Atherlina (?)	1900 Nov 08 05d	F	Ballard	
K 1 0140 00051	Loma	Frances J.	1891 Sep 22 007	M	Slaughter (now Auburn)	
	Lombard		1899 Apr	F	Seattle	ME
K 1 0144 04284	Lombard	E.B.	1899 Apr 16 063	F	Seattle	
K 1 0143 03631	Lombardini	B.	1898 Jul 28 021	M	Seattle	
K 1 0141 01313	Lonaker	H. D.	1894 Oct 03 064	-	Kent	
	Lond		1891 Oct	M	Seattle	MI
K 1 0140 00128	Lond	Runzi	1891 Oct 13 020	M	Seattle	
	Londerville		1892 Dec	-	Ballard	sme
	Londerville		1901 Sep	M	B St. Ballard	WA
	Londerville		1902 Jul	F	Seattle	MO
K 1 0140 00439	Londerville	---	1892 Dec 19 07d	-	Ballard	
K 1 0148 09948	Londerville	Clemie	1902 Jul 26 030	F	Seattle	
K 1 0147 06832	Londerville	Joseph Edwards	1901 Sep 27 01m	M	B St. Ballard	
K 2 0151 13544	London	David B.	1904 Oct 15 002	M	511 N Broadway	WA
K 2 0152 14002	London	Godfrey	1905 Jan 08 030	M	Palmer, WA	MA
	Londsburg		1895 Aug	M	Seattle	SEA
K 1 0142 01773	Londsburg	Leonard	1895 Aug 17 04m	M	Seattle	
	Long		1902 Apr	M	So. Park	OH
	Long		1903 Jan	M	1109 Pontias Ave.	IRL
	Long		1902 Apr	M	4356 7th N.E.	US
	Long		1901 Feb	M	Co. Hospital	IRL
	Long		1901 Jan	F	Seattle	IRL
K 2 0153 15511	Long	George	1905 Dec 17 053	M	Georgetown	TN

S R PG REC	LASTNAME	FIRSTNAME	DETH	MN	DT	AGE	S	DEATHPLACE	BIRTH
K 1 0142 02226	Long	Henry	1896	May	28	016	M	Seattle	
K 2 0151 13455	Long	James	1904	Sep	28	074	M	Prov. Hosp.	MD
K 1 0146 06120	Long	Jerry	1901	Feb	25	036	M	Co. Hospital	
K 2 0154 16265	Long	John	1906	May	06	066	M	Georgetown	ENG
K 2 0154 15800	Long	Josephine C	1906	Feb	06	071	F	Ballard	PA
K 1 0148 07596	Long	Lewis	1902	Apr	21	090	M	4356 7th N.E.	
K 2 0154 17145	Long	Marion H	1906	Oct	20	067	F	Seattle	CND
K 1 0146 06008	Long	Mary	1901	Jan	23	086	F	Seattle	
K 2 0153 15331	Long	Nicholas	1905	Oct	19	026	M	Seattle	MN
K 1 0149 10676	Long	Richard	1903	Jan	04	070	M	1109 Pontias Ave.	
K 2 0154 16076	Long	Ruth	1906	Mar	06	01m	F	Youngstown	WI
K 1 0140 00477	Long	Samuel	1893	Jan	07	055	M	Seattle	
K 1 0148 07758	Long	Samuel M.	1902	Apr	29	068	M	So. Park	
K 2 0156 18552	Long	Sarah A	1907	May	24	057	F	Seattle	NY
K 2 0153 15330	Long	Vivian O	1905	Oct	15	007	F	Seattle	WA
K 2 0156 18550	Long	William	1907	May	15	056	M	Seattle	ENG
K 2 0155 16627	Long	William L	1906	Jul	03	s/b	M	Seattle	WA
	Long De.		1900	Dec			M	Ballard (c/b DeLong)	ME
K 1 0146 05895	Long De.	W. C.	1900	Dec	10	056	M	Ballard (c/b DeLong)	
	Longaker		1893	Sep			M	Kent, King Co.	PA
K 1 0140 00625	Longaker	Henry Jr.	1893	Sep	20	14+	M	Kent, King Co.	
	Longfellow		1894	Dec			F	Cor. Willow & Depot	ME
	Longfellow		1900	Apr			M	Seattle	ME
K 2 0152 14005	Longfellow	Elinor	1905	Jan	17	090	F	124 Taylor Ave	ME
K 1 0145 05131	Longfellow	G.O.	1900	Apr	05	021	M	Seattle	
K 1 0141 01375	Longfellow	Hattie	1894	Dec	15	033	F	Cor. Willow & Depot	
K 1 0142 02618	Longsloff	Mary E.	1897	Jan	31	054	F	2506 Madison	
	Longsten		1898	Sep			M	Seattle	MA
K 1 0143 03791	Longsten	S.	1898	Sep	08	050	M	Seattle	
	Longworth		1901	Sep			M	Lester, WA	MA
K 1 0147 06831	Longworth	Peter	1901	Sep	11	045	M	Lester, WA	
K 2 0150 13237	Longworthy	Sanford	1904	Aug	12	068	M	5636 12 NE	NY
	Lonntgen		1900	Apr			F	Seattle	NRY
K 1 0145 05116	Lonntgen	Mary	1900	Apr	14	024	F	Seattle	
	Lonsbury		1899	Apr			F	Seattle	ME
K 1 0144 04293	Lonsbury	Mary	1899	Apr	20	015	F	Seattle	
	Lonsway		1896	Dec			M	1301 Washington	SEA
K 1 0142 02552	Lonsway	R.J.	1896	Dec	31	02m	M	1301 Washington	
K 1 0140 00613	Lood	Thressa	1893	Sep	11	005	F	Auburn	
	Look		1894	May			M	512 Washington St.	CHN
K 1 0031 00963	Look	Ah Hem (Chinese)	1894	May	02	029	M	512 Washington St.	
	Loomis		1901	Nov			F	813 Alder St.	SEA
	Loomis		1899	Dec			F	Seattle	Amr
K 1 0145 04756	Loomis	Maggie	1899	Dec	06	045	F	Seattle	
K 2 0153 15052	Loomis	Muriel I	1905	Jul	21	001	F	Seattle	WA
K 1 0147 07087	Loomis	Myrtle	1901	Nov	11	14d	F	813 Alder St.	
K 2 0152 14170	Looney	Joseph W.	1905	Feb	09	002	M	527 21 Ave N	TX
	Loose		1900	Dec			F	So. Seattle	IRL
K 1 0146 05893	Loose	Margaret	1900	Dec	31	052	F	So. Seattle	
K 1 0142 01901	Lopez	Emanuel	1895	Dec	23	083	M	Providence Hosp.	
K 2 0150 13241	Lopis	Mary (Mrs.)	1904	Aug	18	019	F	Prov. Hosp.	CA
K 2 0154 17147	Lorang	Christine	1906	Oct	22	020	F	Seattle	---
	Loranger		1902	Jan			F	2808 Madison	MN
	Loranger		1902	Jan			F	2808 Madison	CND
K 1 0147 07245	Loranger	Colombe Marie Teresa	1902	Jan	05	021	F	2808 Madison	
K 2 0155 17728	Loranger	Edmund J	1907	Jan	09	052	M	Columbia	CND
K 1 0147 07239	Loranger	Marie Ann Angeline	1902	Jan	25	026	F	2808 Madison	
	Lord		1898	Jan			M	Seattle	BC
	Lord		1900	May			M	Seattle	ENG
	Lord		1899	Mar			M	Seattle	ME
K 2 0153 15257	Lord	Charles	1905	Oct	09	053	M	Orting, WA	MA
K 1 0146 06605	Lord	Elmer	1901	Jan	01	026	M	Co. Hospital	
K 2 0154 16245	Lord	Eugene D	1906	Apr	02	062	M	Columbia	OH

S R PG REC	LASTNAME	FIRSTNAME	DETH	MN	DT	AGE	S	DEATHPLACE	BIRTH
K 1 0145 05273	Lord	Frank	1900	May	03	042	M	Seattle	
K 1 0143 03143	Lord	Frank L.	1898	Jan	19	040	M	Seattle	
K 1 0144 04220	Lord	G. W.	1899	Mar	29	045	M	Seattle	
	Loregreen		1895	Dec			F	Preston Mill	WA
K 1 0142 01988	Loregreen	Hanna Lillie	1895	Dec	10	11m	F	Preston Mill	
K 1 0140 00130	Lorett	James	1891	Oct	28	041	M	Seattle	
K 2 0154 16484	Losey	Marvin Jr	1906	Jun	23	030	M	Seattle	MI
K 2 0154 17421	Losh	Lizzie E	1906	Dec	14	044	F	Seattle	MI
	Lough		1899	Dec			F	Fremont	MI
	Lough		1896	Jun			F	1220 So. 11th Ave.	SEA
K 1 0142 02269	Lough	Pearl G.	1896	Jun	10	27m	F	1220 So. 11th Ave.	
K 1 0142 01895	Lough	Thomas W.	1895	Sep	09	045	M	Western Add. Seattle	
K 1 0145 04773	Lough	Vina G.	1899	Dec	15	025	F	Fremont	
	Loughren		1891	Aug			F	Renton New Castle,	WA
K 1 0140 00037	Loughren	Mary	1891	Aug	26	016	F	Renton	
K 2 0154 16346	Louvier	Arthur M	1906	May	05	02m	M	Seattle	WA
	Love		1900	Dec			F	Seattle	WI
	Love		1898	Mar			M	Seattle	NY
K 2 0153 15455	Love	Baby	1905	Nov	27	s/b	M	Seattle	WA
K 2 0153 15524	Love	Baby	1905	Dec	22	s/b	M	Ballard	WA
K 2 0155 17855	Love	Baby	1907	Feb	07	01d	F	Seattle	WA
K 1 0143 03298	Love	Charles E.	1898	Mar	23	033	M	Seattle	
K 1 0146 05894	Love	Nannie O.	1900	Dec	15	042	F	Seattle	
K 2 0152 14169	Love	Robert E.	1905	Feb	05	027	M	nr Robe	WA
	Lovejoy		1899	Oct			M	Seattle	ME
	Lovejoy		1903	May			M	1200 6th Ave. No.	SEA
K 1 0144 04632	Lovejoy	----	1899	Oct	03	071	M	Seattle	
K 2 0155 17860	Lovejoy	Catherine A	1907	Feb	26	003	F	Seattle	WA
K 1 0150 11302	Lovejoy	Infant	1903	May	09	---	M	1200 6th Ave. No.	
K 2 0150 13239	Lovejoy	Loren K.	1904	Aug	12	043	M	Bellevue	MN
K 2 0151 13336	Lovejoy	Loren K.	1904	Aug	12	043	M	Bellevue	MN
K 2 0152 14726	Lovejoy	Omer E.	1905	Jun	20	034	M	Georgetown	NY
	Lovell		1897	Sep			M	Seattle Post Office	MA
K 1 0143 02944	Lovell	Frederick M.	1897	Sep	24	058	M	Seattle Post Office	
	Lovely		1901	Apr			M	Palmer, WA	CND
K 1 0146 06364	Lovely	Herbert	1901	Apr	17	036	M	Palmer, WA	
K 2 0152 14173	Lovening	Lydia W.	1905	Feb	18	072	F	403 E. Lynn St	VT
K 2 0155 17624	Lovette	H N	1907	Jan	13	055	M	Seattle	FRN
K 2 0154 15883	Lovie	Hikiss	1906	Feb	03	001	M	Seattle	WA
	Lovin		1896	Dec			F	14 Birch St.	CA
K 1 0142 02550	Lovin	Elizabeth Lillian	1896	Dec	05	01y	F	14 Birch St.	
	Lowe		1901	Jan			M	Seattle	MO
K 2 0154 16004	Lowe	Baby	1906	Mar	03	16d	M	Seattle	WA
K 1 0146 06010	Lowe	Joseph	1901	Jan	17	062	M	Seattle	
	Lowell		1902	Apr			F	717 8th Ave.	OH
K 1 0148 07753	Lowell	Elizabeth	1902	Apr	08	015	F	717 8th Ave.	
K 1 0144 04442	Lowen	William	1899	Jun	29	035	M	Seattle	
K 2 0152 14003	Lowery	Elizabeth	1905	Jan	10	067	F	301 22 Ave	ENG
K 1 0147 07091	Lowery	Wm.	1901	Nov	15	029	M	Roslyn, WA	
K 1 0141 01259	Loyd	Eli William L.	1894	Oct	06	013	M	2nd btw Blnchard & Bell	
K 1 0141 01209	Loyhey	Infant	1894	Sep	01	10d	F	Latona	
K 1 0140 00666	Lratley	James S.W.	1893	Nov	27	028	M	Seattle	
	LuPugh		1896	Aug			M	Seattle	SEA
K 1 0142 02363	LuPugh	John	1896	Aug	27	07m	M	Seattle	
	Luanson		1892	Jan			F	Seattle	SWD
K 1 0140 00165	Luanson	Anna, Mrs.	1892	Jan	07	046	F	Seattle	
	Lubesen		1898	Jan			M	Seattle	GER
K 1 0143 03140	Lubesen	Fred	1898	Jan	09	044	M	Seattle	
K 2 0154 17300	Luby	Baby	1906	Nov	19	s/b	M	Seattle	WA
	Lucas		1902	Aug			F	Seattle	WA
	Lucas		1901	Nov			F	Providence Hosp.	KS
	Lucas		1894	Apr			M	Ballard	KY
K 1 0140 00296	Lucas	Albert	1892	Apr	25	060	M	-----	

S R	PG	REC	LASTNAME	FIRSTNAME	DETH	MN	DT	AGE	S	DEATHPLACE	BIRTH
K 1	0147	07086	Lucas	Alice J.	1901	Nov	17	026	F	Providence Hosp.	
K 2	0154	16479	Lucas	Augustus C	1906	Jun	09	020	M	Seattle	MT
K 1	0140	00035	Lucas	J.	1891	---	--	---	M	So. Seattle	
K 1	0144	04652	Lucas	Maria B.	1899	Oct	13	002	M	Seattle (sex ?)	
K 2	0151	13747	Lucas	Oliver	1904	Oct	20	029	M	King Co. Hosp.	IN
K 1	0148	10115	Lucas	Venita	1902	Aug	28	001	F	Seattle	
K 1	0141	00888	Lucas	William	1894	Apr	08	072	M	Ballard	
			Luchrrsr		1900	Mar			M	Co. Hospital	Amr
K 1	0145	04901	Luchrrsr	Franklin	1900	Mar	03	053	M	Co. Hospital	
			Luckenbork		1902	Feb			F	230 Pontius Ave.	ENG
K 1	0148	07356	Luckenbork	Nellie	1902	Feb	22	035	F	230 Pontius Ave.	
			Ludlon		1898	May			M	Seattle	SC
K 1	0143	03486	Ludlon	Rev.	1898	May	07	065	M	Seattle	
K 2	0151	13762	Ludwig	Lena	1904	Dec	04	040	F	South Park	GER
K 1	0142	02511	Ludwig	Mrs. C.	1896	Nov	23	067	F	General Hosp.	
K 2	0154	17418	Luhn	Robert	1906	Dec	10	026	M	Seattle	CA
			Luisbaugh		1895	Feb			F	Chautauqua	NY
K 1	0141	01407	Luisbaugh	Georgiana	1895	Feb	12	045	F	Chautauqua	
			Lukan		1903	May			F	1506 11th Ave. So.	MN
K 1	0150	11304	Lukan	Mrs. Angeline	1903	May	14	037	F	1506 11th Ave. So.	
K 2	0151	13757	Luke	Fred	1904	Nov	21	047	M	King Co. Hosp.	MO
K 2	0155	16851	Lukinger	Bertha	1906	Aug	24	040	F	Georgetown	MN
			Lunburg		1902	Oct			M	Lawson, WA	SWD
K 1	0149	10427	Lunburg	Robert	1902	Oct	02	023	M	Lawson, WA	
			Lund		1900	Mar			M	Eagle Gorge	WA
			Lund		1899	Oct			M	Seattle	SEA
			Lund		1900	Oct			M	Co. Hospital	MN
K 2	0151	13244	Lund	Alice	1904	Aug	24	000	F	720 Blanchard	SEA
K 2	0155	16629	Lund	Axel	1906	Jul	16	024	M	Seattle	FIN
K 2	0155	18187	Lund	Baby	1907	Mar	25	s/b	F	N. Bend	WA
K 1	0145	04980	Lund	Chas.	1900	Mar	16	015	M	Eagle Gorge	
K 2	0152	14596	Lund	Emil	1905	May	09	037	M	Seattle	---
K 1	0146	05706	Lund	G.G.	1900	Oct	26	027	M	Co. Hospital	
K 1	0141	01376	Lund	Gust	1894	Nov	03	029	M	Green Tree L. House	
K 1	0144	04661	Lund	Harry W.	1899	Oct	16	002	M	Seattle	
K 2	0155	17623	Lund	Lars H	1907	Jan	11	083	M	Seattle	SWD
K 1	0149	10955	Lund	Magnus	1903	Mar	23	033	M	Providence Hosp.	
K 2	0151	13763	Lund	Marie J.	1904	Dec	13	032	F	187 27th Ave S	FIN
K 2	0151	13760	Lund	Martin	1904	Nov	26	052	M	King Co. Hosp.	NRY
K 2	0154	15889	Lund	Nellie	1906	Feb	28	021	F	Seattle	WA
			Lundberg		1901	Oct			F	Interbay	SEA
			Lundberg		1897	Mar			F	219 9th Ave. & Union	SWD
K 1	0143	02688	Lundberg	Agnes	1897	Mar	26	014	F	219 9th Ave. & Union	
K 1	0147	07090	Lundberg	Annie Elsie	1901	Oct	31	01m	F	Interbay	
K 2	0151	13754	Lundberg	Mary	1904	Nov	16	014	F	208 14th Ave N	WA
K 1	0145	05577	Lunde	Neils	1900	Aug	15	059	M	Seattle	
K 1	0144	03928	Lundean	Otto	1898	Oct	06	022	M	White Pass, AK	
K 2	0154	16349	Lunderwold	Lars	1906	May	21	031	M	Seattle	NRY
			Lundgren		1894	Jul			F	2012 6th St.	NRY
			Lundgren		1895	Aug			F	421 Rollin St.	SEA
K 2	0155	17853	Lundgren	Conrad	1907	Feb	03	019	M	Seattle	SWD
K 1	0141	01110	Lundgren	Lisa	1894	Jul	30	027	F	2012 6th St.	
K 1	0142	01779	Lundgren	Mary	1895	Aug	20	06m	F	421 Rollin St.	
K 2	0155	17857	Lundry	Simon	1907	Feb	11	083	M	Seattle	---
			Lundstrom		1901	Jan			F	Seattle	ND
K 1	0146	06007	Lundstrom	Gertrude	1901	Jan	11	016	F	Seattle	
			Lunf		1897	Jun			M	6th Ave. So & Jackson	CHN
K 1	0143	02809	Lunf	Chuie	1897	Jun	01	042	M	6th Ave. So & Jackson	
			Lung		1897	Feb			M	15 6th St. So.	CHN
			Lung		1892	May			M	Seattle	CHN
K 1	0143	02649	Lung	Bien	1897	Feb	13	035	M	15 6th St. So.	
K 2	0154	17301	Lung	George W	1906	Nov	25	083	M	Seattle	PA
K 1	0030	00283	Lung	Wee	1892	May	07	025	M	Seattle	

S R PG REC	LASTNAME	FIRSTNAME	DETH MN DT AGE	S	DEATHPLACE	BIRTH
K 1 0142 02225	Lungren	August E.	1896 May 25 06m	M	Seattle	
K 2 0152 14322	Lunholm	Charles	1905 Mar 24 042	M	Seattle	SWD
K 1 0150 11313	Lunmore	A.L.	1903 Jun 08 029	M	Seattle Gen. Hosp.	
K 1 0150 11313	Lunmore	A.L.	1903 Jun 08 029	M	Seattle Gen. Hosp.	MI
	Lunn		1902 Aug	F	1712 Summit	SEA
K 1 0148 10024	Lunn	Lois Vivian	1902 Aug 08 01m	F	1712 Summit	
	Lusby		1902 Oct	F	Seattle Genl Hosp.	NY
K 1 0148 10092	Lusby	Rhoda	1902 Oct 07 038	F	Seattle Genl Hosp.	
K 2 0154 15720	Lusk	Baby	1906 Jan 12 s/b	M	Seattle	WA
	Luslie		1901 Feb	M	Kent	FRN
K 1 0146 05897	Luslie	Frank	1901 Feb 01 046	M	Kent	
	Luss		1894 Mar	M	Co. Hospital	GER
K 1 0141 01243	Luss	Albert	1894 Mar 04 060	M	Co. Hospital	
	Lussky		1901 Oct	M	So. Seattle	GER
K 1 0147 06932	Lussky	Paul	1901 Oct 07 043	M	So. Seattle	
	Lusting		1895 Sep	M	Co. Hospital	NY
K 1 0142 01894	Lusting	Sam	1895 Sep 06 020	M	Co. Hospital	
	Lustiz		1902 Jan	F	11th & E. Alder	RUS
K 1 0147 07243	Lustiz	Mrs. H.M.	1902 Jan 04 027	F	11th & E. Alder	
	Luther		1901 Jan	M	Wayside Mission	MA
K 1 0146 06009	Luther	C.A.	1901 Jan 18 038	M	Wayside Mission	
K 1 0143 03634	Lyford	L.J.	1898 Jul 08 055	M	Seattle	
	Lyle		1898 Jun	M	Seattle	IRL
K 1 0143 03557	Lyle	Thos.	1898 Jun 01 050	M	Seattle	
K 2 0151 13766	Lyman	-------	1904 Dec 23 ---	F	803 E 72 St	WA
K 2 0151 13547	Lyman	J. Eugene	1904 Oct 28 031	M	SEA. Gen. Hosp.	IL
	Lymen		1900 Dec	F	Green Lake	NE
K 1 0146 05893	Lymen	Caroline	1900 Dec 12 007	F	Green Lake	
	Lynch		1903 Jan	F	Seattle Genl Hosp.	SCT
	Lynch		1902 Sep	M	Providence Hosp.	IRL
	Lynch		1900 Sep	M	Co. Hospital	MA
	Lynch		1893 May	M	Providence Hosp.	IA
	Lynch		1898 Sep	M	Seattle	KS
	Lynch		1902 Sep	F	1611 E. Fir St.	MO
	Lynch		1902 Dec	F	534 Terrace Ave.	ME
K 1 0143 03790	Lynch	H.	1898 Sep 03 18m	M	Seattle	
K 1 0145 05704	Lynch	J.	1900 Sep 30 034	M	Co. Hospital	
K 1 0148 10218	Lynch	Jennie M.	1902 Sep 19 025	F	1611 E. Fir St.	
K 1 0148 10217	Lynch	John	1902 Sep 17 055	M	Providence Hosp.	
K 1 0140 00547	Lynch	John B.	1893 May 02 031	M	Providence Hosp.	
K 1 0149 10675	Lynch	Mase	1903 Jan 24 029	F	Seattle Genl Hosp.	
K 1 0149 10547	Lynch	Sarah J.	1902 Dec 14 076	F	534 Terrace Ave.	
K 1 0145 04870	Lynch	Thomas	1900 Jan 28 060	M	Seattle	
K 2 0155 17036	Lynch	William C	1906 Oct 16 031	M	Georgetown	CA
	Lyon		1902 Jul	M	Seattle	NY
K 1 0148 09952	Lyon	Col. Geo. G.	1902 Jul 17 060	M	Seattle	
	Lyons		1900 Feb	F	Seattle	CND
	Lyons		1896 Jun	M	1518 4th St.	IA
	Lyons		1897 Jun	M	Port Blakely	IRL
	Lyons		1901 Jul	M	Seattle	CA
	Lyons		1903 Feb	M	Yesler Station	MN
	Lyons		1901 Jun	F	Seattle	IA
K 1 0149 10831	Lyons	Arthur	1903 Feb 08 014	M	Yesler Station	
K 1 0147 06622	Lyons	Chas. E.	1901 Jul 06 019	M	Seattle	
K 2 0155 18545	Lyons	Emma	1907 May 05 045	F	Seattle	---
K 2 0153 15582	Lyons	Emma J	1905 Dec 28 058	F	Seattle	OH
K 2 0155 17949	Lyons	John F E	1907 Feb 20 002	M	Alki Pt	WA
K 2 0155 18547	Lyons	Margaret E	1907 May 11 009	F	Seattle	WA
K 1 0145 04924	Lyons	Mary	1900 Feb 03 045	F	Seattle	
K 1 0146 06547	Lyons	Mary L.	1901 Jun 16 022	F	Seattle	
K 1 0143 02850	Lyons	Michael J.	1897 Jun 19 064	M	Port Blakely	
K 1 0142 02268	Lyons	Michel E.	1896 Jun 01 038	M	1518 4th St.	
K 2 0152 14457	Lypsinman	J	1905 Feb 14 034	M	Seattle	FIN

S R	PG	REC	LASTNAME	FIRSTNAME	DETH	MN	DT	AGE	S	DEATHPLACE	BIRTH
K 2	0154	15717	Lypsinman	John	1906	Jan	02	011	M	Seattle	---
			Lyson		1901	Sep			F	Co. Hosp.	MA
K 1	0147	06830	Lyson	Julie	1901	Sep	01	034	F	Co. Hosp.	
			Lytle		1898	Oct			M	Seattle	OH
			Lytle		1902	Jan			F	Providence Hosp.	MN
K 2	0152	14233	Lytle	Edwin E.	1905	Mar	03	008	M	Bothell	WA
K 1	0147	07238	Lytle	Ida Ellen	1902	Jan	15	026	F	Providence Hosp.	
K 1	0144	03864	Lytle	NK	1898	Oct	13	055	M	Seattle	
K 1	0312	07448	Mabbott	John	1902	Mar	05	055	M	1918 10 S	ENG
K 1	0311	07101	Mabee	Elizabeth	1901	Dec	13	050	F	216 24 Ave (b.Ontario,	CND
K 2	0168	14329	Mabie	Baby	1905	Mar	08	s/b	M	Ballard	WA
K 2	0187	13118	MacArthur	Jessie Marion	1904	Jul	20	03m	F	Interbay	SEA
K 2	0189	16782	MacClay	John	1906	Aug	26	062	M	Seattle	---
K 1	0312	07600	MacCormack	J.M.	1902	Apr	11	069	M	1929 Queen Anne Ave	OH
K 2	0174	17862	MacDonald	Anna	1907	Feb	07	047	F	Seattle	MN
K 1	0160	04672	MacDougal	M.D.	1899	Oct	23	071	F	Seattle	
K 2	0168	14603	MacDuff	James	1905	May	10	068	M	Seattle	SCT
K 2	0170	15458	MacKenzie	Delbert	1905	Nov	07	016	M	Seattle	WA
K 2	0171	16197	MacKnight	James	1906	Apr	26	069	M	Seattle (b.at sea	---
K 2	0190	17168	MacLean	Susan	1906	Oct	17	039	F	Seattle	ENG
K 2	0190	16952	MacNamara	Infant	1906	Sep	27	s/b	M	Seattle	WA
K 2	0171	16353	Macauley	Harriet	1906	May	25	060	F	Seattle	CND
K 1	0163	06673	Mace	James E.	1901	Jun	14	073	M	Vashon	VT
K 2	0167	14015	Mach	Charles	1905	Jan	25	019	M	King Co. Hosp.	NRY
K 2	0164	12189	Macintire	Dorigald C	1903	Dec	06	057	M	206 Nob Hill Ave	SCT
K 2	0175	18671	Mack	Cora	1906	Nov	24	---	F	Seattle	---
K 2	0173	17632	Mackay	Chas B.	1907	Jan	20	073	M	Seattle	ENG
K 2	0172	16941	Mackay	Elizabeth	1906	Sep	15	080	F	Seattle	SCT
K 1	0162	05830	Mackert	A. Montgomery	1900	Nov	18	002	M	Seattle	UT
K 1	0161	05494	Mackert	Ensign E.	1900	Aug	03	5da	M	Seattle	SEA
K 1	0312	10039	Mackey	Angres	1902	Jul	26	040	M	Everett	---
K 1	0162	05904	Macy	Baby	1900	Dec	18	23d	F	Edgewater	WA
K 1	0162	06017	Macy	Infant	1901	Jan	11	1da	F	Seattle	WA
K 2	0170	15724	Madden	Bridget	1906	Jan	04	078	F	Seattle	IRL
K 1	0312	10038	Madden	Harriett Elizabeth	1902	Aug	05	045	F	Queen Anne (b.Baltimore,	MD
K 2	0170	15896	Madden	Harry	1906	Feb	25	06m	M	Seattle	WA
K 2	0170	15462	Madden	Mary A.	1905	Nov	28	020	F	Seattle	WA
K 2	0164	11914	Madden	Raymond H	1903	Oct	--	020	M	Tombstone, AZ	NM
K 1	0162	05902	Maden	Jack	1900	Dec	31	045	M	Seattle	IRL
K 2	0165	13110	Madere	Phulomene (Mrs.)	1904	Jul	02	058	F	323 Terry Ave	CND
K 1	0314	11319	Mades	Catherine	1903	May	22	02m	F	W Seattle	sme
K 2	0173	17534	Mades	Infant	1906	Nov	23	023	M	West Seattle	WA
K 1	0161	05360	Madigan	Michael M.	1900	Jun	10	049	M	Seattle	WI
K 2	0171	16012	Madire	Fred	1906	Mar	30	056	M	Seattle	CND
K 1	0313	10431	Madison	Anna	1902	Oct	27	033	F	Prov. Hosp.	MD
K 1	0153	00484	Madison	C. F.	1893	Jan	30		M	Found in the woods (frozen)	
K 2	0163	11781	Madole	Eliza Boynton	1903	Sep	30	025	M	Florence, WA	MI
K 1	0161	05286	Madole	F.J.	1900	May	14	026	M	Seattle	PA
K 2	0163	11647	Madsen	H. J. A.	1903	Aug	03	048	M	Green Lk.	DNK
K 1	0152	00384	Madsen	Nelse R.	1892	Sep	29	022	M	Seattle	
K 1	0157	02987	Madsen	Noah	1897	Oct	18	2wk	F	Ballard	WA
K 2	0170	15460	Madson	M. M.	1905	Nov	20	059	M	Seattle	DNK
K 2	0169	14976	Maechi	Alexander	1905	Jul	11	024	M	Georgetown	FIN
K 1	0171	10425	Maedge	Chas. W.	1902	Oct	13	035	M	MONOD HOSP.	GER
K 1	0314	10685	Mafaige	Catherine	1903	Jan	15	028	F	527 Fairview Ave	GRC
K 1	0163	11643	Mafinge	George	1903	Aug	08	08m	M	518 Pontius Ave	SEA
K 1	0155	02019	Mafrige	Jessie	1896	Jan	24	001	F	Seattle	SEA
K 1	0153	00906	Maggs	John S.	1894	Apr	08	062	M	1520 Dexter St.	
K 2	0173	17160	Magman	Herbert A.	1906	Oct	30	052	M	Seattle	SWD
K 1	0157	03494	Magnus		1898	May	25	4da	F	Seattle	SEA
K 2	0165	12981	Magnus	Michael	1904	Jun	23	032	M	Seattle Gen. Hosp.	FIN
K 2	0166	13253	Magnussen	Infant	1904	Aug	26	s/b	F	260 Lake Dell Ave	SEA
K 2	0172	16640	Maguechi	Dominic	1906	Jul	25	046	M	Seattle	ITL

S	R	PG	REC	LASTNAME	FIRSTNAME	DETH	MN	DT	AGE	S	DEATHPLACE	BIRTH
K	1	0153	00980	Maguire	John	1894	May	06	006	M	County Hosp.	
K	1	0153	00572	Magulken	W.H.	1893	Jun	08	025	M	Seattle	KS
K	2	0169	14867	Mahan	Cecile	1905	Jul	06	015	F	Seattle	WA
K	2	0167	13802	Maher	Adrian	1904	Dec	31	05m	M	504 26th Ave S	WA
K	2	0167	14225	Mahie	Baby	1905	Mar	08	s/b	M	Ballard	WA
K	1	0154	01722	Mahler	(baby)	1895	Jul	23	000	F	2508 5th St.	
K	2	0171	15949	Mahley	Ida	1906	Mar	06	051	F	Georgetown	LA
K	2	0170	15586	Mahlstedt	John F.	1905	Dec	10	084	M	Seattle	GER
K	2	0165	12983	Mahone	Florence Amelia (Mrs)	1904	Jun	29	052	F	812 27 Ave	NY
K	2	0166	13786	Mahoney	Charles	1904	Nov	25	065	M	1200 1st Ave S	IRL
K	1	0160	05186	Mahoney	Dan	1900	Apr	06	070	M	Seattle	IRL
K	1	0152	00190	Mahoney	George B.	1891	Dec	23	050	M	Seattle	
K	2	0170	15726	Mahoney	Jennie	1906	Jan	09	031	F	Seattle	BC
K	2	0165	12562	Mahoney	Mary (Mrs.)	1904	Mar	30	063	F	Prov. Hosp.	IRL
K	2	0170	15456	Maidell	Charles	1905	Oct	13	050	M	Seattle	NRY
K	2	0163	11790	Maidment	Charles	1903	Sep	23	076	M	610 Seneca St	ENG
K	1	0160	04857	Maidment	Chas. J.	1900	Jan	21	033	M	Seattle	BC
K	2	0175	18874	Maidment	John E.	1907	Jun	15	005	M	Georgetown	WA
K	2	0165	12793	Maier	------	1904	Apr	22	s/b	F	306 23 Ave S	SEA
K	1	0161	05769	Maier	Leonhaid	1900	Nov	06	031	M	South Seattle	GER
K	1	0153	01215	Mails	Frank	1894	Sep	05	040	M	Elliott Bay	WA
K	1	0158	03710	Main	Isabella	1898	Aug	26	36h	F	Seattle	SEA
K	2	0169	15058	Mairs	Mary	1905	Aug	20	043	F	Seattle	MO
K	1	0154	01548	Maisch	Esther	1895	Mar	20	001	F	811 Market St.	SEA
K	2	0169	15061	Maitland	Alexander	1905	Aug	30	067	M	Seattle	SCT
K	1	0312	07602	Major	Ann	1902	Apr	11	057	F	20th / Wait	CND
K	1	0153	01021	Major	Margrette	1894	Jun	17	7da	F	417 Temperance St.	SEA
K	1	0313	10680	Major	Thomas	1902	Jan	19	053	M	315 8th Ave	PA
K	1	0312	07449	Majors	Eugene	1902	Mar	25	002	M	923 6th/James	MO
K	2	0165	12798	Majors	Eusla	1904	May	13	001	F	523 11 Ave	SEA
K	2	0169	15059	Make	Adolph E	1905	Aug	22	10m	M	Seattle	WA
K	2	0166	13782	Makela	Otta	1904	Nov	01	035	M	714 1/2 Maynard Ave	FIN
K	1	0162	06128	Makins	S.	1901	Feb	14	025	M	S.	JPN
K	2	0175	18554	Malakoff	Israel A.	1907	May	03	069	M	Seattle	RUS
K	1	0312	07701	Malan	Sadie	1902	May	15	002	F	WI Ave/Wall	SEA
K	2	0164	12312	Malarey	Ellen B	1904	Jan	02	037	F	Prov. Hosp.	WI
K	1	0157	03300	Malarkey	Nestor	1898	Mar	04	018	M	Seattle	OR
K	1	0155	01804	Malbin	K.	1895	Oct	17	048	M	Ballard	NRY
K	2	0166	13255	Malcom	H. C.	1904	Aug	29	062	M	Wayside Mission	---
K	2	0175	18449	Maley	Martin	1907	May	09	032	M	Georgetown	WV
K	1	0159	04239	Malgesini	Anton	1899	Apr	02	027	M	Seattle	
K	2	0168	14463	Mallard	Joseph	1905	Apr	05	052	M	Georgetown	MD
K	2	0166	13115	Mallay	Infant	1904	Jul	27	000	F	Interbay	sme
K	1	0152	00033	Mallen	Hans	1891	Sep	04	046	M	Seattle	
K	2	0168	14467	Mallett	Josephine	1905	Apr	12	047	F	Seattle	IA
K	2	0173	17161	Mallonee	Catherine C.	1906	Oct	31	029	F	Seattle	IRL
K	2	0172	16942	Mallonee	Infant	1906	Sep	18	---	F	Seattle	WA
K	2	0172	16945	Mallory	Amanda	1906	Sep	24	035	F	Seattle	OH
K	2	0164	12193	Mallory	P.H.	1903	Dec	31	048	M	So. Park	IRL
K	1	0162	06029	Mallory	Wm. W.	1901	Jan	30	064	M	Seattle	NY
K	1	0156	02461	Malloy	(infant)	1896	Oct	22	1da	M	Prov. Hosp.	SEA
K	1	0160	04897	Malloy	Frank	1900	Feb	15	038	M	King Co. Hosp.	IRL
K	1	0314	11320	Malloy	James	1903	May	18	037	M	Wayside Mission	---
K	2	0170	15725	Malloy	Mary	1906	Jan	04	080	F	Seattle	IRL
K	2	0169	14977	Malloy	Thomas	1905	Jul	25	025	M	Georgetown	MI
K	2	0168	14337	Malloy	William	1905	Mar	30	045	M	Georgetown	IRL
K	1	0159	04278	Malmo	Charlotte	1899	Apr	13	001	F	Seattle	
K	2	0167	14008	Malone	Fergus G	1905	Jan	01	065	M	2nd Ave & Cherry	---
K	1	0154	01416	Malone	Harrison	1895	Jan	12		M	Ft. Steilacoom	
K	2	0168	14742	Malone	M. N.	1905	Jun	30	030	M	Seattle	IRL
K	1	0155	01906	Malone	Mrs. J.A.	1895	Oct	09	060	F	2818 3rd	IN
K	1	0156	02513	Maloney	Gerald Edmund	1896	Nov	22	1yr	M	Albert St.	WA
K	2	0164	11918	Malroney	Thomas	1903	Oct	24	035	M	Main/RR Ave	---

S R	PG	REC	LASTNAME	FIRSTNAME	DETH	MN	DT	AGE	S	DEATHPLACE	BIRTH
K 1	0158	03796	Maltby	E.A.	1898	Sep	14	068	F	Seattle	
K 1	0160	04713	Maltby	John	1899	Nov	17	074	M	Seattle	CND
K 1	0163	06340	Maltey	George	1901	Apr	03	057	M	S.G.Hospt.	CA
K 1	0152	00113	Mamoring	Edw.	1891	Oct	11	060	M	Seattle	
K 1	0163	06521	Man	unknown	1901	Jun	01	040	M	Seattle	
K 1	0159	04233	Managlia		1899	Apr	16	7mo	F	Blk. Diamomd	WA
K 1	0312	07750	Manatsuchi	Magawa	1902	Apr	11	030	M	4 Ave S/Jackson	JPN
K 1	0159	04531	Mancine	Rour	1899	Aug	19	035	M	Prov. Hosp.	
K 2	0171	16354	Mancuso	Eugenis	1906	May	27	005	M	Seattle	ITL
K 2	0171	16488	Mancuso	Jenchina	1906	Jun	04	001	F	Seattle	ITL
K 1	0311	07099	Mancy	Ann	1901	Dec	06	071	F	1115 Norman	IRL
K 2	0173	17630	Mandt	James	1907	Jan	12	018	M	Seattle	MN
K 1	0155	02116	Maney	(infant)	1896	Mar	31	6da	M	1816 Broadway	WA
K 1	0314	11110	Manfield	Jane	1903	Apr	04	042	F	1125 11 Ave St	OH
K 1	0161	05383	Manfield	Lillie	1900	Jun	25	020	F	Seattle	MO
K 2	0169	15210	Mangan	Baby	1905	Sep	19	s/b	F	Seattle	WA
K 1	0153	01169	Mangiacak	Joe	1894	Aug	24		M	Franklin	
K 2	0171	16191	Mangini	Baby	1906	Apr	11	s/b	F	Seattle	WA
K 1	0311	07257	Mangini	Poncule	1902	Jan	11	10m	M	2113 10 Ave	SEA
K 2	0168	14465	Mangini	Victores	1905	Apr	06	06m	M	Seattle	WA
K 2	0169	15212	Manheart	Victor	1905	Sep	26	023	M	Seattle	ND
K 2	0170	15890	Manheim	Rachel	1906	Feb	01	049	F	Seattle	PLD
K 1	0157	03170	Manifold	Bennet Leon	1898	Jan	14	018	M	Renton	IA
K 2	0163	11641	Manion	Baby	1903	Aug	26	10d	F	2815 1 Ave	SEA
K 1	0161	05643	Mankowski	Edw. K.	1900	Oct	02	9mo	M	Seattle	
K 2	0172	16776	Manley	Della A.	1906	Aug	26	021	F	Seattle	OR
K 2	0168	14601	Mann	Ethel H.	1905	May	01	021	F	Seattle	ENG
K 2	0168	14466	Mann	James H.	1905	Apr	08	042	M	Seattle	VA
K 2	0167	13790	Mann	Viola	1904	Dec	05	021	F	704 30th Ave S	WA
K 1	0157	03212	Mannida	B	1898	Feb	02	10m	F	Seattle	
K 1	0311	07250	Manning	Alfred Lee	1902	Jan	18	021	M	Green Lk. (b.N.Brunswk	---
K 2	0172	16494	Manning	Alice	1906	Jun	20	044	F	Seattle	NY
K 1	0313	10311	Manning	John	1902	Nov	04	045	M	Phoenix Hotel	---
K 2	0164	12192	Manning	Joseph	1903	Dec	16	035	M	Lake Station, WA	MI
K 2	0175	18788	Manning	Thomas	1907	Jun	20	031	M	Seattle	---
K 1	0154	01770	Manning	Thos. F.	1895	Aug	13	025	M	Pacific House	CA
K 2	0172	16944	Manra	Carmino	1906	Sep	21	032	M	Seattle	ITL
K 2	0164	11919	Mansell	Edna B.	1903	Oct	23	014	F	606 7 Ave S.	WY
K 1	0311	07366	Mansell	Lilly	1902	Feb	16	07d	F	606 7th Ave S	SEA
K 1	0315	11343	Mansfield	Baby	1903	Jun	12	---	F	165 Denny Way	SEA
K 1	0154	01235	Manson	Alex	1894	Sep	25	024	M	1012 Pine St.	
K 2	0171	16400	Manson	Rasmus	1906	Jun	18	061	M	Ballard	NRY
K 1	0156	02851	Manus	Henry Mc (McManus?)	1897	Jul	21	050	M	Prov. Hosp.	
K 2	0164	12439	Maple	Ida E.	1904	Feb	21	025	F	Van Asselt	NY
K 1	0154	01358	Maple	Jennie	1894	Nov	26	022	F	South Park	IA
K 1	0312	07512	Maple	John W	1902	Mar	??	???	?	Van Asselt	OH
K 1	0156	02583	Maples	Elsie T.	1897	Jan	18	001	F	Bothell, WA	WA
K 1	0157	03065	Maragliano	Angelo	1897	Nov	21	3da	M	Blk. Diamond	WA
K 2	0166	13350	Maramiota	Shizua	1904	Sep	02	06m	M	Greenlake	SEA
K 2	0163	11786	Maranda	Wida Ethel	1903	Sep	04	004	F	430 25 Ave N	SEA
K 2	0169	14874	Marander	Helen	1905	Jul	26	04m	F	Seattle	WA
K 2	0163	11642	Marander	Vera A	1903	Aug	19	04m	F	430 25 Ave	SEA
K 1	0155	02252	Maratta	G.	1896	May	26		M	Victoria B.C.	
K 2	0168	14735	Marbourg	Jeremiah L. Sr.	1905	Jun	08	074	M	Seattle	PA
K 1	0314	11323	March	A. B.	1903	May	10	070	M	Wayside Mission	NRY
K 2	0165	12553	March	W.S.	1904	Feb	23	041	M	King Co. Hosp.	WA
K 1	0162	06028	Marchand	Louis	1901	Jan	19	061	M	Prov. Hosp.	CND
K 2	0169	14871	Marcoux	Grace E.	1905	Jul	12	028	F	Ballard	MN
K 2	0172	16635	Marcum	Baby	1906	Jul	12	03d	M	Seattle	WA
K 2	0169	15055	Marcum	J.	1905	Aug	04	063	M	Seattle	---
K 1	0158	04047	Marcuse	Paul	1899	Jan	08	1yr	M	Seattle	CO
K 1	0163	06517	Marden	Robert E.	1901	Jun	30	053	M	Seattle	MA
K 1	0160	04995	Marecue	Margaret	1900	Mar	10	045	F	Interbay	NY

S R	PG	REC	LASTNAME	FIRSTNAME	DETH MN	DT	AGE	S	DEATHPLACE	BIRTH
K 1	0154	01460	Marenpaa	Ante	1895 Feb	04	036	M	522 Com St.	FIN
K 1	0156	02945	Marenstine	Rebecca	1897 Sep	05	034	F	719 Jackson	RUS
K 1	0312	07831	Margan	Archie D	1902 Jun	11	004	M	Seattle	MN
K 1	0153	00927	Margan	Thomas	1894 Mar	31	034	M	W. Wa. Hosp.	WI
K 2	0174	18293	Margius	Mary E.	1907 Apr	04	065	F	Seattle	PA
K 1	0163	06736	Marglot	M. (Mrs.)	1901 Aug	06	030	F	5th & Spring	FRN
K 1	0153	00721	Mari	Louis	1894 Jan	16	045	M	Everett House - Seattle	SWT
K 1	0313	10310	Mariane	John	1902 Nov	04	045	M	Prov. Hosp.	---
K 1	0155	02270	Marin	A.H.	1896 Jun	20	055	M	Seattle Gen. Hosp.	GER
K 2	0164	11920	Marin	Mary J.	1903 Oct	19	068	F	1416 E Alder	KY
K 1	0311	06980	Marino	John	1901 Nov	18	013	M	Blk Diamond	sme
K 2	0169	15211	Marino	K.	1905 Sep	26	038	M	Seattle	JPN
K 1	0153	00741	Marins		1894 Feb	27	11m	M	Blk. Diamond	WA
K 1	0156	02691	Marins	(baby)	1897 Mar	28	1hr	M	Chester & Madison	SEA
K 2	0168	14334	Mario	Francisco	1905 Mar	24	040	M	Seattle	WA
K 2	0169	15342	Marion	Alfred N.	1905 Oct	20	065	M	Seattle	CND
K 1	0155	01904	Mariyamo	C	1895 Sep	28	049	M	5th & Jefferson	JPN
K 2	0166	13380	Mark	C.F.	1904 Sep	10	029	M	Seattle Gen. Hosp.	CHN
K 2	0173	17631	Markey	Helen	1907 Jan	15	006	F	Seattle	WI
K 1	0161	05709	Markle	Dorothy A.	1900 Oct	30	20d	F	Seattle	SEA
K 2	0168	14862	Markow	Moses	1905 Jul	03	002	M	Seattle	WA
K 1	52	449	Marks	Bertholds	1892 Dec	28	1	M	ARLINGTON HOSPITAL	WA
K 2	0173	17431	Marks	Chas L.	1906 Dec	28	04m	M	Seattle	WA
K 2	0174	18296	Marks	Edward	1907 Apr	10	033	M	Seattle	KS
K 2	0165	12980	Marks	Isaac	1904 Jun	21	069	M	cor 2nd Ave & Union	GER
K 1	0314	11105	Marks	Jacob	1903 Apr	10	052	M	King Co. Hosp.	ENG
K 1	0314	11115	Marks	Jacob	1903 Apr	16	052	M	King Co. Hosp.	ENG
K 1	0312	07527	Marks	Sill	1902 Apr	??	052	M	Georgetown	IRL
K 2	0169	14876	Markstrom	Olaf W.	1905 Jul	31	037	M	Seattle	SWD
K 2	0172	17037	Markwell	Lithomas	1906 Sep	05	042	M	Sherwood	KY
K 1	0155	02113	Marley	Hannah	1896 Mar	08	072	F	322 Ash	ENG
K 2	0171	16010	Marlin	Evelyn E.	1906 Mar	16	01m	F	Seattle	WA
K 2	0173	17627	Marlo	John	1907 Jan	01	057	M	Seattle	---
K 1	0155	02068	Marlow	Robert	1896 Jan	23	037	M	Western & Stewart	WVA
K 1	0154	01405	Marnpaa	Art	1895 Feb	03	036	M	522 Com St.	FIN
K 1	0315	11339	Marnus	Frank	1903 Jun	17	060	M	Prov. Hosp.	FRN
K 2	0175	18564	Marold	Wesley C.	1907 May	31	028	M	Seattle	PA
K 2	0172	17158	Maroney	Kate	1906 Oct	19	052	F	Seattle	WI
K 1	0159	04265	Maroney	Mary	1899 Apr	10	019	F	Seattle	
K 1	0312	07451	Marr	Richard	1902 Mar	03	020	M	Prov. Hosp	GER
K 1	0312	07452	Marr	unknown	1902 Mar	04	???	-	Elliott Bay	---
K 1	0311	07367	Marsh	Baby	1902 Feb	16	pre	M	1403 Howell St	SEA
K 1	0156	02946	Marsh	Carl	1897 Sep	19	008	M	Ballard	CO
K 2	0168	14605	Marsh	Christina	1905 May	16	065	F	W. Seattle	CND
K 2	0175	18792	Marsh	Flora A.	1907 Jun	22	012	F	Seattle	WA
K 2	0171	16350	Marsh	George P.	1906 May	04	047	M	Seattle	MA
K 2	0175	18412	Marsh	Grace E	1907 May	12	022	F	Ballard	MI
K 2	0174	18070	Marsh	Haven W.	1907 Mar	01	020	M	Seattle	IL
K 1	0162	06016	Marsh	Jerald	1901 Jan	07	15d	M	Seattle	SEA
K 2	0165	13113	Marsh	Jessie May	1904 Jul	25	000	F	140 32 Ave	SEA
K 1	0162	06018	Marsh	Mary P.	1901 Jan	12	036	F	Seattle	OH
K 1	0158	03713	Marsh	Samuel	1898 Aug	27	058	M	Seattle	ENG
K 2	0163	11646	Marshall	Alexander	1903 Aug	30	024	M	10252 Main St	OH
K 2	0174	18189	Marshall	E. H.	1907 Mar	07	076	M	Skykomish	MA
K 1	0311	07096	Marshall	Frank A	1901 Nov	13	029	M	Prov. Hosp	MA
K 1	0314	11318	Marshall	Harry	1903 Apr	27	054	M	Columbia, WA	SCT
K 1	0312	09988	Marshall	James	1902 Jul	29	049	M	Co Hosp.	SCT
K 1	0311	07254	Marshall	James	1902 Jan	08	049	M	734 Lk View Ave (b.N.Bruns	---
K 1	0160	04853	Marshall	Martin S.	1900 Jan	19	063	M	Seattle	ENG
K 1	0163	06169	Marshall	Richard	1901 Apr	15	048	M	Seattle	MA
K 1	0152	00040	Marshall	St. Clair	1891 Sep	04	017	M	Ballard	MN
K 2	0166	13556	Marston	Cassandra	1904 Oct	18	046	F	3007 4th Ave W (b.Cala	---
K 2	0172	16774	Marston	Lucretia D.	1906 Aug	12	059	F	Seattle	MI

S R	PG	REC	LASTNAME	FIRSTNAME	DETH	MN	DT	AGE	S	DEATHPLACE	BIRTH
K 1	0163	06479	Martel	Arthur	1901	May	31	11d	M	Ballard	CND
K 1	0313	10116	Martel	Frances	1902	Aug	28	004	M	24 Mohr St (b.Manitoba,	---
K 1	0314	10959	Martell	Maria (baby)	1903	Jan	29	---	F	Ballard	sme
K 1	0157	03495	Martell	Maud E.	1898	May	22	002	F	Seattle	
K 1	0158	04055	Martelle	Ray	1899	Jan	10	6mo	M	Seattle	SEA
K 1	0153	00471	Marterson	Nelson	1892	Aug	04	027	M	County Farm	DNK
K 2	0175	18793	Marti	Infant	1907	Jun	23	---	F	Seattle	WA
K 2	0166	13558	Martin	Annie J.	1904	Oct	26	041	F	317 22 Ave N	MA
K 1	0312	09902	Martin	Arthur	1902	Jul	24	014	M	Ilwaco	---
K 1	0312	09976	Martin	Arthur	1902	Jul	24	014	M	Ilwaco	---
K 2	0172	16639	Martin	Baby	1906	Jul	18	s/b	M	Seattle	WA
K 2	0167	14184	Martin	Carrie	1905	Feb	23	030	F	Clide St.	MN
K 1	0160	04909	Martin	Chas.	1900	Mar	14	064	M	King Co. Hosp.	ENG
K 1	0160	04737	Martin	Chas.	1899	Nov	25	028	M	King Co. Hosp.	
K 2	0166	13554	Martin	Chas. Edward	1904	Oct	11	05m	M	East Seattle	WA
K 1	0159	04199	Martin	Clarence	1899	Mar	21	023	M	Seattle	OR
K 2	0171	16011	Martin	Daniel E. A.	1906	Mar	29	01m	M	Seattle	WA
K 2	0167	14224	Martin	E|hul	1905	Feb	12	---	F	Ballard	---
K 1	0152	00182	Martin	Ethel	1892	Jan	29	008	F	Seattle	
K 2	0168	14472	Martin	Fred L.	1905	Apr	26	029	M	Seattle	WI
K 2	0169	14875	Martin	Fred S.	1905	Jul	29	021	M	Seattle	TN
K 1	0312	07643	Martin	George A	1902	May	06	024	M	Prov. Hosp. (b.Ontario,	CND
K 2	0164	12316	Martin	Grace	1904	Jan	17	01m	F	817 4th Ave	SEA
K 2	0172	16637	Martin	Harriet	1906	Jul	17	085	F	Seattle	NY
K 1	0311	07258	Martin	James	1902	Jan	05	039	M	Wayside Mission	---
K 2	0166	13559	Martin	John	1904	Oct	26	068	M	Greenlake	SCT
K 1	0152	00170	Martin	John	1891	Dec	31	077	M	S. Seattle	NS
K 1	0314	10844	Martin	Lloyd N.	1903	Mar	05	018	M	1105 23 Ave	SEA
K 1	0152	00295	Martin	M.	1892	Apr	27	036	F	Co. Farm	NRY
K 1	0155	01908	Martin	Marjorie M.	1895	Oct	29	005	F	2024 5th	ON
K 1	0315	11341	Martin	Mary	1903	Jun	20	---	F	612 1/2 Pike ST	---
K 1	0153	00649	Martin	Mary	1893	Sep	02	078	F	Seattle	BER
K 2	0173	17533	Martin	Mary E.	1906	Nov	12	038	F	West Seattle	MA
K 2	0167	13803	Martin	Owen	1904	Dec	31	038	M	King Co. Hosp	IN
K 1	0161	05710	Martin	Rose	1900	Oct	30	065	F	Seattle	MI
K 2	0165	12786	Martin	Rozella	1904	Apr	03	035	F	2300 46 St	MI
K 2	0174	18191	Martin	Sigurd	1907	Apr	07	007	M	Ballard	WA
K 1	0314	10957	Martinette	Louis	1903	Mar	01	034	M	Victor, CA	---
K 1	0152	00246	Martini	Annie	1892	Mar	26	002	F	Blk. Diamond	WA
K 2	0172	17038	Martinio	Palmiro	1906	Sep	19	037	M	Kent	ITL
K 1	0154	01449	Martins	Fred	1895	Jan	25	034	M	Prov. Hosp.	GER
K 1	0160	05063	Martinson	Ingra	1900	Mar	17	058	F	Seattle	SWD
K 1	0158	03989	Marvin	Marjorie	1898	Dec	16	030	F	Seattle	AUT
K 1	0159	04103	Marx	John	1899	Feb	16	045	M	Wellington	
K 2	0173	17226	Mary	(Indian)	1906	Oct	06	050	F	West Seattle	---
K 1	0156	02888	Mary	Siwash	1897	Aug	05	040	F	Elliott Bay	WA
K 2	0163	11650	Marzollo	Pascal	1903	Aug	26	---	M	SEA Gen Hosp.	SEA
K 2	0171	16008	Marzullo	Baby	1906	Mar	09	s/b	M	Seattle	WA
K 2	0164	12190	Masaki	M	1903	Dec	11	020	M	SEA. Gen. Hosp.	JPN
K 2	0171	16248	Mascoline	Charles	1906	Apr	17	055	M	W. Seattle	AUS
K 2	0173	17306	Masharoip	Peter	1906	Nov	20	034	M	Seattle	RUS
K 2	0171	16186	Mashroup	Louise	1906	Apr	03	032	F	Seattle	RUS
K 1	0311	07251	Mashunaga	S	1902	Jan	13	047	M	Prov. Hosp	JPN
K 2	0170	15893	Mason	Anna M.	1906	Feb	14	024	F	Seattle	IL
K 1	0158	03641	Mason	C.	1898	Jul	30	6mo	F	So. Park	WA
K 1	0153	00726	Mason	C. E.	1894	Jan	05	027	M	Home	
K 2	0174	18079	Mason	Ernest T.	1907	Mar	31	020	M	Seattle	WI
K 1	0315	11342	Mason	Frank A.	1903	Jun	10	035	M	SEA. Gen. Hosp.	---
K 1	0162	06027	Mason	Helen M.	1901	Jan	29	050	F	General Hosp.	MO
K 1	0153	00851	Mason	Hellen	1894	Mar	20	006	F	510 8th St.	PA
K 1	0160	05108	Mason	John H.	1900	Apr	06	056	M	Seattle	
K 1	0155	01782	Mason	Luella Hall	1895	Aug	24	3mo	F	508 East St.	SEA
K 1	0163	06518	Mason	P.J.	1901	Jun	27	019	F	Seattle	PA

S R	PG	REC	LASTNAME	FIRSTNAME	DETH	MN	DT	AGE	S	DEATHPLACE	BIRTH
K 1	0152	00160	Mason	Wm.	1891	Nov	27	020	M	Cedar Mtn.	
K 2	0164	12034	Masters	Baby	1903	Nov	05	s/b	M	2221 21 Ave S	SEA
K 1	0156	02653	Masters	Fred	1897	Jan	02	035	M	Seattle Central Dock	
K 1	0156	02653	Masters	Fred	1897	Jan	02	035	M	Seattle Central Dock	
K 2	0165	12982	Masters	Mary A.	1904	Jun	26	048	F	1321 10th Ave	---
K 2	0174	17869	Masters	Walter R.	1907	Feb	28	02m	M	Seattle	WA
K 2	0170	15461	Masterson	Charles P.	1905	Nov	24	052	M	Seattle	NY
K 1	0160	04734	Masterson	Edward F.	1899	Nov	30	035	M	Seattle	KS
K 2	0170	15805	Masui	Eihachi	1906	Feb	23	055	M	Mercer Is.	JPN
K 1	0157	03301	Mates	Sara	1898	Mar	15	003	F	Seattle	LAP
K 2	0172	16938	Matheney	Isaac C.	1906	Sep	03	079	M	Seattle	IL
K 2	0166	13246	Mathenson	John E	1904	Aug	01	027	M	Greenlake Blvd.	---
K 1	0153	00765	Mather	David E.	1894	Mar	12	022	M	701 Main St.	AK
K 2	0169	14869	Mather	James	1905	Jul	08	078	M	Seattle	SCT
K 1	0314	11118	Matheson	Hugh	1903	Apr	10	043	M	King Co. Hosp.	SCT
K 1	0155	01912	Mathew		1895	Nov	26	3wk	M	813 Alder	SEA
K 1	0155	02072	Mathews	George	1896	Feb	20	009	M	6th & Pike	KS
K 1	0158	03867	Mathews	J.D.	1898	Oct	07	088	M	Seattle	
K 1	0312	07549	Mathews	Louis C	1902	Apr	21	050	M	3828 Badley Ave	MD
K 1	0314	10845	Mathews	Lucinda	1903	Mar	06	083	F	914 James St	NY
K 1	0162	06014	Mathews	Lysander	1901	Jan	08	057	M	Seattle	OH
K 1	0152	00126	Mathews	Ross	1891	Oct	30	010	M	Seattle	CA
K 1	0118	00108	Mathews	Ross	1891	Oct	30	010	M	Seattle	CA
K 1	0154	01359	Mathewson	Goodman	1894	Nov	20	036	M	Elliot Bay	
K 1	0163	06679	Mathlin	C.	1901	Sep	22	044	M	King Co. Hosp.	FIN
K 1	0155	02175	Matsnoka	R.	1896	Apr	05	038	M	Gen. Hosp.	JPN
K 2	0167	14106	Matson	------	1905	Mar	04	047	M	King Co. Hosp.	FIN
K 2	0163	11640	Matson	Charles	1903	Aug	20	032	M	Green Lake	IA
K 1	0159	04391	Matson	Erick	1899	Jul	06	032	M	Wellington	SWD
K 1	0163	06515	Matson	Henry	1901	Jun	09	001	M	Ballard	IL
K 1	0160	05217	Matson	Jno.	1900	Apr	30	038	M	Silverton	ENG
K 1	0312	07767	Matson	Minnie	1902	Jun	17	032	F	Lawson St	FIN
K 1	0152	00362	Matsu	Chas.	1892	Aug	02	030	M		JPN
K 2	0165	12560	Matsuake	S	1904	Mar	27	048	M	5 Ave & Wash. St	JPN
K 1	0154	01429	Matsumoto	Sohei	1895	Jan	12	029	M	Prov. Hosp.	JPN
K 2	0164	11915	Matterand	I. A.	1903	Oct	14	020	M	Monod Hosp.	WA
K 2	0174	18301	Matterson	John	1907	Apr	21	040	M	Seattle	---
K 2	0171	16111	Matthes	Annilie	1906	Apr	29	044	F	Seattle	GER
K 2	0170	15892	Matthews	Ambrose	1906	Feb	09	001	M	Seattle	CA
K 2	0166	13250	Matthews	Eva	1904	Aug	17	000	F	3626 2nd Ave NW	SEA
K 2	0170	15804	Matthews	Frank M.	1906	Feb	21	048	M	Georgetown	NY
K 2	0174	18075	Matthews	Infant	1907	Mar	19	01d	M	Seattle	WA
K 2	0171	16401	Matthews	Marguarette	1906	Jun	20	064	F	Ballard	CND
K 2	0167	14177	Matthews	W. F. C.	1905	Feb	08	05m	M	Forest/18th Ave	WA
K 2	0171	16247	Matthews	William B.	1906	Apr	13	049	M	Columbia	OH
K 2	0171	16490	Mattilla	Emil	1906	Jun	05	014	M	Seattle	MN
K 2	0168	14738	Mattimore	John	1905	Jun	16	046	M	Georgetown	OH
K 1	0154	01285	Mattison	Wm.	1894	Oct	27		M	West St. Hosp.	
K 1	0311	06939	Mattson	Anna	1901	Oct	07	027	F	SEA	DNK
K 1	0311	06937	Mattson	Carl H.	1901	Oct	14	014	M	Interbay	MI
K 1	0163	06578	Mattson	Christina	1901	Jul	29	052	F	Seattle	NRY
K 2	0165	12557	Mattson	Gust	1904	Mar	20	034	M	1st & Maine	FIN
K 2	0172	17154	Mattson	Minnie	1906	Oct	07	28d	F	Seattle	WA
K 2	0171	16188	Matzen	Baby	1906	Apr	07	s/b	M	Seattle	WA
K 2	0172	16771	Matzen	Peter	1906	Aug	05	046	M	Seattle	GER
K 1	0157	03490	Matzmauer	J.	1898	May	12	044	F	Seattle	HUN
K 1	0315	11330	Maud	Blanche Irene	1903	May	15	001	F	411 7th Ave S	SEA
K 2	0170	15801	Mauermann	Baby	1906	Jan	19	s/b	F	Georgetown	WA
K 2	0173	17303	Maul	Infant	1906	Nov	05	01d	F	Seattle	WA
K 2	0164	12186	Maunder	Charlotte Ruth	1903	Dec	03	000	F	523 Maynard Ave	WA
K 2	0167	14009	Mauren	Otto	1905	Jan	01	077	M	Hillman City	GER
K 1	0156	02367	Mauskey	(baby)	1896	Aug	26	4wk	M	870 Alder St.	SEA
K 2	0166	13462	Mauysu	O	1904	Sep	16	028	M	Race Track	JPN

S R PG REC	LASTNAME	FIRSTNAME	DETH MN DT AGE	S	DEATHPLACE	BIRTH
K 1 0156 02554	Mauzella	Theresa	1896 Dec 17 6yr	F	415 Wilfred St.	
K 1 0155 02176	Maver	Julia	1896 Apr 16 067	F	East & Lake	
K 1 0152 00311	Mawon	Bernard	1892 Jun 27 050	M	Seattle	IRL
K 1 0161 05446	Maxfield	George	1900 Jun 25 030	M	Seattle	MO
K 1 0162 05900	Maxwell	Agnes	1900 Dec 06 041	F	Seattle	SCT
K 2 0174 17951	Maxwell	Dorthellia	1907 Feb 05 003	F	Ballard	WA
K 1 0153 01068	Maxwell	Edward	1894 Aug 24 021	M	Franklin Mines	
K 2 0175 18876	Maxwell	Grant	1907 Jun 17 005	M	Renton	WA
K 1 0152 00124	Maxwell	James M.	1891 Nov 11 064	M	Wash.	TN
K 1 0153 00979	Maxwell	John	1894 May 02 080	M	Ballard	IRL
K 2 0163 11639	Maxwell	John	1903 Aug 16 049	M	King Co Hosp	SCT
K 1 0159 04460	Maxwell	Kulie	1899 Jul 13 048	F	Prov. Hosp.	
K 1 0313 10317	Maxwell	Lillian S	1902 Nov 16 033	F	626 Univ.	CA
K 1 0314 11114	Maxwell	Louise Sarah	1903 Apr 23 044	F	Ballard	CND
K 1 0159 04479	Maxwell	P. (Mrs.)	1899 Jul 23 072	F	Seattle	PA
K 1 0153 01022	Maxwell	Susan S.	1894 Jun 19 074	F	Ballard	CND
K 1 0158 03932	May	(infant)	1898 Nov 28 14d	F	Seattle	SEA
K 1 0158 03636	May	August	1898 Jul 05 056	M	Seattle	GER
K 1 0158 03933	May	Capt. Thomas	1898 Nov 28 053	M	Prov. Hosp.	SEA
K 2 0173 17637	May	Infant	1907 Jan 31 029	M	Seattle	WA
K 1 0155 01798	May	Johnie	1895 Oct 11 005	M	River Park	MT
K 2 0172 16775	Maybee	Amanda	1906 Aug 20 054	F	Seattle	CND
K 1 0311 07255	Maybee	B. R.	1902 Jan 10 059	M	3408 Woodland Pk Ave	CND
K 2 0173 17535	Maybee	Jane	1906 Dec 01 072	F	Ballard	ENG
K 2 0169 14865	Maydenbauer	William C.	1905 Jul 05 032	M	Seattle	WA
K 1 0153 01168	Mayeda	Zenza	1894 Aug 04 037	M	Auburn	JPN
K 1 0154 01507	Mayer	Arlena L.	1895 Feb 22 2mo	F	Lake St.	
K 2 0165 12799	Mayer	C.F.W.	1904 May 13 058	M	Monod Hosp.	GER
K 1 0163 06636	Mayer	Frederick	1901 Jul 01 003	M	Seattle	SEA
K 1 0161 05578	Mayer	Infant	1900 Aug 22 1da	F	Seattle	SEA
K 1 0161 05660	Mayer	L.S.	1900 Oct 10 045	M	Seattle	GER
K 1 0155 02178	Mayers	Julia	1896 Apr 29 036	F	Pease House	FL
K 1 0311 07095	Maymurlaugh	James	1901 Oct 31 029	M	Prov. Hosp	IRL
K 2 0173 17158	Maynard	Catherine	1906 Oct 20 090	F	Seattle	KY
K 2 0166 13247	Maynard	Clara W. (Mrs.)	1904 Aug 04 070	F	311 24 Ave S	VT
K 2 0175 18302	Maynard	Robert P.	1907 Apr 24 057	M	Seattle	WA
K 2 0169 14872	Mayneham	Andrew	1905 Jul 16 072	M	Seattle	IRL
K 2 0164 12188	Maynes	G E	1903 Dec 05 045	M	SEA. Gen. Hosp.	SWT
K 1 0314 11326	Mayo	H. L.	1903 May 13 063	M	607 Union St	ME
K 2 0166 13549	Mayo	Infant	1904 Oct 01 s/b	F	3930 Aurora Ave	WA
K 1 0159 04131	Mays	Laura	1899 Feb 11 018	F	Seattle	WA
K 2 0170 15891	Mayumi	R.	1906 Feb 07 045	M	Seattle	JPN
K 2 0163 11637	Mayville	Louise	1903 Aug 17 055	M	McElroy Camp	---
K 1 0167 04449	McAdam	(Baby)	1899 Jul 04 5DA	M	Seattle	SEA
K 1 0170 10048	McAlister	Charles	1902 Aug 20 11M	M	111 32ND AVE. S.	SEA
K 2 0191 18087	McAllaster	Jas. S.P.	1907 Mar 20 084	M	Seattle	ME
K 1 0167 03967	McAllister	(Baby)	1898 Dec 04 1DA	F	Seattle	SEA
K 2 0187 13477	McAloney	Infant	1904 Sep 04 s/b	M	Bway & Thomas St	WA
K 2 0186 12201	McAlvey	Patrick	1903 Dec 09 033	M	Last of Thomas St	IRL
K 1 0167 04413	McAndrews	M.	1899 Jun 15 017	F	Seattle	SEA
K 1 0170 07108	McAndrews	Mary A.	1901 Dec 11 048	F	605 JEFFERSON	CA
K 1 0165 02229	McAnduns	Bartlett	1896 May 17 058	M	SALMON BAY	
K 2 0188 15213	McArdle	Charles	1905 Sep 02 022	M	Seattle	CA
K 1 0169 06762	McArdle	Edward	1901 Sep 25 038	M	STR. DOLPHIN	IRL
K 1 0164 00845	McArdle	James	1894 Feb 12 063	M	PROV. HOSP.	IRE
K 1 0171 10849	McArdle	John	1903 Mar 13 076	M	PROV. HOSP.	CND
K 2 0187 13358	McArthur	A. W.	1904 Sep 05 036	M	Seattle, WA	CND
K 1 0169 06946	McArthur	Angus	1901 Oct 21 071	M	KIRKLAND	US
K 2 0187 13805	McArthur	Donald A.	1904 Nov 09 060	M	Columbia	CND
K 2 0186 11796	McArthur	Grace	1903 Sep 18 ---	F	910 1/2 2nd Ave	SEA
K 1 0169 06613	McArthur	John J.	1901 Jul 01 028	M	Seattle	CND
K 1 0164 01113	McArthur	Neal	1894 Jul 19 043	M	FOOT OF WASH. ST. IN BAY	SCT
K 2 0188 15732	McArthur	Ray	1906 Jan 10 06m	M	Seattle	MT

S R	PG	REC	LASTNAME	FIRSTNAME	DETH	MN	DT	AGE	S	DEATHPLACE	BIRTH
K 1	0169	06627	McAskill	Donald	1901	Jul	05	036	M	Seattle	CB
K 1	0165	02464	McAulay	Hannah	1896	Oct	20	033	F	CARBONADA	
K 1	0164	01228	McAuley	Michael (Rev. Father)	1894	Sep	20	055	M	PROV. HOSP.	
K 2	0188	15731	McAuliffe	Thomas	1906	Jan	06	040	M	Seattle	---
K 2	0186	12805	McAvors	John	1904	Apr	22	050	M	Wayside Mission	IRL
K 2	0190	17165	McBenzie	Alexander	1906	Oct	12	050	M	Seattle	SCT
K 2	0189	16649	McBlaine	Quinten H.	1906	Jul	30	020	M	Seattle	---
K 1	0171	10846	McBrady	Dan	1903	Feb	16	040	M	POTLATCH, WA	
K 1	0167	04709	McBreed	(Baby)	1899	Nov	14	3WK	M	FREMONT	WA
K 2	0188	14610	McBride	Gertrude G.	1905	May	25	033	F	Seattle	IL
K 1	0171	10559	McBride	Jessie	1902	Dec	26	032	F	1502 TERRY AVE.	PA
K 1	0168	05190	McBurny	A.J.	1900	Apr	14	005	F	Seattle	WA
K 2	0189	15735	McCabe	B.	1906	Jan	25	045	M	Seattle	---
K 2	0189	16947	McCabe	Georgette	1906	Sep	05	07m	F	Seattle	WA
K 2	0186	12570	McCabe	Jas.	1904	Mar	27	080	M	810 Franklin	IRL
K 1	0171	11352	McCabe	John	1903	Jun	05	065	M	FOOT OF 5 AVE.	
K 2	0190	17872	McCabe	Patrick	1907	Feb	27	043	M	Seattle	NY
K 1	0169	06835	McCabe	Peter	1901	Sep	23	079	M	SO. PARK	PA
K 1	0171	10847	McCafferty	Infant	1903	Feb	25	000	M	2808 DENNY WAY	SEA
K 2	0187	13117	McCaffery	Patrick	1904	Jul	16	040	M	Woodenville, WA	---
K 1	0172	11357	McCaig	David	1903	Jun	10	040	M	PROV. HOSP.	SCT
K 2	0190	16953	McCaig	Jas. R.	1906	Sep	28	001	M	Seattle	WA
K 1	0165	02514	McCain	James L.	1896	Nov	07	032	M	820 WASH. ST.	
K 1	0168	06030	McCain	Orvil N.	1901	Jan	13	033	M	GENL. HOSP	OR
K 1	0170	07703	McCain	Paris	1902	May	05	077	M	113 7TH AVE SO.	OH
K 2	0188	14473	McCall	Maggie	1905	Apr	11	067	F	Kent	IRL
K 2	0186	11923	McCallum	Donald	1903	Oct	23	024	M	Prov. Hosp.	SCT
K 1	0166	03565	McCallum	Lou	1898	Jun	10	024	F	Seattle	BC
K 1	0168	05245	McCallum	P.	1900	May	04	039	M	Seattle	CND
K 1	0165	02179	McCandless	Infant	1896	Apr	13		M	214 PINE	WA
K 2	0189	16498	McCann	Edwin A	1906	Jun	29	018	M	Seattle	MN
K 1	0170	07426	McCann	Patrick	1902	Mar	18	050	M	PROV. HOSP.	ENG
K 1	0170	07246	McCansland	Jennie B.	1902	Jan	17	038	F	2370 EAST LAKE AVE.	IN
K 1	0170	10180	McCarthey	Blanche	1902	Sep	12	027	F	MONOD HOSP.	PA
K 1	0166	02693	McCarthy	Chas.	1897	Mar	22	066	M	DUWAMISH	IRL
K 1	0171	10181	McCarthy	Chas. P.	1902	Sep	26	2MO	M	115 WEST THOMAS	SEA
K 2	0186	11517	McCarthy	Dennis J.	1903	Jul	29	034	M	Providence (b. N.Brunswk	---
K 2	0189	16777	McCarthy	Ella A.	1906	Aug	13	030	F	Seattle	OH
K 2	0186	11921	McCarthy	Infant	1903	Oct	06	---	F	1420 Minor Ave	SEA
K 2	0186	12200	McCarthy	J.	1903	Dec	09	043	M	Hotel Northern	IRL
K 2	0186	12203	McCarthy	John	1903	Dec	18	028	M	Prov. Hosp.	CA
K 1	0168	05065	McCarthy	Marie	1900	Mar	06	037	F	Seattle	ENG
K 2	0189	15902	McCarthy	Timothy J.	1906	Feb	14	037	M	Seattle	CA
K 2	0189	15904	McCarthy	William D.	1906	Feb	28	047	M	Seattle	IRL
K 2	0190	18082	McCartney	Grace	1907	Mar	05	019	F	Seattle	WA
K 2	0188	15593	McCartney	Infant	1905	Dec	22	03d	F	Seattle	WA
K 1	0165	01427	McCarty		1895	Jan	10	26D	F	Seattle	SEA
K 1	0165	01355	McCarty	Bernard	1894	Nov	18	030	M	PROV. HOSP/	
K 1	0166	02557	McCarty	C.	1896	Dec	07	031	M	816 DEARBORN	IA
K 1	0170	07371	McCarty	John	1902	Feb	16	040	M	Seattle GENL. HOSP.	IRL
K 1	0164	00148	McCarty	Patrick K.	1891	Nov	24	037	M	BITTER LAKE	
K 1	0170	07375	McCarty	Trim	1902	Feb	01	060	M	PROVIDENCE	
K 2	0190	16950	McCathrow	Alice	1906	Sep	16	005	F	Seattle	AK
K 1	0165	01918	McCauley	Patrick	1895	Dec	09		M	ELLIOTT BAY	
K 1	0170	07368	McCauley	T.F.	1902	Feb	23	035	M	PROV. HOSP.	MA
K 2	0191	18192	McCausland	Donald F.	1907	Mar	15	015	M	Ft. Steilacoom	WA
K 1	0170	07374	McCawley	Julia Ellen	1902	Feb	03	079	F	302 24TH AVE S.	MN
K 1	0165	01989	McCean	Donald	1895	Dec	31	085	M	DUWAMISH	BC
K 2	0188	15592	McClain	Artemesia	1905	Dec	05	058	F	Seattle	IN
K 1	0170	10178	McClain	C.H.	1902	Sep	22	026	M	Seattle GENL. HOSP.	MB
K 2	0187	13398	McClain	Fred B.	1904	Sep	18	027	M	Prov. Hosp.	IN
K 1	0164	00984	McClair	Marguerite	1894	May	23	1MO	F	821 ALDER STREET	SEA
K 2	0190	17169	McClean	George	1906	Oct	20	079	M	Seattle	SCT

S R	PG	REC	LASTNAME	FIRSTNAME	DETH	MN	DT	AGE	S	DEATHPLACE	BIRTH
K 2	0189	16779	McClearey	Thos A.	1906	Aug	20	076	M	Seattle	VA
K 1	0169	06837	McClellan		1901	Sep	15	1MO	M	GEN. HOSP.	WA
K 1	0166	03566	McClellan	B.	1898	Jun	24	9MO	F	Seattle	
K 1	0166	03646	McClellan	H.D.	1898	Jul	30	007	M	Seattle	SEA
K 2	0189	16780	McClellan	Infant	1906	Aug	20	s/b	F	Seattle	WA
K 1	0166	02515	McClellan	Wm.	1896	Nov	12	3MO	M	23RD & EAST CHERRY	SEA
K 1	0169	06841	McClelland	Thos.	1901	Sep	05	040	M	KING CO. HOSP.	IRL
K 1	0168	05462	McClintock	Katie	1900	Jul	20	016	F	ENUMCLAW	WA
K 1	0171	10474	McCloud	A.	1902	Sep	03	045	M	GEORGETOWN WA	SCT
K 1	0165	01433	McCloud	Alex M.	1895	Jan	15	044	M	YE KENILWORTH INN	
K 1	0169	06277	McClure	Buron	1901	Apr	27	057	M	Seattle	IN
K 1	0167	03802	McClure	C.M.	1898	Sep	28	040	M	Seattle	
K 1	0167	04689	McClure	Jos. H.	1899	Oct	11	064	M	LESTER, WA.	NY
K 2	0187	12989	McClure	Marie A.	1904	Jun	28	083	F	Beacon Hill	PA
K 2	0189	16646	McClure	Rebecca	1906	Jul	18	056	F	Seattle	OH
K 1	0168	06031	McClure	Sarah J.	1901	Jan	24	063	F	Seattle	TN
K 2	0191	18305	McClure	Thomas	1907	Apr	15	033	M	Seattle	---
K 1	0167	04318	McCluskey	P.	1899	Apr	29	045	M	Seattle	SEA
K 1	0170	07293	McCluskey	Peter	1902	Feb	16	073	M	KING CO. HOSP.	IRL
K 1	0164	01069	McClusky	Robt.	1894	Aug	24	018	M	FRANKLIN	USA
K 2	0187	12986	McComb	Frank	1904	Jun	13	048	M	Wayside Mission	MI
K 1	0166	03644	McCombe	A.E.	1898	Jul	06	069	F	Seattle	CT
K 2	0191	18085	McCombs	Francis M.	1907	Mar	10	064	M	Seattle	AR
K 1	0169	06617	McCombs	Jesse B.	1901	Jul	08	034	M	Seattle	OH
K 2	0191	18308	McConaghey	Infant	1907	Apr	26	---	F	Seattle	WA
K 2	0189	15905	McConaghy	Alice	1906	Feb	22	028	F	Seattle	MI
K 1	0165	01782	McConaghy	Archie	1895	Jul	09	17M	M	2017 WEST ST.	
K 1	0167	04197	McConaha	E.M.	1899	Mar	20	046	F	Seattle	SEA
K 2	0187	14341	McConaha	Geo. N.	1905	Mar	26	057	M	Steilacoom	MO
K 2	0191	18796	McConaty	Eva	1907	Jun	07	027	F	Seattle	ENG
K 1	0170	10150	McConkey	Thomas	1902	Oct	02	001	M	819 WASHINGTON ST.	NM
K 1	0166	02763	McConnach	Anna	1897	May	13	071	F	414 COLUMBIA	
K 1	0170	10149	McConnahy	Marguerette	1902	Oct	03	7MO	F	1912 17TH AVE SO.	SEA
K 2	0188	14477	McConnaughey	Infant	1905	Apr	26	02d	F	Seattle	WA
K 1	0165	01365	McConnell	Clarence	1894	Nov	13	7MO	M	OLYMPIC HOTEL	SEA
K 1	0167	04477	McConnell	Geo. G.	1899	Jul	21	033	M	Seattle	IL
K 1	0168	05170	McConnell	J.K.	1900	Apr	10	048	M	Seattle	SCT
K 1	0169	06134	McConnell	Mark	1901	Mar	18	009	M	Seattle	WA
K 1	0166	02991	McConville	Edith B.	1897	Sep	06	017	F	1511 8TH AVE.	WA
K 1	0169	06887	McCool	Chester	1901	Oct	27	010	M	PIKE & WEST ST.	PA
K 1	0165	01917	McCoomb	Frank E.	1895	Nov	27	037	M	222 BOX ST.	IL
K 1	0171	11130	McCoone	J.C.	1903	May	13	075	M	KING CO. HOSP.	US
K 1	0166	03499	McCord	Robt.	1898	May	03	040	M	Seattle	US
K 2	0190	17162	McCorkle	Infant	1906	Oct	01	02d	F	Seattle	WA
K 1	0169	06526	McCorkle	Rebecca A.	1901	Jun	14	071	F	BROOKLYN	IN
K 2	0188	15063	McCormick	Chas. E.	1905	Aug	03	023	M	Seattle	MI
K 2	0187	13808	McCormick	E. C.	1904	Dec	15	032	M	King Co. Hosp.	CA
K 2	0187	13121	McCormick	James	1904	Jul	22	040	M	211 1st Ave S	---
K 1	0166	02891	McCottrey	Robert	1897	Aug	21	033	M	ST. CHARLES HOTEL	
K 2	0186	12444	McCoy	Baby	1904	Feb	12	---	F	Hillman City	sme
K 2	0190	17170	McCoy	Gertrude	1906	Oct	31	001	F	Seattle	WA
K 2	0188	15135	McCoy	Harold C.	1905	Sep	15	04m	M	Hillman	WA
K 2	0189	15806	McCoy	John D.	1906	Feb	01	018	M	Ballard	NM
K 2	0186	12446	McCoy	Lura Lois	1904	Feb	24	012	F	1009 Sturgis Rd	MN
K 2	0186	11653	McCoy	Peter	1903	Aug	27	045	M	Wellington, WA	---
K 1	0170	07113	McCoy	R.E.	1901	Dec	16	053	M	REDLANDS	NY
K 2	0188	14608	McCoy	Richard	1905	May	03	070	M	Georgetown	IRL
K 1	0165	01992	McCoy	Wm. Raymond	1895	Dec	29	017	M	CEDAR MOUNTAIN	WA
K 2	0188	14478	McCrary	Herbert T.	1905	Apr	28	05m	M	Seattle	WA
K 2	0189	16497	McCray	Dora	1906	Jun	24	049	F	Seattle	MI
K 1	0168	05098	McCubbings	Geo	1900	Apr	17	014	M	Seattle	WA
K 1	0167	04052	McCulloch	Agerd	1899	Jan	09	004	F	Seattle	
K 1	0166	03217	McCulloch	Bessie	1898	Feb	02	005	F	Seattle	WA

S	R	PG	REC	LASTNAME	FIRSTNAME	DETH	MN	DT	AGE	S	DEATHPLACE	BIRTH
K	2	0191	18675	McCulloch	Wm.	1907	Feb	15	046	M	Georgetown	SCT
K	1	0164	01172	McCullock	Sarah	1894	Aug	10	009	F	1818 6TH STREET	WA
K	2	0188	14476	McCullough	Infant	1905	Apr	23	s/b	M	Seattle	WA
K	2	0190	17870	McCullough	James	1907	Feb	06	068	M	Seattle	---
K	2	0190	17435	McCullough	Julia	1906	Dec	04	040	F	Seattle	OH
K	1	0165	01919	McCune	Bertha	1895	Dec	28	023	F	513 HARRISON ST.	NY
K	2	0187	13804	McCurdy	Helen G.	1904	Nov	06	009	F	Monod Hosp.	MI
K	1	0171	11348	McCurdy	Jesse	1903	Apr	02	022	M	FORT LESCUM, ALA.	PA
K	1	0171	10558	McCurdy	Walter	1902	Dec	07	039	M	WAY SIDE MISSION	CA
K	1	0165	02417	McCutcheon	Juanita W.	1896	Sep	05	001	F	COR. JACKSON & TAYLOR	BC
K	1	0165	01262	McDairmid	James	1894	Oct	07	052	M	508 PRINCE WILLIAM ST.	SCT
K	1	0171	10430	McDaniel	Maggie	1902	Oct	22	046	F	PROVIDENCE HOSP.	IL
K	2	0188	14609	McDaniels	Mary E.	1905	May	16	040	F	Ballard	WV
K	2	0188	15064	McDannald	S. W.	1905	Aug	07	045	M	Seattle	MO
K	2	0190	17639	McDavilt	Frank	1907	Jan	22	042	M	Seattle	IL
K	1	0170	07109	McDavitt	(Twins)	1901	Dec	19	2HR	F	FREMONT	WA
K	2	0188	14878	McDermid	Hugh	1905	Jul	20	064	M	Seattle	CND
K	2	0191	18306	McDermott	Bridget J.	1907	Apr	20	028	F	Seattle	WI
K	2	0191	18677	McDermott	John	1907	Apr	11	050	M	Georgetown	CND
K	1	0168	06131	McDermott	Martin	1901	Feb	08	2DA	M	MONOD HOSP.	WA
K	1	0168	05337	McDermott	Robert A.	1900	Jul	08	038	M	Seattle	NY
K	1	0164	01036	McDiarmid	Margaret	1894	Jul	22	023	F	508 PRINCE WILLIAM STREET	SCT
K	1	0167	03873	McDonald		1898	Oct	07	048	M	Seattle	
K	1	0165	02513	McDonald		1896	Nov	01	2HR	M	108 WELLS	
K	1	0166	03092	McDonald	(Baby)	1897	Dec	25	2DA	M	BALLARD	WA
K	1	0167	04584	McDonald	(Infant)	1899	Sep	17	11D	M	Seattle	SEA
K	1	0168	05103	McDonald	A.	1900	Apr	25	026	M	Seattle	SCT
K	2	0189	16854	McDonald	Agnes E.	1906	Aug	13	046	F	Ballard	MN
K	2	0187	14017	McDonald	Agnes M.	1905	Jan	05	03m	F	7 Day St.	WA
K	2	0190	17163	McDonald	Albert	1906	Oct	06	027	M	Seattle	---
K	1	0167	04268	McDonald	Alex	1899	Apr	11	044	M	Seattle	SEA
K	2	0187	14340	McDonald	Allen	1905	Mar	09	045	M	Seattle	---
K	1	0166	02726	McDonald	Angus	1897	Apr	10	040	M	PROV. HOSP.	
K	1	0165	01290	McDonald	Angus	1894	Oct	27		M	WEST ST. HOTEL	
K	1	0169	06462	McDonald	Angus	1901	May	01	035	M	PROV. HOSP.	CND
K	1	0170	07369	McDonald	Anna (Mrs)	1902	Feb	20	024	F	PROV. HOSP.	ND
K	2	0190	17432	McDonald	Bertha	1906	Feb	16	038	F	Seattle	NH
K	2	0189	15903	McDonald	Bertha	1906	Feb	16	038	F	Seattle	NH
K	1	0166	03218	McDonald	D.H.	1898	Feb	26	077	M	Seattle	NS
K	1	0171	11349	McDonald	Dan	1903	May	21	048	M	FOOT OF MASSACHUSETTS W.	
K	2	0187	14024	McDonald	Daniel	1905	Feb	05	052	M	King Co. Hosp	SCT
K	1	0171	11353	McDonald	E.C. (Mrs)	1903	Jun	24	051	F	FAIRVIEW STATION	TN
K	2	0189	16101	McDonald	Edward	1906	Mar	25	049	M	Seattle	ENG
K	2	0189	16647	McDonald	Eliza	1906	Jul	26	078	F	Seattle	IRL
K	2	0189	16642	McDonald	Eliza B.	1906	Jul	04	035	F	Seattle	CND
K	1	0171	10424	McDonald	Ellen	1902	Oct	10	082	F	410 MALDEN AVE.	NS
K	1	0171	10964	McDonald	Francis L.	1903	Mar	25	054	M	819 1/2 9 AVE. SO.	
K	1	0166	02516	McDonald	Gladys Elizabeth	1896	Nov	21	005	F	2ND & MARION	SEA
K	2	0191	18570	McDonald	Graham H.	1907	May	30	04m	M	Seattle	WA
K	1	0170	07372	McDonald	Infant	1902	Feb	17	000	M	PROV. HOSP.	SEA
K	2	0191	18567	McDonald	Infant	1907	May	15	01d	F	Seattle	WA
K	1	0169	06416	McDonald	James	1901	May	19	040	M	PROVIDENCE HOSP.	WS
K	1	0169	06353	McDonald	James	1901	Apr	19	046	M	CASCADE TUNNEL	IRL
K	2	0191	18565	McDonald	James	1907	May	08	088	M	Seattle	SCT
K	2	0186	12565	McDonald	James Boyd	1904	Mar	11	004	M	Georgetown	SEA
K	1	0164	00671	McDonald	John	1893	Nov	26	067	M	Seattle	
K	1	0164	00701	McDonald	John	1893	Dec	17	013	M	DUWAMISH RIVER	WA
K	2	0186	12206	McDonald	John	1903	Dec	30	071	M	Georgetown	CND
K	1	0165	02465	McDonald	Jos.	1896	Oct	30	4HR	F	108 WELLS	
K	1	0167	04140	McDonald	Julia	1899	Feb	17	050	F	Seattle	MO
K	1	0166	03645	McDonald	K.E.	1898	Jul	12	2MO	F	Seattle	WA
K	1	0167	04116	McDonald	Katie	1899	Feb	06	018	F	Seattle	MO
K	2	0190	16951	McDonald	Kittie C.	1906	Sep	17	020	F	Seattle	WA

S	R	PG	REC	LASTNAME	FIRSTNAME	DETH	MN	DT	AGE	S	DEATHPLACE	BIRTH
K	1	0168	05123	McDonald	Laura	1900	Apr	26	4DA	F	BALLARD	WA
K	1	0164	00410	McDonald	M.F.	1892	Oct	26	036	M	NEW ZELAND HO.	IA
K	1	0167	03961	McDonald	Margarett J.	1898	Dec	01	18M	F	Seattle	SEA
K	2	0166	13561	McDonald	Mary A.	1904	Oct	05	063	F	709 12th Ave	IL
K	1	0166	03305	McDonald	Mary C.	1898	Mar	19	028	F	Seattle	
K	2	0186	11793	McDonald	Mary C.	1903	Sep	07	028	F	Prov. Hosp.	WI
K	1	0166	03148	McDonald	Mary V.	1898	Jan	28	062	F	Seattle	NY
K	2	0189	16249	McDonald	Molly R.	1906	Apr	12	029	F	West Seattle	ENG
K	1	0165	01539	McDonald	Patrick	1895	Mar	29	049	M	PROV. HOSP.	IRE
K	1	0167	04111	McDonald	Rose Etta	1899	Feb	04	024	F	Seattle	MO
K	1	0166	02651	McDonald	Sarah	1897	Feb	04	058	F	2314 EATON AVE.	ENG
K	2	0187	13563	McDonald	W. S.	1904	Oct	12	050	M	Lawson, WA	---
K	1	0171	11129	McDonald	Walter T.	1903	Apr	11	050	M	9 AVE. & PIKE	OH
K	1	0167	03999	McDonald	Willie	1898	Dec	19	3MO	M	Seattle	SEA
K	1	0165	01612	McDonnell	Alex	1895	Apr	13	023	M	CONCORD HOUSE	ON
K	1	0170	07833	McDonnough	Annie	1902	Jun	24	037	F	STEILLACOM	ON
K	2	0188	14879	McDonnough	Laura A.	1905	Jul	27	013	F	Seattle	WA
K	1	0165	01354	McDougal	H.J.	1894	Nov	15	9M0	M	CHESTNUT & ---	SEA
K	2	0189	16417	McDougald	John C.	1906	Jun	27	053	M	Richmond	CND
K	2	0187	14022	McDougall	Annie	1905	Jan	25	055	F	2331 Madison St	SCT
K	1	0164	00098	McDowell	Jas. F.	1891	Oct	06	042	M	FREMONT	MA
K	2	0186	12564	McDowell	Leonard M.	1904	Mar	10	026	M	718 Pine St	TN
K	2	0188	15463	McDuff	Mary	1905	Nov	03	063	F	Seattle	NY
K	2	0187	14185	McDwitt	Eliza J.	1905	Feb	17	090	F	122 East Lake Ave	ENG
K	2	0189	16644	McEachem	Lauchlin	1906	Jul	08	062	M	Seattle	CND
K	1	0171	10966	McEachern	Archie	1903			033	M	FOSTERS RANCH	
K	1	0167	03716	McEachrow	G.C.	1898	Aug	17	3MO	M	Seattle	SEA
K	1	0169	06732	McEackren	Minnie	1901	Aug	04	030	F	605 HARRISON ST.	CND
K	1	0168	05908	McElhinney	Esther	1900	Dec	20	070	F	Seattle	PA
K	2	0191	18569	McElroy	Ellen	1907	May	30	062	F	Seattle	IRL
K	1	0164	01173	McElroy	Matthew	1894	Aug	21	010	M	1828 9TH STREET	
K	1	0170	07112	McEvers	Edward	1901	Dec	27	049	M	3010 KING ST.	ON
K	1	0170	07107	McEvilla	Henry	1901	Dec	09	061	M	MONOD HOSP.	CND
K	1	0168	05225	McEwing	D.	1900	May	14	048	M	Seattle	CND
K	1	0171	10319	McFadden	Jas. C.M.	1902	Nov	11	042	M	PROVIDENCE HOSP.	WA
K	1	0164	00079	McFadden	M.	1891	Sep	02	027	M	Seattle	
K	1	0167	03801	McFae	M. Jr.	1898	Sep	27	8MO	M	Seattle	
K	1	0168	05395	McFarlan	Margarette	1900	Jun	09	074	F	BALLARD	SCT
K	2	0187	14020	McFarland	Alma	1905	Jan	13	075	F	210 Boylston Ave	NY
K	1	0164	00843	McFarland	James	1894	Jan	18	032	M	VAN ASSELT	
K	2	0187	13119	McFarland	Louis	1904	Jul	21	081	M	210 Boylston Ave N	NY
K	1	0166	03569	McFarland	Wm. G.	1898	Jun	28	1MO	M	Seattle	SEA
K	1	0170	07111	McFarlane		1901	Dec	26	080	M	ELLIOTT BAY	SCT
K	2	0188	15465	McFarline	Sarah M.	1905	Nov	22	053	F	Seattle	MI
K	2	0186	12807	McFee	Elizabeth A.	1904	May	05	069	F	332 Eastlake	GA
K	2	0191	18892	McFee	Nancy	1907	Jun	11	083	F	Kent	NC
K	2	0188	15215	McFeely	Cora M.	1905	Sep	26	015	F	Seattle	NE
K	1	0169	06453	McFowan	Marion	1901	May	06	018	M	PROV. HOSP.	IL
K	1	0166	03497	McFrew	C.A.	1898	May	10	067	F	Seattle	IN
K	2	0188	15466	McGarrigle	Edward	1905	Nov	30	047	M	Seattle	CND
K	2	0186	12806	McGarrigle	Infant	1904	Apr	28	s/b	M	716 34th Ave	SEA
K	1	0171	10324	McGee	Frances Emily	1902	Dec	12	009	F	PROVIDENCE HOSP.	WA
K	1	0169	06704	McGee	John. W.	1901	Aug	31	061	M	824 WELLER ST.	VA
K	2	0186	11654	McGee	M. S.	1903	Aug	06	020	M	Elliott Bay	---
K	2	0189	16855	McGee	Mary R.	1906	Aug	15	02m	F	Riverton	WA
K	1	0167	04712	McGentry	Leon	1899	Dec	25	034	M	KING CO. HOSP.	IRL
K	2	0186	12204	McGildra	John J.	1903	Dec	19	076	M	42 Ave & E Galee	NY
K	2	0190	17439	McGill	Infant	1906	Dec	31	s/b	M	Seattle	WA
K	1	0169	06839	McGill	J.	1901	Sep	21	040	M	Seattle GEN. HOSP.	US
K	1	0165	01599	McGill	Joseph F.	1895	Apr	25	004	M	1822 8TH ST.	
K	2	0189	15901	McGillvray	Robert W.	1906	Feb	14	025	M	Seattle	CND
K	1	0167	04242	McGinn	John	1899	Apr	02	043	M	Seattle	SEA
K	1	0164	00047	McGinnis		1891	Sep	01	8DA	M	GILMAN	WA

S	R	PG	REC	LASTNAME	FIRSTNAME	DETH	MN	DT	AGE	S	DEATHPLACE	BIRTH
K	2	0186	12205	McGinnis	Margaret	1903	Dec	26	080	F	718 Weller St	IRL
K	2	0189	16013	McGinnis	Mary	1906	Mar	22	031	F	Seattle	---
K	1	0171	10320	McGinnis	Mike	1902	Nov	25	048	M	FOOT OF UNIVERSITY STREET	IRL
K	1	0164	00028	McGivern	Robt.	1891	Aug	14	058	M	WESTERN	
K	1	0164	00842	McGlone	Bernard	1894	Jan	15	049	M	COMMERCIAL ST.	IRE
K	2	0190	17040	McGorley	Hugh G.	1906	Sep	07	03m	M	Ballard	WA
K	1	0167	04374	McGourty	F.M.	1899	May	31	003	M	Seattle	SEA
K	1	0165	02370	McGovern	John S.	1896	Aug	08	16D	M	820 COM'L. ST.	WA
K	1	0167	04309	McGovern	L.D.	1899	Apr	24	004	M	Seattle	SEA
K	1	0168	05345	McGovin	Grace M.	1900	Jul	25	002	F	Seattle	SEA
K	2	0187	14097	McGowan	James	1905	Feb	04	074	M	Auburn	IRL
K	1	0169	06458	McGowan	Lewis	1901	May	03	5DA	M	Seattle	WA
K	2	0190	16948	McGowan	P.	1906	Sep	08	064	M	Seattle	---
K	1	0170	10046	McGowan	Thomas N.	1902	Aug	08		M	FOOT OF VIRGINIA STREET	
K	2	0186	12218	McGowan	Wilfred	1904	Jan	11	04m	M	Hotel Hartley	SEA
K	1	0168	05023	McGrade	Thos.	1900	Mar	18	039	M	Seattle	MN
K	2	0190	17433	McGrath	Florence	1906	Nov	30	004	F	Seattle (b.Yukon Ter	---
K	2	0189	16645	McGrath	Infant	1906	Jul	14	02h	F	Seattle	WA
K	2	0188	14877	McGrath	John	1905	Jul	11	046	M	Seattle	IRL
K	1	0170	07370	McGraw	John	1902	Feb	14	035	M	PROV. HOSP.	MN
K	2	0189	15900	McGraw	Patrick	1906	Feb	10	040	M	Seattle	---
K	2	0186	11516	McGraw	Tim	1903	Jul	02	057	M	Wayside Mission	NY
K	1	0170	10045	McGraw	Victor S.	1902	Aug	10	053	M	320 WEST REPUBLICAN	NY
K	1	0169	06136	McGreen	Robert J.	1901	Mar	26	044	M	Seattle	IRL
K	2	0190	17638	McGregor	Harry K.	1907	Jan	22	03m	M	Seattle	WA
K	1	0167	03800	McGregor	John	1898	Sep	25	037	M	Seattle	SCT
K	2	0189	15807	McGregor	John S.	1906	Feb	28	070	M	Ballard	SCT
K	1	0168	05661	McGregor	William	1900	Dec	O5	055	M	CO. HOSP.	CND
K	1	0165	01311	McGrew	Geo. W.	1894	Oct	05	075	M	GEORGETOWN	
K	1	0164	00712	McGrew	Mary Jane	1894	Jan	17	054	F	AUBURN	
K	2	0189	15906	McGuern	Ralph	1906	Feb	27	06m	M	Seattle	WA
K	1	0168	04830	McGuinness	Wm.E.	1900	Jan	07	001	M	Seattle	WA
K	2	0190	17438	McGuire	Arvilla	1906	Dec	28	085	F	Seattle	NY
K	2	0187	13116	McGuire	Frank	1904	Jul	12	022	M	Seattle, WA	NE
K	1	0169	06944	McGuire	Gladys B.	1901	Oct	14	2MO	F	FREMONT	WA
K	2	0188	14743	McGuire	J. L.	1905	Jun	05	029	M	Seattle	IL
K	1	0166	03501	McGuire	J.C.	1898	May	11	065	M	Seattle	IRL
K	1	0168	04818	McGuire	James	1900	Jan	01	050	M	Seattle	IL
K	2	0171	16079	McGuire	James W.	1906	Mar	21	054	M	Hot Lake OR	OH
K	1	0168	06132	McGuire	Jas. F.	1901	Mar	07	035	M	Seattle	NB
K	1	0165	01916	McGuire	John	1895	Nov	13	042	M	PORT GAMBLE	
K	1	0164	00753	McGuire	John	1894	Feb	13	059	M	Seattle	
K	1	0169	06329	McGuire	Maggie	1901	Apr	06	028	F	Seattle	CND
K	2	0187	12987	McGuire	Thomas	1904	Jun	18	071	M	Monod Hosp.	CND
K	1	0170	07373	McGuirk	Anna	1902	Feb	12	002	F	1219 ALOHA	SEA
K	1	0169	06840	McGuirk	Thomas Joseph	1901	Sep	24	033	M	1219 ALOHA	IRL
K	1	0169	06430	McHardy	Infant	1901	May	14	5DA	M	Seattle	WA
K	2	0188	14474	McHenry	John	1905	Apr	12	040	M	Georgetown	---
K	2	0187	14186	McHugh	Infant	1905	Feb	20	s/b	F	1313 15th Pl	WA
K	2	0187	14019	McHugh	Patrick	1905	Jan	08	045	M	Palmer, WA	IRL
K	2	0187	14187	McHugh	Tressa	1905	Feb	28	023	F	Prov. Hosp.	IRL
K	1	0169	06684	McIlhenny	James	1901	Jul	25	032	M	PACIFIC OCEAN	GA
K	1	0164	00274	McIlravey	Ellen	1892	May	24	035	F	BALLARD	WI
K	1	0167	04801	McIlreath	Chas.	1899	Dec	24	046	M	WEST Seattle	
K	1	0165	01611	McIlroy	Isabella	1895	Apr	13	080	F	412 SO. 11TH	
K	1	0171	10182	McIlvern	Robert J.	1902	Feb	26	044	M	W.W.H.I.	IRL
K	1	0171	10184	McIlvern	Robert J.	1901	Feb	26	044	M	WEST WASH HOSP INSA	IRL
K	1	0168	05066	McInerney	G.H.	1900	Mar	18	030	M	Seattle	
K	1	0168	05085	McInnis	Agnes	1900	Mar	06	023	F	BALLARD	CND
K	1	0169	07106	McInnis	Frederick	1901	Nov	22	028	M	Seattle GENL. HOSP.	CND
K	1	0165	01914	McInnis	Hugh	1895	Sep	02	065	M	8TH AT UNION & UNIVERSITY	
K	1	0164	00361	McInnis	James	1892	Aug	01	052	M	Seattle	SCT
K	2	0191	18568	McIntosh	James	1907	May	19	052	M	Seattle	WA

S R	PG	REC	LASTNAME	FIRSTNAME	DETH	MN	DT	AGE	S	DEATHPLACE	BIRTH
K 1	0168	05336	McIntosh	Katherine	1900	Jul	07	079	F	Seattle	SCT
K 2	0188	15067	McIntosh	Wilma H.	1905	Aug	25	003	F	Seattle	OR
K 1	0172	11356	McInturf	Margaret	1903	Jun	08	035	F	WAYSIDE MISSION	IRL
K 1	0170	07376	McIntyre	Alexander	1902	Feb	08	040	M	PROV. HOSP.	FRN
K 2	0191	18798	McIntyre	Arthur J.	1907	Jun	18	012	M	Seattle	CA
K 1	0167	04418	McIntyre	Luella A.	1899	Jun	17	042	F	Seattle	
K 1	0167	03871	McIntyre	M.E.	1898	Oct	29	027	F	Seattle	WA
K 1	0170	07834	McIntyre	Marie	1902	Jun	03	052	F	Seattle	CND
K 1	0170	07759	McIntyre	Peter	1902	Apr	21	053	M	1511 TAYLOR ST.	ME
K 1	0166	02692	McIntyre	Susan	1897	Mar	09	061	F	1319 7TH AVE.	IRL
K 1	0167	04164	McIntyre	William	1899	Mar	07	078	M	Seattle	SCT
K 2	0188	15526	McIvery	Thomas	1905	Dec	16	030	M	Ballard	---
K 1	0167	03798	McKay		1898	Sep	13	2DA	M	Seattle	SEA
K 2	0186	11794	McKay	Alex	1903	Sep	17	047	M	4333 10th NE (b.Nova Scotia	---
K 2	0191	18309	McKay	Arthur	1907	Apr	30	026	M	Seattle	NV
K 1	0170	10044	McKay	Baby	1902	Aug	07	2MO	M	165 THOMAS	AK
K 2	0190	18081	McKay	Donald	1907	Mar	04	027	M	Seattle	SCT
K 2	0190	17312	McKay	Hugh	1906	Nov	15	043	M	Seattle	---
K 2	0191	18795	McKay	Jennie	1907	Jun	07	027	F	Seattle	CND
K 1	0166	03568	McKay	L.M.	1898	Jun	27	002	M	Seattle	SEA
K 1	0169	06525	McKay	Mary	1901	Jun	18		F	Seattle	SEA
K 2	0187	13436	McKay	Robert S.	1904	Sep	30	070	M	Prov. Hosp.	CND
K 2	0186	12568	McKay	Thomas	1904	Mar	21	030	M	King Co. Hosp.	CND
K 2	0191	18086	McKay	Wilma B.	1907	Mar	18	002	F	Seattle	MA
K 1	0168	06133	McKay	Wm.J.	1901	Mar	13	032	M	Seattle	MI
K 2	0188	14475	McKechine	Silas H.	1905	Apr	17	043	M	Seattle	CND
K 1	0171	10322	McKee	Col. W.E.	1902	Nov	25	058	M	COR. 2ND AVE. & MARION	NY
K 2	0186	12804	McKee	Harriet Jane	1904	Apr	21	059	F	SEA. Gen. Hosp.	IN
K 1	0166	03304	McKee	Irene B.	1898	Mar	19	015	F	Seattle	WA
K 2	0189	15899	McKee	John	1906	Feb	10	069	M	Seattle	IRL
K 1	0171	10687	McKee	Mabel Estell	1903	Jan	29	021	F	983 22ND AVE.	ON
K 1	0171	10560	McKeen	A.C.	1902	Dec	26	076	M	720 COLUMBIA	CND
K 2	0188	15734	McKeever	William	1906	Jan	11	049	M	Seattle	NY
K 2	0188	15214	McKellan	Annie L.	1905	Sep	24	026	F	Seattle	CND
K 2	0189	16643	McKenall	Angus	1906	Jul	04	072	M	Seattle	SCT
K 1	0171	11346	McKenna	James	1903	May	25	028	M	LESTER, WA	
K 1	0170	07249	McKennell	W.P.	1902	Jan	30	032	M	SMITHS COVE	CND
K 2	0187	12990	McKenney	Louis O.	1904	Jun	28	026	M	138 29 Ave	MN
K 2	0189	16648	McKennon	Laura C.	1906	Jul	26	017	F	Seattle	WA
K 2	0189	16267	McKenzie	A.	1906	May	18	044	M	Georgetown	CND
K 1	0164	00668	McKenzie	Dan H.	1893	Nov	07	045	M	Seattle	
K 2	0187	13562	McKenzie	Fern W.	1904	Oct	11	009	F	118 W 60th St	MN
K 2	0186	11792	McKenzie	Frank N.	1903	Sep	28	020	M	Gen. Hosp.	IL
K 1	0168	05910	McKenzie	John	1900	Dec	29	050	M	Seattle	
K 1	0169	06611	McKenzie	Kenneth	1901	Jul	10	050	M	Seattle	NS
K 2	0189	16015	McKenzie	R. W.	1906	Mar	29	052	M	Seattle	USA
K 1	0164	00639	McKenzie	Robert	1893	Sep	16	065	M	1912 8TH STREET	SCT
K 1	0170	10042	McKenzie	W.D.	1902	Aug	22	056	M	WEST Seattle	NS
K 1	0168	05143	McKenzie	Wm.	1900	Apr	04	064	M	Seattle	CND
K 2	0186	12443	McKeon	Jennie (Mrs.)	1904	Feb	03	028	F	Monad Hosp.	PA
K 1	0169	06682	McKeown		1901	Jul	25	028	M	BONANZA - YUKON TR., AK	IRL
K 1	0166	03714	McKeown	Edw.	1898	Aug	02	050	M	Seattle	CND
K 1	0171	10185	McKeown	John	1902	Sep	12	035	M	PROVIDENCE HOSP.	
K 1	0169	06135	McKeraches	Percival J.	1901	Mar	29	021	M	Seattle	CND
K 1	0168	04822	McKernan	Pat H.	1900	Jan	04	062	M	Seattle	MI
K 2	0186	12567	McKerr	Samuel	1904	Mar	19	042	M	216 Terry Ave	CND
K 1	0166	03645	McKevin	John E.	1898	Jul	28	4MO	M	Seattle	SEA
K 2	0190	17166	McKew	Frank C.	1906	Oct	14	047	M	Seattle	MD
K 2	0188	14881	McKibben	Infant	1905	Jul	30	s/b	F	Seattle	WA
K 1	0171	10848	McKilligan	Hector	1903	Feb	13	038	M	STEVENS HOTEL	CND
K 1	0168	05262	McKinley	James	1900	May	01	069	M	Seattle	SCT
K 1	0165	01789	McKinley	Neal	1895	Aug	25	040	M	PROV. HOSP.	
K 1	0171	11347	McKinney	Gladys	1903	May	22	003	F	HILLMAN CITY	WA

S	R	PG	REC	LASTNAME	FIRSTNAME	DETH	MN	DT	AGE	S	DEATHPLACE	BIRTH
K	1	0168	04965	McKinney	Gordie	1900	Feb	23	015	F	Seattle	KY
K	1	0169	06836	McKinney	Marguerette F.	1901	Sep	23	063	F	REPUBLIC	KY
K	1	0164	00602	McKinnon	Alexander M.	1893	Aug	29	039	M	LAKE WASHINGTON	CND
K	1	0169	06943	McKinnon	Anna	1901	Oct	15	008	F	413 NINTH AVE.	WA
K	2	0190	17537	McKinnon	Archie B.	1906	Dec	03	040	M	Bameston	---
K	1	0168	05310	McKinnon	Duncan	1900	Jul	05	055	M	Seattle	WI
K	2	0186	12569	McKinnon	Infant	1904	Mar	26	03d	F	812 1/2 Terry Ave	SEA
K	1	0170	07247	McKinnon	James	1902	Jan	01	040	M	R.R. AVE. & YESLER WAY	ME
K	2	0191	18797	McKinnon	John	1907	Jun	10	016	M	Seattle	---
K	1	0165	01718	McKinnon	Mary I.	1895	Jul	28	6MO	F	503 8TH ST.	SEA
K	2	0188	14880	McKivor	Victor H.	1905	Jul	29	002	M	Seattle	WA
K	1	0165	02310	McKnight	Emma	1896	Jul	12	038	F	514 BISMARK ST.	
K	1	0166	02764	McKnight	Ida	1897	May	27	002	F	LAKE WASH. & YESLER	WA
K	1	0171	11350	McKnight	Jennie R.H.	1903	May	23	023	F	FREMONT, WA	IL
K	1	0168	05188	McKnight	Jno.	1900	Apr	02	055	M	Seattle	IRL
K	1	0165	02371	McKnight	John F.	1896	Aug	24	9MO	M	514 BISMARK ST.	WA
K	1	0166	02812	McKnight	Mary B.	1897	Jun	01	053	F	220 MARION	
K	2	0188	14745	McLachlan	Wm.	1905	Jun	21	063	M	Seattle	CND
K	1	0168	05419	McLain	Alex	1900	Jun	27	050	M	NOME ALASKA	
K	1	0164	00450	McLain	Taylor	1892	Dec	16	023	M	NEW CASTLE	KY
K	1	0164	00073	McLaine	Michel	1891	Sep	08	045	M	ELLIOTT BAY	
K	1	0170	07110	McLaren	(Baby)	1901	Dec	21	000	M	314 CEDAR	SEA
K	2	0191	18303	McLaren	Alice M.	1907	Apr	02	040	F	Seattle	CND
K	1	0164	00894	McLaren	Chas. F.	1894	Apr	03	039	M	RENTON	
K	2	0186	11791	McLaughlin	Catherine	1903	Sep	29	073	F	614 6th Ave	IRL
K	2	0191	18794	McLaughlin	Charles	1907	Jun	03	062	M	Seattle	---
K	1	0170	10179	McLaughlin	E.D.	1902	Sep	08	059	M	PROV. HOSP.	OH
K	1	0165	01987	McLaughlin	Ellen E.	1895	Dec	24	038	F	GILMAN	IRE
K	2	0186	11515	McLaughlin	Geo H.	1903	Jul	01	062	M	Fremont (b N.P.	---
K	1	0169	06369	McLaughlin	Kate	1901	Apr	04	042	F	VAN ASSLET	IRL
K	1	0167	04342	McLaughlin	M.	1899	May	10	031	F	Seattle	KS
K	1	0170	10047	McLaughlin	Myron Wilson	1902	Aug	18	004	M	FREMONT	WA
K	2	0187	13257	McLaughlin	Pansy Louise	1904	Aug	02	015	F	Ballard, WA	IL
K	2	0188	15733	McLaughlin	R. J.	1906	Jan	10	056	M	Seattle	MI
K	1	0171	11125	McLaughlin	William M.	1903	Apr	07	041	M	WAYSIDE MISSION HOSP.	IL
K	2	0188	15464	McLaurin	Agnes E.	1905	Nov	13	07m	F	Seattle	WA
K	2	0191	18307	McLaurin	Duncan	1907	Apr	20	073	M	Seattle	SCT
K	2	0189	16781	McLaurin	Janette	1906	Aug	20	068	F	Seattle	CND
K	1	0164	00462	McLausland	H.G.	1893	Jan	02	037	F	Seattle	NH
K	1	0169	06838	McLean		1901	Sep	17	027	M	INTERBAY	MN
K	1	0167	03715	McLean	Ada E.	1898	Aug	06	051	F	Seattle	MI
K	1	0171	11127	McLean	Alexander	1903	Apr	08	004	M	2040 13 AVE WEST	ND
K	1	0164	00153	McLean	D.	1891	Nov	25		M	CANTON	
K	1	0164	00209	McLean	Daniel	1892	Feb	14	035	M	Seattle	
K	1	0165	01584	McLean	Elizabeth	1895	Apr	20	078	F	SOUTH Seattle	CND
K	2	0190	17434	McLean	Infant	1906	Dec	03	b/d	M	Seattle	WA
K	1	0172	11355	McLean	J.R.	1903	Jun	23	021	M	20th Ave W. & Armmer St.	NB
K	1	0165	02463	McLean	Jas. A.	1896	Oct	09	1HR	M	908 FARM ST.	WA
K	2	0187	12868	McLeebe	Harry Sam	1904	May	17	01m	M	2106 5th Ave W	SEA
K	2	0190	17039	McLellan	Clarenc B.	1906	Sep	01	05m	M	S.E. Seattle	WA
K	2	0187	12988	McLellan	Duncan	1904	Jun	22	031	M	Monod Hosp. (b.Nova Scotia	---
K	2	0187	12985	McLellan	Elizabeth (Mrs)	1904	Jun	08	074	F	1605 37 Ave (b.Nova Scotia	---
K	1	0167	04042	McLeod	A.J.	1899	Jan	06	037	M	Seattle	ON
K	2	0190	18080	McLeod	Annice	1907	Mar	03	029	F	Seattle	CND
K	2	0186	12113	McLeod	Betsey	1904	Jan	09	082	F	Snoqualmie	SCT
K	1	0166	03643	McLeod	C.	1898	Jul	03	049	F	Seattle	IRL
K	2	0187	12809	McLeod	Infant	1904	May	13	02d	M	337 State St. (b.Ballard	---
K	2	0190	17167	McLeod	Infant	1906	Oct	15	s/b	M	Seattle	WA
K	2	0187	13806	McLeod	John D.	1904	Nov	10	040	M	Maple Valley	CND
K	1	0167	03936	McLeod	Joseph J.S.	1898	Nov	22	023	M	PROV. HOSP.	CND
K	1	0164	00846	McLeod	N.B.	1894	Mar	31	034	M	2015 2ND ST.	ON
K	2	0191	18566	McLeod	Peter B.	1907	May	11	036	M	Seattle	SCT
K	1	0170	07766	McLeod	Philip	1902	Jul	06	052	M	SNOQUALMIE	CND

S R	PG	REC	LASTNAME	FIRSTNAME	DETH MN	DT	AGE	S	DEATHPLACE	BIRTH
K 1	0168	05420	McLeod	Robt.	1900 Jul	19	070	M	KING CO. HOSP.	SCT
K 1	0170	07248	McLin	Thomas Chester	1902 Jan	11	11M	M	2618 MADISON	SEA
K 1	0168	05909	McLindon	Peter	1900 Dec	20	060	M	Seattle	IRL
K 1	0167	03971	McLorley	Chas.	1898 Dec	05	070	M	Seattle	IRL
K 1	0164	00339	McLoughlin	Fred H.	1892 Jul	05	023	M	SOUTH Seattle	
K 1	0164	00532	McLoughlin	Geo.	1893 Apr	17	022	M	Seattle	
K 1	0165	01366	McLoughlin	Kate N.	1894 Nov	13	064	F	307 CHESTNUT ST.	
K 2	0186	11795	McLure	Howard	1903 Sep	26	08m	M	S. Beacon Hill	SEA
K 2	0188	15134	McLyman	Frank	1905 Sep	04	005	M	Hillman	CO
K 2	0190	17871	McMahan	Peter	1907 Feb	10	074	M	Seattle	IRL
K 2	0190	17041	McMahon	John B.	1906 Sep	16	10m	M	Hillman	WA
K 1	0164	00513	McMalon	Thomas	1893 Mar	20	071	M	PROV. HOSP.	IRE
K 2	0186	12202	McMannan	James	1903 Dec	17	071	M	816 1/2 Wash. St.	IRL
K 2	0188	15062	McMannus	Archibald	1905 Aug	01	04m	M	Seattle	WA
K 1	0166	02851	McManus	Henry	1897 Jul	21	050	M	PROV. HOSP.	
K 1	0171	10688	McManus	Phillip	1903 Jan	25	051	M	952 JOHN ST.	NY
K 2	0186	12036	McMasters	Chas A.	1903 Nov	09	050	M	1815 5th Ave W	CND
K 1	0164	00929	McMasters	Wm.	1894 Apr	16	045	M	Seattle	
K 1	0167	04003	McMauns	Lillie	1898 Dec	20	041	F	INTERBAY	
K 2	0189	16014	McMenamin	John	1906 Mar	28	038	M	Seattle	---
K 2	0189	16356	McMicken	Rowena	1906 May	02	021	F	Seattle	WA
K 1	0168	05418	McMicking	Claude L.	1900 Jun	09	026	M	Seattle	BC
K 1	0165	02020	McMillan	Alex	1896 Jan	29	039	M	COUNTY HOSP.	CND
K 1	0166	02992	McMillan	Mary	1897 Oct	22	017	F	COUNTY HOSP.	WA
K 2	0188	14744	McMillan	Modley G.	1905 Jun	12	024	F	Seattle	NRY
K 1	0165	02191	McMillan	Wm. D.	1896 Apr	12	042	M	CRIPPLE CREEK	
K 1	0166	03567	McMillen	E.M.	1898 Jun	24	008	F	Seattle	SEA
K 2	0189	16198	McMillen	Katherine	1906 Apr	27	073	F	Seattle	CND
K 1	0169	06330	McMillian	Laura	1901 Apr	06	008	F	Seattle	MI
K 1	0171	10965	McMullen	Alexander	1903 Mar	27	031	M	Seattle GENL. HOSP.	IRL
K 2	0189	16496	McMullen	John	1906 Jun	06	004	M	Seattle	NJ
K 2	0191	18304	McMullen	Lillian E.	1907 Apr	10	04m	F	Seattle	WA
K 2	0190	17311	McMullen	Robert	1906 Nov	10	055	M	Seattle	---
K 1	0169	06942	McMullen	Wm.	1901 Oct	07	028	M	HOSP. SHIP	CA
K 1	0169	07105	McMullin	Louella	1901 Nov	08	030	F	1728 - 24 AVE.	MN
K 2	0190	17735	McMurphy	Ida P.	1907 Jan	16	021	F	Georgetown	---
K 2	0190	17436	McNabb	Infant	1906 Dec	27	02d	F	Georgetown	WA
K 2	0190	17437	McNabb	Infant	1906 Dec	27	02d	F	Georgetown	WA
K 2	0190	18083	McNabb	Robert	1907 Mar	06	039	M	Seattle	SCT
K 1	0166	03498	McNalley	Thos.	1898 May	29	030	M	Seattle	IRL
K 1	0171	10686	McNally		1903 Jan	15	027	M	WELLINGTON, WA	ENG
K 1	0170	07631	McNally	Infant	1902 May	28	000	F	SOUTH PARK	WA
K 1	0167	04151	McNally	James	1899 Feb	27	034	M	Seattle	SCT
K 1	0168	04843	McNally	Mary	1900 Jan	14	002	F	Seattle	SEA
K 1	0165	01921	McNamara	John	1895 Nov	07		M	SO.Seattle	
K 1	0168	05728	McNamara	Mike	1900 Oct	13	040	M	Seattle	
K 2	0191	18799	McNamara	Patrick	1907 Jun	22	034	M	Seattle	CND
K 2	0189	16778	McNamara	Rose	1906 Aug	15	032	F	Seattle	MI
K 2	0189	16641	McNamara	Thomas	1906 Jul	03	15d	M	Seattle	WA
K 1	0168	06032	McNamara	Wm.	1901 Jan	27	033	M	Seattle	CND
K 2	0186	12563	McNamee	Eugene	1904 Mar	09	002	M	206 N Broadway	WA
K 2	0186	12571	McNamee	Mary	1904 Feb	29	033	F	Pt. Townsend	MI
K 1	0169	06524	McNames	Theresa D.	1901 Jun	22	015	F	Seattle	IA
K 1	0167	04797	McNatt	Ann	1899 Dec	07	078	F	DUWAMISH	IRL
K 1	0169	06523	McNatt	Francis	1901 Jun	21	081	M	SOUTH PARK	TN
K 2	0191	18088	McNaught	Jean C.	1907 Mar	24	004	F	Seattle	CA
K 2	0191	18084	McNaught	Jessie L.	1907 Mar	10	001	F	Seattle	WA
K 2	0187	14021	McNealy	Infant	1905 Jan	18	05d	M	Pacific Hosp.	WA
K 1	0165	01447	McNeil	Baby	1895 Jan	25		M	2710 WEST ST.	SEA
K 2	0186	11514	McNeil	F. H. (Dr.)	1903 Jul	01	047	M	108 17th Ave	PA
K 1	0170	10049	McNeil	James	1902 Aug	17	050	M	ELLIOTT BAY	SCT
K 2	0186	12566	McNeil	Robert	1904 Mar	12	023	M	cor. Conn & Grant	CND
K 2	0188	14746	McNeil	Susie	1905 Jun	23	028	F	Seattle	IL

S	R	PG	REC	LASTNAME	FIRSTNAME	DETH	MN	DT	AGE	S	DEATHPLACE	BIRTH
K	2	0186	11922	McNeill	John	1903	Oct	20	050	M	1514 3rd Ave	---
K	1	0167	04518	McNichol	(Infant)	1899	Aug	09	22H	M	Seattle	SEA
K	1	0167	04535	McNichol	(Infant)	1899	Aug	22		F	Seattle	SEA
K	1	0166	02572	McNot	John W.	1896	Dec	30	074	M	SO. PARK	TN
K	1	0170	10177	McNulty	D.	1902	Aug	22	052	M	PROV. HOSP.	IRL
K	1	0166	03500	McPhee	A.	1898	May	06	040	M	Seattle	
K	1	0168	05447	McPhee	Henrietta	1900	Jul	18		F	Seattle	SEA
K	1	0164	01112	McPherson	Donald	1894	Aug				MONTE CRISTO	SCT
K	2	0189	15898	McPherson	Donald G.	1906	Feb	03	049	M	Seattle	CND
K	1	0171	10183	McPherson	Duncan	1902	Sep	29	032	M	SO. Seattle	ON
K	2	0190	17164	McPherson	Infant	1906	Oct	10	05d	F	Seattle	WA
K	1	0164	00844	McPherson	James A.	1894	Feb	07	7WK	M	13TH & CATHARINE ST.	SEA
K	2	0186	12445	McPherson	John C.	1904	Feb	14	039	M	807 Plummer	CND
K	2	0187	13345	McPherson	Mary	1904	Sep	22	033	F	Bothell, WA	SCT
K	1	0171	11128	McPherson	Wm. Angus	1903	Apr	19	075	M	413 OLYMPIC PLACE	ENG
K	1	0166	03001	McPheters	G.W.	1897	Dec	05	062	M	PROV. HOSP	ME
K	1	0171	11351	McQuarrie	Arch	1903	Apr	30	037	M	KETCHIKAN, ALASKA	
K	1	0170	10043	McQuarrie	John	1902	Aug	20	031	M	WEST Seattle	US
K	2	0188	15065	McQuillen	Sarah	1905	Aug	22	057	F	Seattle	ME
K	2	0187	14018	McQuillian	Infant	1905	Jan	05	s/b	F	601 University	WA
K	1	0172	11354	McQuillin	Arthur	1903	Jun	21	019	M	MADISON ST. PARK	OH
K	1	0168	05946	McQuire	Thos.	1901	Feb	14	069	M	KING CO. HOSP.	IRL
K	1	0164	01114	McRae	Alexander	1894	Jul	22	032	M	RIVER PARK	PE
K	2	0187	13807	McRae	Alexander	1904	Dec	02	069	M	107 Broadway	CND
K	2	0188	15066	McRae	Reid	1905	Aug	24	21d	M	Seattle	WA
K	1	0165	01915	McRedmond	Catherine	1895	Oct	05	062	F	PROV. HOSP.	
K	2	0187	14023	McRedmond	David B	1905	Jan	28	034	M	Redmond	WA
K	1	0166	03502	McRedmond	L.	1898	May	11	080	M	REDMOND	
K	2	0187	12808	McReynolds	Rachel	1904	May	08	078	F	Ross Str. Freemont	CND
K	1	0164	00983	McSarley	James	1894	May	10	064	M		
K	1	0165	01288	McSarley	M.	1894	Oct	27		M	WEST ST. HOTEL	
K	1	0167	04007	McSellan	(Infant)	1898	Dec	22	4DA	M	Seattle	SEA
K	1	0169	06263	McShane	J.E.	1901	May	03	038	M	DUWAMISH	NY
K	1	0164	00714	McSheperd	Caroline	1893	Dec	08	039	F	RAINIER HOTEL, Seattle	USA
K	2	0190	17734	McSorley	Charles J.	1907	Jan	12	014	M	Olympia	WA
K	1	0169	06945	McSorley	Ellen (Mrs)	1901	Oct	06	070	F	1205 WASH. ST.	IRL
K	2	0191	18676	McSorley	James	1907	Mar	05	058	M	Georgetown	NY
K	1	0171	11126	McSorley	Mildred	1903	Apr	25	013	F	960 21ST AVE.	WI
K	2	0190	16949	McStay	Jampa	1906	Sep	15	08m	F	Seattle	WA
K	2	0190	17873	McTavish	Donald G.	1907	Feb	27	044	M	Seattle	CND
K	2	0190	17640	McTeigh	Joseph	1907	Jan	27	036	M	Seattle (b.B.C.	---
K	1	0167	03872	McThaggart	F.	1898	Oct	09	030	M	Seattle	
K	2	0188	14882	McVay	Emma D.	1905	Aug	01	060	F	Ballard	NY
K	1	0168	05448	McVay	Wm. T.	1900	Jul	12	043	M	Seattle	KY
K	1	0166	03496	McVey	Jack	1898	May	05	006	M	Seattle	SEA
K	1	0166	03147	McVey	Moulton	1898	Jan	05	4MO	M	BALLARD	WA
K	2	0188	15273	McWhinney	Levy N.	1905	Nov	01	075	M	Ballard	OH
K	1	0166	02556	McWilliams	Nancy (Mrs.)	1896	Dec	05	083	F	LAKE WASH.	
K	2	0172	16492	Mead	Alfred E.	1906	Jun	16	023	M	Seattle	MT
K	2	0165	13111	Mead	James	1904	Jul	05	070	M	Seattle Gen. Hosp.	ENG
K	1	0160	04880	Mead	Mary A.	1900	Jan	22	034	F	Seattle	CND
K	1	0160	05064	Mead	Percival	1900	Mar	17	041	M	Seattle	
K	2	0166	13245	Mead	William	1904	Aug	01	070	M	165 Etruria St	ENG
K	2	0173	17308	Mead	Wm. W.	1906	Nov	27	064	M	Seattle	OH
K	2	0169	15341	Meade	Frank	1905	Oct	18	038	M	Seattle	---
K	1	0314	10841	Meade	Mary Catherine	1903	Feb	09	006	F	2512 King St	SEA
K	1	0155	02074	Meadow	Ellen	1896	Feb	29	048	F	318 Mercer	IRL
K	1	0155	01909	Meadows	Geo. A.	1895	Nov	02	028	M	Ranke Bldg.	
K	2	0170	15803	Meagher	Beatrice	1906	Feb	08	040	F	Ballard	WA
K	2	0169	15340	Meagher	C.	1905	Oct	17	030	F	Seattle	---
K	1	0159	04400	Meagher	Carrie A.	1899	Jun	08	035	F	Seattle	OR
K	2	0170	15729	Meagher	Eugene E.	1906	Jan	15	02m	M	Seattle	WA
K	2	0172	16491	Meagher	J. A.	1906	Jun	15	030	M	Seattle	---

S	R	PG	REC	LASTNAME	FIRSTNAME	DETH	MN	DT	AGE	S	DEATHPLACE	BIRTH
K	2	0163	11644	Meagher	Thomas	1903	Aug	08	040	M	114 5 Ave S	---
K	2	0172	16939	Mealoet	Elizabeth	1906	Sep	15	075	F	Seattle	AL
K	1	0312	07453	Mealy	Alice	1902	Mar	02	???	F	418 9th Ave	PA
K	1	0311	07100	Mears	Arlimous	1901	Dec	11	054	M	4th/Bell	NY
K	2	0163	11648	Measers	Harold G	1903	Aug	03	006	M	1266 John St	SEA
K	1	0161	05541	Measerve	I.S.	1900	Aug	13	055	M	Seattle	ME
K	1	0152	00216	Meddleton	John	1892	Feb	03	050	M	Seattle	ENG
K	1	0314	11107	Medlock	Jennie	1903	Apr	12	050	F	2425 Irving St	IL
K	1	0159	04347	Medlock	John	1899	May	13	085	M	Seattle	TN
K	2	0163	11636	Mee	Elmer	1903	Aug	08	021	M	Whatcom	WI
K	1	0163	06298	Mee	Eva L.	1901	Apr	19	045	F	Interbay	WI
K	1	0160	05169	Meeham	Jas.	1900	Apr	10	042	M	Seattle	IRL
K	2	0167	14176	Meek	E. L.	1905	Feb	05	081	F	1612 16th Ave	IN
K	2	0175	18784	Meenen	Frank	1907	Jun	04	043	M	Seattle	---
K	1	0159	04254	Megaard	Annie	1899	Apr	06	040	F	Ballard	
K	2	0172	17157	Mehary	Robert	1906	Oct	12	050	M	Seattle	---
K	2	0163	11503	Mehlenbeck	Albert C	1903	Jul	01	010	M	74 W Wall	ND
K	2	0173	17732	Meier	Paul	1907	Jan	20	012	M	Georgetown	WA
K	1	0156	02689	Meigs	G.A.	1897	Mar	03	075	M	Spring St.	
K	1	0152	00468	Meinberger	Fred	1892	Dec	15	046	M	Co. Farm	GER
K	1	0162	06165	Meister	Ida M.	1901	Mar	18	031	F	Seattle	GER
K	1	0162	06020	Mekela	Freda	1901	Jan	10	053	F	Prov. Hosp.	FIN
K	1	0156	02947	Melburn	Robert	1897	Sep	22	3mo	M	Front St. Pease Block	WA
K	2	0167	14014	Melbye	Gustav	1905	Jan	14	058	M	Prov. Hosp.	NRY
K	1	0154	01503	Melgard	Ida	1895	Feb	25	062	F	330 Oak St.	NRY
K	1	0311	07365	Mellican	Paul Lee	1902	Feb	08	016	M	Ross	WA
K	1	0159	04590	Melling	H.R.J.	1899	Sep	19	1mo	M	Seattle	SEA
K	1	0312	07510	Melling	John	1902	Mar	??	???	M	2228 1/2 1st Ave	NRY
K	1	0157	02986	Melling	John	1897	Oct	12	004	M	2119 1/2 West	WA
K	1	0162	06025	Melling	Kattie	1901	Jan	18	027	F	Monop. Hosp.	IA
K	1	0158	03996	Melling	Margaret	1898	Dec	18	003	F	Seattle	SEA
K	2	0175	18561	Mellish	Max E.	1907	May	25	011	M	Seattle	WA
K	2	0168	14333	Mellville	James Jr.	1905	Mar	22	003	M	Seattle	WA
K	1	0311	07410	Melosevitch	Kuzman	1902	Feb	25	033	M	King Co. Hosp.	NY
K	1	0156	02620	Melow	Helen	1897	Jan	28	060	F	Ballard, WA	
K	1	0153	00850	Melseth	Ole O.	1894	Mar	07	028	M	Pt. Gamble, WA	NRY
K	2	0170	15895	Melton	Dorothy	1906	Feb	22	001	F	Seattle	WA
K	1	0153	00584	Melutenovich	Riste	1893	Jul	19	020	M	Lake Washington	AUS
K	1	0163	06514	Melvey	J.H.	1901	Jun	27	036	F		PA
K	2	0168	14468	Melville	Grace	1905	Apr	21	063	F	Seattle	SCT
K	1	0161	05493	Meman	Mary J. (Mrs.)	1900	Aug	08	039	F	Seattle	WI
K	2	0165	12790	Mendenhall	Ira M.	1904	Apr	17	066	M	Seattle	IN
K	1	0157	03146	Menge	Paul	1898	Jan	17	046	M	Seattle	MO
K	1	0158	04036	Menge	Paul L.	1899	Jan	02	11m	M	Fremont	SEA
K	1	0161	05417	Menough	T.F.	1900	Apr	21	032	M	Odiac near Orcha Station	IN
K	2	0175	18786	Menton	Andrew	1907	Jun	09	050	M	Seattle	GER
K	2	0164	12033	Mentzer	Harry M Jr	1903	Nov	29	04m	M	121 7 Ave N	SEA
K	1	0313	10120	Meon	Joseph	1902	Aug	09	001	M	2621 Day St	ITL
K	1	0313	10313	Mercer	Aaron	1902	Nov	19	076	M	Prov. Hosp	OH
K	1	0313	10323	Mercer	Babies -Twins	1902	Dec	02	---	M	2223 2nd Ave	SEA
K	1	0161	05768	Mercer	Frances H.	1900	Nov	12	030	F	Seattle	AUS
K	1	0157	03038	Mercer	Hester L.	1897	Nov	12	074	F	6th Ave. N. & Ward St.	KY
K	2	0171	16007	Mercer	Minnie	1906	Mar	04	01m	F	Seattle	WA
K	1	0157	03493	Mercer	Thomas	1898	May	25	085	M	Seattle	OH
K	1	0163	06167	Merchant	Andrew	1901	Mar	22	061	M	Seattle	IA
K	2	0168	14469	Merchant	Lena	1905	Apr	21	059	F	Auburn	ME
K	1	0156	02553	Merchant	W.J.	1896	Dec	15	020	M	Genl. Hosp.	OR
K	2	0166	13550	Mercier	Narcisse	1904	Oct	05	062	M	Prov. Hosp.	CND
K	1	0158	03793	Meredith	Geo. E.	1898	May	10	025	M		
K	1	0312	10041	Meredith	Nellie N	1902	Aug	04	036	F	San Francisco	USA
K	1	0163	06519	Meredith	W.L.	1901	Jun	25	033	M	Seattle	IN
K	1	0153	00847	Merelle	Saide	1894	Jan	04	024	F	Providence Hosp.	
K	2	0163	11645	Merguson	Almira	1903	Aug	14	04m	F	2721 E Madison	SEA

S R	PG	REC	LASTNAME	FIRSTNAME	DETH	MN	DT	AGE	S	DEATHPLACE	BIRTH
K 1	0311	07097	Merguson	J.F.	1901	Nov	03	049	M	Prov. Hosp	SC
K 1	0156	02462	Merington	John H.	1896	Oct	30	073	M	208 Market St.	CND
K 1	0159	04507	Merkley	C.H. (Mrs.)	1899	Aug	04	045	F	Prov. Hosp.	
K 2	0164	12434	Merlin	Chas.	1904	Feb	06	037	M	Prov. Hosp.	MI
K 2	0174	17863	Merlino	Filomena	1907	Feb	07	003	F	Seattle	WA
K 2	0174	17864	Merlino	Ubaldo L.	1907	Feb	07	001	M	Seattle	WA
K 1	0157	02990	Merlins	Philomena	1897	Oct	17	10m	F	Blk. Diamond	ITL
K 1	0155	01911	Mero	Estello May	1895	Nov	25	003	F	303 Lewis	SEA
K 2	0174	17865	Mero	Frank L.	1907	Feb	08	082	M	Seattle	CND
K 1	0158	03638	Merreman		1898	Jul	11	6mo	F		WA
K 2	0168	14739	Merrett	Mary E.	1905	Jun	17	070	F	Ballard	CND
K 1	0155	02070	Merrill	Almond A.	1896	Feb	03	028	M	Olympic Blk.	
K 2	0171	15897	Merrill	Mary E.	1906	Feb	26	021	F	Seattle	MN
K 2	0175	18553	Merrill	Sadie	1907	May	02	037	F	Seattle	NY
K 1	0154	01356	Merritt	Rachel A.	1894	Nov	10	052	F	Ross, WA	OH
K 2	0168	14734	Merrow	Sarah A.	1905	Jun	08	028	F	Seattle	WLS
K 2	0167	14178	Merryman	Alexander	1905	Feb	08	052	M	923 10th Ave S	OH
K 1	0154	01283	Mers	(infant)	1894	Oct	27	3mo	M	303 Lewis St.	
K 2	0173	17425	Merservoy	Meloria	1906	Dec	05	078	F	Seattle	ME
K 2	0173	17634	Mershan	Ella	1907	Jan	22	040	F	Seattle	MO
K 1	0313	10221	Mervin	John J	1902	Sep	08	087	M	1620 ?? Ave	NY
K 1	0158	03794	Merz	(stillborn)	1898	Sep	28	000	F	Seattle	SEA
K 1	0311	07361	Merz	Fiedel	1902	Feb	25	052	M	Prov. Hosp.	SWT
K 2	0164	11916	Meseth	Charles	1903	Oct	27	040	M	Wayside Mission	---
K 1	0312	09903	Messervey	C.A.	1902	Jul	26	077	M	Seattle	ME
K 2	0163	11510	Mester	Maggie	1903	Jul	26	020	F	Wayside Mission	---
K 1	0153	00981	Mestoyer	Henry	1894	May	10	086	M	Seattle	
K 1	0161	05527	Metcalf	W.L.	1900	Aug	09	032	M	Skagway	MO
K 1	0161	05712	Mettinger	Marguerite	1900	Sep	01	069	F	Seattle	PA
K 2	0173	17636	Metz	Francis	1907	Jan	25	076	F	Seattle	GER
K 2	0171	16416	Metzdorff	Baby	1906	Jun	08	s/b	M	Ballard	WA
K 2	0165	12788	Metzdroff	Baby	1904	Apr	05	04d	M	Ballard, WA	SEA
K 2	0172	17151	Metzger	L. H.	1906	Sep	22	075	M	Seattle	---
K 2	0174	18078	Meude	Mary	1907	Mar	31	070	F	Seattle	---
K 2	0171	16187	Meydenbauer	William	1906	Apr	29	073	M	Seattle	GER
K 2	0168	14339	Meyer	Albert	1905	Apr	06	064	M	Georgetown	SWT
K 1	0312	07702	Meyer	Anna	1902	May	17	021	F	SEA Gen. Hosp.	SD
K 2	0171	16196	Meyer	Arthur A.	1906	Apr	24	01d	M	Seattle	WA
K 1	0157	03303	Meyer	Caroline	1898	Mar	29	056	F	Seattle	GER
K 2	0172	16943	Meyer	Edwin A.	1906	Sep	19	10d	M	Seattle	WA
K 2	0164	12435	Meyer	Frank	1904	Feb	07	040	M	Race Tracks	---
K 1	0312	09954	Meyer	Fred J	1902	Jul	24	012	M	Seattle	WA
K 1	0312	09953	Meyer	Verena (Mrs)	1902	Aug	01	052	F	Seattle	SWT
K 2	0171	16190	Meyers	David	1906	Apr	09	006	M	Seattle	WA
K 1	0163	06380	Meyers	Frances Marie	1901	May	24	8mo	F	Franklin	WA
K 1	0161	05228	Meyers	Pauline	1900	May	01	075	F	Seattle	GER
K 1	0160	04783	Meyers	Theo.	1899	Dec	21	025	M	Seattle	
K 2	0164	12115	Meyinburg	Nellie	1903	Oct	25	023	F	Kent	AUS
K 2	0168	14604	Meyomato	J.	1905	May	15	025	M	Seattle	JPN
K 2	0163	11652	Michaelis	John L.	1903	Aug	11	061	M	Prov. Hosp.	GER
K 2	0169	15060	Michaels	Mildred	1905	Aug	26	005	F	Seattle	WA
K 1	0161	05596	Michaelson	Albert	1900	Oct	25		M	Seattle	
K 2	0163	11782	Michan	Henrietta M.	1903	Sep	27	060	F	So. Park	CND
K 1	0157	03492	Michel	M.A.	1898	May	16	003	F	Seattle	SEA
K 1	0162	06122	Michell	Annie (Mrs.)	1901	Mar	17	041	F	Hospital	SCT
K 2	0170	15802	Michell	George E.	1906	Jan	24	053	M	Georgetown	PHL
K 1	0157	03145	Michelsen	Cecelia	1898	Jan	17	008	F	Seattle	SEA
K 1	0314	11113	Michelson	Arthur E.	1903	Apr	23	07m	M	cor 62/4 Ave NW	SEA
K 2	0167	13798	Michelson	Oliver	1904	Dec	23	066	-	Rolling Bay	USA
K 2	0167	13794	Michener	Laurie G.	1904	Dec	12	031	F	3619 Corliss Ave	NV
K 2	0171	16194	Michot	Charlie	1906	Apr	16	037	M	Seattle	BLG
K 1	0156	02415	Mickel	Margaret	1896	Sep	24	068	F	2612 4th Ave.	
K 2	0172	16632	Mickelson	Charles	1906	Jul	01	029	M	Seattle	DNK

S	R	PG	REC	LASTNAME	FIRSTNAME	DETH	MN	DT	AGE	S	DEATHPLACE	BIRTH
K	2	0167	13795	Mickelson	Edina	1904	Dec	15	02m	F	106 3rd Ave N	WA
K	2	0174	17867	Mickelson	Gustaf O.	1907	Feb	15	050	M	Seattle	---
K	1	0161	05736	Mickle	Charles	1900	Sep	04	035	M	South Park	UT
K	2	0163	11509	Micklejohn	Henry	1903	Jul	24	041	M	809 Fairview Ave	SCT
K	2	0163	11912	Middleham	Elizabeth	1903	Oct	15	074	F	17 Preston, WA	ENG
K	1	0153	00849	Middleham	Wm.	1894	Jan	27	070	M	Ballard	ENG
K	1	0154	01440	Middleton	Jennie	1895	Jan	19	046	F	707 Madison	
K	1	0152	00216	Middleton	John	1892	Feb	03	050	M	Seattle	
K	2	0163	11789	Middleton	Thomas	1903	Sep	13	074	M	Old Rainier	ENG
K	1	0153	00947	Mieer	stillborn	1894	Apr			F	Seattle	SEA
K	2	0165	12561	Mier	Edward	1904	Mar	29	050	M	5017 6 Ave NE	PA
K	1	0161	05476	Mies	John	1900	Aug	18	032	M	South Seattle	GER
K	2	0170	15589	Mieslang	Ellen	1905	Dec	21	077	F	Seattle	SCT
K	2	0167	14175	Mietzker	Otto	1905	Feb	01	042	M	Wayside East Hosp.	---
K	2	0164	12314	Mikelson	Margaret	1904	Jan	09	016	F	900 Stewart St	IL
K	2	0169	15337	Miki	J.	1905	Oct	11	039	M	Seattle	JPN
K	1	0311	06870	Mikkola	Mathew	1901	Oct	23	028	M	King Co. Hosp.	FIN
K	2	0164	12441	Milan	Catherine	1904	Feb	26	084	F	308 26th Ave S	IRL
K	2	0166	13252	Milan	Sarah	1904	Aug	24	045	F	Stilacom	WI
K	1	0155	02115	Milberg	Louis	1896	Mar	24	040	M	Prov. Hosp.	WA
K	1	0152	00048	Miles	Anna	1891	Sep	09	8mo	F	Gilman	WA
K	2	0170	15457	Miles	Candace J.	1905	Nov	04	071	F	Seattle	NY
K	2	0171	16489	Miles	Earl	1906	Jun	05	001	M	Seattle	WI
K	2	0166	13555	Miles	Geo. J.	1904	Oct	15	030	M	Prov. Hosp.	---
K	2	0167	14100	Miles	M.	1905	Jan	17	28d	M	Issaquah	WA
K	2	0167	13799	Miles	Mary I F	1904	Dec	25	001	F	128 22nd Ave	WA
K	1	0313	10312	Miles	Oscar	1902	Nov	07	020	M	Green Lake	KY
K	1	0154	01307	Miles	Russell V.	1894	Jul	19	006	M	Helena, MT	
K	1	0155	02364	Miles	Wm. N.	1896	Aug	17	035	M	Theater Blk. Seattle	
K	1	0312	09986	Milk	Frank	1902	Jul	12	050	M	Co Hosp.	CND
K	1	0152	00163	Millan	Gilbert O.	1892	Jan	03	6mo	M	Ballard	WA
K	1	0155	01907	Millan	K.	1895	Oct	17	048	M	Ballard	NRY
K	1	0154	01521	Millar	Chas. J.	1895	Feb	08	006	M	Canal St.	
K	2	0166	13251	Millar	Infants	1904	Aug	23	s/b	M	918 E Denney Wy.	SEA
K	2	0167	14223	Millar	William	1905	Jan	19	044	M	Ballard	CND
K	2	0167	14188	Millar	William McD	1905	Feb	17	038	M	Seattle Gen. Hosp.	MO
K	2	0172	16853	Millard	Wilfred G.	1906	Aug	26	07m	M	Rainier Beach	WA
K	1	0156	02369	Millaux	L.	1896	Aug	28	039	M	Ballard	
K	1	0314	11327	Millburn	Larinda	1903	May	17	072	F	3916 Corlis Ave	ME
K	1	0154	01758	Miller	(infant)	1895	Aug	08	3mo	F	813 Alder	SEA
K	1	0157	03214	Miller	A.W.	1898	Feb	22	082	M	Fremont	
K	1	0158	03868	Miller	Albert	1898	Oct	26		M	Seattle	
K	2	0170	15643	Miller	Albert W.	1906	Feb	01	043	M	Kennydale	CND
K	1	0315	11436	Miller	Amasa S	1903	Jun	28	076	M	Rainier Beach	ME
K	1	0312	10040	Miller	Annie	1902	Aug	30	001	F	Ballard	sme
K	2	0163	11787	Miller	Arthur J. B.	1903	Sep	05	037	M	2106 1 Ave N	ENG
K	1	0313	10318	Miller	B. Louis	1902	Nov	21	025	M	2823 1st Ave	MN
K	2	0168	14606	Miller	B. S.	1905	May	24	067	M	Seattle	ME
K	1	0152	00144	Miller	Baby	1891	Nov	04	070	F	West Seattle	SEA
K	2	0168	14736	Miller	Baby	1905	Jun	13	010	M	Fall City	WA
K	1	0312	07450	Miller	Barbara Lind	1902	Mar	05	035	F	614 Spring	SCT
K	2	0174	18071	Miller	Benj (Col)	1907	Mar	03	049	M	Seattle	NY
K	1	0161	05810	Miller	Blake	1900	Oct	26		M	Co. Hosp.	
K	1	0154	01621	Miller	C.L.	1895	Apr	07	065	M	604 Pike St.	PA
K	1	0156	02652	Miller	Caroline	1897	Feb	22	035	F	Str. Wildwood	
K	1	0155	02073	Miller	Charlotte	1896	Feb	22	052	M	Prov. Hosp.	ENG
K	1	0160	04826	Miller	Clarence	1900	Jan	01	003	M	Seattle	SEA
K	2	0165	12803	Miller	Curtis	1904	Jun	11	002	M	South Park (b.Skagway,	AK
K	1	0162	05825	Miller	Delia	1900	Nov	03	036	F	Seattle	US
K	1	0158	03797	Miller	Delina	1898	Sep	15	028	F	Seattle	MI
K	1	0152	00062	Miller	Dernice	1891	Sep	08	2mo	F	Ballard	WA
K	2	0166	13551	Miller	Edward	1904	Oct	08	060	M	Great Northern House	---
K	1	0155	02069	Miller	Elizabeth	1896	Jan	31	036	F	Seattle Gen. Hosp.	SCT

S	R	PG	REC	LASTNAME	FIRSTNAME	DETH MN	DT	AGE	S	DEATHPLACE	BIRTH
K	1	0160	04999	Miller	Elizabeth	1900 Mar	16	035	F	Seattle	NRY
K	1	0154	01755	Miller	Emma J.	1895 Aug	03	025	F	2nd & Cedar	
K	1	0154	01516	Miller	F. T.	1895 Feb	13	032	M	Prov. Hosp.	DNK
K	2	0164	12440	Miller	Franc	1904 Feb	23	050	M	Georgetown	GER
K	1	0158	03935	Miller	Fred	1898 Nov	12	051	M	Ravenna Park	
K	1	0158	03712	Miller	Fred	1898 Aug	23	8mo	M	Ballard	WA
K	1	0153	01170	Miller	Fritz	1894 Aug	13	001	M	Near Bay View	
K	2	0175	18878	Miller	G. S.	1907 Jun	26	055	M	Georgetown	KY
K	1	0315	11329	Miller	George William	1903 May	06	012	M	511 28 Ave N	MN
K	1	0313	10428	Miller	Glen H.	1902 Oct	28	017	M	Ballard	MI
K	1	0153	00491	Miller	Harry S.	1893 Feb	05	029	M	Lake Washington	IA
K	1	0313	10682	Miller	Hazel Emma	1902 Jan	21	014	F	315 9th Ave	IA
K	2	0169	14870	Miller	Hendry J.	1905 Jul	11	015	M	Seattle	WA
K	2	0174	18190	Miller	Henry H.	1907 Mar	17	076	M	South Park	OH
K	2	0174	17861	Miller	Henry W.	1907 Feb	03	015	M	Seattle	WA
K	2	0173	17427	Miller	Infant	1906 Dec	13	---	M	Seattle	WA
K	2	0172	16493	Miller	Isreal	1906 Jun	18	03m	M	Seattle	WA
K	2	0167	14012	Miller	J. W.	1905 Jan	11	054	M	Wayside East Hosp	---
K	1	0163	06730	Miller	Jack	1901 Aug	03	008	M	Seattle	WA
K	1	0312	07836	Miller	James	1902 Jun	22	024	M	Seattle	---
K	1	0159	04317	Miller	James	1899 Apr	29	030	M	Seattle	OH
K	2	0175	18790	Miller	James M.	1907 Jun	22	001	M	Seattle	WA
K	1	0160	04791	Miller	John	1899 Dec	26	048	M	Seattle	
K	1	0152	00406	Miller	John	1892 Oct	19	040	M	City Jail	SWD
K	1	0153	00638	Miller	John F.	1893 Sep	03	2mo	M	702 University	WA
K	2	0174	18077	Miller	John W.	1907 Mar	25	078	M	Seattle	MD
K	2	0172	16946	Miller	Joseph	1906 Sep	25	003	M	Seattle	OR
K	1	0163	06332	Miller	K. Idell	1901 Apr	06	006	F	Seattle	WA
K	2	0163	11788	Miller	Katherine	1903 Sep	03	01m	F	720 26 Ave N	SEA
K	1	0160	04638	Miller	Knudt	1899 Oct	06	016	M	Ballard	SD
K	2	0171	16351	Miller	Laura F.	1906 May	06	025	F	Seattle	MT
K	2	0164	12313	Miller	Leitra (Mrs.)	1904 Jan	08	083	F	22 30th Ave	PA
K	1	0163	06656	Miller	Leonard	1901 Jun	10	005	M	Sidney	WA
K	2	0173	17426	Miller	Letitia F.	1906 Dec	07	021	F	Seattle	OR
K	1	0162	06126	Miller	M.E.	1901 Feb	27	015	F	Fremomt	SWD
K	2	0167	14183	Miller	Mabel	1905 Feb	22	028	F	Pacific Hosp.	KS
K	2	0166	13557	Miller	Margarite	1904 Oct	23	078	F	Prov. Hosp.	SCT
K	1	0156	02984	Miller	Marguerite	1897 Oct	05	3wk	F	813 Alder St.	WA
K	2	0170	15723	Miller	Mary	1906 Jan	02	066	F	Seattle	CND
K	2	0166	13256	Miller	Mary Jane	1880 May	--	050	F	1921 1 Ave	USA
K	1	0163	06168	Miller	Mellie	1901 Mar	26		F	Seattle	ID
K	2	0175	18558	Miller	Myra	1907 May	12	043	F	Seattle	IL
K	1	0158	03668	Miller	Nettie	1898 Jul	09	040	F	Interbay	
K	2	0166	13789	Miller	P. B. M.	1904 Dec	03	069	M	1520 16th Ave	SCT
K	2	0168	14338	Miller	Paul	1905 Mar	31	056	M	Georgetown	GER
K	2	0165	12789	Miller	Pendleton	1904 Apr	07	032	M	1321 Univ. St.	WA
K	1	0153	01171	Miller	Phillipina	1894 Aug	13	030	F	Near Bay View	
K	1	0161	05465	Miller	Ralph	1900 Sep	11	084	M	King Co. Hosp.	CND
K	1	0313	10681	Miller	Rudolph	1902 Jan	19	017	M	Gen. Hosp.	MN
K	1	0312	07835	Miller	Terrance	1902 Jun	13	---	M	Seattle	---
K	1	0314	10682	Miller	Vernia	1903 Jan	29	008	F	1818 9th Ave	MN
K	1	0161	05416	Miller	W.	1900 Jul	30	035	M	Aboard the Steamer Senator	
K	2	0170	15513	Miller	W. H. (Mrs.)	1905 Dec	19	024	F	Georgetown	OH
K	1	0157	03395	Miller	W.F.	1898 Apr	18	4mo	M	Ballard	WA
K	1	0161	05711	Miller	Waltman	1900 Sep	04	10m	M	Seattle	SEA
K	1	0315	11332	Miller	William	1903 May	30	001	M	Wayside Mission	MN
K	1	0314	11322	Miller	William	1903 May	10	013	M	320 Clay St	ID
K	1	0314	11112	Miller	William P.	1903 Apr	04	048	M	Hotel Seattle	---
K	1	0158	03711	Miller	Wm.	1898 Mar	01		M	Alaska	KY
K	2	0175	18411	Milles	Mary	1907 Apr	10	001	F	Issaquah	WA
K	2	0171	16272	Milley	Howard	1906 May	28	022	M	Blk. Diamond (b.Newfnd Lnd	---
K	2	0170	15727	Millichamp	Thomas A. P.	1906 Jan	12	027	M	Seattle	CND
K	1	0156	02416	Milligan	J.C.	1896 Sep	27	025	F	Clancy Block	

S	R	PG	REC	LASTNAME	FIRSTNAME	DETH	MN	DT	AGE	S	DEATHPLACE	BIRTH
K	1	0163	06591	Milligan	Jonathan	1901	Jul	23	054	M	Seattle	CND
K	1	0156	02458	Milliken	Fay	1896	Oct	09	3mo	F	620 Jackson St.	WA
K	2	0164	12102	Millington	J	1903	Nov	05	053	M	King Co. Hosp.	NY
K	1	0153	00777	Milliur	Norman	1894	Mar	26	3mo	M	Seattle	WA
K	2	0175	18791	Mills	Elizabeth H.	1907	Jun	22	081	F	Seattle	ME
K	1	0160	05150	Mills	G.F.	1900	Apr	09	045	M	Seattle	ON
K	2	0172	16495	Mills	H.	1906	Jun	27	060	M	Seattle	---
K	2	0165	12787	Mills	Ira	1904	Apr	04	046	M	321 Queen Anne	OR
K	2	0173	17309	Mills	James T.	1906	Nov	28	050	M	Seattle	ENG
K	1	0159	04495	Mills	John	1899	Aug	08	038	M	Co. Hosp.	
K	1	0311	06934	Mills	M.H.	1901	Oct	07	047	M	SEA Gen Hosp.	OH
K	1	0152	00222	Mills	Mrs. J. X.	1892	Mar	11	032	F	Blk. Diamond	WLS
K	1	0159	04564	Mills	Robt.	1899	Sep	03	064	M	Seattle	
K	1	0311	06935	Mills	William	1901	Oct	28	056	M	Prov. Hosp.	OH
K	2	0166	13249	Milne	Infant	1904	Aug	11	000	F	676 King St	SEA
K	2	0165	12802	Milne	Thos	1904	May	28	030	M	Providence Hosp.	---
K	1	0314	10840	Milton	William	1903	Feb	22	053	M	316 18th Ave N	OH
K	1	0157	03398	Mimes	A.S.	1898	Apr	27	054	M	Seattle	ENG
K	1	0161	05713	Minami	S.	1900	Sep	08	025	M	Seattle	JPN
K	2	0174	18073	Minch	Pauline	1907	Mar	11	037	F	Seattle	GER
K	1	0312	07752	Miner	Bertha	1902	Apr	29	018	F	Vashon	sme
K	2	0173	17302	Miner	Thomas E.	1906	Nov	01	062	M	Seattle	OH
K	1	0311	06936	Miners	Ada	1901	Oct	25	018	F	Monod Hosp.	CA
K	2	0166	13783	Mines	Griffin	1904	Nov	06	25d	M	717 16th Ave N	WA
K	2	0166	13785	Ming	Yee	1904	Nov	16	047	M	224 Wash. St	CHN
K	1	0313	10316	Minge	Leuna Cotton	1902	Nov	18	034	F	117 Maynard Ave	CA
K	1	0312	07642	Mingermayer	Mrs.	1902	May	14	052	F	SEA. Gen. Hosp.	GER
K	1	0311	07104	Mingo	Wilber	1901	Dec	28	014	M	1600 Wilk. Ave	MN
K	2	0172	16633	Minius	Wayne C.	1906	Jul	08	008	M	Seattle	OR
K	1	0153	00982	Minsch	Edward A.	1894	May	27	041	M	Prov. Hosp.	
K	2	0164	12442	Minsch	Sarah Alva	1904	Feb	29	048	F	1027 1/2 Main St	CA
K	2	0168	14471	Minsper	E. H.	1905	Apr	22	040	M	Seattle	---
K	1	0161	05540	Miracle	Alta	1900	Aug	10	026	F	Seattle	VA
K	1	0162	06124	Miracle	Chas. Franklin	1901	Mar	12	026	M	Prov. Hosp.	MN
K	2	0165	12556	Miracle	Harry D.	1904	Mar	10	004	M	1916 8th Ave W	SEA
K	1	0313	10118	Miracle	Joseph	1902	Aug	15	040	M	Prov. Hosp.	CA
K	1	0161	05595	Missler	Chas.	1900	Sep	13		M	Seattle	
K	1	0153	00886	Mitchel	Philip	1894	Apr	04	001	M	2004 Second St.	SEA
K	1	0152	00129	Mitchell		1891	Sep	05	1da	M	Seattle	WA
K	2	0167	14327	Mitchell	Annie	1905	Mar	04	037	F	Seattle	---
K	2	0164	12185	Mitchell	Baby	1903	Dec	18	pre	M	2902 Jackson	SEA
K	2	0170	15459	Mitchell	Baby	1905	Nov	12	s/b	F	Seattle	WA
K	1	0161	05788	Mitchell	Catherine	1900	Nov	26	004	F	Ballard	IA
K	1	0314	11325	Mitchell	Cora	1903	May	20	022	F	3916 Woodlawn St	NE
K	1	0160	05034	Mitchell	Elton	1900	Mar	02	005	M	Seattle	OH
K	2	0169	15208	Mitchell	Frank	1905	Sep	15	055	M	Seattle	BRA
K	1	0157	03397	Mitchell	Frank	1898	Apr	23	054	M	Seattle	
K	1	0314	11117	Mitchell	Frank	1903	Mar	20	013	M	Ballard	WA
K	2	0172	16634	Mitchell	George	1906	Jul	12	023	M	Seattle	IL
K	1	0314	11316	Mitchell	George	1903	Feb	23	006	M	Meran's Dock	IRL
K	2	0172	17153	Mitchell	Guy E.	1906	Oct	05	037	M	Seattle	---
K	2	0168	14335	Mitchell	Harry	1905	Mar	25	030	M	Seattle	NY
K	1	0159	04412	Mitchell	Hesterin	1899	Jun	15	081	F	Co. Hosp.	SWD
K	1	0152	00032	Mitchell	Infant	1891	Sep	06	010	M	Seattle	SEA
K	1	0157	03491	Mitchell	J.	1898	May	11	071	F	Seattle	SCT
K	2	0166	13552	Mitchell	J. W.	1904	Oct	10	084	M	4321 Eastern Ave	TN
K	1	0158	03635	Mitchell	J.F.T.	1898	Jun	18		M	Alaska	
K	2	0175	18556	Mitchell	James A.	1907	May	11	070	M	Seattle	NY
K	1	101	12534	Mitchell	James L.	1904	Mar	15	46	M	PROV HOSP	IRL
K	2	0174	18294	Mitchell	James T.	1907	Apr	07	019	M	Seattle	WA
K	2	0171	16189	Mitchell	John L.	1906	Apr	08	08m	M	Seattle	WA
K	1	0162	05905	Mitchell	Joseph	1900	Dec	20	015	M	Seattle	SEA
K	1	0160	04930	Mitchell	M.	1900	Feb	09	008	F	Seattle	OH

S R	PG	REC	LASTNAME	FIRSTNAME	DETH	MN	DT	AGE	S	DEATHPLACE	BIRTH
K 1	0311	07360	Mitchell	Maggie	1902	Feb	03	025	F	Ballard	CA
K 1	0313	10142	Mitchell	Mary	1902	Oct	05	049	F	Prov. Hosp.	NRY
K 1	0156	02655	Mitchell	May Riggen	1897	Feb	27	029	F	1811 Chestnut St.	
K 1	0162	05899	Mitchell	Minerva	1900	Dec	05	061	F	Green Lake	OH
K 2	0169	14864	Mitchell	Minnie	1905	Jul	05	028	F	Seattle	---
K 1	0161	05648	Mitchell	Nancy	1900	Oct	10	078	F	Seattle	IL
K 1	0163	06313	Mitchell	Ninnie B.	1901	Apr	13	008	F	Seattle	KS
K 2	0174	17866	Mitchell	Ruth	1907	Feb	10	010	F	Seattle	CA
K 2	0170	15512	Mitchell	Wila M.	1905	Dec	13	001	F	Hillman	WA
K 2	0170	15584	Mitchell	William	1905	Dec	07	09m	M	Seattle	SD
K 1	0163	06357	Mitchell	William	1901	Apr	27	058	M	Co. Hosp.	CND
K 2	0163	11785	Mitchell	William D	1903	Sep	03	039	M	Seattle Gen Hosp.	AUT
K 1	0154	01373	Mitchell	Wm.	1894	Nov	04	036	M	Prov. Hosp.	SWD
K 2	0173	17310	Mitchem	Maria	1906	Nov	30	045	M	Seattle	ENG
K 2	0165	12800	Mittlestad	Martin	1904	May	17	036	M	18 Ave S. & Hanford	OR
K 2	0171	16192	Mix	Christopher N.	1906	Apr	13	041	M	Seattle	RUS
K 2	0169	15057	Miyabara	T.	1905	Aug	20	048	M	Seattle	JPN
K 2	0163	11788	Mizel	John	1903	Sep	12	075	M	4 Ave/Jefferson	---
K 1	0311	07362	Mizony	Mary E	1902	Feb	25	039	F	1210 Howell	FRN
K 1	0163	06750	Moberg	A.A.	1901	Aug	11	020	M	Prov. Hosp.	FIN
K 2	0174	18300	Mochizuki	Kazama	1907	Apr	12	05m	M	Seattle	WA
K 1	0313	10146	Mockler	C.D.	1902	Oct	04	035	M	Hosp. Ship	CND
K 1	0162	06129	Moe	Belle	1901	Feb	09	079	M	Gen. Hosp.	NRY
K 2	0174	18188	Moe	Howard R.	1907	Mar	03	002	M	Ballard	WA
K 1	0162	06124	Moe	Marie E.	1901	Feb	26	062	F	Washington	NRY
K 1	0155	01902	Moe	Nora	1895	Sep	07	023	F	2117 West	IL
K 1	0162	06019	Moe	O.A.	1901	Jan	14	028	M	Prov. Hosp.	NRY
K 2	0174	18292	Moe	Ole A.	1907	Apr	03	075	M	Seattle	NRY
K 2	0163	11513	Moe	Ove	1903	Jul	30	040	M	ft/KY	---
K 1	0159	04079	Moe	R. N. May	1899	Jan	20	019	F	Seattle	
K 1	0155	02111	Moellenbeck	Henry	1896	Mar	04	072	M	Bet. 10th & 11th	GER
K 1	0312	07700	Moeller	Charles F	1902	May	09	020	M	SEA Gen. Hosp.	---
K 2	0168	14332	Moen	Sophia	1905	Mar	20	020	F	Seattle	---
K 1	0311	07256	Moffatt	Agnes	1902	Jan	07	023	F	1505 12 Ave	IA
K 2	0166	13553	Moffatt	Thomas J.	1904	Oct	11	034	M	1116 E Pike St	IA
K 2	0175	18673	Moffet	John	1906	Dec	20	058	M	Seattle	SCT
K 1	0160	04776	Moffett	Sarah	1899	Dec	28	028	F	Seattle	
K 1	0314	11111	Moffitt	Charles H.	1903	Apr	05	045	M	Wayside Mission	IRL
K 2	0164	12438	Mohe	William J. Jr.	1904	Feb	20	11m	M	515 31st Ave N	SEA
K 2	0166	13560	Mohler	Mollie S.	1904	Oct	29	030	F	Cor. 1st Ave & Seneca St	CO
K 1	0156	02725	Mohrbacher	Fred	1897	Apr	06	4mo	M	1812 25th Ave.	SEA
K 1	0160	04887	Mohrbacker	Chas.	1900	Jan	26	027	M	Seattle	WI
K 2	0170	15728	Mohrman	Gertrude C.	1906	Jan	13	025	F	Seattle	GER
K 2	0175	18674	Molestin	John	1907	May	30	073	M	Seattle	SWD
K 1	0152	00319	Molin	Carrie	1892	Jul	07	030	F	Seattle	SWD
K 1	0174	17952	Molin	Herman	1907	Feb	09	056	M	Ballard	SWD
K 1	0311	07093	Mollaney	Rose (Mrs)	1901	Nov	05	068	F	2616 3rd Ave	IRL
K 1	0311	07363	Mollenstadt	Dora	1902	Feb	15	033	F	715 17 S., Beacon Hill	FRN
K 1	0163	06562	Molsbarger		1901	Jun	01			Transportation of corpse	
K 1	0163	06382	Molver	Yosofel	1901	Apr	17	023	M	Pruston	GER
K 2	0163	11638	Mom	Mong	1903	Aug	15	031	M	Stmr. Fremont	CHN
K 1	0314	11103	Monahan	Maggie	1903	Apr	02	035	F	Renton	---
K 1	0161	05749	Monast	Francis J.	1900	Oct	24	039	M	Seattle	IL
K 1	0312	07601	Monast	J. L. (Miss)	1902	Apr	11	064	F	Prov. Hosp.	CND
K 1	0156	02654	Monast	Joseph S.	1897	Feb	20	061	M	425 Albert St.	
K 2	0172	16638	Monat	George A.	1906	Jul	18	032	M	Seattle	MI
K 2	0174	17954	Moncrief	Sadie	1907	Mar	10	052	F	Bothell	PA
K 2	0175	18559	Monfort	Lawrence M.	1907	May	17	081	M	Seattle	OH
K 1	0153	00733	Monohan	Willie	1894	Jan	20	17m	M	Gilman	WA
K 1	0156	05999	Monoque	James	1897	Jan	14	050	M	323 So. 9th St.	IRL
K 1	0157	03216	Monroe	Florence	1898	Feb	25	020	F	Seattle	WI
K 2	0165	12977	Monroe	Harry	1904	Jun	14	040	M	4642 Albion Pl.	MI
K 1	0159	04162	Monroe	Jos. A.	1899	Mar	06	071	M	Seattle	NY

S	R	PG	REC	LASTNAME	FIRSTNAME	DETH	MN	DT	AGE	S	DEATHPLACE	BIRTH
K	1	0159	04599	Monroe	W.T.	1899	Sep	24	038	M	Seattle	
K	1	0157	02989	Monroe	William	1897	Oct	24	030	M	Seattle Genl. Hosp.	FRN
K	1	0152	00082	Montague		1891	Sep	06	1da	F	Kirkland	WA
K	1	0155	02365	Montague	Mrs. Medora	1896	Aug	22	042	F	Seattle	
K	2	0166	13475	Montau	Baby	1904	Sep	19	03m	M	South Park	WA
K	1	0162	06022	Montford	F.J.	1901	Jan	20	026	M	Monod. Hospital	CND
K	1	0154	01763	Montgomery		1895	Aug	09	1mo	M	1626 7th St.	SEA
K	1	0162	05903	Montgomery	A.C.	1900	Dec	21	063	M	Seattle	PA
K	1	0311	07092	Montgomery	Alden	1901	Oct	31	024	M	Mt. Vernon (b.Ontario,	CND
K	2	0167	13797	Montgomery	Billy	1904	Dec	22	020	M	Van Assalt	---
K	1	0159	04394	Montgomery	C.H.	1899	Jun	01	060	M	Seattle	
K	2	0172	17156	Montgomery	Geo. M.	1906	Oct	09	08m	M	Seattle	WA
K	2	0165	15114	Montgomery	Harry L.	1904	Jul	26	027	M	Prov. Hosp.	WI
K	2	0167	13801	Montgomery	Helen	1904	Dec	31	004	F	311 Fairview Ave	CO
K	2	0168	14740	Montgomery	Hugh P.	1905	Jun	23	038	M	Seattle	MD
K	1	0315	11336	Montgomery	James	1903	Jun	04	027	M	Auburn	IA
K	2	0173	17159	Montgomery	Jas. R.	1906	Oct	21	14d	M	Seattle	WA
K	1	0155	01778	Montgomery	Joseph	1895	Aug	20	5mo	M	230 Dexter	SEA
K	1	0158	04048	Montgomery	M.	1899	Jan	08	002	M	Seattle	SEA
K	1	0161	05222	Montgomery	M.J.	1900	May	20	028	F	Whatcom	CA
K	2	0168	14470	Montgomery	Nellie	1905	Apr	22	027	F	Seattle	MN
K	1	0160	05118	Montgomery	W.J.	1900	Apr	07	036	M	Seattle	MD
K	2	0174	18074	Montgomery	Wm. M.	1907	Mar	14	001	M	Seattle	WA
K	1	0154	01357	Montrass	David	1894	Nov	23	086	M	113 Eaton St.	
K	1	0314	11104	Moody	Emma	1903	May	20	022	F	Skykomish (b.N.Brunswick	---
K	1	0158	03869	Moody	Frank	1898	Oct	31	012	M	Fremont	OH
K	1	0154	01265	Moody	Isabell	1894	Oct	11	5mo	F	Water St.	WA
K	2	0175	18789	Mooens	Stephen C.	1907	Jun	21	074	M	Seattle	ME
K	1	0152	00275	Moon	Horace	1892	May	30	020	M	Ballard	WA
K	1	0162	05901	Mooney	Baby	1900	Dec	07	2da	F	Seattle	WA
K	2	0168	14461	Mooney	Kate G.	1905	Apr	02	013	F	Seattle	WA
K	2	0173	17635	Mooney	Maggie	1907	Jan	24	032	F	Seattle	IL
K	1	0162	06130	Moor	Thos. H.	1901	Feb	09	7mo	M	Seattle	WA
K	1	0314	10684	Moore	Baby	1903	Jan	27	s/b	F	5 Ave bet King/James	SEA
K	1	0313	10148	Moore	Charles	1902	Oct	03	04m	M	2nd N & Roy	SEA
K	2	0165	12555	Moore	Charles D.	1904	Mar	07	035	M	Seattle Gen. Hosp.	MN
K	1	0159	04115	Moore	Clayton	1899	Feb	06	005	M	Seattle	
K	1	0152	00059	Moore	Daniel	1891	Sep	13	036	M	King Co. Farm	IRL
K	1	0158	03642	Moore	Dora	1898	Jul	30	10m	F	Seattle	SEA
K	1	0158	03930	Moore	E.M.	1898	Nov	11	040	M	Magnolia Bluff	
K	1	0157	02988	Moore	Edna	1897	Oct	23	027	F	Prov. Hosp.	
K	1	0159	04276	Moore	Edw. H.	1899	Apr	13	028	M	Fremont	KS
K	1	0315	11345	Moore	Edward	1903	Jun	01	036	M	E Ave Pine	CA
K	2	0166	13248	Moore	Edward	1904	Aug	11	055	M	Dolphin Saloon	---
K	2	0169	15335	Moore	Emily F.	1905	Oct	02	051	F	Seattle	MA
K	1	0153	00848	Moore	Eva	1894	Jan	05	035	F	West St. Olympic House	MI
K	1	0162	06024	Moore	Eva M.	1901	Jan	22	016	F	Seattle	BC
K	2	0167	13791	Moore	Francies D.	1904	Dec	08	007	F	South Seattle	MN
K	2	0171	16195	Moore	Frank	1906	Apr	21	003	M	Seattle	UT
K	2	0165	13112	Moore	Frank	1904	Jul	11	056	M	1835 1st Ave S	IN
K	1	0163	06734	Moore	Freddie Herbert	1901	Aug	05	011	M	Lake Union	WA
K	1	0160	04992	Moore	Geo. F.	1900	Mar	30	031	M	Prov. Hosp.	OH
K	1	0155	02228	Moore	George	1896	May	24	051	M	Prov. Hosp.	
K	1	0152	00109	Moore	J.S.	1891	Oct	06	075	M	Fremont	
K	2	0167	14013	Moore	Jerry	1905	Jan	11	050	M	Wayside East Hosp	---
K	2	0172	16773	Moore	John B.	1906	Aug	08	065	M	Seattle	ENG
K	1	0313	10223	Moore	John C	1902	Sep	25	050	M	Prov. Hosp	IRL
K	2	0170	15525	Moore	Laura A.	1905	Dec	09	071	F	Ballard	NY
K	2	0169	15403	Moore	Luther L.	1905	Nov	06	076	M	Georgetown	ME
K	1	0154	01522	Moore	Maggie	1895	Feb	08	030	F	Ross, WA	OH
K	1	0157	03213	Moore	Mattie	1898	Feb	18	047	F	Seattle	WI
K	2	0167	14180	Moore	Morris R.	1905	Feb	12	052	M	Dunlap	IA
K	2	0170	15587	Moore	Nina	1905	Dec	11	040	F	Seattle	CND

S R	PG	REC	LASTNAME	FIRSTNAME	DETH	MN	DT	AGE	S	DEATHPLACE	BIRTH
K 2	0166	13788	Moore	Otto	1904	Nov	30	014	M	South Seattle	MN
K 1	0154	01731	Moore	P.C.	1895	Jul	11	039	F	Seattle	WI
K 2	0174	17868	Moore	Robert	1907	Feb	25	003	M	Seattle	WA
K 2	0168	14737	Moore	Thomas H.	1905	Jun	14	002	M	Seattle	WA
K 1	0161	05750	Moore	W.H.	1900	Aug	24	028	M	Seattle	
K 1	0158	03795	Moore	Wm. S.	1898	Sep	29	071	M	Seattle	
K 2	0169	14873	Mooreland	Baby	1905	Jul	24	s/b	M	Seattle	WA
K 2	0169	15336	Mooreland	H. James	1905	Oct	04	042	M	Seattle	CND
K 1	0162	06012	Moores	Wm. W.	1901	Jan	16	055	M	Seattle	ME
K 1	0152	00020	Mooset	Mary	1891	Aug	24	056	F	Seattle	IRL
K 1	0315	11337	Moquit	Mary Barbara	1903	Jun	12	076	F	Ballard (b.Paris,	---
K 1	0159	04467	Mor	Ben F.	1899	Jul	18	067	M	Seattle	NY
K 1	0154	01501	Moran	(infant)	1895	Feb	26	1da	M	1012 High St.	WA
K 1	0313	10429	Moran	Alena	1902	Oct	20	---	M	James/RR Ave (b.Ballard	---
K 1	0157	03093	Moran	Angeline	1897	Nov	28	026	F	Cor. Ellis & Mason St.	IA
K 1	0314	11317	Moran	Edward	1903	Feb	09	073	M	Cladnell, NJ	---
K 1	0158	03978	Moran	Elmer	1898	Dec	10	9mo	M	Ballard	WA
K 1	0155	02110	Moran	F.R.	1896	Mar	03	002	M	Seattle	SEA
K 2	0170	15591	Moran	Joanna	1905	Dec	28	078	F	Seattle	IRL
K 1	0158	03639	Moran	M.	1898	Jul	25	001	F	Seattle	SEA
K 2	0171	16246	Moran	Mary	1906	Apr	02	030	F	So. Park	IL
K 1	0157	03041	Moran	Mary A.	1897	Nov	25	054	F	10th Ave. near Charles	
K 1	0161	05516	Moran	Minnie M.	1900	Aug	09	034	F	Seattle	SEA
K 2	0174	18069	Moran	Nellie A.	1907	Mar	01	010	F	Seattle	WA
K 1	0158	04057	Moran	Nellie F.	1899	Jan	11	022	F	Seattle	UT
K 1	0158	03870	Moran	Paul	1898	Sep	21	035	M	on Steamer in Yukon River	
K 1	0163	06692	Moran	Peter	1901	Aug	05	047	M	Fort Wrangle	NY
K 2	0174	17950	Moran	Ralph	1907	Jan	30	015	M	Cherry Valley	WA
K 1	0314	10683	Morden	Elizabeth	1903	Jan	22	061	F	E 40th/15 Ave NE (b.Ontario	CND
K 2	0169	14938	More	Baby	1905	Aug	22	01m	F	Seattle	WA
K 1	0153	00543	Morehouse	F.F.	1893	Apr	15	053	M	Ballard	ENG
K 1	0313	10119	Morehouse	George B	1902	Aug	05	020	M	Latona	KS
K 1	0157	03394	Morehouse	H.B.	1898	Apr	11	044	M	Seattle	OH
K 1	0154	01442	Moreland	Elizabeth G.	1895	Jan	23	8mo	F	Com. & Morman	
K 2	0163	11508	Moreland	Thomas H	1903	Jul	17	078	M	219 Queen Anne Ave	KY
K 2	0165	12796	Morey	Jasper	1904	May	08	052	M	Seattle Gen. Hosp.	---
K 1	0158	03640	Morford	E.	1898	Jul	26	012	M	Seattle	
K 1	0163	06318	Morgait	Lorenes P.	1901	Apr	10	004	M	Seattle	WA
K 2	0165	12559	Morgan	Alice	1904	Mar	26	029	M	Wayside Mission	USA
K 2	0175	18562	Morgan	Alice M.	1907	May	28	020	F	Seattle	CA
K 1	0155	02112	Morgan	Annie E.	1896	Mar	08	063	F	322 Harrison St.	
K 1	0315	11334	Morgan	Baby	1903	Jun	10	s/b	M	114 W Republican	SEA
K 1	0312	07513	Morgan	Baby	1902	Mar	--	s/b	-	901 20th S	SEA
K 1	0315	11344	Morgan	Bertha May	1903	Jun	10	027	M	114 W Republican St	MI
K 1	0155	02193	Morgan	Bessie P.	1896	Apr	06	035	F	214 Republican	ME
K 1	0152	00227	Morgan	Catherine	1892	Mar	19	022	F	Renton	IA
K 2	0175	18875	Morgan	David W.	1907	Jun	16	072	M	Renton	WLS
K 1	0154	01681	Morgan	David W.	1895	Jun	04	021	M	Seattle	
K 2	0171	16487	Morgan	Edward T.	1906	Jun	02	063	M	Seattle (b. So.	WLS
K 1	0312	09901	Morgan	Elizabeth	1902	Aug	02	01h	F	Seattle	SEA
K 1	0163	06516	Morgan	Elizabeth	1901	Jun	02	063	F	Seattle	VT
K 1	0158	03674	Morgan	Ella	1898	Aug	05	002	F	Blk. Diamond	WA
K 1	0155	01905	Morgan	Elmo	1895	Sep	29	9mo	M	Seattle	SEA
K 1	0162	06021	Morgan	Frances	1901	Jan	27	044	F	Idaho Hosp. Ship	NY
K 2	0173	17730	Morgan	Frederick E.	1907	Jan	09	026	M	Ballard	IL
K 2	0164	12315	Morgan	Henry Harold	1904	Jan	15	024	M	811 WA St.	CND
K 1	0161	05799	Morgan	Inez	1900	Nov	12	4mo	F	Seattle	
K 1	0161	05799	Morgan	Inez	1900	Nov	12	4mo	F	Seattle	MN
K 2	0174	18291	Morgan	Infant	1907	Mar	31	03d	F	Seattle	WA
K 1	0311	07364	Morgan	J.E.	1902	Feb	15	037	M	SEA. Gen. Hosp.	ENG
K 1	0163	06274	Morgan	James	1901	Apr	01	035	M	Elliott Bay	US
K 1	0154	01579	Morgan	Jno. A.	1895	Apr	10	050	M	Blue Canyon C. M.	WLS
K 1	0312	09955	Morgan	John	1902	Jul	26	050	M	Seattle	---

S R PG REC	LASTNAME	FIRSTNAME	DETH	MN	DT	AGE	S	DEATHPLACE	BIRTH
K 1 0158 03929	Morgan	John	1898	Nov	10	056	M	Prov. Hosp.	
K 2 0164 12433	Morgan	Joseph	1904	Feb	01	040	M	Spring/RR Ave	---
K 1 0152 00269	Morgan	Juanita C.	1892	May	01	001	F	Renton	WA
K 2 0168 14607	Morgan	Louise M.	1905	May	25	060	F	Seattle	NY
K 1 0157 03095	Morgan	Mamie	1897	Dec	27	019	F	3rd Ave. So.	WI
K 1 0311 07103	Morgan	Merle	1901	Dec	26	pre	M	Monod Hosp	SEA
K 1 0313 10117	Morgan	Morgan W	1902	Aug	26	001	M	Della Hotel (b.Blk Diamond	---
K 2 0168 14330	Morgan	Oliver	1905	Mar	17	051	M	Seattle	---
K 2 0168 14331	Morgan	Robert H	1905	Mar	19	057	M	Seattle	KY
K 1 0159 04606	Morgan	Sarah	1899	Sep	27	065	F	Blk. Diamond	
K 1 0156 02387	Morgan	Sarah	1896	Sep	15	040	F	Blk. Diamond	WLS
K 2 0163 11649	Morgan	Sarah	1903	Aug	15	087	F	N 70/Aurora	OH
K 1 0159 04606	Morgan	Sarah	1899	Sep	27	065	F	Blk. Diamond	PA
K 1 0156 02387	Morgan	Sarah	1896	Sep	15	040	F	Blk. Diamond	
K 2 0169 15056	Morgan	William	1905	Aug	04	035	M	Seattle	---
K 2 0169 15385	Morgan	William H.	1905	Nov	16	036	M	Renton	CA
K 2 0170 15894	Morgan	William J.	1906	Feb	21	044	M	Seattle	ENG
K 1 0153 00622	Morgan	Wm. G.	1893	Sep	07	066	M	Brown's Bay	KY
K 1 0163 06714	Morgan	Wm. J.	1901	Aug	11	037	M	Corner 5th & Madison	OH
K 1 0157 03302	Morgen	A.R.	1898	Mar	23	1da	F	Yesler Station	WA
K 1 0311 07098	Morgenstern	William	1901	Nov	22	041	M	Prov. Hosp	GER
K 1 0158 03672	Morgliano		1898	Jul	26	001	F	Blk. Diamond	WA
K 2 0172 17155	Mori	Shinjo	1906	Oct	07	02m	M	Seattle	WA
K 1 0156 02366	Moriarty	Chas. M.	1896	Aug	24	1mo	M	Prov. Hosp.	SEA
K 1 0160 04788	Moriarty	Mary K.	1899	Dec	25	035	F	Seattle	IRL
K 2 0170 15590	Morie	Frederick J.	1905	Dec	24	071	M	Seattle	MA
K 2 0173 17424	Morill	Wm. B.	1906	Dec	03	048	M	Seattle	MN
K 2 0175 18557	Morimoto	Infant	1907	May	11	---	F	Seattle	WA
K 2 0169 15207	Morimoto	Tasaburo	1905	Aug	23	030	M	Seattle	JPN
K 2 0169 14868	Morin	Ellen J.	1905	Jul	07	03m	F	Seattle	WA
K 2 0170 15583	Morin	Emil	1905	Dec	05	051	M	Seattle	FRN
K 1 0162 06023	Morino	Lena	1901	Jan	24	024	F	Hos. Ship	
K 1 0157 03490	Moritz	H.	1898	May	06	048	M	King Co.	
K 1 0154 01692	Mork	E.	1895	Jun	22	002	F	Seattle	MN
K 1 0154 01580	Morkle	Sarah	1895	Apr	25	066	F	Ballard	
K 1 0161 05708	Morley	Catherina	1900	Oct	16	046	F	Seattle	
K 1 0161 05359	Morley	Frank	1900	Jul	02	048	M	Seattle	
K 1 0157 03215	Morley	M.J.R.	1898	Feb	24	039	F	Seattle	PA
K 1 0314 10958	Morrell	Martha J. (Mrs)	1903	Mar	15	048	F	1260 1 Ave S	---
K 2 0165 12794	Morren	Margaret (Mrs.)	1904	Apr	27	084	F	1013 1/2 Jackson St	IRL
K 1 0153 00896	Morresy	Frank	1894	Apr	07	032	M	Seattle	
K 1 0162 06127	Morrill	Myrtle L.	1901	Feb	19	014	F	Prov. Hosp.	WA
K 2 0165 12791	Morris	Adele Flora	1904	Apr	17	056	F	Monod Hosp.	IN
K 1 0162 06121	Morris	Annie	1901	Feb	22		F	Seattle	WA
K 2 0167 14181	Morris	Baby	1905	Feb	14	s/b	M	Seattle Gen. Hosp.	WA
K 2 0166 13453	Morris	Buell	1904	Sep	25	030	M	Rainier Grand Hotel	---
K 1 0157 03064	Morris	Caroline	1897	Nov	16	079	F	Ballard	ENG
K 1 0157 03040	Morris	Caroline A.	1897	Nov	16	079	F	Ballard	ENG
K 2 0175 18785	Morris	Claire	1907	Jun	07	006	F	Seattle	MT
K 1 0156 02605	Morris	Forrest Franklin	1897	Jan	19	2mo	M	813 Alder St.	WA
K 2 0166 13254	Morris	Infant	1904	Aug	29	s/b	F	1550 Atlantic St	SEA
K 1 0313 10314	Morris	J. F.	1902	Nov	16	036	M	Wayside Mission	---
K 1 0153 01067	Morris	John	1894	Aug	24	001	M	Franklin Mines	
K 1 0160 04993	Morris	John B.	1900	Mar	18	011	M	Prov. Hosp.	SD
K 2 0165 12797	Morris	John J.	1904	May	12	087	M	321 10 Ave	ENG
K 2 0169 15338	Morris	Lillian F.	1905	Oct	16	01m	F	Seattle	WA
K 1 0156 02887	Morris	Mamie J.	1897	Aug	04	023	F	928 20th Ave.	WA
K 1 0155 01903	Morris	Mary E.	1895	Sep	11	067	F	OB Yesler Home	MI
K 1 0311 06941	Morris	Mary K	1901	Oct	02	08m	F	Brighton Bch	sme
K 2 0174 17733	Morris	Nettie R.	1907	Jan	28	020	F	Ballard	ND
K 2 0167 13796	Morris	Percy F.	1904	Dec	15	003	M	3620 Fremont Ave	WA
K 2 0172 16940	Morris	Raymond	1906	Sep	15	02m	M	Seattle	WA
K 1 0153 01205	Morris	Rose	1894	Sep	19	4mo	F	Ballard	WA

S R PG REC	LASTNAME	FIRSTNAME	DETH MN DT AGE	S	DEATHPLACE	BIRTH
K 2 0169 15339	Morris	Thomas	1905 Oct 16 037	M	Seattle	WV
K 1 0314 10842	Morris	Tommy	1903 Feb 05 030	M	Prov. Hosp.	OR
K 1 0154 01360	Morris	Vivinia	1894 Nov 01 001	F	15th & Weller	WA
K 2 0166 13548	Morris	W. B.	1904 Sep 29 055	M	Monad Hosp.	---
K 2 0164 12032	Morrisey	T B	1903 Nov 28 078	M	421 Summit Ave N	---
K 2 0163 11911	Morrison	Alexander	1903 Oct 22 050	M	Berlin, WA	ENG
K 2 0165 12638	Morrison	Asbery	1904 Mar 29 049	M	Kent, WA	OH
K 1 0314 11328	Morrison	Baby	1903 May 17 10m	F	413 7 Ave S	SEA
K 2 0164 12191	Morrison	Cecile	1903 Dec 15 ---	F	409 Cedar St	SEA
K 2 0175 18560	Morrison	Doris M.	1907 May 17 005	F	Seattle	WA
K 2 0170 15585	Morrison	Eliza J.	1905 Dec 09 064	F	Seattle	IN
K 2 0167 13792	Morrison	Ester	1904 Dec 08 03m	F	7354 Stroud Ave	WA
K 1 0155 02177	Morrison	Faith	1896 Apr 27 027	F	Seattle	MI
K 1 0160 04664	Morrison	Frank	1899 Oct 19 035	M	Seattle	SEA
K 2 0167 14328	Morrison	Harry	1905 Mar 04 052	M	Seattle	USA
K 1 0314 11324	Morrison	Hudson U.	1903 May 10 013	M	402 1/2 10 Ave	SEA
K 2 0173 17227	Morrison	Infant	1906 Oct 30 01m	F	Columbia	WA
K 2 0165 12792	Morrison	Infant	1904 Apr 18 s/b	M	1207 10th S	sme
K 2 0167 14179	Morrison	James	1905 Feb 09 047	M	Pacific Hosp.	CND
K 1 0315 11333	Morrison	James A	1903 May 30 066	M	Gen. Hosp.	---
K 1 0311 07094	Morrison	Julia A	1901 Nov 16 045	F	345 16 Ave N	IL
K 1 0160 05167	Morrison	M.	1900 Apr 02 038	F	Seattle	ENG
K 1 0156 02368	Morrison	Marguerite	1896 Aug 26 6mo	F	1718 Spring	SEA
K 2 0173 17225	Morrison	Robert	1906 Sep 29 035	M	Ballard	CND
K 1 0312 07751	Morrissey	Edward	1902 --- 01 ---	M	Green River	sme
K 1 0313 10433	Morrow	John	1902 Oct 31 048	M	Georgetown	OH
K 2 0174 18299	Morrow	Margaret	1907 Apr 11 077	F	Seattle	OH
K 2 0170 15588	Morse	Baby	1905 Dec 16 s/b	F	Seattle	WA
K 2 0171 16078	Morse	Charles M.	1906 Feb 23 052	M	Seattle	IL
K 1 0156 02691	Morse	Hattie	1897 Mar 30 038	F	916 Jefferson	VT
K 1 0157 03396	Morse	J.S.	1898 Apr 20 064	M	Seattle	
K 1 0152 00225	Morse	Melvin O.	1892 Mar 17 032	M	Seattle	CA
K 2 0171 16396	Morse	Minnie M.	1906 Jun 13 040	F	Fall City	CND
K 1 0162 06123	Morse	Verna	1901 Feb 25 021	F		NE
K 2 0165 12554	Morsia	Flora	1904 Mar 02 003	F	1020 Wash. St.	CA
K 1 0161 05219	Mortensen	Cap L.	1900 May 14 050	M	Seattle	DNK
K 2 0163 11783	Mortenson	Alma M.	1903 Sep 03 05m	F	So. Park	sme
K 2 0175 18563	Mortenson	Martha	1907 May 30 040	F	Seattle	SWD
K 1 0163 06385	Morthason	Amelia	1901 Jun 16	F	Richmond	
K 1 0313 10225	Mortimer	Grace Oliva	1902 Sep 03 023	F	Dawson	---
K 1 0160 05185	Mortisen	Baby	1900 Apr 14 2da	M	Seattle	SEA
K 1 0160 04663	Morton	Dewey	1899 Oct 19 001	M	Seattle	SEA
K 1 0160 05032	Morton	Geo.	1900 Mar 01 070	M	Seattle	
K 2 0167 14010	Morton	Herman	1905 Jan 05 055	M	Wayside East Hosp	---
K 1 0162 06026	Morton	John	1901 Jan 17 048	M	Prov. Hosp.	CA
K 2 0175 18433	Morton	Leslie	1907 May 05 022	M	Bothell	WA
K 1 0160 05154	Morton	M. G.	1900 Apr 09 074	F	Seattle	ME
K 1 0157 03042	Moser	George	1897 Nov 26 045	M	2817 3rd Ave.	GER
K 2 0173 17430	Moses	A. M. (Mrs.)	1906 Dec 21 076	F	Seattle	WLS
K 1 0312 07533	Moses	Catherine S	1902 Apr 30 060	F	Prov. Hosp.	---
K 2 0174 18297	Moses	George	1907 Apr 10 030	M	Seattle	CND
K 1 0155 02114	Moses	Thomas	1896 Mar 17 062	M	1304 Jackson St.	SWD
K 2 0167 14182	Mosher	Kenny G	1905 Feb 20 076	M	228 Elmira ?	NY
K 1 0311 06940	Mosler	Baby	1901 Oct 02 10m	M	5th Ave/Jackson	SEA
K 1 0154 01730	Moss	Rufus	1895 Jul 12 060	M	Olympia Ave.	OH
K 2 0173 17633	Moss	Samuel	1907 Jan 21 050	M	Seattle	---
K 2 0174 17953	Moss	Wm. F.	1907 Feb 22 026	M	West Seattle	AR
K 1 0163 06522	Moss	baby	1901 Jun 21	F	Seattle	SEA
K 1 0156 02852	Mossbach	Joseph	1897 Jul 25 042	M	Georgetown	FRN
K 1 0156 02555	Mossman	Fred H.	1896 Dec 29 030	M	Prov. Hosp.	
K 1 0159 04224	Mote	Irene	1899 Mar 29 007	F	Seattle	CA
K 2 0167 13793	Mothander	Ray	1904 Dec 09 04m	M	501 Fairview Ave	WA
K 1 0152 00330	Mott		1892 Jul 02 016	F	W. Seattle	WA

Page 195

S	R	PG	REC	LASTNAME	FIRSTNAME	DETH MN	DT	AGE	S	DEATHPLACE	BIRTH
K	1	0154	01636	Mott	Geo. W.	1895 May	07	060	M	County Hosp.	
K	2	0165	12978	Moulton	Adelaide E	1904 Jun	15	036	F	119 24th Ave	BC
K	1	0152	00442	Moulton	Chas. R.	1892 Dec	06	036	M	Seattle	ME
K	1	0156	02985	Moulton	Edith	1897 Oct	08	028	F	Latona	
K	1	0153	01213	Moulton	Edwin	1894 Sep	04	042	M	Latona	NH
K	2	0175	18787	Moulton	Myron D.	1907 Jun	11	029	M	Seattle	IA
K	1	0313	10222	Moulton	W F K	1902 Sep	09	002	M	119 24th Ave N	SEA
K	1	0311	07253	Mow	Chin	1902 Jan	18	021	M	SEA Gen. Hosp. (b.America	---
K	2	0173	17429	Mower	Eugene F.	1906 Dec	19	04d	M	Seattle	WA
K	2	0172	17152	Mowry	B. B.	1906 Oct	03	029	M	Seattle	IL
K	2	0165	12979	Mowry	Lillian	1904 Jun	22	s/b	F	1910 Queen Ave Ave.	SEA
K	2	0171	16193	Moxner	C.	1906 Apr	15	040	M	Seattle	---
K	2	0169	15209	Moy	Gurine	1905 Sep	17	023	F	Seattle	NRY
K	2	0168	14336	Moyer	Baby	1905 Mar	27	s/b	M	Seattle	WA
K	1	0159	04203	Moyers	Lottie	1899 Mar	22	032	F	Seattle	
K	2	0171	16352	Mrowezinski	Lubwig	1906 May	06	072	M	Seattle	GER
K	1	0171	10561	Mscgregor	Gregory Wm.	1902 Dec	16	065	M	324 1ST AVE. W.	CND
K	1	0159	04283	Muggah	Annie M.	1899 Apr	16	3mo	F	Seattle	SEA
K	2	0163	11506	Muhl	Addie	1903 Jul	13	021	F	420 Union St	IL
K	2	0163	11507	Muhl	Gussie	1903 Jul	14	003	F	420 Union St	SEA
K	1	0157	03043	Muila	Taney	1897 Nov	30	025	F	Lake View Cemetery	JPN
K	1	0161	05707	Muilika	Anton	1900 Oct	17	050	M	Co. Hosp.	ITL
K	2	0173	17428	Muirhead	Infant	1906 Dec	17	---	M	Seattle	WA
K	1	0171	10426	Mularky	Wm.	1902 May	29	010	M	DAWSON	WA
K	2	0169	14863	Mulcahey	Michael	1905 Jul	04	054	M	Seattle	IRL
K	2	0172	16772	Muldoon	Ella J.	1906 Aug	07	028	F	Seattle	WI
K	1	0311	07294	Muldoon	William	1902 Feb	25	065	M	King Co. Hosp.	TN
K	1	0158	03564	Mulford	Chas.	1898 Jun	19	015	M	Seattle	SEA
K	2	0168	14741	Mulhern	Frank A.	1905 Jun	28	034	M	Seattle	WA
K	2	0164	12437	Mulhern	William F	1904 Feb	12	032	M	King Co. Hosp.	WI
K	1	0152	00095	Mullarkey	John D.	1891 Oct	04	053	M	Gilman	IRL
K	1	0315	11331	Mullarkey	Thomas J.	1903 May	14	038	M	218 Fairview Ave	PA
K	2	0169	14927	Mullart	Cordelia L.	1905 Aug	03	001	F	Blk. Diamond	WA
K	2	0163	11512	Mullen	Baby	1903 Jul	30	pre	M	406 Kilbourne Ave	WA
K	2	0167	14016	Mullen	Baby	1905 Jan	26	s/b	F	1125 11th Ave	WA
K	1	0154	01463	Mullen	Conner	1895 Feb	24	052	M	Seattle	
K	2	0175	18672	Mullen	Henry	1906 Dec	21	076	M	Seattle	NY
K	1	0157	03144	Mullen	John	1897 Dec	26	040	M	Seattle	
K	2	0163	11511	Mullen	Letha Anne	1903 Jul	27	037	F	406 Kilbourne Ave	OH
K	1	0163	06466	Mullen	Lillie	1901 May	05	034	F	Co. Hosp.	MA
K	2	0174	18209	Mullen	Timothy F.	1907 May	01	029	M	Kent	WA
K	1	0158	03637	Mullens	D.A.	1898 Jul	09	18d	F	Seattle	SEA
K	1	0156	02811	Muller	(baby)	1897 Jun	07	5da			
K	1	0143	02811	Muller	Baby	1897 Jun	07	05d	-	-----	
K	1	0157	03393	Muller	C.M.	1897 Oct	14	18m	F	Hoods Canal	WA
K	2	0164	11917	Muller	Laurent A.	1903 Oct	24	070	M	1700 9 Ave	FRN
K	1	0313	10325	Mulligan	Edward	1902 Dec	07	008	M	2816 W Ave	SEA
K	2	0175	18555	Mulligan	Edward W.	1907 May	04	038	M	Seattle	OR
K	1	0313	10226	Mulligan	J.	1902 Nov	09	038	F	Dawson	IRL
K	1	0160	05168	Mulligan	S.	1900 Apr	07	022	M	Seattle	IRL
K	1	0159	04148	Mulligan	Samuel	1899 Feb	25	055	M	Seattle	IRL
K	1	0312	07832	Mulligan	Y K.	1902 Jun	14	065	M	Seattle	IRL
K	2	0173	17731	Mulliken	Mary	1907 Jan	19	067	F	Seattle	---
K	2	0165	12984	Mullins	Allie	1904 Jun	30	026	F	Ballard WA	IN
K	1	0163	06420	Mullins	Lulu (Mrs.)	1901 May	18	021	F	Prov. Hosp.	KS
K	1	0314	11321	Mulroy	James S.	1903 May	13	042	M	4 Ave S/King St	MA
K	2	0164	12317	Mum	Gilbert Simrall	1904 Jan	28	023	M	1303 Seneca St	VA
K	1	0160	04943	Mumford	He--	1900 Feb	15	040	M	Seattle	
K	2	0168	14600	Mummey	Sarah D.	1905 Apr	24	051	F	Ballard	NY
K	1	0158	03934	Mummy	Elizabeth	1898 Nov	02	076	F	Burton on Vashon Island	
K	1	0163	06612	Mumusnyer	Julia	1901 Jul	10	045	F	Seattle	IL
K	1	0163	06612	Mumusnyer	Julia	1901 Jul	10	045	F	Seattle	
K	2	0173	17304	Munari	Angelo	1906 Nov	11	045	M	Seattle	---

S	R	PG	REC	LASTNAME	FIRSTNAME	DETH	MN	DT	AGE	S	DEATHPLACE	BIRTH
K	2	0168	14462	Muncaster	Isabella	1905	Apr	03	020	F	Seattle	KS
K	1	0159	04555	Muncy	Chas.	1899	Sep	24	046	M	Seattle	
K	2	0174	18295	Muncy	Infant	1907	Apr	07	01m	F	Seattle	WA
K	2	0165	12801	Munger	Infant	1904	May	20	s/b	M	Greenlake	SEA
K	2	0164	12035	Munilli	Baby	1903	Nov	14	s/b	F	811 9th Ave S	SEA
K	2	0164	12187	Munro	David	1903	Dec	04	056	M	91 Blanchard	ENG
K	2	0174	18298	Munroe	Belle	1907	Apr	11	017	F	Seattle	WA
K	1	0159	04533	Munroe	Belle Walters	1899	Aug	21	054	F	Fremont	NB
K	1	0311	07252	Munroe	Margaret A	1902	Jan	02	084	F	317 Coryell Pl	RI
K	1	0159	04524	Munroe	Sophia A.	1899	Aug	14	052	F	Seattle Genl. Hosp.	
K	1	0156	02762	Munson	(baby)	1897	May	06	2da	F	105 Franklin Ave.	SEA
K	1	0157	03094	Munson	John	1897	Dec	20	045	M	Stamferd Junction	
K	1	0314	11106	Munson	Josiah H.	1903	Apr	11	069	M	SEA. Gen. Hosp.	ME
K	1	0163	06166	Munson	Peter	1901	Mar	19	044	M	F	SWD
K	1	0161	05495	Munson	Walter	1900	Aug	27	8mo	M	River Park	WA
K	1	0315	11338	Muntzer	Jacob W.	1903	Jun	16	067	M	Columbus, WA	PA
K	2	0166	13435	Muphy	Mathew	1904	Sep	30	056	M	718 Maynard Ave	IL
K	1	0159	04207	Muralli	Louis	1899	Mar	23	035	M	Seattle	ITL
K	1	0313	10479	Murao	Lizzie	1902	Sep	03	---	F	4th/Main	SEA
K	1	0314	11116	Murao	Sugu	1903	Apr	22	pre	M	6 Ave S, Chicago Hts	SEA
K	2	0164	12311	Murdoch	Leo W	1904	Jan	02	061	M	901 1st Ave S	CND
K	1	0315	11335	Murdock	Albert	1903	Jun	29	045	M	Lester, WA	---
K	2	0166	13787	Murdock	Ella	1904	Nov	26	037	F	Prov. Hosp	IA
K	2	0174	18076	Murdock	Malcolm	1907	Mar	24	013	M	Seattle	WA
K	2	0167	14011	Murdock	Mary A	1905	Jan	07	050	F	Ballard	NY
K	2	0163	11784	Murfin	Charles M	1903	Sep	05	030	M	Leschi Pk	MN
K	1	0152	00441	Murphey	Jno.	1892	Nov	01	030	M	Tacoma	
K	1	0155	01913	Murphey	John H.	1895	Nov	28	033	M	Seattle Gen. Hosp.	MA
K	2	0168	14464	Murphine	Emma J.	1905	Apr	05	049	F	Seattle	OH
K	1	0159	04158	Murphy	A.P.	1899	Mar	01	047	M	Seattle	PE
K	2	0173	17307	Murphy	Abbie L.	1906	Nov	21	048	F	Seattle	USA
K	2	0172	16636	Murphy	Asa S.	1906	Jul	13	042	M	Seattle	---
K	1	0312	07511	Murphy	Baby	1902	Mar	24	s/b	M	120 12 Ave	SEA
K	1	0155	02071	Murphy	Chas. M. O'C.	1896	Feb	19	027	M	Prov. Hosp.	ME
K	1	0156	02650	Murphy	Clara	1897	Feb	04	042	F	King Co. Hosp.	VT
K	1	0161	05597	Murphy	Dan	1900	Oct	01	037	M	Wellington	
K	1	0160	04983	Murphy	Dan	1900	Apr	09	030	M	King Co. Hosp.	
K	1	0161	05597	Murphy	Dan	1900	Oct	01	037	M	Wellington	
K	2	0167	14086	Murphy	Daniel J.	1905	Jan	16	028	M	Ballard	MN
K	2	0173	17305	Murphy	E. T.	1906	Nov	12	040	M	Seattle	---
K	1	0159	04067	Murphy	Ed	1899	Jan	16	034	M	Seattle	
K	1	0160	04679	Murphy	Edward	1899	Oct	26	070	M	Seattle	
K	1	0162	06015	Murphy	Estella	1901	Jan	07	012	F	Seattle	MN
K	1	0162	06121	Murphy	Eugene	1901	Mar	22	022	M	King Co. Hosp.	US
K	1	0156	02889	Murphy	G.E.	1897	Aug	13	030	M	Prov. Hosp.	
K	2	0164	12031	Murphy	George W	1903	Nov	15	070	M	General Hosp.	IRL
K	2	0169	14866	Murphy	James	1905	Jul	06	040	M	Seattle	IRL
K	1	0157	03039	Murphy	James	1897	Nov	15	035	M	Prov. Hosp.	
K	2	0173	17536	Murphy	James	1906	Dec	06	067	M	Bothell	---
K	2	0173	17629	Murphy	James E.	1907	Jan	10	041	M	Seattle	NY
K	1	0162	06013	Murphy	Jas. Leo	1901	Jan	09	020	M	Prov. Hosp.	NS
K	1	0313	10321	Murphy	John	1902	Nov	30	043	M	SEA. Gen. Hosp.	---
K	2	0171	16355	Murphy	John	1906	May	29	042	M	Seattle	IRL
K	1	0159	04218	Murphy	John	1899	Mar	28	035	M	Seattle	
K	2	0172	16564	Murphy	John	1906	Jul	23	043	M	Georgetown	IRL
K	2	0163	11505	Murphy	John H.	1903	Jul	11	028	M	Prov. Hosp (b.Minneapolis,	MN
K	1	0160	04953	Murphy	Julia G.	1900	Feb	20	022	F	Seattle	WI
K	1	0156	02890	Murphy	Mary	1897	Aug	16	024	F	607 Main St.	OR
K	2	0166	13784	Murphy	Owen	1904	Nov	14	073	M	Prov. Hosp.	IRL
K	1	0158	03931	Murphy	Pat V.	1898	Nov	26	035	M	Seattle	MN
K	1	0156	02459	Murphy	Patrick	1896	Oct	13	054	M	Prov. Hosp.	IRL
K	2	0163	11910	Murphy	Peter C	1903	Oct	04	036	M	1007 E Republic St	CND
K	1	0153	00897	Murphy	Richard	1894	Apr	15	035	M	Alms House	

S	R	PG	REC	LASTNAME	FIRSTNAME	DETH	MN	DT	AGE	S	DEATHPLACE	BIRTH
K	2	0165	12558	Murphy	Thomas	1904	Mar	22	032	M	Prov. Hosp.	---
K	1	0163	06723	Murphy	W.M.	1901	Aug	25	060	M	Prov. Hosp.	IRE
K	1	0154	01236	Murphy	Wm.	1894	Sep	26	050	M	323 Joy St.	
K	2	0165	12795	Murphy	Wm. R.	1904	May	03	066	M	1571 17th Ave S	IN
K	1	0311	07102	Murray	-----	1901	Dec	18	pre	M	Monod Hosp	sme
K	2	0164	12436	Murray	Alice O. (Mrs)	1904	Feb	09	044	F	5th & Madison	TX
K	1	0314	11108	Murray	Baby	1903	Apr	13	03m	F	11802 19 Ave	SEA
K	1	0155	02248	Murray	Bernard W.	1896	May	26	016	M	Victoria, B.C.	
K	1	0159	04289	Murray	Edw. J.	1899	Apr	18	037	M	Seattle	
K	1	0159	04437	Murray	James	1899	Jun	26	037	M	Seattle	
K	1	0159	04437	Murray	James	1899	Jun	26	037	M	Seattle	
K	2	0164	11913	Murray	Joseph	1903	Oct	10	035	M	King Co. Hosp.	IRL
K	1	0311	06758	Murray	Katherine	1901	Aug	19	023	F	911 Howell	ENG
K	2	0170	15730	Murray	Lindley M.	1906	Jan	25	027	M	Rock Island	---
K	2	0169	14978	Murray	M	1905	Aug	01	045	M	Barneston	---
K	2	0172	17068	Murray	Michael	1906	Oct	26	045	M	Ballard	CND
K	1	0154	01527	Murray	Mike	1895	Feb	02	065	M	Prov. Hosp.	
K	1	0162	06125	Murray	R.	1901	Feb	27	060	M	Edgewater	MS
K	2	0171	16009	Murray	Richard	1906	Mar	13	027	M	Seattle	---
K	1	0314	10843	Murray	Thomas Edward	1903	Mar	09	042	M	21 Ave/Madison St	CA
K	1	0152	00287	Murray	Thos.	1892	May	30	055	M	Seattle	
K	2	0171	16415	Murray	William M.	1906	Jun	05	054	M	Georgetown	---
K	1	0152	00196	Murrey	Jane	1892	Jan	07	052	F	Gilman	SCT
K	2	0166	13432	Murrey	Mathew H.	1904	Sep	28	021	M	213 Clay St	MN
K	1	0315	11340	Murry	Robert W.	1903	Jun	21	037	M	Wayside Mission	TX
K	2	0168	14732	Muscat	Charles	1905	Jun	01	058	M	Seattle	FIN
K	1	0161	05811	Muscott	Sylvia	1900	Oct	08	066	F	Vashon Island	NY
K	1	0162	06122	Muscott	Sylvia	1901	Feb		067	F	Vashon	NY
K	1	0152	00347	Muse	Weda G.	1892	Jul			F	Seattle	
K	1	0313	10326	Musinger	Mary	1902	Nov	19	074	F	So Park	GER
K	1	0154	01374	Myberg	John	1894	Nov	07	030	M	Fremont, WA	
K	1	0314	11109	Mydell	Ernest	1903	Apr	03	002	M	704 Newton St	sme
K	2	0175	18877	Myer	Anton	1907	Jun	17	013	M	Monohan	WI
K	2	0163	11504	Myer	Baby	1903	Jul	11	s/b	M	338 16 Ave	WA
K	2	0163	11651	Myer	Baby	1903	Aug	04	24d	F	338 16 Ave	SEA
K	1	0313	10432	Myer	Eugene L.	1902	Oct	16	---	M	338 16th Ave	SEA
K	1	0162	06123	Myers	Baby	1901	Mar	09	10d	M	Seattle	WA
K	2	0175	18450	Myers	Clementine	1907	May	19	026	F	Mercer Island	WV
K	1	0156	02460	Myers	Elizabeth	1896	Oct	21	059	F	1918 Front St.	OH
K	2	0168	14602	Myers	George	1905	May	09	087	M	Des Moines	NY
K	2	0174	18072	Myers	Guy	1907	Mar	06	022	M	Seattle	MN
K	1	0163	06520	Myers	Jane	1901	Jun	12	066	F	Seattle	SCT
K	1	0313	10315	Myers	John	1902	Nov	18	042	M	Wayside Mission	NY
K	2	0164	12103	Myers	John	1903	Nov	13	040	M	King Co. Hosp	AUS
K	2	0173	17628	Myers	Jonathan	1907	Jan	03	083	M	Seattle	NY
K	1	0160	05086	Myers	Julius M.	1900	Mar	10	008	M	Seattle	OR
K	2	0170	15657	Myers	Ralph A.	1906	Jan	28	09m	M	S. Seattle	WA
K	1	0158	03562	Myers	Robert	1898	Jun	01	065	M	Seattle	ENG
K	1	0159	04395	Myers	Robt.	1899	Jun	03	057	M	Seattle	NY
K	2	0170	15404	Myers	Thomas	1905	Nov	13	038	M	Ravensdale	---
K	1	0155	01910	Myher	Leonard B.	1895	Nov	21	008	M	113 Dexter	WI
K	2	0167	13800	Myler	James W	1904	Dec	28	045	M	1st Ave/Yesler Way	---
K	1	0313	10224	Myler	Martin	1902	Sep	02	---	M	Leary, WA	---
	1	0178	04002	NUBER	GERTRUDE	1898	Dec	20	022	F	LATONA	
K	1	0179	06033	Nacy	Tom	1901	Jan	07	040	M	GEO. TOWN	IRL
K	1	0180	10746	Nadeau	Frank	1902	Aug	30	064	M	KING CO. HOSP.	CND
K	2	0194	15217	Naegele	Lambert	1905	Sep	12	072	M	Seattle	GER
				Naekamura		1894	May			M	Prov. Hospital	JPN
K	1	0031	00967	Naekamura	Amekun	1894	May	24	033	M	Prov. Hospital	
K	1	0177	03346	Naffer	E.H.	1898	Mar	04	22M	M	LAWSON'S CAMP	WA
K	1	0179	05598	Nagainechi	O.	1900	Sep	05	025	M	Seattle	JPN
K	1	0177	02373	Nagami	M.	1896	Aug	09	2MO	F	309 MAIN	SEA
K	1	0179	06428	Nagasupi	N.	1901	May	14	030	M	GEN. HOSP.	JPN

S	R	PG	REC	LASTNAME	FIRSTNAME	DETH	MN	DT	AGE	S	DEATHPLACE	BIRTH
K	2	0195	18089	Nagato	Manichi	1907	Mar	08	019	M	Seattle	JPN
K	2	0196	18571	Nagauo	G.	1907	May	03	022	M	Seattle	JPN
K	2	0192	13123	Nagle	Barbara M. (Mrs.)	1904	Jul	28	062	F	Greenlake	GER
K	1	0180	07704	Nagle	Mary	1902	May	28	052	F	900 1/2 8TH AVE.	IL
K	2	0192	11518	Nagle	Otto B.	1903	Jul	04	060	M	Prov. Hosp.	---
K	1	0179	06125	Nagle	R. Mrs.	1901	Mar	23	064	F	DUWAMISH	CND
K	2	0192	11657	Nahamura	L.	1903	Aug	17	043	M	Seattle Gen. Hosp.	JPN
K	2	0192	12811	Nairn	Thomas	1904	Apr	15	052	M	1919 7 Ave	SCT
K	2	0193	14480	Nakagawa	H. (Mrs.)	1905	Apr	19	033	F	Seattle	JPN
K	2	0196	18678	Nakahara	N.	1907	Mar	13	---	M	Georgetown	JPN
K	2	0195	17442	Nakamura	Ichi	1906	Dec	06	019	F	Seattle	JPN
K	2	0194	16251	Nakamura	K.	1906	Apr	19	032	M	Georgetown	JPN
K	2	0193	13815	Nakamura	S.	1904	Nov	21	016	M	Seattle Gen Hosp.	JPN
K	2	0192	11927	Nakamura	T.	1903	Oct	23	020	M	Prov. Hosp.	JPN
K	2	0193	13818	Nakazato	M.	1904	Dec	02	035	M	323 7th Ave S	JPN
K	2	0192	11656	Nancarron	Edward	1903	Aug	12	034	M	1410 E Union	MN
K	1	0179	06356	Nance	Olive Hope	1901	Apr	24	008	F	CO. HOSP.	WA
K	1	0177	03503	Napier	G.N.	1898	May	01	035	M	Seattle	
K	1	0178	03717	Naplier	Cleas	1898	Aug	30	039	M	BLK. DIAMOND	FIN
K	2	0194	16199	Napoli	Rosina	1906	Apr	05	001	F	Seattle	WA
K	1	0176	01023	Narder	Amber M.	1894	Jun	06	016	F	234 EASTON ST.	MI
K	1	0179	07454	Nargam	Baby	1902	Mar	18		F	Seattle	SEA
K	1	0176	00229	Nash	Geo. W.	1892	Mar	30	039	M	Seattle	MA
K	2	0192	13124	Nash	Henry T.	1904	Jul	28	065	M	Providence Hosp	OH
K	1	0180	10562	Nash	Infant	1902	Dec	02		F	33RD & DEARBORN	WA
K	1	0178	05263	Nash	Robt.	1900	May	30	039	M	Seattle	NY
K	1	0177	02892	Nash	Rose W.	1897	Jul	28	039	F	Seattle GENL. HOSP.	CA
K	2	0195	17539	Nashaland	John	1906	Dec	22	040	M	Kenmore	---
K	1	0176	00351	Nashem	Eva T.	1892	Jul	26	024	F	Seattle	MI
K	2	0196	18210	Nason	Colbert F.	1907	May	03	084	M	Auburn	MO
K	2	0194	15908	Nast	Rose A.	1906	Feb	16	010	F	Seattle	WA
K	2	0194	15736	Nathan	Anna M.	1906	Jan	07	069	F	Seattle	PA
K	2	0195	17644	Naucamow	Emma	1907	Jan	22	032	F	Seattle	---
K	1	0176	00162	Naughton	John	1891	Dec	29	035	M	L.S.& E.R.R.	IRL
K	2	0195	16955	Naujok	Wm	1906	Sep	14	10m	M	Seattle	WA
K	2	0194	15907	Naumann	John F. O.	1906	Feb	12	046	M	Seattle	GER
K	2	0195	16957	Navin	Thomas	1906	Sep	12	048	M	Seattle	MA
K	1	0178	03804	Naviu	Mary M.	1898	Sep	30	002	F	Seattle	SEA
K	1	0180	11361	Naylar	Leontine Mrs.	1903	Jun	07	044	F	PROV. HOSP.	FRN
K	1	0177	02767	Neacher	Laura	1897	May	04	029	F	Seattle	
K	1	0177	02418	Nealy	Infant	1896	Sep	03	4MO	M	225 DEXTER ST.	SEA
K	1	0178	04074	Nearing	Patrick	1899	Jan	18	045	M	Seattle	
K	1	0176	01174	Nease		1894	Aug	16	000	M	5TH BET University & Spring	SEA
K	1	0180	10747	Nease	Charles	1903	Jan	26	3MO	M	SOUTH PARK	SEA
K	1	0180	10689	Nease	Chas.	1903	Jan	26		M	SOUTH PARK	SEA
K	2	0192	11519	Nease	Emma Gray	1903	Jul	11	021	F	313 Kilbourne St	IA
K	1	0178	05129	Nederlee	John	1900	Apr	13	008	M	FREMONT	WA
K	1	0177	02372	Neeley	Ethel	1896	Aug	03	003	F	212 LINCOLN	SEA
K	1	0177	02615	Neeley	R.S.	1897	Jan	28	038	F	212 PONTIUS	CA
K	2	0194	14884	Neely	Martin A.	1905	Jul	09	066	F	Seattle	NY
K	1	0176	00243	Neff	Hazel I.	1892	Apr	24	11M	F	Seattle	SEA
K	2	0194	14980	Neft	Jacob Jr.	1905	Aug	11	03m	M	West Seattle	WA
K	1	0178	04753	Nehrhas	Wm.	1899	Dec	03	026	M	Seattle	NE
K	2	0195	16500	Neiderprun ?	Infant	1906	Jun	10	03d	F	Seattle	WA
K	2	0192	12817	Neidig	Henry N.	1904	May	20	063	M	509 5 Ave	---
K	2	0195	17240	Neiger	Margarette	1906	Nov	09	048	F	Kent	SWT
K	2	0193	14087	Neighbor	-----	1905	Jan	29	20d	M	Fall City	WA
K	2	0193	14748	Neighbor	Maude M.	1905	Jun	30	029	F	Fall City	IA
K	1	0180	10434	Neil	C.W.	1902	Oct	14	064	M	3620 LINDON AVE.	TN
K	2	0192	11797	Neil	Emeralda L.	1903	Sep	17	027	F	So Park	CND
K	1	0178	04665	Neil	Henry	1899	Oct	20	027	M	Seattle	ENG
K	1	0179	06741	Neil	Mary	1901	Aug	21	034	F	122 24TH NORTH	PA
K	2	0195	17172	Neilson	Gustave W.	1906	Oct	12	031	M	Seattle	---

S	R	PG	REC	LASTNAME	FIRSTNAME	DETH	MN	DT	AGE	S	DEATHPLACE	BIRTH
K	1	0179	07260	Neilson	Margaret	1902	Jan	12	037	F	KING CO. HOSP.	ENG
K	2	0196	18879	Neirdick	John	1907	Jun	07	045	M	Mon Tera	WI
K	1	0178	04040	Nellis	Edward A.	1899	Jan	05	024	M	GREEN LAKE	
K	1	0178	04699	Nellis	Helen J.	1899	Nov	07	052	F	Seattle	NY
K	1	0179	06560	Nellis	Henry	1901	Jun	17	064	M	PROV. HOSP.	US
K	2	0195	17174	Nellis	Lee	1906	Oct	22	023	M	Seattle	IA
K	2	0192	12813	Nellostin	Stanley	1904	Apr	20	010	M	938 29 Ave	---
K	2	0192	12815	Nels	--------	1904	May	14	035	M	Maple Valley	---
K	2	0196	18310	Nelsen	Anna M.	1907	Apr	11	077	F	Seattle	DNK
K	1	0176	00656	Nelson		1893	Oct	16	2M0	M	225 DEXTER ST.	SEA
K	1	0178	03718	Nelson		1898	Aug	31	2MO	F	KING CO.	WA
K	2	0193	13812	Nelson	-----	1904	Nov	15	s/b	M	903 Yesler Way	WA
K	1	0180	11123	Nelson	A.	1903	Apr	05	072	M	KING CO. HOSP.	DNK
K	1	0179	06872	Nelson	Albert	1901	Sep	05	058	M	PROV. HOSP.	DNK
K	2	0196	18413	Nelson	Ancor V.	1907	Apr	21	09m	M	Seattle	WA
K	1	0180	11119	Nelson	Andrew	1903	Apr	05	072	M	KING CO. HOSP.	DNK
K	2	0193	14027	Nelson	Andrew	1905	Jan	30	080	M	Orillia	DNK
K	1	0177	02765	Nelson	Annie Rhea	1897	May	28	001	F	318 WALL ST.	WA
K	2	0193	13820	Nelson	August	1904	Dec	15	030	M	Occidental Ave & WA St	NRY
K	2	0192	11655	Nelson	August Wm	1903	Aug	16	032	M	Blk Diamond	SWD
K	2	0192	12321	Nelson	Axel	1904	Jan	07	023	M	Wayside Mission	SWD
K	2	0194	15594	Nelson	Axel	1905	Nov	30	046	M	Seattle	SWD
K	1	0177	03046	Nelson	Bertha	1897	Nov	12	007	F	ISSAQUAH	WA
K	2	0192	12038	Nelson	C.	1903	Nov	20	030	M	Prov. Hosp.	---
K	1	0177	03150	Nelson	Carrie	1898	Jan	13	045	F	BALLARD	SWD
K	1	0176	00071	Nelson	Chas.	1891	Sep	11	040	M	Seattle	SEA
K	1	0178	04249	Nelson	Chas.	1899	Apr	04	038	M	Seattle	SWD
K	1	0177	02994	Nelson	Chas.	1897	Oct	14	005	M	123 BOX ST.	WA
K	2	0193	13564	Nelson	Chas. W.	1904	Oct	21	049	M	Prov. Hosp.	NY
K	2	0195	18091	Nelson	Christian	1907	Mar	27	036	M	Monohan	NRY
K	2	0193	14190	Nelson	Clarence H.	1905	Feb	01	021	M	1522 12th Ave	MN
K	1	0176	00633	Nelson	D.B.	1893	Oct	05	035	M	Seattle	SWD
K	1	0180	11120	Nelson	David	1903	Apr	10	054	M	1ST AVE. & LENORA ST.	NRY
K	1	0178	04720	Nelson	Edw.	1899	Nov	18	028	M	Seattle	IRL
K	1	0179	06605	Nelson	Elizabeth	1901	Jul	14	060	F	Seattle	IRL
K	1	0176	00341	Nelson	Erwin	1892	Jul	02	1MO	M	SO. Seattle	ID
K	2	0195	16958	Nelson	Ethel I.	1906	Sep	23	005	F	Seattle	WA
K	2	0193	14025	Nelson	Frank Wm.	1905	Jan	05	01m	M	901 Yesler Way	WA
K	2	0193	13822	Nelson	Fred	1904	Dec	28	045	M	519 Jackson St	---
K	2	0193	14479	Nelson	George	1905	Apr	19	040	M	Seattle	SWD
K	2	0193	13816	Nelson	Grete	1904	Nov	30	---	F	Woodinville	---
K	1	0176	00245	Nelson	Hanna B.	1892	Apr	20	007	F	Seattle	SEA
K	1	0178	04062	Nelson	Helmer A.	1899	Jan	14	008	F	Seattle	SEA
K	1	0177	02371	Nelson	Henry	1896	Jun	20	022	M	1529 FRONT AVENUE	
K	2	0195	17314	Nelson	Ida H.	1906	Nov	09	024	F	Seattle	WI
K	2	0195	17443	Nelson	Infant	1906	Dec	09	---	F		WA
K	2	0192	11925	Nelson	Infant	1903	Oct	01	---	M	2222 8 Ave	SEA
K	2	0195	17316	Nelson	Infant	1906	Nov	18	---	M	Seattle	WA
K	2	0196	18800	Nelson	Infant	1907	Jun	07	18d	M	Seattle	WA
K	1	0180	10563	Nelson	Inga B.	1902	Dec	14	017	F	BALLARD	MN
K	1	0176	00603	Nelson	Jacob	1893	Aug	06	032	M	FRANKLIN	SWD
K	1	0176	00596	Nelson	Jake	1893	Aug	12	020	M	FRANKLIN	SWD
K	2	0195	17538	Nelson	James	1906	Dec	17	030	M	Palmer Jnc.	---
K	2	0195	16650	Nelson	Jennie	1906	Jul	12	067	F	Seattle	SWD
K	1	0177	02134	Nelson	Jno.	1896	Mar	29	051	M	JUICE CREEK	DNK
K	1	0177	03112	Nelson	John	1897	Dec	02	040	M	DEANS MILL - KING CO.	SWD
K	1	0179	07114	Nelson	John	1901	Nov	28	030	M	FALL CITY	IRL
K	2	0196	18572	Nelson	John	1907	May	06	018	M	Seattle	---
K	2	0193	13263	Nelson	John	1904	Jul	31	040	M	Prov. Hosp	SEA
K	2	0195	17445	Nelson	John K.	1906	Dec	29	036	M	Seattle	NRY
K	2	0192	11520	Nelson	Joseph	1903	Jul	24	043	M	2726 Yesler Way	CA
K	2	0195	17315	Nelson	Karl (Mrs.)	1906	Nov	09	090	F	Seattle	DNK
K	1	0179	05421	Nelson	L.P.	1900	Jan	06	031	M	DAWSON CITY N.W.T.	DNK

S R	PG	REC	LASTNAME	FIRSTNAME	DETH	MN	DT	AGE	S	DEATHPLACE	BIRTH
K 1	0177	03151	Nelson	Lena C.	1898	Jan	18	016	F	Seattle	SEA
K 2	0195	17171	Nelson	Leo	1906	Oct	04	07d	M	Seattle	WA
K 2	0195	17956	Nelson	Lester W.	1907	Mar	04	016	M	So Park	IA
K 2	0192	12814	Nelson	Lilia Maria	1904	May	03	004	F	925 2 Ave S	WA
K 2	0192	12447	Nelson	Lillie B.	1904	Feb	02	024	F	554 Rainier Ave	KS
K 2	0194	15595	Nelson	Lydia	1905	Dec	15	028	F	Seattle	UT
K 1	0176	01474	Nelson	M.N.	1895	Mar	05	040	M	Seattle	SWD
K 2	0192	12195	Nelson	Mabel	1903	Dec	17	012	F	304 11th Ave N	SEA
K 2	0193	13262	Nelson	Marian	1904	Aug	26	000	F	4357 7th Ave NE	SEA
K 1	0180	10229	Nelson	Mary	1902	Sep	03	027	F	GRAND PACIFIC HOTEL	NRY
K 1	0177	02517	Nelson	Matilda	1896	Nov	08	032	F	CO. HOSP.	
K 1	0176	01434	Nelson	Mattie A.	1895	Jan	16	010	F	1917 8TH STREET	
K 1	0176	01115	Nelson	N.K.	1894	Jul	14	024	M	BALLARD	SWD
K 2	0193	13565	Nelson	Nels	1904	Oct	27	041	M	803 Pike St.	SWD
K 1	0179	06284	Nelson	Nils	1901	Apr	23	041	M	PROV. HOSP.	NRY
K 1	0177	03353	Nelson	O.W.	1898	Apr	13	052	F	WABASH	SWD
K 2	0194	15121	Nelson	Olaf	1905	Aug	14	022	M	Georgetown	NRY
K 1	0176	00766	Nelson	Ole	1894	Mar	17	029	M	Seattle	NRY
K 1	0179	05396	Nelson	Otto	1900	Jul	28	056	M	Seattle GEN. HOSP.	SWD
K 1	0180	10962	Nelson	Otto	1903	Mar	16	028	M	GEN. HOSP.	SWD
K 1	0176	01042	Nelson	Paul	1894	Aug	11	040	M	BIRCH	SWD
K 1	0176	01920	Nelson	Peter	1895	Sep	16	025	M	Seattle	DNK
K 1	0180	10481	Nelson	Peter	1902	Dec	09	026	M		SWD
K 1	0180	11358	Nelson	Peter B.	1903	May	18	023	M	POULSBO	SWD
K 2	0196	18311	Nelson	Petra	1907	Apr	16	021	F	Seattle	NRY
K 1	0177	02766	Nelson	Prenille	1897	May	29	073	F	GREEN LAKE	SWD
K 2	0195	17641	Nelson	R. H.	1907	Jan	05	074	M	Seattle	CND
K 2	0194	15659	Nelson	Robert M.	1906	Jan	23	030	M	Steamer Valencia/VancoverIs	---
K 1	0176	00329	Nelson	Ruhl	1892	Jul	16	5MO	M	Seattle	SEA
K 2	0196	18640	Nelson	Ruth L.	1907	May	07	---	F	Seattle	OR
K 2	0193	14189	Nelson	Susanna	1899	Dec	04	067	F	Kirkland	DNK
K 2	0194	15343	Nelson	Swan G.	1905	Oct	04	026	M	Seattle	SWD
K 2	0196	18802	Nelson	Thomas	1907	Jun	11	054	M	Seattle	NRY
K 2	0192	12037	Nelson	William	1903	Nov	09	045	M	Prov. Hosp.	---
K 2	0195	17446	Nelson	Wm. A.	1906	Dec	30	057	M	Seattle	OH
K 2	0195	17955	Nelson	Wm. L.	1906	Dec	15	21d	M	Ballard	WA
K 2	0192	11924	Nena	Minnie	1903	Oct	18	029	F	Prov. Hosp.	ITL
K 1	0177	03504	Nesary	John	1898	May	15	005	M	Seattle	SEA
K 1	0179	05675	Nesbitt	Eleanor	1900	Oct	01	045	F	Seattle	IRL
K 1	0177	02519	Nesbitt	Ralph	1896	Nov	21	2MO	M	2021 DIANA ST.	SEA
K 1	0176	01717	Nessel	Lawrence	1895	Jul	29	068	M	5TH & BOYLSTON STREETS	FRN
K 1	0176	00904	Nessen		1894	Apr	12		F	REDMOND	WA
K 2	0194	15257	Nesser	Dora H.	1905	Sep	30	013	F	Ballard	WA
K 1	0177	03096	Nessor		1897	Dec	28	10D	M	BALLARD	WA
K 1	0180	10850	Nettles	Margurette	1903	Feb	02	044	F	SKAGWAY, ALASKA	MA
K 1	0180	10851	Neufelder	Anna Augusta	1903	Feb	13	075	F	424 HOWARD NORTH	NY
K 2	0192	11928	Neuharm	John C.	1903	Oct	15	035	M	Prov. Hosp.	---
K 1	0178	04936	Neuman	Otto R.	1900	Feb	12	001	M	Seattle	SEA
K 2	0192	12816	Neuman	Rose (Mrs.)	1904	May	18	059	F	1114 Terry Ave	ENG
K 1	0179	07379	Neumann	Charles Valerius	1902	Feb	01	007	M	GEN. HOSP.	SEA
K 2	0192	13122	Neuno	Rosa (Mrs.)	1904	Jul	04	026	F	Maynard Ave & King St (b.BC	---
K 1	0178	04989	Neve	Edgar H.	1900	Mar	07	026	M	AUBURN	ENG
K 2	0192	12812	Neveliur	Chas. G.	1904	Apr	19	039	M	Prov. Hosp.	SWD
K 2	0194	14887	Neven	James	1905	Jul	24	050	M	Seattle	---
K 1	0178	04536	Nevin	John	1899	Aug	22	037	M	Seattle	IRL
K 1	0180	11363	Nevins	Irene M.	1903	Jun	03	008	F	302 CLAY ST,	CA
K 1	0176	01234	Nevins	Walter	1894	Sep	25	2HR	M	112 FARM STREET	WA
K 2	0196	18803	Newberg	Anna	1907	Jun	16	020	F	Seattle	SWD
K 2	0194	15596	Newberry	Infant	1905	Dec	20	---	F	Seattle	WA
K 1	0180	11124	Newbrandt	John	1903	Apr	23	074	M	KING CO. HOSP.	PA
K 1	0179	07456	Newcomb	Helen F.	1902	Mar	06		F	1059 E. MINER	SEA
K 2	0193	13260	Newconer	Vernon W.	1904	Aug	25	000	M	323 Battery St	SEA
K 2	0193	13259	Newconer	Warren N.	1904	Aug	16	000	F	323 Battery St	SEA

S	R	PG	REC	LASTNAME	FIRSTNAME	DETH	MN	DT	AGE	S	DEATHPLACE	BIRTH
K	1	0178	04640	Newell		1899	Oct	07	060	M	BOISE CREEK	
K	2	0193	14611	Newell	D. Wert	1905	May	28	023	M	Seattle	NE
K	1	0177	02420	Newell	Harris R.	1896	Sep	16	9MO	M	SO. Seattle	SEA
K	1	0177	02419	Newell	John Stark	1896	Sep	03	051	M	BEACON HILL	
K	1	0177	03306	Newhall	Mary L.	1898	Mar	29	010	F	Seattle	
K	1	0176	00096	Newkuk	Flossie	1891	Sep	18	002	F	FALL CITY	WA
K	1	0180	10228	Newland	Baby	1902	Sep	14	3MO	F	GREEN LAKE	SEA
K	2	0195	17173	Newland	Donald W.	1906	Oct	21	006	M	Seattle	WA
K	2	0196	18804	Newland	Infant	1907	Jun	17	---	F	Seattle	WA
K	2	0193	13814	Newland	Wm. H.	1904	Nov	20	01m	M	6111 Fremont Ave.	WA
K	2	0195	17643	Newlander	Nils	1907	Jan	13	062	M	Seattle	---
K	1	0176	02022	Newly	Wm.	1896	Jan	01	037	M	PROV. HOSP.	
K	2	0196	18451	Newmair	Fanny	1907	May	28	055	F	Georgetown	ENG
K	1	0178	04813	Newman	Albert	1900	Jan	30	035	M	Seattle	
K	2	0194	15738	Newman	Amy E.	1906	Jan	09	006	F	Seattle	WA
K	1	0180	10227	Newman	C.	1902	Sep	07	045	M	Seattle GEN. HOSP.	SCT
K	2	0194	16357	Newman	Claude	1906	May	29	013	M	Seattle	KS
K	1	0179	05826	Newman	Flora	1900	Nov	16	030	M	Seattle	GER
K	2	0194	16358	Newman	Francis	1906	May	31	074	M	Seattle	NY
K	2	0192	12992	Newman	H. W. (Mrs.)	1904	Jun	17	030	F	So. Seattle	WA
K	1	0180	10050	Newman	Harold	1902	Aug	15	8MO	M	4120 3RD AVE. N.W.	WA
K	2	0192	12993	Newman	Henry	1904	Jun	27	059	M	Wayside Mission	GER
K	1	0180	11360	Newman	Jessie	1903	May	11	031	F	CRITTENDEN HOME	CND
K	2	0193	13809	Newman	John	1904	Nov	05	043	M	King Co. Hosp.	FIN
K	2	0194	16280	Newman	Wm. G.	1906	May	02	038	M	Valdez, AK	---
K	2	0194	14979	Newport	Wm. R.	1905	Aug	09	047	M	Alki Point	IL
K	1	0180	10963	Newson	Infant	1903	Mar	09	SB.	F	1228 WASH. ST.	
K	1	0179	05562	Newsum	Infant	1900	Aug	31		F	Seattle	
K	1	0178	03986	Newton	Bridget	1898	Dec	14	077	F	Seattle	IRL
K	2	0192	12319	Newton	Emma A.	1904	Jan	05	019	F	918 Pine St	NY
K	1	0177	03041	Newton	Ezra	1897	Nov	04	079	M	24 W. MERCER ST.	MA
K	1	0180	10052	Newton	F.P.	1902	Aug	19	050	M	GREEN LAKE	US
K	1	0180	10051	Newton	F.P. Mrs.	1902	Aug	15	046	F	GREEN LAKE	US
K	2	0192	12197	Newton	Flora Ella	1903	Dec	25	034	F	709 Washington St,	USA
K	2	0195	17313	Newton	Martha P.	1906	Nov	02	085	F	Seattle	NH
K	1	0179	06123	Ney	James J.	1901	Mar	01	057	M	BALLARD	IRL
K	1	0178	04314	Nice	Lillie R.	1899	Apr	27	036	F	Seattle	NB
K	2	0192	12448	Nicholas	Elizabeth H.	1904	Feb	02	070	F	3010 King St	OH
K	2	0194	15344	Nicholas	Lottie	1905	Oct	24	022	F	Seattle	SYR
K	1	0180	11122	Nichols	Annie Mrs.	1903	Apr	03	052	F	PROV. HOSP.	CND
K	1	0178	04439	Nichols	Baby	1899	Jun	12	12D	M	Seattle	SEA
K	2	0194	14885	Nichols	Dorothy C.	1905	Jul	22	002	F	Seattle	WI
K	1	0180	11362	Nichols	Emaline Mrs.	1903	Jun	07	061	F	122 BROADWAY	NY
K	1	0176	00533	Nichols	Garner	1892	Apr	13	018	M	NEWCASTLE	PA
K	2	0195	17440	Nichols	Gele (Mrs.)	1906	Dec	01	030	F	Seattle	IA
K	2	0193	13811	Nichols	Hazell	1904	Nov	12	09h	F	1210 Pike St	WA
K	2	0193	14343	Nichols	John	1905	Apr	13	038	M	Georgetown	NRY
K	2	0192	12576	Nichols	L. Lena	1904	Mar	18	029	F	Seattle Gen. Hosp.	IL
K	1	0179	05497	Nichols	Lide H. Mrs.	1900	Aug	26	037	F	BALLARD	KS
K	2	0195	17737	Nichols	Peter	1907	Jan	23	079	M	Ballard	OH
K	1	0179	06122	Nicholson	Albert	1901	Feb	28	040	M	PROV. HOSP.	NRY
K	2	0193	14026	Nicholson	Frederick C.	1905	Jan	15	017	M	Prov. Hosp.	TX
K	2	0194	16250	Nicholson	Lyle J.	1906	Apr	17	034	F	Ballard	CND
K	1	0180	09956	Nicholson	Wm. E.	1902	Jul	24	3MO	M	Seattle	SEA
K	2	0192	11798	Nickerman	Raymond	1903	Sep	14	04m	M	720 26 Ave N	SEA
K	2	0194	14939	Nickerson	Eleanor A.	1905	Aug	03	065	F	Ballard	IN
K	1	0178	04315	Nickerson	H.E.	1899	Apr	28	072	M	BALLARD	MA
K	1	0176	01726	Nickimura	T.	1895	Jul	18	035	M	PROV. HOSP.	JPN
K	1	0176	01625	Nickols	L.E.	1895	Apr	05	024	M	Seattle	
K	1	0179	05498	Nicon	Arens D.	1900	Aug	31	018	F	Seattle	GRC
K	1	0176	00374	Niederberger	Robert	1892	Aug	29	024	M	BLACK RIVER	SWT
K	1	0180	11364	Niederprum	Clara Matilda	1903	Jun	15	030	F	PROV. HOSP.	MI
K	1	0178	04482	Nielsen	Anton	1899	Jul	26	049	M	Seattle	

S R	PG	REC	LASTNAME	FIRSTNAME	DETH	MN	DT	AGE	S	DEATHPLACE	BIRTH
K 2	0193	13823	Nielson	Arthur M.	1904	Dec	29	003	M	901 20th Ave S	WA
K 1	0177	02694	Nielson	Byron W.	1897	Mar	01	17M	M	Seattle	WA
K 2	0193	14226	Nielson	Olivia M.	1905	Feb	21	018	F	Ballard	DNK
K 1	0177	02117	Niemela	Mary	1896	Mar	11	035	F	Seattle GENL. HOSP.	ENG
K 1	0179	06124	Niemila	Henry	1901	Mar	10	060	M	SRATTLE	NRY
K 1	0177	02518	Nienan	Anton	1896	Nov	13	4MO	M	27TH AVE & MADISON ST.	SEA
K 1	0179	07455	Niida	Motokichi	1902	Mar	14	030	M	PROV. HOSP.	JPN
K 1	0178	04094	Niles	Thomas	1899	Jan	26	035	M	WELLINGTON	USA
K 1	0179	07532	Nim	Hop	1902	May	06	030	M	Seattle	CHN
K 1	0176	00943	Nims	Alphus J.	1894	May	22	078	M	SOUTH PARK	
K 1	0179	05906	Nischi	Masu	1900	Dec	24	001	F	Seattle	JPN
K 1	0176	00110	Nish	Geo. T.	1891	Oct	06	003	M	Seattle	SEA
K 2	0194	15737	Nishi	Kaisutaro	1906	Jan	07	024	M	Seattle	JPN
K 2	0195	16784	Nishi	Temko	1906	Aug	05	02m	F	Seattle	WA
K 1	0180	10327	Nishida	Kosakv	1902	Nov	02	035	M	Seattle GEN HOSP.	JPN
K 2	0196	18414	Nishihata	Yoshimatsu	1907	Apr	25	020	M	King Co.	JPN
K 2	0193	13427	Nishikawa	J.	1904	Sep	28	020	M	Seattle Gen. Hosp.	JPN
K 2	0193	14482	Nishikawa	Kunizo	1905	Apr	22	031	M	Seattle	JPN
K 2	0192	12320	Nishikoura	M.	1904	Jan	07	023	M	N.P. Depot	JPN
K 2	0195	18090	Nishimura	Masayemon	1907	Mar	13	026	M	Seattle	JPN
K 2	0195	17441	Nishimura	T	1906	Dec	05	003	M	Seattle	WA
K 2	0194	14886	Nishimura	T.	1905	Jul	24	032	M	Seattle	JPN
K 1	0177	02230	Nist	Bertha	1896	May	07	032	F	316 Westlake Ave.	PA
K 1	0177	03045	Nist	Mary Ann	1897	Nov	11	064	F	322 West Lake Ave.	GER
K 2	0196	18801	Nita	Shizuta	1907	Jun	08	026	M	Seattle	JPN
K 2	0194	15808	Nivison	Wm W.	1906	Feb	27	063	M	Mercer Island	NY
K 2	0194	15597	Nix	Lettie	1905	Dec	24	030	F	Seattle	IRL
K 2	0194	15909	Nix	Mort	1906	Feb	20	024	M	Seattle	MO
K 1	0178	03874	Nixon	Annie G.	1898	Oct	29	030	F	Seattle	
K 2	0195	16956	Nixon	Hannah	1906	Sep	11	022	F	Seattle	IA
K 1	0177	02893	Nixon	John C.	1897	Aug	18	051	M	Seattle	
K 1	0179	05542	Nixon	Nellie	1900	Aug	24	030	F	Seattle	PA
K 2	0193	14191	Nixon	Nicholas	1905	Feb	03	085	M	Johnson's Wharf	ENG
K 1	0278	00593	No Name	-------	1893	Aug	13	06h	M	Black Diamond	sme
K 1	0180	07568	Noakes	Cynthia J.	1902	Apr	14	052	F	203 15TH AVE.	MI
K 1	0180	11121	Nobbs	May	1903	Apr	09	029	F	416 22ND AVE.	ENG
K 1	0176	01990	Nobel	J.D.	1895	Dec	28	024	M	WATERFRONT	
K 1	0177	02558	Noble	Betsy M.	1896	Dec	12	090	F	BELVUE	VT
K 1	0178	03937	Noble	D.R.	1898	Nov	19	058	M	Seattle	
K 1	0179	05815	Nochizoke		1900	Nov	04	040	M	Seattle	JPN
K 2	0192	12991	Nockleby	John A.	1904	Jun	02	020	M	Kent, WA	SWD
K 2	0193	13821	Noe	Ellen M. H.	1904	Dec	17	056	F	818 E Howell St	MI
K 2	0196	18193	Noel	Axel Jr.	1907	Apr	12	10m	M	Bothell	WA
K 1	0179	06947	Nogal	Della	1901	Oct	14	036	F	CO. HOSP.	OH
K 1	0176	01769	Nogami	Baby	1895	Aug	13	5MO	F	Seattle	
K 1	0177	02993	Nogami	Takeshi	1897	Oct	04	5MO	M	607 1/2 MAIN ST.	WA
K 1	0177	02726	Nogleberg	Andrew	1897	Apr	16	069	M	1022 PINE ST.	NRY
K 1	0177	02119	Nolan	Ned	1896	Mar	31	032	M	City Dock - Foot Of Main St	ME
K 2	0195	16499	Nolan	Sarah	1906	Jun	07	068	F	Seattle	VT
K 1	0180	07567	Nolan	William	1902	Apr	24	040	M	1ST SO. & COM.	
K 1	0178	05284	Noland	Leslie U.	1900	May	09	021	F	Seattle	IA
K 1	0176	00473	Noll	Chas,	1892	Sep	03	030	M	COUNTY FARM	IA
K 1	0180	10961	Nolte	Frederick	1903	Mar	06	065	M	COLUMBIA, WA	GER
K 1	0176	01364	Nolte	Julia	1894	Dec	13	055	F	BROOKLYN	GER
K 1	0177	02231	Nominsen	Louisa	1896	May	14	049	F	218 West Blanchard	SWT
K 2	0195	17646	Nommensen	Henry P.	1907	Jan	25	023	M	Seattle	IL
K 1	0179	06457	Noon	Michael	1901	May	03	047	M	Prov. Hosp.	PA
K 1	0179	05318	Noonan	Edward J.	1900	Jul	16	046	M	ALASKA	MA
K 1	0179	07377	Noonan	William David	1902	Feb	23	005	M	2111 E. UNION	MN
K 2	0194	15216	Norager	Chas E.	1905	Sep	09	073	M	Seattle	NRY
K 1	0179	05907	Norberg	Anna	1900	Dec	20	048	F	Seattle	NRY
K 2	0195	17736	Norberg	Carl	1907	Jan	19	020	M	Van Asselt	---
K 1	0178	05171	Norberg	E.	1900	Apr	21	003	M	Seattle	SEA

S	R	PG	REC	LASTNAME	FIRSTNAME	DETH	MN	DT	AGE	S	DEATHPLACE	BIRTH
K	1	0176	02021	Norcutt	Frelove	1896	Jan	02	010	F	BALLARD	NY
K	1	0177	02695	Nord	Clara A.	1897	Mar	22	026	F	Seattle	SWD
K	2	0195	16651	Nord	Per O.	1906	Jul	24	018	M	Seattle	SWD
K	2	0193	13480	Nordblom	Infant	1904	Sep	13	s/b	F	N 61st St.	WA
K	1	0177	03149	Nordby	Chester	1898	Jan	09	2MO	M	RANDOLPH ST.	SEA
K	1	0180	10053	Nordby	G.S.	1902	Aug	17	042	M	2ND & CHERRY	SWD
K	2	0193	14481	Nordenborg	Anna A.	1905	Apr	21	017	F	Seattle	SWD
K	1	0178	04251	Nordhovv	Edw. L.	1899	Apr	05	040	M	Seattle	GER
K	1	0178	04529	Nordhus	Peter J.	1899	Aug	18	057	M	Seattle	
K	2	0192	12104	Nordine	Marie	1903	Oct	18	046	F	King Co. Hosp.	RUS
K	1	0180	11437	Nordnicken	Wm.	1903	Jun	29	026	M	Wayside Mission Hosp.	NRY
K	2	0195	16783	Nordquist	Infant	1906	Aug	03	---	M	Seattle	WA
K	1	0178	04267	Nordstrand	Peter	1899	Apr	10	021	M	Seattle	NRY
K	1	0179	06719	Nordstrom	Charles	1901	Aug	23	037	M	Courthouse - King County	SWD
K	2	0194	15910	Nordstrom	Mangus	1906	Feb	23	040	M	Seattle	---
K	1	0178	04764	Nordstrom	Wm. F.	1899	Dec	09	008	M	Seattle	WA
K	2	0195	16954	Nordwall	Peter A.	1906	Sep	05	045	M	Seattle	SWD
K	1	0176	01116	Norford	Ingeborg	1894	Jul	20	4MO	M	N. Seattle Brick Yard	SEA
K	1	0178	04100	Norguard	Alfred	1899	Jan	30	005	M	LESCHI PARK	WA
K	2	0194	15599	Noriuchi	Saijiro	1905	Dec	26	034	M	Seattle	JPN
K	1	0178	04389	Norka	Henry	1899	Jun	21	050	M	DUWAMISH	FRN
K	2	0194	16080	Norlin	-----	1906	Mar	07	080	F	Ballard	SWD
K	1	0178	03991	Norma	F.	1898	Dec	16	044	M	Seattle	JPN
K	2	0196	18573	Norman	Annie	1907	May	31	039	F	Seattle	SWD
K	1	0179	06659	Norman	C.M.	1901	Jul	13	037	M	BALLARD	SWD
K	2	0196	18312	Norman	Charles	1907	Apr	24	033	M	Seattle	---
K	1	0178	04817	Norman	Chas.	1900	Feb	05	053	M	CO. HOSP.	SWD
K	2	0193	13817	Norman	John	1904	Nov	30	040	M	King Co. Hosp.	IL
K	2	0193	13261	Norman	Lambie	1904	Aug	26	000	F	2030 7th Ave	SEA
K	2	0192	12039	Norman	Larube	1903	Nov	25	08m	F	716 Blanchard	FIN
K	1	0176	01685	Norman	O.H.	1895	Jun	10	027	M	PROV. HOSP.	SWD
K	2	0192	12194	Norman	William	1903	Dec	02	064	M	Prov. Hosp.	CND
K	2	0194	15068	Normensen	Catherine F.	1905	Aug	23	022	F	Seattle	NY
K	2	0195	17645	Norris	Curtis G.	1907	Jan	24	070	M	Seattle	OH
K	2	0193	14192	Norris	Eliza	1905	Feb	10	085	F	6305 4th Ave NE	OH
K	2	0193	14747	Norris	J. W.	1905	Jun	29	076	M	Seattle	MA
K	2	0192	12810	Norris	Josephine	1904	Apr	07	059	F	Prov. Hosp.	TN
K	2	0194	14883	Norris	Lydia	1905	Jul	02	044	F	Seattle	---
K	2	0195	17444	Norris	Winnie	1906	Dec	12	079	F	Seattle	KY
K	2	0193	14342	North	Sarah D.	1905	Mar	08	074	F	Seattle	NY
K	2	0194	15598	North	Sarah D.	1905	Dec	24	01h	F	Seattle	WA
K	1	0180	07630	Northrup	Annie Mrs.	1902	May	17	030	F	4TH & MAIN ST.	MA
K	1	0177	03570	Northrup	L.	1898	Jun	18	008	M	Seattle	WA
K	1	0179	05517	Northwood	Charles H.	1900	Aug	30	050	M	COUNTY HOSP.	NY
K	2	0193	13810	Norton	-----	1904	Nov	08	s/b	F	7th Ave & Pike St	WA
K	2	0195	17642	Norton	Albria	1907	Jan	10	019	F	Seattle	CND
K	1	0176	00340	Norton	Chas.	1892	Jul	02	025	M	GILMAN	ENG
K	1	0176	00326	Norton	Chas. A.	1892	Jul	01	024	M	GILMAN	ENG
K	1	0178	05223	Norton	J.K.	1900	Jun	16	044	M	Seattle	MA
K	1	0178	03981	Norvold	Hans	1898	Dec	12	077	M	Seattle	NRY
K	2	0194	16283	Norwick	Clifford O.	1906	May	14	01m	M	Georgetown	WA
K	1	0178	04693	Nott	Harriett M.	1899	Nov	03	072	F	Seattle	NY
K	1	0177	03647	Nowachi	W.	1898	Jun	07	8DA	M	ISSAQUAH	WA
K	2	0194	15771	Noy	George	1906	Jan	15	031	M	Georgetown	IN
K	1	0180	10960	Noyes	Ellen L.	1903	Mar	25	019	F	903 HOWELL STREET	IN
K	1	0177	02118	Noyes	Nana J.	1896	Mar	18	090	F	807 MADISON	VT
K	1	0179	05496	Noyes	Sylvia Maggie	1900	Aug	29	2MO	F	BALLARD	WA
K	1	0179	07259	Noyes	Wm.	1902	Jan	06	076	M	PROV. HOSP.	
K	1	0178	04002	Nuber	Gertrude	1898	Dec	20	022	F	LATONA	IN
K	1	0178	04752	Nugent	John	1899	Dec	03	045	M	Seattle	USA
K	2	0196	18415	Nunan	Infant	1907	May	07	04d	M	Seattle	WA
K	1	0179	06307	Nuson	Antone D.	1901	Apr	17	7MO	M	Seattle	WA
K	2	0196	18679	Nute	Henry	1907	May	12	070	M	Georgetown	IRL

S R	PG	REC	LASTNAME	FIRSTNAME	DETH MN	DT	AGE	S	DEATHPLACE	BIRTH
K 2	0194	15658	Nutley	Annie	1906 Jan	20	039	F	Ballard	KY
K 1	0178	04399	Nutt	Alice	1899 Jun	07	2MO	F	Seattle	SEA
K 1	0180	11359	Nutt	Roy W.	1903 May	19	015	M	4401 PHINNEY AVE.	TX
K 2	0194	16282	Nutter	Allard E.	1906 May	09	006	M	Brighton B	CA
K 1	0179	07378	Nyder		1902 Feb	02	025	M	GEN. HOSP.	JPN
K 2	0192	12196	Nygard	Sophie O. (Mrs.)	1903 Dec	20	083	F	616 8th Ave N	NRY
K 1	0176	01630	Nyland	Lena	1895 Apr	02	004	F	LONDON HOUSE	WA
K 2	0194	16281	Nyland	Lisa	1906 May	05	021	F	Youngstown	FIN
K 2	0193	13819	Nylen	-----	1904 Dec	12	05m	F	201 Dexter Ave	WA
K 2	0192	11926	Nyquist	Ida	1903 Oct	27	030	F	711 E Pike St	MN
K 2	0192	11799	Nystrom	Minnie C.	1903 Sep	25	013	F	2246 15th Ave W	OR
K 2	0204	18578	O'Banion	Mary	1907 May	26	032	F	Seattle	
K 1	0191	07457	O'Brien	Belle Mrs.	1902 Mar	11	017	F	811 COLUMBIA	SD
K 2	0204	18575	O'Brien	Catherine S.	1907 May	03	064	F	Seattle	PA
K 2	0203	17043	O'Brien	Daniel	1906 Sep	08	3MO	M	BALLARD	WA
K 1	0190	03994	O'Brien	Daniel J. (Duplicate	1898 Dec	17	021	M	Seattle	ND
K 2	0202	16359	O'Brien	Daniel K.	1906 Apr	20	021	M	Seattle	
K 1	0190	03992	O'Brien	Danirl J.	1898 Dec	17	021	M	Seattle	
K 2	0200	11660	O'Brien	Edward	1903 Aug	14	060	M	2212 1/2 Wash	IRL
K 1	0191	07838	O'Brien	Emma E.	1902 Jun	05	029	F	Seattle	IA
K 2	0202	15809	O'Brien	Eugene	1906 Feb	18	027	F	BALLARD	CND
K 1	0188	01363	O'Brien	Frank	1894 Dec	13	021	M	3RD & YESLER	
K 2	0201	14345	O'Brien	Infant	1905 Mar	24	4DA	M	Seattle	WA
K 1	0192	10435	O'Brien	Infant	1902 Oct	31	000	M	224 10TH AVE.	WA
K 2	0202	15405	O'Brien	Infant	1905 Nov	28	2DA	M	SOUTH Seattle	WA
K 1	0191	06675	O'Brien	James	1901 Aug	12	066	M		NY
K 2	0204	18320	O'Brien	James	1907 Apr	22	056	M	Seattle	IRL
K 1	0189	03307	O'Brien	James	1898 Mar	04	039	M	Seattle	ON
K 1	0188	01264	O'Brien	Jamie	1894 Oct	10	2WK	M	813 ALDER	
K 1	0188	00407	O'Brien	Jno.	1892 Oct	17	052	M	Seattle	
K 2	0200	12573	O'Brien	John	1904 Mar	06	063	M	BALLARD	IRL
K 1	0191	07119	O'Brien	Joseph	1901 Nov	20	1DA	M	INTERBAY	DO
K 2	0201	14484	O'Brien	Lena	1905 Apr	15	030	F	Seattle	NRY
K 1	0189	03571	O'Brien	M.	1898 Jun	23	052	F	Seattle	IRL
K 1	0189	03506	O'Brien	M.	1898 May	27	033	F	Seattle	IRL
K 1	0190	03837	O'Brien	Mary A.	1898 Oct	05	029	F	WHITE RIVER	IA
K 2	0203	17874	O'Brien	Mary E.	1907 Jan	25	040	F	Seattle	CND
K 1	0191	07519	O'Brien	Michael	1902 Apr	02	073	M	KING CO. HOSP.	IRL
K 1	0189	02180	O'Brien	Miller	1896 Apr	15	009	M	BUCKLEY	
K 1	0192	10692	O'Brien	P.O.	1903 Jan	04	058	M	KING CO. HOSP.	IRL
K 1	0190	06135	O'Brien	Patrick	1901 Mar	07	072	M	Seattle	IRL
K 1	0188	00322	O'Brien	Thomas	1892 May	18	032	M	POOR FARM	NY
K 1	0188	00469	O'Brien	Thos.	1892 May	18	032	M	CO. FARM	NY
K 1	0190	04806	O'Brien	Wm.	1900 Jan	17	068	M	KING CO. HOSP.	US
K 2	0203	17875	O'Brien	Wm. F.	1907 Jan	31	046	M	Seattle	IL
K 1	0189	02948	O'Cconell	Catherine	1897 Sep	20	065	F	315 6TH AVE.	IRL
K 2	0202	16361	O'Connell	Dennis	1906 May	18	050	M	Seattle	IRL
K 2	0200	12322	O'Connell	Gertrude Catherine	1904 Jan	10	002	F	1200 10TH AVE. SO.	MA
K 2	0200	11658	O'Connell	Kath (Mrs.)	1903 Aug	27	054	F	Shelton	ENG
K 1	0189	03572	O'Connell	P.	1898 Jun	30	042	M	Seattle	
K 2	0200	11803	O'Connell	Wm. Herbert	1903 Sep	03	6MO	M	1119 - 10TH AVE SO.	SEA
K 1	0190	04351	O'Conner	Bridget	1899 May	14	061	F	Seattle	
K 1	0190	05631	O'Conner	Charley	1900 Nov	13	022	M	Slaughter (Auburn), WA	WA
K 1	0192	10436	O'Conner	Daniel L.	1902 Oct	30	038	M	PROV. HOSP.	IRL
K 2	0204	18807	O'Conner	Eve K.	1907 Jun	07	057	F	Seattle	OH
K 2	0203	17318	O'Conner	Infant	1906 Nov	10	000	M	Seattle	WA
K 1	0191	09904	O'Conner	J.E.	1902 Jul	23	048	F	Seattle (b. BROCKVILLE)	BRO
K 1	0188	01926	O'Conner	John	1895 Dec	28	036	M	PROV. HOSP.	
K 2	0200	11929	O'Conner	Jos. C.(B. Alsace-Lorr	1903 Oct	19	040	F	2013 - 13TH AVE SO.	abv
K 2	0202	16501	O'Connor	Edgar B.	1906 Jun	08	029	M	Seattle	CND
K 2	0201	13039	O'Day	Daniel	1904 May	13	049	M	KING CO. HOSP.	WI
K 1	0189	02120	O'Donnell	Agnes Mary	1896 Mar	05	15M	F	Seattle CENTRAL	Sea
K 1	0188	01267	O'Donnell	Edw.	1894 Oct	14	003	M	612 JACKSON	SEA

S	R	PG	REC	LASTNAME	FIRSTNAME	DETH	MN	DT	AGE	S	DEATHPLACE	BIRTH
K	1	0191	06596	O'Donnell	Girtie	1901	Jul	20	024	F	Seattle	CND
K	2	0202	16200	O'Donnell	Infant	1906	Apr	14	000	F	Seattle	SEA
K	2	0203	18314	O'Donnell	Julia	1907	Mar	28	060	F	Seattle	IRL
K	1	0188	01979	O'Donnell	Michael	1895	Dec	26	040	M	DUWAMISH	MA
K	2	0201	13827	O'Donnell	Thos.	1904	Dec	03	042	M	WAYSIDE E. HOSP.	US
K	2	0203	18319	O'Dwyer	Walter M.	1907	Apr	19	077	M	Seattle	IRL
K	2	0200	12640	O'Grady	Mary (Mrs)	1904	Feb	25	061	F	KENT, WA	CND
K	2	0203	18195	O'Grady	Matthew T.	1907	Mar	25	067	M	ROY	CND
K	2	0200	12044	O'Haire	Thomas M.	1903	Nov	18	003	M	52 CEDAR ST.	IA
K	2	0201	13038	O'Halloran	Frank	1904	May	21	051	M	KING CO. HOSP.	IRL
K	2	0204	18321	O'Hara	Agnes	1907	Apr	28	003	F	Seattle	MN
K	2	0200	12820	O'Hara	Charles F.	1904	May	05	066	M	KING CO. HOSP.	MA
K	2	0202	16652	O'Hara	Edward	1906	Jul	13	035	M	Seattle	ENG
K	1	0191	07598	O'Hara	George	1902	Apr	13		M	PROV. HOSP.	WI
K	1	0188	02024	O'Hara	Roy Thomas	1896	Jan	26	8MO	M	WELLER & YAKIMA ST.	Sea
K	2	0203	17647	O'Hara	Thomas	1907	Jan	18	035	M	Seattle	IRL
K	1	0189	03308	O'Hara	Thos.	1898	Mar			M	Seattle	
K	2	0200	12041	O'Hare	Wm. N.	1903	Nov	18	001	M	CEDAR & ELLIOTT	SEA
K	2	0203	17878	O'Harra	Thomas	1907	Feb	14	046	M	Seattle	IRL
K	2	0200	12538	O'Harra	Wm.	1904	Mar	20	022	M	PROV. HOSP.	CND
K	1	0188	00930	O'Keefe	Nettie A.	1894	Apr	07	046	F	BELFAST, SKAGIT CO.	ME
K	1	0189	03805	O'Keefe	P.	1898	Sep	14	045	M	Seattle	
K	2	0202	15600	O'Laird	John	1905	Dec	12	054	M	BALLARD	
K	1	0188	00768	O'Laughlin	Michael	1894	Mar	26	035	M	GREEN TREE SALOON	
K	2	0201	13264	O'Leary	Infant	1904	Aug	09	000	F	116 STEWART ST.	SEA
K	2	0200	11521	O'Leary	Infant	1903	Jul	03	s/b	M	208 Queen Anne	SEA
K	2	0202	15502	O'Leary	John	1905	Dec	27	070	M	Seattle	IRL
K	2	0202	15283	O'Leary	John	1905	Oct	30	068	M	GEORGETOWN	IRL
K	2	0202	15912	O'Leary	Minnie	1906	Feb	28	025	F	Seattle	MI
K	1	0191	07261	O'Leary	Patrick John Alphonsus	1902	Jan	09	3MO	M	2035 9TH AVE.	SEA
K	1	0188	01923	O'Leary	William	1895	Oct	02	2MO	M	208 TEMPERANCE ST.	SEA
K	2	0200	12995	O'Malley	Mary	1904	Jun	14	050	F	HARPER, WA	CND
K	1	0189	03505	O'Mara	Patrick	1898	May	25	049	M	SKYKOMISH	IRL
K	1	0190	04112	O'Meara	Wm.F.	1899	Feb	05	020	M	TUNNEL, WA (?)	CA
K	2	0203	17319	O'Melvin	Edward H.	1906	Nov	30	050	M	Seattle	IL
K	1	0189	03097	O'Neal	Chas.	1897	Dec	02	050	M	213 NOB HILL AVE.	
K	2	0202	15345	O'Neal	Infant	1905	Oct	01	SB	M	Seattle	WA
K	1	0189	02272	O'Neall	J.B.	1896	Jun	30	068	M	622 (NR) AVE.	IN
K	2	0200	12819	O'Neil		1904	Apr	26	2MO	M	805 23RD AVE.	SEA
K	1	0188	01483	O'Neil	Babe	1895	Mar	21	1DA		Seattle	
K	1	0190	04803	O'Neil	Jennie	1899	Dec	29	027	F	FRANKLIN, WA	MN
K	2	0202	15467	O'Neil	Patrick	1905	Nov	05	946	M	Seattle	IRL
K	2	0202	16016	O'Neill	Jerry J	1906	Mar	24	018	M	Seattle	MT
K	1	0192	10329	O'Neill	Percy	1902	Nov	19	010	M	1422 1/2 1ST AVE.	WA
K	2	0201	14889	O'Neill	Ruth	1905	Jul	30	4MO	F	Seattle	WA
K	2	0201	14888	O'Reilly	John	1905	Jul	26	050	M	Seattle	IRL
K	2	0203	17648	O'Riley	James	1907	Jan	28	067	M	Seattle	IRL
K	1	0190	05001	O'Rourke	Dennis	1900	Mar	06	061	M	CO. HOSP.	Irl
K	1	0190	04571	O'Rourke	John J.	1899	Sep	07	023	M	Seattle	NY
K	1	0189	03720	O'Rourke	M.K.	1898	Aug	17	4MO	F	Seattle	SEA
K	1	0191	07653	OLsen	Geo.	1902	Apr	19	052	M	KING CO. HOSP.	NRY
K	2	0202	16502	Oakes	Mattie M.	1906	Jun	13	055	F	Seattle	CND
K	2	0202	15469	Oakland	Gus	1905	Nov	13	055	M	Seattle	WA
K	1	0191	06553	Oass	Peatna	1901	Jun	29		F	Seattle	SEA
K	2	0202	16097	Oates	MinneE	1906	Apr	18	045	F	BOTHEL	ENG
K	2	0203	18313	Oates	Thomas E.	1907	Mar	28	072	M	Seattle	MAN
K	1	0191	09983	Oates	Wm.	1902	Jun	27	055	M	CO. HOSP.	ENG
K	1	0191	06552	Oatley	Mary Jane	1901	Jun	11	020	F	Seattle	ENG
K	1	0191	07837	Oats	Wm.	1902	Jun	27	055	M	Seattle	ENG
K	1	0191	06299	Obata	A.	1901	Apr	18	032	M	PROV. HOSP.	JPN
K	1	0190	05913	Obenhay	Fred	1900	Dec	06	045	M	Seattle	GER
K	1	0189	02696	Oberg	Mary	1897	Mar	23	002	F	803 VIRGINIA	WA
K	1	0190	05912	Obete	S.	1900	Dec	02	030	M	NONAD HOSP.	JPN

S	R	PG	REC	LASTNAME	FIRSTNAME	DETH	MN	DT	AGE	S	DEATHPLACE	BIRTH
K	2	0203	17042	Ocepek	Gertroot	1906	Aug	31	070	F	VEEZEY QUARRY	AUS
K	1	0192	10967	Ockars	Frank	1903	Mar	12	071	M	PROV. HOSP.	
K	1	0192	11366	Odai	Kumataro	1903	May	10	030	M	PROV. HOSP.	JPN
K	2	0200	12994	Odani	Kichizero	1904	Jun	02	028	M	Seattle GEN. HOSP.	JPN
K	1	0188	00158	Odell	Philander	1891	Nov	27	056	M	REDMOND	OH
K	2	0200	12996	Odin	John	1904	Jun	17	050	M	PROV. HOSP.	SWD
K	2	0201	13567	Oehler	Wm.	1904	Oct	03	034	M	1ST AVE SO.	GER
K	1	0190	04566	Oehner	Fred	1899	Sep	05	005	M	Seattle	
K	1	0192	11131	Oelkers	Fred	1903	Apr	26	002	M	3618 2ND AVE N.W.	SEA
K	2	0201	13568	Oenen	Andres	1904	Oct	06	004	M	RIVERSIDE	FIN
K	1	0191	07629	Oertin	(Sea)	1902	May	20	029	F	122 27TH NO.	RUS
K	2	0201	14981	Offerdahl	Thorvald	1905	Aug	29	015	M	STEILACOOM	MN
K	2	0204	18680	Offield	John	1907	Apr	06	037	M	GEORGETOWN	CA
K	2	0203	16789	Ogaki	G.	1906	Aug	25	040	M	STEILACOOM	JPN
K	2	0203	17178	Ogata	Chizo	1906	Oct	19	001	F	Seattle	WA
K	2	0202	15349	Ogata	F.	1905	Oct	25	041	M	Seattle	JPN
K	2	0204	18808	Ogata	Infant	1907	Jun	12	000	M	Seattle	WA
K	1	0191	065--	Ogata	Nobyoshi	1901	Jul	28	019	M	Seattle	JPN
K	2	0203	16788	Ogden	Fred E.	1906	Aug	16	001	M	Seattle	WA
K	2	0202	16787	Ogden	Jennie E.	1906	Aug	13	021	F	Seattle	MI
K	2	0202	15821	Ogilvie	Robert	1905	Nov	05	079	M	GEORGETOWN	SCT
K	2	0200	11802	Ogilvie	Simon	1903	Sep	02	073	M	KING CO. HOSP.	SCT
K	2	0201	13826	Ogilvy	Annie	1904	Nov	24	046	F	PROV. HOSP.	SCT
K	2	0202	15911	Ogle	Albert F.	1906	Feb	12	038	M	Seattle	IA
K	2	0202	15786	Ogle	Carl Mark	1906	Jan	23	002	M	NEAR CAPE BEALE, B.C.	WA
K	1	0188	01588	Ogle	Elizabeth	1895	Apr	10	052	F	RIVER PARK	KY
K	2	0202	15785	Ogle	Neita	1906	Jan	23	005	F	NEAR CAPE BEALE, B.C.	WA
K	2	0202	15784	Ogle	Ray	1906	Jan	23	006	M	NEAR CAPE BEALE, B.C.	WA
K	2	0202	15347	Ogle	Thomas	1905	Oct	15	070	M	Seattle	OH
K	1	0190	03808	Ohem	A.	1898	Oct	04	013	F	BLK. DIAMOND	IA
K	1	0190	03807	Ohem	P.	1898	Oct	01	011	F	BLK. DIAMOND	IA
K	1	0191	07118	Ohi	H.	1901	Dec	01	022	M	GEN. HOSP.	JPN
K	1	0191	06843	Ohmer	M.	1901	Sep	24	029	M	PROV. HOSP.	FIN
K	1	0191	07413	Ohmundson	John Jr.	1902	Feb	25	023	M	BALLARD, WA	NRY
K	1	0189	02311	Ohse	Fred	1896	Jul	06	043	M	PROV. HOSP.	
K	1	0189	03400	Ohu	Ned J.	1898	Apr	08	069	M	Seattle	GER
K	2	0201	13126	Oien	Iver A.	1904	Jul	15	069	M	721 25TH AVE. SO.	NRY
K	2	0201	13829	Oien	Knute	1904	Dec	15	032	M	WAYSIDE E. HOSP.	NRY
K	2	0201	13830	Okamolo	A.	1904	Dec	17	035	M	Seattle GEN. HOSP.	JPN
K	1	0190	05911	Okamoto	J.	1900	Dec	26	039	M	GENL. HOSP.	JPN
K	2	0203	17957	Okelund	Esther E.	1907	Mar	03	013	F	BALLARD	WI
K	1	0189	03719	Okerberg	A.	1898	Aug	05	060	M	B.C.	SWD
K	1	0190	03938	Okerberg	NR	1898	Nov	28	005	F	BALLARD	SEA
K	1	0188	002--	Okerblon	Chas.	1892	Mar	24	060	M	Seattle	SWD
K	1	0190	04633	Okerburg	Jennie	1899	Oct	03	023	F	BALLARD	MI
K	1	0190	06034	Okito	S.	1901	Jan	22		M	Seattle	JPN
K	2	0201	14029	Okumoto	Infant	1905	Jan	21	02D	F	600 KING ST.	WA
K	2	0200	12822	Okyyama	G.	1904	May	18	025	M	Seattle GEN. HOSP.	JPN
K	2	0202	15218	Olafsson	Jorunder	1905	Sep	28	040	M	Seattle	IRL
K	1	0191	07115	Olander	Annie Matilda	1901	Nov	29	011	F	W. Seattle	SEA
K	1	0188	00387	Old	Doctor	1892	Sep	13	070	M	WHITE RIVER	
K	1	0188	00422	Oldham	Juliette	1892	Nov	27	046	F	FREMONT	OH
K	1	0188	00390	Oldham	Laura	1892	Sep	13	030	F	Seattle	
K	2	0202	16503	Oldham	Robert W.	1906	Jun	24	024	M	Seattle	ENG
K	1	0190	04941	Olds	David C.	1900	Feb	13	021	M	PROV. HOSP.	MO
K	2	0200	12047	Oleburn	Harry	1903	Jun	06	019	M	SOLOMON RIVER	
K	2	0202	16653	Olella	Sophie	1906	Jul	28	3MO	F	Seattle	SEA
K	1	0189	03099	Olesen	Olof	1897	Dec	25	040	M	ELLIOTT BAY	SWD
K	2	0201	15069	Oleson	Alma C.	1905	Aug	09	6MO	F	Seattle	WA
K	1	0188	00767	Oleson	Annie Mary	1894	Mar	15	002	F	Seattle	CA
K	1	0192	11367	Oleson	Diketine	1903	Jun	06	040	F	BALLARD, WA	NRY
K	1	0192	11368	Oleson	Emil	1903	Jun	09	031	M	PROV. HOSP.	SWD
K	1	0189	02520	Oleson	Geo.	1896	Nov	05	2M0	M	1018 RAINIER ST.	SEA

S	R	PG	REC	LASTNAME	FIRSTNAME	DETH	MN	DT	AGE	S	DEATHPLACE	BIRTH
K	1	0191	09907	Oleson	Hans	1902	Jul	17	045	M	Seattle	NRY
K	2	0203	17069	Oleson	Milo	1906	Oct	08	010	M	BALLARD	IA
K	1	0191	07380	Oleson	Selma	1902	Feb	07	6MO	F	BALLARD, WA	DO
K	2	0201	13566	Oleson	Sino	1904	Oct	01	032	F	1363 32ND AVE. SO.	NRY
K	1	0191	07117	Oliver		1901	Dec	24	3DA	M	MONOD HOSP.	SEA
K	1	0192	10483	Oliver	Amelia V.	1902	Sep	15	051	F	408 BROADWAY	IN
K	2	0200	12198	Oliver	David	1903	Dec	09	018	M	WAYSIDE MISSION	SWD
K	2	0200	12043	Oliver	Etta	1903	Nov	15	032	F	2020 DEARBORN	CND
K	1	0192	10565	Oliver	Jessie Stark Mrs	1902	Dec	25	065	F	PROV. HOSP.	CND
K	2	0202	16201	Oliver	Mrs. J. E.	1906	Apr	21	050	F	Seattle	DC
K	2	0200	12105	Oliver	William	1903	Dec	10	085	M	KING CO. HOSP.	ENG
K	1	0192	10968	Oliver.	Myrtle	1901	Aug	18	018	F	ROCKY FORD, CA	
K	1	0190	05338	Olkers	Earl Matthew	1900	Jul	26	2MO	M	Seattle	SEA
K	1	0190	05630	Olkers	Mary E.	1900	Oct	04	001	F	Seattle	WA
K	1	0191	07116	Olmstad	John S.	1901	Dec	17	016	M	615 VALLEY ST.	NE
K	2	0200	11930	Olmstead	Emma	1903	Oct	17	020	F	VICTORIA	USA
K	1	0190	05422	Olmstead	Harry P.	1900	Jun	06	001	M	SHILSHOLE BAY	WA
K	2	0201	14030	Olmstead	Infant	1905	Jan	22	S/B	F	GREEN LAKE	WA
K	1	0188	00853	Olmsted	David	1894	Mar	15	040	M	PROV. HOSP.	
K	2	0200	12045	Olney	Emma E.	1903	Nov	25	037	F	1330 Western (British Col.)	CND
K	1	0188	01925	Olney	Jasper H.	1895	Oct	10	015	M	Seattle	
K	2	0201	14740	Olraw	Henry	1905	Jun	02	029	M	Seattle	NRY
K	1	0191	07480	Olsback	Baby	1902	Mar	31	3WK	F	BALLARD	DO
K	2	0204	18805	Olsback	Infant	1907	Jun	02	000	M	Seattle	WA
K	1	0188	00852	Olsen		1894	Jan	20	4DA	F	Seattle	SEA
K	1	0189	02313	Olsen	Alec	1896	Jul	30	028	M	CHICAGO HOUSE	SWD
K	1	0189	02312	Olsen	Annie	1896	Jul	13	064	F	708 SOUTH 11TH AVE.	SWD
K	2	0201	13828	Olsen	Annie E.	1904	Dec	04	033	F	SOUTH PARK	GER
K	2	0200	12639	Olsen	Car;	1904	May	04	042	M	KING CO. HOSP.	NRY
K	2	0201	14347	Olsen	Cecil	1905	Apr	03	031	M	BOTHELL	NRY
K	2	0200	12572	Olsen	Chester T.S.	1904	Mar	03	005	M	1355 - 32ND AVE. SO.	SEA
K	2	0200	12577	Olsen	Clarence	1904	Mar	26	006	M	GENL. HOSP.	SEA
K	1	0190	06036	Olsen	Edwin	1901	Jan	25	033	M	PROV. HOSP.	SWD
K	1	0189	02894	Olsen	Elizabeth	1897	Aug	19	001	F	Seattle	WA
K	1	0188	00680	Olsen	Erick	1893	Nov	02	027	M	CO. FARM	WA
K	1	0188	01485	Olsen	G	1895	Mar	25	030	F	Seattle	
K	2	0203	16959	Olsen	Gabriel	1906	Sep	22	076	M	Seattle	NRY
K	1	0190	06134	Olsen	Gust E.W.	1901	Mar	03	000	M	SOUTH Seattle	WA
K	2	0201	14612	Olsen	Herman	1905	May	02	025	M	Seattle	
K	1	0188	01175	Olsen	Jake	1894	Aug	24	028	M	FRANKLIN	
K	1	0190	06035	Olsen	John	1901	Jan	17	080	M	MONOD HOSP.	NRY
K	1	0188	01071	Olsen	John	1894	Aug	22	057	M	NEAR BOTHELL	NRY
K	2	0201	14613	Olsen	John	1905	May	18	040	M	Seattle	SWD
K	1	0190	05477	Olsen	Joseph M.	1900	Aug	15	035	M	STEAMER ISAAC READ	
K	2	0201	14344	Olsen	Karl B.	1905	Feb	08	4MO	M	BOTHELL	WA
K	1	0191	06948	Olsen	Lena	1901	Oct	21	042	F	PROV. HOSP.	NRY
K	2	0201	13267	Olsen	Nels	1904	Aug	29	064	M	WAYSIDE MISSION	
K	1	0189	02559	Olsen	Olaf	1896	Dec	02	068	M	914 DEARBORN	SWD
K	1	0188	01733	Olsen	Ole	1895	Jul	07	023	M	BALLARD	IA
K	1	0189	02232	Olsen	Oscar	1896	May	01	9MO	M	FREMONT	WA
K	1	0189	02950	Olsen	Oscar	1897	Sep	25	6MO	M	2410 WATER ST.	WA
K	1	0189	03402	Olsen	Roy	1898	Apr	20	2MO	M	Seattle	SEA
K	1	0191	10054	Olsen	Stena MRS.	1902	Sep	03	068	F	4030 AURORA	SWD
K	1	0190	04043	Olson		1899	Jan	06	7WK	M	BLK DIAMOND	WA
K	2	0202	16268	Olson	Aleck	1906	May	13	057	M	GEORGETOWN	NRY
K	2	0202	16102	Olson	Anddrew	1906	Mar	26	023	M	GEORGETOWN	NRY
K	1	0189	02590	Olson	Anton M.	1897	Jan	06	007	M	RAINIER ST.	MN
K	1	0189	02713	Olson	Arthur U.	1897	Apr	19	3MO	M	FRANKLIN	WA
K	1	0190	04406	Olson	Baby	1899	Jun	10	3DA	M	Seattle	SEA
K	1	0188	00055	Olson	Baby	1891	Sep	12	003	M	Seattle	SEA
K	2	0200	12046	Olson	Beda (Mrs)	1903	Apr	09	026	F	DAWSON Y.T.	MN
K	2	0203	17175	Olson	Cecilia	1906	Oct	05	015	F	Seattle	IL
K	2	0203	17448	Olson	Chas. J.	1906	Dec	15	024	M	Seattle	MN

S	R	PG	REC	LASTNAME	FIRSTNAME	DETH	MN	DT	AGE	S	DEATHPLACE	BIRTH
K	2	0203	17738	Olson	Clara S.	1907	Jan	22	063	F	KIRKLAND	SWD
K	2	0203	18316	Olson	Clarence	1907	Apr	12	002	M	Seattle	WA
K	1	0192	10690	Olson	Edwin	1903	Jan	01	055	M	MONOD HOSP.	NRY
K	2	0202	16360	Olson	Ellef	1906	May	07	043	M	Seattle	NRY
K	1	0189	03399	Olson	Gena	1898	Apr	19	032	F	FT. STEILACOOM	NRY
K	2	0202	15527	Olson	Infant	1905	Dec	13	SB	M	BALLARD	WA
K	2	0202	15468	Olson	Infant	1905	Nov	07	SB	F	Seattle	WA
K	1	0191	07120	Olson	Infant	1901	Nov	18		F	1610 BELVUE AVE.	SEA
K	2	0200	12450	Olson	Infant	1904	Feb	06	SB	M	910 PINE ST.	SEA
K	1	0190	05676	Olson	Ivy M.	1900	Oct	27	008	F	Seattle	WA
K	2	0203	18318	Olson	Jacob	1907	Apr	10	024	M	Seattle	NRY
K	2	0200	12042	Olson	Lena	1903	Nov	14	049	F	1525 4TH AVE.	NRY
K	1	0190	04195	Olson	Lucy	1899	Feb	01	073	F	Seattle	
K	1	0192	10564	Olson	Luyvia	1902	Dec	30	040	M	WAY SIDE MISSION	SWD
K	1	0189	02853	Olson	Martin	1897	Jul	06	044	M	116 LENORA	NRY
K	2	0203	17542	Olson	Martin	1906	Dec	26	044	M	KENT	WI
K	1	0188	02023	Olson	Nellie	1896	Jan	15	8MO	F	BALLARD	WA
K	2	0204	18574	Olson	Olaf	1907	May	02	025	M	Seattle	
K	2	0203	18095	Olson	Ole C.	1907	Mar	31	054	M	Seattle	DNK
K	2	0203	17876	Olson	Ole Mat	1907	Feb	06	040	M	Seattle	NRY
K	1	0190	05714	Olson	Oliver	1900	Oct	14	040	M	CO. HOSP.	SWD
K	2	0203	18093	Olson	Peter	1907	Mar	13	048	M	Seattle	
K	1	0190	05248	Olson	Peter	1900	May	31	045	M	Seattle	SWD
K	2	0201	14088	Olson	Petmie	1905	Jan	15	044	F	BALLARD	NRY
K	1	0190	04465	Olswang	Abe	1899	Jul	18	026	M	Seattle	PLD
K	1	0189	02727	Oltmanns	Eilt T.	1897	Apr	14	032	M	608 MARKET	IL
K	2	0200	12575	Olund	Gerda Maria	1904	Mar	17	9MO	F	GENL. HOSP.	SEA
K	2	0204	18806	Oman	John A.	1907	Jun	07	004	M	Seattle	UT
K	2	0203	18194	Omato	S.	1907	Mar	20	020	M	GEORGETOWN	JPN
K	2	0200	11800	Omen	Andrew	1903	Sep	14	040	M	So Seattle	FIN
K	2	0202	16284	Omley	O. T.	1906	May	05	072	M	BALLARD	NRY
K	2	0201	14751	Omori	D	1905	Jun	16	027	M	GEORGETOWN	JPN
K	2	0201	14750	Omori	K	1905	Jun	09	028	M	Seattle	JPN
K	2	0203	17317	Omori	Kiyoo	1906	Nov	05	5MO	M	Seattle	WA
K	2	0200	12199	Omoto	T.	1903	Dec	18	029	M	SEA. GEN. HOSP.	JPN
K	2	0203	16790	On	Mark Due	1906	Aug	24	022	M	Seattle	CHN
K	1	0032	01002	One ?		1894	Jun	01	025	M	Prov Hospital	
				One ?		1894	Jun			M	Prov. Hospital	JPN
K	1	0188	00022	Onish		1891	Aug	27	016	M	JACKSON ST.	JPN
K	2	0203	17447	Ono	Isata	1906	Dec	03	039	M	Seattle	JPN
K	2	0202	15348	Ono	Mrs. Y.	1905	Oct	18	025	F	Seattle	JPN
K	2	0201	13347	Ono	S.	1904	Sep	01	026	M	Seattle	JPN
K	2	0204	18577	Ono	Y	1907	May	21	043	M	Seattle	JPN
K	1	0190	05292	Onstad	G.S.	1900	Apr	17	10W	F	BALLARD	WA
K	1	0190	06133	Onterid	Francis	1901	Mar	19		F	KING CO. HOSP.	
K	2	0200	12821	Oocharchalk	Theodore	1904	May	06	002	M	430 DAY ST., BALLARD	WI
K	2	0200	11522	Opdyke	Infant	1903	Jul	31	---	F	556 19th Ave	SEA
K	1	0189	02949	Ordway	Lizzie M.	1897	Sep	22	063	F	2620 WESTERN AVE.	MA
K	1	0192	11438	Orkowski	Stanley	1903	Mar	06	027	M	FRANKLIN, WA	
K	2	0200	12449	Orland	Infant	1904	Feb	02	SB	M	717 YESLER WAY	SEA
K	2	0202	16785	Orlong	Wilhelm	1906	Aug	06	035	M	Seattle	FIN
K	1	0188	01574	Ormbrake	George	1895	May	17	013	M	BOTHELL	MN
K	2	0203	18317	Orme	Bertha M.	1907	Apr	12	023	F	Seattle	OR
K	2	0203	17540	Ormes	Jane	1906	Nov	26	081	F	HILLMAN	SCT
K	2	0201	14028	Ormston	Mary	1905	Jan	10	079	F	109 22ND WEST	OH
K	2	0200	11659	Ormston	Miran	1903	Aug	28	05m	F	So Seattle	SEA
K	2	0200	11801	Ormston	Myron Rafe	1903	Sep	08	5MO	M	SO. PARK	SEA
K	1	0189	02143	Orr	Geo.	1896	Jan	03	076	M	GREEN RIVER	IRL
K	2	0201	13824	Orr	Melinda	1904	Nov	04	073	F	1115 7TH AVE W.	OH
K	1	0188	00931	Orsoloni	Andrew	1894	Apr	17	055	M	Corner Judkins & So. 12th St.	FRN
K	2	0202	16786	Orth	Edgar J.	1906	AUH	09	021	M	Seattle	IL
K	2	0200	12040	Orton	S.C.	1903	Oct	31	061	M	MONOD HOSP.	IL
K	1	0189	02854	Ortscheid	Edward P.	1897	Jul	28	028	M	DUWAMISH	WI

S	R	PG	REC	LASTNAME	FIRSTNAME	DETH	MN	DT	AGE	S	DEATHPLACE	BIRTH
K	1	0191	07705	Orvis	Spence	1902	Apr	14	027	M	666 WASHINGTON ST.	CND
K	1	0188	01922	Osaw	Miya	1895	Sep	13	002	F	BET 4TH & 5TH MAIN STS.	SEA
K	1	0190	03806	Osawa	K.	1898	Sep	20	10M	F	Seattle	SEA
K	1	0190	05274	Osawa	Kayashi	1900	May	03	001	M	Seattle	SEA
K	2	0203	18094	Osborn	Eldora	1907	Mar	31	024	F	Seattle	IA
K	2	0203	18315	Osborn	Fern	1907	Apr	04	002	F	Seattle	WA
K	1	0188	01566	Osborn	Fred	1895	Apr	23	051	M	BLK. DIAMOND	WLS
K	1	0191	10247	Osborn	Geo.	1902	Dec	01	081	M	AUBURN, WA	NY
K	1	0191	09905	Osborn	J.R.	1902	Jul	11	001	F	Seattle	SEA
K	2	0201	14483	Osborn	Richard	1905	Apr	02	059	M	Seattle	IL
K	2	0200	12574	Osborn	Solomon G.	1904	Mar	08	091	M	121 DEXTER AVE.	OH
K	1	0192	10691	Osborne	Elizabeth	1903	Jan	02	074	F	1319 1/2 3RD AVE.	MD
K	1	0192	10693	Osborne	Idah Jane	1903	Jan	16	014	F	BALLARD, WA	IA
K	1	0191	07459	Osgood	Adam	1902	Mar	04	023	F	2ND SO. & WASH.	CA
K	1	0189	03401	Osgood	C.W.	1898	Apr	16	050	F	Seattle	NB
K	2	0204	18576	Osgood	Clarence W. P.	1907	May	10	064	M	Seattle	
K	1	0189	03648	Osgood	I.J.	1898	Jun	21	012	M	Seattle	IA
K	1	0191	07628	Osgood	J.C.	1902	May	10	034	M	BALLARD	IA
K	2	0202	15528	Oshea	Francis F	1905	Dec	25	001	M	BALLARD	WA
K	2	0201	13831	Osinga	John	1904	Dec	28	045	M	PACIFIC HOSP.	
K	1	0188	00083	Oslemyer	Maru	1891	Jul	25	066	F	HOUGHTON	AUS
K	1	0189	02121	Oslund	Mattie	1896	Mar	19	005	F	411 PINE ST.	
K	1	0191	07460	Oslund	Oscar	1902	Mar	09	013	M	1266 REP.	WA
K	2	0201	13825	Osmundson	Ole	1904	Nov	06	071	M	KING CO. HOSP	NRY
K	1	0189	0259-	Ossend	Jennie	1897	Jan	08	043	F	1523 6TH AVE.	NE
K	1	0188	01924	Osteand	Robt.	1895	Oct	09	041	M	2823 FRONT ST.	GER
K	2	0203	18092	Osten	Infant	1907	Mar	13	000	M	Seattle	WA
K	1	0189	03098	Ostherdt	Paulina	1897	Dec	06	045	F	114 BELL ST.	GER
K	2	0201	13404	Ostlund	Adolf George	1904	Sep	19	023	M	PROV. HOSP.	SWD
K	1	0192	11365	Ostlund	Elsa	1903	May	01	066	F	BALLARD, WA	SWD
K	1	0189	03152	Ostlund	Oscar	1898	Jan	19	022	M	Seattle	ND
K	2	0202	16288	Ostralund	Alma	1906	May	21	014	F	BALLARD	MN
K	2	0203	17543	Ostrander	Earl H.	1906	Dec	28	071	M	BALLARD	CND
K	2	0201	14031	Otany	Infant	1905	Jan	31	06M	M	308 MAIN ST.	WA
K	1	0191	06384	Otego	Joe	1901	Jun	02	044	M	KING CO. HOSP.	SAM
K	2	0202	15346	Oto	Tokibo	1905	Oct	09	1MO	F	Seattle	WA
K	1	0188	01299	Otterman	Louise Mrs.	1894	Oct	27	075	F		
K	1	0188	01297	Otterson	Andy	1894	Oct	27	018	M	WEST ST. HOUSE	
K	1	0189	02467	Otterson	Henry	1896	Oct	27	039	M	PROV. HOSP.	NRY
K	1	0190	05311	Otto	Joseph	1900	Aug	22	051	M	WELLINGTON	AUS
K	1	0188	00489	Oulds	Drusella	1893	Feb	18	026	F	FALL CITY	NRY
K	1	0188	00489	Oulds	Drusella	1893	Feb	18	026	F	FALL CITY	IA
K	1	0190	04033	Ouserm	H.A.	1899	Jan	02	054	M	Seattle	NRY
K	1	0190	04814	Oustad	Ross M.	1900	Jan	03	001	M	BALLARD	WA
K	2	0200	12818	Outzen	Hans	1904	Apr	01	059	M	VAN ASSELT	DNK
K	2	0203	17877	Ovaitt	Emeline	1907	Feb	12	072	F	Seattle	CAH
K	2	0202	16269	Overgaard	Robert H.	1906	May	26	045	M	GEORGETOWN	DNK
K	2	0203	17177	Overley	Allen	1906	Oct	17	080	M	Seattle	OH
K	1	0192	10852	Overley	Catherine	1903	Feb	04	070	F	131 23RD AVE. NO.	OH
K	2	0201	13125	Overman	John Arthur	1904	Jul	14	075	M	126 24TH AVE NO.	OH
K	2	0201	15070	Overman	Joseph G.	1905	Aug	16	038	M	Seattle	OR
K	1	0191	06314	Overton	William E.	1901	Apr	13	076	M	Seattle	NY
K	1	0191	07458	Ovitt	Cornelius	1902	Mar	02	050	M	PROV. HOSP.	GER
K	2	0200	11931	Owen	John T.	1903	Oct	01	076	M	125 5TH AVE NO.	NY
K	1	0191	10328	Owen	Leo	1902	Nov	20	022	M	PROV. HOSP.	MN
K	1	0189	02466	Owens	James	1896	Oct	24		M	COUNTY HOSP.	
K	2	0201	14346	Owens	Onie	1905	Mar	30	016	F	GEORGETOWN	KS
K	2	0201	13266	Owens	Rice M.	1904	Aug	23	059	M	217 TERRY AVE.	KY
K	2	0203	17541	Owens	Wm. H.	1906	Nov	29	004	M	BALLARD	WA
K	1	0191	07597	Oxender	Frank	1902	Apr	14	030	M	CR. REP. & PONTIUS	NY
K	2	0203	17176	Oya	Sunino	1906	Oct	16	026	F	Seattle	JPN
K	1	0191	06949									

S	R	PG	REC	LASTNAME	FIRSTNAME	DETH	MN	DT	AGE	S	DEATHPLACE	BIRTH
K	1	0200	00405	PETERS	AUGUST	1892	Sep		027	M	KENT	GER
K	1	0203	03309	Pabst	A.W.	1898	Mar	06	067	M	ROSS	WV
K	2	0210	14350	Pabst	Gillman	1905	Mar	02	003	M	Seattle	IL
K	1	0204	03654	Packard	H.	1898	Jul	30	012	F	Seattle	CA
				Padaus		1902	May			M	14 So. Dearborn	ITL
K	1	0203	02855	Padden	James	1897	Jul	07	034	M	EDGEWATER	CND
K	1	0205	05166	Padden	N.W.	1900	Apr	01	017	M	Seattle	SEA
K	2	0208	11809	Padgett	Julia Govan	1903	Sep	21	035	F	PROV. HOSP.	
K	2	0208	12578	Padovans	Dorennaco	1904	Mar	07	10M	M	1010 16TH ST	ITL
K	2	0209	12997	Paduans	Tony	1904	Jun	01	1MO	M	16TH AVE SO & CLARK ST	WA
				Page		1902	May			M	South Seattle	ME
				Page		1902	Jun			M	Seattle	KY
K	2	0211	15137	Page	Ellen	1905	Sep	13	056	F	RAINIER BEACH	OH
K	2	0215	18417	Page	Eugene A	1907	May	08	017	M	BALLARD	AR
K	2	0210	14039	Page	Isaiah H.	1905	Jan	21	073	M	203 31ST AVE	ME
K	1	0202	02729	Page	Julia A.	1897	Apr	27	028	F	Seattle GEN. HOSP.	MN
K	1	0202	02122	Page	Sarah E.	1896	Mar	03	036	F	Seattle	IA
K	2	0212	15822	Pagneletti	Charles	1906	Nov	08	064	M	GEORGETOWN	FRN
K	2	0208	11526	Paige	Homer C.	1903	Jul	28	071	M	301 NOB HILL AVE	OH
				Paine		1902	Apr			F	511 Baker S., Ballard	ENG
				Paine		1902	May			F	Blk. Diamond	CA
K	1	0201	01181	Paine	John Ansloy	1894	Aug	29	7MO	M	824 PROSPECT ST.	SEA
K	1	0202	02375	Paine	Nellie	1896	Aug	29	8MO	F	BLK DIAMOND	DO
K	2	0214	17183	Painter	Wm	1906	Oct	22	069	M	Seattle	IN
				Pairrie		1902	Aug			M	Georgetown	sme
K	1	0203	03313	Palm	M.S.	1898	Mar	30	5MO	F	Seattle	SEA
				Palmer		1901	Jul			M	Columbia	WI
				Palmer		1902	May			F	Columbia City W.	NE
				Palmer		1902	Oct			F	Prov. Hosp.	SWD
K	1	0201	01361	Palmer	A.T.	1894	Nov	21	046	M	CO. HOSP.	
K	1	0206	05251	Palmer	B.	1900	May	18	1WK	M	Seattle	SEA
K	1	0206	05544	Palmer	Baby	1900	Aug	27		F	COLUMBIA	CO
K	1	0205	04634	Palmer	Baby	1899	Sep	26	16D	F	Seattle	COL
K	1	0201	01737	Palmer	Ellsworth	1895	Aug	30	2MO	M	Seattle	SEA
K	2	0215	18324	Palmer	Frances	1907	Apr	09	01D	F	Seattle	WA
K	2	0210	13573	Palmer	George	1904	Oct	26	050	M	REAR OF 506 1ST AVE SO	
K	2	0213	16507	Palmer	Hattie C	1906	Jun	11	054	F	Seattle	NY
K	2	0213	16658	Palmer	Leander J.	1906	Jul	19	10M	M	Seattle	WA
K	1	0202	02470	Palmer	Maria	1896	Oct	20	005	F	E. FIR ST. & 13TH AVE.	US
K	2	0214	17652	Palmer	Mary C.	1907	Jan	22	074	F	Seattle	ME
K	2	0212	15222	Palmer	Pauline	1905	Sep	21	001	F	Seattle	WA
K	1	0203	03404	Palmer	Wm.	1898	Apr	09	069	M	Seattle	NY
K	2	0214	18098	Palmerton	Roxies J.	1907	Mar	14	018	F	Seattle	NB
K	1	0203	02814	Palmleaf	Christina	1897	Jun	14	069	F	Seattle	SWD
K	1	0201	01177	Palmquist	Infant	1894	Aug	06	3MO	F	WEST & FRONT, PIKE & PINE	
K	2	0211	14941	Palo	Bertha K.	1905	Aug	09	5MO	F	BALLARD	WA
K	1	0205	04491	Palri	John	1899	Jul	24	034	M	CO. HOSP.	FIN
				Panccast		1902	Nov			F	1510 13th St.	CA
				Pangburn		1902	Nov			F	803 Pike St.	Sea
K	1	0203	03158	Pangburn	Mary N.	1898	Jan	01	072	F	Seattle	
K	2	0215	18452	Pangus	Indian	1907	May	06	070	M	WEST Seattle	
K	1	0200	00323	Paniel	J.	1892	May	17		M	POOR FARM	
K	2	0208	12323	Papin	Jack	1904	Jan	02	050	M	AV S & MAIN ST.	CND
K	2	0213	16565	Papineau	Max	1906	Jul	08	022	M	NEAR LESTER	
K	2	0213	16793	Paral	Annie	1906	Aug	08	021	F	Seattle	WI
K	1	0204	03724	Parant	Addie	1898	Aug	22	008	M	Seattle	BAL
K	2	0214	18101	Pardo	Myre A.	1907	Mar	30	004	F	Seattle	WI
K	2	0209	12826	Pardo	Richard	1904	Apr	10	074	M	Seattle GENL HOSP	CND
K	1	0203	03220	Parende	Paquela	1898	Feb	06	20D	F	Seattle	SEA
				Parenti		1901	Mar			M	Seattle	WA
K	2	0212	15352	Parfit	Dora	1905	Oct	15	006	F	Seattle	WA
K	1	0204	04246	Parfit	Harriett	1899	Apr	03	035	F	BALLARD	
K	2	0210	13832	Paritis		1904	Oct	01	9WK	F	BLACK DIAMOND	WA

S R	PG	REC	LASTNAME	FIRSTNAME	DETH	MN	DT	AGE	S	DEATHPLACE	BIRTH
			Park		1901	Nov			M	Prov. Hosp.	SCT
K 1	0203	03650	Park	J.A.	1898	Jul	09	035	M	KENT	
			Parker		1900	Dec			M	Seattle	ME
			Parker		1902	Nov			M	South Seattle	ME
K 1	0204	03652	Parker	A.E.	1898	Jul	21	8MO	F	Seattle	SEA
K 2	0209	12832	Parker	Alby Berry	1904	May	15	075	F	SO Seattle	ME
K 2	0208	12324	Parker	Bertha E.	1904	Jan	03	029	F	14 W. HARRISON	NY
K 2	0213	16656	Parker	Edward B.	1906	Jul	12	001	M	Seattle	CA
K 1	0204	04078	Parker	Emma J.	1899	Jan	20	058	F	EDGEWATER	ENG
K 1	0200	00302	Parker	Frank	1892	Jun	05	001	M	Seattle	SEA
K 2	0209	13440	Parker	Frank	1904	Sep	30		M	NEW ZEALAND SALOON	
K 2	0214	17180	Parker	Fred	1906	Oct	24	033	M	Seattle	KS
K 1	0202	02075	Parker	Geo. H.	1896	Feb	13	036	M	C. GEN. HOSP.	
K 2	0212	15221	Parker	George H. F.	1905	Sep	19	04M	M	Seattle	WA
K 1	0202	02560	Parker	Infant	1896	Dec	05	000	F	BALLARD	
K 2	0211	14982	Parker	James	1905	Aug	02	063	M	BALLARD	CND
K 2	0209	13271	Parker	John	1904	Aug	18	030	M	WAY SIDE MISSION	
K 2	0210	14192	Parker	Mary	1905	Feb	07	096	F	4401 DENSMORE AVE	ENG
K 2	0215	18582	Parker	Mildred	1907	May	08	005	F	Seattle	MO
K 2	0213	16795	Parker	Ralph A.	1906	Aug	23	005	M	Seattle	CA
K 1	0204	03721	Parker	S.E.	1898	Aug	13	6DA	M	BALLARD	BAL
K 2	0208	12053	Parker	Walter	1903	Nov	08	033	M	NEAR BLACK DIAMOND	
			Parkhurst		1901	Jul			M	Seattle	ENG
			Parkins		1901	Jul			M	Seattle	WI
K 1	0205	05158	Parkinson	R.R.	1900	Apr	30	081	M	Seattle	ENG
K 1	0206	05312	Parks	A.J.	1900	Jul	02	045	M	Seattle	CAN
K 1	0205	04757	Parks	Ama G.	1899	Dec	06	048	M	Seattle	VT
K 1	0204	03653	Parks	E.	1898	Jul	29	037	M	Seattle	
K 2	0212	15607	Parona	Mike	1905	Dec	31	035	M	Seattle	AUS
K 1	0203	03511	Parr	L.A.	1898	May	24	054	F	Seattle	IA
K 2	0214	17451	Parr	Lila C.	1906	Dec	16	044	F	Seattle	MO
K 2	0212	15350	Parrett	Edward	1905	Oct	07	046	M	Seattle	MO
K 1	0201	01179	Parrott	Frank	1894	Aug	20	032	M	LATONA	MI
K 2	0211	15076	Parrott	R.S.	1905	Aug	20	035	M	Seattle	
K 2	0212	15381	Parry	Catherine	1905	Oct	28	006	F	RICHMOND	WLS
K 1	0204	03725	Parry	Chas.	1898	Aug	25	040	M	Seattle	IL
K 2	0211	14485	Parry	Ira Jr.	1905	Apr	06	8MO	M	Seattle	WA
K 1	0200	00769	Parry	James	1894	Mar	03	054	M	2115 4TH ST.	WLS
K 2	0214	17456	Parry	Mabel	1906	Dec	27	019	F	Seattle	TX
K 1	0203	03574	Parry	Orin	1898	Jun	24	001	M	Seattle	SEA
			Parson		1902	Aug			F	502 Terry	MA
			Parsons		1902	Sep			F	Auburn, WA	KS
K 2	0212	15605	Parsons	Alfred K	1905	Dec	25	064	M	Seattle	ME
K 1	0202	02421	Parsons	Wm. H.	1896	Jun	14	056	M	COOKS INLET, AK	
K 1	0206	05261	Partridge	G.E.	1900	May	10	8MO	F	S. PARK	SEA
K 1	0202	01932	Pasco	Minnie	1895	Dec	12	026	F	5TH & SPRING ST.	NE
K 2	0212	15742	Paselk	Artie	1906	Jan	20	022	F	Seattle	MN
K 2	0208	12050	Pashey	Herman	1903	Nov	24	034	M	PROV. HOSP.	NY
K 2	0215	18102	Pasola	Olga M.	1907	Mar	31	07M	F	Seattle	FIN
K 1	0201	01464	Pasqualli	Joseph	1895	Feb	25	046	M	Seattle	ITL
K 1	0204	03810	Pasquevelli	D.	1898	Sep	14	045	M	Seattle	ITL
			Passage		1901	Jul			F	W. Seattle	WA
K 1	0202	02145	Passaner	Jane	1896	May	27	068	F	1715 2ND ST.	GER
K 2	0212	15472	Passinetti	Infant	1905	Nov	20		M	Seattle	WA
K 1	0200	00289	Passolo	Joseph	1892	Jun	08		M	Seattle	
K 1	0200	00091	Patchen	Daniel W.	1891	Sep	07	7WK	M	Seattle	SEA
K 2	0213	17070	Patineau	Wilson	1906	Sep	22	049	M	BALLARD	MO
K 1	0206	05680	Paton	George	1900	Oct	23	020	M	PROV. HOSP.	US
K 2	0213	16659	Paton	Jay D.	1906	Jul	20	024	M	Seattle	ND
			Patrevich		1902	Dec			M	Foot/CT	AUS
K 2	0213	16098	Patrick	Paul M	1906	Apr	16	03D	M	WEST Seattle	WA
K 2	0211	15074	Patten	Hannah	1905	Aug	19	081	F	Seattle	CND
K 2	0214	17455	Patten	Nellie S.	1906	Dec	26	042	F	Seattle	ME

S R	PG	REC	LASTNAME	FIRSTNAME	DETH	MN	DT	AGE	S	DEATHPLACE	BIRTH
			Patterson		1902	May			F	507 11th Ave. N.	Sea
			Patterson		1901	Jun			M	Seattle	IL
			Patterson		1903	Feb			M	---	VA
K 2	0214	17881	Patterson	Alla M.	1907	Feb	08	040	M	Seattle	MN
K 2	0209	13444	Patterson	Andrew	1904	Sep	02	030	M	Seattle GENL HOSP	SWD
K 2	0209	12823	Patterson	Annie	1904	Apr	03	059	F	GENL. HOSP.	USA
K 2	0212	15220	Patterson	Chauncy R.	1905	Sep	05	068	M	Seattle	ME
K 2	0213	16362	Patterson	J C	1906	May	31	067	M	Seattle	TN
K 2	0214	17452	Patterson	James N.	1906	Dec	19	053	M	Seattle	IN
K 1	0201	01714	Patterson	S.R.	1894	Apr	27	093	M	MAPLE VALLEY	NC
K 2	0208	12106	Patterson	Thomas	1903	Nov	07	027	M	KING CO HOSP	ENG
K 2	0210	14351	Patterson	Wm	1905	Mar	14	068	M	Seattle	PA
K 2	0214	17453	Patterson	Wm B.	1906	Dec	19	034	M	Seattle	MN
K 1	0201	01024	Pattir	E.	1894	Jun	06	004	M	PROV, HOSP.	ENG
			Patton		1903	Jun			F	Fremont Sta.	sme
K 2	0211	15073	Pauchot	Eleanor	1905	Aug	16	08M	F	Seattle	WA
			Paul		1903	May			M	Elliott, WA	MI
K 2	0209	13269	Paul	Andrew	1904	Aug	13	000	M	2506 1ST AVE	WA
K 2	0211	14616	Paul	Henry	1905	May	10	058	M	GEORGETOWN	NY
K 2	0215	18418	Paul	Infant	1907	May	12	03D	M	SUNNYDALE	WA
K 2	0208	12583	Paul	Peter	1904	Mar	23	001	M	SOUTH PARK	RUS
K 2	0208	12581	Paul	Tessie	1904	Mar	13	004	F	RIVER PARK	RUS
K 1	0205	04329	Pauley	Della	1899	May	12	003	F	AUBURN	AUB
			Paulson		1901	Aug			M	Seattle	DNK
			Paulson		1903	Mar			F	760 Republican St.	DNK
K 1	0205	04761	Paulson	Chas.	1899	Dec	08	046	M	INTERBAY	SWD
K 1	0203	03100	Paulson	Chris	1897	Nov	30	046	M	ELLIOTT BAY	DNK
K 2	0214	17322	Paulson	Christina	1906	Nov	06	082	F	Seattle	DNK
K 1	0205	04379	Paulson	Eric	1899	May	15	030	M	BALLARD	
K 1	0204	03878	Paulson	Gus	1898	Oct	31	050	M	Seattle	SEA
K 1	0200	00985	Paulson	Maggie	1894	May	07	020	F	510 COMMERCIAL ST.	
K 1	0206	05349	Paulson	Martha	1900	Jul	04	024	F	PRESTON	NRY
K 2	0215	18325	Paulus	Edna	1907	Apr	16	036	F	Seattle	IN
K 1	0205	05115	Pausshu	Jno.	1900	Apr	21	030	M	HOSPITAL SHIP IDAHO	FIN
K 2	0209	12824	Pavecich	Lulu	1904	Apr	04	001	F	2710 ELLIOTT AVE	WA
K 1	0203	03219	Paxton	Mary S.	1898	Feb	02	012	F	Seattle	MN
			Payne		1903	May			F	458 Queen Anne Ave.	VA
K 2	0210	13850	Payne	Henry	1904	Dec	24	046	M	NORTH BEND	ENG
K 2	0211	14891	Payne	Jas. B.	1905	Jul	16	058	M	Seattle	IL
K 1	0204	04196	Payne	John E.	1899	Mar	20	050	M	Seattle	ENG
K 2	0210	14037	Payne	John Howard	1905	Jan	17	045	M	3533 CENTRAL AVE	VA
K 2	0208	11808	Payose	Mrs. Mary	1903	Sep	18	054	F	519 5TH AVE NE	FRN
K 2	0208	11932	Peabody	Ellen M.	1903	Oct	09	031	F	BALLARD	IA
K 1	0202	02697	Peabody	Infant	1897	Mar	15	1MO		1027 18TH AVE.	SEA
K 2	0214	18097	Peacock	Leroy T.	1907	Mar	08	017	M	Seattle	IL
K 2	0211	14614	Peak	Row E.	1905	May	03	008	M	COLUMBIA	IA
K 1	0204	03876	Pearl	Baby	1898	Oct	08	23D	F	Seattle	SEA
K 1	0202	02314	Pearl	John F.	1895	Dec	27		M	ALASKA	
K 1	0206	05275	Pearl	Jos.	1900	May	09	033	M	Seattle	AM
K 2	0208	12049	Pearl	Mrs. Alice J.	1903	Nov	13	066	F	1726 16TH AVE.	NY
K 2	0214	17650	Pearl	Theresa	1907	Jan	16	065	F	Seattle	HUN
K 2	0215	18327	Pearl	Thomas F	1907	Apr	21	073	M	Seattle	NY
K 1	0202	02144	Pearry	Archie E.	1896	May	09	5MO	M	CHRISTOPHER	SEA
K 1	0205	04837	Pearsall	Isabella	1900	Jan	11	032	F	Seattle	MI
K 2	0208	12452	Pearse	Alice D.	1904	Feb	27	025	F	421 SUMMIT AVE N	ME
K 2	0211	15072	Pearse	Harold E.	1905	Aug	15	013	M	Seattle	WA
K 2	0212	15604	Pearse	William	1905	Dec	08	063	M	Seattle	CND
K 1	0204	03722	Pearsen	H.L.	1898	Aug	15	050	F	Seattle	
			Pearson		1901	Dec			M	1602 14th Ave.	SWD
			Pearson		1901	Dec			F	514 4th Ave. N.	Sea
			Pearson		1902	Mar			M	Prov. Hosp.	PA
			Pearson		1902	Jun			F	Seattle	MI
			Pearson		1902	Nov			M	King Co. Hosp.	NY

S R	PG	REC	LASTNAME	FIRSTNAME	DETH	MN	DT	AGE	S	DEATHPLACE	BIRTH
K 1	0200	00357	Pearson	Baby	1892	Aug	27	2DA	F	Seattle	SEA
K 1	0202	01991	Pearson	Caroling	1895	Dec	20	071	F	YOUNGS COVE	NRY
K 1	0202	02273	Pearson	Gustora	1896	Jun	04	067	F	LATONA	NRY
K 1	0205	04341	Pearson	Hannah	1899	May	09	036	F	Seattle	SWD
K 2	0211	14486	Pearson	Isaac	1905	Apr	06	051	M	Seattle	IA
K 2	0209	12645	Pearson	John L.	1904	Jun	02	009	M	SO. PARK	WA
K 2	0209	12998	Pearson	John Leonard	1904	Jun	02	009	M	SOUTH PARK	WA
K 2	0210	13848	Pease	Elizabeth A	1904	Dec	21	030	F	10TH AVE SO & MAIN ST	IA
K 2	0210	14038	Pease	L. W.	1905	Jan	17	040	M	WAYSIDE HOSP	MT
K 2	0213	16661	Peasley	Mary K.	1906	Jul	28	11M	F	Seattle	WA
K 1	0202	02234	Peavey	Archie E.	1896	May	09	6MO	M	CHRISTOPHER	SEA
K 2	0208	11523	Peavey	Mrs. Ella P.	1903	Jul	06	045	F	122 20TH AVE	ME
K 1	0203	03510	Peck	I	1898	May	21	068	M	Seattle	
K 2	0210	14354	Peck	J. A.	1905	Mar	27	045	M	GEORGETOWN	OR
K 2	0210	14094	Pedersen	Peder Anton	1905	Feb	09	004	M	RICHMOND	NRY
K 1	0202	02043	Pederson		1896	Jan	08	000	M	Seattle	SEA
			Pederson		1901	May			M	Seattle	WA
K 1	0204	04231	Pedroni	Vincenzo	1899	Feb	14	070	M	DUWAMISH	SWT
K 1	0200	00856	Peel	Julia	1894	Mar	05	032	F	COR LYNN & LUMBARD STS.	
K 2	0212	15351	Peel	Mary	1905	Oct	12	050	F	Seattle	PA
K 1	0206	05423	Peel	Robert	1900	Jun	14	2DA	M	SO. Seattle	WA
K 2	0212	15917	Peer	Mary E	1906	Feb	25	060	F	Seattle	OH
K 1	0204	03812	Peers	Fred	1898	Sep	27	040	M	Seattle	SEA
K 2	0211	15136	Peet	Elsie	1905	Sep	12	10M	F	RAINIER BEACH	CND
K 2	0211	14984	Peet	Martha A.	1905	Aug	22	10M	F	S. E. Seattle	CND
K 1	0206	05593	Peffell	Fredrick	1900	Sep	25	032	M	KING CO. HOSP.	SWD
K 1	0202	01933	Peissner	P.	1895	Dec	14	036	F	GREEN LAKE	
K 2	0214	17324	Pekich	Infant	1906	Nov	20		F	Seattle	WA
			Pelishek		1901	Apr			M	Providence Hospital	WI
			Pell		1901	Sep			M	Ravena Park	FL
K 2	0209	13270	Pell	Gilbert S	1904	Aug	17	000	M	2312 EAST HOWELL ST	WA
K 1	0203	02813	Pelling	Michael	1897	Jun	03	058	M	710 HARVARD AVE. N.	
K 2	0211	14756	Pemmant	Vivian I.	1905	Jun	24	5MO	F	Seattle	WA
K 1	0201	01479	Pence	Infant	1895	Mar	07	2WK		Seattle	SEA
K 2	0208	11524	Penches	Wmm H.	1903	Jul	08	064	M	934 26TH AVE	NY
K 1	0200	00381	Penden	Addie Mrs	1892	Sep	27	025	F	NOVELTY	NS
K 2	0210	14034	Pendleton	Alonzo	1905	Jan	10	010	M	202 27TH AVE SO	CHL
K 2	0212	15914	Pendleton	Phineas	1906	Feb	02	03D	M	Seattle	WA
K 1	0200	00933	Penner	Catherina L.	1894	Apr	11	2WK	F	317 1/2 BIX ST.	SEA
K 2	0214	17179	Pennington	Warren H.	1906	Sep	22	021	M	Seattle	KS
K 2	0210	14040	Penny	Louis	1905	Jan	23	069	M	PROV HOSP	FRN
K 2	0212	15660	Pennycook	Margaret	1906	Jan	27	073	F	SOUTH PARK	SCT
			People		1901	Mar			M	Alaska (Skagway)	AK
			Peowmann		1902	Jun			M	Seattle	ENG
			Peppan		1902	Sep			M	Wayside Mission(San Juan I)	WA
			Peppens		1902	Nov			M	Rochester Hotel	GRC
K 1	0203	03157	Pepperton	Baby	1898	Jan	20		M	Seattle	
			Percell		1902	Jun			M	Jefferson Hall	---
			Percival		1901	Sep			F	1425 Broadway	Sea
K 2	0211	14618	Peritis	Christ	1905	May	28	023	M	Seattle	GRC
			Perkins		1901	Jul			M	Seattle	NE
			Perkins		1901	Aug			M	Seattle, 2nd & John	WA
			Perkins		1902	Aug			M	King Co. Hosp.	OH
			Perkins		1903	Jun			M	Eagle Harbor	OH
K 1	0201	01665	Perkins	Baby	1895	May	05	3HR	M	2300 CRAWFORD	
K 2	0211	15077	Perkins	F.J.	1905	Aug	30	040	M	Seattle	
K 2	0211	15071	Perkins	Helma D.	1905	Aug	01	06M	F	Seattle	WA
K 1	0201	01556	Perkins	Russell	1895	Mar	13	074	M	1412 GREENE ST.	
K 1	0205	05022	Perkins	Wm.	1900	Apr	22	072	M	CO. HOSP.	MA
			Perkyfich		1901	Mar			F	Edmund	---
K 1	0201	01304	Perr	Joe	1894	Oct	31	034	M	CO. HOSP.	ITL
K 2	0212	15916	Perrin	Wilma	1906	Feb	21	02M	F	Seattle	WA
K 1	0204	04153	Perriso	Amerce	1899	Feb	11	15M	M	BLK. DIAMOND	BD

S	R	PG	REC	LASTNAME	FIRSTNAME	DETH	MN	DT	AGE	S	DEATHPLACE	BIRTH
				Perry		1902	Apr			M	2233 2nd Ave.	MA
				Perry		1902	Oct			M	5th Ave. & South Jackson	MO
				Perry		1903	Mar			F	823 15th Ave	Sea
K	1	0202	02656	Perry	Grace	1897	Feb	06	018	F	COLUMBIA HOUSE	ME
K	1	0203	02995	Perry	Infant	1897	Oct	10	5HR	M	2417 3RD	WA
K	2	0215	18579	Perry	Infant	1907	May	01	000	F	Seattle	WA
K	1	0203	03403	Perry	M.A.	1898	Apr	03	077	F	Seattle	MA
K	1	0202	02374	Perry	Mary King	1896	Aug	13	010	F	BRIGHTON	
K	1	0201	01180	Perry	Peter	1894	Aug	24		M	FRANKLIN	
K	2	0214	17884	Personeus	Barbara E.	1907	Feb	14	003	F	Seattle	WA
K	2	0210	14107	Peteri	John	1905	Feb	26		M	GEORGETOWN	
K	2	0210	14197	Peteri	John	1905	Feb	26	025	M	GEORGETOWN	
K	2	0214	17880	Peterkui	Alice E.	1907	Feb	05	055	F	Seattle	IRL
				Peters		1901	Sep			M	Seattle Gen. Hosp.	Sea
				Peters		1901	Dec			M	Seattle	Evt
				Peters		1902	May			F	2110 3rd Ave.	AUS
K	1	0200	00405	Peters	August	1892	Sep		027	M	KENT	GER
K	2	0212	15787	Peters	David	1906	Jan	24	039	M	NEAR CAPE BEALE, B.C.	CND
K	2	0208	12207	Peters	Edwin	1903	Dec	07	039	M	1222 HOWELL ST	ENG
K	2	0208	11810	Peters	Frank	1903	Sep	23	054	M	KING CO. HOSP.	NY
K	1	0200	00955	Peters	John S.	1894	Jun	17	020	M	511 CHERRY ST.	GRC
K	1	0201	01025	Peters	John S.	1894	Jun	17	020	M	511 CHERRY ST (SEE 01025)	GRC
K	1	0202	02316	Peters	Mary	1896	Jul	28	072	F	REEDVIL	IRL
K	2	0215	18211	Peters	Maty I.	1907	May	04	032	F	SUNNYDALE	IN
K	1	0201	01362	Peters	Paul	1894	Nov	01		M	MADISON ST. - B.B.GR.	
				Peterson		1901	Feb			F	Bothell	WA
				Peterson		1901	Jul			F	Seattle	Sea
				Peterson		1901	Sep			M	Prov. Hosp.	NRY
				Peterson		1902	Jul			M	Seattle	SWD
				Peterson		1902	Jul			F	Co. Hosp.	SWD
				Peterson		1902	Nov			M	Ballard, WA	NRY
				Peterson		1903	Apr			F	W. Seattle	sme
				Peterson		1903	Jun			M	71st & Woodlawn Ave.	NRY
				Peterson		1903	Jun			F	127 1/2 Fairview Ave.	NRY
K	1	0206	05518	Peterson	A.C.	1900	Aug	24	035	M	Seattle	SWD
K	2	0214	17649	Peterson	Albion	1907	Jan	13	040	M	Seattle	
K	1	0204	03809	Peterson	Alf.	1898	Sep	14	007	M	LATONA	SEA
K	2	0208	12240	Peterson	Andrew	1904	Jan	22	062	M	KING CO. HOSP.	SWD
K	2	0212	15601	Peterson	Angus	1905	Dec	01	040	M	Seattle	
K	1	0201	01552	Peterson	Anna M.	1895	Mar	01	056	F	Seattle	
K	1	0206	05220	Peterson	Anni	1900	May	04	078	F	Seattle	ICE
K	2	0212	15602	Peterson	Arthur E	1905	Dec	03	004	M	Seattle	CO
K	1	0205	04879	Peterson	C.J.L.	1900	Jan	31	035	M	Seattle	SWD
K	2	0213	16654	Peterson	Carl G. E.	1906	Jul	02	015	M	Seattle	WA
K	2	0208	12326	Peterson	Carl Oscar	1904	Jan	21	023	M	121 PINE ST	SWD
K	2	0213	16791	Peterson	Charles	1906	Jul	31	065	M	Seattle	
K	2	0214	17323	Peterson	Chas E.	1906	Nov	07	039	M	Seattle	SWD
K	1	0200	00954	Peterson	Christie	1894	May	15	082	F	BOTHELL	NRY
K	1	0204	04138	Peterson	Christina	1899	Feb	16	064	F	BRACE PT.	
K	1	0204	04176	Peterson	Christina	1899	Feb	12	069	F	Seattle	NRY
K	2	0213	16504	Peterson	E	1906	May	12	040	M	Seattle	
K	2	0215	18641	Peterson	Edward	1907	May	08	001	M	BOTHELL	WA
K	1	0204	04179	Peterson	Esther E.	1899	Mar	12	002	F	Seattle	SEA
K	2	0212	15470	Peterson	Flora	1905	Nov	09	050	F	Seattle	WI
K	1	0201	01178	Peterson	Florence A.	1894	Aug	09	016	F	Cor Republican & Banner	IL
K	1	0202	01930	Peterson	Fred H.	1895	Oct	18	048	M	Seattle GEN. HOSP.	DNK
K	1	0205	04499	Peterson	Gus	1899	Sep	03	036	M	CO. HOSP.	ICE
K	1	0205	04483	Peterson	Hagen	1899	Jul	25	040	M	CO. HOSP.	NRY
K	2	0213	17044	Peterson	Helen V.	1906	Sep	03	1MO	F	BALLARD	WA
K	1	0201	01647	Peterson	Hilda E.	1895	May	20	032	F	1722 BROADWAY	SWD
K	2	0214	17450	Peterson	Infant	1906	Dec	11	15D	M	Seattle	WA
K	1	0201	01207	Peterson	Infant	1894	Sep	01	000	M	WATER ST BET STEWART & VIRG	
K	1	0205	04923	Peterson	Jen A.	1900	Feb	06	050	M	PROV. HOSP.	SWD

S	R	PG	REC	LASTNAME	FIRSTNAME	DETH	MN	DT	AGE	S	DEATHPLACE	BIRTH
K	2	0209	13276	Peterson	John	1904	Aug	28	043	M	1537 - 4TH AVE, BALLARD	ICE
K	2	0213	16792	Peterson	John	1906	Aug	08	043	M	Seattle	SWD
K	2	0214	17449	Peterson	John	1906	Dec	08	035	M	Seattle	SWD
K	1	0202	02235	Peterson	John	1896	Jun	07	028	M	BOTHELL	SWD
K	1	0201	01028	Peterson	John M.	1894	Jun	24	035	M	PROV. HOSP.	SWD
K	1	0200	00499	Peterson	L.P.	1893	Feb	20	035	M	Seattle	DNK
K	1	0200	00742	Peterson	Lars	1894	Feb	05	042	M	Seattle	SWD
K	2	0208	12051	Peterson	Lewis	1903	Nov	09	038	M	1911 7TH AVE	DNK
K	1	0204	03723	Peterson	M.	1898	Aug	16	033	F	STEILACOOM	SEA
K	1	0201	01928	Peterson	Mabel E.	1895	Sep	26	015	F	Cor Banner & Republican	IL
K	1	0204	04065	Peterson	Martha	1899	Jan	15	031	F	BALLARD	NRY
K	1	0203	03312	Peterson	Mary	1898	Mar	19	042	F	Seattle	
K	1	0202	02315	Peterson	Mary	1896	Jul	25	029	F	Seattle	
K	2	0215	18583	Peterson	Milhilde H	1907	May	18	050	F	Seattle	NRY
K	1	0204	04088	Peterson	Minnie	1899	Jan	23	024	F	Seattle	
K	2	0208	11806	Peterson	Mrs. Berlina	1903	Sep	02	043	F	3648 WHITMERN AVE	SWD
K	2	0208	11664	Peterson	Myrtle	1903	Aug	20	11M	F	2304 39TH AVE	WA
K	2	0211	14894	Peterson	Myrtle	1905	Jul	31	2MO	F	BALLARD	WA
K	2	0208	12209	Peterson	Nels	1903	Dec	17	040	M	ALVIN, WA	SWD
K	2	0215	18681	Peterson	O. A.	1907	Jun	09	034	M	GEORGETOWN	SWD
K	2	0212	16017	Peterson	Otto	1906	Mar	09	045	M	Seattle	SWD
K	1	0206	05449	Peterson	Pete	1900	Jul	03	035	M	Seattle	
K	1	0204	04311	Peterson	Peter	1899	Apr	26	043	M	CO. HOSP.	NRY
K	1	0201	01247	Peterson	Peter	1894	Sep	01	055	M	MAYWOOD	
K	2	0209	12644	Peterson	Peter	1904	May	15	078	M	KENT, WA	SWD
K	2	0210	14033	Peterson	Peter	1905	Jan	08	050	M	Seattle GENL HOSP	FIN
K	2	0211	14615	Peterson	Peter R.	1905	May	06	036	M	Seattle	DNK
K	1	0201	01302	Peterson	R. Mrs.	1894	Oct	30	038	F	FREMONT	FIN
K	1	0200	00948	Peterson	R.W.	1894	May	10	050	M	COR SO. 8TH & JACKSON	DNK
K	1	0205	04486	Peterson	Rosy	1899	Jul	28	008	F	Seattle	SEA
K	1	0201	01029	Peterson	Samuel	1894	Jun	13	034	M	PRESTON	NRY
K	1	0200	00953	Peterson	Samuel	1894	Jun	13	034	M	PRESTON	NRY
K	2	0209	12830	Peterson	Soen	1904	May	06	040	M	MORANS SHIPYARDS	
K	1	0200	00175	Peterson	Swan J.	1892	Jan	17	046	M	Seattle	SWD
K	2	0208	12208	Peterson	Theodore S.P.	1903	Dec	08	019	M	1211 6TH AVE	NRY
K	1	0205	05160	Peterson	Thos.	1900	Apr	27	078	M	Seattle	ICE
K	1	0202	02698	Peterson	W.M.	1897	Mar	23	024	F	137 IRVING	GER
K	2	0213	16961	Peterson	Wm. E.	1906	Sep	22	021	M	Seattle	MI
K	2	0213	16508	Peterson	Grace	1906	Jun	30	010	F	Seattle	WA
K	2	0209	13128	Petersons	Andrew	1904	Jul	05	049	M	COR 1ST AVE & SENECA ST	SWD
K	1	0202	02728	Petlef	B.W.Jr.	1897	Apr	01	6DA	M	528 SUTTER ST.	SEA
K	2	0214	17458	Petridge	Alexia	1906	Dec	29	044	F	Seattle	NRY
K	2	0208	12325	Petrie	Thomas	1904	Jan	05	023	M	218 TERRY ST	
K	1	0204	04221	Pettis	Mary	1899	Mar	29	054	F	Seattle	NH
K	2	0209	12833	Pettygrove	Mrs Sarah G	1904	May	28	055	F	PROV HOSP	MO
K	2	0213	16963	Peunella	Albert A.	1906	Sep	29	027	M	Seattle	OR
K	2	0211	14619	Pevey	Sarah A.	1905	May	29	057	F	Seattle	ME
K	2	0210	14352	Peyser	M M	1905	Mar	20	069	M	Seattle	NY
K	1	0201	01461	Pfahl	Joseph	1895	Feb	15	046	M	Seattle	GER
K	2	0213	16655	Pfahl	Mary	1906	Jul	08	057	F	Seattle	GER
K	2	0215	18323	Pfeiffer	Knute	1907	Apr	08	042	M	Seattle	SWD
				Pfeil		1901	May			F	Seattle	IL
K	2	0212	15744	Pfeil	Hattie	1906	Jan	26	038	F	Seattle	IL
				Phair		1903	Jun			M	Barnston, WA	---
K	2	0211	14753	Pheasart	James E.	1905	Jun	04	057	M	BALLARD	IA
K	2	0214	17181	Phease	Mary	1906	Oct	13	027	F	Seattle	CA
K	2	0215	18880	Phelan	George J.	1907	Jun	14	038	M	PORTLAND, OR	IL
K	2	0212	15471	Phelan	James J	1905	Nov	18	028	M	Seattle	OR
K	2	0212	15741	Phelan	Robert E	1906	Jan	19	021	M	Seattle	WA
K	2	0212	15353	Phelps	Charles	1905	Oct	29	026	M	Seattle	IA
K	1	0206	05346	Phelps	Henry C.	1900	Jul	30	041	M	Seattle	KY
K	2	0209	12585	Phelps	Henry L.	1904	Mar	31	052	M	PROV. HOSP.	MA
K	1	0204	03877	Phelps	Maude	1898	Oct	15	014	F	Seattle	SEA

S	R	PG	REC	LASTNAME	FIRSTNAME	DETH	MN	DT	AGE	S	DEATHPLACE	BIRTH
K	2	0208	12582	Phelps	Susan J.	1904	Mar	22	067	F	BREMERTON	NH
K	2	0214	17525	Pherson	John E.	1906	Nov	29	057	M	Seattle	ME
K	2	0212	15913	Philips	Regina	1906	Feb	02	029	F	Seattle	IA
K	1	0204	04244	Philips	Sadie	1899	Apr	03	022	F	Seattle	BC
				Phillips		1900	Nov			M	Seattle	ENG
				Phillips		1901	Jan			M	King Co. Hosp.	FRN
				Phillips		1902	May			M	Prov. Hosp.	---
				Phillips		1902	Jul			F	Seattle	---
				Phillips		1903	Mar			M	409 5 Ave.	ENG
				Phillips		1903	Jun			M	1514 Yesler Way	RUS
K	2	0209	13422	Phillips	B.B.S.	1904	Sep	25	035	M	WAYSIDE MISSION	CA
K	2	0211	14893	Phillips	Clarence H.	1905	Jul	26	035	M	Seattle	CA
K	2	0213	16018	Phillips	Delia	1906	Mar	11	049	F	Seattle	IRL
K	1	0204	04189	Phillips	Edwin L.	1899	Mar	16	002	M	Seattle	SEA
K	2	0213	16657	Phillips	Ester D.	1906	Jul	19	14D	F	Seattle	WA
K	2	0212	15810	Phillips	Eva	1906	Jan	20	025	F	EL PASO, TX	MO
K	2	0212	15919	Phillips	Guy	1906	Feb	26	022	M	Seattle	MN
K	2	0209	12831	Phillips	Horace	1904	May	07	057	M	223 TERRY AVE	OH
K	2	0215	18812	Phillips	Infant	1907	Jun	19	000	F	Seattle	WA
K	2	0212	15739	Phillips	J A	1906	Jan	06	040	M	Seattle	US
K	2	0208	12579	Phillips	Jane	1904	Mar	09	077	F	722 BOREN AVE	ENG
K	2	0208	11807	Phillips	Joe	1903	Sep	11	053	M	WAYSIDE MISSION HOSP.	CND
K	2	0214	17739	Phillips	John	1907	Jan	02	045	M	PUGET SOUND OFF HAZEL POINT	
K	1	0203	03074	Phillips	John J.	1897	Nov	30	040	M	PROV. HOSP.	
K	2	0211	15075	Phillips	John W.	1905	Aug	19	069	M	Seattle	OH
K	1	0204	03811	Phillips	M.	1898	Sep	24	001	F	Seattle	SEA
K	2	0210	13569	Phillips	Mary	1904	Oct	09	016	F	KING CO HOSP	OR
K	2	0208	12052	Phillips	Mrs. Alfred	1903	Nov	20	055	F	2800 18TH AVE SO	OH
K	1	0206	05751	Phillips	Nellie	1900	Sep	03	024	F	PROV. HOSP.	WA
K	1	0201	01467	Phillips	Osmand	1895	Feb	20	001	M	BUENNA	DO
K	1	0200	00687	Phillips	Raphael	1893	Dec	14	002	M	Seattle	SEA
K	1	0202	02469	Phillips	Rosetta	1896	Oct	17	3MO	F	1314 3RD AVE. NO.	TAC
K	2	0211	15219	Phillips	S.	1905	Sep	04	026	M	Seattle	
K	2	0213	16203	Phillips	Thomas	1906	Apr	29	050	M	Seattle	
K	2	0209	13127	Philpot	William	1904	Jul	04	055	M	FALL CITY, WA	
				Phinney		1901	Apr			F	Seattle	CND
K	2	0209	13000	Phinney	Mrs Mary A	1904	Jun	27	066	F	1528 HOWARD AVE	OH
K	1	0205	04580	Phipps	H. Henson	1899	Sep	15	001	F	Seattle	
K	2	0210	13574	Piatt	Ethel	1904	Oct	27	020	F	Seattle GENL HOSP	IA
K	2	0211	14487	Picardo	Guigeppe	1905	Apr	11	4MO	M	Seattle	WA
K	1	0205	04769	Picht	Henry P.	1899	Dec	12	023	M	ROSS	IA
K	2	0213	17045	Picht	Norman R.	1906	Sep	08	2MO	M	WEST Seattle	WA
K	1	0201	01543	Pickens	Michael	1895	Mar	25	043	M	PROV. HOSP.	TN
				Pickering		1902	Jan			-	Jefferson Hall	MA
K	2	0209	13273	Pickering	Harry N	1904	Aug	23	000	M	2127 4TH AVE	WA
K	2	0215	18416	Pickering	James	1907	Apr	13	018	M	Seattle	WA
K	1	0201	01635	Pickering	Wm.	1895	May	10	058	M	NEAR GILMAN	
K	2	0211	14890	Pickle	Bert J.	1905	Jul	04	022	M	Seattle	
K	1	0202	01931	Pickney	John W.	1895	Nov	13	086	M	BLAINE	
				Pidduck		1901	Nov			M	432 32 Ave.	ENG
K	2	0209	13129	Piehl	Gust	1904	Jul	22	045	M	WEST Seattle	GER
				Pienick		1902	Mar			F	50 Stewart	NY
				Pierce		1900	Nov			M	Seattle	MA
				Pierce		1901	Sep			F	71 So. Maynard Ave.	Sea
K	1	0202	01980	Pierce	NR	1895	Dec	20	070	F	WEST Seattle	NRY
K	1	0203	03649	Pierce	E.B.	1898	Jul	06	010	F	SO. PARK	TUM
K	2	0212	15811	Pierce	Ellen E	1906	Mar	08	069	F	BALLARD	NY
K	2	0214	17321	Pierce	James R.	1906	Oct	24	040	M	Seattle	
K	1	0203	03651	Pierce	M.E.	1898	Jul	15	056	F	DUCKABUSH	ENG
K	2	0213	16103	Pierce	Mary	1906	Mar	29	069	F	GEORGETOWN	ENG
K	2	0213	16799	Pierce	Mrs. J.D.	1906	Aug	30	029	F	Seattle	IA
K	1	0204	04258	Pierce	P. McClelland	1899	Apr	08	023	F	Seattle	
K	2	0211	14758	Pierce	S. T.	1905	Jun	30	027	M	GEORGETOWN	TX

S R	PG	REC	LASTNAME	FIRSTNAME	DETH	MN	DT	AGE	S	DEATHPLACE	BIRTH
K 1	0202	01981	Pierce	Samuel	1895	Dec	09	064	M	BALLARD	OH
			Pierson		1902	Oct			F	Renton, WA	sme
			Pierson		1902	Jan			F	Gen. Hosp.	IL
			Pierson		1903	Jun			M	King Co. Hosp.	NRY
K 1	0205	04401	Pierson	Elenor	1899	Jun	09	5MO	F	Seattle	SEA
K 1	0203	02998	Pierson	George	1897	Oct	30	4MO	M	2115 3RD AVE.	WA
K 1	0202	02233	Pierson	Ida C.	1896	May	05	041	F	Seattle GEN HOSP.	SWD
K 1	0203	02999	Pierson	Lillian	1897	Oct	31	4MO	F	2115 3RD AVE.	WA
K 1	0205	04947	Pierson	Wm.	1900	Feb	15	063	M	Seattle	PA
K 1	0202	01929	Piggett	Baby	1895	Sep	27	8DA	F	FREMONT	SEA
K 1	0202	02768	Pike	Harvey L.	1897	May	23	056	M	PROV. HOSP.	
K 1	0203	03508	Pike	S.D.	1898	Apr	27		M		
K 1	0202	02657	Pike	Wm.	1897	Feb	25	077	M	311 MARIAN	
			Pills		1900	Nov			M	Ballard	IL
			Pills		1902	Aug			F	Ballard	sme
K 2	0214	18099	Piloix	Noel	1907	Mar	20	076	M	Seattle	FRN
			Pilot		1902	Dec			M	Prov. Hosp.	AUS
			Pinches		1901	Mar			F	Seattle	IA
K 2	0209	13272	Pinckney	Infants (Twins M & F)	1904	Aug	22	000	B	722 7TH AVE SO	WA
			Pine		1902	Dec			F	1910 4th Ave.	NY
K 1	0201	01805	Pine	Samuel	1895	Dec	09	069	M	BALLARD	OH
			Pingru		1901	Mar			F	S. G. Hospital	WLS
			Pinin		1902	Jan			F	618 Dexter Ave	BC
K 1	0200	00089	Pinkerton	Baby	1891	Aug	24	1MO	F	Seattle	SEA
K 1	0204	03746	Pinkerton	C.A.	1898	Sep	25	067	F	NOVELTY, WA	PA
K 2	0212	15224	Pinkston	Wm. Mck.	1905	Sep	27	063	M	Seattle	MO
K 2	0210	13833	Piper	Andrew W	1904	Nov	11	076	M	1523 BOREN AVE	GER
K 1	0205	04591	Piper	Wm. Girard	1899	Sep	20	068	M	Seattle	
K 2	0210	13847	Pistoretti	Alexander	1904	Dec	19	001	M	BLACK DIAMOND	WA
K 1	0205	05179	Pitcher	Chas. R.	1900	Apr	24	040	M	Seattle	SEA
K 2	0215	18580	Pitchferd	Leroy E	1907	May	02	001	M	Seattle	WA
K 1	0203	03348	Pitlow	Adolph	1898	Apr	14	037	M	ISSAQUAH	FRN
			Pitman		1901	Mar			M	Seattle	MI
			Pitman		1903	Apr			F	1248 Occidental Ave.	---
K 1	0202	02376	Pitman	Rubie	1896	Sep	02	019	M	AUBURN	OR
K 2	0214	17882	Pitner	Mary	1907	Feb	12	040	F	Seattle	TX
K 2	0214	17545	Pittman	Benj F.	1907	Jan	17	075	M	KENT	OH
K 2	0211	14940	Pitts	Enrie	1905	Jul	17	001	F	BALLARD	MO
K 2	0210	13844	Pixley	Claude V	1904	Nov	11	035	M	2346 57TH N	IL
K 1	0204	04202	Pixlie	Wm. E.	1899	Mar	22	043	M	Seattle	
			Place		1901	Oct			M	1116 East John	Sea
K 1	0200	00093	Place	J.H.	1891	Oct	06	031	M	Seattle	MA
K 1	0201	01723	Plachy	Ada	1895	Jul	22	026	F	2211 YESLER AVE.	IA
K 1	0206	05375	Plaeging	Edw. H.	1900	Jul	12	5MO	M	Seattle	WA
K 1	0202	02699	Planck	Wm. H.	1897	Mar	28	062	M	418 BROOK ST.	IL
			Plank		1903	Apr			M	King Co. Hosp.	NY
K 1	0205	05101	Plano	Amelia	1900	Apr	28	007	F	B. DIAMOND	BD
K 1	0201	01202	Plano	Richard	1894	Oct	01	007	M	BLK DIAMOND	ITL
K 2	0215	18196	Plant	Eliza F.	1907	Mar	18	075	F	BALLARD	CND
K 1	0200	00077	Plase	Olive	1891	Sep	20	002	F	MUCKELTEO	TAC
K 2	0211	14757	Plaster	Philip D.	1905	Jun	30	056	M	Seattle	NY
K 2	0208	12451	Plate	Jessie Kenney	1904	Feb	25	019	F	PORT BLAKELY	WI
K 1	0201	01806	Plato	C.	1895	Nov	18	068	M	EDMONDS	NRY
			Platt		1901	Feb			F	General Hosp.	IA
			Platt		1903	Jun			M	King Co. Hosp.	NY
K 2	0211	14755	Platt	Margaret T.	1905	Jun	22	020	F	COLUMBIA	TX
K 2	0208	11661	Platt	Wm.	1903	Aug	14	056	M	COL ST.	IRL
			Plimpton		1901	Sep			F	2604 West Ave.	ME
			Plough		1901	Feb			M	Seattle	DNK
			Plough		1903	Apr			F	722 7th Ave. S.	DNK
			Plum		1902	Dec			F	609 Weller	NY
K 1	0203	03509	Plum	T.A.	1898	May	17	001	M	Seattle	SEA
K 2	0210	14036	Plumb	Infant	1905	Jan	16	000	F	322 HOWARD AVE NO	WA

S	R	PG	REC	LASTNAME	FIRSTNAME	DETH	MN	DT	AGE	S	DEATHPLACE	BIRTH
K	1	0203	03221	Plumb	John	1898	Feb	06	018	M	Seattle	SEA
K	2	0212	15743	Plumb	Mayne	1906	Jan	21	054	M	Seattle	KY
K	2	0209	13274	Plumer	Fannie M	1904	Aug	26	041	F	MONAD HOSP	NE
				Plummer		1901	Sep			F	1316 Howell	Sea
				Plummer		1902	May			F	1316 Howell	Sea
K	2	0210	13473	Plummer	Alfred E	1903	Jul	16	022	M	KIRKLAND	WA
K	1	0204	03651	Plummer	G.L.	1898	Jul	16	5MO	F	Seattle	SEA
K	2	0214	17544	Plummer	Robert R	1906	Dec	23	024	M	Seattle	WA
K	2	0214	17883	Plummer	Sarah J.	1907	Feb	13	082	F	Seattle	VT
K	2	0210	14193	Plunckett	Walter T.	1905	Feb	08	033	M	2302 4TH AVE	CA
K	1	0206	05276	Plunkett	Edw.	1900	May	14	062	M	Seattle	ENG
K	2	0210	13575	Pnariea	Infant	1904	Oct	02	000	M	YORK STATION	WA
K	2	0209	13351	Pobor	John	1904	Sep	02	063	M	PROV HOSP	AUS
				Poff		1901	Jul			-	---	---
K	2	0213	16112	Pogge	Elsie E	1906	May	09	01M	F	BALLARD	WA
K	1	0205	04878	Pohlman	Charles	1900	Jan	30	035	M	Seattle	
K	2	0214	18096	Poinier	Marvle A.	1907	Mar	04	006	F	Seattle	WA
K	2	0215	18810	Poirer	Chas. A.	1907	Jun	07	035	M	Seattle	MT
				Poirier		1902	Nov			F	(n.r.) 213 3rd St.	CND
				Poiririer		1902	Oct			M	Prov. Hosp.	Sea
K	1	0200	00858	Pokany	Beatrice	1894	Mar	30	010	F	COR FRONT & SENECA	AUS
K	2	0211	15122	Polas	August	1905	Apr	30	034	M	GEORGETOWN	FIN
K	1	0202	01934	Polinquin	James	1895	Dec	24	026	M	SEA GEN HOSP.	MA
K	2	0214	18100	Pollard	Arthur H.	1907	Mar	21	022	M	Seattle	WI
K	2	0211	14620	Pollard	Infant	1905	May	31		M	Seattle	WA
K	2	0208	11663	Polley	C.A.	1903	Aug	11	020	M	MONOD HOSP	
K	1	0205	04470	Polley	Idah May	1899	Jul	19	040	F	PROV. HOSP.	IA
K	1	0203	03153	Polley	Moses	1898	Jan	11	082	M	Seattle	ME
				Pollock		1901	May			M	Seattle	USA
				Pollock		1901	Jul			M	Seatle	IRL
K	1	0203	02769	Pollock	James	1897	May	29	075	M	520 MAIN ST.	SCT
K	1	0205	04430	Polsen	Halldor	1899	Jun	26	060	M	Seattle	ICE
				Polson		1901	Feb			M	Seattle	SWD
K	2	0213	17046	Polson	Frecilla	1906	Sep	18	057	F	PRATT POINT	VT
K	2	0210	14196	Polson	Loren C.	1905	Feb	18	005	M	21ST AVE & JEFFERSON ST	WA
K	1	0203	02816	Pomeroy	Haley	1897	Jun	18	031	M	SEA. GEN. HOSP.	
K	1	0205	04728	Pomeroy	J.T.	1899	Nov	21	070	M	Seattle	
K	2	0213	16402	Pomeroy	Stanley	1906	Jun	08	022	M	BALLARD	WA
K	2	0213	16019	Pomeroy	Wilber D	1906	Mar	25	044	M	Seattle	VT
K	2	0214	17879	Pomerue	Melvin	1907	Feb	05	034	M	Seattle	OH
				Pond		1903	Jun			F	Ft. Steilacoom	CND
K	1	0206	05361	Pond	Andrew J.	1900	Jun	12	062	M	BALLARD	NY
K	2	0208	11933	Ponessa	Mary	1903	Oct	28	1MO	F	809 LANE ST	WA
				Ponks		1902	May			F	925 Yakima Ave.	Sea
				Pontius		1902	Mar			F	1262 Denny Wy	OH
K	2	0213	16660	Pontius	Lincoln H.	1906	Jul	24	046	M	Seattle	WA
K	2	0209	13275	Pony	Myrtle Christina	1904	Aug	27	000	F	419 YESLER WAY	WA
				Pool		1902	Feb			M	King Co. Hosp.	CA
				Poole		1901	Apr			M	Seattle Gen. Hosp.	SWD
K	2	0213	16962	Poole	Allen	1906	Sep	28	068	M	Seattle	ENG
K	2	0213	16796	Poole	Della F.	1906	Aug	25	051	F	Seattle	
K	2	0213	16798	Poole	Louis	1906	Aug	28	061	M	Seattle	SWD
K	1	0204	03974	Poole	Wm. W.	1898	Dec	08	072	M	Seattle	SEA
K	2	0215	18814	Poolton	Ernest J. W.	1907	Jun	23	015	M	Seattle	ENG
				Poortolet		1901	Oct			F	Ballard	sme
K	2	0209	13424	Pope	Maria E	1904	Sep	27	050	F	4036 6TH AVE N.E.	TN
K	1	0200	00442	Pople	Harry	1892	Dec	29	028	M	SOUTH PARK	
K	2	0210	14353	Popovitch	Elizabeth	1905	Mar	26	028	F	Seattle	HUN
K	2	0211	14488	Popovits	Frank	1905	Apr	16	3MO	M	Seattle	WA
K	1	0202	02422	Poppen	Edw.	1896	Sep	04	063	M	PROV HOSP	
				Porter		1901	Dec			M	1st & Bell	USA
				Porter		1902	Jan			M	712 Beacon Pl.	sme
				Porter		1902	Apr			M	Prov. Hosp.	WI

S R	PG	REC	LASTNAME	FIRSTNAME	DETH MN	DT	AGE	S	DEATHPLACE	BIRTH
			Porter		1902 Oct			M	Auburn, WA	IRL
K 1	0203	03311	Porter	A.C.	1898 Mar	16	053	M	WELLINGTON	PA
K 2	0213	16794	Porter	Clarence A.	1906 Aug	15	5MO	M	Seattle	WA
K 1	0206	05428	Porter	H.H.	1900 Jul	24	057	M	Seattle	PA
K 1	0202	02235	Porter	Infant	1896 Jul	09		F	AUBURN	AUB
K 2	0212	15606	Porter	Isaac W	1905 Dec	27	068	M	Seattle	PA
K 2	0209	12999	Porter	John Duncan	1904 Jun	22	020	M	PROV HOSP	OR
K 2	0214	17651	Porter	Medora A	1907 Jan	20	052	F	Seattle	ME
K 2	0210	14032	Porter	Melissa	1905 Jan	03	060	F	RENTON	PA
K 1	0206	05716	Porter	Nancy May	1900 Sep	01	028	F	PROV. HOSP.	PA
K 1	0201	01352	Porter	Ray E.	1894 Nov	24	5MO	M	PARK AVE.	SEA
K 2	0214	17326	Porterfield	T.J.	1906 Nov	30	085	M	Seattle	
K 2	0213	16505	Porth	Elma M	1906 Jun	09	022	F	Seattle	OR
K 2	0215	18322	Portley	Infant	1907 Apr	03	000	M	Seattle	WA
			Posahack		1902 Nov			M	102 W. 39	Sea
K 2	0208	12048	Post	Hanna (Miss)	1903 Nov	04	057	F	401-47-DAYTON	IN
K 1	0203	02997	Pott	Infant	1897 Oct	20		M	BALLARD	WA
			Potter		1901 Jan			M	Seattle	VT
			Potter		1902 Oct			F	120 Fairview Ave.	IRL
K 2	0213	16960	Potter	Calvin A.	1906 Sep	20	3MO	M	Seattle	WA
K 2	0213	16253	Potter	Dorothy	1906 Apr	12	002	F	COLUMBIA	WA
K 1	0200	00005	Potter	E.C.	1891 Jul	10		M	NEAR SMITH'S COVE	UNK
K 1	0205	05155	Potter	Fanny	1900 Apr	09	090	F	Seattle	CAN
K 2	0212	15915	Potter	Infant	1906 Feb	17	01D	F	Seattle	WA
K 2	0211	14617	Potts	Florence	1905 May	15	004	F	Seattle	WA
K 2	0210	14195	Potts	John	1905 Feb	13	020	M	Seattle GENL HOSP	MN
K 2	0209	12825	Pou	Gelia	1904 Apr	09	080	M	WASH. & 4TH AVE.	CHN
K 1	0205	05026	Poulson	N.H.	1900 Mar	18	057	M	Seattle	NRY
			Powell		1901 Dec			F	515 Seneca	NY
			Powell		1903 May			M	Seattle Gen. Hosp.	PA
K 1	0200	00932	Powell	B.B.	1894 Apr	09	042	M	MAYO PLACE	NY
K 1	0203	03222	Powell	Horvell	1898 Feb	14	016	M	Seattle	WA
K 2	0208	11805	Powell	James	1903 Sep	09	034	M	RENTON	PA
K 1	0200	00615	Powell	Janie Amelia	1893 Aug	23	10M	F	Seattle	SEA
K 2	0209	12641	Powell	Jessie	1904 Apr	06	046	M	KING CO. HOSP.	CA
K 1	0200	00734	Powell	M. Matilda Mrs	1894 Jan	16	060	F	GILMAN	ENG
K 1	0206	05214	Powell	M.E.	1900 May	03	052	F	Seattle	OH
K 2	0214	17653	Powell	Ruth H	1907 Jan	27	018	F	Seattle	WLS
K 2	0213	16856	Powell	Sarah C.	1906 Aug	22	060	F	SOUTH PARK	OH
K 2	0213	16202	Power	Sarah H	1906 Apr	20	036	F	Seattle	CND
			Powers		1902 Aug			F	1216 Weller St.	PA
K 2	0214	17457	Powers	Albertes	1906 Dec	27	001	F	Seattle	WA
K 1	0205	04910	Powers	David	1900 Mar	14	064	M	PALMER, WA	SC
K 2	0212	15603	Powers	David	1905 Dec	04	055	M	Seattle	
K 2	0209	12827	Powers	David	1904 Apr	28	067	M	WAYSIDE MISSION	NAM
K 2	0209	13375	Powers	Edward	1904 Sep	11	4MO	M	2403 E HOWELL ST	WA
K 1	0206	05543	Powers	Edward J.	1900 Jun	19	049	M	NOME, AK	
K 2	0209	13268	Powers	Mary	1904 Aug	03	014	F	GEORGETOWN	CA
K 2	0215	18682	Powers	Peter	1907 Jun	27	049	M	GEORGETOWN	IRL
K 2	0209	13368	Poynter	Jessie	1904 Sep	09	002	M	20TH AVE & BAY VIEW	WA
K 1	0203	03310	Practor	Gardner	1898 Mar	15	070	M	KING CO.	
K 1	0205	04450	Prather	Lewis	1899 Jul	05	060	M	PROV. HOSP.	
K 1	0205	04345	Prather	Nellie M.	1899 May	12	012	F	Seattle	
			Pratt		1901 May			F	Brooklyn	WA
			Pratt		1901 Aug			M	Gen. Hosp.	ENG
			Pratt		1903 Feb			M	1415 35 Ave.	SCT
K 1	0200	00662	Pratt	A.E.	1893 Nov	14	045	M	NEAR KENT WA	
K 2	0210	13570	Pratt	Alida G	1904 Oct	16	026	F	4311 - 12TH AVE NE	OR
K 1	0200	00228	Pratt	Lodenna	1892 Jan	30	035	F	Seattle	
K 2	0210	13571	Pratt	M.E.	1904 Oct	16	036	F	3622 WOODLAWN AVE	WI
K 1	0202	02521	Pratt	Marie	1896 Nov	16	003	F	PROV. HOSP.	SEA
K 1	0203	02815	Pratt	Phlegminy	1897 Jun	18	047	M	506 20TH AVE.	IL
K 2	0208	11662	Pratt	R.A.	1903 Aug	01	024	M	PROV. HOSP.	OR

S R PG REC	LASTNAME	FIRSTNAME	DETH MN DT AGE	S	DEATHPLACE	BIRTH
K 1 0200 00454	Pratt	Ruth Elizabeth	1893 Jan 06 9MO	F	Seattle	SEA
K 1 0201 01794	Pratt	Walter	1895 Sep 02 004	M	FREMONT	SEA
K 2 0212 15223	Pray	Minnie C.	1905 Sep 23 039	F	Seattle	SWD
	Preator		1901 Dec	-	Interbay	ENG
K 2 0211 14672	Prech	Julius	1903 Oct 08	M	FRANKLIN	
K 2 0211 14983	Preciadoo	Malelia	1905 Aug 13 027	F	GEORGETOWN	MEX
K 2 0209 12643	Prentice	Alexander	1904 Mar 26 057	M	SO. PARK	SCT
K 2 0209 12584	Prentice	Alexander	1904 Mar 26 057	M	SO. PARK	SCT
K 1 0201 01117	Prentice	Arthur	1894 Jul 04 036	M	RIVER PARK	WI
K 2 0215 18581	Prentice	Louis N	1907 May 06 027	M	Seattle	WI
K 2 0215 18809	Prentiss	Joseph L	1907 Jun 01 065	M	Seattle	NY
K 2 0209 12828	Presby	Eliza	1904 Apr 28 055	F	KING CO HOSP	MA
K 1 0203 03573	Prescott	N.D.	1898 Jun 16 037	F	Seattle	
K 2 0215 18813	Presho	Robert	1907 Jun 23 062	M	Seattle	WI
K 1 0201 01176	Pressemier	Walter	1894 Aug 05 027	M	912 2ND ST.	SEA
K 2 0215 18584	Prestley	Richard P	1907 May 22 056	M	Seattle	ENG
K 2 0211 14355	Presto	Infant	1905 Mar 29 17D	F	Seattle	WA
	Preston		1902 Aug	F	Ballard	IL
	Preston		1903 Apr	M	1243 5th Ave. N.	ME
K 2 0213 16506	Preston	Annie	1906 Jun 11 040	F	Seattle	PA
K 2 0212 15740	Preston	Comelia M	1906 Jan 17 070	F	Seattle	NY
K 2 0214 17182	Preston	Edward L.	1906 Oct 14 053	M	Seattle	IL
K 2 0211 14754	Preston	Infant	1905 Jun 14	F	Seattle	WA
K 1 0203 03507	Preston	M.H.	1898 May 23 029	M	Seattle	
K 1 0200 00986	Preston	Neamiah	1894 May 13 072	M	1900 9TH ST. COR STEWART	
K 1 0205 04973	Preston	Walter H.	1900 Feb 26 8MO	M	BALLARD	BAL
	Pretasky		1900 Dec	F	Ballard	sme
K 1 0201 01802	Pretchard		1895 Nov 02 2MO	M	BLACK DIAMOND	DO
K 2 0211 14892	Preuger	R.	1905 Jul 20 055	M	RICHMOND	
K 2 0208 11934	Prevel	Mrs. Eliz M.	1903 Oct 23 073	F	1417 16TH AVE SO.	NJ
K 1 0202 02249	Prevost	Marian G.	1896 Jun 26 029	F	VICTORIA, B.C.	IRL
	Price		1902 Apr	M	1313 Franklin Ave.	Sea
K 2 0208 12210	Price	Addie W.	1903 Dec 28 071	F	219 1ST AVE NO.	VA
K 1 0205 04415	Price	Baby	1899 Jun 16 6DA	F	Seattle	SEA
K 2 0209 13130	Price	Elkana B	1904 Jul 25 053	M	523 SENECA	IL
K 2 0212 15920	Price	Infant	1906 Feb 27 000	F	Seattle	WA
K 1 0203 02817	Price	J.V.	1897 Jun 29 057	M	DUWAMISH	KY
K 1 0205 04874	Price	Margurite	1900 Jan 29 040	F	Seattle	WLS
K 1 0204 04073	Price	Thomas	1899 Jan 18 055	M	BLK. DIAMOND	WLS
K 1 0205 04636	Prichard	Chas. M.	1899 Oct 05 056	M	Seattle	OH
K 1 0203 02895	Prichard	D.M.	1897 Aug 03 046	F	Seattle	IL
K 1 0203 03101	Prichett	Mary J.	1897 Dec 07 036	F	BRIGHTON BEACH	NY
K 2 0210 14349	Pride	Emma J	1905 Mar 01 059	F	Seattle	PA
	Prieat		1902 Mar	F	Seattle Gen. Hosp.	ME
K 1 0200 00855	Priel	Thomas	1894 Jan 30 035	M	BET 6TH & 7TH YESLER & WASH	
K 2 0210 14035	Priest	John	1905 Jan 14 067	M	KING CO HOSP	IRL
K 1 0205 05191	Priestly	A.	1900 Apr 30 017	M	Seattle	CAN
K 2 0215 18683	Prill	Martain	1907 Apr 21 084	M	GEORGETOWN	GER
	Primrose		1903 Apr	F	Sea. Gen. Hosp.(Pt.Twnsend)	WA
K 1 0203 02896	Primrose	C.F.	1897 Aug 07 023	M	PROV. HOSP.	
K 1 0206 05240	Primrose	W.H.	1900 May 31 036	M	GALBRAITH DOCK	WA
	Prince		1903 Apr	M	1211 E. Olive St.	Sea
K 2 0210 13849	Prince	Edward	1904 Dec 21 070	M	209 LOT A NO	CND
K 1 0206 05715	Prince	Mildred M.	1900 Sep 23 5MO	F	PROV. HOSP.	WI
K 2 0210 14348	Priner	Infant	1905 Feb 27	M	Seattle	WA
K 1 0205 04562	Prinince	Peter J.	1899 Sep 02 071	M	PROV. HOSP.	
	Printice		1902 Apr	-	South Park	WI
K 2 0215 18326	Prior	Frederick G.	1907 Apr 18 025	M	Seattle	MA
	Pritchard		1901 Dec	M	Blk. Diamond	sme
	Pritchard		1901 Dec	M	Blk. Diamond	BDi
K 1 0202 02133	Pritchard	Joe	1896 Apr 27 031	M	BLK DIAMOND	PA
K 1 0200 00944	Pritchard	John	1894 May 21 080	M	BLACK DIAMOND	PA
K 2 0208 11804	Pritchard	Mary F.	1903 Sep 07 032	F	1821 13 AVE.	IL

S R	PG	REC	LASTNAME	FIRSTNAME	DETH	MN	DT	AGE	S	DEATHPLACE	BIRTH
K 1	0204	03726	Pritchart	R.	1898	Sep	05	008	M	KINNEAR	SEA
			Probert		1903	Apr			M	King Co. Hosp.	---
			Probst		1900	Nov			F	Georgetown	ENG
K 2	0208	11525	Probst	August	1903	Jul	11	018	M	1016 MAINE ST	WA
K 1	0204	03955	Probst	Maggie	1898	Nov	30	004	F	BLK DIAMOND	BD
K 1	0200	00854	Probst	William	1894	Jan	07	019	M	PRESCOTT, AZ	
			Proctor		1902	Nov			M	Snohomish	---
K 1	0204	03875	Proctor	Baby	1898	Oct	05		F	Seattle	SEA
K 1	0200	00857	Prodel	Hypolyte	1894	Mar	19	045	M	421 1/2 JACKSON ST.	
K 2	0208	12580	Prosch	Genevieve	1904	Mar	11	019	F	621 9TH AVE	NY
K 2	0210	13845	Prothero	Edward F	1904	Nov	12	10M	M	535 FAIRVIEW AVE	WA
K 2	0210	13572	Prothero	Willie	1904	Oct	24	003	M	2104 DEXTER AVE	WA
K 1	0202	0246-	Prothers	Lillian	1896	Oct	16	2MO	F	DEXTER & HARRISON STS.	
K 1	0205	04592	Prothey	Elmace	1899	Sep	20	2MO	M	Seattle	SEA
K 2	0214	17454	Provine	Albert G.	1906	Dec	19	057	M	Seattle	IL
			Provost		1902	Aug			M	Prov. Hosp.	CND
K 2	0210	13846	Pruhs	Peter	1904	Nov	14	042	M	PROV HOSP	
K 1	0204	04130	Prunty	Patrick	1899	Feb	11	040	M	Seattle	IRL
			Prust		1902	Mar			M	King Co. Hosp.	FIN
			Puckon		1901	May			M	Ballard	WA
K 1	0200	00636	Pugh		1893	Sep	29	5MO	M	FRANKLIN	WA
K 1	0201	01072	Pugh	John T.	1894	Aug	24	029	M	FRANKLIN	
K 1	0206	05205	Pulley	W.O.	1900	May	24	049	M	WASH	IL
K 1	0204	04272	Purcell	B.F.	1899	Apr	11	058	M	Seattle	
K 2	0211	15138	Purcell	Hugh	1905	Sep	15	032	M	GEORGETOWN	WI
			Purdy		1901	Nov			M	Main & Sd	MN
K 1	0204	04210	Purdy	Baby	1899	Mar	25	10D	M	Seattle	SEA
K 2	0214	17320	Purdy	Harry R.	1906	Sep	25	020	M	Seattle	MI
K 2	0212	15638	Purdy	Mary	1905	Dec	22	079	F	KING CO	NY
K 2	0212	15918	Purdy	N R	1906	Feb	25	049	M	Seattle	CND
K 2	0209	12642	Purdy	Victory	1904	Jan	21	071	M	AUBURN, WA	NY
K 2	0210	14041	Purkeypile	Annie	1905	Jan	24	058	F	JOHNSON'S WHARF	NY
K 2	0212	15473	Purkeypile	David H	1905	Nov	28	035	M	Seattle	OH
			Purkkegfile		1901	Sep			M	Seattle	Sea
			Purvell		1902	Jul			F	Seattle	LA
K 1	0203	02996	Pusey	Virgil A.	1897	Oct	10	044	M	YESLER	
K 2	0211	14752	Pusich	Spiro	1905	Jun	01	038	M	Seattle	AUS
K 1	0205	05153	Pussy	N.A.	1900	Apr	11	078	F	Seattle	ME
K 2	0210	14194	Pust	Edyatt Tnd.	1905	Feb	09	6MO	M	1526 19TH AVE	WA
			Putman		1898	Dec			M	Ballard	ONT
			Putman		1902	Jun			F	Seattle	
K 1	0200	00192	Putnam	Ellis	1892	Jan	27	046	M	GILMAN	NY
K 2	0213	16797	Putnam	Rosa	1906	Aug	26	034	F	Seattle	MN
K 1	0204	04027	Putnam	S. Grant	1898	Dec	26	034	M	BALLARD	ONT
K 1	0201	01026	Putran	Harry	1894	Jun	19	6MO	M	2106 3RD ST.	SEA
K 1	0201	01027	Putran	Hellen	1894	Jun	24	7MO	F	2106 3RD ST.	SEA
			Puttnam		1902	May			M	802 2nd Ave. N.	sme
K 2	0215	18811	Pydee	Louis (or Casey)	1907	Jun	19	033	M	Seattle	GER
K 2	0215	18585	Pye	H. J.	1907	May	27	050	M	Seattle	
K 1	0201	01655	Pyle	Emily	1895	May	15	005	F	PROV. HOSP.	WA
K 2	0209	13449	Pyle	Lasthenia	1904	Sep	14	036	F	PROV HOSP	ENG
K 1	0200	00100	Pyper	Iva Julia	1891	Oct	12	001	F	Seattle	SEA
			Qaurtsman		1896	Dec			F	Bothell	SME
			Quackenbush		1895	Apr			M	Seattle	---
			Quade		1902	Mar			M	2613 1st Ave.	GER
			Quadn		1898	Sep			M	Seattle	FRN
			Quaffe		1901	Dec			F	1411 1/2 First Ave.	USA
K 2	0217	15921	Quale	Julia	1906	Feb	15	079	F	Seattle	WA
K 2	0217	12829	Quam	Infant	1904	May	02	000	M	62 MAIN ST	WA
K 2	0217	16363	Quammen	Anna	1906	May	24	011	F	Seattle	WI
K 2	0217	17459	Quandt	Benjamin F	1906	Dec	29	020	M	Seattle	WI
			Quast		1902	Sep			M	S.S. Senator	GER
			Quast		1894	Sep			F	910 14th St.	---

S	R	PG	REC	LASTNAME	FIRSTNAME	DETH	MN	DT	AGE	S	DEATHPLACE	BIRTH
K	2	0217	18103	Quesnell	Eleanor	1907	Mar	31	03M	F	Seattle	WA
K	2	0217	18104	Quesnell	Evelyn	1907	Mar	31	03M	F	Seattle	WA
K	2	0217	11811	Quette	Mrs. Cecelia	1903	Sep	06	027	F	BALLARD	CND
K	2	0217	14042	Quick	Katherine	1905	Jan	02	050	F	1108 5TH AVE	NY
				Quig		1901	Aug			M	Seattle	SCT
K	2	0217	16204	Quigley	Lester	1906	Apr	30	001	M	Seattle	WA
K	2	0217	16020	Quigley	Mary E	1906	Mar	08	064	F	Seattle	IRL
				Quilter		1894	Dec			F	Prov. Hosp.	MN
K	2	0217	13277	Quimby	Charlie	1904	Aug	04	024	M	409 E OLIVE	WA
K	2	0217	17885	Quin	Lum	1907	Feb	21	045	M	Seattle	CHN
				Quinby		1903	Apr			M	Prov. Hosp.	NY
K	2	0217	18198	Quinge	Bernice	1907	Mar	31	012	F	BALLARD	IA
K	2	0217	18439	Quinge	Clare	1907	May	17	002	F	BALLARD	SD
				Quinlan		1902	Jan			F	318 5th Ave.	Sea
				Quinlan		1902	Jun			M	Seattle	Sea
				Quinlin		1898	Mar			F	Seattle	OH
				Quinn		1893	Dec			M	Prov. Hosp.	VA
				Quinn		1896	Dec			M	Near WA Iron Works	IRL
				Quinn		1902	Oct			M	413 Main St.	IRL
				Quinn		1902	Apr			-	Prov. Hosp.	---
				Quinn		1902	Mar			F	King Co. Hosp.	WA
				Quinn		1901	Jan			F	Seattle (Fremon	WA
				Quinn		1893	Sep			M	Corner Yakima & Baxter	Sea
				Quinn		1900	Jan			F	Seattle	WA
				Quinn		1898	Aug			F	Seattle	Sea
K	2	0217	11812	Quinn	Ellen B	1903	Sep	01	024	F	618 SPRING ST	PA
K	2	0217	11665	Quinn	James Arthur	1903	Aug	18	030	M	618 SPRING	PA
K	2	0217	14896	Quinn	James L	1905	Jul	15	06M	M	Seattle	WA
K	2	0217	13851	Quinn	Mary A	1904	Nov	24	057	F	2306 4TH AVE	SCT
K	2	0217	14895	Quinn	Mike	1905	Jul	01	049	M	Seattle	
K	2	0217	18197	Quinn	Patrick	1907	Mar	23	086	M	SOUTH PARK	IRL
				Quintella		1902	Mar			M	G. N. Lodg Hs.	SPN
				Quinville		1896	Dec			F	Gilman	ENG
				Quitt		1900	Nov			F	Seattle	MI
				Quogliotti		1900	Jan			F	Seattle	ITL
				Quong		1901	May			M	Seattle	CHN
				Race		1893	Aug			M	108 Stewart St. (Pt.Gamble)	WA
K	2	0221	14198	Race	Maggie	1905	Feb	06	026	F	PROV HOSP	KS
				Rackstraw		1894	Oct			F	Children's Hosp.	ENG
K	2	0220	13425	Rader	Dora	1904	Sep	12	071	F	511 THOMAS ST	GER
K	2	0220	12843	Radford	Baby	1904	May	20	13D	F	4115 EVANSTON AVE	WA
K	2	0221	14495	Radford	Francis W	1905	Apr	26	062	M	Seattle	ENG
K	2	0225	17469	Radford	Margaret L.	1906	Dec	27	018	F	Seattle	CND
				Radian		1895	Jul			F	3105 Jackson	MI
				Rae		1903	Jan			F	1342 18th Place	Sea
K	2	0223	16365	Rafferty	Infant	1906	May	03	01D	M	Seattle	WA
				Rafter		1900	Feb			M	Co. Hosp.	Amr
				Raggio		1900	Mar			F	Seattle	WA
K	2	0219	12059	Rahy	Infant	1903	Nov	02		F	FOOT CONNECTICUT ST	WA
				Raidel		1895	Jan			M	Fremont	PA
K	2	0226	18685	Raidic	W.	1906	Nov	16	030	M	GEORGETOWN	AUS
K	2	0226	18422	Raiman	Asari	1907	May	11	032	M	BALLARD	FIN
				Rainey		1903	Mar			M	Snoqualmie	MO
K	2	0222	14899	Rakstad	Ingeborg	1905	Jul	22	039	F	Seattle	NRY
				Ralston		1896	May			M	1210 1st Ave.	CND
K	2	0221	14046	Ralston	F W	1905	Jan	13	038	M	Seattle HOTEL	CA
				Ralstow		1892	Aug			M	Fremont	IN
				Ramage		1902	Dec			F	Ballard	NY
				Ramage		1902	Aug			M	Ballard	sme
				Ramage		1895	May			M	Fremont	CND
K	2	0219	12455	Ramas	Charles	1904	Feb	14	069	M	810 21ST AVE SO	SAM
				Ramboni		1902	Mar			M	2d S. & Chas.	ITL
K	2	0223	15613	Ramones	Infant	1905	Dec	30	01D	M	Seattle	WA

S R	PG	REC	LASTNAME	FIRSTNAME	DETH MN	DT	AGE	S	DEATHPLACE	BIRTH
K 2	0223	16367	Ramsay	Samuel	1906 May	12	081	M	Seattle	OH
K 2	0221	14101	Ramsck	John	1905 Feb	15	14D	M	BLACK DIAMOND	WA
			Ramsey		1898 Jun			F	So. Seattle	IL
			Ramsey		1902 Dec			F	728 10th Ave.	VA
			Ramsey		1902 May			M	Prov. Hosp.	IN
			Ramsey		1899 Oct			M	Seattle	OH
K 2	0221	14358	Ramsey	John	1905 Mar	19	036	M	GEORGETOWN	NZD
K 2	0219	12056	Ramsey	Walter H	1903 Nov	26	06M	M	1645 21ST AVE	WA
			Ramstead		1902 Jun			F	O'Brien	---
			Ran		1892 Nov			M	Seattle	Sea
			Randall		1891 Oct			F	Seattle	VT
			Randall		1900 Apr			F	Seattle	Sea
			Randall		1900 Aug			M	St. Valencia	ME
			Randall		1901 Jun			M	Seattle	NAm
K 2	0224	17332	Randall	Angeline S.	1906 Nov	19	069	F	Seattle	OH
K 2	0225	17463	Randall	Gilbert	1906 Dec	06	073	M	Seattle	NY
K 2	0220	13337	Randall	Julia A	1904 Aug	03	050	F	RENTON	NY
K 2	0222	14900	Randall	Sam	1905 Jul	23	026	M	Seattle	
			Randich		1900 Dec			M	Prov. Hosp.	AUS
K 2	0220	13279	Randick	Tonie	1904 Aug	12	000	M	BALLARD	WA
			Randolph		1900 Jun			F	Seattle	PA
K 2	0225	17888	Randolph	John H.	1907 Feb	18	25D	M	Seattle	WA
K 2	0225	17461	Raney	Augustus	1906 Dec	06	059	M	Seattle	MO
K 2	0225	17465	Raney	Jane	1906 Dec	13	075	F	Seattle	IL
K 2	0225	17656	Rangsa	Mand	1907 Jan	13	016	F	Seattle	NRY
			Rank		1898 Mar			M	Seattle	GER
			Ranke		1892 Nov			M	Seattle	GER
K 2	0224	16969	Ranke	Frederick O.	1906 Sep	23	030	M	Seattle	WA
			Rankin		1896 Jul			M	Genl. Hosp.	IRL
			Rankin		1898 May			M	Auburn	SCT
			Rankle		1892 Dec			M	Seattle	PA
			Ranli / Rauli		1900 Sep			M	Kent	FIN
			Ransom		1902 Jan			M	New Kamilchi	WA
			Ransom		1899 Oct			M	Seattle (Blakele	WA
K 2	0223	15529	Ransom	David W.	1905 Dec	29	077	M	BALLARD	NY
K 2	0225	17547	Ransom	Jasper	1906 Nov	14	016	M	NORTHRUP'S LODGE	OR
			Ransome		1903 Jun			M	1731 Melrose Ave.	MA
K 2	0219	12586	Rapp	Nicholas R	1904 Mar	08		M	WATERFRONT	WA
K 2	0225	17891	Rasahke	Mabel	1907 Feb	26	007	F	Seattle	WA
K 2	0220	13443	Raser	Laura	1904 Sep	02	017	F	Seattle GENL HOSP	OH
K 2	0220	12838	Rask	Peter	1904 Apr	12	040	M	PROV HOSP	SWD
K 2	0223	16023	Raskoff	J. H.	1906 Mar	05	048	M	Seattle	
			Rasmuson		1891 Oct			F	Seattle	Sea
			Rasmuson		1891 Oct			F	Seattle	Sea
			Rasmussen		1898 Aug			F	Seattle	DNK
			Rasmussen		1901 Nov			M	Interbay	sme
K 2	0222	15355	Rasmussen	Infant	1905 Oct	12	000	M	Seattle	WA
			Rath		1900 Nov			F	Seattle	OH
K 2	0222	14624	Rath	Annie	1905 May	30	050	F	Seattle	IRL
			Rathe		1896 Apr			M	Ballard	sme
			Rathmel		1902 Mar			M	2004 King St.	Sea
K 2	0225	18328	Ratkouch	Mato	1907 Apr	01	027	M	Seattle	AUS
			Rau		1898 Sep			M	Seattle	Sea
K 2	0220	13001	Rau	David	1904 Jun	03	030	M	2029 WESTERN AVE	KS
K 2	0226	18592	Rau	Infant	1907 May	27	000	F	Seattle	WA
K 2	0223	15609	Raub	Sarah	1905 Dec	14	044	F	Seattle	
K 2	0219	11668	Rauberg	Jennie R	1903 Aug	14	038	F	PROVIDENCE HOSP	KY
K 2	0221	14202	Rauk	Ella	1905 Feb	26	038	F	1912 2ND AVE N	WI
K 2	0223	16021	Rautavin	Antton	1906 Mar	02	036	M	Seattle	FIN
			Raven		1903 Mar			M	3628 Densmore St.	SD
			Raven		1903 Jan			F	Ballard	sme
K 2	0224	16371	Raven	Robert S.	1906 May	30	045	M	Seattle	NY
K 2	0222	14985	Ravens	Infant	1905 Aug	24	000	F	Seattle	WA

S	R	PG	REC	LASTNAME	FIRSTNAME	DETH	MN	DT	AGE	S	DEATHPLACE	BIRTH
K	2	0219	12057	Rawan	Sarah	1903	Nov	02	074	F	COLUMBIA	OH
K	2	0225	18108	Rawel	Alfred J.	1907	Mar	24	021	M	Seattle	CA
				Ray		1903	May			M	Prov. Hosp.	IN
				Ray		1891	Aug			M	Smith's Cove	---
K	2	0224	16970	Ray	Cary L.	1906	Sep	28	060	F	Seattle	IN
K	2	0223	15360	Ray	Edward B.	1905	Oct	26	063	M	Seattle	ENG
K	2	0221	14199	Ray	Frederick G	1905	Feb	17	037	M	1903 E DENNY WAY	CND
K	2	0223	15749	Ray	Infant	1906	Jan	28	03D	F	Seattle	WA
K	2	0219	12331	Ray	Mary Ann	1904	Jan	26	057	F	PROV HOSP	ENG
				Raybold		1891	Aug			M	Franklin	sme
K	2	0223	15476	Raycraft	Jas. W.	1905	Nov	26	056	M	Seattle	CND
				Raycroft		1903	Apr			M	Prov. Hosp.	WA
				Raymond		1902	Jul			M	Bothell	---
				Raymond		1899	Dec			F	Blk. Diamond	sme
				Raymond		1898	Sep			F	Seattle	---
K	2	0224	16967	Raymond	Annie	1906	Sep	17	031	F	Seattle	WA
K	2	0223	16207	Raymond	Eva	1906	Apr	13	02D	F	Seattle	WA
K	2	0221	14045	Raymond	Infant	1905	Jan	02	21D	F	523 YESLER WAY	WA
K	2	0223	15361	Raymond	Laura	1905	Oct	27	001	F	Seattle	WA
				Raynor		1895	Mar			F	Vashon, WA	sme
				Raynor		1900	Mar			F	Seattle	Sea
				Read		1897	Jul			F	Ballard	SWD
K	2	0220	13283	Read	Horace Greeley	1904	Aug	18	049	M	STEVENS HOTEL	PA
				Reade		1898	Aug			F	Seattle	Sea
				Readman		1897	Aug			M	Seattle Gen. Hosp.	SCT
				Reagan		1892	Jul			F	Seattle	Sea
K	2	0219	12055	Reanandy		1903	Nov	12	045	M	PROV HOSP	FRN
				Reans		1897	Apr			M	Sunnydale	---
				Reardon		1902	Apr			F	808 10th Ave.	MD
				Reardon		1891	Aug			F	Seattle	Sea
K	2	0221	13861	Reardon	Ellen	1904	Dec	12	043	F	Seattle GENL HOSP	ME
K	2	0226	18686	Reardon	John	1906	Dec	13	046	M	GEORGETOWN	CT
K	2	0222	14621	Reasoner	Tryphena N	1905	May	06	090	F	BALLARD	VT
				Reavy (?)		1899	Nov			M	Seattle	IRL
				Reay		1897	Oct			M	Prov. Hosp.	---
				Reber		1902	Dec			F	Nome	IA
				Reber		1901	Dec			F	281 Front Street, Nome AK	IA
K	2	0223	15611	Reckers	Camie S. B.	1905	Dec	20	044	F	Seattle	MA
K	2	0225	18329	Record	S. J.	1907	Apr	01	022	M	Seattle	WA
				Redding		1896	Jan			F	Seattle Gen. Hosp.	TX
K	2	0222	15227	Reddy	Richard	1905	Sep	20	037	M	Seattle	IRL
				Redick		1897	Oct			M	Ballard	OH
				Redick		1896	Feb			M	? McLane & O'Toole St.	---
				Redliger		1902	Jan			F	604 1/2 1st Ave. S.	GER
				Redman		1898	May			F	So. Seattle	Sea
				Redman		1898	Jun			F	So. Seattle	USA
				Redman		1898	Jun			F	So. Seattle	Sea
K	2	0222	14760	Redman	L E	1905	Jun	12	039	M	Seattle	PA
				Redmond		1899	Jun			M	Wellington	---
				Redmond		1899	Oct			M	Seattle	---
				Reece		1898	Feb			M	Renton	PA
				Reed		1900	Mar			M	King Co. Hosp.	IRL
				Reed		1901	May			M	Seattle	WV
				Reed		1897	Feb			M	Sullivan Blk.	---
				Reed		1899	Jul			M	Ballard	sme
				Reed		1895	Sep			F	Ballard	ME
				Reed		1900	Jul			M	Seattle	---
				Reed		1896	Feb			M	315 Box St.	OH
				Reed		1895	May			M	Gailor St.	sme
				Reed		1902	Nov			M	Seattle Gen. Hosp.	WA
				Reed		1899	Dec			M	Seattle	Sea
				Reed		1897	Aug			F	Seattle	---
K	2	0222	14496	Reed	Blanch E	1905	Apr	30	01D	F	Seattle	WA

S R PG REC	LASTNAME	FIRSTNAME	DETH MN	DT	AGE	S	DEATHPLACE	BIRTH
K 2 0224 16965	Reed	Charles R.	1906 Sep	15	058	M	Seattle	AUS
K 2 0225 17889	Reed	Herman W.	1907 Feb	23	035	M	Seattle	
K 2 0220 12837	Reed	Infant	1904 Apr	11	000	M	711 20TH SO	WA
K 2 0222 15266	Reed	Mitchell	1905 Oct	27	041	M	GEORGETOWN	LA
K 2 0223 16369	Reed	Thomas	1906 May	26	073	M	Seattle	WA
K 2 0221 13863	Reed	William	1904 Dec	25	042	M	713 MAYNARD AVE	ENG
	Reenan		1902 Mar			M	South Park	IRL
K 2 0220 12836	Reeplaeg	Chris	1904 Apr	11	013	M	PROV HOSP	SD
	Rees		1895 Jul			M	North Bend	OH
	Rees		1894 Dec			M	Seattle	USA
	Rees		1894 Dec			M	330 Orion St.	---
	Reese		1900 Jul			F	Seattle	---
	Reese		1892 Dec			M	Renton	sme
	Reese		1898 Apr			M	Wellington	---
K 2 0220 13577	Reese	Clara	1904 Oct	12	062	F	1810 BOYLSTON AVE	IA
K 2 0221 14201	Reese	Margaret	1905 Feb	25	065	F	RAVENSDALE	WLS
K 2 0221 13852	Reese	Margaret	1904 Oct	06	046	F	BLACK DIAMOND	GBR
	Reeve		1902 Dec			F	811 Madison	OH
	Reeves		1901 Nov			M	Seattle	IN
K 2 0219 11817	Reeves	Gladys Dorothea	1903 Sep	20	014	F	707 BELMONT AVE NO	WA
K 2 0220 13285	Reeves	Henry C	1904 Aug	29	034	M	2006 6 AVE	KY
	Regan		1898 Sep			M	Seattle	---
	Regan		1900 May			M	Seattle	MA
	Regan		1902 Jun			M	Seattle	IRL
K 2 0223 16027	Reger	Fred	1906 Mar	26	050	M	Seattle	
	Regonich		1901 Feb			M	Seattle	USA
	Reich		1895 Jan			F	707 Stewart St.	---
	Reich		1902 Mar			M	4th - Foot Pike & Pine	---
	Reichardt		1898 Nov			M	Seattle	---
K 2 0224 16513	Reichardt	Frederick E.	1906 Jun	21	049	M	Seattle	GER
	Reick		1901 Oct			F	703 24th Ave. S.	GER
	Reid		1901 Nov			F	Gen. Hosp.	IN
	Reid		1902 Dec			F	218 Fairview Ave.	IA
	Reid		1894 Oct			M	1st & John St.	---
K 2 0219 12457	Reid	Andrew	1904 Feb	15	045	M	WAYSIDE MISSION	SCT
K 2 0219 12458	Reid	Chas	1904 Feb	21	074	M	605 DENNY WAY	NY
K 2 0221 13859	Reid	Ethel D	1904 Nov	26	023	F	WEST Seattle	CND
K 2 0223 15745	Reid	George W.	1906 Jan	07	026	M	Seattle	CND
K 2 0226 18817	Reid	Infant	1907 Jun	19	000	M	Seattle	WA
K 2 0219 12454	Reid	James	1904 Feb	10	044	M	413 MAIN ST	
K 2 0221 14489	Reid	James P	1905 Apr	08	051	M	Seattle	IRL
K 2 0222 15078	Reid	John L	1905 Aug	06	066	M	Seattle	SCT
K 2 0220 13416	Reid	Mamie A	1904 Sep	24	017	F	511 MINOR AVE	WA
K 2 0219 11671	Reidy	M.A.	1903 Aug	22	021	M	BREMERTON, WA	IL
	Reik		1901 Dec			M	703 24th Ave. S.	GER
K 2 0223 16206	Reiley	William	1906 Apr	09	046	M	Seattle	NY
K 2 0225 17959	Reilley	John	1907 Feb	14	064	M	YOUNGSTOWN	IRL
	Reilly		1898 Feb			F	Seattle	WI
	Reilly		1894 Aug			M	921 Dearborn St.	---
	Reilly		1898 Feb			F	Seattle	Sea
K 2 0223 16025	Reilly	Catherine	1906 Mar	14	042	F	Seattle	WI
	Reis		1902 Jul			F	Van Asselt	sme
	Reis		1900 Nov			M	Ballard	sme
K 2 0222 14898	Reisen	Mabel	1905 Jul	15	09M	F	Seattle	WA
K 2 0225 17655	Reiss	Infant	1907 Jan	08	000	F	Seattle	WA
	Reitzig		1903 Jan			M	Green Lake	GER
	Relfe		1896 Jun			M	912 9th	MO
	Relfe		1899 ---			M	Alaska	---
	Relland		1896 Aug			M	Los Angeles	OH
K 2 0224 16510	Remaclus	Brother	1906 Jun	13	048	M	Seattle	BLG
K 2 0223 16026	Remer	C. K.	1906 Mar	17	065	M	Seattle	NY
K 2 0222 15358	Remer	G	1905 Oct	20	01M	F	Seattle	WA
K 2 0222 15228	Remer	Infant	1905 Sep	21		M	Seattle	WA

S R PG REC	LASTNAME	FIRSTNAME	DETH MN DT AGE S	DEATHPLACE	BIRTH
K 2 0226 18819	Remington	Joseph	1907 Jun 23 076 M	Seattle	VT
	Renchy		1894 Jun M	Duwamish	---
K 2 0225 18331	Reneau	T. Frank	1907 Apr 07 032 M	Seattle	MA
	Renicks		1892 Oct F	Franklin	NS
	Renshaw		1901 Dec M	815 Yakama	WI
	Renshaw (Father)		1903 Sep F	Vashon, WA	sme
	Renstrom		1900 Nov M	Seattle	SWD
K 2 0219 12589	Resler	Infnat	1904 Mar 23 M	WEST Seattle	WA
K 2 0220 13378	Retzman	M E C	1904 Sep 11 04M F	2227 14TH AVE W	WA
	Revelle		1902 May M	1117 Broadway	Sea
K 2 0219 11815	Revitta	Louisa	1903 Sep 07 018 F	822 21ST AVE SO	FRN
K 2 0224 17187	Rex	Milo O.	1906 Oct 21 048 M	Seattle	IN
	Rexford		1900 Aug F	Seattle	OH
	Reyburn		1900 May F	Seattle	MO
	Reynard		1895 Apr F	Mercer Island	sme
	Reynolds		1901 Aug M	City	ME
	Reynolds		1901 Apr M	Seattle	WA
	Reynolds		1900 Nov F	S. Seattle	CA
	Reynolds		1902 Jun M	Seattle	Sea
	Reynolds		1896 Jul M	Fremont	NY
	Reynolds		1902 Oct F	143 State St. (San Fran.)	CA
K 2 0224 16803	Reynolds	Charles	1906 Aug 25 03M M	Seattle	WA
K 2 0226 18687	Reynolds	Charles	1907 Jun 11 M	GEORGETOWN	
K 2 0225 17892	Reynolds	E. E.	1907 Feb 27 023 M	Seattle	
K 2 0221 14494	Reynolds	Ezra E	1905 Apr 26 057 M	Seattle	VA
K 2 0224 17331	Reynolds	Infant	1906 Nov 07 000 F	Seattle	WA
K 2 0219 11818	Reynolds	John	1903 Sep 27 057 M	KING CO HOSP	IRL
K 2 0221 14491	Reynolds	Mable H	1905 Apr 12 029 F	Seattle	MI
K 2 0219 12328	Reynolds	Mary (Mrs)	1904 Jan 08 040 F	VICTORIA, B.C.	WI
K 2 0225 18106	Reynolds	Sarah A.	1907 Mar 19 065 F	Seattle	CND
K 2 0224 17186	Reynolds	Thomas	1906 Oct 12 026 M	Seattle	
K 2 0220 13413	Rhae	Minnie	1904 Sep 21 027 F	330 3RD AVE NO	OH
	Rhinesmith		1897 Aug M	Gilman	GER
	Rhoades		1903 Feb F	Snohomish	---
	Rhoades		1903 Jan M	1308 7th Ave.	PA
	Rhoads		1899 Oct F	Seattle	PA
	Rhode		1902 Dec M	Skykomish (Great Falls)	MT
	Rhodes		1899 Apr M	Star Lake	VA
	Rhodes		1898 Sep M	Seattle	Sea
	Rhodes		1894 Feb F	Seattle	NY
	Rhodes		1893 Jan M	Seattle	PA
	Rhodes		1892 May M	Seattle	ENG
K 2 0219 11813	Rhodes	Thomas B	1903 Sep 29 053 M	GEORGETOWN	OH
	Rhonimas		1895 Jul F	2015 5th St.	MD
	Rhorer		1903 Mar M	Seattle Gen. Hosp.	KY
K 2 0221 13860	Ribler	F H	1904 Dec 03 044 F	1628 12TH AVE	
	Ribling		1898 Feb M	Auburn	VA
	Rice		1895 Mar M	Seattle	---
	Rice		1901 Jun F	Seattle	Sea
	Rice		1901 Aug M	Seattle	---
	Rice		1901 Oct M	406 20th Ave. (South Ben	WA
	Rice		1902 Nov M	Leland House	---
	Rice		1902 Dec M	Colby	ENG
K 2 0226 18587	Rice	George W.	1907 May 14 075 M	Seattle	NY
K 2 0224 16968	Rice	Herbert L.	1906 Sep 18 022 M	Seattle	SD
K 2 0225 17468	Rice	Infant	1906 Dec 26 02M M	Seattle	WA
K 2 0221 13857	Rice	James	1904 Nov 18 040 M	PROV HOSP	IRL
K 2 0220 12835	Rice	Walter Raymond	1904 Apr 10 001 M	1207 E MINOR	WA
	Rich		1894 Apr F	Keith	Sea
	Rich		1895 Nov M	Quilcene, WA	GA
K 2 0221 13864	Richard	Fannie	1904 Dec 26 050 F	PACIFIC HOSP	ENG
	Richards		1892 May M	Mercer Island	---
	Richards		1892 Nov M	Seattle	---

S R	PG	REC	LASTNAME	FIRSTNAME	DETH	MN	DT	AGE	S	DEATHPLACE	BIRTH
			Richards		1893	Jan			M	Blk. Diamond	sme
			Richards		1898	Aug			M	Everett	WI
			Richards		1899	Oct			M	Seattle	GER
			Richards		1900	Jun			M	Seattle	CND
			Richards		1900	Dec			M	South Park	MO
			Richards		1902	Dec			M	1612 Terry Ave. (Utic	NY
K 2	0223	15748	Richards	Alice	1906	Jan	23	047	F	Seattle	ENG
K 2	0223	16255	Richards	D. P.	1906	Apr	17	076	M	FURTH'S LANDING	NY
K 2	0221	13580	Richards	Infant	1904	Oct	25	000	F	Seattle GENL HOSP	WA
K 2	0220	13131	Richards	Kate (Mrs)	1904	Jul	29	055	F	710 UNIVERSITY	WA
K 2	0223	15612	Richards	Millie	1905	Dec	21	040	F	Seattle	MI
K 2	0223	15475	Richards	Oren R.	1905	Nov	25	066	M	Seattle	ME
			Richardson		1894	Dec			M	2115 Columbia St.	sme
			Richardson		1896	May			M	Gilman	SCT
			Richardson		1896	Dec			M	623 Bush St.	Sea
			Richardson		1900	Jan			M	Seattle	GA
			Richardson		1900	May			M	Seattle	---
			Richardson		1902	Mar			M	1435 24th Ave.	ENG
K 2	0220	13282	Richardson	Edith (Mrs)	1904	Aug	15	034	F	Seattle GENL HOSP	CND
K 2	0219	12327	Richardson	Elizabeth (Mrs)	1904	Jan	04	081	F	2ND AVE SO & CHARLES ST	PA
K 2	0226	18822	Richardson	Elsie B.	1907	Jun	28	032	F	Seattle	IL
K 2	0222	15357	Richardson	John J.	1905	Oct	16	065	M	Seattle	
K 2	0220	12591	Richardson	John S	1904	Mar	31	044	M	2101 71ST ST	IL
K 2	0226	18588	Richardson	Libbie C.	1907	May	14	09M	F	Seattle	WA
K 2	0219	11936	Richardson	Walter C	1903	Oct	03	001	M	RAINIER BEACH	WA
K 2	0219	11670	Richardson	Wm	1903	Aug	23	032	M	HILLMAN CITY	
			Richart		1901	Jan			F	Prov. Hosp.	KS
			Richart		1902	May			M	---	---
K 2	0221	14044	Richeal	Charles	1905	Jan	02	038	M	COLUMBIA	GER
K 2	0221	14356	Richel	Bruno	1905	Jan	02	038	M	COLUMBIA	GER
			Richert		1900	Feb			M	Manilla	PA
K 2	0222	15080	Richey	Vemia	1905	Aug	14	001	F	Seattle	WA
			Richmand		1897	Jul			F	209 9th Ave. S.	unk
			Richmand		1898	Jun			M	Seattle	Tac
			Richmond		1891	Sep			M	Green River (King Co.)	WA
			Richmond		1900	Dec			F	---	---
K 2	0222	14759	Richmond	Sarah	1905	Jun	09	079	F	Seattle	CT
			Richter		1899	Apr			M	Seattle	---
			Richter		1902	Dec			F	Monod Hosp.	Sea
			Richter		1903	Jan			M	Monod Hosp.	---
K 2	0220	12646	Richter	Mary	1904	Apr	12	063	M	AUBURN	GER
K 2	0221	14047	Richter	Mary	1905	Jan	17	031	F	SOUTH Seattle	AUS
K 2	0223	15747	Richter	William	1906	Jan	20	069	M	Seattle	GER
			Rickards		1897	Oct			M	Carey & McClaire	ENG
			Rickles		1897	Aug			M	1213 Main St.	WA
			Rickles		1903	Feb			F	1501 Yesler Way	MD
			Riddel		1894	Oct			M	211 Lupis St.	---
K 2	0222	15230	Riddell	Alexander C	1905	Sep	23	053	M	Seattle	MA
K 2	0224	16964	Ridder	Infant	1906	Sep	11	03M	F	Seattle	WA
K 2	0220	13003	Ridgley	Elgin	1904	Jun	19	013	M	3402 3RD AVE	MN
			Rienecker		1897	May			M	Lake Union	WI
			Ries		1900	Jan			F	Seattle	NRY
K 2	0225	17464	Rietz	Ernest	1906	Dec	09	028	M	Seattle	
			Riffe		1897	Sep			M	Dexter & Lombard (Fremont)	WA
			Rigby		1894	Dec			F	115 Taylor St.	Sea
K 2	0224	17329	Rigby	Emma A.	1906	Nov	14	051	F	Seattle	US
			Riggins		1894	Aug			M	Gilman (Mcdonogh Co.)	IL
			Riggins		1901	Nov			M	---	MO
K 2	0226	18421	Riggins	Walter E.	1907	Apr	16	033	M	BALLARD	KS
			Riggs		1902	Aug			F	McCormick	WA
			Riggs		1903	Mar			M	722 1/2 16th Ave.	Sea
			Rigley		1898	May			M	Seattle	---
			Riley		1894	Feb			F	Ballard	MI

S	R	PG	REC	LASTNAME	FIRSTNAME	DETH	MN	DT	AGE	S	DEATHPLACE	BIRTH
				Riley		1894	Mar			M	Elmira St/9th Ward(Fremont)	WA
				Riley		1899	Jan			-	Ballard	IL
K	2	0223	15362	Riley	John J.	1905	Oct	29	01D	M	Seattle	WA
K	2	0222	14897	Riley	Julia	1905	Jul	02	048	F	Seattle	WI
K	2	0225	17460	Riley	R. G.	1906	Dec	05	055	M	Seattle	US
				Rilley		1903	Apr			M	New England Hotel	CND
				Rincberg		1903	Apr			F	118 Bell Street	AK
				Rindall		1902	Dec			F	1015 Dexter Ave.	Sea
K	2	0225	17741	Rinehart	Joseph	1907	Feb	19	059	M		IRL
				Rines		1894	Dec			F	Duwamish	ME
				Ring		1894	Oct			M	Prov. Hosp.	---
				Ring		1896	May			F	815 Pine St.	ME
				Ring		1903	Apr			F	1516 6th Ave.	WA
K	2	0220	13388	Ring	Mildred	1904	Sep	16	07M	F	1616 7TH AVE N	WA
				Ringheim		1900	Aug			M	Seattle	IA
K	2	0222	15081	Riordan	Joseph	1905	Aug	19	036	M	Seattle	
				Riperton		1896	Mar			F	813 Alder St.	Sea
				Ripley		1894	Jan			M	near Decatur	NY
				Ripley		1897	Mar			F	Lincoln & Denny	---
				Ripley		1900	May			M	Seattle	AMM
K	2	0225	18332	Ripley	Alice	1907	Apr	08	052	F	Seattle	IN
K	2	0219	12459	Ripley	John S	1904	Feb	25	05M	M	1925 3RD AVE	WA
				Ripperton		1899	Aug			M	Georgetown	Sea
				Ripperton		1900	Apr			M	Seattle	OR
				Ris		1903	May			M	3113 Western Ave.	Sea
				Risley		1894	Mar			F	Pt. WA,Kitsap Co.(Syracuse)	NY
K	2	0225	17960	Rison	William R.	1907	Feb	26	074	M	WEST Seattle	TN
				Risou		1898	Jan			F	Seattle	---
K	2	0226	18586	Risse	Infant	1907	May	07	10D	M	Seattle	WA
K	2	0219	11938	Ritchey	Edith M	1903	Oct	05	023	F	610 10TH AVE NO	OR
				Ritchie		1899	Nov			M	Seattle	---
K	2	0219	11937	Ritchie	Thos J	1903	Oct	20	053	M	MONOD HOSP	CND
				Ritter		1903	Apr			M	Wayside Mission	MI
K	2	0222	15082	Ritter	H E	1905	Aug	19	040	M	Seattle	IN
K	2	0219	12058	Ritter	Jessie W	1903	Nov	26	045	M	SO PARK, WA	PA
K	2	0219	11528	Rivas	Juanita	1903	Jul	04	02M	F	1418 30TH AVE	WA
				Rivers		1896	Jun			M	1922 Madison	---
				Roach		1897	Nov			M	2314 Elliott Ave	TX
				Roadhouse		1897	Jul			M	Boston House	---
K	2	0221	14048	Roal	Hans	1905	Jan	25	055	M	SEA GENL HOSP	NRY
K	2	0223	16366	Robare	Gertrude	1906	May	10	025	F	Seattle	WA
				Robbin		1895	Dec			M	New Brunswick ?	NY
				Robbins		1892	Mar			F	Boulevard	IL
				Robbins		1896	Jul			M	Asylum	IL
				Robbins		1898	Sep			F	Seattle	---
				Robbins		1903	May			F	Hoodsport	NY
K	2	0224	16800	Robbins	Bertha	1906	Aug	15	014	F	Seattle	MI
K	2	0224	17327	Robbins	James	1906	Nov	01	079	M	Seattle	NY
K	2	0221	14043	Robbins	Jennie	1905	Jan	01	065	F	KING CO HOSP	NY
				Robert		1899	Sep			M	Prov. Hosp.	---
				Roberts		1900	Oct			M	Prov. Hosp.	---
				Roberts		1898	Apr			M	Seattle	PA
				Roberts		1891	Sep			M	Seattle	USA
				Roberts		1895	Apr			M	New Whatcom	---
				Roberts		1894	Aug			M	Franklin	USA
				Roberts		1896	Apr			M	Fremont	NY
				Roberts		1902	Nov			M	Wayside Mission	---
				Roberts		1895	Apr			M	S. 17th & College	---
				Roberts		1897	Feb			M	Seattle	WLS
				Roberts		1898	Dec			-	Seattle	WA
				Roberts		1899	Nov			M	Edgewater	---
				Roberts		1900	May			M	Seattle	CND
				Roberts		1898	Oct			M	Near Renton	WLS

S	R	PG	REC	LASTNAME	FIRSTNAME	DETH	MN	DT	AGE	S	DEATHPLACE	BIRTH
				Roberts		1894	Jun			M	Prov. Hosp.	---
				Roberts		1901	Feb			M	Seattle	---
				Roberts		1897	Jul			M	Prov. Hosp.	---
K	2	0222	14625	Roberts	Albert C	1905	May	31	079	M	Seattle	PA
K	2	0222	14902	Roberts	Arthur	1905	Jul	31	08M	M	Seattle	IL
K	2	0225	17886	Roberts	Barton C.	1907	Feb	06	076	M	Seattle	PA
K	2	0222	14761	Roberts	Benjamin L	1905	Jun	14	084	M	Seattle	VA
K	2	0221	14360	Roberts	Emma	1905	Mar	28	056	F	COLUMBIA	NY
K	2	0220	12841	Roberts	Grace Mildred	1904	May	04	010	F	813 ALDER ST	CA
K	2	0221	14490	Roberts	Infant	1905	Apr	10	000	M	Seattle	WA
K	2	0223	16024	Roberts	Infant	1906	Mar	09	000	F	Seattle	WA
K	2	0226	18589	Roberts	Infant	1907	May	18	000	M	Seattle	WA
K	2	0220	13359	Roberts	Leticia M	1904	Sep	05	069	F	109 EASTLAKE AVE	PA
K	2	0221	14357	Roberts	Lillian	1905	Mar	10	028	F	Seattle	KS
K	2	0221	14200	Roberts	Lola	1905	Feb	17	028	F	PROV HOSP	MI
K	2	0224	16665	Roberts	Robert	1906	Jul	14	04M	M	Seattle	WA
				Robertson		1895	Sep			M	1011 Lake View St.	SCT
				Robertson		1901	Sep			M	Bering Sea	NY
				Robertson		1902	Mar			M	York Station St. Thoma	Isl
				Robertson		1902	Jun			F	Seattle	VT
K	2	0222	15354	Robertson	Alexander	1905	Oct	07	077	M	Seattle	SCT
K	2	0219	12588	Robertson	Infant	1904	Mar	12		M	WEST Seattle	WA
K	2	0224	17184	Robertson	Infant	1906	Oct	05	01D	M	Seattle	WA
K	2	0226	18420	Robertson	Ralph D.	1907	Apr	15	10M	M	ISSAQUAH	WA
K	2	0224	16566	Robeson	Mary	1906	Jul	15	070	F	COLUMBIA	OH
				Robinson		1903	Feb			M	King Co. Hosp. (Kingston)	JAM
				Robinson		1893	Sep			F	Liberty & Yesler Ave(North)	AR
				Robinson		1903	Feb			M	West. WA Hosp. for Insane	NY
				Robinson		1897	Sep			F	Prov. Hosp.	---
				Robinson		1903	Feb			M	West. Wash.	NY
				Robinson		1898	Oct			M	Seattle	---
				Robinson		1903	Apr			M	Fort Lawton	MA
				Robinson		1903	Feb			M	King Co. Hosp.	JAM
				Robinson		1903	Mar			F	3rd & Cherry	WA
				Robinson		1901	Dec			F	Seattle Gen. Hosp.	WA
				Robinson		1898	Jul			M	Skyhomish	PA
				Robinson		1899	Oct			-	White Horse Rap	---
				Robinson		1901	Jun			M	Seattle	SCT
				Robinson		1895	Jun			M	Franklin, WA	---
				Robinson		1903	Mar			M	620 Boylston Ave.	Sea
				Robinson		1900	Aug			M	Seattle	CND
K	2	0220	12590	Robinson	Baby	1904	Mar	30	000	M	417 14TH AVE NO	WA
K	2	0225	17887	Robinson	Clementine G.	1907	Feb	16	040	F	Seattle	NJ
K	2	0224	17047	Robinson	Eliza L.	1906	Sep	08	078	F	BALLARD	PA
K	2	0225	18107	Robinson	Elizabeth	1907	Mar	23	059	F	Seattle	IRL
K	2	0223	16028	Robinson	Emma	1906	Mar	26	070	F	Seattle	
K	2	0224	16663	Robinson	Frank	1906	Jul	09	018	M	Seattle	WA
K	2	0225	17466	Robinson	Ina R.	1906	Dec	15	029	F	Seattle	US
K	2	0219	12211	Robinson	Manuel	1903	Dec	03	038	M	2655 IRVING ST	FL
K	2	0220	13354	Robinson	Mary	1904	Sep	03	043	F	PROV HOSP	IRL
K	2	0224	16370	Robinson	Minnie	1906	Apr	30	030	F	Seattle	
K	2	0223	16205	Robinson	Pearl	1906	Apr	05	015	F	Seattle	WA
K	2	0224	17328	Robinson	Thomas	1906	Nov	10	047	M	Seattle	
				Robinson (see		0	---			-	---	---
K	2	0222	15226	Robison	Camie E	1905	Sep	16	061	F	Seattle	ENG
				Robki		1896	May			M	Bismark & Harrison	GER
				Robson		1902	Aug			F	215 West Lake	CND
				Robson		1902	Aug			F	Prov. Hosp.	CND
K	2	0223	15406	Rocheford	Adelaid	1905	Nov	23	044	F	COLUMBIA	CND
				Rochester		1893	Apr			M	Seattle	---
				Rochester		1902	Nov			M	2134 5th Ave.	KY
K	2	0225	17958	Rochester	Emelie	1907	Feb	11	056	F	GEORGETOWN	MN
K	2	0221	13855	Rocheville		1904	Nov	12		M	1829 5TH AVE W	WA

S R PG REC	LASTNAME	FIRSTNAME	DETH MN DT AGE S	DEATHPLACE	BIRTH
K 2 0221 13853	Rockford	J W	1904 Nov 01 020 M	WESTERN HOTEL	
	Rockwell		1901 Jan F	Seattle	CT
K 2 0226 18818	Rodal	Infant	1907 Jun 21 02D F	Seattle	WA
K 2 0224 16804	Roddicks	William	1906 Aug 28 035 M	Seattle	
	Rodea		1899 Feb -	Seattle	---
K 2 0226 18688	Rodehl	Henry	1907 Jun 19 031 M	GEORGETOWN	FRN
	Rodenick		1898 May M	So. Park	---
	Roderick		1896 Aug M	Seattle	Sea
	Rodgers		1891 Dec M	Canton	---
	Rodgers		1893 Jan M	Duwamish Lk.	WI
	Rodgers		1901 Mar M	King Co. Hosp.	ITL
K 2 0224 17228	Rodgers	Jennie S.	1906 May 05 031 F	AUBURN	CND
K 2 0221 13578	Rodgers	Maud J	1904 Oct 19 13D F	3651 PHINNEY AVE	WA
	Rodia		1903 Jan F	1111 Sturgis Road	Sea
K 2 0222 15079	Rodia	Francisco D	1905 Aug 09 05M M	Seattle	WA
K 2 0221 13579	Rodnas	Vincent	1904 Oct 23 044 M	PROV HOSP	
	Rodsequrz		1898 May M	Seattle	---
	Roe		1897 Dec F	1515 5th Ave. N.	Sea
K 2 0220 13284	Roe	Henry B	1904 Aug 21 000 M	3527 Woodlawn Ave Fremont	WA
	Roesler		1900 Jan M	Seattle	GER
	Roesler		1902 May F	Seattle	Sea
K 2 0219 12453	Roesler	Infant	1904 Feb 06 M	11th Ave So & Plummer St	WA
K 2 0223 16254	Roger	Edward	1906 Apr 09 070 M	GEORGETOWN	IRL
	Rogers		1899 Jun M	Seattle	CA
	Rogers		1899 Jun M	Elliott Bay	---
	Rogers		1900 Aug F	Seattle	Sea
	Rogers		1900 Oct M	W. Seattle	ITL
	Rogers		1901 Jul M	Seattle	NJ
	Rogers		1901 Aug F	King Co. Hosp.	WA
	Rogers		1902 Aug F	Green Lake	PA
K 2 0223 16368	Rogers	Doretta E.	1906 May 19 06M F	Seattle	WA
K 2 0221 14493	Rogers	Infant	1905 Apr 24 10D M	Seattle	WA
K 2 0225 17890	Rogers	John H.	1907 Feb 24 035 M	Seattle	MT
K 2 0219 11666	Rogers	Johnie	1903 Aug 11 021 M	RACE TRACK	
K 2 0219 12107	Rogers	M J	1903 Dec 24 050 M	KING CO HOSP	NY
K 2 0224 16801	Rogers	Robert	1906 Aug 24 053 M	Seattle	NY
K 2 0225 18333	Rogers	Thomas	1907 Apr 12 050 M	Seattle	
K 2 0226 18419	Rogers	William	1907 Apr 12 065 M	GEORGETOWN	CND
K 2 0225 17654	Rohde	William O.	1907 Jan 04 030 M	Seattle	
K 2 0220 13356	Rohebeck	Ellen	1904 Aug 04 030 F	1632 TERRY AVE	KS
	Rohlfs		1902 Nov M	311 Denny Way	GER
	Rohwer		1901 Dec M	Prov. Hosp.	---
	Roinine		1896 Nov F	714 Spring St.	---
	Rolando		1892 Aug M	Gilman	ITL
	Rolfe		1903 Jan F	307 18th Ave. N.	Sea
	Roll		1901 Oct M	611 Terrace	PA
	Roller		1898 Feb F	Seattle	---
	Rollins		1900 Nov M	Seattle	USA
K 2 0225 18199	Rollins	Anna E.	1907 Mar 10 06M F	GEORGETOWN	WA
	Rolly		1903 Jan M	713 7th Ave.	SWT
K 2 0221 14492	Romans	John Q	1905 Apr 17 068 M	Seattle	ITL
K 2 0224 16511	Romula	Hans	1906 Jun 15 024 M	Seattle	
K 2 0224 16567	Ronnding	William J.	1906 Jul 26 004 M	BALLARD	CND
K 2 0223 15610	Rood	Sarah N.	1905 Dec 13 069 F	Seattle	OH
	Rooney		1899 Oct M	Seattle	Sea
K 2 0225 17546	Roop	Miles S.	1906 Nov 11 053 M	Seattle	OH
	Root		1894 Jul M	Cor. Harrison & Moltke St	OH
	Root		1898 Mar M	Seattle	NY
	Root		1898 Jul M	Seattle	Sea
	Ropaluth		1899 Dec M	Seattle	ITL
	Roper		1891 Dec M	Seattle	CA
K 2 0220 12834	Roper	Edward	1904 Apr 07 03M M	110 12TH AVE SO	WA
	Rosby		1895 Oct M	Seattle Gen. Hosp.	---

S	R	PG	REC	LASTNAME	FIRSTNAME	DETH	MN	DT	AGE	S	DEATHPLACE	BIRTH
				Rose		1894	Jun			M	Seattle	ENG
				Rose		1898	Jan			F	Valentine Sta.	---
				Rose		1899	Apr			F	Seattle (Eagle Harbor)	WA
				Rose		1900	Sep			M	Seattle	GER
				Rose		1901	Feb			M	Seattle	MI
K	2	0225	18105	Rose	Thomas	1907	Mar	01	079	M	Seattle	ENG
				Roseburg		1894	Jul			F	324 Dexter St.	GER
				Rosenagle		1897	Aug			M	South Seattle	---
K	2	0220	13280	Rosenbaum	Infant	1904	Aug	09	000	M	105 12 AVE	WA
				Rosenberg		1901	May			M	Seattle	PA
				Rosenburg		1897	Jan			M	119 Willow St.	SWD
				Rosenburg		1899	Sep			F	Seattle	Sea
K	2	0221	13865	Rosenfeldt	Jacob	1904	Dec	27	042	M	W.W.H.I.	RUS
				Rosenstack		1901	Mar			F	Seattle	OR
K	2	0225	17658	Rosenthal	Infant	1907	Jan	31	000	F	Seattle	WA
K	2	0222	15356	Rosenthal	M. R.	1905	Oct	15	045	M	Seattle	
K	2	0223	15608	Rosenthal	Theresa	1905	Dec	12	069	F	Seattle	AUS
				Rosewell		1894	May			F	1021 3rd St.	Sea
				Rosh		1891	Jul			M	Seattle	GER
K	2	0225	17462	Rosknige	Walter	1906	Dec	06	032	M	Seattle	
				Rosolth		1896	Apr			M	Prov. Hosp.	NRY
K	2	0226	18816	Ross		1907	Jun	13	065	M	Seattle	
				Ross		1892	Apr			M	Pontiac	---
				Ross		1898	Nov			M	Seattle	---
				Ross		1892	May			M	Seattle	Sea
				Ross		1900	Mar			F	Muckleshoot Res.	WA
				Ross		1895	Jul			M	Seattle Gen. Hosp.	NB
				Ross		1900	Aug			F	Seattle	Sea
				Ross		1896	Aug			M	813 Alder	---
				Ross		1902	Jan			M	819 9th Ave. S.	NY
				Ross		1897	Dec			M	108 Taylor Ave	Sea
				Ross		1902	Jan			M	Prov. Hosp.	NAm
				Ross		1898	Jul			F	Seattle	Sea
				Ross		1895	Nov			M	Mercer Island	---
				Ross		1902	Aug			M	208 South 7th	Sea
				Ross		1898	Mar			M	Seattle	ITL
				Ross		1894	Jul			F	214 Clay St.	Sea
				Ross		1898	Jan			M	Seattle	Sea
K	2	0226	18335	Ross	Donald	1907	Apr	15	075	M	Seattle	CND
K	2	0222	14901	Ross	Effie J	1905	Jul	29	006	F	Seattle	WA
K	2	0219	12329	Ross	Eliza	1904	Jan	12	070	F	BALLARD	NY
K	2	0220	13281	Ross	Frederick	1904	Aug	11	004	F	1526 31 AVE SO	WA
K	2	0223	15746	Ross	H. H.	1906	Jan	15	021	M	Seattle	NY
K	2	0222	15232	Ross	Infant	1905	Sep	25	000	M	Seattle	WA
K	2	0223	16208	Ross	Infant	1906	Apr	20	000	M	Seattle	WA
K	2	0226	18821	Ross	Infant	1907	Jun	27	000	M	Seattle	WA
K	2	0222	15225	Ross	John	1905	Sep	16	028	M	Seattle	W.S
K	2	0223	15474	Ross	Laura	1905	Nov	23	076	F	Seattle	NY
K	2	0224	17330	Ross	M. Louise	1906	Nov	15	067	F	Seattle	NY
K	2	0222	14622	Ross	Marilla	1905	May	08	O58	F	Seattle	PA
K	2	0222	15140	Ross	Mum	1905	Aug	28	028	F	KENSTON	
K	2	0222	15039	Ross	Phillip D	1905	Aug	28	028	M	KENSTON	
K	2	0223	16022	Ross	Robert	1906	Mar	02	088	M	Seattle	IRL
K	2	0224	16664	Ross	William	1906	Jul	09	027	M	Seattle	MN
				Rossanigo		1902	Mar			M	Prov. Hosp.	ITL
K	2	0225	18330	Rossbach	Earl	1907	Apr	06	O11	M	Seattle	WA
				Rossiter		1902	Aug			M	Hoquiam	CND
K	2	0222	15229	Rossman	Eva A	1905	Sep	22	050	F	Seattle	PA
				Rosstack		1900	Aug			F	Edgewater	MN
				Rost		199	Feb			F	Seattle	NS
				Rost		1899	Jun			F	Seattle	Sea
K	2	0224	16857	Rotetonius	Avelka	1906	Aug	07	01M	F	GEORGETOWN	WA
				Roth		1900	Feb			M	Seattle	GER

S	R	PG	REC	LASTNAME	FIRSTNAME	DETH MN	DT	AGE	S	DEATHPLACE	BIRTH
K	2	0219	11527	Rothrock	Wilson Lee	1903 Jul	01	074	M	810 7TH AVE	PA
K	2	0224	16509	Rothwell	Avery E.	1906 Jun	06	016	M	Seattle	IA
K	2	0225	17893	Rottenstein	Phillip	1907 Feb	28	049	M	Seattle	AUS
K	2	0219	12587	Rounds	Marcia (Mrs)	1904 Mar	10	071	F	1120 3RD AVE	ME
K	2	0224	16418	Rounds	Morris	1906 Jun	09	068	M	BEARMOUTH, B.C.	NY
				Roundy		1900 Mar			F	Seattle	Sea
				Roupe		1900 May			M	Seattle	IL
				Rouse		1893 Jun			F	Light House	CA
				Rousse		1893 Mar			M	Police Sta.	---
K	2	0220	12844	Rowan	Michael	1904 May	24	083	M	BRIGHTON BEACH	OH
K	2	0222	15231	Rowan	William	1905 Sep	25	20D	M	Seattle	WA
				Rowans		1903 Apr			M	---	Sea
				Rowden		1901 Jan			M	King Co. Hosp.	WLS
				Rowe		1898 Mar			M	Seattle	---
				Rowe		1901 Aug			F	2009 6th	Sea
				Rowe		1903 Jan			M	1804 6th Ave. (Dixon)	ND
K	2	0220	13278	Rowe	George	1904 Jul	28	040	M	PIER NO 1	
K	2	0226	18820	Rowe	Infant	1907 Jun	25	000	F	Seattle	WA
K	2	0226	18337	Rowe	Joseph	1907 Apr	24	023	M	Seattle	MI
				Rowell		1901 May			F	Seattle	WA
K	2	0220	12840	Rowell	Fred Rice	1904 Apr	27	047	M	571 EA PIKE ST	ME
K	2	0226	18815	Rowell	Lizzie J.	1907 Jun	10	048	F	Seattle	ME
K	2	0221	13858	Rowell	Robert F	1904 Nov	20	072	M	527 PONTIUS AVE	ME
				Rowland		1903 Jul			F	King Co. Hosp.	BC
				Rowlands		1902 Apr			F	1719 1/2 Howard	Sea
				Rowley		1902 Mul			M	Seattle	IA
K	2	0220	13132	Rowley	Gordon F	1904 Jul	31	011	M	BALLARD	OH
				Roy		1901 Mar			F	Seattle	NB
				Roy		1901 Apr			M	Seattle	CND
K	2	0219	11935	Roy	Anna	1903 Oct	28	051	F	408 STATE ST	CND
K	2	0220	13002	Roy	Frances	1904 Jun	05	043	F	SALMON BAY	CND
K	2	0222	15284	Roy	George	1905 Oct	19	040	M	HOT SPRINGS	CND
K	2	0223	15812	Roy	John	1906 Feb	04	049	M	BALLARD	CND
				Royal		1900 Apr			F	Seattle (Chicag	IL
				Royce		1900 Jul			F	Fremont	NY
K	2	0222	14623	Roys	Mary	1905 May	13	058	F	FT STEILACOOM	NY
K	2	0219	11814	Roziscki	Wanda	1903 Sep	04	06M	M	BALLARD	WA
K	2	0225	18109	Rube	Oscar	1907 Mar	28	026	M	Seattle	WI
				Ruben		1898 Dec		-		Seattle	Sea
K	2	0221	13854	Rubenach	Florence	1904 Nov	08	05M	F	COLUMBIA	WA
K	2	0221	13581	Rubenach	Richard	1904 Oct	29	028	M	PROV HOSP	
				Ruby		1895 Nov			F	813 Alder St.	---
				Rucker		1896 Mar			M	Seattle	---
				Rudd		1896 Apr			M	Seattle	NY
				Rudd		1896 Oct			F	So. Park	---
K	2	0219	11816	Rudd	Mrs. G.W.	1903 Sep	06	038	F	PROV. HOSP.	UT
				Rude		1900 Aug			F	Ballard	WA
K	2	0226	1881-	Rudell	Henry	1907 Jun	19	031	M	GEORGETOWN	FRN
K	2	0225	17740	Rudolph	Infant	1907 Feb	03	01D	F	BALLARD	WA
				Rudowsky		1902 Aug			M	Prov. Hosp.	GRC
K	2	0220	13411	Rue	Edward	1904 Sep	21	026	M	PROV HOSP	TAH
				Rufus		1891 Sep			M	Seattle	---
				Ruge		1901 Jun			F	Pest (?) House	MN
				Ruhl		1900 Aug			M	Seattle	Sea
K	2	0219	11669	Rumbeaux	James E	1903 Aug	22	035	M	MONOD HOSP	
				Rundall		1893 Jun			F	Seattle	---
				Rundle		1892 Mar			F	Seattle	Sea
K	2	0225	17467	Runnels	Katherine	1906 Dec	23	064	F	Seattle	ME
				Runnels (?)		1900 Apr			F	Seattle	ME
				Running		1899 Dec			F	Seattle	NRY
K	2	0226	18334	Runnquist	Larence	1907 Apr	15	02M	M	Seattle	CND
				Runum		1900 Dec			M	Seattle	WA
				Rupath		1892 Dec			M	Seattle	Sea

S R PG REC	LASTNAME	FIRSTNAME	DETH MN	DT	AGE	S	DEATHPLACE	BIRTH
K 2 0224 17185	Rupe	Bell	1906 Oct	10	023	F	Seattle	MI
	Rupert		1892 Feb			F	Seattle	PA
	Rupp		1895 Sep			F	1632 Decatur St.	Sea
K 2 0220 12842	Ruse	David	1904 May	19	032	M	608 3RD AVE SO	GER
	Rush		1898 Feb			M	Seattle	MI
	Rush		1901 Nov			M	Police Headquarters	CND
	Rusk		1903 May			F	64 West Blanchard St.	NY
	Rusktak		1894 Aug			F	2317 1/2 Front St.	Sea
	Russ		1903 Jun			F	Prov. Hosp.	Sea
K 2 0221 13856	Russell		1904 Nov	15	10M	M	AUBURN	WA
	Russell		1894 Feb			F	Sea. Cent. Hotel (Chehalis)	WA
	Russell		1895 Sep			M	Wash. Iron Works	---
	Russell		1896 Jan			F	719 Main St.	VA
	Russell		1903 Apr			F	Fremont	NY
	Russell		1896 May			F	1719 Front	GER
	Russell		1897 Dec			F	215 Leona St. (Lowell)	MA
	Russell		1897 May			M	Cedar River	NJ
	Russell		1899 Feb			M	River Park	sme
	Russell		1899 May			F	Po (?) Seattle	IRL
	Russell		1899 Oct			M	Seattle	NB
	Russell		1901 Nov			M	110 7th Ave. N.	Sea
	Russell		1903 Feb			F	Prov. Hosp.	---
	Russell		1903 Apr			M	118 62nd Ave (Green Lake)	WA
	Russell		1898 Mar			M	Seattle	IRL
K 2 0220 13433	Russell	Alice M	1904 Sep	28	03M	F	4263 8TH AVE NE	WA
K 2 0223 16095	Russell	Andrew	1906 Mar	13	070	M	AUBURN	IN
K 2 0224 16512	Russell	Bessie	1906 Jun	16	01M	F	Seattle	WA
K 2 0222 14986	Russell	Camie	1905 Aug	28	038	F	KIRKLAND	IN
K 2 0224 16662	Russell	Charles	1906 Jul	02	048	M	Seattle	MA
K 2 0224 16666	Russell	Edith M.	1906 Jul	30	001	F	Seattle	WA
K 2 0225 17657	Russell	James	1907 Jan	19	085	M	Seattle	ENG
K 2 0222 15083	Russell	Joanna M	1905 Aug	21	066	F	Seattle	IRL
K 2 0219 12054	Russell	Wm E	1903 Nov	05	050	M	MONOD HOSP	ME
	Russijniak		1900 Nov			M	Seattle	AUT
K 2 0220 12839	Russner	Zeta	1904 Apr	24	026	F	PROV HOSP	WA
	Rust		1903 May			F	124 East Lake Ave.	TX
K 2 0220 12845	Rust	John O	1904 May	24	044	M	521 17TH AVE	
	Rustad		1899 Nov			M	Seattle	---
	Rutchow		1901 May			F	Seattle	GER
	Rutherford		1899 May			F	Fall City	OH
	Rutherford		1902 Jul			F	King Co. Hosp.	OR
K 2 0224 17334	Rutherford	Wm. Y. L.	1906 Nov	23	042	M	Seattle	SCT
K 2 0224 16802	Rutledge	Julia E.	1906 Aug	24	05M	F	Seattle	WA
	Rutlidge		1903 Apr			M	Prov. Hosp.	TN
	Rutschaw		1903 May			M	229 East Lake Ave.	Sea
K 2 0219 12456	Rutschow	Helen	1904 Feb	12	027	F	207 7TH AVE SO	GER
K 2 0219 11667	Rutshon	Infant	1903 Aug	07		F	Seattle GENL HOSP	WA
K 2 0221 14359	Ruttnick	Mary	1905 Mar	24	09M	F	Seattle	AUS
K 2 0226 18590	Ruttrich	Jacob	1907 May	18	020	M	Seattle	AUS
K 2 0224 17333	Ruud	Carl P.	1906 Nov	22	065	M	Seattle	NRY
	Ryan		0	---		M	Elliott Bay	VT
	Ryan		1894 Sep			M	Cor. 3rd & Yesler Ave.	CT
	Ryan		1899 Apr			F	Seattle	---
	Ryan		1900 Mar			M	Seattle	ENG
	Ryan		1900 Nov			M	Seattle	Sea
	Ryan		1901 Jan			M	King Co. Hosp.	IRL
	Ryan		1901 Aug			M	King Co. Hosp.	OR
	Ryan		1902 Nov			F	2723 King St.	NB
K 2 0222 15141	Ryan	Esther D	1905 Sep	12	04M	F	BRIGHTON BEACH	WA
K 2 0223 16364	Ryan	Frederick V.	1906 May	02	02M	M	Seattle	OR
K 2 0226 18336	Ryan	Roy D.	1907 Apr	16	029	M	Seattle	WI
K 2 0224 16966	Ryan	W. L.	1906 Sep	16	030	M	Seattle	
K 2 0219 12330	Ryason	Baby	1904 Jan	07		F	216 FLORANTA ST	WA

S R PG REC	LASTNAME	FIRSTNAME	DETH	MN	DT	AGE	S	DEATHPLACE	BIRTH
K 2 0222 15359	Ryason	James	1905	Oct	22	006	M	Seattle	WA
K 2 0226 18591	Ryason	Margaret E.	1907	May	21	06M	F	Seattle	WA
	Ryberg		1901	Jan			F	Genl. Hosp.	NRY
	Rybig		1902	Aug			M	Pt. Roberts	SWD
K 2 0223 16087	Ryder	Louisa G.	1906	Mar	23	005	F	BALLARD	ND
	Ryen		1896	Mar			F	1529 14 Ave	NRY
	Ryhiner		1899	Jul			M	Seattle	IL
K 2 0221 13862	Ryrson	Marving E	1904	Dec	15	004	M	216 FLORANTIA ST	CA
K 2 0220 13576	Rytkonen	Yasset	1904	Oct	07	029	M	VOLUNTEER PARK	FIN
	S [n.r.]		1900	Mar			F	Seattle	GER
K 2 0239 13133	Sabino	Fres	1904	Jul	10	02M	M	2621 ROY ST.	WA
K 2 0236 11535	Sacher	William	1903	Jul	22	021	M	PROVIDENCE HOSP.	IA
	Sachs		1901	Aug			F	Monad Hosp. (Victoria)	BC
K 2 0237 12078	Sacket	Infant	1903	Oct	22	000	F	324 LAKESIDE AVE.	WA
	Sadler		1900	May			M	Seattle	ME
	Sadler		1897	Oct			M	Blk. Diamond	USA
K 2 0238 12593	Sadler	Lorenzo Don	1904	Mar	06	03M	F	67 WALL ST.	WA
	Sadlier		1901	Nov			M	Kent	---
K 1 0307 10985	Sadlinkin	John	1903	Mar	21	050	M	ft/Jackson	WA
	Sadonshi		1898	Mar			M	Seattle	JPN
	Saffy		1906	Feb			F	Seattle	SYR
K 2 0240 13582	Safstion	Lars O.	1904	Oct	01	038	M	815 1/2 - 9TH AVE. SO.	SWD
	Sager		1907	Feb			M	Seattle	---
K 2 0243 14908	Sagmeister	John E.	1905	Jul	12	050	M	Seattle	HUN
K 2 0240 13339	Sailer	Mary Elizabeth	1904	Aug	21	068	F	KIRKLAND	DE
	Sailors		1899	Oct			F	Seattle	Sea
	Sakai		1896	Sep			M	Prov. Hosp.	Sea
	Sakaki		1907	Feb			M	Seattle	---
K 1 0303 07622	Saleno	Samuel H	1902	May	03	036	M	(see record)	NY
	Salesbury		1907	Jan			M	Seattle	---
	Salhinger		1901	Apr			M	Everett	---
	Salisbury		1892	Sep			F	Seattle	Sea
	Salli		1906	Oct			F	Seattle	WA
K 1 0304 09910	Sallinger	H. R.	1902	Jul	27	019	F	Alki Point	IL
K 1 0304 09978	Sallinger	H.R.	1902	Jul	27	---	-	Removal Permit	---
K 2 0236 11826	Salmiuen	Maudie	1903	Sep	05	01M	F	3208 JUDKINS	WA
K 2 0239 12857	Salomon	Jno.	1904	Apr	27	035	M	FOOT OF KING ST.	
	Saltiel		1899	Mar			M	Seattle	---
K 1 0307 11399	Salverson	Salver	1903	May	17	073	M	289 Wilbert (b.Island,	---
	Salvini		1894	Mar			M	Blk. Diamond	Tac
	Salvino		0	---			-	---	---
	Salviy		1900	Feb			M	So. Seattle	GER
K 1 0304 10077	Sam	Chin	1902	Aug	31	057	F	Prov. Hosp.	CHN
	Samoniel		1898	Feb			M	St. Rosalie	---
	Samonil		1898	Feb			M	Queen Charlotte Sound	MO
	Sample		1898	Apr			M	Ballard	sme
K 2 0239 12860	Sample	G. M.	1904	May	02	050	M	7TH & LENORA	KY
	Samples		1894	Jul			F	Seattle	KY
	Samples		1901	Jun			M	Seattle	KY
	Sampson		1907	Jan			M	Riverton	ENG
	Sampson		1907	Feb			F	Seattle	CO
K 2 0239 13140	Sampson	Elmer F.	1904	Jul	31	03M	M	GREEN LAKE	WA
K 1 0304 10076	Sampson	Martha	1902	Aug	29	047	M	1818 30th Ave	MEX
	Sams		1899	Jan			M	Kent, WA	IL
	Samson		1899	Dec			M	King Co. Hosp.	NRY
	Samuels		1900	Mar			M	Seattle St. Helen'	Isl
	Sanborn		1899	Oct			F	Cedar Mt.	sme
	Sanborn		1893	Apr			M	Seattle	SWD
	Sanborn		1899	May			F	Ballard	CND
	Sanborn		1892	Aug			M	South Seattle	USA
	Sanborn		1893	Apr			M	Seattle (Freport)	IL
	Sanborn		1900	Apr			M	Seattle	IL
	Sanborn		1901	Oct			F	Ballard	NFD

S	R	PG	REC	LASTNAME	FIRSTNAME	DETH	MN	DT	AGE	S	DEATHPLACE	BIRTH
K	1	0303	07852	Sanborn	G. B.	1902	Jun	10	054	M	Seattle	NH
K	2	0240	13585	Sanborn	Grace E.	1904	Oct	05	023	F	NY	MN
K	1	0307	11160	Sanborn	Lenora E	1903	Apr	29	044	F	102 W Mercer St	ME
K	2	0244	15274	Sanburn	Oscar	1905	Oct	05	022	M	BALLARD	SWD
K	2	0243	14906	Sand	Jacob	1905	Jul	10	002	M	Seattle	
				Sandell		1894	Feb			M	Prov. Hosp.	---
				Sander		1898	Jul			F	Seattle	Sea
				Sanders		1907	Mar			F	Seattle	WA
				Sanders		1907	Mar			M	Seattle	MA
				Sanders		1898	Mar			M	Seattle	NRY
				Sanders		1895	Jan			M	Newcastle	SWD
				Sanders		1898	Feb			M	Ballard	sme
K	2	0237	12212	Sanders	Dexter Drake	1903	Dec	03	072	M	Seattle GENL. HOSP.	NY
K	2	0240	13584	Sanders	Florence	1904	Oct	04	039	F	PROV. HOSP.	OH
K	2	0239	13005	Sanders	George Clarence	1904	Jun	05	009	M	PROV. HOSP.	
K	2	0241	14051	Sanders	James	1905	Jan	08	001	M	715 1/2 DEARBORN ST.	WA
K	2	0241	13886	Sanders	Margarette E.	1904	Dec	30	061	F	2520 - 2ND AVE.	MA
K	2	0239	13015	Sanders	Thomas	1904	Jun	26	055	M	SEA. GENL. HOSP.	NRY
				Sanderson		1906	Oct			M	Seattle	ND
				Sanderson		1895	May			F	Northrup	ENG
				Sanderson		1896	Mar			F	New Westminster, BC, Canada	---
				Sanderson		1899	Apr			M	Seattle	---
				Sanderson		1906	Feb			F	Seattle	WI
				Sandness		1907	Jan			F	Seattle	WA
				Sandness		1894	May			F	Cor. 3rd & Leary	Sea
K	1	0307	11154	Sandness	Lizzie P.	1903	Apr	20	026	F	1629 9 Ave W	IA
				Sands		1896	Aug			M	Genl. Hosp.	OH
K	1	0306	10716	Sands	Annie	1903	Jan	13	020	F	Prov. Hosp.	CND
				Sandstrom		1901	Dec			M	321 9th Ave. S.	SWD
K	1	0307	11164	Sandstrom	Charles Elsworth	1903	Apr	26	09m	M	Ballard	sme
				Sandstrom (#5737		1900	Oct			F	Ballard	sme
K	2	0239	12863	Sandvigen	Phillip Howard	1904	May	10	06M	M	554 HYLAND	
				Sanford		1906	Mar			F	Seattle	BC
				Sanford		1907	Jan			M	Seattle	WA
K	2	0240	13596	Sanford	Maitland R.	1904	Oct	21	034	M	SE Seattle	CND
				Sanguineti		1895	Nov			M	Prov. Hosp.	ITL
				Sansburry		1894	Mar			F	Lake St. & McGilvra	Sea
				Sanstrom		1897	Sep			M	Kent	MS
				Sanstrom		1894	Mar			M	Carroll St., Cor.California	---
K	1	0304	10074	Sanstrom	May	1902	Aug	21	02m	M	btw New Castle/SEA (b.N.Cas	---
K	2	0243	14914	Santic	James	1905	Jul	29	05D	M	Seattle	WA
				Saponiska		1906	May			M	Seattle	RUS
				Sapp		1891	Sep			M	Seattle	Sea
				Sargent		1895	Feb			M	3rd St.	Sea
				Sargent		1897	Jun			M	Seattle	NH
K	1	0304	10073	Sargent	Frank M	1902	Aug	14	069	M	Dunlap	IN
K	1	0306	10706	Saruwatav	I	1903	Jan	22	032	-	Wayside Mission	JPN
				Sasler		1907	Apr			F	North Bend	KS
				Satchell		1898	Feb			M	Seattle	KY
				Sater		1906	Sep			M	Seattle	WA
				Sather		1906	Mar			F	Seattle	NRY
K	2	0245	15663	Sather	Peter	1906	Jan	29	032	M	LESTER	NRY
				Sato		1899	Apr			F	Seattle	JPN
K	2	0241	13871	Sato	Thomas	1904	Nov	19	040	M	WAYSIDE E. HOSP.	JPN
				Satre		1906	Jul			F	Seattle	WA
				Satterlee		1907	Feb			F	Seattle	WI
				Sauder		1906	Aug			F	Seattle	WA
				Sauder		1906	May			M	Seattle	WA
K	2	0236	11829	Saudy	Mary	1903	Sep	13	01M	F	503 KING ST.	WA
				Sauer		1898	Dec			M	Seattle	---
K	2	0242	14670	Sauer	Annie K.	1905	May	04	023	F	Seattle	DNK
K	2	0244	15092	Sauer	Infant	1905	Aug	14	000	F	Seattle	WA
K	1	0305	10492	Sauer	Leon	1902	Sep	19	08m	M	Langridge (b.Ballard	---

S R	PG	REC	LASTNAME	FIRSTNAME	DETH MN	DT	AGE	S	DEATHPLACE	BIRTH
			Sauerbrey		1894 Apr			M	2221 Front St.	GER
			Saulter		1907 Mar			F	Seattle	MO
K 2	0243	14778	Saunders	Annie	1905 Jun	28	028	F	Seattle	MO
K 1	0305	10452	Saunders	Ernest Emmett	1902 Oct	29	---	M	307 1/2 28th Ave S	SEA
K 2	0244	15366	Saunderson	Adeline	1905 Oct	16	033	F	Seattle	
			Saundsen		1900 Aug			F	Seattle	DNK
			Sauples		1895 Dec			M	2314 3rd	IN
			Sautherland		1900 Nov			M	Fremont	sme
			Savard		1896 Sep			F	1302 Weller St.	---
			Savard		1894 Oct			M	Seattle	sme
K 2	0239	13007	Savory	Infant	1904 Jun	10	000	M	1110 ALLEN PL.	WA
K 1	0303	07725	Saw	Rebecca	1902 May	13	050	F	1407 14th Ave	ENG
			Sawtelle		1901 Feb			F	Seattle	---
			Sawyer		1906 Aug			M	Hillman	WA
K 1	0306	10708	Sawyer	Adling	1903 Jan	30	068	F	966 20 Ave	CND
K 1	0307	11392	Sawyer	Daniel B	1903 Mar	16	11m	M	947 21 Ave	TX
K 2	0238	12848	Sawyer	Geo. Larance	1904 Apr	09	01M	M	2510 KING ST.	WA
K 2	0241	13885	Saxton	Albert	1904 Dec	29	042	M	1200 FRANKLIN AVE.	IL
			Sayles		1901 Mar			F	Seattle	IL
			Sayon		1901 Mar			M	Seattle	SC
K 2	0244	15383	Scales	Laura S.	1905 Nov	04	026	F	VASHON	CND
			Scanlon		1906 May			M	Seattle	IRL
			Scanlon		1906 Nov			M	Seattle	AK
K 2	0236	11828	Scanlon	James L.	1903 Sep	12	034	M	PROV. HOSP.	MI
K 2	0239	12854	Scanlon	Joseph J.	1904 Apr	19	021	M	BLK. DIAMOND	MI
K 1	0306	10863	Scanlon	Pat	1903 Feb	16	063	M	King Co. Hosp.	IRL
K 1	0303	07471	Scarpino	Ralph	1902 Mar	18	028	M	Prov. Hosp.	ITL
K 2	0244	15478	Scatter	Wm. T. E.	1905 Nov	11	001	M	Seattle	CND
K 2	0244	15477	Scearce	Stanley F.	1905 Jul	27	020	M	Seattle	WA
			Schaap		1895 Feb			M	Prov. Hosp.	---
			Schaar		1907 Jan			M	Seattle	WA
K 2	0242	14206	Schaar	Francis E.	1905 Feb	15	041	M	2619 E. ALOHA ST.	NY
			Schabel		1891 Aug			F	White River (Bay City)	MI
			Schacht		1892 Aug			F	Seattle	Sea
			Schacht		1907 Mar			M	Seattle	MN
K 2	0242	14375	Schack	Esther	1905 Mar	29	07M	F	Seattle	WA
K 1	0305	10345	Schack	Infant	1902 Nov	13	---	-	1825 12 Ave	SEA
K 2	0238	12466	Schadt	Henry Charles	1904 Feb	25	023	M	MONAD HOSP.	IL
K 2	0245	15484	Schaezline	Eugene	1905 Nov	27	051	M	Seattle	GER
			Schafer		1907 Mar			M	Seattle	GER
			Schaffer		1891 Oct			M	Seattle	---
			Schaffer		1893 Dec			M	Pike btn.Front &2nd(Pt.Twd)	WA
			Schaffer		1901 Aug			M	156th 15th Ave.	Sea
			Schaffner		1895 Aug			F	817 Howel St.	Sea
			Schall		1899 Nov			M	Seattle	PA
K 2	0236	11831	Schaneman	Albert C.	1903 Sep	14	036	M	OCCIDENTAL AVE.	WI
			Schaper		1894 Jan			F	235 Ash St.	FRN
K 2	0245	15614	Scharf	Grace H.	1905 Dec	02	019	F	Seattle	MN
			Scharfenberg		1900 Nov			M	Seattle	Tac
			Schelbach		1893 Sep			F	Green Lake	sme
			Scheldreup		1898 Mar			M	Seattle	NRY
K 2	0240	13340	Schellswick	Edward	1904 Sep	05	065	M	KING CO. HOSP.	NRY
K 2	0242	14373	Scherman	Anna A.	1905 Mar	25	005	F	Seattle	WA
			Scherrer		1907 Jan			M	Seattle	WA
			Schettler		1899 Mar			M	Seattle	---
			Scheuerman		1901 Aug			F	Interbay	Sea
			Scheuerman		1907 Jan			M	Seattle	GER
K 1	0303	07483	Schiffe	Sada	1902 Mar	27	01m	F	Seattle	WA
K 2	0244	15365	Schiller	Millie	1905 Oct	08	032	F	Seattle	MN
			Schilloeff		1896 Jan			F	Seattle	---
			Schilplin		1906 Aug			M	Brighton	WA
			Schimmiske		1906 Dec			F	Seattle	GER
K 2	0243	14911	Schindel	Johan P. C.	1905 Jul	21	042	M	Seattle	CA

S R PG REC	LASTNAME	FIRSTNAME	DETH MN DT AGE	S	DEATHPLACE	BIRTH
	Schlachs		1900 Sep	M	Seattle	---
K 2 0237 11945	Schley	Thomas	1903 Oct 21 060	M	WELLINGTON	
	Schlumpf		1900 Aug	F	Seattle	Sea
	Schlumpf		1900 Nov	M	Seattle	CA
K 1 0305 10448	Schmalz	Infant	1902 Oct 14 ---	F	Fremont	sme
	Schmedlkofer		1899 Nov	M	---	---
K 2 0240 13390	Schmellhardt	Elso	1904 Sep 16 10M	F	4229 LATONA AVE.	WA
K 1 0303 07718	Schmessler	Oscar V.	1902 Jun 01 001	M	Ballard	sme
	Schmid		1899 Mar	M	Mercer Island	---
	Schmidt		1892 Mar	M	Seattle	---
	Schmidt		1895 Jan	F	1607 Grant St.	---
	Schmidt		1899 Nov	M	Seattle	GER
	Schmidt		1906 May	F	Seattle	NJ
K 2 0244 15088	Schmidt	Albert W.	1905 Aug 08 040	M	Seattle	IA
K 2 0236 11824	Schmidt	Echo Viola	1903 Sep 03 06M	F	2513 - 15TH AVE. W.	WA
K 2 0238 12340	Schmidt	Elizabeth	1904 Jan 22 074	F	120 HARVARD AVE. N.	GER
K 2 0237 11836	Schmidt	Geo. C.	1903 Sep 22 053	M	PROV. HOSP.	GER
K 2 0240 13587	Schmidt	Herman C.	1904 Oct 07 062	M	MONOD HOSP.	
K 1 0305 10580	Schmidt	John	1902 Dec 18 068	M	Georgetown	WA
K 2 0242 14633	Schmidt	Victor F.	1905 May 12 001	M	Seattle	WA
	Schmitt		1894 Jul	M	417 S. 11th St.	Sea
	Schmitz		1907 Feb	F	Seattle	GER
	Schmitz		1901 Feb	F	Seattle	GER
	Schneider		1898 May	M	So. Park	GER
K 2 0236 11678	Schnitzlein	Theodore	1903 Aug 14 047	M	553 WARD ST.	GER
	Schoder		1899 Aug	M	Seattle	GER
	Schoening		1907 Jun	M	Seattle	GER
	Schoening		1907 Jun	M	Seattle	GER
K 2 0245 15622	Schoewe	Theodore W.	1905 Dec 26 050	M	Seattle	
	Schofield		1899 Aug	M	Seattle	Sea
K 2 0236 11679	Scholpp	Fred	1903 Aug 17 014	M	Seattle GENL. HOSP.	WA
	Schoonover		1901 Jun	F	W. Seattle	MI
	Schoonover		1901 Dec	M	Ballard	WI
K 2 0244 15146	Schoonover	Violet	1905 Sep 25 017	F	BALLARD	MI
K 1 0306 10704	Schorr	John Sebastian	1903 Jan 03 042	M	S. Seattle (b.Bavaria,	---
	Schota		1894 Mar	M	418 Jefferson St.	JPN
K 2 0244 15098	Schow	John Jr.	1905 Aug 26 12D	M	Seattle	WA
	Schraepher		1894 Jul	F	County Farm	GER
K 2 0242 14372	Schram	Lizzie	1905 Mar 24 059	F	Seattle	GER
	Schreckhise		1897 Mar	M	Seattle Gen. Hosp.	---
K 1 0304 10130	Schreiber	Lizzie M. (Mrs)	1902 Aug 31 022	F	Prov. Hosp	MN
K 2 0244 15091	Schreiner	John	1905 Aug 12 035	M	Seattle	OH
K 2 0243 14638	Schreiner	Mary G.	1905 May 16 036	F	Seattle	ME
	Schricker		1897 Oct	F	1330 Terry Ave.	IN
	Schrieber		1901 Aug	M	Leary, WA	CA
K 2 0242 14212	Schriner	Ida	1905 Feb 23 037	F	3828 BAGLEY	
	Schroeder		1907 Feb	M	Seattle	CO
	Schroeder (#6444		1901 May	M	Prov. Hosp.	WI
K 1 0306 10715	Schroll	Sebastian	1903 Jan 04 061	M	1300 Olive St	SWT
	Schual		1906 Jul	M	Seattle	WA
	Schuarmann		1907 Mar	F	Kent	GER
K 2 0240 13385	Schuchard	V. U. Z.	1904 Sep 13 04M	M	7429 LATONA AVE.	WA
	Schuede		1894 Mar	M	10th & Judkins St.	Sea
	Schuh		1899 Jul	M	Prov. Hospital	---
K 2 0243 14904	Schuler	Jake L.	1905 Jul 06 028	M	Seattle	OH
K 2 0243 14903	Schulte	Henry	1905 Jul 04 053	M	Seattle	GER
	Schultz		1906 Aug	M	Seattle	WA
	Schultz		1899 May	M	Seattle	Sea
	Schultz		1906 Aug	F	Seattle	GER
	Schultz		1907 Jun	F	Seattle	SWD
K 1 0305 10240	Schultz	Annie	1902 Jun 12 053	F	Dawson	---
K 1 0307 11153	Schultz	Annie	1903 Apr 06 049	F	721 3 Ave N	GER
K 2 0238 12217	Schultz	Charles	1903 Dec 13 019	M	HELLMAN CITY, WA	KS

S R PG REC	LASTNAME	FIRSTNAME	DETH MN DT AGE	S	DEATHPLACE	BIRTH
K 1 0303 07473	Schultz	Elenor	1902 Mar 15 003	F	12th & E. Pike	SEA
K 1 0303 07385	Schultz	Elizabeth	1902 Feb 10 06d	F	816 Rainier Ave	SEA
K 1 0307 11397	Schultz	F. W.	1903 May 24 050	M	Minor Hosp.	---
K 2 0244 15267	Schultz	Fred	1905 Oct 10 083	M	GEORGETOWN	GER
	Schulz		1897 Jul	M	602 Bellevue	PRS
K 2 0245 15617	Schulze	Fred W.	1905 Dec 07 063	M	Seattle	GER
K 2 0237 12063	Schumacher	Louise	1903 Nov 11 025	F	MONOD HOSP.	GER
K 2 0239 13016	Schumacher	Peter	1904 Jun 29 040	M	PROV. HOSP.	
K 1 0307 11394	Schussler	Annie	1903 May 25 004	F	Ballard	sme
K 2 0240 13410	Schuster	Elsie D.	1904 May 14 013	F	4130 LINDEN AVE.	WA
	Schuyler		1907 Jun	M	Seattle	---
K 2 0241 13599	Schuyler	L. V.	1904 Oct 27 067	M	SO. Seattle	AL
K 2 0239 13137	Schwab	Caroline Bertha	1904 Jul 20 018	F	1739 SUMMIT	WA
	Schwabacher		1898 Mar	M	Seattle	CO
K 2 0240 13291	Schwabland	Infant	1904 Aug 10 000	M	3519 CAR PL.	WA
K 2 0242 14627	Schwaf	Solomen	1905 May 09 056	M	Seattle	GER
	Schwartz		1907 Apr	M	Seattle	---
	Schwartz		1906 Apr	M	Seattle	WA
K 2 0241 13875	Schwartz	Ernest	1904 Nov 30 047	M	REDMOND	SWT
K 1 0304 07857	Schwarz	Margarite	1902 Jun 15 04m	F	O'Brien	SEA
	Schwarzbauer		1906 Jul	M	Seattle	WA
	Schwede		1897 Apr	M	10 N. Jawkin St.	GER
K 2 0244 15143	Schweiger	Gottlieb	1905 Sep 01 048	M	W. W. HOSP. FOR INSANE	GER
	Schweitzer		1897 Apr	F	516 12th Ave. S.	Sea
	Schweizer		1900 Jul	F	Seattle	CA
K 2 0238 12342	Schwendner	Infant (?)	1904 Jan 27 053	M	1018 - 20TH AVE. SO.	WA
K 1 0304 10072	Schwenk	Charles	1902 Jul 12 042	M	nr Berlin	PA
	Schweppe (# 36		1898 Jul	M	Seattle	GER
	Schwesler		1906 Jul	F	Ballard	WA
K 2 0244 15097	Schwing	Godfrey M.	1905 Aug 26 027	M	Seattle	CA
K 2 0244 15407	Schwonder	Anna	1905 Nov 17 012	F	T. 25 R. 4 E. (KING CO.)	GER
	Schyesinger		1906 Jul	M	Seattle	GER
	Schyre		1906 Mar	F	Seattle	IL
	Schyttes		1907 Feb	F	Seattle	MI
K 1 0305 10584	Schyver	Infant	1902 Dec 13 ---	M	Ballard	sme
	Scideuburg		1898 Apr	M	Seattle	GER
	Scisson ?		1894 Jun	F	2029 West St.	---
	Scodo		1899 Sep	M	Seattle	ITL
	Scofield		1906 Dec	M	Seattle	NY
	Scofield		1907 Jun	M	Seattle	---
	Scoonover		1907 Jan	M	Seattle	VA
	Scott		1897 Mar	M	Wilfred St.	Sea
K 2 0241 13868	Scott		1904 Nov 13	M	INTERBAY	WA
	Scott		1895 Mar	M	Fremont	SCT
	Scott		1906 Feb	M	Seattle	CA
	Scott		1906 Nov	F	Seattle	WA
	Scott		1896 Oct	-	---	---
	Scott		1895 Mar	F	Seattle	---
	Scott		1895 Mar	F	Seattle Central Hotel	Sea
	Scott		1907 Jun	M	Seattle	MO
	Scott		1907 Feb	F	Seattle	IA
	Scott		1894 Sep	F	East Seattle (King Co.)	WA
	Scott		1898 Jun	M	Seattle	MT
	Scott		1906 Sep	F	Seattle	IL
	Scott		1895 Mar	-	Seattle Central Hotel	Sea
	Scott		1898 Dec	M	Seattle	IL
	Scott		1906 Jul	M	Seattle	---
	Scott		1906 Aug	F	Seattle	IA
	Scott		1907 Mar	M	Seattle	OH
	Scott		1897 Jun	M	517 Summit Ave.	WA
	Scott		1906 Jun	M	Seattle	IA
	Scott		1906 Apr	M	Seattle	IN
	Scott		1898 Dec	M	Seattle	---

S R	PG	REC	LASTNAME	FIRSTNAME	DETH	MN	DT	AGE	S	DEATHPLACE	BIRTH
			Scott		1907	Jun			M	Seattle	TX
			Scott		1906	Apr			M	Seattle	---
			Scott		1891	Aug			M	North Bend	OH
K 2	0237	12066	Scott	Alexander	1903	Nov	12	035	M	WAYSIDE MISSION	
K 1	0303	07475	Scott	Edward	1902	Mar	27	025	M	Prov. Hosp. (b.Ontario	---
K 2	0238	12337	Scott	Hallie M.	1904	Jan	14	021	F	54 - 24TH AVE.	ND
K 2	0244	15367	Scott	J. W.	1905	Oct	22	055	M	Seattle	
K 1	0306	10588	Scott	James Davis	1902	Dec	29	068	M	508 28th Ave	MO
K 2	0240	13296	Scott	James Mattaison	1904	Aug	24	080	M	3528 CARR PLACE	CND
K 1	0307	11402	Scott	Robert Clay	1903	Jun	05	02m	M	814 20 Ave S	SEA
K 2	0238	12219	Scott	Roswell	1903	Dec	19	073	M	STARTUP, WA	NY
K 2	0238	12596	Scott	Ruth	1904	Mar	12	07M	F	2033 - 5TH AVE.	NE
K 2	0236	11683	Scott	Sarah J.	1903	Aug	15	051	F	1117 JEFFERSON	IN
K 2	0238	12595	Scott	Terence	1904	Mar	11	009	M	2ND & DENNY WAY	SD
			Scribner		1906	Dec			F	Kent	NH
			Scripture		1906	Aug			F	Seattle	WA
			Scullin		1892	Jul			M	Seattle	NYC
			Scullin		1906	Sep			F	Seattle	WA
			Scurry		1906	Aug			M	Seattle	WA
			Sdadler [sic]		1897	Aug			M	Whatcom Co.	GER
			Seabersin		1906	Sep			M	Seattle	WA
K 2	0238	12221	Seagrave	Mrs. Sarah	1903	Dec	31	067	F	OCCIDENTAL HOTEL	NY
			Seagreen		1899	Apr			M	Seattle	Sea
			Seaman		1906	Aug			M	Seattle	WA
K 1	0303	07557	Seaman	Harold	1902	Apr	09	009	M	Sea. Gen. Hosp. (b.Blaine,	WA
K 2	0238	12463	Searight	Mrs. Jennie	1904	Feb	12	044	F	WEST Seattle	SCT
K 2	0242	14499	Searl	P. B.	1905	Apr	02	048	M	Seattle	ENG
			Searles		1906	Jan			F	Seattle	---
			Sears		1896	May			F	501 Albert St.	---
			Sears		1897	Aug			F	2931 1/2 1st Ave.	---
			Sears		1900	Dec			F	Insane Hosp.	---
			Sears		1907	Apr			F	Seattle	CND
			Sears		1901	Jun			M	Near Yesler	MI
			Sears		1906	Sep			F	Seattle	MA
K 2	0237	11948	Sears	Jeremiah	1903	Oct	11	026	M	YESSLER STATION	MI
K 1	0304	10141	Sears	John C.	1902	Sep	26	070	M	Estabrook Blk	NY
			Seaton		1902	Jan			M	Co. Jail	MO
			Seattle		1896	May			F	West St. nr Pike (on Puget)	WA
			Seavey		1899	Jan			M	Seattle (possibly 1900)	ME
			Seavey		1899	Feb			F	Seattle	ME
			Secor		1894	Aug			M	Franklin	Amr
			Secor		1900	Mar			F	Green River	VA
			Sedden		1893	Jun			M	Seattle	---
			Sederloon		1907	Mar			F	Seattle	PA
			Sedgwick		1906	Aug			M	Sherwood	IA
			See		1907	May			M	At Sea. on Steamer Dolphin	CHN
K 2	0238	12334	See	Chong	1904	Jan	05	054	M	COUNTY JAIL	CHN
			Seeger		1893	Aug			M	1528 4th St.	Sea
K 2	0238	12332	Seely	Clara	1904	Jan	02	016	F	2437 E. VALLEY ST.	MN
			Sefalk (?)		1897	Apr			M	Duwamish	BOH
			Segar		1896	Nov			M	Everett	LA
			Sehell		1892	Jan			M	Seattle	---
			Seibenaler		1899	Apr			F	Seattle	GER
			Seibert		1907	Apr			F	Seattle	GER
			Seibert		1907	Feb			F	Seattle	MN
			Seidel		1907	Jan			M	Seattle	GER
			Seifried		1899	Nov			M	Fremont	GER
K 1	0303	07545	Seigurdson	Bertha	1902	Apr	08	040	F	King Co. Hosp.	IRL
K 1	0303	07521	Seigurdson ?	Bertha	1902	Apr	08	040	F	King Co. Hosp.	IRL
			Seim		1906	Sep			M	Seattle	NRY
K 1	0303	07854	Seiman	Infant	1902	Jun	05	---	M	Seattle	sme
			Seits		1898	Oct			F	Seattle	OH
K 1	0306	10714	Seitzinger	Jeremiah	1903	Jan	13	087	M	2221 1/2 1st Ave	PA

S R	PG	REC	LASTNAME	FIRSTNAME	DETH	MN	DT	AGE	S	DEATHPLACE	BIRTH
			Selby		1907	Apr			F	Seattle	OH
			Selby		1894	Feb			M	Seattle	PA
			Selby		1900	Feb			M	Green Lake	OH
K 1	0303	07655	Selby	Dolly	1902	Apr	05	003	F	2608 E Valley St	ND
			Selig		1900	Nov			F	Seatle	GER
			Selkirk		1901	Dec			M	1520 13th Ave. S.	MO
K 2	0236	11684	Selman	Lois	1903	Aug	27	026	F	GENL. HOSP.	IA
K 2	0241	13877	Selmer	Hulda	1904	Dec	03	028	F	2103 - 7TH AVE.	NRY
K 2	0241	14057	Selstad	Olaf	1905	Jan	25	034	M	FOOT OF SENECA	SWD
K 2	0241	13867	Semmens	Louisa M.	1904	Nov	13	064	F	1113 - 37TH AVE.	ENG
			Semple		1895	Feb			F	209 Chestnut St.	Sea
			Semple		1898	Mar			M	Seattle	PA
			Semple		1901	Mar			F	Seattle	OH
			Semple		1932	Aug			-	(Recorded in 1590 D P. 485)	---
			Senato		1907	Apr			M	Seattle	ITL
			Sender		1895	Sep			F	501 Commercial St.	sme
K 1	0303	07762	Sender	Walter	1902	Apr	22	005	M	703 24th Ave S	SEA
K 2	0236	11832	Seneca	Clarence	1903	Sep	18	01M	M	720 - 26TH AVE. NO.	WA
			Seng		1896	Nov			M	Btn.Main & Wash., 4th Ave	CHN
			Sengryanna		1901	Oct			F	4th & Jackson	JPN
			Senion		1899	Aug			M	Seattle	PLD
			Senn		1898	Aug			M	Seattle	---
K 2	0242	14364	Sequist	Chas.	1905	Mar	06	042	M	Seattle	
K 1	0306	10867	Seranberg	Axel	1903	Feb	14	028	M	CA	SWD
			Serf		1907	Jun			M	Seattle	---
			Serles		1900	Feb			F	Seattle	GER
			Serlinger		1900	May			M	Duwamish	OH
			Setherlee		1901	May			F	Ballard	NRY
			Setterland		1985	Jun			M	Columbia	sme
K 1	0304	09914	Seung ?	Minnie	1902	Jul	22	001	F	Seattle	sme
			Severance		1901	Dec			M	Bronson Hotel	ME
			Seward		1906	Sep			M	Seattle	WA
			Sewart		1900	Nov			M	Kent	KY
K 2	0243	14770	Sewell	Infant	1905	Jun	10	000	M	Seattle	WA
K 2	0236	11823	Sewell	Lawrence A.	1903	Sep	03	005	M	GREEN LAKE	WA
			Sexauer		1907	Apr			M	Seattle	WA
			Sexton		1894	Dec			F	2122 7th St.	NJ
			Sexton		1894	Nov			M	2122 7th St.(Montgomery Co)	OH
			Sexton		1901	Oct			M	Police Hq.	US
			Sexton		1901	Dec			M	Prov. Hosp.	MO
K 2	0239	12853	Sexton	Ellen (Mrs.)	1904	Apr	19	055	F	1015 E. TERRACE	IRL
			Seykora		1907	Feb			M	Seattle	IA
			Seymour		1892	Jul			M	Gilman	ENG
			Seymour		1892	Jul			M	Gilman	ENG
			Seymour		1894	Sep			F	Shorey Res. 3rd & Col.	---
			Shackleford		1894	Dec			M	221 Willow Ave.	Sea
K 2	0243	14642	Shadd	Infant	1905	May	31	000	F	BALLARD	WA
			Shadel		1900	Aug			F	Pt. Townsend	WA
			Shaderlenda		1900	Sep			M	Seattle	ITL
K 2	0243	14643	Shaeffer	Clara	1905	Jun	02	016	F	Seattle	CO
			Shafer		1907	May			F	Seattle	CDN
			Shafer		1907	Mar			M	Seattle	WI
K 1	0303	07388	Shafer	Earl R.	1902	Feb	08	008	M	522 11 Ave N	IL
K 2	0241	14054	Shafer	Frank	1905	Jan	18	044	M	426 - 23RD AVE. S.	NY
			Shaffer		1891	Aug			M	Lake Washington	IL
			Shaffer		1895	Mar			M	Co. Hosp.	GER
			Shaffer		1899	Aug			F	Seattle	PA
K 1	0305	10342	Shaffer	Blanche E	1902	Nov	29	013	F	Georgetown	NE
K 2	0243	14769	Shaffer	Chris H.	1905	Jun	08	026	M	Seattle	IA
K 1	0306	10866	Shaffer	Lena	1903	Feb	05	035	F	Monod Hosp.	RUS
K 2	0244	15089	Shaffer	Rebecca	1905	Aug	08	018	F	Seattle	RUS
			Shaffor		1894	Apr			M	Masonic Temple	MA
K 1	0303	07389	Shain	Julia	1902	Feb	04	002	F	Ballard	sme

S R PG REC	LASTNAME	FIRSTNAME	DETH	MN	DT	AGE	S	DEATHPLACE	BIRTH
K 1 0304 10128	Shain	Robert	1902	Aug	19	069	M	Whitmore STA	ENG
K 1 0306 10869	Shaku	Kiuyen	1903	Mar	09	029	M	141 1/2 Yesler Way	JPN
	Shallenberger		1899	Feb			M	Seattle	---
K 2 0240 13434	Shaman	Edward	1904	Sep	29		M	1027 DENNY WAY	WA
K 2 0236 11687	Shamek	Lydia	1903	Aug	31	029	F	PROV. HOSP.	IN
K 2 0239 12869	Shancair	Infant	1904	May	18	000	F	715 BELL ST.	WA
	Shane		1907	Jun			M	Seattle	NY
K 2 0244 15268	Shane	Lizzie	1905	Oct	19	055	F	GEORGETOWN	GER
	Shank		1900	Dec			M	Seattle	MO
	Shanks		1906	Nov			F	Seattle	MN
	Shannon		1906	Nov			F	Seattle	ME
	Shannon		1894	Jul			M	York House, Seattle	NY
	Shannon		1895	Jan			M	Prov. Hosp.	---
	Shannon		1901	Sep			F	Prov. Hosp.	CND
K 1 0305 10349	Shannon	Edward	1902	Nov	25	040	M	Elliott Bay	---
K 1 0305 10348	Shaphiam	Infant	1902	Nov	14	s/b	F	1247 King St	---
	Shapiro		1894	Nov			F	310 Wash. St.	Sea
	Shapiro		1907	May			F	Seattle	WA
	Sharick		1906	Mar			F	Seattle	NY
	Shark		1906	Feb			M	Seattle	MI
	Sharkey		1906	Jan			F	Seattle	IRL
	Sharp		1891	Dec			M	Bothell	SCT
	Sharp		1906	Dec			F	Seattle	MO
	Sharp		1900	Mar			M	Seattle	CND
	Sharp		1907	May			M	Seattle	WI
K 1 0303 07623	Sharp	Francis Rev.	1902	May	11	049	M	nr Ravenna Park	PA
K 1 0304 10131	Sharp	Ida (Mrs)	1902	Aug	30	049	F	Georgetown	NY
K 2 0243 14776	Sharp	Wm. B.	1905	Jun	25	061	M	Seattle	CND
K 2 0237 12109	Sharp	Wm. H.	1903	Dec	14	040	M	KING CO. HOSP.	CA
	Sharpe		1901	May			M	Seattle	CND
	Sharpe		1896	Oct			F	604 Pike	sme
K 2 0237 12062	Shattler	Arthur	1903	Nov	06	013	M	122 PINE ST.	CO
	Shattock		1906	Dec			M	Seattle	US
	Shattuck		1899	May			M	Seattle	USA
K 2 0242 14229	Shaud	Helen M.	1905	Feb	29	03M	F	BALLARD	WA
K 2 0242 14227	Shaud	Margaret H.	1905	Feb	21	040	F	BALLARD	ENG
K 1 0303 07584	Shaughessy	Baby	1902	Apr	27	---	M	2906 1st Ave	SEA
	Shaver		1900	Aug			M	Seattle	WA
	Shaw		1900	May			F	Seattle	Sea
	Shaw		1906	Jan			M	Seattle	DE
	Shaw		1906	Apr			M	Appleton	SCT
	Shaw		1900	Mar			M	Seattle	IN
	Shaw		1899	Jan			M	Seattle (possibly 1900)	---
	Shaw		1893	Sep			F	Cor. Yesler & McClair(WirtC)	VA
	Shaw		1907	Feb			M	Seattle	---
	Shaw		1895	Mar			M	520 Broadway	NY
	Shaw		1906	Sep			M	Seattle	WA
	Shaw		1900	Mar			F	Skagway	OH
K 1 0304 10079	Shaw	Baby	1902	Aug	31	06m	F	1st Ave	WA
K 1 0304 10075	Shaw	Chas H	1902	Aug	30	060	M	1600 Yesler	ME
K 1 0303 07624	Shaw	Edw W	1902	May	04	022	M	Interbay	OR
	Shawness		1895	Jun			M	Brighton Beach	---
	Shea		1899	Jan			M	Seattle (possibly 1900)	IRL
	Shea		1907	Jun			M	Seattle	CND
	Shea		1907	Jan			M	Seattle	IRL
	Shea		1893	Oct			F	721 Kinney St.	CO
K 1 0305 10340	Shea	Annie	1902	Nov	15	015	F	South Park (b.King Co,	---
K 2 0244 15363	Shea	Dion L.	1905	Oct	05	019	M	Seattle	NE
K 2 0244 15095	Shead	Edward W.	1905	Aug	19	032	M	Seattle	ME
	Sheane		1898	Jun			M	Seattle	ONT
	Shearer		1894	Jul			F	Renton	NY
	Sheckler		1896	Dec			M	So. Seattle	IA
K 2 0244 15093	Shedd	Sabrina E.	1905	Aug	16	082	F	Seattle	ME

S R PG REC	LASTNAME	FIRSTNAME	DETH MN	DT	AGE	S	DEATHPLACE	BIRTH
	Sheedy		1901 Nov			M	724 27th Ave. S.	Sea
K 2 0238 12851	Sheefield	Wm. Morrow	1904 Apr	13	03M	M	WEST Seattle	WA
K 2 0241 13882	Sheehan		1904 Dec	25		M	1136 - 12TH AVE.	WA
K 2 0239 13008	Sheehan	Lohn	1904 Jun	09	065	M	PROV. HOSP	IRL
K 2 0241 13883	Sheehan	Margaret	1904 Dec	25	037	F	1136 - 12TH AVE.	IRL
K 2 0240 13595	Sheehy	Joseph	1904 Oct	19	040	M	KANGLEY, WA	CND
	Sheets		1898 Apr			M	Seattle	PA
K 2 0245 15481	Sheets	Benj. W.	1905 Nov	18	066	M	Seattle	PA
	Sheffield		1895 May			F	Prov. Hosp.	WI
	Sheilds		1900 Feb			M	Gen. Hosp.	CND
K 2 0242 14208	Shelden	John	1905 Feb	21	011	M	SEA. GENL. HOSP.	WA
	Sheldon		1907 May			F	Seattle	MO
	Sheldon		1907 May			M	Seattle	MO
	Sheldon		1901 Dec			M	Elliott Bay	US
K 1 0304 10232	Sheldon	John	1902 Sep	26	045	M	1322 1st Ave	ITL
K 1 0303 07619	Sheldon	Josephine	1902 May	25	020	F	Ballard	WA
	Shellbach		1899 Aug			F	Mercer Island (Green Lake)	WA
K 2 0245 15503	Shelley	Margaret	1905 Dec	30	060	F	BALLARD	MO
K 2 0245 15661	Shelley	Margaret	1905 Dec	30	060	F	BALLARD	MO
	Shelton		1901 Nov			F	411 Pike St.	MO
	Shepard		1901 May			M	Seattle	WA
	Shepard		1899 Sep			M	Seattle	---
K 1 0303 07620	Shepard	Catherine Rochester	1902 May	20	078	F	1406 Bellview Ave	NY
K 2 0237 12064	Shepard	Franklin Borren	1903 Nov	12	001	M	3805 E. PROSPECT	NY
K 1 0307 11163	Shepard	Stella Whipple (Mrs)	1903 Apr	15	054	F	Colby, WA	PA
	Shephard		1906 Aug			F	Seattle	CA
K 2 0242 14632	Shephard	Chas.	1905 May	11	057	M	Seattle	WI
K 1 0305 10340	Shephard	Mary G.	1902 Nov	28	047	F	W Pt Lighthse (b.Gr.Bend,	PA
K 2 0245 15623	Shephard	Wildes B.	1905 Dec	31	04M	M	Ballard	WA
	Shepherd		1907 May			M	Ballard	NY
	Sheppard		1906 Oct			M	Seattle	ENG
	Sheppard		1906 Aug			M	Seattle	WA
K 2 0238 12849	Sheppard	George	1904 Apr	09	061	M	PROV. HOSP.	IL
K 2 0241 14050	Sheppard	Thomas	1905 Jan	08	040	M	ORILLIA	
	Sherdon		1901 Jan			M	King Co. Hosp.	CT
K 2 0239 13138	Sheridan	Susan	1904 Jul	22	034	F	PROV. HOSP.	FL
K 2 0237 12213	Sheridan	Wm.	1903 Dec	06	030	M	MISSION HOSP.	IRL
	Sheriff		1892 Oct			M	Seattle	Sea
	Sherk		1900 Nov			F	Seattle	PA
	Sherlock		1907 Jun			M	Van Asselt	IRL
	Sherlock		1900 Jul			M	Ballard	sme
K 2 0236 11531	Sherlock	Thomas Jos.	1903 Jul	13	005	M	Vanassault (Rec. No. Dupl.)	WA
	Sherman		1901 Dec			M	1816 1/2 6th Ave.	Sea
	Sherman		1895 Jun			F	West & Pike Sts.	SCT
	Sherman		1895 Jun			F	London House	SCT
	Sherman		1897 Nov			M	628 King	WI
	Sherman		1892 Jan			M	Seattle	GER
	Sherman		1901 Dec			M	Beacon Hill	sme
K 2 0243 14912	Sherman	Geo. B.	1905 Jul	22	16D	M	Seattle	WA
K 1 0305 10343	Sherman	Mary L.	1902 Nov	27	049	F	2315 5th Ave	NY
K 2 0244 15235	Sherman	V. H.	1905 Sep	06	072	M	Seattle	
	Sherrer		1899 Sep			M	Seattle	Sea
K 2 0241 14052	Sherry	P. A.	1905 Jan	12	073	M	106 WASH. ST.	IRL
	Sherwood		1907 Jan			F	Seattle	NY
	Sherwood		1899 Jan			M	Seattle (possibly 1900)	NY
	Sherwood		1899 Jun			M	Prov. Hosp.	---
K 2 0242 14210	Sherwood	Elmira A.	1905 Feb	21	035	F	W. Seattle	NE
	Shiach		1907 Jan			F	Seattle	WA
	Shields		1899 Jan			M	Wellington	---
	Shields		1900 Mar			F	Ballard	sme
	Shields		1900 Aug			M	Ballard	WA
	Shields		1907 Jan			M	Ballard	CND
K 2 0243 14910	Shields	Elias S.	1905 Jul	19	032	M	Seattle	CND

S R	PG	REC	LASTNAME	FIRSTNAME	DETH MN	DT	AGE	S	DEATHPLACE	BIRTH
K 2	0241	13866	Shields	Eugene	1904 Nov	04	050	M	BARNESTON	
K 2	0244	15145	Shields	Jessie M.	1905 Sep	21	010	F	BALLARD	WA
K 1	0303	07384	Shigede	Infant	1902 Feb	09	03m	M	2 nd Ave S & Main	SEA
			Shigi		1907 Jan			M	Eagle Gorge	JPN
K 2	0244	15087	Shimasaki	T.	1905 Aug	07	030	M	Seattle	JPN
			Shimizu		1907 Jan			M	Seattle	WA
			Shimonishi		1900 Dec			M	Seattle	JPN
K 2	0242	14366	Shimuty	Josephine	1905 Mar	07	07M	F	Seattle	WA
K 1	0304	09961	Shina	Watamake	1902 Jul	31	027	M	Seattle	JPN
			Shine		1899 May			M	Woodland Park	MN
			Shinohara		1901 Jan			M	Seattle	JPN
			Shipley		1898 Jan			F	Seattle	Sea
			Shipley		1906 Jun			F	Seattle	ME
K 1	0307	11158	Shipley	Baby	1903 Apr	12	s/b	F	118 22 Ave S (b.S.	SEA
K 1	0303	07722	Shipley	John	1902 May	01	02m	M	Green Lake	sme
			Shipman		1906 May			F	Seattle	MN
			Shipp		1899 Nov			M	Seattle	Sea
			Shipps		1898 Jul			F	Seattle	Sea
			Shiraishi		1907 May			F	Seattle	WA
			Shirey		1907 Mar			F	Seattle	IA
			Shmano		1900 Dec			M	Index	JPN
			Shney		1892 Feb			M	Seattle	---
			Shoales		1894 Nov			M	308 Cedar St.	KS
K 1	0306	10710	Shobbrook	John	1903 Jan	24	061	M	Pleasant Beach	---
			Shoblad		1906 Feb			F	Seattle	SWD
			Shoblad		1893 Jul			M	Prov. Hosp.	SWD
			Shoddy		1893 Jul			F	Seattle	WI
			Shoemaker		1895 Nov			F	Edmunds	IL
			Shoffer		1897 Nov			M	Seattle Gen. Hosp.	PA
			Shogren		1902 Feb			F	903 15th Ave.	SWD
			Shogren		1898 Jun			F	Seattle	---
			Sholes		1907 Jan			M	South Park	VT
K 1	0306	10983	Sholund	Ida	1903 Mar	21	004	F	720 Columbia St.	---
K 1	0307	11400	Shomo	Wilber	1903 Jun	23	002	M	Roy/Melrose Ave N	SEA
K 1	0304	10078	Shomo	Wilbert	1902 Sep	03	06m	M	614 E Lake Ave	sme
K 2	0243	14768	Shoncair	Infant	1905 Jun	08	000	M	Seattle	WA
			Shony		1900 Apr			M	Seattle	ME
			Shook		1901 Aug			F	Prov. Hosp.	WA
			Shook		1907 Jan			M	Seattle	---
			Shopod		1893 Aug			M	310 S. 3rd St.(New Orleans)	LA
K 1	0307	11162	Shorbridge	N.E. (Mrs)	1903 Apr	06	036	F	S. Seattle	ENG
			Shorck		1901 Dec			M	803 Boren Ave.	GER
K 1	0307	11393	Shorey	Walter A	1903 May	02	050	M	Ballard	ME
K 1	0304	09911	Shorrock	James	1902 Jul	27	069	M	Seattle	ENG
			Short		1898 Mar			M	Seattle	---
			Shorter		1899 Jan			F	Seattle	ME
			Shorty		1896 Sep			M	Prov. Hosp.	---
K 1	0306	10709	Shotwell	Rhea Henry	1903 Jan	24	032	F	Wayside Hosp. (b.Olympia,	WA
			Shoudy		1901 Sep			M	Interbay	IL
K 1	0306	10982	Shoulland	Anna	1903 Mar	21	043	F	720 Columbia St.	FIN
K 2	0237	12215	Shoup	Agnes May	1903 Dec	12	022	F	MONOD HOSP.	UT
K 2	0241	13876	Shoup	George	1904 Dec	01	068	M	ALKI POINT	
			Shovlan		1898 Dec			M	Cascade Tunnel	---
			Showalter		1893 Nov			M	Seattle	---
K 2	0240	13288	Showater	Charley	1904 Aug	08		M	2406 E. VALLEY ST.	WA
K 2	0239	12871	Shrader	Charles D.	1904 May	23	059	M	150 - 18TH AVE.	WI
			Shriner		1900 Dec			M	Seattle	WA
K 2	0237	12067	Shroder	Ella	1903 Nov	17	005	F	961 THOS. ST.	OH
			Shroll		1906 Jun			F	Seattle	IN
K 1	0304	10068	Shroll	Rita	1902 Aug	12	06m	F	Green Lake	sme
K 1	0306	10750	Shucy	John T.	1902 Sep	16	066	M	King Co. Hosp.	MD
			Shultes		1899 Nov			M	Seattle	NY
			Shultis		1900 Aug			M	Seattle	---

S	R	PG	REC	LASTNAME	FIRSTNAME	DETH	MN	DT	AGE	S	DEATHPLACE	BIRTH
				Shultz		1892	Aug			M	Fremont	CA
				Shultz		1901	Dec			F	2710 Elliott Ave.	Sea
K	2	0239	12858	Shulz	Hansina	1904	Apr	30	040	F	SUNNDALE, WA	NRY
				Shumaker		1906	Feb			M	Seattle	WA
K	1	0304	10233	Shumway	Mary C. H.	1902	Sep	25	081	F	1304 Madison	MA
K	1	0304	07855	Shunbyamateu	H	1902	Jul	05	025	M	Seattle	JPN
				Shures		1899	Aug			M	Seattle	GER
				Shute		1907	May			F	Seattle	MI
K	1	0306	10979	Siapipo	Hariki	1903	Mar	18	035	M	301 4th Ave	JPN
K	2	0238	12462	Sibbars	Martin	1904	Feb	12	060	M	PROV. HOSP.	
				Sibley		1906	Jan			M	Nr. Cape Beale, BC	IL
				Sich		1898	Mar			M	Auburn	GER
				Sickel		1906	Dec			M	Seattle	WA
K	2	0245	15482	Sickel	Infant	1905	Nov	20		M	Seattle	WA
K	2	0238	12218	Sickle	Susanne Vail	1903	Dec	15	077	F	510 WALL ST.	NY
				Sidelsky		1906	Nov			M	Seattle	RUS
K	1	0307	10989	Sidle	Charles K.	1903	Mar	02	045	M	Stewart Hs.	---
K	2	0243	14637	Sidwell	Frank	1905	May	16	040	M	Seattle	OH
				Siegfried		1906	Oct			F	Seattle	OK
K	2	0243	14942	Siemiller	Ray	1905	Aug	05	015	M	BALLARD	WA
K	1	0306	10711	Siepmann	Anna Bell	1903	Jan	25	032	F	Ballard (b. Glace Bay,	CND
K	1	0306	10712	Siepmann	Baby	1903	Jan	29	02d	M	212 Wilbert St	SEA
				Sigler		1907	Feb			F	Hanford	IN
				Sigler		1906	Dec			M	Seattle	WA
K	2	0245	15479	Signor	Carley	1905	Nov	12	06M	M	Seattle	WA
K	1	0305	10485	Sigurdson	Carl	1902	Sep	30	023	M	Main & Polk	CND
				Sigurdsson		1901	Dec			M	Ballard	ND
				Silk		1907	Jun			F	Seattle	IN
				Silsar		1899	Sep			M	Blk. River Junction	CND
				Silsby		1907	Apr			F	Seattle	VT
				Silver		1898	Oct			M	Seatle	Sea
				Silver		1901	Feb			M	King Co. Hosp.	OH
				Silver		1901	Mar			M	Seattle	OH
K	2	0237	12069	Silver	Ragnheidur	1903	Nov	23	034	F	MONOD HOSP.	IRL
				Silverblatt		1898	Jan			F	Seattle	ENG
				Silvers		1900	Apr			F	Ballard	sme
				Silvester		1893	Dec			F	Seattle	OH
K	2	0241	14090	Silvia	Mary	1905	Jan	22	002	F	BALLARD	WA
K	2	0243	14909	Sim	Infant	1905	Jul	15	000	M	Seattle	WA
K	2	0240	13591	Siman	C.	1904	Oct	12	041	M	PROV. HOSP.	AUS
K	1	0307	11149	Simes	Baby	1903	Apr	23	s/b	F	Ballard	sme
				Simmerman		1901	Feb			M	King Co. Hosp.	PA
K	2	0238	12647	Simmers	Fanny	1904	Apr	20	041	F	BURTON	OH
				Simmons		1901	Dec			F	Monod Hosp.	Sea
				Simmons		1892	May			F	Seattle	IN
				Simmons		1901	Jun			M	Paulsbo	OR
K	2	0243	14636	Simmons	Infant	1905	May	16	08M	F	INGLEWOOD	WA
K	2	0236	11531	Simmons	John	1903	Jul	10	035	M	DERIG HOTEL	
K	2	0236	11821	Simmons	Orson Burr	1903	Sep	23	044	M	NOOKSACK	WI
				Simon		1907	Mar			M	Georgetown	GER
				Simon		1906	Oct			M	Seattle	CA
				Simonds		1906	Jul			M	Seattle	---
K	2	0243	14915	Simonds	D. H.	1905	Jul	31	067	M	Seattle	MA
				Simondson		1894	Mar			F	Cor. of Cedar & West	ICE
				Simondson		1906	Feb			M	Seattle	IA
K	2	0238	12594	Simons	Eddy	1904	Mar	10	023	M	2817 1/2 3RD AVE.	MN
K	2	0238	12846	Simons	Matilda (Miss)	1904	Apr	01	034	F	734 BLUETT AVE.	MO
				Simonson		1906	May			M	Seattle	---
K	2	0240	13592	Simonson	Imogene H.	1904	Oct	12	051	F	1415 - 4TH AVE W.	MA
				Simonton		1907	Mar			M	Seattle	IN
				Simpier		1901	Apr			F	Washington	---
				Simpies		1899	Aug			F	Ballard	MI
				Simpson		1906	Jun			M	Seattle	WA

S	R	PG	REC	LASTNAME	FIRSTNAME	DETH	MN	DT	AGE	S	DEATHPLACE	BIRTH
				Simpson		1898	Mar			M	S. Park	MI
				Simpson		1907	Feb			F	Seattle	OH
				Simpson		1892	Feb			M	Seattle	IN
				Simpson		1897	Nov			M	1901 1/2 7th Ave.	---
				Simpson		1897	Nov			M	1901 1/2 7th Ave.	WA
				Simpson		1898	Mar			M	So. Park	Sea
				Simpson		1900	Oct			M	Seattle	ENG
				Simpson		1901	Nov			F	813 Alder	Sea
				Simpson		1907	Feb			M	Seattle	IA
K	1	0304	09965	Simpson	Clara D.	1902	Jul	13	043	F	Seattle	KS
K	1	0304	10129	Simpson	Infant	1902	Aug	26	---	M	1513 13th Ave	sme
K	2	0237	11834	Simpson	James M.	1903	Sep	18	097	M	1426 EA. UNION ST.	NY
K	2	0245	15480	Simpson	W. D.	1905	Nov	17	072	M	Seattle	CND
K	2	0238	12592	Sims	Frank E.	1904	Mar	03	042	M	PROV. HOSP.	IN
				Sinclair		1901	Dec			M	Edmonds	NS
K	2	0241	13872	Sinclair	Clarence W.	1904	Nov	23	036	M	RAINIER BEACH	WA
K	2	0241	14056	Sinclair	Mable C.	1905	Jan	28	002	F	1011 TENTH AVE. S.	CND
				Sing		1900	Apr			M	Seattle	CHN
K	2	0244	15240	Sing	Chin	1905	Sep	23	026	M	Seattle	WA
K	2	0236	11530	Sing	Wong Gan	1903	Jul	02	045	M	ST.STATE WASHINGTON	CHN
K	1	0305	10450	Sing Guo	O.N.G.	1902	Oct	21	035	M	4th & Wash	CHN
				Singer		1901	Apr			M	Seattle	NY
				Singleton		1891	Jul			F	Seattle	WI
				Sinners		1898	Dec			M	Seattle	---
				Sinpero		0	---			-	Transport. of Corpse (1901)	---
K	1	0303	07720	Sinto	Anna M	1902	May	24	047	F	6606 2nd Ave N	IN
				Sires		1901	Feb			F	California	PA
				Sironi		1899	May			M	Co. Hosp.	ITL
				Sironi		1894	Apr			F	119 Wash. St.	Sea
				Sisler		1906	Dec			M	Seattle	WV
				Sisler		1906	Dec			M	Georgetown	GER
				Sisson		1895	Aug			M	Elliott Bay So.	Sea
				Siuli (?)		1898	Apr			F	Seattle	ITL
K	2	0242	14211	Sivertz	Bent G.	1905	Feb	22	032	M	528 MINOR N.	ICE
				Sivesend		1894	Jan			M	Blaine & Orange (Allegona)	IA
				Sivim		1898	Apr			M	Seattle	TX
				Sjlund		1894	Aug			M	1526 Pine St.	---
K	1	0303	07719	Sjoland	Chas.	1902	May	21	036	M	Thorndyke Bay	FIN
K	1	0304	10231	Sjolseth	Francis	1902	Sep	08	017	M	nr Lake View Cem	SEA
K	2	0238	12461	Sjolund	L. Theo.	1904	Feb	01	033	M	WHITE SWAN	SWD
K	2	0239	13006	Skar	Elsie (Mrs.)	1904	Jun	07	045	F	PROV. HOSP.	GER
				Skatdal		1906	Nov			F	King Co.	NRY
				Skatdal		1906	Nov			F	King Co.	WA
				Skeleton		0	---			M	----	---
				Skeleton		0	---			M	---	---
K	1	0258	00186	Skeleton	Man	----	---	--	---	M	----	---
K	1	0304	10069	Skelley	John	1902	Aug	03	012	M	Prov. Hosp	IRL
K	2	0237	11944	Skene	Infant	1903	Oct	28	001	M	SO. PARK	WA
K	2	0237	12108	Skene	Kendel	1903	Oct	15	001	M		WA
				Sketchly		1900	Dec			M	Seattle	NC
K	1	0305	10236	Skewers	Annie	1902	Sep	08	035	F	14 Ave S & Conn (b.B.C.)	---
				Skinner		1897	Jun			M	Elliott Bay	MA
				Skinner		1907	Feb			M	Seattle	SCT
				Skinner		1892	Nov			F	Seattle	NY
K	2	0240	13593	Skinner	Alfred M.	1904	Oct	14	054	M	PROV. HOSP.	WA
K	1	0304	09966	Skinner	Fern M	1902	Jul	14	004	F	Seattle	SD
K	2	0241	14055	Skirving	Carbel M.	1905	Jan	22	01M	M	5526 WOODLAWN AVE.	WA
				Skogland		1901	Sep			F	Monod Hosp.	SWD
				Skojuld		1899	Jan			M	Seattle (possibly 1900)	NY
				Skordle		1897	Dec			M	King Co. Hosp.	GRC
				Skorupa		1907	Apr			M	Seattle	RUS
				Skoznerza		1907	Apr			M	Seattle	AUS
				Skrastet		1906	Oct			F	Ballard	WA

S	R	PG	REC	LASTNAME	FIRSTNAME	DETH	MN	DT	AGE	S	DEATHPLACE	BIRTH
				Slack		1906	Mar			F	Seattle	WA
				Slais		1907	May			M	Seattle	MN
				Slamm		1897	Feb			F	Seattle Gen. Hosp.	---
				Slander		1901	Nov			F	W. Seattle	Sea
				Slatann		1906	Mar			M	Seattle	NRY
K	1	0305	01342	Slater	Ruth M	1902	Nov	05	003	F	W 8th Ave	SEA
K	2	0238	12601	Slater	Susan (Mrs.)	1904	Mar	28	055	F	2716 ELWOOD PL.	ENG
				Slatter		1893	Dec			F	Seattle	NY
				Slatter		1894	Apr			F	Ballard	ENG
				Slattery		1906	Aug			F	Seattle	IRl
				Slattery		1896	Jan			F	313 Huston St.	IRL
K	1	0306	10977	Slauson	Joseph	1903	Mar	07	085	M	Brighton Bch	NY
K	2	0236	11825	Slauson	Mrs. C. L.	1903	Sep	03	041	F	Seattle GENL. HOSP.	IL
				Sliva		1899	Apr			F	Seattle	Sea
				Sloan		1907	Mar			M	Seattle	MN
K	1	0303	07717	Sloan	Chas. R.	1902	May	29	008	M	1608 Grant (b.Tacoma,	---
K	2	0238	12465	Sloan	Martha E.	1904	Feb	24	003	F	1310 -21ST AVE. SO.	CND
				Sloane		1891	Sep			M	Ballard	---
				Slocum		1906	Oct			F	Seattle	NY
				Slocum		1895	Jan			M	City Mission	---
				Slocum		1906	Apr			F	Seattle	ME
K	2	0237	11941	Slocum	Elija	1903	Oct	11	069	M	Seattle	NY
K	1	0305	10343	Slocum	Floyd B	1902	Nov	04	---	M	1st & Virginia	CND
				Slorah		1899	Apr			F	Seattle	ONT
K	2	0238	12338	Slupe	William H.	1904	Jan	17	053	M	WAYSIDE MISSION	IN
K	1	0305	10581	Sly	Clarence	1902	Dec	10	008	M	Georgetown	WA
K	2	0245	15516	Sly	Harold	1905	Dec	19	001	M	SOUTH Seattle	WA
				Small		1907	Feb			F	West Seattle	OR
				Small		1906	Dec			F	West Seattle	sme
				Small		1898	Nov			F	S. Seattle	---
				Small		1898	Sep			F	Tacoma	Sea
K	2	0242	14501	Small	Infant	1905	Apr	04	000	M	Seattle	WA
				Smalley		1893	Jun			M	Franklin	IL
				Smart		1894	May			M	Fremont	NS
				Smart		1891	Nov			M	Seattle	NB
				Smart		1899	May			M	Fremont	NB
				Smart		1896	Jan			M	910 Dearborn St.	---
				Smart		1897	Mar			F	Prov. Hosp.	---
				Smart		1907	Apr			M	Seattle	IA
				Smart		1906	Nov			F	Seattle	CND
K	2	0237	12072	Smart	Jos. W.	1903	Oct	31	064	M	14TH SO. & HANFORD	ENG
K	1	0304	09912	Smart	Luther S	1902	Jul	15	009	M	Seattle	WA
K	2	0242	14365	Smart	Mary	1905	Mar	06	071	F	Seattle	ENG
K	2	0237	12216	Smart	Sarah (Mrs.)	1903	Dec	13	053	F	900 KILBOURN AVE.	CND
				Smathers		1907	Jun			M	Lake Ballinger	MI
				Smedley		1906	Mar			F	King Co.	WA
				Smedley		1906	Jun			M	Los Angeles, CA	WA
				Smith		1907	Mar			M	Seattle	WA
				Smith		1900	Aug			M	Seattle	---
				Smith		1900	Sep			F	Seattle	Sea
				Smith		1907	Apr			M	Seattle	---
				Smith		1898	Oct			F	Seattle	IRL
				Smith		1899	Jan			M	Seattle	PA
				Smith		1898	Oct			F	Seattle (Kitsap Co.)	WA
				Smith		1907	Mar			M	Seattle	IN
				Smith		1898	Nov			F	Skykomish	---
				Smith		1899	Mar			F	Seattle	ID
				Smith		1899	Jan			F	Oceola	sme
				Smith		1891	Sep			M	Enumclaw	---
				Smith		1899	Jan			F	Seattle	---
				Smith		1907	Mar			M	Georgetown	IN
				Smith		1907	May			M	Seattle	AUT
				Smith		1907	May			-	Seattle	WA

S	R	PG	REC	LASTNAME	FIRSTNAME	DETH	MN	DT	AGE	S	DEATHPLACE	BIRTH
				Smith		1907	Jun			F	Seattle	IL
				Smith		1900	Mar			M	Seattle	NY
				Smith		1906	Nov			M	Seattle	---
				Smith		1893	Jan			F	Ballard	TN
				Smith		1906	Oct			F	Seattle	---
				Smith		1900	Apr			F	Seattle	OH
				Smith		1899	Dec			F	Seattle	ONT
				Smith		1901	Sep			M	Wellington	US
				Smith		1893	May			M	Ballard	NRY
				Smith		1901	May			M	W. Seattle	OH
				Smith		1900	Aug			M	Seattle	MN
				Smith		1897	Mar			F	Overland House	---
				Smith		1907	Feb			M	Kent	OR
				Smith		1906	Dec			M	At Sea	---
				Smith		1907	May			F	Seattle	CDN
				Smith		1895	Apr			M	Bothell	sme
				Smith		1900	Aug			F	Seattle	Sea
				Smith		1901	Aug			M	Ballard	MI
				Smith		1906	Dec			M	Georgetown	KY
				Smith		1898	Feb			F	Seattle	---
				Smith		1895	Aug			F	721 Kenny	PA
				Smith		1907	Jan			F	Ballard	WA
				Smith		1898	Oct			M	Seattle	---
				Smith		1901	Oct			F	300 Denny Way	Sea
				Smith		1901	May			F	Seattle	OH
				Smith		1901	Aug			M	Wayside Hosp.	WA
				Smith		1906	Nov			M	Seattle	WA
				Smith		1898	Mar			F	Seattle	GER
				Smith		1906	Dec			F	Seattle	WA
				Smith		1891	Oct			M	Seattle	GER
				Smith		1894	Feb			M	Sumner	NB
				Smith		1896	Jan			M	4 miles from Everett	ME
				Smith		1895	Apr			F	---	IN
				Smith		1901	Sep			F	226 26th Ave. N.	IRL
				Smith		1893	Jul			M	Seattle	NY
				Smith		1895	Aug			F	10th & Olive	Sea
				Smith		1907	Mar			F	Seattle	MA
				Smith		1895	Mar			M	Stevens Hotel	Knt
				Smith		1901	May			F	Seattle	WA
				Smith		1896	Apr			M	Seattle	---
				Smith		1907	Jan			F	Seattle	WA
				Smith		1900	Sep			M	---	---
				Smith		1897	Nov			M	Prov. Hosp.	GER
				Smith		1900	Dec			F	Seattle	Tac
				Smith		1898	Feb			F	Seattle	USA
				Smith		1901	Jan			F	Seattle	SCT
				Smith		1898	Jun			F	Seattle	---
				Smith		1907	May			F	Seattle	CND
				Smith		1906	Apr			M	Seattle	---
				Smith		1896	Jun			M	Edgewater	---
				Smith		1907	Jan			M	Seattle	---
				Smith		1900	Dec			M	Seattle	SCT
				Smith		1906	May			F	Seattle	WA
				Smith		1901	May			F	Seattle	CA
				Smith		1894	Jul			F	704 Virginia St.	---
				Smith		1906	Feb			F	Georgetown	CA
				Smith		1906	Jun			M	Ballard	WA
				Smith		1906	Feb			M	Rainier Beach	NY
				Smith		1896	May			M	Prov. Hosp. ME	---
				Smith		1906	Feb			M	Seattle	WA
				Smith		1907	Jun			F	Seattle	---
				Smith		1893	Mar			M	Seattle	---
				Smith		1898	Feb			M	Seattle	WA

S	R	PG	REC	LASTNAME	FIRSTNAME	DETH	MN	DT	AGE	S	DEATHPLACE	BIRTH
				Smith		1906	Mar			M	King Co.	KY
				Smith		1906	Sep			M	Seattle	WA
				Smith		1906	Apr			M	Seattle	NY
				Smith		1906	Mar			M	King Co.	WA
				Smith		1895	Aug			F	1422 1/2 2nd St.	---
				Smith		1897	Jul			M	Russell House	SCT
				Smith		1900	Nov			F	Seattle	GER
				Smith		1898	Mar			M	Issaquah	TN
				Smith		1897	Nov			M	Renton	ENG
				Smith		1906	Feb			M	Seattle	WA
				Smith		1906	Dec			F	Seattle	ENG
				Smith		1906	Jun			M	Seattle	---
				Smith		1901	Apr			M	Falls City	ENG
				Smith		1896	Aug			F	813 Alder St.	Sea
				Smith		1898	Feb			M	Seattle	---
				Smith		1898	Jul			F	Seattle	CND
				Smith		1901	Mar			F	Steilacoom	CND
				Smith		1906	Apr			M	Seattle	AFR
				Smith		1906	Jul			F	Seattle	---
				Smith		1906	Jul			F	Seattle	---
				Smith		1906	Aug			F	Seattle	WA
				Smith		1906	Aug			M	Ballard	MO
K	1	0303	07723	Smith	Abigail J.	1902	May	08	062	F	814 Jefferson	ME
K	1	0303	07621	Smith	Ada Eugene	1902	May	24	013	F	232 1st Ave W	WA
K	2	0244	15233	Smith	Addison	1905	Sep	04	072	M	Seattle	PA
K	2	0244	15090	Smith	Albertie	1905	Aug	11	049	M	Seattle	MN
K	2	0242	14497	Smith	Alive M.	1905	Apr	01	042	F	Seattle	ENG
K	2	0239	12865	Smith	Allen Fulconer	1904	May	13	04M	M	5203 - 15TH AVE. N.E.	WA
K	1	0306	10593	Smith	Amenda E	1902	Dec	17	046	M	20 Mercer St	ME
K	1	0306	10705	Smith	Amy L.	1903	Jan	10	024	F	Sea. Gen. Hosp.	MT
K	2	0241	13880	Smith	Anna	1904	Dec	19	043	F	1ST & PIKE ST.	CND
K	1	0306	10586	Smith	Baby	1902	Dec	18	---	F	Monod Hosp.	SEA
K	2	0241	13879	Smith	Barnett	1904	Dec	16	067	M	3843 LINDEN AVE.	OH
K	2	0243	14640	Smith	Chaning H.	1905	May	27	041	M	Seattle	IL
K	2	0239	12861	Smith	Charles B.	1904	May	03		M	MONOD HOSP.	
K	1	0305	10582	Smith	Christina E	1902	Dec	03	074	F	Green Lake	ME
K	2	0238	12650	Smith	Clara	1904	Apr	07	002	F	AUBURN	WA
K	2	0241	14205	Smith	Clara L.	1905	Feb	10	001	F	COLUMBIA	WA
K	1	0304	09962	Smith	Daniel	1902	Jul	13	---	M	Blk River Junction	---
K	2	0240	13454	Smith	Elizabeth K.	1904	Sep	26	022	F	511 - 10TH AVE.	IA
K	1	0303	07721	Smith	Ell. Stone	1902	May	02	075	M	1533 18th Ave	CT
K	2	0239	13012	Smith	Ella	1904	Jun	21	037	F	MASON CO. WA	IA
K	1	0303	07654	Smith	Ellen Hubbard	1902	Apr	26	028	F	36 & E Madison	CT
K	2	0240	13451	Smith	Elmira L.	1904	Sep	17	075	F	339 - 17TH AVE	OH
K	2	0237	12071	Smith	Elsie	1903	Nov	28	006	F	GEN'L. HOSP.	WA
K	1	0305	10341	Smith	Emily M.	1902	Nov	03	005	F	624 Pine W	SEA
K	2	0242	14500	Smith	Everard G.	1905	Apr	02	039	M	Seattle	ME
K	1	0304	09913	Smith	Frances D.	1902	Jul	11	018	F	Seattle	MN
K	2	0243	14905	Smith	Francis	1905	Jul	08	01M	M	Seattle	WA
K	2	0236	11537	Smith	Frank	1903	Jul	29	035	M	4TH & WASH STS.	RUS
K	2	0242	14626	Smith	Fred M.	1905	Feb	09	061	M	Seattle	NY
K	1	0306	10980	Smith	Frederick	1902	Dec	17	02m	M	503 Westlake	SEA
K	2	0239	12862	Smith	Gene	1904	May	06	03M	M	2215 - 8TH AVE.	WA
K	2	0243	14639	Smith	Geo. H.	1905	May	26	042	M	GEORGETOWN	ME
K	1	0305	10454	Smith	George	1902	Oct	09	035	M	2nd & Univ.	---
K	2	0239	13013	Smith	Gertrude	1904	Jun	21	012	F	MASON CO. WA	
K	1	0304	10234	Smith	Hattie E	1902	Sep	30	052	F	Blackman House	MA
K	2	0242	14367	Smith	Infant	1905	Mar	09	010	M	Seattle	WA
K	2	0240	13294	Smith	Infant	1904	Aug	16	000	M	810 HOWELL ST.	WA
K	2	0241	14203	Smith	Infant	1905	Feb	01	02D	F	219 - 15TH AVE.	WA
K	2	0240	13586	Smith	Infant	1904	Oct	06	01M	F	223 - 9TH AVE.	WA
K	1	0305	10583	Smith	Infant	1902	Dec	15	---	M	Sea. Gen. Hosp.	SEA
K	1	0305	10451	Smith	Infant	1902	Oct	01	---	M	Sea. Gen. Hosp.	SEA

S	R	PG	REC	LASTNAME	FIRSTNAME	DETH	MN	DT	AGE	S	DEATHPLACE	BIRTH
K	1	0305	10449	Smith	Infant	1902	Oct	01	---	F	Sea. Gen. Hosp.	SEA
K	2	0237	11942	Smith	Infants (Twins)	1903	Oct	15	000	F	1029 E. MARION	WA
K	2	0244	15096	Smith	J. Q.	1905	Aug	25	077	M	Seattle	
K	2	0241	13598	Smith	James B.	1904	Oct	22	029	M	1018 SUMMIT AVE. N.	KY
K	2	0237	12061	Smith	James P.	1903	Nov	02	01M	M	810 CT ST.	WA
K	1	0305	10457	Smith	Jas. M.	1902	Oct	29	063	M	Georgetown	OH
K	2	0244	15124	Smith	John	1905	Sep	25	070	M	GEORGETOWN	OH
K	2	0236	11685	Smith	John	1903	Aug	14	023	M	PROV. HOSP.	AUS
K	1	0305	10341	Smith	John	1902	Nov	21	063	M	King Co Hosp	ENG
K	2	0239	12859	Smith	John D.	1904	Apr	30	081	M	351 GARFIELD	KY
K	2	0242	14360	Smith	John Mrs.	1905	May	08	050	F	Seattle	WA
K	1	0303	07853	Smith	Laura A.	1902	Jan	21	033	F	Dawson, AK	IA
K	2	0245	15639	Smith	Loren N.	1906	Jan	17	067	M	Muckleshoot Indian Res.	MO
K	2	0237	12070	Smith	Lucy J.	1903	Nov	23	058	F	3025 - 4TH AVE. W.	NY
K	2	0245	15619	Smith	Margaret M.	1905	Dec	16	056	F	Seattle	KY
K	2	0244	15239	Smith	Marion W. R.	1905	Sep	22	067	F	Seattle	PA
K	1	0306	10751	Smith	Mattie (Mrs)	1903	Feb	04	026	F	King Co. Hosp.	OH
K	2	0236	11830	Smith	Miranda (Mrs.)	1903	Sep	15	075	F	217 TERRY AVE.	ME
K	2	0240	13357	Smith	Oscar A.	1904	Jul	05	042	M	GREEN LAKE	IL
K	2	0241	14058	Smith	Percy F. (Mrs.)	1905	Jan	29	046	F	3000 YESLER WAY	MO
K	2	0241	14059	Smith	Robert	1905	Jan	29	034	M	R. R. AVE. & CHARLES	
K	2	0240	13344	Smith	Rollin C.	1904	Sep	29	069	M	ORILLIA, WA	NY
K	2	0237	11940	Smith	Sam	1903	Oct	11	045	M	FOOT OF LANE	
K	2	0239	13014	Smith	Vera	1904	Jun	21	009	F	MASON CO. WA	
K	2	0239	13135	Smith	Wilber H.	1904	Jul	16	002	M	1212 N. 39TH ST.	WA
K	2	0237	12074	Smith	William	1903	Nov	11	068	M	KING CO. HOSP.	SWD
K	1	0307	10986	Smith	William	1903	Mar	14	041	M	Prov. Hosp.	WI
K	1	0307	11401	Smith	William R	1903	Jun	23	056	M	815 5 Ave	NY
K	1	0304	09963	Smither	Jane ?	1902	Jul	10	062	F	Seattle	ENG
				Smithers		1894	Aug			F	Renton	---
K	2	0244	15408	Smithers	Erasmus M.	1905	Nov	21	077	M	RENTON	VA
				Smithson		1906	Nov			M	Seattle	WA
				Smock		1900	Feb			M	Missouri	---
				Smythe		1907	Jan			M	Seattle	WA
K	2	0239	13010	Snash	Alice Robina	1904	Jun	14	036	F	SEA. GENL. HOSP.	MT
				Snell		1901	Oct			M	920 1st Ave. S.	GER
				Snell		1906	May			F	Seattle	WA
				Snell		1906	Jul			F	Seattle	IL
				Sneve		1906	Nov			M	Bangor	NRY
				Snider		1906	Jun			F	Seattle	CND
K	2	0238	12341	Snider	W. L.	1904	Jan	26	041	M	WAYSIDE MISSION	PA
				Snier		1907	May			F	Seattle	NY
K	2	0238	12597	Snigley	Irene	1904	Mar	18	010	F	2214 - 7TH AVE.	OR
				Snipes		1906	Dec			M	Seattle	NC
				Snoke		1900	Nov			M	Seattle	OH
				Snop (?)		1898	Feb			F	Seattle Gen. Hosp.	IL
				Snow		1898	Sep			F	Seattle	Sea
				Snow		1900	Oct			F	Vashon Island	VT
K	2	0243	14774	Snow	Amelia S.	1905	Jun	22	043	F	Seattle	SWD
				Snowden		1895	Jan			M	909 Box	---
K	2	0238	12850	Snowden	Philip Lee	1904	Apr	12	041	M	KING CO. HOSP.	MD
K	2	0242	14498	Snuth	James	1905	Apr	01	028	M	Seattle	SCT
				Snyder		1899	Oct			F	Seattle	KS
				Snyder		1906	Jun			F	Seattle	GER
				Snyder		1901	May			M	Seattle	NC
				Snyder		1901	Sep			F	1518 7th Ave.	Sea
				Snyder		1896	Dec			M	Pt. Blakely	sme
				Snyder		1906	Sep			M	Georgetown	---
				Snyder		1907	May			M	Seattle	AR
K	2	0237	11833	Snyder	Mary	1903	Sep	18	049	F	408 TERRY AVE. NO.	NY
K	1	0306	10978	Snyder	Sarah R	1903	Mar	01	034	F	Ballard	NJ
K	1	0307	11157	Socechen	Baby	1903	Apr	12	s/b	M	727 28 Ave	SEA
				Sodenman		1900	Nov			M	Seattle	GER

S	R	PG	REC	LASTNAME	FIRSTNAME	DETH	MN	DT	AGE	S	DEATHPLACE	BIRTH
				Soderberg		1898	Nov			F	Seattle	SWD
K	2	0237	11950	Soderberg	Peter	1903	Oct	25	050	M	PROV. HOSP.	SWD
				Soderquist		1906	Sep			M	Seattle	SWD
K	2	0241	14204	Soenen	Mary S.	1905	Feb	08	063	F	1319 - 20TH AVE. S.	KY
K	2	0238	12464	Sojo	August	1904	Feb	14	034	M	COUNTY HOSP.	PA
				Sokolov		1906	Oct			M	Ballard	RUS
K	2	0237	11835	Solamon	Rose	1903	Sep	21	059	F	1920 TERRY AVE.	GER
K	1	0307	10987	Solberg	Amelia	1903	Mar	14	026	F	2717 16 Ave S	WI
				Solick		1896	Dec			M	10th Ave. & So. Holgate St.	HUN
				Sollars		1907	Mar			M	Ballard	IL
				Solomon		1900	Sep			M	Skagway	PRS
K	1	0307	10992	Solomon	Ellen	1903	Mar	18	005	F	Ballard (b.Prairie,	WA
				Solrabbs		1907	Apr			M	Seattle	ITL
K	2	0243	14767	Somerindyke	Geo.	1905	Jun	08	054	M	Seattle	NY
K	2	0240	13338	Somers	Roland	1904	Aug	03	010	M	SNOQUALMIE	MO
K	1	0307	11398	Somerville	Alexander H	1903	May	04	035	M	Prov. Hosp.	SCT
K	2	0237	12065	Somerville	James	1903	Nov	11	057	M	MORAN'S SHIPYARD	SCT
K	2	0242	14678	Somerville	Pearl	1905	May	04	020	F	Seattle	IL
K	1	0303	07472	Sommer	Otto	1902	Mar	15	051	M	Prov. Hosp.	GER
				Sommers		1899	Dec			F	Seattle	MO
K	2	0245	15514	Sommers	Marx	1905	Dec	03	013	M	YESLER	WA
				Sonnichson		1906	Apr			M	Ballard	IA
				Sonnickson		0	---			-	Transport. of Corpse (1901)	---
K	2	0244	15364	Sontar	Annie P.	1905	Oct	05	051	F	Seattle	ENG
				Sonunindyke		1900	Apr			M	Seattle	CA
				Soper		1899	Jun			F	Brooklyn	KS
				Soper		1900	Nov			F	Seattle	NY
K	1	0307	10990	Soper	Lizzie	1903	Mar	29	030	F	Prov. Hosp.	WI
K	2	0245	15483	Sophy	Infant	1905	Nov	23		F	Seattle	WA
				Soraci		1907	Mar			F	Seattle	WA
				Sorben		1906	Mar			M	Seattle	MN
				Soren		1896	Mar			F	Seattle	WA
K	2	0242	14631	Sorensen	S. N.	1905	May	09	073	M	Seattle	NRY
				Sorenson		1896	Nov			F	Pt. Gamble	NRY
				Sorenson		1899	Aug			M	Enumclaw	DNK
				Sorenson		1906	Jul			M	Seattle	---
K	2	0243	14762	Sorenson	Wilhelm	1905	Apr	16	022	M	BALLARD	NRY
				Sorge		1907	Feb			F	Seattle	GER
				Sorin		1896	Mar			F	WA	WA
K	2	0238	12599	Sorvek	Infant	1904	Mar	21		M	2012 - 6TH AVE.	WA
				Souder		1906	Mar			F	Seattle	GER
K	2	0241	13874	Soule	John P.	1904	Nov	27	076	M	1353 - 32ND AVE.	ME
K	2	0245	15515	Soule	Maxine E.	1905	Dec	05	07M	F	WEST Seattle	WA
				Soutar		1891	Sep			M	Seattle	SCT
				Soutar		1892	Apr			F	Seattle	SCT
K	2	0237	12073	Southard	Sarah (Mrs.)	1903	Nov	07	061	F	PROV. HOSP.	PA
K	1	0305	10235	Southcott	Wm E	1902	Sep	05	06m	M	1303 Weller	ENG
				Southerland		1895	Dec			M	Prov. Hosp.	---
K	2	0240	13583	Southworth	Mary W.	1904	Oct	01	029	F	PROV. HOSP.	CA
K	2	0238	12339	Southworth	Rena	1904	Jan	19	036	F	5TH AVE. SO. & JACKSON ST.	
				Spagna		1901	May			F	Seattle	FRN
				Spaight		1899	Apr			M	Blk. Diamond	sme
K	2	0244	15238	Spain	Thomas	1905	Sep	19	026	M	Seattle	
				Spalding		1895	Aug			M	11th & Washington (Chicago)	IL
				Spalding		1901	Nov			F	1424 1st Ave. N.	Sea
				Spang		1895	Jul			M	Co. Farm	PA
K	2	0244	15086	Spangler	Clarence E.	1905	Aug	05	007	M	Seattle	MN
				Sparks		1899	Mar			M	Columbia	OH
				Sparks		1907	May			F	Seattle	KS
K	2	0236	11539	Sparks	L.	1903	Jul	29	046	M		OR
				Sparling		1891	Nov			F	Seattle	Sea
				Spaulding		1894	Aug			F	704 5th St.	---
				Spaulding		1898	Apr			M	Seattle	ME

S R	PG	REC	LASTNAME	FIRSTNAME	DETH	MN	DT	AGE	S	DEATHPLACE	BIRTH
			Spaulding		1907	Mar			F	Seattle	OH
K 2	0241	13878	Spayd	John W.	1904	Dec	13	079	M	2207 - 1ST AVE.	PA
			Spear		1907	Feb			M	Seattle	WI
			Spear		1907	May			F	Seattle	NY
			Spear		1896	Jun			M	Edgewater	---
			Spear		1898	Jan			F	Seattle	WI
K 1	0305	10447	Spear	Baby	1902	Oct	13	---	F	Monard Hosp.	SEA
K 1	0303	07724	Spear	Blanch E	1902	May	12	024	F	724 26th Ave	WI
			Spears		1907	May			M	Seattle	US
			Speer		1900	Aug			F	Seattle	AL
K 2	0237	11939	Speidel	Marion	1903	Oct	12	001	F	929 - 20TH AVE.	MT
			Speights		1895	Apr			M	Prov. Hosp.	---
K 2	0236	11533	Spellemire	Grace C.	1903	Jul	15	003	F	1512 4TH AVE	OH
K 2	0242	14213	Spellmire	Geo. H. JR.	1905	Feb	24	01M	M	824 FAIRVIEW	WA
			Spence		1897	Oct			M	Fremont	WI
			Spencer		1895	Oct			F	Cr. Chestnut & Talbot Sts	Sea
			Spencer		1902	Jan			F	South Park	OH
			Spencer		1907	Mar			M	Seattle	ENG
			Spencer		1896	Apr			M	High & Williams	ENG
			Spencer		1898	Jan			F	Seattle	NY
			Spencer		1898	Mar			F	Seattle	VA
			Spencer		1899	Oct			M	Seattle	ukn
			Spencer		1899	Jan			M	King Co. Hosp. (poss. 1900)	---
			Spencer		1895	Oct			F	Hyde & Talbot St.	Sea
			Spencer		1897	Mar			F	26th Ave.	ME
K 2	0240	13292	Spencer	Infant	1904	Aug	12	000	M	221 BATTERY ST.	WA
			Sperber		1893	Oct			F	Seattle	Sea
			Sperber		1893	Oct			F	Seattle	Sea
			Sperry (#3663 ?)		1898	Jul			F	Ballard	sme
K 2	0236	11675	Speyer	Ola (Mrs.)	1903	Aug	11	038	F	Seattle GENL. HOSP.	VT
			Spicer		1899	Feb			F	Seattle	ME
K 2	0244	15099	Spidzn	Philip	1905	Aug	29	031	M	Seattle	FIN
			Spielman		1893	Sep			M	Cor. Norman & 12th St.	GER
K 2	0240	13589	Spielman	Katherine	1904	Oct	09	058	F	712 - 11TH AVE.	GER
K 1	0303	07716	Spillard	Richard	1902	May	29	078	M	412 Union St	IRL
K 2	0236	11681	Spindler	Mrs. A.	1903	Aug	06	040	F	Seattle GENL. HOSP.	
			Spinney		1907	Jun			M	Bothell	MA
			Spinney		1907	Jun			M	Seattle	NH
K 2	0236	11529	Spitzer	Alma	1903	Jul	02	002	M	711 MAYNARD AVE.	CA
			Spivey		1891	Sep			M	Seattle	Sea
			Spohr		1907	Mar			F	Cade	OH
			Sporh		1899	May			F	Seattle	GER
			Spotts		1896	Sep			F	Willow & High	GER
			Spotts		1906	Jun			M	Seattle	IL
			Sprague		1899	Apr			M	Seattle	MI
			Sprague		1898	Apr			M	---	ME
			Sprague		1900	Mar			F	Stones Landing	---
			Sprague		1900	Mar			F	Carbonado	ME
K 1	0305	10346	Sprague	Charles	1902	Nov	14	042	M	Prov. Hosp.	OH
			Spraker		1900	Sep			F	Seattle	OH
K 2	0236	11820	Spraker	David A.	1903	Sep	10	067	M	BELLEVUE	IL
			Spray		1901	Aug			M	Seattle	IN
			Spriger		1898	Apr			F	Ravenna	VA
K 2	0243	14913	Spring	Hannah	1905	Jul	26	044	F	Seattle	AUS
			Springsteen		1906	Oct			M	Youngstown	WA
K 2	0239	12852	Spronner	Andrew	1904	Apr	13	057	M	RENTON	
			Sprouse		1899	Jan			M	Seattle (possibly 1900)	---
K 1	0306	10868	Spur	Baby	1903	Feb	04	---	M	900 20 Ave S	SEA
			Squire		1899	Dec			F	Seattle	CA
K 1	0307	11152	Squires	Nathan R	1903	Apr	11	076	M	1704 Harvard Ave	NY
			Sqymanski		1898	Mar			F	Renton	PRS
			Srekels		1895	Oct			F	Columbia (Postville)	PA
			Sroufe		1900	May			M	Seattle	KY

S	R	PG	REC	LASTNAME	FIRSTNAME	DETH	MN	DT	AGE	S	DEATHPLACE	BIRTH
K	1	0305	10344	St Louis	Ephraim John	1902	Nov	18	010	M	Prov. Hosp. (b.Minneapolis	---
				St. Clair		1895	May			M	Pine St.	Sea
K	1	0292	10166	St. Clair	Baby	1902	Sep	11	---	M	Monod Hosp.	SEA
				St. Cyer		1907	Jun			F	Seattle	WA
				St. John		1907	May			M	Richmond	VT
				Staats (?)		1895	Nov			M	Sedro, WA	unk
K	2	0240	13423	Stacey	Elizabeth A.	1904	Sep	27	080	F	1016 BOREN	IRL
K	2	0239	13136	Stack	Mary	1904	Jul	19	068	F	133 BELMONT AVE.	GER
				Stacy		1901	Apr			M	Green River Hot Springs	ME
K	1	0307	11161	Stacy	G.S.	1903	Apr	30	037	M	King Co Hosp	CND
				Stadlemann		1901	Jun			F	Seattle	Sea
K	2	0245	15616	Staempeli	Chas. F.	1905	Dec	07	077	M	Seattle	SWT
				Stafford		1897	Dec			F	Latona	WI
				Stafford		1906	Sep			M	Seattle	WA
				Stafford		1907	Jun			M	Seatle	KY
				Stainey (?)		1898	Jun			F	Seattle	Sea
K	2	0238	12600	Stalling	Pearl P.	1904	Mar	23	007	F	514 BROADWAY	MS
				Stallknet (?)		1896	Sep			M	2134 6th Ave.	NRY
				Stamm		1893	Sep			M	813 Alder St.	Sea
				Stammon		1907	Feb			M	Seattle	WA
K	2	0243	14765	Stamper	Geo. W.	1905	Jun	06	045	M	Seattle	ENG
				Stampler		1898	Dec			M	Seattle	TN
K	1	0303	07386	Stamsky	Sarah	1902	Feb	10	053	F	Prov. Hosp.	RUS
				Stanbery		1900	Feb			M	Prov. Hosp.	SWD
K	2	0236	11672	Standley	J. H.	1903	Aug	02	034	M	HAINES, AK	IL
				Standrich		1893	Feb			M	Enumclaw	sme
				Standridge		1894	Aug			M	Franklin	Amr
				Stanley		1899	May			M	Seattle	Sea
				Stanley		1899	Oct			F	Seattle	---
				Stanley		1907	Jun			M	Seattle	CND
K	2	0245	15618	Stanley	Alvina D.	1905	Dec	11	072	F	Seattle	ME
K	2	0239	12855	Stanley	Jennie	1904	Apr	26	028	F	755 PIKE ST.	IN
K	1	0307	10995	Stanley	Jeremiah A	1903	Mar	30	033	M	Way Side Mission	IA
				Stanton		1894	Nov			F	120 Birch St.	OH
				Stanton		1897	May			M	1908 7th Ave.	Sea
				Stanton		1906	Oct			F	Seattle	OH
K	2	0237	12068	Stapp	Jeptha	1903	Nov	20	083	M	Seattle GENL. HOSP.	IN
K	1	0307	11156	Stare	W.J.	1903	Apr	23	028	M	Way Side Mission	ENG
				Stark		1906	Jul			M	Seattle	WA
				Stark		1900	May			M	Vashon Island	VT
K	1	0306	10713	Stark	Baby	1903	Jan	19	---	M	2301 15th Ave S (b.S.SEA	---
K	2	0243	14773	Stark	Loretta M.	1905	Jun	20	024	F	GEORGETOWN	IL
				Starkes		1892	Aug			M	Kirkland	MI
				Starleigh		1906	Sep			F	Seattle	ND
				Starr		1896	Jun			M	2715 Madison	---
K	1	0303	07625	Starr	Erwin	1902	May	08	066	M	Thomas & 14th	OH
				Starrett		1899	Aug			F	Ravenna	sme
K	2	0236	11534	Starrett	Joseph M.	1903	Jul	17	082	M	202 DENNY WAY	CND
				Startup		1902	Jan			M	120 3rd Ave. N.	ENG
				Starwalt		1901	Jan			M	Hosp. Ship Idaho	US
K	2	0243	14772	Statler	Ellen	1905	Jun	19	046	F	Seattle	IA
K	2	0243	14907	Stauney	Sarah	1905	Jul	09	061	F	Seattle	NRY
K	1	0307	10991	Staunton	Harriet Eliza	1903	Mar	13	064	F	Ballard	NY
K	2	0243	14764	Steams	Margaret	1905	Jun	03	050	F	Seattle	IN
				Stean		1899	Feb			F	Seattle	NB
				Stearns		1907	Apr			F	Georgetown	MI
K	1	0303	07558	Stearns	Caroline B.	1902	Apr	12	068	F	1420 16th Ave	IL
K	2	0238	12847	Stearns	Edwin A.	1904	Apr	06	052	M	5738 KEYSTONE PL.	OH
K	1	0303	07474	Stearns	Emma S. (Mrs)	1902	Mar	01	045	F	Sea. Gen. Hosp. (b. Amer	---
				Stedman		1898	Aug			F	Duwamish	---
				Stedman		1901	Aug			F	--- (Laurel)	OH
				Stedman		1901	Aug			-	Madrone (Lowell)	OH
				Steed		1894	Oct			F	Fremont Seattle (York Co.)	PA

S	R	PG	REC	LASTNAME	FIRSTNAME	DETH	MN	DT	AGE	S	DEATHPLACE	BIRTH
				Steel		1895	Nov			M	231 Irvine Ave.	sme
K	2	0242	14374	Steel	Carrie S.	1905	Mar	27	040	F	BALLARD	SWD
K	2	0239	13011	Steel	James	1904	Jun	20	070	M	COUNTY HOSP.	SCT
K	1	0305	10579	Steele	Dwight K.	1902	Dec	14	066	M	939 21st Ave	NY
K	1	0303	07726	Steele	Ester	1902	Apr	22	050	F	Prov. Hosp.	PA
K	2	0241	13597	Steele	Infant	1904	Oct	21	02D	F	219 - 27TH AVE. N.	WA
K	1	0304	10071	Steele	Phillip	1902	Aug	08	026	M	Leavenworth, WA	---
				Steen		1899	Mar			M	Veazie WA	IA
				Steen		1907	Feb			M	Seattle	MN
K	1	0303	07544	Steen	J.A.	1902	Apr	08	056	M	Ballard	NRY
K	2	0238	12598	Steen	William	1904	Mar	20	044	M	KING CO. HOSP.	CND
				Steers		1891	Oct			F	Seattle	IA
				Steffan		1900	Sep			M	Georgetown	sme
				Steffan		1900	Oct			M	Seattle	---
				Steffen		1900	Jul			M	Seattle	NJ
K	2	0240	13289	Steffen	Mary	1904	Aug	08	026	F	PROV. HOSP.	MN
K	1	0304	09979	Steillar	Chas	1902	May	18	---	M	Co. Hosp.	GER
				Stein		1899	Jun			M	Seattle	---
K	1	0306	10589	Stein	Rachel Mrs.	1902	Dec	29	026	F	Prov. Hosp	MD
K	1	0306	10585	Steinaver	Baby	1902	Dec	09	s/b	F	Ballard	---
K	1	0307	10996	Steinberger	F.B.	1903	Feb	23	063	M	--------	---
K	1	0306	10864	Steinberger	Frank	1903	Feb	20	063	M	Fremont	PA
K	2	0243	14771	Steineke	Albert	1905	Jun	19	030	M	Seattle	WI
K	1	0305	10344	Steineke	Martin	1902	Dec	01	066	M	Green Lake	GER
				Steiner		1906	Oct			F	Seattle	AUS
K	1	0306	10865	Steingrunsen	Berger	1903	Feb	16	024	M	Prov. Hosp.	IRL
				Steinke		1907	Feb			F	South Park	GER
K	2	0245	15620	Steinke	Fred	1905	Dec	17	057	M	Seattle	GER
K	2	0239	13139	Steinner	Infant	1904	Jul	30	000	F	BALLARD	WA
				Steinnitz		1906	May			F	Seattle	GER
				Stenberg		1898	Dec			M	Seattle	NRY
				Stendahl		1893	Feb			M	Cokedale	---
				Stendebach		1907	May			F	Seattle	IA
				Stenhouse		1902	Feb			F	Fremont	ENG
				Stenquist		1906	Dec			F	Ballard	SWD
				Stenzel		1907	Jun			M	Seattle	GER
K	2	0242	14503	Stephan	Eva	1905	Apr	19	05M	F	Seattle	WA
				Stephen		1906	Feb			F	Seattle	MI
				Stephens		1896	Nov			M	8th Ave. & Cenn.	---
				Stephens		1906	Oct			F	Seattle	WI
				Stephenson		1891	Oct			F	Snoqualmie	KS
				Stephenson		1906	Nov			F	O'Brien	ENG
				Stephson		1898	Apr			M	Alaska	ME
				Stepp		1906	Jan			M	Seattle	---
K	2	0239	13134	Steppler	Albert S.	1904	Jul	11	014	M	PROV. HOSP.	CND
				Sterckmans		1906	Mar			M	Georgetown	FRN
				Sterley		1900	Feb			M	Seattle	CND
				Sterling		1901	Aug			F	2212 Madison	NY
K	2	0242	14228	Sterling	Thaddus	1905	Feb	25	071	M	BALLARD	CT
				Stern		1906	May			F	Seattle	WA
K	1	0307	10994	Stern	Baby	1903	Mar	23	s/b	M	67 St N / Aurora	SEA
				Sterns		1898	Aug			F	Duwamish	sme
				Sterrett		1901	Aug			M	King Co. Hosp.	IRL
				Stetman		1906	Mar			F	Seattle	OR
				Stetson		1894	Ul			F	Snoqualmie	OH
				Stetson		1897	Nov			F	Prov. Hosp.	ME
				Stetson		1900	Jun			F	Seattle	WV
				Stetson		1901	Apr			F	Seattle	ME
				Stetson		1906	Jan			F	Seattle	OH
K	2	0240	13594	Stetson	Catherine	1904	Oct	17	050	F	304 1ST AVE. N.	NY
K	2	0237	12075	Stetson	Florence M.	1903	Nov	22	052	F	ASHVILLE, NC	
K	2	0243	14775	Stetson	Sarah S.	1905	Jun	25	094	F	Seattle	ME
				Steusland		1906	Sep			M	Seattle	MN

S	R	PG	REC	LASTNAME	FIRSTNAME	DETH	MN	DT	AGE	S	DEATHPLACE	BIRTH
				Stevens		1891	Nov			M	Blk. Diamond	sme
				Stevens		1907	Jun			M	Seattle	WA
				Stevens		1892	Dec			F	Seattle	---
				Stevens		1901	Mar			M	Seattle	VA
				Stevens		1901	Jun			M	So. Seattle	sme
				Stevens		1894	Aug			M	Franklin	Amr
				Stevens		1901	---			M	Monod Hosp.	Sea
				Stevens		1897	Apr			F	720 21st Ave.	IN
				Stevens		1901	Nov			M	431 N. Broadway	MO
				Stevens		1899	Feb			M	Duwamish WA	Sea
				Stevens		1906	Jun			F	Seattle	WA
				Stevens		1900	Nov			M	Seattle	CA
				Stevens		1894	Aug			F	1010 B. St.	sme
				Stevens		1898	Apr			M	Gilman	---
				Stevens		1899	Jul			F	Co. Hospital	---
				Stevens		1894	Jan			M	Kent	---
				Stevens		1906	Jul			F	Seattle	CND
				Stevens		1907	May			M	Seattle	MT
				Stevens		1907	Jun			F	Seattle	VT
				Stevens		1907	Jun			M	Seattle	WA
				Stevens		1893	Dec			M	Wellington	---
K	2	0242	14361	Stevens	Hiram S.	1905	Feb	26	042	M	Seattle	VT
K	2	0243	14763	Stevens	Infant	1905	Jun	01	010	M	Seattle	WA
K	2	0241	14089	Stevens	John	1905	Jan	06	055	M	BALLARD	ME
K	2	0236	11673	Stevens	Laura	1903	Aug	18	038	F	BALLARD	MN
K	2	0241	13887	Stevens	Pauline A.	1904	Dec	30	079	F	1420 - 5TH AVE.	FR
K	2	0238	12333	Stevens	Susan A. (Mrs.)	1904	Jan	03	080	F	GREEN LAKE	NY
K	2	0242	14371	Stevens	W. E.	1905	Mar	21	059	M	Seattle	MI
				Stevenson		1898	Feb			M	Seattle Gen. Hosp.	IRL
				Stevenson		1906	Aug			M	Seattle	WA
				Stevenson		1895	Jul			F	Woodinville, WA	NRY
				Stevenson		1898	Oct			F	Seattle	SCT
				Stevenson		1898	Oct			F	Seattle	Sea
				Stevenson		1900	Apr			M	Seattle	NY
				Stevenson		1902	Jan			F	125 Harrison	NY
K	2	0241	13881	Stevenson	John B.	1904	Dec	20	01M	M	2714 - 3RD AVE.	WA
K	1	0306	10590	Stevenson	Sarah Mrs.	1902	Dec	24	055	F	2nd Ave S/CT	---
				Steves		1895	Jan			M	2201 6th St.	NYC
				Steves		1901	Jan			M	Seattle	NRY
				Steves		1901	Jun			F	Seattle	Sea
K	2	0237	11947	Stevick	J. L.	1903	Oct	16	039	M	ARGO STATION	OH
K	1	0306	10591	Stevis	Sarah H.	1902	Dec	10	075	F	114 W Republican	ME
				Steward		1906	Aug			F	Georgetown	ENG
K	2	0242	14634	Steward	A. D.	1905	May	14	055	M	Seattle	
K	1	0305	10347	Steward	James	1902	Nov	23	058	M	1st Ave S & Wash St	---
				Stewart		1906	May			F	Seattle	WA
				Stewart		1899	Oct			F	Seattle	---
				Stewart		1897	May			M	2506 Madison St.	NY
				Stewart		1898	May			M	Seattle	ND
				Stewart		1892	Mar			F	Seattle	---
				Stewart		1898	Dec			F	Seattle	---
				Stewart		1894	Jul			M	Cor. Madison & Natchez	---
				Stewart		1899	May			F	Seattle	Sea
				Stewart		1895	May			M	Madison & Natches	US
				Stewart		1907	Jan			F	Seattle	KY
				Stewart		1893	Nov			F	South Seattle (Racine)	WI
				Stewart		1894	Sep			M	2320 1/2 Front St.	---
				Stewart		1895	Aug			M	Van Asselt	ME
				Stewart		1899	Jun			M	Co. Hospital	SCT
				Stewart		1892	Mar			F	Seattle	---
				Stewart		1901	Dec			M	1912 1/2 6th Ave.	Sea
				Stewart		1906	Dec			M	Seattle	WA
K	2	0242	14207	Stewart	Alvin	1905	Feb	15	03M	M	WEST Seattle	WA

S	R	PG	REC	LASTNAME	FIRSTNAME	DETH	MN	DT	AGE	S	DEATHPLACE	BIRTH
K	2	0237	12077	Stewart	Dunk	1903	Nov	24	035	M	KENISTON	NC
K	2	0239	13009	Stewart	George	1904	Jun	11	038	M	2624 - 6TH AVE.	IRL
K	2	0238	12220	Stewart	John D.	1903	Dec	27	073	M	GENL. HOSP	SCT
K	1	0306	10717	Stewart	John W	1903	Jan	03	064	M	6 Ave/Columbia	ENG
K	2	0238	12460	Stewart	Joyalen	1904	Feb	01	04D	F	COLUMBIA CITY	WA
K	1	0307	11155	Stewart	Robert	1903	Apr	20	---	M	Way Side Mission	---
K	2	0240	13590	Stewart	Sadie	1904	Oct	11	023	F	1500 RAINIER AVE.	CND
				Steytler		1899	Apr			M	Seattle	SAF
				Stickney		1900	Mar			F	Interbay	NY
K	2	0240	13293	Stickney	P.L.	1904	Aug	15	075	M	PROV. HOSP.	
K	1	0306	10870	Stier	John	1903	Mar	12	055	M	Lisabeula, King Co.	GER
				Stiffler		1906	Sep			M	Seattle	WA
				Stiles		1906	Nov			F	Seattle	MO
K	2	0241	14049	Still	E. E.	1905	Jan	05	072	F	320 - 9TH AVE. N.	ENG
K	2	0236	11532	Still	Ezekiel	1903	Jul	14	076	M	911 HARRISON ST.	ENG
				Stiller		1906	Nov			M	Georgetown	GER
				Stilmont		1907	Jan			M	Georgetown	NY
				Stimmel		1907	Mar			M	Seattle	PA
				Stimson		1895	May			F	Seattle	Sea
				Stimson		1907	May			M	Seattle	OR
K	1	0307	11396	Stinson	Baby	1903	May	20	---	M	3016 E Rep St	SEA
				Stixrud		1901	Dec			M	1614 14th Ave.	---
K	2	0238	12335	Stizione	Marie Gersgn	1904	Jan	08	007	F	6TH AVE. BET. WA & ME	ITL
				Stock		1899	Jun			F	Gen. Hospital	GER
				Stoddard		1900	Apr			F	Seattle	---
				Stoddard		1901	Mar			M	Blaine	---
				Stoelt		1899	Mar			F	Seattle	---
K	2	0244	15234	Stoke	Henry	1905	Sep	05	07M	M	Seattle	WA
				Stoker		1901	Sep			M	Hosp. Ship Idaho	WI
				Stokes		1895	Jun			M	Sunnydale	VT
				Stokes		1901	Oct			M	Prov. Hosp.	US
K	2	0240	13287	Stokes	James R.	1904	Aug	05	067	M	505 WESTLAKE AVE.	IL
K	2	0239	12867	Stokes	Julia A.	1904	May	16	060	F	402 - 9TH AVE. N.	IL
K	2	0238	12648	Stokes	Juliette	1904	Jan	28	056	F		OH
				Stomm		1898	Aug			F	Seattle	---
				Stone		1900	Aug			M	Seattle	MO
				Stone		1894	Aug			F	310 Ash St. (Milwaukee)	WI
				Stone		1898	Mar			F	Seattle	VT
				Stone		1901	Apr			F	Seattle	CND
				Stone		1906	May			F	Black Diamond	IN
				Stone		1906	Sep			M	Seattle	VT
				Stone		1906	Oct			M	Georgetown	NY
K	2	0241	14108	Stone	Eugene	1905	Feb	07	026	M	KING CO. HOSP.	TX
K	1	0306	10984	Stone	Hanna	1903	Mar	26	082	F	1617 23 Ave	ENG
K	2	0239	13286	Stone	Hannah Viola	1904	Aug	04	007	F	5702 WOODLAWN	MN
K	2	0240	13290	Stoneman	C M I L	1904	Aug	09	038	M	306 R.R. AVE. SO.	
K	1	0304	10070	Stoner	Moe (& stillborn child	1902	Aug	13	027	F	4316 Sunset Pl	---
				Stoney		1897	Aug			M	County Hosp.	NH
K	2	0240	13373	Stonti	Meloria	1904	Sep	10	025	M	1216 1/2 2ND AVE. SO.	
K	1	0304	10143	Stooparoich	John	1902	Oct	03	030	M	Prov. Hosp.	RUS
				Stoops		1901	Apr			M	Seattle	OH
				Storer		1896	Jan			F	1523 6th Ave.	WA
				Stores		1901	May			F	Seattle	WA
				Storey		1900	Aug			M	New Whatcom	---
				Storrs		1901	Apr			M	Snoqualmie	OH
K	2	0245	15621	Storrs	Charles	1905	Dec	25	048	M	Seattle	MI
				Story		1892	Dec			F	Seattle (Windsor)	ON
K	2	0236	11674	Stoughton	Baby	1903	Aug	11	000	F	2617 E. ALOHA	WA
K	2	0236	11682	Stoughton	Mimmie W.	1903	Aug	14	020	F	2617 E. ALOHA	IA
				Stout		1900	Aug			M	Co. Hosp.	WIN
				Stout		1902	Jan			F	2416 W. Ave.	ENG
				Stover		1892	Apr			M	Seattle	---
				Stover		1898	Dec			F	Seattle	---

S	R	PG	REC	LASTNAME	FIRSTNAME	DETH	MN	DT	AGE	S	DEATHPLACE	BIRTH
				Stover		1900	Mar			M	Seattle	Amr
				Stover		1901	Nov			M	16th Ave. S. & Grand St.	VA
K	2	0239	12856	Stover	Cecil	1904	Apr	27	21D	M	922 - 26TH AVE. SO.	WA
				Stovik		1895	Sep			M	K & Rose	Sea
				Stowe		1906	Mar			M	Seattle	WA
				Stowell		1906	May			F	Seattle	WA
				Stowers		1906	Jul			M	Ballard	WA
				Stoyer		1893	Dec			M	Derby	GER
				Strader		1892	Feb			F	Seattle	IN
				Strader		1900	Mar			M	Seattle	CND
K	2	0239	12866	Strahl		1904	Apr	15	01D	F	MONOD HOSP.	WA
				Strain		1906	Jun			F	Seattle	PA
				Strain		1906	Nov			M	Near S.E. Seattle	ND
				Strain		1907	Jan			F	Seattle	NC
K	1	0307	10993	Strain	Baby	1903	Mar	07	s/b	F	233 Pontius St	sme
				Strall		1907	May			-	Seattle	WA
				Strand		1906	May			M	Seattle	WA
K	2	0240	13383	Strand	I. W.	1904	Sep	14	04M	M	2809 WESTERN AVE.	WA
K	2	0236	11686	Strand	Ingvold W.	1903	Aug	14	09M	M	2809 WESTERN AVE.	WA
				Stranz		1892	Apr			M	Seattle	---
				Strassuer		1892	Nov			M	Gilman	---
				Strathder		1900	Oct			-	Transport. of Corpse (1901)	---
				Stratton		1895	Apr			F	14th (&) Madison	---
				Stratton		1906	Sep			M	Youngstown	WA
				Stratton		1906	Oct			M	Seattle	NY
K	1	0306	10587	Stratton	George W	1902	Dec	18	037	M	Ballar	ME
K	1	0304	07858	Stratton	Helen J.	1902	Jun	22	023	F	Everett	OR
				Straub		1906	Jun			M	Seattle	WA
				Strauburg		1906	Oct			M	Ballard	SWD
K	2	0241	13884	Strauter	Phillip	1904	Dec	26	056	M	KILDARTEN	
				Straw		1906	Feb			M	Seattle	---
K	2	0237	12060	Straw	C. S.	1903	Nov	01	079	M	4321 LATONA AVE.	OH
				Street		1894	Mar			F	Yew, WA	SWD
				Street		1894	Apr			F	1516 6th St. (Philadelphia)	PA
K	2	0237	11946	Street	Lena	1903	Oct	16	053	F	KING CO. HOSP.	PA
				Streib		1891	Sep			F	Ballard	Sea
				Streib		1901	Sep			M	Sidney, Kitsap Co.	GER
				Streng		1900	Jul			F	Seattle	MO
				Stretch		1897	Oct			F	Prov. Hosp.	---
				Stretch		1907	Apr			M	Seattle	IA
				Striffling		1894	May			F	Prov. Hosp.	---
				Striker		1901	Mar			F	Fremont	CA
				Strilia		1900	Aug			M	Ballard	AUT
				Stringer		1901	Apr			M	---	---
				Strobble		1891	Oct			M	Poor Farm	---
				Stroetzel		1901	Nov			F	708 23rd Ave.	GER
				Stromberg		1893	Aug			F	Cor. Knight & Randolph	Sea
				Stromberg		1896	Jun			F	818 17th Ave.	NRY
				Stromberg		1897	Oct			F	818 17th Ave.	MN
				Stromberg		1899	Feb			M	Seattle	SWD
				Strong		1896	Dec			M	So. Seattle	CT
				Strong		1906	Feb			M	Seattle	OH
K	2	0236	11822	Strong	Dennis	1903	Sep	02	058	M	304 - 6TH AVE W.	CND
K	2	0242	14369	Strong	Juliette	1905	Mar	16	074	M	Seattle	WI
				Strott		1906	Jan			F	Seattle	---
K	1	0304	07856	Stroup	Sarah	1902	Jun	04	049	F	Seattle	ENG
				Strouse		1900	Aug			F	South Park	sme
				Strout		1907	Jan			M	Seattle	ME
				Strubing		1906	May			M	Seattle	---
				Struckman		1899	Jan			M	King Co. Hosp. (poss. 1900)	GER
				Strudevich		1898	Sep			F	Seattle	Sea
				Strum		1906	Jan			M	Seattle	---
				Strum		1907	Mar			F	Ballard	NRY

S R	PG	REC	LASTNAME	FIRSTNAME	DETH	MN	DT	AGE	S	DEATHPLACE	BIRTH
K 1	0306	10981	Strure	Lacelle Florence	1903	Mar	20	055	F	1302 Seneca St	WA
			Struthers		1898	Apr			F	---	---
			Strygan		1906	Jul			F	Ballard	WA
K 2	0243	15085	Stryker	Wm. W.	1905	Aug	02	067	M	Seattle	OH
			Stuart		1895	May			F	Snoqualmie	CA
K 2	0244	15094	Stuart	James	1905	Aug	16	035	M	Seattle	ENG
			Stub		1906	Sep			M	Seattle	WA
			Stubbs		1906	Dec			F	Seattle	MI
			Stubbs		1907	Mar			F	Seattle	OH
			Stueret		1900	Dec			M	Seattle	OH
			Stuessi		1907	Feb			M	Seattle	SWT
			Stull		1900	Sep			M	Seattle	CND
			Stultz		1901	Feb			M	Seattle	US
K 1	0305	10486	Stumbaugh	Andrew	1902	Sep	13	046	M	Ballard	IN
K 2	0237	11943	Stump	Mary J. (Mrs.)	1903	Dec	24	046	F	Seattle	
K 1	0305	10241	Stump	Robert William	1902	Sep	09	08m	M	Berlin, WA	sme
K 1	0307	11151	Stump	Tilly	1903	May	29	10m	F	Bertin, WA	sme
			Sturgeon		1898	Jul			F	Seattle	---
K 2	0239	12870	Sturgeon	Joseph	1904	May	20	081	M	4220 - 12TH AVE. N.E.	IL
			Sturgis		1906	Apr			F	Brighton Beach	IN
			Sturgus		1907	May			M	Portage	IN
			Sturtevant		1891	Oct			F	Meydenbauer	sme
			Sturtevant		1906	Jun			M	Rainier Beach	WA
			Sturtevant		1906	Sep			M	Seattle	MA
K 2	0237	11949	Sualheim	Anna	1903	Oct	20	029	F	1700 TERRY AVE.	NRY
			Suddaby		1906	May			M	Seattle	---
			Sudo		1907	May			M	Seattle	JPN
K 2	0236	11536	Sue	Gahn	1903	Jul	27	045	M	COR. 4TH & MAIN STS.	CHN
K 2	0236	11827	Suedmark	Baby	1903	Sep	06	14D	F	320 JOHN ST.	WA
			Suffen		1895	Nov			M	Seattle Gen. Hosp.	Sea
			Suffern		1901	Feb			F	---	---
			Sugahara		1906	Aug			M	Seattle	WA
K 2	0236	11676	Sugalls	S.	1903	Aug	04	058	F	519 2ND AVE NO.	IN
K 2	0239	12864	Sugihara	T.	1904	May	12	035	M	WAYSIDE MISSION	JPN
K 1	0307	11159	Suguro	Baby	1903	Apr	09	---	M	506 6 Ave	SEA
K 2	0242	14502	Suinett	Evaline	1905	Apr	17	008	F	Seattle	WA
K 2	0241	14053	Suitts	Benjamin	1905	Jan	16	040	M	KING CO. HOSP.	
			Sule		1900	Apr			M	Redmond	ITL
			Sullice		1898	Apr			M	Issaquah	sme
			Sulliman		1899	Nov			M	Seattle	Amr
			Sullivan		1900	Sep			M	Seattle	IRL
			Sullivan		1907	Feb			M	Seattle	NV
			Sullivan		1900	Oct			M	Seattle	ONT
			Sullivan		1896	Jul			F	619 Yesler Way	MI
			Sullivan		1906	Jul			M	Seattle	---
			Sullivan		1900	Sep			M	Prov. Hosp.	IRL
			Sullivan		1896	Jun			M	619 Yesler Way	MI
			Sullivan		1907	Feb			F	Ballard	MN
			Sullivan		1894	---			M	Pgt.Sd. nr.O.I.Coal Bunkers	---
			Sullivan		1900	Jul			M	Naval Station	---
			Sullivan		1900	Jul			M	Seattle	---
			Sullivan		1898	Mar			M	Seattle	WA
			Sullivan		1895	Jun			-	---	---
K 2	0236	11819	Sullivan	B. J.	1903	Sep	16	059	M	NEW BRUNSWICK	CND
K 2	0240	13588	Sullivan	Daniel S.	1904	Oct	08	01M	M	GEORGETOWN	WA
K 2	0241	13870	Sullivan	David W.	1904	Nov	19	038	M	130 ELMIRA	KS
K 1	0306	10707	Sullivan	Edward	1903	Jan	22	066	M	Wayside Mission	IRL
K 2	0240	13295	Sullivan	Eliza Ann	1904	Aug	18	089	F	433 BELLVUE AVE. N.	MA
K 2	0244	15142	Sullivan	Fred	1905	Sep	01	025	M	WEST Seattle	NRY
K 1	0305	10239	Sullivan	Geo	1902	Sep	14	---	M	Snohomish	---
K 2	0242	14370	Sullivan	J. A.	1905	Mar	18	066	M	Seattle	IN
K 2	0237	12076	Sullivan	James	1903	Nov	23	028	M	BALLARD	
K 2	0244	15237	Sullivan	Jessie M.	1905	Sep	10	025	F	Seattle	MT

S R PG REC	LASTNAME	FIRSTNAME	DETH MN DT AGE	S	DEATHPLACE	BIRTH
K 1 0305 10456	Sullivan	John A	1902 Oct 07 045	M	Bucoda, WA	NY
K 2 0244 15236	Sullivan	John F.	1905 Sep 09 001	M	Seattle	WA
K 2 0241 13869	Sullivan	Margaret	1904 Nov 14 062	F	921 WASH. ST.	ENG
K 2 0244 15123	Sullivan	Michael	1905 Aug 25 036	M	GEORGETOWN	IRL
K 2 0238 12336	Sullivan	Minnie	1904 Jan 10 040	F	WAYSIDE MISSION	GER
K 1 0304 09989	Sullivan	Robt	1902 Jul 30 045	M	Co. Hosp.	NY
K 2 0242 14368	Sullivan	Walter C.	1905 Mar 15 002	M	Seattle	WA
	Sullman		1892 Jun	M	Seattle	---
	Sulye		1899 Jan	M	Seattle	CT
	Sumarlidason		1906 May	M	Ballard	ND
	Sumidia		1901 Nov	M	Gen. Hosp.	JPN
K 1 0307 10988	Suminer	Lucinda M	1903 Mar 07 051	F	Prov. Hosp.	OR
	Summerfield		1895 Dec	M	Prov. Hosp.	Sea
	Summers		1894 Sep	F	Albert & 3rd St.	TX
K 2 0236 11680	Summers	Baby	1903 Aug 29 01M	F	118 2ND AVE. NO.	WA
	Sumner		1900 Sep	M	Seattle	Sea
	Sumner		1906 Mar	M	Seattle	PA
K 2 0240 13456	Sumner	Harry	1904 Sep 29 020	M	WAYSIDE MISSION	US
	Sumora		1906 Jun	M	Seattle	WA
	Sumpter		1907 Feb	F	Seattle	CND
	Sunblod		1897 Aug	M	1623 Terry Ave.	ME
K 2 0245 15664	Suncarlidason	Christina	1906 Feb 03 021	F	BALLARD	ND
K 2 0239 13004	Sundal	Carl	1904 Jun 03	M	16TH & HILL ST.	WA
	Sunde		1900 Apr	M	Seattle	Sea
K 1 0306 10592	Sunde	Christian A	1902 Dec 24 075	M	1515 10th Ave	NRY
	Sundholm		1907 May	M	Bartel Siding	---
K 1 0306 10703	Sundine	John R.	1903 Jan 07 029	M	Columbia St	SWD
K 2 0240 13438	Sundquist	John	1904 Sep 30 063	M	508 OLIVE ST.	SWD
K 2 0241 13873	Sundstrom		1904 Nov 25	F	2303 HOWARD AVE.	WA
	Sundstrom		1892 Mar	M	Elliott Bay	---
	Sung/Sing		1906 Aug	M	Seattle	WA
	Sungren		1907 Jan	M	Seattle	WA
	Sunons		1898 Jan	M	Kent	MO
K 2 0242 14362	Sunutomoto	Maher	1905 Mar 01 022	M	SNOHOMISH	JPN
K 2 0242 14209	Supino	Michael Angelo	1905 Feb 21 049	M	PROV. HOSP.	ITL
	Surratt		1901 Jul	M	Seattle	MN
	Surry		1894 Apr	F	1414 1/2 Wash. St.(Hamburg)	GER
K 1 0304 09916	Susuki	R	1902 Jul 26 025	M	Seattle	JPN
	Suter		1906 Sep	M	Seattle	SWT
	Sutherland		1892 Mar	F	Seattle	SCT
	Sutherland		1900 Aug	M	Seattle	CND
	Sutherland		1902 Jan	F	York Station	Sea
	Sutherland		1907 May	F	Seattle	MI
K 2 0243 14641	Sutherland	G. Ray	1905 May 29 021	M	Seattle	WA
K 2 0245 15615	Sutherland	John S.	1905 Dec 06 070	M	Seattle	CND
	Sutter		1906 Oct	F	Georgetown	WA
	Sutton		1892 Jun	M	Seattle	Sea
	Sutton		1892 Jul	F	Seattle	Sea
	Sutton		1900 Mar	M	Co. Hosp.	Amr
	Sutton		1907 Mar	F	Ballard	IL
K 2 0236 11538	Sutton	Jennie T.	1903 Jul 29 053	F	156 - 21ST AVE.	NY
K 1 0307 11150	Sutton	Thomas	1903 Apr 03 062	M	King Co. Hosp.	NY
K 1 0307 11165	Sutton	Thomas	1903 Apr 03 062	M	King Co. Hosp.	NY
	Suvoroff		1906 Dec	F	Seattle	WA
K 2 0243 14635	Svenson	Infant	1905 May 14 000	F	Seattle	WA
K 2 0236 11677	Svenson	Lena May	1903 Aug 06	F	707 21ST AVE.	WA
	Swain		1894 May	M	Prov. Hosp.	CHL
	Swain		1900 Feb	M	Seattle	Sea
	Swan		1895 Apr	F	So. Seattle	---
	Swan		1899 Aug	M	Seattle	---
K 2 0237 12214	Swan	Fred S.	1903 Dec 11 019	M	CHARLESTON, WA	IRL
	Swanberg		1895 Nov	M	Dexter St.	SWD
K 1 0304 09915	Swangels	Lewis	1902 Jul 22 040	M	Seattle	NRY

S	R	PG	REC	LASTNAME	FIRSTNAME	DETH	MN	DT	AGE	S	DEATHPLACE	BIRTH
				Swank		1893	Nov			M	Columbia City	PA
				Swanson		1898	Apr			M	Seattle	---
				Swanson		1899	Dec			M	Co. Hosp.	NRY
				Swanson		1896	Aug			M	Prov. Hosp.	SWD
				Swanson		1901	Apr			F	Seattle	SWD
				Swanson		1892	Oct			M	Seattle	---
				Swanson		1906	Feb			M	Georgetown	IA
				Swanson		1895	Mar			F	2025 West St.	SWD
				Swanson		1906	Feb			F	Seattle	WA
				Swanson		1895	Nov			F	Ferguson Hotel	SWD
				Swanson		1906	Jun			M	Seattle	WA
				Swanson		1898	Jun			M	Seattle	SWD
				Swanson		1894	Jul			M	No. Brick Yard	sme
				Swanson		1895	Aug			M	Prov. Hosp.	SWD
				Swanson		1896	Jan			M	Beach St.	NRY
				Swanson		1892	May			M	So. Seattle	---
				Swanson		1907	Mar			M	Seattle	SWD
K	1	0303	07387	Swanson	-----	1902	Feb	22	---	F	2114 4th Ave	SEA
K	1	0305	10453	Swanson	Baby	1902	Oct	26	---	M	-----	SEA
K	2	0243	14766	Swanson	Ellen V.	1905	Jun	08	007	F	BALLARD	WA
K	1	0305	10455	Swanson	Jno	1902	Oct	02	047	M	Lawson, WA	SWD
K	2	0244	15144	Swanson	John E.	1905	Sep	19	051	M	W. Seattle	FIN
				Swartz		1897	Jul			F	521 Dexter Ave.	WA
				Swartz		1906	Jan			F	Seattle	WA
K	2	0245	15662	Swartz	M. E.	1906	Jan	03	059	F	GEORGETOWN	IA
				Swarzentruber		1902	Jan			M	Prov. Hosp.	GER
				Sweaney		1899	Mar			M	Seattle	---
				Sweeney		1907	Jun			F	Seattle	WA
				Sweeney		1891	Oct			M	Poor Farm	IRL
				Sweeney		1894	Aug			M	Vashon	---
K	1	0305	10238	Sweeney	Sallie	1902	Sep	20	040	F	1905 Western	IL
				Sweet		1899	Dec			F	Edmonds, WA	NY
				Sweet		1906	Jan			M	Seattle	CND
				Sweetland		1906	Apr			M	Seattle	RI
K	2	0243	14777	Sweitzer	Infant	1905	Jun	27	12H	M	Seattle	WA
				Swenson		1898	Nov			F	Pt. Blakely	SWD
				Swenson		1897	Jul			F	Fremont	sme
K	2	0242	14363	Swenson	Carrie	1905	Mar	02	047	F	Seattle	NRY
K	1	0307	11439	Swenson	Ethel	1903	Jun	12	s/b	F	S Pacific Ocean	---
				Swetland		1901	Jun			M	Dunlap	NH
K	2	0243	15084	Swets	Infant	1905	Aug	01	000	F	Seattle	WA
				Swezea		1901	Aug			F	Seattle	WA
				Swift		1895	Nov			M	New England Hotel(San Fran)	CA
K	1	0307	11395	Swift	C. Louise (Mrs)	1903	May	30	064	F	609 Columbia St	NY
K	1	0305	10237	Swift	G. Harry	1902	Sep	18	027	F	1066 39 Ave N	WA
K	2	0239	12872	Swimm	Deladora	1904	May	25	033	F	4058 - 8TH AVE. N.E.	US
				Swinborn		1892	Jan			M	Seattle	Sea
				Swingle		1891	Dec			M	Farm-See 47/22/23 Range 5	---
				Swofford		1897	Mar			F	813 Alder St.	Sea
				Swope		1906	Mar			M	Seattle	MO
K	1	0304	09964	Swope	Roy R.	1902	Jul	22	023	M	Seattle	OH
				Syared		1894	Aug			M	Weaver Res.Com.bt.WA & Main	
K	2	0240	13341	Sykes	Edward	1904	Oct	01	061	M	KING CO. HOSP.	ENG
				Sylester		1900	Mar			M	Prov. Hosp.	---
				Sylvester		1896	Dec			F	Gilman	OH
				Symington		1896	Mar			M	Seattle Gen. Hosp.	SCT
				Symonds		1907	Feb			M	Seattle	ENG
				Sypher		1906	Nov			F	Ballard	MI
				Syphers		1907	Apr			M	Seattle	ME
				Syphers		1907	Jun			M	Seattle	WA
				Szanonski		1898	Mar			F	Renton	---
				Szymanski		1906	Jul			F	Ballard	WA
				Taake		1897	Apr			M	Seattle	Sea

S R PG REC	LASTNAME	FIRSTNAME	DETH MN	DT	AGE	S	DEATHPLACE	BIRTH
K 1 0252 10872	Tabary	Claude	1903 Feb	20	065	M	Lucas Landing	FRN
	Tabbut		1895 Feb			M	407 McClair St.(Pt.Blakely)	WA
	Taber		1905 Apr			F	Seattle	CA
	Taber		1907 Jan			M	Seattle	ENG
	Tachaberry		1900 Sep			M	Nome, Alaska	---
	Tae		1894 Oct			M	Prov. Hosp.	JPN
	Taft		1896 May			M	Brook & Depot	---
	Taft		1900 Mar			M	Seattle	SEA
	Taft		1900 Apr			F	Seattle	CT
	Tagaki		1907 Mar			M	Seattle	WA
	Taggard		1904 May			F	1519 9th Ave.	CA
	Taggart		1898 Jun			M	Seattle	SEA
	Taggerson		1905 Aug			M	Ballard	DNK
	Tait		1906 Jul			F	Seattle	NZD
	Taite		1906 Oct			-	Seattle	WA
	Takado		1905 Jan			M	Prov. Hosp.	JPN
	Takahashi		1907 Feb			M	Seattle	JPN
	Takano		1901 May			F	Seattle Gen. Hosp.	JPN
	Takata		1899 May			F	Seattle	JPN
	Takata		1903 Dec			M	409 Main St.	SEA
	Takehara		1906 Dec			F	Seattle	JPN
	Takemoto		1905 Aug			M	Georgetown	JPN
	Takkineu		1904 Dec			F	Pacific Hosp.	FIN
	Talbot		1905 Jul			M	Seattle	IA
K 1 0252 07662	Talbot	Evelyn	1902 Apr	10	08m	F	151 17th Ave.Seattle	SEA
	Taleen		1903 Dec			M	2 Av. S. & Wn. St.	
---	Taliaferro		1900 Dec			F	Seattle	MO
	Tallen		1905 Oct			M	Ballard	CND
	Talley		1898 Sep			F	Seattle	IA
	Tallman		1897 Feb			M	Washington St.	---
	Tally		1906 Dec			F	Seattle	WA
	Talmadge		1907 Feb			F	Seattle	CT
	Talmage		1905 Jan			M	South Park	CT
	Tam		1900 Mar			M	Seattle	DE
	Tamale		1899 Oct			F	Seattle	JPN
K 1 0252 10459	Tambara	K.	1902 Oct	11	---	M	Barup, WA	JPN
K 1 0251 07165	Taminomoto	K.	1901 Nov	07	026	M	Gen. Hospital	JPN
	Tammura		1905 Feb			M	2nd Ave. S. & Jackson St.	JPN
	Tanabe		1904 Dec			M	Wayside E. Hosp.	JPN
	Tanaka		1905 Apr			M	Georgetown	JPN
	Tanaka		1906 May			M	Seattle	JPN
	Tanaka		1906 Sep			F	Seattle	JPN
K 1 0251 07393	Tanaka	K.	1902 Feb	06	029	M	Prov. Hospital	JPN
	Tandoo		1904 Oct			F	112 8th Ave. S.	WA
	Tanner		1892 Aug			M	Seattle	---
	Tanner		1896 Oct			F	322 Battery St.	OH
	Tanner		1897 May			M	Lake Washington	---
	Tanner		1900 Sep			M	Seattle	NC
	Tanner		1906 Jul			M	Seattle	IL
K 1 0252 10723	Tanorcabel	G.	1903 Jan	23	040	M	Van Asselt	RUS
	Tansy		1900 May			M	Seattle	ITL
	Tanzerr		1903 Jul			M	Providence Hosp.	---
	Taplin		1907 May			F	Seattle	CND
K 1 0252 10135	Taranto	Joseph	1902 Aug	11	004	M	315 7th Ave. So.	WA
	Tarbell		1895 Feb			M	Seattle	SEA
	Tarbet		1894 Mar			F	Near Blk. Diamond	WA
	Tarbet		1894 Feb			M	Seattle	---
	Tardy		1905 Feb			F	6100 Kirkwood Ave.	MI
	Tartasse		1899 Sep			M	Seattle	FRN
	Tarutius		1907 Mar			M	Seattle	WA
	Tassauer		1896 May			F	1715 2nd Ave.	GER
	Tata		1905 Apr			M	Seattle	ITL
	Tatrow		1901 Jan			M	Seattle	CA

S	R	PG	REC	LASTNAME	FIRSTNAME	DETH	MN	DT	AGE	S	DEATHPLACE	BIRTH
				Tattersall		1903	Jul			M	#89 Pine St.	---
				Tauck		1900	Nov			M	O'Brien	GER
				Tauteneck		1900	Mar			M	Seattle	IN
K	1	0252	09967	Tavera	I.	1902	Jul	24	03m	M	Seattle (b.Ballard,	WA
				Taylor		1905	Mar			M	Seattle	PA
				Taylor		1906	Oct			M	Georgetown	ME
				Taylor		1904	Dec			M	Prov. Hosp.	IN
				Taylor		1905	Nov			F	Seattle	WA
				Taylor		1905	Apr			M	Seattle	WA
				Taylor		1900	Jan			M	Everett	IN
				Taylor		1905	Apr			F	Seattle	WA
				Taylor		1906	Jan			M	Seattle	NY
				Taylor		1905	Jun			M	Georgetown	ENG
				Taylor		1898	Mar			F	Ballard	sme
				Taylor		1905	Oct			F	Seattle	VT
				Taylor		1893	Nov			M	1002 18th St. (Millford)	NH
				Taylor		1906	Jun			M	At sea	---
				Taylor		1898	May			M	Auburn	KS
				Taylor		1906	Jun			M	Seattle	WA
				Taylor		1906	Nov			F	Seattle	WA
				Taylor		1901	Jun			M	Seattle Gen. Hosp.	SEA
				Taylor		1903	Dec			M	911 - 27 Ave.	SEA
				Taylor		1898	Aug			M	Seattle	---
				Taylor		1906	Nov			M	Seattle	---
				Taylor		1904	Dec			F	816 20th Ave. S.	TN
				Taylor		1891	Nov			M	Seattle	GRC
				Taylor		1898	Jun			M	Seattle	SEA
				Taylor		1903	Oct			F	Green Lake	NY
				Taylor		1901	Apr			F	Seattle	ENG
				Taylor		1906	Apr			M	Seattle	WA
				Taylor		1904	Aug			M	618 Cherry St.	WA
				Taylor		1892	Aug			-	Fall City	OH
				Taylor		1894	Mar			M	509 1/2 8th St.	---
				Taylor		1898	Feb			F	Seattle	SEA
				Taylor		1897	Dec			M	Getchell ?	---
				Taylor		1906	Apr			F	Seattle	MO
				Taylor		1906	Feb			M	Seattle	OH
				Taylor		1892	Feb			F	Seattle	SEA
				Taylor		1907	Jan			M	Seattle	ENG
				Taylor		1907	Feb			F	Fall City	OH
				Taylor		1903	Mar			M	Seattle Gen Hosp.	IA
K	1	0252	10081	Taylor	Cecil Hilbert	1902	Aug	24	009	M	Ravenna	KS
K	1	0252	10720	Taylor	William	1903	Jan	04	---	M	2213 E. Cherry	PA
K	1	0253	10998	Taylor	Wm. Lou	1903	Mar	13	046	M	Seattle Gen Hosp.	IA
				Tazzedo		1904	Sep			M	Orilla, Wash.	ITL
				Teachnor		1900	Mar			F	Van Asselt (Kent)	WA
K	1	0252	10133	Teachnor	S. J.	1902	Aug	16	068	M	Van Asselt	OH
				Teale		1907	Mar			M	Seattle	NY
K	1	0252	09917	Tease	Allan	1902	Jul	21	023	M	Ballard	MN
K	1	0253	11408	Tease	Carrie	1903	Jun	29	02d	F	Ballard,	sme
				Teater		1904	Nov			F	Foot of Galer St.	NY
				Teator		1906	Jul			M	Seattle	WA
				Tecky		1897	Feb			F	813 Alder St.	SEA
K	1	0251	06974	Tecob	Peter	1901	Nov	15	048	M	King Co. Hosp.	DNK
				Tedford		1899	Mar			M	Seattle	CND
				Tedigo		1901	Mar			M	Seattle	WA
K	1	0251	07164	Teed	Nellie	1901	Dec	01	02d	F	614 Roy	SEA
				Teegarden		1900	Jun			F	Seattle	IA
				Teeple		1905	Feb			M	4329 Phinney Ave.	IN
				Teeters		1900	Aug			M	Seattle	MA
				Tefferteller		1906	Jun			M	Seattle	WA
				Teitz		1900	Mar			M	Seattle	GER
				Telfer		1903	Dec			F	217 Seneca St.	WI

S	R	PG	REC	LASTNAME	FIRSTNAME	DETH	MN	DT	AGE	S	DEATHPLACE	BIRTH
				Telfer		1906	Mar			F	Seattle	CT
				Telle		1894	Dec			M	West Seattle	---
				Telstead		1896	Oct			M	Black River Jct.	---
				Temer		1906	Jun			M	Seattle	IL
K	1	0252	10132	Temple	Oliver P.	1902	Aug	06	079	M	2000 9th Ave	MA
K	1	0118	00025	Ten Ass John		1891	Aug	25	040	M	Duwamish River	
				Tennant		1901	Feb			F	Seattle	---
				Tenney		1899	Apr			F	Seattle	NY
K	1	0251	07569	Tenney	Anna E. Mrs.	1902	Apr	29	056	F	3201 3rd Ave.	NY
				Tenno		1905	Aug			M	Bellevue	JPN
				Tenny		1900	Sep			M	Prov. Hosp.	---
				Tenny		1906	Mar			M	Seattle	ME
				Tennyson		1905	Nov			F	Seattle	TN
				Tennyson		1906	Apr			M	Seattle	WA
K	1	0251	07390	Teraba	K.	1902	Feb	14	025	M	Gen. Hospital	JPN
K	1	0251	07496	Terada	R.	1902	Feb	14	024	M	Seattle(see 7390)	JPN
				Teraspita		1901	Feb			M	Seattle	JPN
				Ternau		1907	Mar			M	Seattle	CA
				Terpenning		1906	Jun			F	Seattle	OH
				Terrace		1901	Aug			-	---	---
				Terre		1903	Oct			M	Wayside Missio	ITL
				Terrell		1901	Mar			F	Seattle	CA
				Terry		1894	Jan			F	Madison between 2nd & 3rd	---
				Terry		1897	Aug			M	216 Rainier	WA
				Terry		1898	Apr			F	Seattle	ENG
				Terry		1899	Nov			M	Seattle	OH
				Terry		1901	Jul			F	Seattle	SEA
				Terry		1904	Apr			M	504 Union St.	PA
				Terry		1904	Nov			M	Prov. Hosp.	WA
				Terry		1902	Aug			F	Seattle Gen Hosp.	OH
K	1	0252	10080	Terry	Mattie B.	1902	Aug	12	034	F	Seattle Gen Hosp.	OH
				Tetti		1894	Aug			M	Franklin Mines	ITL
				Teuff		1898	Oct			F	Seattle	---
				Teulen		1904	Dec				Riverside	SWD
				Tewksbury		1906	Jun			F	Seattle	WA
				Tewskesbury		1905	Aug			M	Seattle	WA
				Thacher		1900	Mar			M	Seattle	MA
				Thaldorf		1898	Oct			M	So. Seattle	WI
				Tham		1899	Dec			M	Seattle	SCT
				Thannum		1897	Apr			F	1214 13th Ave.	SEA
				Thatcher		1900	May			F	Seattle	IL
K	1	0251	07166	Thatcher	Jonathan	1901	Nov	20	077	M	1152 East Lake	VA
				Thather		1905	May			M	Seattle	WV
				Thayer		1898	Apr			M	Seattle Oak	and
				Thayer		1906	Jun			M	Seattle	WI
				Theberge		1905	Dec			F	Seattle	CND
				Thebus		1905	May			M	Seattle	WA
				Thelan		1892	Jan			M	Seattle	WI
				Thelan		1905	Oct			M	Seattle	GER
				Theman		1899	Jul			M	Seattle	NY
				Theme		1905	Feb			F	Ballard	WA
K	1	0251	06961	Theobold	George L.	1901	Oct	13	023	M	Leary	NY
K	1	0251	06872	Theobold	George S.	1901	Oct	13	023	M	Leary (b.Buffalo,	NY
				Thibault		1894	Feb			F	121 9th St.	---
				Thom		1897	Oct			F	Prov. Hosp.	GER
				Thom		1900	Apr			F	Seattle	WLS
				Thom		1904	Nov			M	1715 17th Ave.	UT
				Thomas		1894	Jan			M	Prov. Hosp.	JAM
				Thomas		1895	Dec			M	Blk. Diamond	WLS
				Thomas		1904	Jan			M	West Seattle Nor	WLS
				Thomas		1895	Nov			F	Interbay Cor. Smith S.	---
				Thomas		1900	Oct			M	Prov. Hosp.	OR
				Thomas		1897	May			M	813 Alder St.	SEA

S	R	PG	REC	LASTNAME	FIRSTNAME	DETH MN	DT	AGE	S	DEATHPLACE	BIRTH
				Thomas		1904 Feb			F	Prov. Hospital	WA
				Thomas		1898 Sep			F	Anacortes	IA
				Thomas		1907 Apr			F	Seattle	PA
				Thomas		1901 Mar			F	Seattle	NY
				Thomas		1907 Jun			M	Renton	WA
				Thomas		1904 Jun			M	1126 33rd Ave.	NE
				Thomas		1898 Apr			M	Seattle [AUT	NSW
				Thomas		1903 Sep			M	Providence Hosp.	---
				Thomas		1905 Aug			M	Seattle	AR
				Thomas		1899 Sep			M	Seattle	---
				Thomas		1907 Mar			M	Seattle	WA
				Thomas		1899 Sep			F	Seattle	SEA
				Thomas		1907 Mar			M	Ballard	MI
				Thomas		1901 Jan			M	Edgewater	CT
				Thomas		1903 Aug			M	2515 1/2 1st Ave.	MO
				Thomas		1904 Oct			F	Richmond	NY
				Thomas		1899 Aug			F	Seattle	NC
				Thomas		1905 Jan			M	4425 Fremont Ave.	NY
				Thomas		1900 Feb			M	Blk. Diamond	WLS
				Thomas		1899 Mar			M	Oak Harbor	OR
				Thomas		1895 Dec			M	Falls City	---
				Thomas		1905 Jan			M	Pike St. & West Ave.	WA
				Thomas		1900 Mar			M	Co. Hospital	ENG
K	1	0252	09921	Thomas	David	1902 Jul	19	040	M	Seattle	SCT
K	1	0252	10345	Thomas	H. D.	1902 Nov	15	065	M	1021 Spring St.	OH
K	1	0251	07291	Thomas	H.J.	1902 Jan	26	068	M	Blk. Diamond	WLS
K	1	0252	10083	Thomas	Roscoe G.	1902 Aug	07	027	M	Mission, WA	---
				Thomas (See #40		1892 Oct			F	Renton	---
				Thomas (See #398		1892 Oct			F	Renton	---
K	1	0251	07661	Thomason	Adolph	1902 Apr	07	034	M	1323 7th North	NRY
				Thomberg		1901 MAR			M	Prov. Hosp.	IA
K	1	0251	07163	Thome	Robert Laurence	1901 Nov	17	051	M	Renton	NY
				Thomell		1895 Apr			M	Tacoma	---
				Thompson		1893 Mar			F	Seattle	SEA
				Thompson		1893 Dec			M	Brighton Beach	MI
				Thompson		1895 Jan			M	422 4th St.	SEA
				Thompson		1906 Feb			F	Seattle	VT
				Thompson		1898 Dec			F	Seattle	SEA
				Thompson		1906 Oct			F	Seattle	MT
				Thompson		1898 Mar			F	Seattle	sme
				Thompson		1902 Jun			F	Seattle	NRY
				Thompson		1898 Jun			F	Seattle	NRY
				Thompson		1906 Nov			F	Seattle	KY
				Thompson		1898 Oct			F	Seattle	MA
				Thompson		1904 Mar			F	1408 1 Ave. W.	SEA
				Thompson		1897 Feb			M	Seattle	SWD
				Thompson		1907 Feb			M	Seattle	---
				Thompson		1897 Aug			-	Lake Union	ME
				Thompson		1904 Dec			M	2322 Elliott Ave.	IA
				Thompson		1898 Jul			M	So. Park	MN
				Thompson		1900 Dec			F	Ballard	sme
				Thompson		1907 May			F	Seattle	VT
				Thompson		1905 Jun			F	Seattle	WA
				Thompson		1901 Mar			M	Seattle	WA
				Thompson		1901 Jun			M	Seattle	IA
				Thompson		1903 Sep			F	King Co. Hosp.	MN
				Thompson		1906 Feb			M	Seattle	WA
				Thompson		1903 Oct			F	40 Ave. & E. Thomas	ENG
				Thompson		1904 May			M	Way Side Mission	---
				Thompson		1905 May			M	Seattle	OH
				Thompson		1906 Aug			M	Seattle	IA
				Thompson		1905 Oct			F	Seattle	VT
				Thompson		1904 Feb			F	1610 4 Av.	SEA

S	R	PG	REC	LASTNAME	FIRSTNAME	DETH	MN	DT	AGE	S	DEATHPLACE	BIRTH
				Thompson		1906	Oct			M	Seattle	NH
				Thompson		1906	Oct			F	Seattle	IN
				Thompson		1903	Sep			M	Providence Hosp.	IN
				Thompson		1904	Dec			F	1510 14th	NRY
				Thompson		1907	May			M	Seattle	WA
				Thompson		1907	Jan			F	Seattle	OH
				Thompson		1906	Jun			F	Seattle	WA
				Thompson		1905	Jun			F	Wellington	PA
				Thompson		1907	Jun			M	Seattle	---
				Thompson		1907	Apr			F	Seattle	WA
				Thompson		1904	Feb			M	Whatcom, WN	SCT
				Thompson		1906	Apr			M	Seattle	ITL
				Thompson		1899	Oct			F	Seattle	WA
				Thompson		1900	Jan			M	Seattle	---
				Thompson		1903	Nov			M	6th Ave. & Pike	ME
				Thompson		1898	Apr			M	Seattle	SWD
				Thompson		1904	Jan			F	814 26 Av. N.	SEA
				Thompson		1904	Feb			F	15 Ave. N.	SEA
				Thompson		1900	Aug			M	Seattle	SEA
				Thompson		1896	Mar			M	2112 1st Ave.	---
				Thompson		1904	Mar			M	4547 14 N.E.	PA
				Thompson		1900	Jan			F	Seattle	SCT
				Thompson		1904	Sep			M	2612 E. Valley St.	WA
				Thompson		1902	Feb			M	King Co. Hospital	IL
				Thompson		1905	May			M	Seattle	WA
				Thompson		1899	Aug			M	Seattle	---
K	1	0252	07859	Thompson	Chris	1902	Jun	28	075	F	Seattle	NRY
K	1	0253	10999	Thompson	Edgar D.	1903	Mar	27	037	M	Prov. Hosp.	OR
K	1	0251	07476	Thompson	Frank H. (Dr.)	1902	Mar	21	025	M	Seattle Gen. Hosp.	CND
K	1	0251	07396	Thompson	Harry	1902	Feb	20	023	M	King Co. Hospital	IL
K	1	0252	09922	Thompson	Ida	1902	Jul	25	035	F	Seattle	SWD
K	1	0251	07633	Thompson	J. G. Mrs.	1902	Apr	30	023	F	County Hosp.	IL
K	1	0253	10997	Thompson	Simon	1903	Mar	10	078	M	Monad Hosp.	NRY
K	1	0252	10721	Thompson	Wm. N.	1903	Jan	19	001	M	W. Kilbourne St.	WA
				Thompson (prob.6		1901	Apr			M	Seattle	WA
				Thomson		1905	Aug			M	Seattle	CA
K	1	0252	09919	Thorborn	James	1902	Jul	05	022	M	Seattle	SCT
				Thorison		1897	Sep			M	Prov. Hosp.	---
				Thorne		1904	Mar			M	Wayside Mission	---
				Thornson		1894	Aug			F	616 McClair St.	---
				Thornton		1900	Feb			F	Seattle	SEA
				Thornton		1905	Feb			M	King Co. Hosp.	VA
				Thornton		1905	Mar			M	Seattle	CND
				Thornton		1905	Aug			M	Seattle	WA
				Thornton		1906	Aug			M	Malta, Monta.	CND
				Thornton		1907	Jan			F	Seattle	WA
K	1	0253	11409	Thornton	Cyrenia	1903	Jun	19	075	F	1115 Madison	OH
K	1	0252	10722	Thornton	Henry G.	1903	Jan	18	076	M	418 8th Ave.	OH
K	1	0251	07495	Thornton	Martin J.	1902	Mar	08	059	M	Anacortes	MD
				Thorogood		1907	Jan			F	Seattle	ID
				Thorp		1904	Aug			M	SS Victoria	WA
				Thorpe		1891	Oct			M	Poor Farm	VA
				Thorpe		1905	Mar			F	Seattle	MA
				Thorsen		1901	Mar			M	W.W.H.J.	NRY
				Thorsley		1905	Mar			M	Georgetown	NRY
				Thorson		1900	Jul			F	Seattle	NRY
				Thorson		1906	Mar			M	Burton	WA
				Thorstenson		1900	Oct			F	Ballard	ICE
				Thorstenson		1901	Mar			M	Ballard	MN
				Thorstenson		1904	Oct			M	Ballard	ICE
K	1	0252	07727	Thourp	Niels N.	1902	May	02	028	M	Youdel Sanitarium	DNK
				Throckmorton		1903	Dec			F	1905 9 Ave.	SEA
				Throckmorton		1906	Feb			M	Seattle	WA

S	R	PG	REC	LASTNAME	FIRSTNAME	DETH	MN	DT	AGE	S	DEATHPLACE	BIRTH
K	1	0251	07582	Thrush	Aggie	1902	Apr	14	034	F	1428 1/2 1st Ave.	WA
K	1	0252	10719	Thurber	Julia B.	1903	Jan	24	081	F	1410 12th Av. (b.Ithaca,	NY
				Thurlow		1896	Jul			F	Pt. Townsend	---
				Thurman		1893	Aug			F	Cor. Willard & Jones	sme
				Thygeson		1904	Aug			M	214 23rd Ave.	DNK
				Tibbetts		1893	Dec			M	Near Gilman (Biddeford)	ME
				Tibbetts		1905	Nov			M	Ballard	IN
				Tibelitti		1904	Mar			M	Georgetown, WN	ITL
				Tichenor		1895	Sep			M	704 Olympic Dr.	---
				Tickle		1897	Jan			M	Seattle Gen. Hosp.	ENG
				Tidemand		1905	Jul			M	Seattle	NRY
				Tie		1898	Nov			M	Seattle	CHN
				Tierney		1891	Aug			M	WA Creek	---
				Tierney		1900	Oct			F	Prov. Hosp.	ENG
				Tierney		1906	Apr			M	Seattle	MA
				Tiffany		1891	Oct			F	Seattle	ME
				Tiffany		1894	Apr			M	1113 Yesler Ave.	SEA
				Tifft		1903	Aug			F	314 8th Ave. So.	SEA
				Tighe		1906	Mar			F	Georgetown	CND
				Tiler		0	---			-	---	---
				Till		1899	Nov			M	Seattle	SEA
				Tilley		1893	Apr			F	Seattle	NE
				Tilley		1897	Jul			M	Kent	VT
				Tilley		1901	Sep			M	Seattle	MO
				Tillman		1899	Feb			M	Seattle	KS
				Tilygren		1895	Jun			M	Queen Anne Hill	SWD
				Timeus		1907	Feb			F	Seattle	WA
				Timmons		1901	Jun			M	West Seattle	sme
				Timothy		1899	Sep			M	Seattle	SEA
				Timpe		1904	Apr			F	Prov. Hosp.	MO
				Tinling		1906	Dec			F	Seattle	WA
				Tinnie		1897	Sep			F	813 Alder St.	WA
				Tipps		1906	Mar			M	Seattle	---
				Tipton		1892	Oct			F	Seattle (Victoria)	BC
				Tirashima		1900	Dec			M	Prov. Hosp.	JPN
				Tisland		1897	Apr			M	Prov. Hosp.	NRY
				Titriville		1900	Oct			F	Seattle	SEA
				Titsworth		1901	Apr			M	Seattle Gen. Hosp.	KY
				Titus		1895	Nov			F	606 Jackson St.	SEA
				Titus		1896	Oct			M	Kent	sme
				Titus		1898	Apr			F	Seattle	MI
				Titus		1899	Dec			M	Seattle	SEA
				Titus		1906	Dec			F	Kent	OH
				Tjeransen		1905	Nov			M	Seattle	WA
				Tjerensen		1906	Jan			F	Seattle	SWD
				Tjonsland		1905	May			F	Seattle	Dak
				Tobeau		1900	Oct			M	Hoodsport	MI
				Todd		1896	Jan			M	1803 Lake St.	CND
				Todd		1896	Nov			F	E. Blanchard St.	BC
				Todd		1898	May			M	West Seattle	sme
				Todd		1898	Nov			M	Seattle	SEA
				Todd		1906	Feb			M	Georgetown	NC
				Todd		1906	Jun			M	York	SCT
				Todd		1906	Sep			F	Seattle	NY
				Tognyoe		1901	Mar			M	Prov. Hosp.	AUS
				Togoro		1906	Dec			M	Seattle	JPN
K	1	0251	07394	Tokihita	J.	1902	Feb	17	025	M	Interbay	JPN
				Tokuhira		1904	Mar			M	517 6th Ave. S.	JPN
				Tolchard		1897	Oct			F	304 30th Ave. S.	ENG
K	1	0252	09968	Tolla	Carl	1902	Jul	05	061	M	Georgetown	ITL
K	1	0251	07167	Tollner	Edward	1901	Nov	29	034	M	Prov. Hosp	WA
				Tom		1906	Apr			M	West Seattle	---
				Tomal		1900	Jan			M	Ballard	sme

S	R	PG	REC	LASTNAME	FIRSTNAME	DETH	MN	DT	AGE	S	DEATHPLACE	BIRTH
				Tomerlin		1901	Jul			M	Seattle	SEA
K	1	0252	09918	Tomich	Baby	1902	Jul	08	s/b	M	Seattle	sme
				Tomimoto		1899	May			M	Seattle	JPN
				Tomita		1901	Feb			M	Seattle	JPN
				Tomita		1907	May			M	Seattle	HI
K	1	0252	07860	Tomlin	Garfield	1902	Jun	07	048	M	Seattle	---
				Tomola		1898	Mar			F	Ballard	sme
				Tompkins		1895	Aug			M	Seattle Gen. Hosp.	MA
				Tompkins		1904	Mar			F	722 12 Ave. N.	VT
				Tompkins		1906	Nov			M	Seattle	NY
				Tompson		1895	May			M	Seattle	US
				Ton		1906	Nov			M	Seattle	HLD
K	1	0252	10873	Ton	Chin Sim	1903	Feb	25	01m	M	209 Wash.St. Seattle	sme
				Tonalia		1904	Mar			M	Prov. Hospital	ITL
K	1	0252	07761	Tondly	Baby	1902	May	25	09m	F	South Park	WA
K	1	0252	10560	Tone	Mong	1902	Oct	22	053	M	4th & Washington	CHN
				Tong		1905	Jan			M	3rd Ave. S. & Wash. St.	CHN
				Tonhow		1896	Jan			F	Seattle	GER
				Tonneson		1904	Mar			M	Burton, WN	DNK
K	1	0253	11411	Toohey	Peter	----	---	--	050	M	Puget Sound,WA	---
				Toohig		1907	Mar			M	Seattle	---
				Took		1903	Sep			M	Prov. Hosp.	CHN
				Tool		1904	Nov			M	Wayside E. Hosp.	NY
				Tooley		1907	May			M	Seattle	NY
				Toome		1904	May			M	Ft. of Yesler Way	---
				Toomely		1900	Apr			M	Duwamish	NY
				Toothaker		1904	Jun			F	419 30th Ave.	SEA
K	1	0252	10346	Torgasson	Ole	1902	Nov	24	079	M	135 Dexter Ave.	NRY
				Torger		1907	Apr			F	Seattle	WA
K	1	0251	07392	Torgerson	Marion	1902	Feb	17	001	F	716 Maynard Ave.	DK
				Torskognes		1905	Aug			M	Georgetown	NRY
				Tough		1906	Feb			F	Ballard	NRY
				Tour (LaTour)?		1902	Feb			M	1607 15th Ave.	CND
K	1	0251	07391	Tour (LaTour)?	Isador La	1902	Feb	20	048	M	1607 15th Ave.	CND
				Tousley		1907	Jun			M	Seattle	WA
				Tower		1903	Nov			F	2253 15th Ave. W.	NY
				Tower		1903	Dec			F	2253 15th Ave. W.	IL
				Tower		1905	Sep			M	Seattle	WA
				Towes		1893	Dec			M	Seattle	CND
				Towle		1906	Sep			M	Ballard	ME
K	1	0252	07728	Towlis	George	1902	May	05	067	M	711 31st Ave. South	ENG
				Towne		1896	Jan			M	616 10th St.	SEA
				Towne		1896	Nov			F	616 Terry Ave.	ME
				Towne		1907	Jan			F	Seattle	MA
				Townes		1906	Jun			M	Georgetown	CND
				Townsend		1897	Jun			M	915 Jefferson	OR
				Townsend		1901	Jul			M	Seattle	GA
				Townsend		1906	Dec			M	Seattle	MI
				Townsend		1902	Sep			M	Snohomish	---
K	1	0252	10220	Townsend	B.B. (Col)	1902	Sep	08	069	M	Snohomish	---
				Townsley		1905	Mar			M	Seattle	ENG
				Towsley		1905	Nov			F	Seattle	WA
				Toy		1904	May			M	Wa Chong Blk.	CHN
				Toy		1905	Sep			M	Seattle	US
				Toyota		1905	Oct			F	Seattle	WA
				Tozer		1904	Aug			M	504 1/2 Union St.	MN
				Tr--burg (?)		1903	Oct			F	111 Kilburn St.	SEA
				Tracey		1906	Apr			-	Seattle	---
K	1	0253	10875	Tracey	A.D.	1903	Feb	23	076	M	South Park,WA	NY
				Tracie		1906	Mar			M	Seattle	CND
				Tracy		1901	Jul			M	Seattle	SCT
				Tracy		1903	Sep			M	Port Blakely	MO
				Tracy		1904	Feb			M	Prov. Hospital	SD

S	R	PG	REC	LASTNAME	FIRSTNAME	DETH MN	DT	AGE	S	DEATHPLACE	BIRTH
				Tracy		1904 Feb			M	McKinley Hill	NY
				Tracy		1907 Jun			M	Seattle	MN
K	1	0252	10753	Tracy	Alexander D.	1903 Feb	23	076	M	South Park, WA	NY
K	1	0253	11410	Tracy	Marie A.	1903 Jun	05	052	F	1506 First Ave.	MA
K	1	0252	10082	Trammeld	Tekle May	1902 Aug	17	10m	F	Ballard	MI
				Trapp		1904 Aug			M	6 Ave. N. & Holiday Ave.	KY
				Trapp		1905 Oct			M	Ballard	IA
K	1	0253	11406	Trapp	J.E.	1903 Jun	14	063	M	King Co. Hosp.	MO
				Trappe		1905 Apr			M	Seattle	SWD
				Trask		1897 Aug			F	Seattle Gen. Hosp.	IN
K	1	0253	11405	Travercei	William	1903 May	10	046	M	Smith Cove	MA
				Traverco		1905 Jun			F	Seattle	WA
				Traverso		1905 Nov			M	Seattle	WA
K	1	0251	07516	Travis	Jas.	1902 Mar	29	062	M	King Co. Hospital	IRL
				Tray		1906 Feb			M	Ballard	WA
K	1	0252	10718	Treadwell	Samuel P.	1903 Jan	10	077	M	319 Kilbourne	CT
				Treavor		1903 Sep			M	So. Park So. B	end
				Treesu		1905 Jan			F	4039 11th Av. N.E.	MA
				Trefethew		1905 Dec			F	Seattle	ME
K	1	0253	11001	Treloar	John	1903 Mar	18	060	M	York Station	---
				Trenney		1903 Aug			M	2nd Ave. & Wash. St.	---
K	1	0252	09920	Trethency	Sam C.	1902 Jul	10	05m	M	Seattle	sme
K	1	0253	11407	Tretheney	Baby	1903 Jun	10	s/b	M	214 20th Ave. North	---
				Treune		1906 Sep			F	Seattle	GER
				Trevor		1899 Mar			F	Seattle	OR
				Trice		1899 Sep			F	Roche Harbor	CND
				Trigg		1896 May			M	Fremont	ENG
				Trimbell		1907 Jan			M	Seattle	SD
				Tripp		1904 Mar			M	Wayside Mission	NY
				Tripp		1905 Feb			F	916 E. James St.	ENG
				Tripp		1905 Aug			F	Seattle	WA
				Triviere		1904 Mar			F	Providence Hosp.	BLG
K	1	0252	10871	Troggi	Raphael	1903 Feb	01	040	M	Charleston, WA	ITL
				Trombley		1897 Feb			F	Seattle	---
				Tronstad		1905 Jul			M	Seattle	WA
				Trotter		1904 Dec			M	Prov. Hosp.	IA
				Trotter		1904 Aug			F	125 Dexter Ave.	NY
				Trousdale		1896 Oct			F	Lewis Co.	sme
				Trousdale		1896 Oct			F	Seattle Gen. Hosp.	NE
				Trow		1895 Nov			M	22nd & Lane St.	---
				Troy		1894 Aug			M	Prov. Hosp.	IRL
K	1	0251	07395	Trsberg	Alice	1902 Feb	15	002	F	Ballard	sme
				Truax		1892 Jul			F	Seattle	MN
				Truax		1901 Jul			M	Seattle	NY
				Truckey		1896 Jun			M	2221 8th St.	---
				Truman		1907 May			F	Seattle	PA
				Trumbull		1904 Jul			F	2142 6th Ave. W.	MN
				Trump		1904 Oct			F	2704 1/2 1st Ave.	WA
				Trun		1903 May			M	Seattle Gen. Hosp.	---
K	1	0253	11404	Trun	R.H.	1903 May	31	065	M	Seattle Gen. Hosp.	---
				Trun (?)		1893 Jul			M	Cedar River (Fremont)	NE
				Trunchel		1902 Oct			M	Seattle Gen. Hosp.	---
K	1	0252	10090	Trunchel	J. Hord	1902 Oct	06	037	M	Seattle Gen. Hosp.	---
				Tryme		1902 Dec			M	3528 Densmure	MS
K	1	0252	10594	Tryme	A.G.	1902 Dec	21	063	M	3528 Densmure	MS
				Tryon		1903 Aug			M	Race Track	---
				Tsula		1900 Apr			M	Seattle	---
				Tsunehara		1906 Dec			M	Seattle	JPN
				Tsunuhara		1907 Mar			M	Seattle	JPN
				Tsuyama		1906 Jul			M	Seattle	JPN
				Tubbs		1899 Oct			F	Seattle	SEA
				Tuck		1898 Mar			F	Seattle	ME
K	1	0251	07583	Tuck	Ho Gan	1902 Apr	24	030	M	1st South & Norman	CHN

S R PG REC	LASTNAME	FIRSTNAME	DETH	MN	DT	AGE	S	DEATHPLACE	BIRTH
	Tuckahashi		1896	Aug			F	900 Market St.	SEA
	Tucker		1901	May			F	Edgewater	NY
	Tucker		1903	Nov			M	Monod Hosp.	NY
	Tucker		1905	Feb			F	Foster	IA
	Tucker		1905	Aug			F	Seattle	MT
	Tui		1905	Sep			M	Seattle	---
	Tulip		1899	May			M	Seattle	---
	Tulip		1904	Dec			F	2nd Ave. S. & Corm St.	WA
	Tullinau		1898	Sep			M	---	---
	Tully		1905	Jun			M	Seattle	---
	Tumer		1904	Sep			M	1158 Eastlake Ave.	WA
	Tupper		1896	Oct			F	3rd Ave. Ballard	GER
	Turchell		1898	Dec			F	Seattle	MN
	Turkey		1905	Aug			F	Seattle	WA
	Turnbull		1892	Apr			M	Co. Farm	Amr
	Turnbull		1893	Oct			F	1002 Howell St.	SEA
	Turner		1893	Jan			F	Ballard	KY
	Turner		1894	May			M	742 Taylor St.	WI
	Turner		1906	Feb			M	Seattle	ENG
	Turner		1903	Oct			F	2812 10th North	MI
	Turner		1896	Sep			M	2102 6th St.	---
	Turner		1905	Jan			M	2812 10th Ave. N.	CND
	Turner		1899	Apr			F	Seattle	---
	Turner		1904	Mar			M	612 Columbia St.	MN
	Turner		1900	Nov			M	Prov. Hosp.	OH
	Turner		1897	Feb			M	9th & Madison	NY
	Turner		1904	May			F	1514 3rd Ave.	VA
	Turner		1906	Jan			M	Seattle	WA
	Turner		1899	May			M	Seattle	ME
	Turner		1907	Jan			M	Seattle	VA
	Turner		1907	Feb			F	Seattle	PA
	Turner		1901	Jun			M	Ballard	KY
	Turner		1906	Oct			M	Seattle	WA
	Turner		1904	Jun			F	2117 1/2 1st Ave.	SEA
	Turner		1901	Jul			M	Ballard	MO
	Turner		1903	Nov			F	707 6th Ave. S.	IL
	Turner		1894	Aug			M	Clifton H? Sq 5th St.	---
	Turner		1895	Dec			M	1814 Chesnut St.	---
	Turner		1895	Oct			M	Ballard	MO
	Turner		1896	Apr			M	1310 12th St.	---
K 1 0253 10874	Turner	John	1903	Feb	10	043	M	1921 2nd Ave. West	MN
	Turney		1901	Mar			M	Seattle	WA
	Turney		1905	Jan			M	King Co. Hosp.	IRL
K 1 0253 11000	Turre	J.	1903	Mar	15	040	M	Tacoma	ITL
	Turrell		1907	May			F	Seattle	---
	Tusandt		1900	Mar			M	Ballard	CND
	Tustin		1906	Dec			M	Seattle	ENG
K 1 0251 07632	Tutman	Oliver	1902	May	15	036	M	Seattle Gen. Hospital	FIN
	Tutt		1896	Jan			M	Renton	KY
	Tuttle		1904	May			M	---	NY
	Tuttle		1902	Dec			M	2402 Queen Anne, Seattle	sme
K 1 0252 10595	Tuttle	Baby	1902	Dec	12	s/b	M	2402 Queen Anne, Seattle	sme
	Twanabae (?)		1903	Sep			F	6th Ave. So. & Lane	SEA
	Twitchell		1903	Jul			M	923 Second Ave.	MN
	Twitchell		1903	Nov			F	235 29th Ave.	MN
	Twitchell		1905	Jan			F	Pacific Hosp.	NY
K 1 0253 11403	Twitchell	Mary Estell	1898	Dec	16	034	F	---	---
K 1 0252 10458	Twohey	W.S.	1902	Aug	16	041	M	Teller City, AK	---
	Twombly		1894	Aug			M	River Park	MO
	Twombly		1901	Apr			M	South Park	IL
	Twomby		1894	Sep			M	River Park	sme
	Tyler		1905	Nov			M	Seattle	MA
	Tyler		1904	Mar			M	Green Lake	NJ

S R PG REC	LASTNAME	FIRSTNAME	DETH MN DT AGE	S	DEATHPLACE	BIRTH
	Tyler		1901 Jan	M	Seattle	CT
K 1 0252 10089	Tyler	Clarence A.	1902 Oct 06 019	M	520 Union St.	CA
	Tyner		1894 Apr	M	714 S. 8th	SEA
	Tyner		1895 Oct	F	714 S. 8th St.	VA
K 1 0252 10134	Tyrel	Ella Nora	1902 Aug 17 028	F	Steamer Queen	CA
K 1 0259 05636	Uchyana	Don Roy	1900 Sep 13 01m	M	---	---
	Udness		1903 Nov	M	Foot of John Street	NRY
K 1 0260 07169	Uelson	Uels C.	1901 Dec 01 039	M	4309 Sunset Place	DNK
K 1 0259 03335	Uhnfelder	Henry	1898 Mar 17 071	M	Seattle	---
	Uhrich		1906 Jul	F	Seattle	WA
K 1 0258 00254	Uiol	Harry	1892 Apr 22 049	M	Seattle	FRN
K 1 0259 05935	Ulerich	Louis	1900 Dec 02 039	M	Lawson, WA	IN
	Ulin		1905 Jan	M	Georgetown	SWD
K 1 0258 01596	Ulin*	Frederica	1895 Feb 24 057	F	908 8th St.	---
	Ulleland		1905 May	F	Seattle	WA
	Ullen		1906 Sep	F	Ballard	IA
	Ullin		1907 Apr	F	Ballard	WA
	Ullman		1906 Feb	F	Seattle	WA
K 1 0259 04744	Ullman	Emily	1899 Dec 01 065	F	Seattle	GER
	Ullrich		1906 Jan	F	Seattle	WI
K 1 0259 06275	Ulnes	W.T.	1901 Apr 30 044	M	Seattle Gen. Hosp.	NRY
K 1 0260 07649	Ulsky	John	1902 May 11 108	M	Providence Hosp.	SWD
K 1 0258 00619	Ulvestal	Mary E.	1893 Sep 05 050	F	City Jail	WI
K 1 0260 07278	Ulvia	Josephine	1902 Jan 10 019	F	King Co. Hosp.	FIN
K 1 0259 06424	Ulvigan	T.N.	1901 May 16 057	M	Prov. Hosp.	---
	Umbrico		1905 Jul	M	Seattle	WA
K 1 0260 07168	Undahl	Martinia M.	1901 Dec 18 057	F	1420 16th Ave.	NRY
	Underwood		1905 Oct	M	Seattle	IRL
K 1 0260 06863	Underwood	B.B.	1901 Sep 04 055	M	Providence Hosp.	NY
K 1 0260 07861	Underwood	Baby	1902 Jun -- 04d	F	Ballard	sme
K 1 0258 00878	Underwood	Hanson	1894 Mar 09 084	M	Fremont	---
K 1 0258 02568	Underwood	Mrs.	1896 Dec 05 030	F	Duwamish	PA
	Ung Yow		1904 Aug	M	South Park	CHN
	Unk		1899 Nov	M	Seattle	---
	Unk		1892 Nov	M	Seattle	---
	Unk		1891 Nov	M	Smith's Cove	---
	Unk		0 ---	M	----	---
	Unk		1897 May	M	Front & Lake St.	SEA
	Unk		0 ---	F	----	---
	Unk		1901 Apr	M	Seattle	---
	Unk		1893 ---	M	---	---
	Unk		1901 Jul	M	Lake Union	---
	Unk		1899 Aug	M	Elliott Bay	---
	Unk		1901 Jul	M	Eagle Gorge	US
	Unk		1891 ---	M	----	SEA
	Unk		1902 Feb	M	Providence Hosp.	---
	Unk		1899 Jul	M	Western N.P. R.R.	---
	Unk		1902 Jul	M	Interbay	---
	Unk		1892 Nov	M	Canton	---
	Unk		1891 Jul	M	----	---
	Unk		0 ---	M	Canton	---
	Unk		0 ---	F	----	---
	Unk		1892 Sep	M	Found ---	---
	Unk		1900 Sep	M	---	---
	Unk		1901 Apr	-	---	---
	Unk		1900 Aug	M	---	---
	Unk		1900 Sep	M	---	---
	Unk		1901 May	-	---	---
	Unk		1901 Apr	M	Seattle	---
	Unk		1900 Jun	M	Seattle	---
	Unk		1900 Sep	M	Seattle	---
	Unk		1900 Aug	M	Seattle	---
	Unk		1902 Jan	M	Elliott Bay	---

S	R	PG	REC	LASTNAME	FIRSTNAME	DETH	MN	DT	AGE	S	DEATHPLACE	BIRTH
				Unk		1901	May			M	---	---
				Unk		1901	Dec			M	Seattle	SEA
				Unk		1900	Nov			M	---	---
				Unk		1901	---			M	Elliott Bay	SEA
				Unk		1901	Oct			M	Elliott Bay	US
				Unk		1900	May			M	Floating in bay	---
				Unk		1900	Sep			M	Railroad	---
				Unk		1902	Jan			M	30th & e. Cherry	---
				Unk		1901	May			M	Weston, WA	---
				Unk		1900	Oct			M	---	---
				Unk		1902	Feb			F	Elliott Bay	---
K	1	0258	00345	Unk	---	----	---	--	---	F	----	---
K	1	0258	00247	Unk	---	----	---	--	---	M	Canton	---
K	1	0258	00238	Unk	---	1892	Nov	--	---	M	Canton	---
K	1	0258	00003	Unk	Baby	1891	Jul	09	s/b	M	----	---
K	1	0258	00208	Unk	Baby	1891	---	--	03w	M	----	SEA
K	1	0258	00388	Unk	Baby	1892	Sep	22	---	M	Found ---	---
K	1	0258	00306	Unk	Baby	----	---	--	07m	F	----	---
K	1	0258	00370	Unk	Baby	----	---	--	s/b	M	----	---
K	1	0259	05523	Unk	Baby	1900	Aug	11	11d	M	Seattle	---
K	1	0259	06327	Unk	Baby	1901	Apr	--	---	-	---	---
K	1	0259	05739	Unk	Baby	1900	Oct	08	03m	M	---	---
K	1	0260	07170	Unk	Baby	1901	---	--	---	M	Elliott Bay	SEA
K	1	0259	06410	Unk	Baby	1901	May	19	01d	-	---	---
K	1	0260	06476	Unk	Boy	1901	May	05	016	M	Weston, WA	---
K	1	0259	04695	Unk	Man	1899	Nov	03	024	M	Seattle	---
K	1	0259	05207	Unk	Man	1900	May	05	024	M	Floating in bay	---
K	1	0258	00146	Unk	Man	1891	Nov	06	040	M	Smith's Cove	---
K	1	0259	05319	Unk	Man	1900	Jun	20	040	M	Seattle	---
K	1	0259	04499	Unk	Man	1899	Aug	05	030	M	Elliott Bay	---
K	1	0260	07397	Unk	Man	1902	Jan	--	045	M	Elliott Bay	---
K	1	0260	06651	Unk	Man	1901	Jul	20	045	M	Eagle Gorge	US
K	1	0260	09923	Unk	Man	1902	Jul	29	036	M	Interbay	---
K	1	0258	00874	Unk	Man	1893	---	--	---	M	---	---
K	1	0259	05480	Unk	Man	1900	Aug	12	030	M	---	---
K	1	0260	07400	Unk	Man	1902	Feb	01	040	M	Providence Hosp.	---
K	1	0259	05671	Unk	Man	1900	Sep	04	060	M	---	---
K	1	0259	05606	Unk	Man	1900	Sep	28	035	M	Seattle	---
K	1	0259	05608	Unk	Man	1900	Sep	18	030	M	---	---
K	1	0260	07289	Unk	Man	1902	Jan	09	035	M	30th & e. Cherry	---
K	1	0259	06322	Unk	Man	1901	Apr	01	045	M	Seattle	---
K	1	0259	04458	Unk	Man	1899	Jul	11	---	M	Western N.P. R.R.	---
K	1	0259	06344	Unk	Man	1901	Apr	01	040	M	Seattle	---
K	1	0260	06615	Unk	Man	1901	Jul	--	040	M	Lake Union	---
K	1	0259	05607	Unk	Man	1900	Sep	12	040	M	Railroad	---
K	1	0259	05775	Unk	Man	1900	Nov	02	035	M	---	---
K	1	0260	06963	Unk	Man	1901	Oct	11	040	M	Elliott Bay	US
K	1	0259	06469	Unk	Man	1901	May	14	040	M	---	---
K	1	0258	00411	Unk	Man	1892	Nov	02	030	M	Seattle	---
K	1	0259	02743	Unk	Man	1897	May	--	016	M	Front & Lake St.	SEA
K	1	0260	07398	Unk	Woman	1902	Feb	04	035	F	Elliott Bay	---
K	1	0260	07186	Unk	baby	1901	Dec	--	---	M	Seattle	SEA
				Unk*			0 Apr			M	Elliott Bay	SEA
K	1	0258	01596	Unk*	Baby	----	Apr	27	01d	M	Elliott Bay	SEA
				unk		1896	---			M	Elliott Bay	---
				unk		1892	Nov			M	Seattle	SWD
				unk		1892	---			M	----	WA
				unk		1900	Feb			M	Seattle	---
				unk		1892	---			M	Eagle Gorge,	---
				unk		1898	Dec			F	Seattle	---
				unk		1896	---			M	Front & Virginia St.	---
				unk		1894	---			F	Seattle	---
				unk		1898	---			M	Elliott Bay	---

S R	PG	REC	LASTNAME	FIRSTNAME	DETH	MN	DT	AGE	S	DEATHPLACE	BIRTH
			unk		1894	---			F	Fnd ft of Marion St.	---
			unk		1896	---			M	Near Alki Point	---
			unk		1893	Jun			-	----	---
			unk		1894	Oct			M	West St. Hotel	---
			unk		1895	Jan			F	---	---
			unk		1893	May			M	Duwamish River	---
			unk		1898	Jul			F	Lake Washington	---
			unk		1895	Jan			F	---	---
			unk		1898	Aug			M	Seattle	---
			unk		1896	---			M	Queen Anne Hill	---
			unk		1898	Oct			M	Seattle	---
			unk		1895	Jan			F	813 Alder	---
			unk		1900	Jan			M	Lester, WA	---
			unk		1898	---			-	Seattle	---
			unk		1892	Dec			M	----	---
			unk		1898	Jun			M	Seattle	---
			unk		1895	Mar			M	----	---
			unk		1895	---			M	Lake Washington	---
			unk		1900	Mar			M	Seattle	---
			unk		1892	---			-	Seattle ?	---
			unk		1892	---			-	----	---
			unk		1897	Jan			M	Ft. of Wall St.	---
			unk		1896	Jul			-	Ft of Stewart St.	---
			unk		0	May			F	813 Alder	
K 1	0258	00517	unk	Baby	1892	---	--	06m	-	----	---
K 1	0258	01414	unk	Baby	1895	Jan	16	---	F	---	
K 1	0258	02324	unk	Baby	1896	Jul	21	---	-	Ft of Stewart St.	
K 1	0258	01127	unk	Baby	1894	---	--	07m	F	Seattle	
K 1	0258	00478	unk	Baby	1892	---	--	02m	-	Seattle ?	
K 1	0258	00444	unk	Baby	1892	Dec	19	03m	M	----	
K 1	0258	01404	unk	Baby	1895	Jan	16	---	F	---	
K 1	0258	02246	unk	Baby	----	May	13	001	F	813 Alder	
K 1	0258	02187	unk	Baby	1896	---	--	---	M	Elliott Bay	---
K 1	0258	01435	unk	Baby	1895	Jan	17	---	F	813 Alder	---
K 1	0258	01486	unk	Baby	1895	Mar	26	---	M	----	
K 1	0258	02133	unk	Baby	1896	---	--	-1d	M	Queen Anne Hill	---
K 1	0258	00565	unk	Baby (Japanese)	1893	Jun	01	003	-	----	
K 1	0258	02596	unk	Baby found	1897	Jan	12	s/b	M	Ft. of Wall St.	
K 1	0258	01208	unk	Child	1894	---	--	07m	F	Fnd ft of Marion St.	---
K 1	0259	03947	unk	Child	1898	---	--	---	-	Seattle	---
K 1	0259	03997	unk	Ida	1898	Dec	19	03m	F	Seattle	---
K 1	0258	00424	unk	Indian	1892	---	--	---	M	----	WA
K 1	0258	01291	unk	Man	1894	Oct	27	---	M	West St. Hotel	---
K 1	0258	00421	unk	Man	1892	Nov	25	045	M	Seattle	SWD
K 1	0259	03738	unk	Man	1898	Aug	09	040	M	Seattle	---
K 1	0258	01475	unk	Man	1895	---	--	046	M	Lake Washington	---
K 1	0259	04844	unk	Man	1900	Jan	01	040	M	Lester, WA	---
K 1	0258	02567	unk	Man	1896	---	--	050	M	Front & Virginia St.	---
K 1	0259	04937	unk	Man	1900	Feb	12	030	M	Seattle	---
K 1	0259	03516	unk	Man	1898	---	--	---	M	Elliott Bay	---
K 1	0259	05046	unk	Man	1900	Mar	25	030	M	Seattle	---
K 1	0259	03891	unk	Man	1898	Oct	25	040	M	Seattle	---
K 1	0259	03589	unk	Man	1898	Jun	30	035	M	Seattle	---
K 1	0258	02283	unk	Man	1896	---	--	035	M	Near Alki Point	---
K 1	0258	00589	unk	Man	1893	May	--	30?	M	Duwamish River	---
K 1	0259	03665	unk	Woman	1898	Jul	10	060	F	Lake Washington	---
K 1	0258	00425	unk	skeleton	1892	---	--	---	M	Eagle Gorge,	---
K 1	0260	10758	Unk	Baby	1903	Jan	24	---	-	----	---
K 1	0260	11413	Unk	Baby	1903	May	12	---	F	Foot of Blanchard	---
K 1	0260	11167	Unk	Baby	1903	Apr	05	---	M	Seattle	---
K 1	0260	11416	Unk	Man	1903	Jun	01	055	M	Duwamish River	---
K 1	0260	10757	Unk	Man	1902	Oct	07	---	M	nr. WA Iron Works	---
K 1	0260	10756	Unk	Man	1902	Oct	04	035	M	1301 Grant St.	

S R PG	REC	LASTNAME	FIRSTNAME	DETH	MN	DT	AGE	S	DEATHPLACE	BIRTH
K 1 0260	10878	Unk	Man	1903	Feb	27	040	M	South Seattle	---
K 1 0260	11166	Unk	Man	1903	Mar	01	040	M	Elliott Bay	---
K 1 0260	11412	Unk	Man	1903	Apr	05	---	-	Foot of King St.	---
K 1 0260	10877	Unk	Man	1903	Feb	09	045	M	Wayside Mission	---
K 1 0260	11414	Unk	Man	1903	Jun	17	025	M	Foot of Main	---
K 1 0260	11415	Unk	Man	1903	Jun	17	035	M	Foot of Madison	---
K 1 0260	10876	Unk	Man	1903	Feb	02	045	M	Foot of King St.	---
		Unknown		1904	Aug			M	Galbraith Dock	---
		Unknown		1906	May			M	Woodinville	---
		Unknown		1906	Nov			F	West Seattle	---
		Unknown		1896	Jan			M	W.Coast Van.Is.Str.Valenc	---
K 1 0301	10360	Unknown	child	1902	Nov	15	---	M	2223 2nd Ave	---
		Unknown Baby		1904	Jun			M	13th and Prospect	SEA
		Unknown Baby		1904	Jul			M	Foot of Clay St.	---
		Unknown Baby		1905	Mar			M	Seattle	---
		Unknown Child		1903	Jul			M	Foot of Denny Way	---
		Unknown Foetus		1904	Jan			-	---	---
		Unknown Foetus		1907	Jan			F	Seattle	---
		Unknown Foetus		1904	Jan			F	---	---
		Unknown Foetus		1905	Oct			M	Seattle	SEA
		Unknown Infant		1904	---			M	Foot of Madison St.	---
		Unknown Infant		1904	Oct			M	Foot of Columbia St.	---
		Unknown Infant		1905	Apr			M	Seattle	---
		Unknown Infant		1905	May			F	Seattle	WA
		Unknown Infant		1905	Dec			M	Seattle	---
		Unknown Infant		1906	Apr			M	Ballard Kin	Co.
		Unknown Infant		1906	Dec			M	Seattle	WA
		Unknown Infant		1906	Dec			F	Seattle	WA
		Unknown Infant		1907	Mar			F	Seattle	WA
		Unknown Infant		1907	Apr			-	Seattle	---
		Unknown Man		1904	Sep			M	Western Hotel	---
		Unknown Man		1903	Aug			M	Kirkland, WA	---
		Unknown Man		1904	Sep			M	Kirkland, WA	---
		Unknown Man		1903	Dec			M	Yesler Way	---
		Unknown Man		1905	Mar			M	---	---
		Unknown Man		1904	Apr			M	Rear 409 Yesler	---
		Unknown Man		1905	Apr			M	Seattle	---
		Unknown Man		1904	Aug			M	1422 1/2 1st Ave.	---
		Unknown Man		1906	Aug			M	Seattle	---
		Unknown Man		1904	Sep			M	---	---
		Unknown Man		1904	Jan			M	Foot of Stewart	---
		Unknown Man		1904	Jun			M	Foot of Wash.	---
		Unknown Man		1904	Aug			M	Van Asselt	---
		Unknown Man		1903	Oct			M	Smith's Cove	---
		Unknown Man		1906	Jan			M	Near Cape Beale, B.C.	---
		Unknown Man		1905	Jul			M	Seattle	---
		Unknown Man		1905	Sep			M	Seattle	---
		Unknown Man		1905	Oct			M	Seattle	---
		Unknown Man		1905	Dec			M	Seattle	---
		Unknown Man		1906	Sep			M	Seattle	---
		Unknown Man		1905	Dec			M	Seattle	---
		Unknown Man		1906	Dec			M	Seattle	---
		Unknown Man		1905	Jun			M	South Park	---
		Unknown Man		1906	Dec			M	Ballard	---
		Unknown Man		1906	Apr			M	Seattle	---
		Unknown Man		1907	Jan			M	Seattle	---
		Unknown Man		1906	Jan			M	Cook's Landing	---
		Unknown Man		1907	---			M	Lake Slatin (?)	---
		Unknown Man		1906	Sep			M	Seattle	---
		Unknown Man		1906	Feb			M	Seattle	---
		Unknown Man		1906	Apr			M	Seattle	---
		Unknown Man		1906	Aug			M	Duwamish	---
		Unknown Man		1905	May			M	Seattle	---

S	R	PG	REC	LASTNAME	FIRSTNAME	DETH	MN	DT	AGE	S	DEATHPLACE	BIRTH
				Unknown Man		1907	Mar			M	Seattle	---
				Unknown Man		1907	Apr			M	Seattle	---
				Unknown Man		1907	May			M	---	---
				Unknown Man		1907	Jun			M	Kangley	---
				Unknown Skeleton		1904	Jun			M	Near Renton	---
				Unknown Skeleton		1905	Sep			-	---	---
				Unknown Skeleton		1907	Jun			-	Kennydale	---
				Unknown Woman		1903	Dec			F	Wayside Mission Hosp.	---
				Unsprung		1906	Mar			M	Seattle	GER
				Upper		1904	Apr			M	Cor. Broadway & Thomas	WA
K	1	0259	04223	Upper	Dorothy	1898	Mar	29	002	F	Seattle	---
K	1	0260	07399	Upton	Baby	1902	Feb	11	06h	M	Queen Anne Hill	SEA
K	1	0260	07479	Upton	C. Mrs.	1902	Mar	15	039	F	King Co. Hosp.	IRL
K	1	0260	07651	Upton	Ellen	1902	May	21	056	F	2714 King	IRL
K	1	0259	04390	Upton	Grace	1899	Jun	18	004	F	Blk Diamond	sme
				Urabe		1907	Feb			M	Seattle	JPN
K	1	0259	05125	Uray	Charles Acre	1900	Apr	29	05m	M	Skagway, AK	sme
K	1	0260	10347	Urdstrom	Joseph	1902	Nov	18	017	M	King Co. Hosp.	MN
				Uren		1904	Apr			F	1102 2nd Ave. N.	WI
K	1	0260	06609	Urgleburg	Bertha M.	1901	Jul	12	075	F	Seattle	NRY
				Urie		1906	Feb			F	Seattle	WA
				Uris		1905	Aug			M	Hillman	SEA
				Urquart		1905	Feb			M	Ballard	CND
K	1	0260	10491	Urquhart	Jno.	1902	Sep	09	---	M	General Hospital	CHL
K	1	0258	00875	Usgoodby	Edward	1894	Mar	20	03m	M	Ballard, WA	sme
K	1	0259	05229	Usher	Jno.	1900	May	01	027	M	Seattle	MO
K	1	0259	04610	Utley	Della M.	1899	Sep	29	07m	F	Seattle	sme
K	1	0260	06962	Utley	Henry M.	1901	Oct	21	040	M	General Hosp.	IL
K	1	0259	05284	Uvland	Lester U.	1900	May	09	021	F	Seattle	IN
				Uyens		1904	Jul			M	665 King St.	SEA
K	1	0268	04567	V--nes	Frances A.	1899	Sep	05	058	F	Seattle	ENG
				Vacca		1907	Jan			F	Seattle	WA
K	1	0269	06051	Vacca	Joseph	1901	Jan	22	19m	M	Seattle	sme
K	1	0269	07760	Vacca	Potenza	1902	Apr	02	030	F	End of 30th Ave.	ITL
				Vagedes		1907	May			F	Seattle	GER
K	1	0268	00708	Vahlbausch	August	1893	Dec	05	043	M	2213 7th St.	GER
K	1	0268	00728	Vaight	Otto	1894	Jan	25	026	M	Canton	GER
K	1	0268	02739	Vail	David H.	1897	Mar	30	043	M	Seattle	---
				Vainett		1905	Dec			M	Seattle	WI
K	1	0268	05426	Valbush	Louis	1900	Jun	03	025	M	Seattle	NY
K	1	0268	05936	Valdes	Joseph	1901	Feb	01	031	M	King Co. Hosp.	MN
				Valentine		1905	Feb			M	Georgetown	ITL
				Valentine		1906	Oct			M	Seattle	WA
K	1	0268	03427	Valentine	John	1898	Apr	22	060	M	Seattle (b.Ontario,	CND
K	1	0269	10879	Valentine	Marjorie	1903	Jan	31	10d	F	5567 Wallingford Ave.	SEA
K	1	0268	05662	Valentine	T.E.	1900	Oct	20	017	M	Prov. Hospital	IL
K	1	0269	10084	Valentine	W.M.	1902	Jul	29	040	M	Kenmore, WA	NY
K	1	0268	02776	Valentine	William	1897	May	26	039	M	Elliott Bay	IA
				Valland		1903	Aug			M	---	NRY
				Vallee		1907	Feb			F	Renton	IA
				Valleen		1907	Apr			M	Seattle	SWD
				Valpini		1906	Aug			M	Georgetown	ME
				Van		1906	Mar			F	W. Seattle	WA
K	1	0268	00941	Van Alstein	Edna	1894	Apr	15	002	F	2558 Madison	SEA
				Van Alstine		1904	Sep			M	2558 Haliday St.	WI
				Van Alstine		1905	Sep			F	Georgetown	NY
				Van Alstine		1907	Jan			F	Seattle	WA
K	1	0269	10350	Van Assellt	Henry	1902	Dec	07	085	M	1621 15th Ave.	HLD
				Van Brocklin		1904	Aug			F	402 6th Ave.	SEA
K	1	0268	05791	Van Brocklyn	Chas. S.	1900	Nov	29	05m	F	Seattle	sme
K	1	0268	05084	Van Brocklyn	J.W.	1900	Mar	18	062	M	Seattle	NY
K	1	0268	04382	Van Buskirk	Eva	1899	May	25	012	F	Ballard	WI
				Van Court		1906	Apr			M	Seattle	NY

S R PG REC	LASTNAME	FIRSTNAME	DETH	MN	DT	AGE	S	DEATHPLACE	BIRTH
K 1 0269 06709	Van DePutte	Eline	1901	Aug	12	07m	F	133 2ndAvNo.(d.pneumonia)	---
	Van Den Berg		1907	May			M	Seattle	---
	Van Deu Bassche		1905	Apr			M	Seattle	BLG
	Van Deventer		1906	Aug			F	Seattle	IA
	Van Doorne		1906	Apr			F	Snoqualmie	WA
	Van Dusen		1905	Sep			F	Seattle	CND
	Van Dyke		1907	Jun			M	Seattle	---
K 1 0268 04809	Van Gilder	Jacob	1899	Dec	30	065	M	Seattle	GER
	Van Houten		1904	Jan			M	133 14th Ave. N.	NY
	Van Leuven		1905	Feb			M	Prov. Hosp.	MI
	Van Meen		1907	May			F	Ballard	CND
	Van Ness		1904	May			M	South Park	IN
	Van Ness		1906	Mar			M	So. Park	NY
	Van Ness		1903	May			M	South Park	IN
K 1 0269 11170	Van Ness	Ernest	1903	May	16	020	M	South Park	IN
	Van Nice		1904	May			M	20 10th Ave. N.	WA
	Van Sant		1905	Apr			M	Seattle	OH
K 1 0269 07171	Van Santen	Albert	1901	Nov	01	001	M	MagnoliaBluff (b.DawsonCty,	AK
K 1 0268 01746	Van Sickle	Daniel	1895	Aug	19	078	M	Columbia City	NJ
	Van Trump		1907	Jan			F	Columbia	WA
	Van Tuyle		1906	Oct			M	Seattle	OH
	Van Vlick		1906	Aug			F	Seattle	VA
	Van Wyck		1906	Jan			F	Near Cape Beale, B.C.	---
K 1 0268 03244	VanDorn	Baby	1898	Feb	19	s/b	F	Seattle	sme
	VanDyke		1903	Nov			F	2820 19th Ave. S.	NRY
K 1 0269 10351	Vanamberg	Mattie	1902	Nov	06	026	F	1900 15th Ave. W.	VT
K 1 0268 00956	Vanatroud	Fannie	1894	May	24	047	F	Auburn	OH
K 1 0269 06481	Vance	H.R.	1901	May	26	091	F	Brighton Beach	NJ
	Vandeputte		1904	Nov			M	1010 E. Olive St.	WA
	Vandeputte		1904	Dec			F	1010 E. Olive St.	WA
	Vandeputte		1904	Dec			M	1010 E. Olive St.	WA
	Vanderheid		1900	Sep			M	Seattle	OH
K 1 0268 05663	Vanderheid	Geo.	1900	Sep	26	044	M	Seattle	OH
	Vanderhurst		1904	Jun			M	King Co. Hosp.	AMR
	Vanderpool		1906	Jul			F	Seattle	WA
K 1 0269 10487	Vanderventer	Mary Ann	1902	Sep	12	076	F	760 John St.	NY
K 1 0269 10461	Vandervert	Mrs.	1902	Dec	04	027	F	Nome, AK	---
	Vandervorst		1904	Mar			M	Prov. Hosp.	---
	Vandiest		1905	Jan			M	604 Pike St.	WA
	Vaner		1904	Jan			F	2609 Norman St.	SEA
K 1 0269 11417	Vanorman	Clalie A.	1903	May	08	023	M	Georgetown	MI
	Vanovermark		1907	Jan			M	Van Asalt	---
K 1 0269 09969	Vaquero	V.M.	1902	Jul	17	023	M	Green Lake	VNZ
	Vardorfer		1907	Mar			F	Seattle	IL
K 1 0268 00876	Varney	Caroline	1894	---	17	078	F	327 Moltke	---
	Vassar		1905	Sep			M	Seattle	WA
K 1 0268 03237	Vater	Robert James	1898	Feb	23	003	M	Dunlap Post Office	SEA
	Vatney		1907	Jan			M	Juneau, AK	NRY
K 1 0268 05723	Vaugh	Charles John	1900	Oct	13	08m	F	Seattle	sme
	Vaughan		1906	Oct			M	Seattle	WA
	Vaughn		1904	Nov			F	619 W. Blaine St.	TX
	Vaughn		1907	Apr			M	Ballard	WA
K 1 0268 05568	Vaughn	Baby	1900	Aug	18	s/b	M	Ballard	---
K 1 0268 04084	Vaughn	Gladys	1899	Jan	21	012	F	Edgewater	MI
K 1 0268 00877	Vaughn	Lottie May	1894	Feb	23	10m	F	807 Pike	SEA
K 1 0268 04050	Vaughn	Sytem	1899	Jan	09	016	F	Freemont	OH
	Vedder		1906	Feb			M	Seattle	IN
	Veile		1906	Nov			M	Orillia	MI
K 1 0269 11169	Veitze	Richard	1903	Mar	28	025	M	Green Lake	GER
K 1 0268 03236	Vendor	August	1898	Feb	19	026	M	Issaquah	ITL
	Veness		1904	Dec			M	Rear 326 Queen Anne Ave.	WA
	Venter		1906	Mar			F	Seattle	GER
K 1 0268 04871	Venter	Michael	1900	Jan	28	084	M	Seattle	---

S	R	PG	REC	LASTNAME	FIRSTNAME	DETH	MN	DT	AGE	S	DEATHPLACE	BIRTH
				Venzke		1907	Apr			M	Georgetown	US
				Verluck		1904	Mar			M	Rainier Beach	GER
K	1	0268	00942	Vernon	------	1894	---	23	39h	M	Western St. Pwrhse	sme
K	1	0269	09970	Vernon	Archie	1902	Jul	09	009	M	Seattle	OR
K	1	0269	10348	Vernon	Infant	1902	Nov	24	s/b	-	430 24th Ave. No.	SEA
				Vestal		1906	Nov			F	Seattle	WA
K	1	0268	05144	Vestney	Baby	1900	Apr	24	11d	M	Seattle	sme
K	1	0268	01249	Vestnys	Mary	1894	Oct	21	047	F	Blk. Diamond	VA
				Vetter		1906	Oct			F	W. Seattle	MI
				Vickers		1903	Oct			F	Seattle Gen. Hosp.	---
				Vickers		1904	Jul			M	319 Battery St.	CND
K	1	0268	02188	Vicory	Ethel May	1896	Apr	11	004	F	215 West	SEA
				Vierow		1907	May			F	Seattle	WA
				Villec		1902	Jan			M	Prov. Hospital	FRN
K	1	0269	07269	Villec	A.	1902	Jan	31	072	M	Prov. Hospital	FRN
K	1	0268	01044	Villwock	Julius	1894	Aug	13	---	M	Auburn	---
				Vincent		1905	Mar			F	Seattle	BLG
				Vincent		1905	Jul			F	Seattle	WA
				Vincent		1906	Oct			M	Redmond	OH
				Vincent		1907	Mar			M	Seattle	WA
				Vincent		1907	Mar			F	Seattle	KS
K	1	0268	02740	Vincent	Chas.	1897	Apr	06	038	M	1428 1/2 3rd Ave	OH
K	1	0269	06964	Vincent	Sadie	1901	Oct	02	017	F	Seattle Genl. Hosp.	KS
				Vine		1903	Nov			M	West Seattle	IRL
K	1	0268	03666	Vinerd	Doris	1898	Jul	30	04m	F	Seattle	SEA
K	1	0268	04832	Vineyard	Nelson	1900	Jan	08	046	M	Seattle	GER
				Vinnett		1906	Apr			F	Seattle	MN
				Violante		1905	Jan			F	1001 1/2 16th Ave. S.	WA
				Violette		1906	May			F	Seattle	CND
				Virgil		1904	Aug			F	1012 E. 65th St.	SEA
				Visard		1891	Jul			M	Travelers Saloon,Seattle	---
K	1	0268	00008	Visard	H.	1891	Jul	22	---	M	Travelers Saloon,Seattle	---
				Vivolo		1905	Feb			M	1125 29th Ave. S.	WA
				Vlasick		1903	Sep			-	1421 11th Ave.	SEA
K	1	0269	06366	Vockroth	Mildred R.	1901	Apr	05	005	F	West Seattle	WA
K	1	0268	01327	Vodni	Hulda	1894	Nov	29	004	F	John & Banner	ICE
K	1	0268	04235	Vodosh	Josie	1899	May	02	006	F	Blk. Diamond	MN
				Vogel		1907	Apr			F	Seattle	NY
				Vogel		1907	Jun			M	Georgetown	NE
				Vogh		1907	May			F	Seattle	IA
				Voisenbert		1904	May			M	King Co. Hosp.	FRN
				Volker		1903	Aug			M	Edgewood, WA	MN
				Vollrath		1907	Apr			F	Seattle	WA
K	1	0269	11168	Vollrath	Anna	1903	Apr	17	026	F	1120 Sturgis Road	NRY
				Voluntine		1905	Sep			F	Seattle	US
K	1	0268	00161	Von	Ronn	----	Dec	01	035	M	Lake Washington	GER
K	1	0269	////2	Von Neida	Clarence a.	1901	Mar	05	016	M	Prov. Hosp.	MO
K	1	0268	05618	Von Schon	Ludwig H.	1900	Aug	21	033	M	Seattle	SWD
K	1	0268	05664	Von Skotnike	Sophie	1900	Sep	29	029	F	Seattle	FIN
				Vorgeski		1903	Jul			M	4th & Wash.	RUS
				Vorwerk		1905	Apr			F	Seattle	GER
				Vosper		1905	Jul			M	Seattle	WA
K	1	0269	10488	Voss	Louisa	1902	Sep	27	---	F	124 No. 22nd Ave.	SEA
				Vroman		1905	Jul			M	Seattle	---
				Vroone		1906	Oct			M	Georgetown	IL
K	1	0290	10465	Wabrauskek	Anton W.	1902	Oct	29	070	M	1814 Broadway (b.Bohemia,	---
K	1	0291	10727	Wack	Charles	1903	Jan	03	056	M	Seattle Gen Hosp (b.Berlin,	GER
K	1	0291	11174	Wacker	Albera	1903	Apr	04	05w	F	415 1/2 5th Ave	SEA
				Waddingham		1905	Aug			M	Seattle	CA
				Wade		1905	Nov			F	Seattle	WA
				Wade		1905	Dec			M	Seattle	IN
				Wade		1906	Sep			M	Seattle	PA
K	1	0282	02957	Wade	Harry	1897	Sep	26	19m	M	Ryther House	WA

S R	PG	REC	LASTNAME	FIRSTNAME	DETH MN	DT	AGE	S	DEATHPLACE	BIRTH
K 1	0286	06152	Wadel	Leon	1901 Feb	26	039	M	Seattle	GER
			Wadleigh		1904 Jan			F	1407 12th Ave.	CA
			Wadsworth		1906 Jul			M	Seattle	MN
K 1	0290	10353	Waef	Albert	1902 Nov	27	037	M	Yuma, AZ	---
			Wafer		1903 Sep			F	123 Bluit St.	SEA
			Wager		1903 Oct			M	Prov. Hosp.	NRY
			Wagner		1906 Sep			M	Seattle	OH
			Wagner		1905 Feb			F	714 Union St.	MN
			Wagner		1906 Mar			F	Seattle	IA
			Wagner		1897 Aug			M	Police Headquarters	---
			Wagner		1898 Feb			F	Seattle	PA
K 1	0291	10755	Wagner	Emil	1902 Nov	06	048	M	King Co. Hosp.	PA
K 1	0290	09973	Wagner	Helen	1902 Jul	12	028	F	Seattle	CA
K 1	0282	03241	Wagner	Mollie E.	1898 Feb	12	037	F	Seattle	PA
K 1	0282	02911	Wagner	Wm.	1897 Aug	16	050	M	Police Headquarters	---
K 1	0281	02706	Wahl	M.H.	1897 Mar	01	045	F	Providence Hosp.	---
			Wahlstrom		1905 Sep			M	Seattle	WA
K 1	0285	05175	Wainscott	M.	1900 ---	28	055	F	Seattle	ENG
K 1	0283	03984	Wait	Semon	1898 Dec	14	077	M	Seattle	CND
			Waite		1907 Jun			F	Seattle	WI
K 1	0286	05373	Waite	Peninnah	1900 Jul	20	063	F	Seattle	OH
K 1	0290	10725	Waite	Ruby	1903 Jan	26	020	F	Gen. Hosp.	MN
			Waitt		1904 Aug			M	Providence Hosp.	ME
			Wakefield		1904 Oct			M	1027 1/2 Main St.	WA
K 1	0288	09926	Wakefield	F.B.	1902 Jul	24	015	M	Lake Wash.	MN
K 1	0281	02132	Wakefield	John	1896 Mar	12	057	M	Prov. Hospital	---
			Walberg		1904 May			M	Prov. Hosp.	NRY
			Walby		1905 Apr			F	Seattle	OR
			Walby		1906 Feb			M	Seattle	WA
			Walch		1904 Feb			F	308 39th St. West	SEA
			Walch		1904 Oct			F	Prov. Hosp.	NY
			Walch		1905 Aug			F	Seattle	AUT
			Walch		1899 Feb			M	Renton, WA	---
			Walch		1901 Dec			M	2216 8th Ave.	SEA
K 1	0284	04109	Walch	George	1899 Feb	04	059	M	Renton, WA	---
K 1	0288	07184	Walch	Michael	1901 Dec	29	02d	M	2216 8th Ave.	SEA
K 1	0288	07175	Walcott	Wm. L.	1901 Dec	20	064	M	Fremont	NY
K 1	0285	05046	Wald	Herbert S.	1900 Mar	01	06m	M	Seattle	SEA
K 1	0278	00493	Wald	Michael M.	1893 Feb	10	027	M	Preston	---
			Walden		1905 May			F	Seatle	KY
			Walden		1906 Oct			M	Pasco	MO
K 1	0287	06543	Walden	Elizabeth	1901 Jun	08	07m	F	Seattle	MT
			Waldron		1905 Mar			M	Georgetown	KY
			Waldron		1905 Apr			M	Vashon	WA
K 1	0282	03059	Waldron	M.J.	1897 Nov	21	02m	F	Seattle	WA
K 1	0287	06668	Waldron	Mag	1901 Jul	25	023	F	----	CA
K 1	0288	06967	Waldron	Mrs. Wm. R.	1901 Oct	14	061	F	King Co. Hosp.	KY
K 1	0280	01446	Waldron*	-------	1895 Jan	24	05w	M	410 Terrace St.	SEA
K 1	0290	10357	Waldruff	N.O.	1902 Nov	15	030	M	Seattle Gen. Hosp.	---
K 1	0280	01967	Waleiman	Delos	FF18 Oct	09	068	M	Prov.Hsp. (b.Prt.Orchard,	WA
K 1	0282	02958	Wales	Albert N.	1897 Sep	27	043	M	Bailey Block	---
K 1	0280	01985	Walir	W.	FF18 Sep	27	059	M	Lake Washington	GER
			Walker		1903 Jul			M	1315 1/2 3rd Ave.	CND
			Walker		1907 Apr			F	Ballard	BC
			Walker		1904 Jul			M	King Co. Hosp.	CND
			Walker		1906 May			M	Seattle	WA
			Walker		1904 Mar			M	Wayside Mission	---
			Walker		1904 Jul			F	2018 Charles St.	WA
			Walker		1906 Jun			F	Seattle	WA
K 1	0279	01229	Walker	-----	1894 ---	--	03m	-	Gilman Addn.	SEA
K 1	0286	05485	Walker	Almaretta	1900 Aug	23	001	F	Seattle	SEA
K 1	0280	01734	Walker	Almira	1895 Jul	06	021	F	1609 4th St.	---
K 1	0291	11423	Walker	Cecil G.	1903 May	26	---	M	1600 Warren Ave.	SEA

S R	PG	REC	LASTNAME	FIRSTNAME	DETH	MN DT	AGE	S	DEATHPLACE	BIRTH
K 1	0280	01969	Walker	F.C.	FF18	Oct 27	049	M	Brownsville, Kitsap Co.	NY
K 1	0284	04384	Walker	George B.	1899	May 29	066	M	West Seattle	---
K 1	0288	07280	Walker	John	1902	Jan 30	043	M	Interbay Brewery	GER
K 1	0279	01197	Walker	Julius H.	1894	Aug 29	060	M	Brooklyn, WA	---
K 1	0286	05637	Walker	Mrs. Sally	1900	Oct 30	034	F	Seattle	KY
K 1	0281	02130	Walker	Wm. T.	1896	Mar 19	021	M	Pt. Angeles	IL
			Wall		1903	Aug		M	King Co. Hosp.	ENG
			Wall		1907	Mar		M	Seattle	MT
K 1	0283	03595	Wall	F.	1898	Jun 16	21d	M	Seattle	SEA
K 1	0287	06159	Wall	John F.	1901	Feb 01	041	M	Seattle	MA
K 1	0284	04214	Wall	Mary A.	1899	Mar 26	047	F	Providence Hosp.	---
K 1	0288	07866	Wall	Robt	1902	Jun 21	---	M	Seattle	NY
			Wall (?)		1904	Jun		F	1813 10th Ave. W.	---
			Wallace		1906	Feb		F	Seattle	IL
			Wallace		1905	Jul		M	Seattle	SCT
			Wallace		1906	Jul		M	Seattle	WA
			Wallace		1907	Feb		M	Seattle	NY
			Wallace		1907	Feb		M	Seattle	NE
			Wallace		1907	Mar		M	Seattle	UT
			Wallace		1907	Apr		F	Seattle	IN
			Wallace		1906	Mar		F	Brighton	WV
			Wallace		1906	Jan		M	Str. Valencia off Vanc.Isl.	---
K 1	0290	09978	Wallace	-------	1902	Jun 10	06m	F	Black Diamond	sme
K 1	0284	04185	Wallace	Ann	1899	Mar --	072	F	Seattle	---
K 1	0284	04551	Wallace	Baby	1899	Aug 31	06h	M	Seattle	SEA
K 1	0285	05227	Wallace	D. Mrs.	1900	May 21	044	F	Seattle	ME
K 1	0291	11003	Wallace	James W.	1903	Mar 11	038	M	103 23 Ave	IL
K 1	0278	00045	Wallace	Lou ?	1891	Aug 17	05w	M	Day Nursery	SEA
K 1	0287	06421	Wallace	Nathaniel	1901	May 16	065	M	Province Hosp.	MA
			Wallanhorst		1902	May		M	9th S. Walker	OH
K 1	0288	07734	Wallanhorst	Freddie	1902	May 06	001	M	9th S. Walker	OH
			Wallard		1904	May		M	Lester, Wash.	---
			Waller		1905	Jan		M	Ballard	NRY
K 1	0288	07189	Waller	Mrs. Kate	1901	Dec 06	063	F	122 16th Ave. No.	NVS
K 1	0281	02777	Waller	O.H.	1897	May 04	030	M	Salmon Bay	---
			Wallgren		1906	Mar		M	Skykomish	SWD
K 1	0288	07590	Wallick	Infant	1902	Apr 04	---	M	Columbia, WA	WA
K 1	0279	00903	Wallick	Ralph H.	1894	Apr 29	15m	M	1411 W. Wash. St.	---
			Wallner		1903	Oct		M	--- Chicago	IL
K 1	0286	05620	Walls	Andrew	1900	Oct 13	002	M	Vashon, WA	WA
K 1	0284	04443	Walls	Clementina	1899	Jun 22	072	F	Vashon, WA	SCT
			Walsh		1903	Oct		F	1829 Queen Anne Ave.	SEA
			Walsh		1903	Dec		M	King Co. Hosp.	IRL
			Walsh		1904	Nov		M	1829 Queen Anne Ave.	WA
			Walsh		1904	Dec		M	422 4th Ave.	IRL
			Walsh		1905	Jan		F	Prov. Hosp.	SD
			Walsh		1905	Feb		M	King Co. Hosp.	IRL
K 1	0285	04885	Walsh	John E.	1900	Jan 07	041	M	Byron Station	IRL
K 1	0288	07402	Walsh	Joseph	1902	Feb 02	02d	M	519 Yesler	SEA
			Walter		1905	Oct		F	Issaquah	DNK
			Walters		1907	Jun		M	Seattle	WA
			Walters		1907	Jun		F	Seattle	IN
			Walters		1904	Jul		M	O'Brien, WA	---
K 1	0291	10729	Walters	Baby	1903	Jan 19	s/b	F	4011 Brooklyn Ave.	sme
K 1	0283	03670	Walters	C.	1898	Jul 27	072	M	Seattle	ENG
K 1	0285	04904	Walters	Elizabeth	1900	Feb 28	024	F	Black Diamond	ENG
K 1	0288	07286	Walters	George	1902	Jan 12	036	M	Oak Lake, WA	MI
K 1	0287	06685	Walters	Nathan F.	1901	Aug 18	035	M	Nome, AK	CA
			Walton		1904	May		F	615 5th Ave. N.	CND
			Walton		1904	Jul		F	Providence Hosp.	IL
K 1	0288	07735	Walton	Horace W.	1902	May 05	11d	M	2012 8th Ave.	SEA
			Waltz		1907	Apr		M	Seattle	ME
K 1	0281	02572	Waltz	Annie	1896	Dec 11	036	F	Edgewater	GER

S R	PG	REC	LASTNAME	FIRSTNAME	DETH	MN	DT	AGE	S	DEATHPLACE	BIRTH
K 1	0281	02571	Waltz	infant	1896	Dec	10	01d	M	Edgewater	sme
K 1	0283	03591	Wander	Anna	1898	Jun	01	055	F	Seattle	---
			Ward		1907	Jan			M	Seattle	---
			Ward		1904	Jun			F	1305 Yakima Ave.	WI
			Ward		1904	Aug			M	Wayside Mission	---
			Ward		1906	Mar			F	Brighton	MI
			Ward		1904	Aug			F	Georgetown	OH
			Ward		1904	Dec			F	6172 80th St.	OH
K 1	0286	05505	Ward	Benj Kirk C.	1900	Aug	13	049	M	San Jose, CA	KY
K 1	0294	11430	Ward	Dora Enslyn	1903	Jun	15	004	F	165 Cramona St (b.Fremont	WA
K 1	0282	03056	Ward	Edith A.	1897	Nov	07	030	F	Providence Hosp.	---
K 1	0294	11429	Ward	George A.	1903	Jun	11	027	M	167 Thomas St	CA
K 1	0287	06160	Ward	Luella	1901	Mar	13	039	F	Seattle	IA
K 1	0288	06866	Ward	Phillip	1901	Sep	06	01M	1	602 8th Ave. W.	SEA
K 1	0285	04972	Ward	Robert Gray	1900	Feb	26	022	M	Seattle	NY
K 1	0284	04492	Ward	Tom	1899	Jul	28	044	M	Co. Hosp.	IRL
K 1	0288	07659	Ward	Wm.	1902	Apr	06	032	M	2nd & Yesler Way	CA
			Wardall		1905	Jun			F	Seattle	WA
			Warde		1905	Jun			F	Seattle	WA
K 1	0282	03167	Warde	Infant	1898	Jan	25	02w	F	Seattle	SEA
K 1	0288	09924	Wardner	E.C.H.	1902	Jul	13	035	M	L. Wash.	USA
			Ware		1903	Oct			F	920 23rd Ave. So.	ME
			Ware		1904	May			M	Gen'l Hosp.	CND
			Ware		1898	Jun			M	Seattle	MA
K 1	0289	07542	Ware	James H.	1902	Apr	23	001	M	So. Park	sme
K 1	0288	07660	Ware	James H.	1902	Apr	23	001	M	So. Park	sme
K 1	0283	03592	Ware	John A.	1898	Jun	02	050	M	Seattle	MA
			Waring		1906	Jul			F	Seattle	NY
K 1	0282	03057	Wark	Hugh A.	1897	Nov	16	002	M	119 Minor Ave. No.	WA
			Warmack		1905	Jan			F	925 72nd E.	TN
K 1	0284	04730	Warmer	N.E.	1899	Nov	25	056	F	Seattle	NRY
K 1	0287	06156	Warnell	------	1901	Feb	16	03d	M	Seattle	SEA
			Warner		1906	Sep			F	Seattle	GER
			Warner		1906	Jan			M	Seattle	CT
			Warner		1906	Aug			F	West Seattle	GER
			Warner		1904	Oct			M	Ballard	WA
K 1	0278	00418	Warner	Dixon C.	1892	Dec	02	002	M	Seattle (b.St.Paul,	---
K 1	0288	07863	Warner	Infant	1902	May	25	s/b	F	Seattle	SEA
K 1	0290	10139	Warner	John	1902	Aug	25	035	M	Prov. Hosp.	GER
K 1	0291	10887	Warner	Mary Laura	1903	Feb	09	s/b	F	510 Univ. Ave N	SEA
K 1	0282	02956	Warner	William H.	1897	Sep	01	073	M	616 Columbia St.	NY
K 1	0280	01966	Warner	infant	FF18	Sep	30	>1h	F	1316 Marion	SEA
			Warnsholot		1905	May			M	Seattle	WA
			Warren		1903	Aug			M	Prov. Hosp.	US
			Warren		1906	May			M	Seattle	WA
K 1	0283	03829	Warren	----	1898	Sep	19	---	M	Seattle	SEA
K 1	0291	10728	Warren	-------	1903	Jan	18	---	-	209 26th Ave S	sme
K 1	0290	10198	Warren	Baby	1902	Sep	07	---	M	Seattle Gen. Hosp.	SEA
K 1	0291	10884	Warren	Bertha	1903	Feb	10	023	F	Prov. Hosp.	GER
K 1	0284	04141	Warren	Cynthia	1899	Feb	17	041	F	Seattle	CND
K 1	0288	07401	Warren	Edward Maxwell	1902	Feb	17	031	M	310 11th Ave.	---
K 1	0286	05482	Warren	Elenor	1900	Aug	20	016	F	Seattle	ND
K 1	0290	10604	Warren	Elizabeth Heroy	1903	Jan	06	073	F	Seattle	ENG
K 1	0283	03741	Warren	H.	1898	Aug	06	001	M	Seattle	sme
K 1	0286	05734	Warren	Infant	1900	Oct	11	01d	F	Seattle	SEA
K 1	0286	05645	Warren	John	1900	Oct	12	09m	M	Seattle	OR
K 1	0288	07733	Warren	Joseph N.	1902	May	21	065	M	Fremont	---
K 1	0286	06052	Warren	M.	1901	Jan	23	037	M	Seattle	ENG
K 1	0279	01128	Warren	Michael	1894	Jul	08	045	M	Lake Washington	IRL
K 1	0286	05504	Warren	Raymond	1900	Aug	28	04d	M	Seattle	SEA
K 1	0291	11424	Warren	Sussan F.	1903	May	02	082	F	609 10 Ave N	TN
			Warreu		1907	Mar			M	Dunlap	WA
			Warring		1907	Jun			F	Seattle	MN

S	R	PG	REC	LASTNAME	FIRSTNAME	DETH	MN	DT	AGE	S	DEATHPLACE	BIRTH
K	1	0278	00641	Warwick	Albert e.	1893	Oct	29	025	M	Green's Addn.	ENG
K	1	0288	07287	Warwick	Georgie	1902	Jan	05	02d	M	Ballard	sme
				Wasaki		1903	Nov			M	Kirkland	JPN
				Wasgrein		1903	Sep			M	Wayside Mission	SEA
				Washington		1906	Jun			M	Ballard	IRL
				Washington		1906	Jun			M	Seattle	---
K	1	0282	03166	Washington	Geo.	1898	Jan	15	051	M	Seattle	---
				Wasson		1905	Oct			F	Seattle	MN
				Watanabe		1907	Mar			M	Seattle	WA
K	1	0291	11176	Watanabe	Take (Miss)	1903	Apr	11	020	F	Prov. Hosp.	JPN
K	1	0287	06164	Waterhouse	O.A.	1901	Mar	12	050	F	Seattle	MT
K	1	0283	03743	Waterhouse	O.E.	1898	Aug	27	063	M	San Francisco	ME
				Waterman		1903	Aug			F	Vashon, WN	ME
				Waterman		1904	Oct			M	Hillman City	WI
				Waters		1904	Aug			F	2009 Ingersoll Pl	IN
K	1	0278	00297	Waters	John	1892	Mar	21	035	M	County Farm	---
				Watkins		1904	Jun			M	94 Dearborn	SEA
				Watkins		1906	Jun			M	Seattle	WA
				Watkins		1907	May			M	Seattle	GA
K	1	0284	04626	Watkins	Dora	1899	---	01	024	F	Georgetown	---
K	1	0282	03238	Watkins	Fannie L.	1892	Nov	25	040	F	Seattle	---
K	1	0281	02141	Watkins	J.W.	1896	May	08	067	M	Black Diamond	WLS
K	1	0287	06391	Watkins	Louisa	1901	Jun	18	064	F	England (?)	ENG
K	1	0278	00594	Watkins	Louisa Mrs.	1893	Aug	18	025	F	Black Diamond	WLS
				Watling		1903	Jul			M	724 Blewitt St.	CND
				Watling		1906	Jul			F	Seattle (Navo?)	NV
K	1	0288	07403	Watling	Miss Daisy	1902	Feb	03	026	F	Green Lake	MN
K	1	0288	07732	Watsen	John M.	1902	May	24	068	M	Seattle Genl. Hosp.	SCT
				Watson		1907	Feb			M	Seattle	WA
				Watson		1907	Apr			M	Seattle	CO
				Watson		1906	Mar			F	Seattle	WA
				Watson		1907	May			F	Seattle	CND
				Watson		1906	Dec			M	Seattle	OH
				Watson		1907	Jun			F	Seattle	ENG
				Watson		1907	Jan			F	Seattle	MI
				Watson		1905	Jun			M	Seattle	NY
				Watson		1905	Sep			F	Brighton Beach	WA
				Watson		1906	Dec			M	Ballard	KS
				Watson		1906	Jul			M	Seattle	MI
				Watson		1904	Jan			F	1907 10th Ave.	SEA
K	1	0278	00654	Watson	Annie R.	1893	Nov	13	073	F	2554 Madison St.	---
K	1	0278	00513	Watson	Chas.	1893	Mar	14	035	M	O'Brien	---
K	1	0281	02247	Watson	D.W.	1896	May	11	035	M	btwn 2nd & 3rd	KS
K	1	0279	01325	Watson	Eliza	1894	Dec	23	086	F	1011 Howell St.	IRL
K	1	0282	03011	Watson	Elizabeth	1897	Oct	07	068	F	220 Marion St.	ENG
K	1	0281	02283	Watson	Geo. H.	1896	Jun	13	048	M	8th & James	---
K	1	0283	03826	Watson	H.	1898	Sep	04	03m	F	Seattle	SEA
K	1	0288	07182	Watson	L.C.	1901	Nov	16	043	M	Providence Hosp.	USA
K	1	0279	01195	Watson	Marguerite P.	1894	Aug	11	064	F	Pt. Gamble	---
K	1	0288	07763	Watson	Minnie	1902	Jun	17	032	F	Lawson, WA	FIN
K	1	0287	06267	Watson	Sadie	1901	Apr	29	015	F	Seattle	KS
K	1	0288	06966	Watsunaga	G.	1901	Oct	03	025	M	Seattle Gen Hosp.	JPN
				Watt		1907	Mar			M	Seattle	IL
				Waugh		1906	Apr			M	Georgetown	WA
				Waugh		1907	Apr			M	Seattle	WA
K	1	0283	03673	Waugh	David	1898	Aug	12	021	M	Black Diamond	sme
				Waughip		1903	Sep			M	At SEA	IL
				Way		1903	Sep			M	123 7th Ave. So.	NY
				Way		1903	Oct			M	Wayside Mission	---
				Way		1905	Mar			F	Seattle	WA
K	1	0285	04863	Wearey	Conrad	1900	Jan	23	060	M	Seattle	---
K	1	0291	11006	Weatherly	W.	1903	Mar	30	032	M	Seattle Gen. Hosp.	IL
				Weaver		1904	Nov			F	Skykomish	CO

S R PG REC	LASTNAME	FIRSTNAME	DETH MN	DT	AGE	S	DEATHPLACE	BIRTH
K 1 0278 00471	Weaver	Anna H.	1892 Nov	14	024	F	Seattle	TN
K 1 0291 11004	Weaver	James	1903 Mar	21	071	M	Prov. Hosp.	MO
	Webb		1903 Jul			-	St. Michaels, AK	---
	Webb		1904 Jan			M	Alaska	IN
	Webb		1905 Dec			M	Seattle	WA
	Webb		1906 Apr			F	Seattle	NY
K 1 0285 04851	Webb	Floyd C.	1900 Jan	18	039	M	Seattle	WI
K 1 0283 03828	Webb	M.	1898 Sep	12	025	F	Seattle	OR
K 1 0283 03593	Webb	T.A.	1898 Jun	05	040	M	Seattle	---
	Webbee		1903 Aug			F	1710 E. Spruce	KY
	Webber		1904 Sep			F	14 W. Harrison St.	ME
	Webber		1907 Apr			F	Seattle	MN
	Webber		0 Sep			M	808 8th St.	ME
K 1 0284 04183	Webber	Catherine	1899 Mar	14	021	F	Seattle	WI
K 1 0285 05075	Webber	David	1900 Mar	16	057	M	Seattle	WLS
K 1 0288 07404	Webber	Elizabeth	1902 Feb	06	063	F	7 West Harrison	GER
K 1 0288 07592	Webber	Frank	1902 Apr	16	062	M	-----	GER
K 1 0283 03892	Webber	Inez A.	1898 Oct	06	023	F	Seattle	ME
K 1 0278 00434	Webber	Infant	1892 Nov	17	---	F	Seattle	sme
K 1 0288 06985	Webber	Nicholas	1901 Dec	23	057	M	King Co. Hosp.	GER
K 1 0284 04523	Webber	S.F. Mrs.	1899 Aug	14	5*	F	Colby, WA	---
K 1 0280 01983	Webber	W.W.	FF18 Sep	18	050	M	808 8th St.	ME
	Weber		1904 Sep			F	1030 Weller St.	KS
	Weber		1904 Dec			M	Prov. Hosp.	NY
	Weber		1906 Sep			M	Seattle	WA
	Weber		1906 Dec			F	Seattle	GER
	Weber		1907 Feb			M	Seattle	IN
K 1 0291 11002	Weber	Eva B.	1903 Mar	16	062	M	917 23 Ave	GER
K 1 0279 00689	Weber	Guy	1893 Dec	28	017	M	Providence Hosp.	MI
K 1 0290 10355	Weber	Jno. M.	1902 Nov	27	079	M	322 West Lake Ave.	GER
K 1 0288 07730	Weber	Jos. W.	1902 May	16	016	M	West Seattle	CA
K 1 0281 02779	Weber	Max	1897 May	23	048	M	614 Olive	GER
K 1 0290 10137	Webers	Elea	1902 Aug	12	09m	M	----- (b.Ballard,	---
	Webster		1906 May			F	Seattle	GER
	Webster		1907 Apr			F	Ballard	CO
	Webster		1906 Feb			F	Bothell	MN
	Webster		1904 Mar			M	Seattle Gen. Hosp. Pt.Orch	ard
	Webster		1903 Dec			F	1921 Terry Ave.	NH
	Webster		1907 May			M	Seattle	---
	Webster		1906 Aug			M	Seattle	SD
	Webster		1905 Feb			M	1308 Denny Way	KS
K 1 0285 05327	Webster	-----	1900 Jul	03	001	F	Black Diamond	WA
K 1 0290 10462	Webster	Etta E.	1902 Aug	09	037	F	Dawson	WI
K 1 0282 03429	Webster	G.	1898 Apr	20	030	F	Seattle	---
K 1 0291 11009	Webster	Geo. E.	1903 Mar	08	050	M	Enumclaw	MA
K 1 0286 05609	Webster	James J.	1900 Sep	--	040	M	Seattle	---
K 1 0282 03342	Webster	M.	1898 Mar	26	067	F	West Seattle	---
K 1 0287 06579	Webster	Mrs. A.P.	1901 Jul	29	041	F	Seattle	RI
K 1 0287 06539	Wecker	Annie	1901 Jun	20	022	F	Columbia City	IA
	Wedlund		1907 Jun			M	Seattle	WA
K 1 0283 03740	Wee	Dea	1898 Aug	05	052	M	Seattle	CHN
K 1 0278 00078	Weedildalda	N.	1891 Sep	29	001	F	Seattle	CND
K 1 0291 11008	Weeds	Nenna M.	1903 Mar	22	019	F	Ballard	SD
K 1 0290 10596	Weeks	Thomas	1902 Dec	12	047	M	Prov. Hosp.	---
K 1 0290 10192	Weghaugt	Frank	1902 Sep	10	039	M	Prov. Hosp.	GER
K 1 0280 01653	Wehn	Harvey W.	1895 May	17	014	M	Lk. Washington	---
	Weible		1904 Nov			F	231 Chestnut St.	GER
K 1 0281 02570	Weide	infant	1896 Dec	10	01d	F	Seattle	SEA
	Weideman		1905 Mar			M	Seattle	GER
	Weiden		1903 Nov			M	Foot of Wall St.	SWD
K 1 0287 06544	Weig	Catherine	1901 Jun	04	076	F	Seattle	GER
	Weigel		1906 Aug			F	Seattle	WA
K 1 0279 00880	Weigelt	H.A.	1894 Jan	13	073	M	Edgewater	GER

S	R	PG	REC	LASTNAME	FIRSTNAME	DETH MN	DT	AGE	S	DEATHPLACE	BIRTH
				Weikel		1907 Apr			F	Seattle	IA
				Weiller		1904 Sep			M	South Seattle	---
K	1	0283	03596	Weinhagen	Paul	1898 Jun	26	047	M	Seattle	GER
				Weinhardt		1905 Mar			F	Seattle	WA
K	1	0288	09927	Weir	Jas. D.	1902 Jul	27	034	M	Seattle	ENG
K	1	0278	00293	Weisberg	Henry	1892 Apr	11	029	M	County Farm	FIN
				Weisel		1905 Feb			F	2136 5th Ave.	US
K	1	0279	01231	Weisfeldt	Susie	1894 Sep	22	003	F	Prov. Hosp.	---
				Weiss		1906 Jun			M	Seattle	IL
				Weiss		1907 Feb			F	Columbia	NY
				Weiss		1907 Mar			M	Seattle	GER
K	1	0285	04760	Weiss	Lambert	1899 Dec	07	056	M	Seattle	---
K	1	0291	11421	Weiss	Maritz	1903 May	16	050	M	Wayside Mission	GER
K	1	0279	01324	Weissman	Annie F.	1894 Nov	30	036	F	Laurel Shade	GER
				Weiteman		1904 Jul			F	Prov. Hosp.	AL
K	1	0290	10354	Weix	Mary E.	1902 Nov	29	039	F	Prov. Hosp.	WI
K	1	0281	02529	Weland	Else	1896 Nov	28	071	F	10th & S. Weller	NRY
K	1	0282	03058	Welbore	Howard	1897 Nov	20	007	M	Ballard	WA
K	1	0291	11419	Welby	John	1903 May	23	033	M	BK River Junction	---
				Welch		1904 Sep			F	Monod Hosp.	CA
				Welch		1906 May			M	Seattle	WA
				Welch		1907 Apr			F	Seattle	US
				Welch		1905 Jul			M	Seattle	ENG
K	1	0278	00137	Welch	Anna e.	1891 Nov	03	04m	F	Gilman	sme
K	1	0290	10723	Welch	C.G.	1903 Jan	30	058	M	Seattle Gen. Hosp.	---
K	1	0282	03351	Welch	Dan	1898 May	07	037	M	Penn	---
K	1	0283	03522	Welch	G.M.	1898 Jul	13	035	M	Wellington	---
K	1	0285	05025	Welch	Geo.	1900 Mar	19	002	M	Seattle	CND
K	1	0291	10886	Welch	Isarel	1903 Feb	27	070	M	King Co. Hosp.	TN
K	1	0280	01553	Welch	James	1895 Mar	14	054	M	1208 6th St.	IRL
K	1	0278	00054	Welch	Jenna S.	1891 Sep	10	06m	F	Seattle	SEA
K	1	0289	07493	Welch	John	1902 Mar	03	073	M	County Hosp.	IRL
K	1	0284	04727	Welch	Mary A.	1899 Nov	23	066	F	Seattle	IRL
K	1	0283	03835	Welch	Mrs.	1898 Oct	22	---	F	Lester, WA	---
				Weldon		1906 Jul			M	Georgetown	IRL
K	1	0286	05755	Welland	Josephine	1900 Oct	23	030	F	Seattle	SEA
K	1	0287	06167	Wellenbery	Rosy	1901 Mar	30	001	F	Seattle	IL
				Wellington		1906 Aug			M	Seattle	NY
				Wells		1904 Dec			M	Snohomish	IA
K	1	0282	03431	Wells	A.W.	1898 Apr	25	076	F	Seattle	NH
K	1	0283	03594	Wells	Benj. F.	1898 Jun	05	010	M	Seattle	SEA
K	1	0281	02741	Wells	Chas. M.	1897 Apr	13	064	M	6th & Spring	PA
K	1	0279	00923	Wells	Edgar	1894 Apr	28	---	M	New Whatcom	---
K	1	0279	00884	Wells	Edith	1894 Feb	21	041	F	PacficHse2ndSt. (b.Tacoma,	WA
K	1	0286	05941	Wells	H.F.	1900 Dec	23	070	M	Prov. Hospital	WA
K	1	0288	07178	Wells	Herbert R.A.	1901 Dec	03	013	M	1113 7th Ave.	ND
K	1	0279	01196	Wells	Infant	1894 Aug	24	01h	M	115 Pine	SEA
K	1	0291	11173	Wells	Irene A.	1903 Apr	04	06m	F	1916 1/2 5th Ave	SEA
K	1	0282	03061	Wells	James L.	1897 Nov	28	038	M	3rd & Yesler Ave.	IN
K	1	0279	01194	Wells	Lucy	1894 Aug	02	069	F	1114 Valley	---
K	1	0285	04798	Wells	Richard	1899 Dec	15	030	M	Cedar Mt.	---
K	1	0284	04469	Wells	Wm. A.	1899 Jul	19	028	M	Prov. Hosp.	---
				Wells (?)		1904 Aug			M	Georgetown, WA	NJ
K	1	0280	01982	Welman	Levinia	1895 Sep	08	11m	F	2917 Jackson	SEA
				Welsh		1903 Aug			F	Seattle Gen.	SWD
				Welsh		1906 Oct			M	Seattle	WA
				Welsh		1906 Nov			M	Seattle	WA
K	1	0282	03013	Welsh	Catharine	1897 Oct	31	065	F	Betwn. West Front	---
K	1	0279	01223	Welsh	Helen	1894 Sep	16	080	F	Prov. Hosp.	---
K	1	0281	02667	Welsh	Henry	1897 Feb	23	037	M	Lutell House	IRL
K	1	0291	11418	Weltenborn	Henrietta Louse	1903 May	22	016	F	Ballard, WA	WI
				Welton		1904 Jan			M	Water Front	---
				Weltz		1895 Jun			F	Seattle	SEA

S R PG REC	LASTNAME	FIRSTNAME	DETH MN	DT	AGE	S	DEATHPLACE	BIRTH
K 1 0280 01687	Weltz	O.	1895 Jun	17	09m	F	Seattle	---
K 1 0280 01572	Weltz	Oliutio	1895 Jun	17	09m	F	Seattle	SEA
	Wemell		1907 Jar			M	Settle	SWT
	Wemer		1906 Jan			F	Seattle	GER
K 1 0283 03519	Wemple	C.E.	1898 May	02	060	M	Seattle	OH
K 1 0290 10598	Wemple	F.C.	1902 Dec	26	032	M	315 Wash.	IA
K 1 0282 03169	Wendel	Samuel	1898 Jan	28	055	M	Seattle	SWD
K 1 0280 01662	Wendelin	Geo.	1895 May	06	060	M	Co. Jail	GER
K 1 0290 10197	Wendlund	Edith	1902 Sep	28	001	F	Superior, WI	WI
K 1 0290 10144	Wendlund	Malinda	1902 Oct	03	03m	F	1305 Sturgis	SEA
	Wendt		1903 Nov			F	Prov. Hosp.	NRY
	Wendt		1904 Nov			M	63rd St. & Latona Ave.	WA
	Wendt		1906 Jul			M	Seattle	IL
K 1 0288 07738	Wendt	Florence	1902 Apr	30	09m	F	16th Ave. So.	SEA
K 1 0285 05174	Wendt	M.	1900 ---	28	055	F	Seattle	GER
K 1 0282 03338	Wennerblad	Fred	1898 Mar	11	072	M	Seattle	SWD
K 1 0287 06324	Wennesholm	Anna M.	1901 Apr	08	044	M	Seattle	SWD
K 1 0289 07543	Wennstrom	Frances E.	1902 Apr	09	030	F	Valentine Station	TX
K 1 0280 01741	Wensler	Paul	1895 Jul	15	029	M	Near Ballard	---
	Wentmiller (?)		1904 Jun			F	Ballard, Wn.	GER
K 1 0291 10732	Wenzin	Jennie	1903 Jan	16	029	F	314 5th Ave	SWD
	Weppler		1907 May			F	Seattle	---
K 1 0287 06162	Werett	Polly	1901 Mar	06	048	F	Seattle	ENG
K 1 0290 10463	Werman	Mary E.	1902 Oct	29	039	F	Seattle Gen. Hosp.	WA
K 1 0285 04755	Wermerholm	Baby	1899 Dec	04	02d	M	Seattle	SEA
K 1 0285 05137	Werner	Alice L.	1900 Apr	05	032	F	So. Seattle	OR
K 1 0279 00706	Wernett	Joseph	1893 Dec	10	030	M	Lake Union	---
	Wersteet		1906 Nov			M	Seattle	SWD
	Werth		1905 Feb			M	Ballard	WA
K 1 0281 02822	Wessler	Julius	1897 Jun	15	045	M	Ravenna Park	GER
	West		1903 Sep			M	West. Wash. Hosp.	CA
	West		1907 Jan			F	Seattle	ENG
	West		1907 Apr			M	Ballard	CND
K 1 0288 07284	West	Baby	1902 Jan	02	s/b	M	South Park	sme
K 1 0276 00139	West	Clinton B.	1903 ---	02	041	M	North Bend, WA	NY
K 1 0286 05451	West	Edward A.	1900 Jul	04	036	M	Seattle	NY
K 1 0282 03239	West	Eva Mildred	1898 Feb	07	07m	F	Seattle	SEA
K 1 0287 06418	West	Fred Leo	1901 May	19	018	M	Seattle	WA
K 1 0288 07864	West	Fred O.	1902 Jul	03	010	M	Seattle	SEA
K 1 0279 01248	West	Hamilton Percy	1894 Sep	24	05m	M	WSJ Ry.Am. Lumber Co.	---
K 1 0284 04475	West	Harvey C.	1899 Jul	21	061	M	Prov. Hospital	---
K 1 0284 04168	West	Hazel	1899 Mar	07	007	F	Seattle	SEA
K 1 0281 02574	West	John	1896 Dec	31	054	M	1216 13th Ave.	SWD
K 1 0279 01035	West	John Paul	1894 Jun	19	001	M	1634 9th St.	SEA
K 1 0282 03168	West	Oscar	1898 Jan	26	11m	M	Seattle	SEA
K 1 0278 00552	West	Thedore	1893 May	--	041	M	South Seattle	GER
K 1 0276 00140	Westberg	Frank A.	1903 Dec	02	06w	M	Seattle	sme
K 1 0282 03240	Westberg	Wm.	1898 Feb	10	21d	M	Seattle	SEA
	Westbrook		1904 Dec			F	1310 E. Denny Way	NY
K 1 0282 03164	Westbrook	Addie	1898 Jan	08	035	F	Seattle	WI
K 1 0288 07865	Westcott	Daniel	1902 Jul	04	004	M	Seattle	AK
	Westerlund		1906 Dec			M	Seattle	SWD
K 1 0283 03742	Westerman	C.E.	1898 Aug	09	05m	M	Seattle	sme
	Western		1904 Oct			F	1112 E. Cherry St.	WA
	Western		1905 Mar			M	Georgetown	NRY
	Westfall		1905 Apr			F	Seattle	WA
K 1 0287 06705	Westfalls	Arthur	1901 Aug	31	021	M	Providence Hosp.	OR
	Westland		1907 Apr			F	Seattle	MI
K 1 0288 06733	Westman	Arthur	1901 Aug	04	08m	M	714 Denny Way	SEA
K 1 0278 00607	Weston	Georgia	1893 Aug	31	05m	F	Franklin, WA	sme
K 1 0284 04619	Weston	Johanna	1899 Nov	01	001	F	Black Diamond	sme
K 1 0285 05372	Weston	Ruth	1900 Aug	19	02m	F	Black Diamond	sme
K 1 0281 02778	Westover	-----	1897 May	16	12h	F	705 Windon St.	WA

S	R	PG	REC	LASTNAME	FIRSTNAME	DETH	MN	DT	AGE	S	DEATHPLACE	BIRTH
K	1	0291	11177	Westover	Melburn	1903	Apr	12	022	M	Seattle General	NE
K	1	0282	02910	Wetmore	Seymore	1897	Aug	01	070	M	Providence Hosp.	---
				Whalen		1905	Apr			M	Seattle	---
				Whalen		1905	Sep			M	Seattle	---
				Whalen		1906	Nov			M	Seattle	---
K	1	0281	02482	Whalen	Richard	1896	Oct	15	038	M	Seattle Genl. Hospital	IRL
K	1	0281	02323	Whaley	Wm. S.	1896	Jul	08	020	M	Lk Washington	MO
K	1	0287	06338	Whalley	------	1901	Apr	04	002	M	Seattle	WA
K	1	0288	06979	Whatcom	Baby	1901	Dec	05	12h	M	So. Park	sme
				Wheaton		1903	Aug			F	516 Melrose N.	CND
				Wheeler		1904	May			M	Wayside Hosp.	---
				Wheeler		1904	Jul			M	817 4th Ave.	SD
				Wheeler		1906	Oct			F	Seattle	CT
				Wheeler		1907	Jan			F	Seattle	OH
				Wheeler		1889	Aug			M	Seattle	SEA
				Wheeler		1905	May			M	Seattle	NY
				Wheeler		1906	Dec			M	Seattle	WA
				Wheeler		1894	Feb			F	2227 Front St. (b.Whatcom,	---
K	1	0281	02863	Wheeler	Eli Todd	1897	Jul	07	060	M	504 27th Ave.	NY
K	1	0288	07867	Wheeler	Florence	1902	Jun	21	005	F	Seattle	IL
K	1	0286	05939	Wheeler	Grissim	1900	Dec	28	02d	M	General Hosp.	WA
K	1	0287	06165	Wheeler	Hannah	1901	Mar	15	037	F	Prov. Hospital	US
K	1	0280	01530	Wheeler	Mrs. R.	1895	Mar	21	---	F	Samish, WA	---
K	1	0286	06053	Wheeler	N.A.	1901	Jan	25	068	M	Seattle	VT
K	1	0279	00743	Wheeler	Nina	1894	Feb	07	1y+	F	2227 Front St. (b.Whatcom,	---
K	1	0286	05753	Wheelock	B.	1900	Sep	11	030	M	Co. Hospital	NY
				Whelan		1905	Jul			M	West Seattle	SD
K	1	0279	01214	Wheldon	Hobart M.	1894	Sep	04	034	M	1518 Jones	---
K	1	0279	00700	Whelen	Chas.	1893	Dec	14	029	M	Seattle	IRL
K	1	0294	11431	Whimann	Anna	1903	Jun	05	061	F	28 Ave & Massehutts St	HUN
K	1	0281	02385	Whipple	Chas. G.	1896	Aug	24	08m	M	2408 2nd SE	SEA
K	1	0284	04104	Whipple	John C.	1899	Jan	25	037	M	Elliott Bay	---
K	1	0284	04195	Whipple	Julia	1899	Mar	19	058	F	Seattle	OH
				Whitacker		1907	Mar			F	Seattle	---
				Whitaker		1905	Nov			M	Seattle	---
K	1	0290	10195	Whitaker	James	1902	Sep	08	038	M	Prov. Hosp.	ENG
K	1	0284	04226	Whitaker	Laura	1899	Mar	31	025	F	Providence Hosp.	---
K	1	0281	02080	Whitakie	Infant	1896	Feb	19	03d	F	2110 Republic	SEA
K	1	0291	11178	Whitchurch	Infant	1903	Jun	20	19d	M	-------- (b.Paradise Lk,	WA
				Whitcomb		1904	Jul			M	333 14th Ave. N.	IL
				Whitcomb		1905	Aug			F	Seattle	ME
				White		1906	Aug			M	Seattle	WA
				White		1905	May			F	Seattle	MI
				White		1905	May			F	Seattle	---
				White		1906	Mar			M	Seattle	MN
				White		1905	Sep			M	Seattle	SWD
				White		1906	Feb			F	Seattle	WA
				White		1906	Aug			M	Seattle	OH
				White		1907	May			F	Seattle	MI
				White		1906	Sep			F	Seattle	MD
				White		1892	May			M	Gilman	sme
				White		1907	May			M	Seattle	WA
				White		1907	Jun			M	Seattle Capetown	AFR
				White		1905	Dec			M	Brighton Beach	IN
				White		1905	Apr			M	Georgetown	IN
				White		1907	May			F	Seattle	IA
				White		1906	Sep			M	South Park	IA
				White		1904	Dec			F	823 20th Ave.	IN
K	1	0282	03340	White	Allie	1898	Mar	24	018	F	Seattle	KS
K	1	0287	06540	White	Carrie O.	1901	Jun	20	045	F	Brooklyn, WA	MN
K	1	0282	03165	White	Chas. A.	1898	Jan	11	067	M	Seattle	SWD
K	1	0283	03827	White	E.	1898	Sep	05	010	F	Seattle	IN
K	1	0281	02430	White	Frank Dowit	1896	Sep	29	019	M	922 John St.	IL

S R PG REC	LASTNAME	FIRSTNAME	DETH	MN	DT	AGE	S	DEATHPLACE	BIRTH
K 1 0280 01974	White	Geo.	1895	Dec	15	034	M	Yesler Ave.	---
K 1 0281 02131	White	Hannah E.	1896	Mar	04	068	F	500 Huston	OH
K 1 0280 02081	White	Hannah E.	1896	Mar	04	066	F	500 Huston St.	OH
K 1 0288 07618	White	Ina	1902	May	02	001	F	209 8th No.	MI
K 1 0279 00711	White	Infant	1894	Jan	10	40h	F	Seattle, WA	WA
K 1 0284 04322	White	Infant	1899	Apr	07	---	M	Seattle	WA
K 1 0288 07181	White	J. Houghton	1901	Dec	11	023	M	General Hosp.	ENG
K 1 0283 03957	White	Jackson J.	1898	Dec	03	011	M	Cumberland	OR
K 1 0284 04273	White	James	1899	Apr	12	065	M	Seattle	---
K 1 0291 10880	White	Jerome M.	1903	Feb	07	079	M	514 Northlake Ave	OH
K 1 0278 00280	White	John	1892	May	17	050	M	Seattle	---
K 1 0285 04736	White	John	1899	Nov	22	023	M	King Co. Hosp.	USA
K 1 0287 06541	White	John Aubrey	1901	Jun	20	043	M	Seattle	MA
K 1 0287 06706	White	Martin	1901	Aug	05	063	M	West Seattle	KY
K 1 0278 00276	White	Neily	1892	May	02	08m	M	Gilman	sme
K 1 0278 00669	White	Thos.	1893	Nov	17	053	M	Seattle	---
K 1 0288 07868	White	W. R.	1902	Jul	02	035	M	Hotel Seattle	IA
K 1 0279 00746	White	W.N.	1894	Feb	26	055	M	Seattle	sme
K 1 0279 00879	White	William	1894	Jan	04	004	M	126 Taylor St.	SEA
K 1 0291 10885	White	Willis	1903	Feb	08	003	M	3913 15th Ave NE	SEA
K 1 0282 03060	White	Wm.	1897	Nov	24	069	M	2nd & James	SCT
K 1 0280 01401	White*	-----	1894	Nov	28	---	M	Park & Sutler	SEA
K 1 0288 07173	Whited	Geo. L.	1901	Dec	30	025	M	Providence Hosp.	NY
	Whitehead		1907	Apr			F	Seattle	ENG
K 1 0280 02039	Whitehead	Martha a.	1896	Jan	10	068	F	Redmond	---
	Whitehouse		1904	Mar			M	525 21st Ave. No.	SEA
	Whitehouse		1906	Aug			M	Seattle	ENG
K 1 0285 04820	Whitemore	Mabel N.	1900	Jan	03	077	F	Seattle	NY
K 1 0286 05551	Whitesides	Joseph	1900	Jun	28	057	M	Nome, AK	---
K 1 0286 06150	Whitford	J.W.	1901	Feb	27	046	M	King Co. Hospital	CND
	Whiting		1905	Nov			F	Seattle	CA
K 1 0290 0998-	Whiting	Jas	1902	Jun	07	035	M	Co. Hosp.	ENG
	Whitkamp		1905	May			M	Georgetown	GER
	Whitman		1894	Dec			M	Steilacom	OH
K 1 0287 06580	Whitman	Chars. E. (G)	1901	Jul	29	07d	M	Seattle	SEA
K 1 0280 01326	Whitman	James H.	1894	Dec	17	037	M	Steilacom	OH
	Whitmore		1907	Jun			M	Seattle	---
	Whitmore		1904	May			M	Wayside Hosp.	---
K 1 0290 09972	Whitmore	Capt. J. E.	1902	Jul	14	033	M	Seattle	IL
	Whitney		1904	Jun			M	805 Maynard Ave.	SEA
	Whitney		1904	Aug			F	128 Taylor Ave.	IRL
K 1 0288 06868	Whitney	F.W.	1901	Sep	22	043	M	Seattle Gen. Hosp.	WI
K 1 0288 07179	Whitney	George B.	1901	Dec	05	035	M	2215 8th Ave.	WI
K 1 0279 01323	Whitney	H. Dalrymple	1894	Nov	29	043	M	1308 12th St.	CAN
K 1 0290 10726	Whitney	Luther J.	1903	Jan	02	060	M	105 Seneca	---
K 1 0279 01321	Whitney	Mary Ballard	1894	Nov	19	068	F	1308 12th St.	---
	Whittemore		1903	Dec			M	County Hosp.	---
	Whitten		1904	Jun			M	King Co. Hosp.	MA
K 1 0288 07591	Whittier	Martha	1902	Apr	03	046	F	1113 Yesler Ave.	CA
K 1 0286 06151	Whittington	Fannie	1901	Feb	19	040	F	Auburn	KY
K 1 0280 02037	Whittle	Alfred	1896	Jan	08	042	M	Ballard	ENG
K 1 0280 02038	Whittle	duplicate	----	---	--	---	-	Ballard (b.White Haven,	ENG
	Whittlesen		1906	May			F	Seattle	VA
	Whittlesey		1906	Oct			F	Seattle	CA
K 1 0287 06388	Whittlesey	C.F.	1901	May	14	---	-	-------	---
K 1 0291 11172	Whytal	Ambrose	1903	Apr	08	069	M	228 Boylston (b.NovaScotia	---
K 1 0284 04283	Whyte	Benji	1899	Apr	18	001	M	Seattle	---
K 1 0283 03825	Wichstrom	N.	1898	Sep	02	040	M	Seattle	SWD
K 1 0284 04206	Wick	Peter	1899	Mar	23	035	M	Co. Hospital	---
K 1 0288 07183	Wickman	Carl	1901	Nov	16	05d	M	2325 1/2 1st Ave.	SEA
K 1 0288 07177	Wickser	David	1901	Dec	26	04m	M	323 29th Ave.	SEA
K 1 0288 07172	Wickstrom	Louise	1901	Nov	05	054	F	West Seattle	SWD
K 1 0282 03341	Wickware	W.T.	1898	Mar	24	052	M	Seattle	---

S R	PG	REC	LASTNAME	FIRSTNAME	DETH	MN	DT	AGE	S	DEATHPLACE	BIRTH
			Widala		1903	Oct			M	Prov. Hosp.	FIN
K 1	0281	02780	Widger	Betsy	1897	May	29	088	F	Ravenna Park	CND
K 1	0290	10464	Wiebers	Minnie	1902	Apr	06	001	F	Ballard, WA	SD
K 1	0279	00713	Wiedemann	Thusnelda	1894	Jan	18	3y+	F	Jeffferson St.	US
K 1	0283	03948	Wieke	Leo	1898	Nov	15	02m	M	Seattle	sme
K 1	0285	04841	Wienerd	Amelia	1900	Jan	14	028	F	Seattle	NE
			Wiergin		1905	Sep			F	Seattle	GER
			Wierman		1907	Feb			M	Seattle	MI
			Wiermann		1907	Mar			M	Seattle	GER
			Wiesse		1906	Mar			M	Georgetown	GER
K 1	0288	07870	Wiestling	G.	1902	Jun	16	057	F	Seattle	PA
			Wigan		1906	Mar			M	Seattle	WA
K 1	0286	06154	Wigand	Bertha	1901	Feb	17	030	F	Seattle	GER
			Wightson		1906	Jan			F	Seattle	ME
K 1	0278	00346	Wigstrom	M.W.	1892	Jul	12	06m	F	Seattle	sme
			Wiik		1905	Jan			M	Foot of Seneca St.	---
			Wiise		1903	Aug			M	Georgetown, WA	WA
			Wikland		1905	Feb			M	2112 20th Ave. S.	SWD
			Wiklund		1903	Nov			M	Byron Station	SEA
K 1	0283	03432	Wilber	L.	1898	Apr	27	09m	F	Seattle	MI
			Wilbert		1907	Apr			F	Seattle	CND
			Wilcox		1904	Mar			M	307 Columbia	IL
			Wilcox		1906	Jun			M	Seattle	WA
			Wilcox		1907	Apr			M	Seattle	ENG
			Wilcox		0	Sep			M	704 ? (b.Utica,	NY
			Wilcox		1900	Sep			M	Seattle	ME
K 1	0288	06711	Wilcox	Charles	1901	Aug	12	050	M	WS Prov. Hosp.	WA
K 1	0286	05724	Wilcox	George W.	1900	Sep	06	040	M	Seattle	NY
K 1	0286	05388	Wilcox	J.E.	1900	Jun	13	053	M	Seattle	IA
K 1	0286	05740	Wilcox	Jacob H.	1900	Sep	24	058	M	Seattle	ME
K 1	0286	05509	Wilcox	Jennie	1900	Aug	26	059	F	Snoqualmie, WA	VA
K 1	0280	01984	Wilcox	Lemuel	FF18	Sep	23	077	M	704 ? (b.Utica,	NY
K 1	0283	03950	Wilcox	Lucy	1898	Nov	22	068	F	Seattle	---
K 1	0283	03951	Wilcox	Urban	1898	Nov	27	070	M	Seattle	OH
			Wild		1905	Oct			M	Seattle	---
			Wilder		1905	Feb			F	912 16th Ave.	WA
			Wilder		1905	Mar			M	Seattle	---
K 1	0283	03739	Wilder	A.E.	1898	Aug	02	005	F	Seattle	sme
K 1	0285	04777	Wilder	Albert L.	1899	Dec	17	034	M	Seattle	ME
K 1	0284	04616	Wilder	Ruth C.	1899	---	30	003	F	Seattle	---
			Wilderman		1903	Sep			M	1st Ave. So.	MN
			Wildfelt		1906	Sep			M	Seattle	KS
			Wilding		1903	Nov			M	106 7th Ave. No.	SEA
K 1	0285	05003	Wiles	Jno. E.	1900	Mar	02	049	M	Seattle	OH
			Wiley		1903	Aug			M	Lk. Sammamish	MI
K 1	0291	10881	Wiley	J.W.	1903	Sep	02	063	M	6606 2nd Ave NE	NC
K 1	0281	02864	Wiley	John	1897	Jul	13	039	M	720 21st Ave.	IA
K 1	0288	07871	Wiley	Mollie J.	1902	Jun	11	022	F	Green Lake	VA
K 1	0279	00774	Wilhelmsen	Anne	1894	Mar	22	067	F	Bothell (b.Bergen,	NRY
			Wilhite		1906	Dec			F	Seattle	IL
			Wilhlem		1903	Aug			F	810 Howard Ave. N.	WA
			Wilke		1904	Apr			M	Ballard, Wash.	GER
K 1	0290	10352	Wilke	G.	1902	Nov	02	044	M	King Co. Hosp.	GER
			Wilkening		1903	Nov			F	Prov. Hosp.	IA
			Wilkening		1906	Apr			F	Seattle	IRL
K 1	0291	10754	Wilkeson	Roy	1902	Sep	15	025	M	King Co. Hosp.	IN
			Wilkie		1901	Mar			F	Ballard	IA
K 1	0290	10138	Wilkie	Henrietta	1902	Aug	24	062	F	6th & Norwood	GER
K 1	0287	06161	Wilkie	Maggie M.	1901	Mar	11	029	F	Ballard	IA
			Wilkin		1903	Sep			M	Wayside Mission	IA
			Wilkin		1904	Jan			M	Water Front	---
K 1	0288	07174	Wilkin	Wm. L.	1901	Dec	07	064	M	1010 University	OH
			Wilkins		1905	Nov			M	Seattle	OH

S	R	PG	REC	LASTNAME	FIRSTNAME	DETH	MN	DT	AGE	S	DEATHPLACE	BIRTH
				Wilkins		1905	May			F	Seattle	WA
				Wilkins		1906	Sep			F	Seattle	WLS
				Wilkinson		1904	Oct			F	Wayside E. Hosp.	WA
K	1	0291	11010	Wilkinson	Charley	1903	Mar	13	s/b	M	2474 6th Ave N	SEA
K	1	0291	11175	Wilkinson	Edwin	1903	May	16	003	M	Blk. Diamond	sme
K	1	0283	03949	Wilkinson	Rudolph	1898	Nov	21	14d	M	Seattle	sme
				Wilkison		1903	Nov			M	3816 Evanston Ave.	OH
				Wilklund		1905	Jan			M	King Co. Hosp.	SWD
				Willard		1905	May			M	Seattle	IL
K	1	0281	02569	Willard	Angeline	1896	Dec	07	035	F	Ft. Steilacoom	---
K	1	0288	06965	Willard	Chas. C.	1901	Oct	11	060	F	King Co. Hosp.	NY
K	1	0288	07281	Willard	Lidia J.	1902	Jan	06	076	F	526 Boren Ave.	VT
K	1	0282	03107	Willard	May	1897	Dec	12	---	F	----	---
K	1	0287	06484	Willard	Willis	1901	May	20	001	M	Ballard	WA
K	1	0285	05152	Wille	E.	1900	Apr	16	09m	F	Seattle	SEA
K	1	0286	05429	Willer	Benjamin R.	1900	Jul	24	050	M	Seattle	NY
				Willers		1906	Aug			F	Seattle	WA
K	1	0282	03337	Willett	Eugene	1898	Mar	09	035	M	Seattle	---
				Willetts		1904	Aug			M	2641 E. Valley St.	SEA
K	1	0285	05249	Willetts	G.W.	----	May	20	049	M	Seattle	NY
K	1	0287	06291	Willey	Rockee	1901	Apr	20	006	M	Prov. Hospital	IL
				Willgren		1906	Dec			M	Georgetown	FIN
				Willhelm		1904	Aug			M	2000 2nd Ave. West	SEA
				Willhight		1906	Jun			F	Seattle	ND
				Williams		1904	Dec			M	2105 1/2 First Ave.	---
				Williams		1907	Apr			M	Georgetown	ENG
				Williams		1907	Jun			F	Seattle	IN
				Williams		1906	Dec			F	Seattle	WLS
				Williams		1907	Feb			F	Seattle	CA
				Williams		1907	Jan			F	Seattle	ENG
				Williams		1902	Mar			M	Ballard	sme
				Williams		1896	---			M	Seattle	RI
				Williams		1899	May			F	Seattle	---
				Williams		1901	Jun			M	Seattle	---
				Williams		1897	Jul			F	1705 Madison	SCT
				Williams		1897	Mar			M	Fremont	sme
				Williams		1904	Se[			M	2405 5th Ave. W.	SEA
				Williams		1903	Sep			M	---	---
				Williams		1904	Aug			F	Chico, WA	SWD
				Williams		1897	Jun			M	400 21st Ave.	ENG
				Williams		1893	May			M	Black Diamond	sme
				Williams		1904	Mar			M	King Co. Hosp.	MN
				Williams		1901	Mar			M	Seattle	OR
				Williams		1903	Oct			M	Dunlap, Wash.	sme
				Williams		1899	Jun			M	Seattle	---
				Williams		1903	Jul			M	Prov. Hosp.	ENG
				Williams		1897	Jul			F	904 Charles St.	NH
				Williams		1900	Jan			M	Renton, WA	NY
				Williams		1905	Feb			F	Kirkland	MT
				Williams		1893	Nov			M	Black Diamond	WLS
				Williams		1901	Feb			M	Seattle	---
				Williams		1906	Mar			F	Seattle	OH
				Williams		1906	ct			F	Seattle	---
				Williams		1897	Oct			F	Seattle	WA
				Williams		1904	Feb			M	Van Asselt	sme
				Williams		1905	Sep			M	Ballard	NRY
				Williams		1902	May			F	Providence Hosp.	CA
				Williams		1898	Sep			F	Seattle	IL
				Williams		1904	May			F	514 John St.	WA
				Williams		1906	Sep			M	Georgetown	NRY
				Williams		1903	Aug			M	Wayside Mission	OR
				Williams		1898	Sep			M	Seattle	SEA
				Williams		1904	Sep			M	Snoqualmie	WA

S	R	PG	REC	LASTNAME	FIRSTNAME	DETH	MN	DT	AGE	S	DEATHPLACE	BIRTH
				Williams		1906	Nov			M	Seattle	ENG
				Williams		1894	Apr			M	2108 Depot St.	ENG
				Williams		1905	Feb			M	1716 25th Ave. S.	WA
				Williams		1907	May			F	Seattle	WI
				Williams		1900	Feb			M	Kent	---
				Williams		1903	Jul			M	City Dock	ENG
				Williams		1905	Oct			M	Georgetown	ENG
				Williams		1902	May			F	619 Union	CA
				Williams		1895	Apr			F	Co. Hospital	---
				Williams		1900	Mar			M	Co. Hospital	DNK
				Williams		1906	Oct			M	Seattle	---
				Williams		1907	Jan			M	Seattle	TN
				Williams		1900	Mar			M	Seattle	MI
				Williams		1904	May			M	Wayside Mission	FIN
				Williams		1895	Dec			F	King Co.	---
				Williams		1905	Jul			F	Ballard	OR
				Williams		1901	Sep			F	520 1st Ave.	SEA
				Williams		1894	May			F	Alton St. Seattle	ENG
				Williams		1907	Apr			F	Seattle	CND
				Williams		1903	Aug			M	Blk. Diamond	WLS
				Williams		1895	Feb			M	Seattle	SEA
				Williams		1906	Dec			M	Georgetown	ENG
				Williams		1893	Jul			M	Lake Washington	---
				Williams		1904	Apr			F	Bothell, Wash.	IL
				Williams		1905	Jan			F	3rd Ave. & Columbia St.	WLS
				Williams		0	Sep			F	Seattle	SEA
				Williams		1900	Jul			M	Seattle	---
				Williams		1900	Dec			M	King. Co. Hosp.	MI
				Williams		1904	Jan			M	Seattle Gen. Hosp.	---
				Williams		1904	Sep			M	North Bend Spokane	WA
				Williams		1905	Aug			F	Seattle	WA
				Williams		1906	Oct			M	Seattle	ENG
				Williams		1903	Dec			M	King Co. Hosp.	ENG
				Williams		1900	Apr			M	Seattle	---
				Williams		1906	Apr			M	Georgetown	PA
				Williams		1901	Sep			F	411 1/2 Yesler Ave.	TX
K	1	0283	03831	Williams	-----	1898	Sep	24	03m	M	Seattle	SEA
K	1	0287	06158	Williams	-----	1901	Feb	09	03d	M	Seattle	---
K	1	0281	02707	Williams	A.H.	1897	Mar	06	10m	M	Fremont	sme
K	1	0283	03956	Williams	Abraham	1898	Nov	11	04m	M	Black Diamond	sme
K	1	0290	10600	Williams	Adeline A.	1902	Dec	13	049	F	Prov. Hosp.	CA
K	1	0294	11428	Williams	C. B. (Mrs.)	1903	Jun	15	056	F	Brighton Beach	MI
K	1	0290	10597	Williams	C.A.	1902	Dec	03	059	M	Foot of Jackson	---
K	1	0290	10489	Williams	Carrie	1902	Dec	25	080	F	-------	MS
K	1	0278	00545	Williams	Chas	1893	May	26	04m	M	Black Diamond	sme
K	1	0284	04432	Williams	Chas.	1899	Jun	28	071	M	Seattle	---
K	1	0279	00951	Williams	Elizabeth May	1894	May	27	032	F	Alton St. Seattle	ENG
K	1	0280	01656	Williams	Emma W.	1895	May	15	033	F	MasonicTmple. (b.KingCo,	WA
K	1	0278	00590	Williams	Frederick	1893	Jul	31	055	M	Lake Washington	---
K	1	0284	04355	Williams	G.A.F.	1899	May	15	002	F	Seattle	---
K	1	0287	06163	Williams	Geo. L.	1901	Mar	12	016	M	Seattle	OR
K	1	0288	07737	Williams	Grace Ellen	1902	May	11	020	F	619 Union	CA
K	1	0285	04906	Williams	Han	1900	Mar	12	045	M	Co. Hospital	DNK
K	1	0289	07494	Williams	Harold B.	1902	Mar	18	10m	M	Ballard	sme
K	1	0282	03012	Williams	Infant	1897	Oct	24	01d	F	Seattle	WA
K	1	0285	04925	Williams	Jack	1900	Feb	06	030	M	Kent	---
K	1	0287	06542	Williams	James	1901	Jun	17	050	M	Seattle	---
K	1	0285	04889	Williams	James	1900	Jan	18	054	M	Renton, WA	NY
K	1	0281	02483	Williams	James M.	1896	---	18	058	M	Seattle	RI
K	1	0286	05938	Williams	Jas. B.	1900	Dec	31	035	M	King. Co. Hosp.	MI
K	1	0290	10724	Williams	John	1903	Jan	22	045	M	Wayside Mission	ENG
K	1	0279	00755	Williams	John T.	1893	Nov	11	053	M	Black Diamond	WLS
K	1	0280	01986	Williams	Kate	FF18	Sep	30	06m	F	Seattle	SEA

S R	PG	REC	LASTNAME	FIRSTNAME	DETH	MN	DT	AGE	S	DEATHPLACE	BIRTH
K 1	0285	05371	Williams	Kenneth	1900	Jul	11	04m	M	Seattle	---
K 1	0285	05134	Williams	Kid	1900	Apr	08	038	M	Seattle	---
K 1	0285	05076	Williams	L.M.	1900	Mar	05	059	M	Seattle	MI
K 1	0290	10358	Williams	Lew P.	1902	Nov	07	---	M	208 Main St.	SEA
K 1	0280	01975	Williams	Lucy	1895	Dec	25	021	F	King Co.	---
K 1	0288	07617	Williams	Miss Alto	1902	May	16	038	F	Providence Hosp.	KS
K 1	0283	03830	Williams	Mrs. C.	1898	Sep	20	067	F	Seattle	IL
K 1	0279	01034	Williams	Mrs. E.	1894	Jun	3+	035	F	Cor.Weller & Commercial	---
K 1	0281	02865	Williams	Mrs. M.E.	1897	Jul	17	054	F	1705 Madison	SCT
K 1	0282	02866	Williams	Mrs. Mary	1897	Jul	22	062	F	904 Charles St.	NH
K 1	0288	06864	Williams	Mrs. Patsy	1901	Sep	02	058	F	411 1/2 Yesler Ave.	TX
K 1	0280	01586	Williams	Nellie	1895	Apr	11	---	F	Co. Hospital	---
K 1	0288	07616	Williams	Nellie May	1902	May	07	027	F	Providence Hosp.	CA
K 1	0288	06867	Williams	Peter	1901	Sep	25	02m	F	520 1st Ave.	SEA
K 1	0281	02823	Williams	R.T.	1897	Jun	16	045	M	400 21st Ave.	ENG
K 1	0280	01457	Williams	Richard	1895	Feb	08	03m	M	Seattle	SEA
K 1	0290	10193	Williams	Rosana M.	1902	Sep	10	029	F	Wayside Mission	CA
K 1	0290	10466	Williams	S.B.	1902	Oct	10	068	M	King Co. Hosp.	NC
K 1	0279	00925	Williams	Thomas	1894	Apr	06	064	M	2108 Depot St.	ENG
K 1	0278	00480	Williams	Willard D.	1893	Jan	18	03+	M	Seattle (b.KansasCty,	---
K 1	0291	11420	Williams	William	1903	May	24	050	M	Palmer, WA	---
K 1	0278	00474	Williams	Winnie	1893	Jan	31	024	F	County Farm	OR
			Williamson		1905	Jun			F	Seattle	ENG
			Williamson		1905	Nov			F	Seattle	MO
			Williamson		1906	Jan			F	Seattle	WV
			Williamson		1906	Apr			M	Kirkland	SWD
K 1	0290	10136	Williamson	Angus	1902	Aug	29	076	M	King Co. Hosp.	SCT
K 1	0285	04940	Williamson	D.R.	1900	Feb	12	067	M	Latona	NY
K 1	0280	01673	Williamson	Wm.	1895	---	01	006	M	Seattle	---
K 1	0283	03590	Willirs	Annie	1898	Jun	07	005	F	So. Seattle	WI
K 1	0288	07285	Willis	Baby	1902	Jan	20	002	F	Ballard	sme
K 1	0279	01079	Willis	Frank K.	1894	Aug	24	057	M	Franklin Mine	AMC
K 1	0282	03430	Willis	Mamie	1898	Apr	24	010	F	Seattle	---
K 1	0282	03339	Willis	R.L.	1898	Mar	14	049	M	Seattle	MO
			Willock		1907	Jun			F	Seattle	MO
K 1	0288	07736	Willoughby	R.G.	1902	May	13	066	M	Monod Hospital	VA
			Wills		1905	Feb			F	Seattle Gen. Hosp.	WA
			Wills		1905	Dec			M	Ballard	NY
			Wills		1906	Mar			M	Seattle	WA
			Wills		1907	May			F	Seattle	WA
			Wills		1907	May			M	Seattle	IRL
			Wills		1907	Jun			F	Seattle	VT
			Willson		1905	Jan			F	631 W. Ewing St.	MI
K 1	0281	02742	Willson	C.C.	1897	Apr	17	050	M	505 21st. Ave.	IA
K 1	0287	06588	Willson	Wm.	1901	Jul	25	049	M	Seattle	ENG
K 1	0286	05940	Wilman	G.	1900	Dec	03	03d	F	Seattle	WA
			Wilmont		1903	Jul			M	---	NY
K 1	0291	10730	Wilmot	Guy	1903	Jan	04	03m	M	5850 Wallingford	sme
K 1	0287	06614	Wilmot	L.A.	1901	Jul	01	052	M	Greenlake	NB
			Wilms		1906	Apr			F	Seattle	MN
			Wilson		1907	Mar			M	Seattle	CT
			Wilson		1903	Sep			M	Prov. Hosp.	NB
			Wilson		1901	Sep			F	86 Blanchard	NY
			Wilson		1907	Jun			M	Seattle	WA
			Wilson		1900	Aug			F	Seattle	NE
			Wilson		1906	Nov			M	Seattle	FIN
			Wilson		1901	Apr			M	Ballard	WA
			Wilson		1901	Dec			M	137 22nd Ave. No.	IL
			Wilson		1904	Sep			F	Green Lake	SEA
			Wilson		1901	May			M	Bellevue Hospital	KY
			Wilson		1893	Oct			M	Squak Vly, WA (b.Shinntwn,	VA
			Wilson		1906	Dec			F	Seattle	OH
			Wilson		1907	Feb			F	Youngstown	OH

S	R	PG	REC	LASTNAME	FIRSTNAME	DETH	MN	DT	AGE	S	DEATHPLACE	BIRTH
				Wilson		1894	Oct			M	West St. house	---
				Wilson		1900	May			M	Seattle	IA
				Wilson		1907	Feb			M	Georgetown	SCT
				Wilson		1904	Dec			M	King Co. Hosp.	NRY
				Wilson		1907	Mar			M	Georgetown	FIN
				Wilson		1894	Jan			F	7th & Pike	ENG
				Wilson		1900	Aug			F	Co. Hospital	---
				Wilson		1900	Mar			M	Columbia	CND
				Wilson		1905	Mar			M	Seattle	OH
				Wilson		1905	Aug			M	Seattle	WA
				Wilson		1894	Apr			F	Nr. Gilman WA	sme
				Wilson		1896	Jul			M	So. 6th & Wash.	unk
				Wilson		1904	May			M	Wayside Mission	---
				Wilson		1906	Sep			M	Seattle	WA
				Wilson		1903	Oct			M	Seattle Gen. Hosp.	SEA
				Wilson		1900	May			M	Seattle	---
				Wilson		1900	Dec			M	Porter, WA	---
				Wilson		1904	Mar			M	Georgetown Van Ass	elt
				Wilson		1895	Jan			M	1220 Main	SEA
				Wilson		1898	Mar			F	Seattle	SEA
				Wilson		1895	Feb			M	Joy & Division	ME
				Wilson		1905	Mar			M	Georgetown	MN
				Wilson		1899	Apr			M	Seattle	PA
				Wilson		1898	Oct			F	Seattle	VT
				Wilson		1904	Aug			M	4828 Phinney Ave.	SEA
				Wilson		1906	Mar			M	Seattle	WA
				Wilson		1899	Apr			M	Seattle	IA
				Wilson		1899	Apr			F	Seattle	---
				Wilson		1904	Jan			M	Newhaven Hotel	IL
				Wilson		1899	Jul			F	Seattle	NY
				Wilson		1905	Aug			F	Issaquah	KY
				Wilson		1895	Mar			F	Prov. Hosp.	---
				Wilson		1905	Oct			F	Seattle	AR
				Wilson		1899	Oct			M	Kirkland	sme
				Wilson		1899	Nov			F	Seattle	IL
				Wilson		1895	Nov			M	Prov. Hospital	---
				Wilson		1900	Jul			M	Seattle	---
				Wilson		1905	Sep			M	Georgetown	SCT
				Wilson		1901	Feb			M	Seattle Gen. Hosp.	USA
				Wilson		0	Oct			F	813 Alder St. (b.Tacoma,	WA
				Wilson		1904	ug			F	Revena Park	WA
				Wilson		1906	Sep			F	Seattle	CND
				Wilson		1897	Feb			M	1113 So. 12th St.	SEA
				Wilson		1903	Oct			M	Seattle Gen. Hosp.	WA
				Wilson		1898	---			M	Seattle	USA
				Wilson		1904	Oct			M	Ravenna Park	WA
				Wilson		1905	Oct			M	Seattle	WA
				Wilson		1906	Aug			M	Seattle	IL
				Wilson		1906	May			F	Georgetown	WA
				Wilson		1900	Aug			M	Seattle	ENG
				Wilson		1904	Jul			M	1622 Dearborn St.	OH
				Wilson		1905	May			M	Seattle	SD
K	1	0283	03669	Wilson	----	1898	---		24 070	M	Seattle	USA
K	1	0282	03336	Wilson	-----	1898	Mar	09	01d	F	Seattle	SEA
K	1	0286	06153	Wilson	A.	1901	Feb	23	065	M	Seattle Gen. Hosp.	USA
K	1	0288	09925	Wilson	A. Ed	1902	Jul	13	06m	M	Georgetown	sme
K	1	0284	04303	Wilson	A.M.	1899	Apr	24	036	M	Seattle	IA
K	1	0288	06865	Wilson	Adaline	1901	Sep	21	048	F	86 Blanchard	NY
K	1	0284	04257	Wilson	Addie L.	1899	Apr	08	035	F	Seattle	---
K	1	0280	01563	Wilson	Anice	1895	Mar	05	045	F	Prov. Hosp.	---
K	1	0286	05937	Wilson	August	1900	Dec	30	022	M	Porter, WA	---
K	1	0290	10155	Wilson	Baby	1902	Sep	13	---	M	Monod Hosp	SEA
K	1	0280	01455	Wilson	Carrol J.	1895	Jan	31	05m	M	1220 Main	SEA

S R	PG	REC	LASTNAME	FIRSTNAME	DETH MN	DT	AGE	S	DEATHPLACE	BIRTH
K 1	0281	02322	Wilson	Chas	1896 Jul	06	055	M	So. 6th & Wash.	unk
K 1	0279	01284	Wilson	Chester F.	1894 Oct	17	---	M	West St. house	---
K 1	0291	10733	Wilson	David L.	1903 Jan	12	070	M	3rd & Pike	IN
K 1	0286	05519	Wilson	Della Mae	1900 Aug	13	026	F	Seattle	NE
K 1	0279	00900	Wilson	Eva	1894 Apr	09	003	F	Nr. Gilman WA	sme
K 1	0288	07176	Wilson	Frank R.	1901 Dec	21	049	M	137 22nd Ave. No.	IL
K 1	0285	05264	Wilson	G.W.	1900 May	25	036	M	Seattle	IA
K 1	0285	05074	Wilson	Geo.	1900 Mar	05	---	M	Columbia	CND
K 1	0290	10086	Wilson	Hannah	1902 Aug	30	069	F	512 1st Ave S	ENG
K 1	0284	04623	Wilson	Harry	1899 Oct	25	02m	M	Kirkland	sme
K 1	0281	02665	Wilson	Infant	1897 Feb	16	05d	M	1113 So. 12th St.	SEA
K 1	0291	11007	Wilson	Infant	1903 Mar	20	s/b	M	Ballard	sme
K 1	0280	01968	Wilson	Infant Lester	FF18 Oct	21	05w	F	813 Alder St. (b.Tacoma,	WA
K 1	0291	11171	Wilson	J.M.	1903 Apr	02	066	M	Van Asselt	OH
K 1	0294	11427	Wilson	Jeremiah	1903 Jun	15	040	M	Bangor, WA	WV
K 1	0284	04721	Wilson	Jessie A.	1899 Nov	20	032	F	Seattle	IL
K 1	0286	05452	Wilson	John	1900 Jul	07	038	M	Seattle	---
K 1	0287	06404	Wilson	Joseph B.	1901 May	23	046	M	Bellevue Hospital	KY
K 1	0283	03893	Wilson	Kate H.	1898 Oct	07	050	F	Seattle	VT
K 1	0280	01973	Wilson	Martin	1895 Nov	29	042	M	Prov. Hospital	---
K 1	0279	00881	Wilson	Mary A.	1894 Jan	25	044	F	7th & Pike	ENG
K 1	0290	10196	Wilson	Minnie	1902 Sep	19	028	F	Monod Hosp.	MO
K 1	0285	05367	Wilson	Mrs.	1900 Aug	22	040	F	Co. Hospital	---
K 1	0285	05212	Wilson	O.T.	1900 May	19	057	M	Seattle	---
K 1	0287	06385	Wilson	Oscar F.	1901 Apr	19	---	M	Ballard	WA
K 1	0284	04471	Wilson	Pack	1899 Jul	19	059	F	Seattle	NY
K 1	0278	00650	Wilson	S.W.	1893 Oct	20	080	M	Squak Vly, WA (b.Shinntwn,	VA
K 1	0291	10883	Wilson	Thomas A.	1903 Feb	23	065	M	Seattle Gen. Hosp.	IA
K 1	0280	01526	Wilson	Vergie	1895 Feb	04	030	M	Joy & Division	ME
K 1	0284	04300	Wilson	Wesley	1899 Apr	23	058	M	Seattle	PA
K 1	0286	05481	Wilson	William	1900 Aug	07	028	M	Seattle	ENG
K 1	0290	10356	Wilson	William	1902 Nov	04	040	M	Str. OH	---
K 1	0291	10882	Wilson	William	1903 Feb	27	039	M	Prov. Hosp.	TN
			Wilson (?)		1904 May			M	609 10th Ave. N.	NY
			Wiltse		1904 Oct			M	5th & Madison	MI
			Winans		1904 Feb			F	1111 15th Ave.	VA
			Winans		1904 May			M	420 Federal Ave.	SEA
			Wincapaw		1905 Dec			M	Seattle	ME
			Windass		1903 Sep			F	1725 12th Ave. S. San Fra	CA
			Windblad		1906 Apr			F	Seattle	SWD
			Windell		1905 Mar			M	Seattle	WA
K 1	0278	00279	Wineholt	Samuel	1892 May	18	048	M	Seattle	PA
K 1	0285	05366	Winff	Max	1900 Jun	07	052	M	Co. Hospital	---
			Wing		1906 Aug			F	Seattle	OR
			Wing		1906 Sep			F	Seattle	OH
K 1	0281	02429	Wingard	E.J.	1896 Sep	10	035	M	National Hotel	---
			Wingate		1903 Nov			M	--- 754 Sunyside	St.
K 1	0285	05114	Winge	Odine	1900 Apr	10	038	F	Seattle	NRY
K 1	0288	07477	Winge	Welby F.	1902 Mar	21	040	M	Providence Hosp.	---
			Wingert		1905 Apr			M	Hillman	PA
K 1	0284	04447	Winkefield	J.I.	1899 Jul	03	028	M	Prov. Hosp.	---
K 1	0282	03108	Winkler	Chas W.	1897 Dec	27	036	M	So. 2nd & King	CO
K 1	0288	07869	Winneholm	W. O.	1902 Jul	02	049	M	Seattle	---
K 1	0291	11005	Winnie	D.L.	1903 Mar	16	042	M	Prov. Hosp.	MI
K 1	0279	00883	Winslow	Frank Ellis	1894 Feb	16	007	M	Fremont	---
K 1	0282	02867	Winslow	L.A.	1897 Jul	27	070	F	------	IL
K 1	0283	03894	Winslow	Martha J.	1898 Oct	07	058	F	Everett	VT
K 1	0287	06157	Winson	Eliz	1901 Feb	19	088	M	Seattle	IRL
K 1	0285	05012	Winston	Percival R.	1900 Mar	01	01d	M	Seattle	SEA
K 1	0278	00380	Winstone	Amy	1892 Sep	23	05w	F	Seattle	sme
			Winter		1903 Aug			M	Cor. 2nd Ave. & James	MN
			Winter		1907 Feb			M	Seattle	
K 1	0278	00605	Winter	Henry	1893 Aug	12	045	M	Duwamish Head	---

S	R	PG	REC	LASTNAME	FIRSTNAME	DETH	MN	DT	AGE	S	DEATHPLACE	BIRTH
				Wintermyer		1903	Dec			M	468 Maple Leaf	SEA
K	1	0281	02481	Winters	Richard R.	1896	Oct	07	042	M	2114 4th St.	---
				Wiritila		1907	Mar			F	Seattle	FIN
				Wirth		1907	Jan			M	Ballard	WA
K	1	0280	02040	Wisbey	Mary A.	1896	Jan	24	083	F	Seattle	KY
				Wisdahl (?)		1904	Jul			M	Seattle Gen. Hosp.	NRY
				Wise		1903	Aug			M	671 Wash. St.	SEA
				Wise		1904	Jun			F	2131 6th Ave.	WA
K	1	0288	07282	Wise	Chas.	1902	Jan	01	063	M	South Seattle	GER
K	1	0288	06712	Wise	Mrs. Rosa	1901	Aug	12	034	F	Prov. Hosp.	CA
				Wisen		1904	Apr			M	Seattle Gen. Hosp.	SWD
				Wisinger		1907	Jun			M	Bothell	PA
				Wismolek		1904	Oct			M	1515 5th Ave. W.	PER
				Wismolek		1906	Oct			F	South Seattle	PER
				Wisner		1904	Nov			M	1015 Yesler Way	NY
				Wisner		1905	Aug			M	Ballard	GER
K	1	0283	03895	Wisniewshie	J.	1898	Oct	12	018	F	Ballard	GER
				Wiswell		1907	Mar			F	Seattle	IN
K	1	0285	05320	Wiswell	Helen Grace	1900	Jul	24	06m	F	Seattle	---
				Witherell		1907	Mar			M	Seattle	IL
K	1	0282	03109	Witherell	Sarah	1897	Dec	28	057	F	------	ME
K	1	0286	05792	Witherill	Thomas	1900	Nov	21	055	M	Seattle	MA
K	1	0286	05466	Withers	Laura Anna	1900	Jul	04	032	F	Seattle	MO
				Witske		1904	Jun			F	231 Western Ave.	SEA
				Witt		1907	Mar			M	Seattle	---
K	1	0280	01583	Wittenbom	Bertha	1895	Apr	20	10m	F	Ballard	sme
K	1	0294	11440	Wittenmyer	Elizabeth	1903	Apr	01	06h	F	Juanita WA	sme
				Wittich		1906	Dec			M	Seattle	---
				Wittman		1905	Oct			F	Seattle	ID
				Wize		1906	Aug			F	Van Asselt	CND
				Wockman		1903	Jul			F	Van Asalt	WA
K	1	0279	01222	Woeck	Amelia	1894	Sep	15	026	F	921 Hyde St.	---
				Wolcott		1904	Jun			M	3632 Phinney Ave.	SEA
K	1	0294	11426	Wold	Ole H.	1903	Jul	12	084	M	King Co. Hosp.	NRY
				Wolf		1907	Mar			F	Seattle	NE
				Wolf		1905	Dec			M	Skykomish	---
				Wolf		1904	Apr			F	Prov. Hosp.	RUS
				Wolf		1906	Jan			M	Seattle	BC
K	1	0287	06166	Wolf	Fredrick	1901	Mar	25	083	M	Brooklyn	PA
K	1	0290	10085	Wolf	Infant	1902	Aug	13	10m	M	1229 9th Ave W	SEA
K	1	0283	03517	Wolf	J.V.E.	1898	May	06	061	M	Juneau	---
K	1	0278	00094	Wolf	James	1891	Oct	10	04w	M	Seattle	SEA
				Wolfe		1905	Dec			F	Seattle	WI
				Wolfe		1906	Mar			F	Seattle	IA
K	1	0288	07731	Wolfe	Henry	1902	May	09	045	M	S. Seattle	---
K	1	0281	02708	Wolfe	Wm.	1897	Mar	11	044	M	Providence Hosp.	---
K	1	0290	10194	Wolffe	Caroline V. P.	1902	Sep	02	048	F	Monod Hosp.	WI
				Woll		1906	Aug			F	Seattle	WA
				Wolverton		1904	Jul			M	---	---
K	1	0283	04081	Womach	Archie	1899	Jan	20	008	M	Columbia City	---
				Womack		1904	Apr			M	Seattle Gen. Hosp.	IA
				Womocks		1907	Apr			M	Seattle	---
K	1	0286	06054	Wonell	LaVerne	1901	Jan	31	004	M	Seattle	CO
				Wong		1893	Sep			M	High sea	CHN
K	1	0286	05688	Wong	John	1900	Sep	23	040	M	Seattle	CHN
K	1	0286	05569	Wong	Poy	1900	Aug	19	044	M	Seattle	CHN
K	1	0030	00624	Wong	Sing	1893	Sep	20	040	M	High sea	
				Wood		1906	Dec			F	Seattle	IRL
				Wood		1907	Apr			M	Seattle	IRL
				Wood		1905	Jan			F	Wayside E. Hosp.	WA
				Wood		1906	Jan			M	Seattle	CND
				Wood		1904	Mar			F	Arlington Hotel	SEA
				Wood		1904	Jul			F	West Seattle	NY

S	R	PG	REC	LASTNAME	FIRSTNAME	DETH	MN	DT	AGE	S	DEATHPLACE	BIRTH
				Wood		1905	May			M	Seattle	CND
				Wood		1906	Jun			F	Seattle	CND
				Wood		1906	Jun			F	Seattle	CND
K	1	0286	06155	Wood	Beulah	1901	Feb	15	036	F	Seattle	WI
K	1	0285	05097	Wood	Frank	1900	Apr	02	025	M	Seattle	---
K	1	0281	02666	Wood	Grace	1897	Feb	18	14y	F	Green Lake	SEA
K	1	0276	00211	Wood	Infant	1892	Feb	24	s/b	M	Seattle	sme
K	1	0281	02079	Wood	J.J.	1896	Feb	04	048	M	Seattle Gen. Hosp.	NY
K	1	0286	05392	Wood	James H.	1900	Jul	07	075	M	Sunnydale	ENG
K	1	0285	05033	Wood	Jno.	1900	Mar	06	045	M	Prov. Hosp.	---
K	1	0279	00882	Wood	Sarah J.	1894	Jan	28	065	F	326 Bismark St.	IL
K	1	0294	11425	Wood	Stuart	1903	May	30	028	M	Seattle Gen. Hosp	ENG
K	1	0281	02189	Wood	Valentine	1896	Apr	08	02m	M	-----	---
				Woodard		1904	Jun			F	Seattle, Wn.	ME
				Woodbury		1906	Oct			M	Seattle	VT
K	1	0281	02573	Woodcock	Cephas P.	1896	Dec	17	081	M	1601 YeslerAv. (b.Anacortes,	WA
K	1	0276	00255	Woodcock	Cha. W.	1892	---	22	035	M	Ballard	ME
K	1	0284	04569	Woodcock	Unice	1899	Sep	06	040	F	Seattle	CND
				Woodhouse		1903	Oct			M	3101 Yesler Way	SEA
K	1	0281	02253	Woodhouse	Mrs. G.H.	1896	May	26	---	F	Victoria BC	---
K	1	0288	07184	Woodhouse	Thelma May	1901	Nov	22	08d	F	108 West Mercer	SEA
				Woodin		1905	Aug			F	South Park	MI
				Woodin		1907	May			M	Seattle	WA
K	1	0280	01970	Wooding	Chas.	FF18	Nov	05	032	M	Latonia	USA
K	1	0279	01047	Wooding	Hazell	1894	Aug	13	002	F	1024 11th St.	---
K	1	0282	03014	Wooding	Lucretia	1897	Oct	10	037	F	Auburn	WA
K	1	0288	07478	Wooding	Mary	1902	Mar	19	080	F	Latona, WA	PA
				Woodlyn		1904	Sep			F	Green Lake	WA
				Woodman		1905	Jan			M	Ballard	ENG
K	1	0280	01515	Woodraw	Rosa	1895	Feb	14	036	F	Prov. Hosp.	NS*
K	1	0291	10888	Woodridge	Marguerette	1903	Mar	01	004	F	Green Lake	SEA
				Woodruff		1905	Dec			M	Seattle	---
				Woodruff		1906	Jun			M	Seattle	IL
K	1	0283	03518	Woodruff	E.	1898	May	01	044	F	Seattle	ENG
				Woods		1907	Jun			M	Seattle	---
				Woods		1905	Mar			M	Seattle	WA
				Woods		1904	Apr			F	Prov. Hosp.	AR
				Woods		1906	Sep			F	Seattle	---
K	1	0284	04120	Woods	Catherine M.	1899	Feb	08	007	F	Seattle	---
K	1	0284	04301	Woods	Edward	1899	Apr	23	029	M	Seattle	---
K	1	0278	00308	Woods	Geo.	1892	Jun	16	034	5	South Seattle	TN
K	1	0276	00149	Woods	John	1903	Nov	28	030	M	Cardmore	---
K	1	0288	09971	Woods	Louise	1902	Jul	12	027	F	Co. Hosp.	WA
K	1	0289	07479	Woods	Mary	1902	Mar	07	072	F	3818 9th Ave. NE	MA
K	1	0278	00104	Woods	Mathae	1891	Oct	01	058	M	Poor Farm	---
K	1	0280	01782	Woods	Wm.	1895	Aug	08	028	M	Prov. Hospital	---
K	1	0288	07405	Woodsum	Lucinda	1902	Feb	23	080	F	721 Lake View Ave.	ME
				Woodward		1903	Dec			M	218 1/2 Columbia St.	---
K	1	0276	00183	Woodward	Caroline	1892	Jan	09	085	F	Seattle	---
K	1	0283	03667	Woodward	F.G.	1898	Jul	03	019	M	Seattle	---
K	1	0280	01972	Woollen	Isaac	1895	Nov	22	079	M	Seattle	---
K	1	0287	06623	Woolman	John	1901	Jul	06	040	M	Seattle	---
				Woolridge		1906	Jan			M	Nr. Cape Beale, Vancouver Is	---
K	1	0278	00291	Woolton	---	1892	Jun	14	08m	F	Seattle	sme
K	1	0291	10731	Worcester	Rosina Helen	1903	Jan	08	03d	F	4333 3rd Ave NW	SEA
				Worde		1903	Oct			F	Wayside Mission	KS
K	1	0294	11432	Wordworth	M.A.	1903	Jun	10	025	M	Pest House	---
K	1	0287	06693	Workman	Lewis Dawson	1901	Aug	14	002	M	Van Asslett	sme
K	1	0278	00258	Wortell	John	1892	Apr	26	030	M	Seattle	AUS
K	1	0289	07554	Worth	William R.	1902	Apr	28	048	M	Wayside Hospital	PA
				Worthington		1904	Mar			F	1644 20th Ave.	KY
K	1	0280	01610	Worthington	Harry	1895	Apr	13	002	M	Dexter St.	---
				Wray		1906	Nov			M	Seattle	CA

S R PG REC	LASTNAME	FIRSTNAME	DETH MN DT AGE	S	DEATHPLACE	BIRTH
K 1 0284 04316	Wray	Mary F.	1899 Apr 29 009	F	Seattle	KS
K 1 0290 10599	Wray	Nadine	1902 Dec 31 07m	F	518 Terrace	SEA
	Wren		1904 Sep	F	Prov. Hosp.	TX
	Wren		1907 Jun	M	Seattle	MN
K 1 0288 07862	Wren	Ella	1902 Jun 12 034	F	Seattle	MO
	Wresthoff		1906 Jan	M	Black River Jc.	WA
	Wright		1903 Oct	F	1504 5th Ave.	SEA
	Wright		1904 Mar	F	718 11th Ave.	SEA
	Wright		1905 Jan	M	519 James St.	IRL
	Wright		1907 Jun	F	Seattle	WA
	Wright		1903 Dec	M	1531 Broadway	SEA
	Wright		1904 Dec	F	317 8th Ave. S.	WA
	Wright		1907 Apr	M	Seattle	OR
	Wright		1895 Nov	M	Prov. Hospital	---
K 1 0289 07541	Wright	B.L.	1902 Apr 28 070	M	327 8th Ave. No.	NH
K 1 0280 01971	Wright	Capt. Thos.	1895 Nov 18 068	M	Prov. Hospital	---
K 1 0288 07729	Wright	Earl Perry	1902 May 17 07m	M	Ballard	sme
K 1 0287 06594	Wright	Edmuud	1901 Jul 20 093	M	Seattle	MA
K 1 0286 05619	Wright	F. Christian	1900 Oct 23 073	F	Seattle	VT
K 1 0285 05173	Wright	Jas.	1900 Apr 21 066	M	Seattle	SCT
K 1 0282 03428	Wright	John	1898 Mar 21 050	M	-----	---
K 1 0287 06334	Wright	Lizzie	1901 Apr 05 027	M	Seattle	EMG
K 1 0291 11422	Wright	Mary J.	1903 May 26 072	F	1827 14 Ave	IRL
K 1 0283 03671	Wright	Thomas	1898 Jul 31 066	M	Seattle	USA
K 1 0284 04377	Wright	W.W.	1899 --- -- ---	-	Seattle	---
K 1 0284 04731	Wright	Wm.	1899 Nov 26 075	M	Seattle	USA
	Wrigley		1904 Mar	F	216 10th Ave. No.	NY
K 1 0287 06378	Wringley	Eugene	1901 Apr 12 038	M	Juanita	NY
	Wroth		1905 Jul	M	Georgetown	IA
K 1 0288 07283	Wundedich	George	1902 Jan 12 048	M	514 Boren Ave. No.	GER
	Wurster		1906 Dec	M	Seattle	OR
K 1 0279 00928	Wurth	M.A.	1894 Apr 24 059	F	1111 Columbia	---
	Wyatt		1906 Apr	F	Seattle	ENG
	Wyatt		1906 Sep	M	Renton	---
	Wyatt		1907 Jun	M	Seattle	WA
K 1 0276 00241	Wyatt	Elisabeth	1892 Apr 10 023	F	Washington	FRN
K 1 0284 04481	Wyatt	Etta May	1899 Jul 25 027	F	Gen. Hosp.	IA
K 1 0279 00994	Wyatt	Frederick	1894 May 22 035	M	Seattle	ENG
	Wyburn		1903 Oct	M	Wayside Mission	ENG
	Wyid		1905 Oct	M	Ballard	ENG
K 1 0284 04139	Wylie	Lee	1899 Feb 16 005	F	Seattle	WA
	Wyman		1903 Aug	F	Prov. Hosp.	MN
K 1 0301 06727	Yagi	Frank	1901 Aug 28 030	M	Seattle	JPN
	Yahumon		1905 Mar	M	Seattle	JPN
K 1 0300 01443	Yakimoto	-------	1895 Jan 23 050	M	Prov. Hosp.	JPN
	Yamada		1905 May	F	Seattle	WA
	Yamagaki		1904 Aug	M	Seattle Gen. Hosp.	JPN
K 1 0300 04159	Yamakawa	H	1898 Mar 03 018	M	Seattle	JPN
	Yamamoto		1905 Apr	F	Seattle	WA
K 1 0301 07288	Yamamoto	J	1902 Jan 10 051	M	Monod Hosp	JPN
K 1 0300 05389	Yamamoto	Shinetsu	1900 Jun 16 11m	M	Seattle	sme
	Yamanaka		1905 May	M	Seattle	JPN
K 1 0300 05776	Yamans	Baby	1900 Nov 03 02m	F	Seattle	sme
K 1 0301 07406	Yamasaki	T	1902 Feb 03 026	M	Prov Hosp	JPN
K 1 0301 10469	Yamasako	K	1902 Oct 11 041	M	Wayside Mission	JPN
	Yamashita		1904 Sep	F	664 Jackson St.	SEA
K 1 0300 06057	Yamashita	Y	1901 Mar 13 029	M	Seattle	JPN
K 1 0300 04614	Yamaskita	R	1898 Sep 30 026	M	Seattle	JPN
K 1 0301 06971	Yamatoya	Thomas	1901 Nov 24 02m	M	Crittenden Home	sme
	Yambert		1905 May	F	Georgetown	OH
K 1 0301 06868	Yamese	Joseph	1901 Oct 29 043	M	SEA. Gen. Hosp	IL
K 1 0300 03243	Yandell	John	1898 Feb 07 058	M	Seattle	MS
	Yane		1906 Nov	F	Seattle	CA

S R PG REC	LASTNAME	FIRSTNAME	DETH MN DT AGE	S	DEATHPLACE	BIRTH
	Yank		1904 May	F	1111 Wash. St.	SEA
K 1 0300 01469	Yank	Theresa	1895 Feb 24 054	F	Thomas STA	GER
K 1 0300 03896	Yank	William E	1898 Oct 24 001	M	Seattle	---
	Yanoki		1904 Oct	M	Seattle Gen. Hosp.	JPN
	Yashimia		1904 Aug	F	King Co. Hosp.	JPN
K 1 0301 06058	Yasumoto	TC	1901 Mar 16 025	M	Seattle	JPN
K 1 0300 01788	Yates	George A	1895 Aug 31 051	M	Seattle	MI
K 1 0301 09975	Yates	Iver	1902 Jul 07 025	M	Fall City	WI
K 1 0301 11179	Yaw	Pong Quong	1903 Apr 09 046	M	WA Cherry BLK	CHN
K 1 0300 01564	Yayr	Miss	1895 Mar 02 022	F	324 King St	JPN
K 1 0300 06055	Yeager	Baby	1901 Jan 07 01h	F	Seattle	sme
K 1 0300 00277	Yeager	John	1892 May 07 035	M	Seattle	---
	Yeast		1907 Mar	M	Seattle	WA
K 1 0301 07408	Yeisler	Richard	1902 Feb 24 013	M	Bremerton (b.St.Joe,	MO
	Yelnd		1903 Nov	M	Seattle Gen. Hosp.;Walla Wa	lla
	Yen		1907 Feb	M	Seattle	WA
K 1 0300 05725	Yenamoto	Tusavo	1900 Oct 07 030	M	Seattle	JPN
	Yeo		1906 Jun	M	Seattle	CND
K 1 0301 10467	Yerberg	Ellen	1902 Oct 08 045	F	72 Ave, Gr. Lk.	MN
K 1 0301 07873	Yerke	Elizabeth	1902 Jun 21 109	F	Seattle	GER
K 1 0300 01614	Yerker	Baby	1895 Apr 12 06w	F	336 Wolford St	---
K 1 0301 07874	Yeschick	John	1902 Jun 21 ---	M	Stampede	---
K 1 0300 00438	Yesler	Henry L	1892 Dec 16 082	M	Seattle	---
	Yeuter		1906 Mar	F	Seattle	NV
	Ygnichen		1905 May	M	Seattle	PHL
	Yin		1903 Nov	M	1st Ave. S.	CHN
K 1 0301 11433	Ying	Wong	1903 May 20 050	M	4 Ave/Main	CHN
	Yoio		1907 Feb	M	Seattle	ITL
	Yokel		1903 Aug	F	King Co. Hosp.	WI
	Yoko		1906 Mar	M	Seattle	JPN
K 1 0300 06056	Yokoto	Yeichi	1901 Jan 23 019	M	Seattle	JPN
	Yokoyama		1906 Nov	M	Seattle	JPN
	Yon		1904 Sep	M	Prov. Hosp.	CHN
K 1 0301 06869	Yonker	Clara B	1901 Sep 23 021	F	Auburn	NY
	Yonsko		1903 Oct	M	Interbay, WA	sme
	Yontas		1906 Jan	M	Seattle	GRC
	York		1904 Sep	M	Seattle	MO
	York		1905 Oct	F	Seattle	MI
K 1 0300 02913	York	Ruth	1897 Aug 27 003	F	700 29 Ave	WA
K 1 0301 07185	Yoshitomi	S	1901 Dec 25 048	M	418 Jefferson St	JPN
	Youg		1904 Nov	M	1918 4th Ave.	NH
K 1 0301 10359	Youmans	Eunice	1902 Dec 03 075	F	112 10 Ave	NY
	Young		1907 Apr	M	Seattle	IA
	Young		1905 Apr	F	Seattle	WA
	Young		1905 Mar	F	Settle	PA
	Young		1904 May	M	1121 34th St.	WA
	Young		1906 Jun	F	Seattle	WA
	Young		1906 Jun	M	Seattle	WA
	Young		1905 Dec	M	Seattle	---
	Young		1905 Aug	F	Seattle	WI
	Young		1907 Jan	F	Seattle	US
	Young		1904 May	F	322 20th Ave.	ENG
	Young		1906 May	M	Seattle	HLD
	Young		1905 Aug	F	Columbia	WA
	Young		1904 May	F	1702 13th Ave. S.	MA
	Young		1904 Apr	F	Prov. Hosp.	NY
	Young		1907 May	M	Seattle	---
K 1 0300 04006	Young	Andrews B	1898 Dec 21 076	M	Seattle	---
K 1 0301 06441	Young	Baby	1901 May 10 01d	F	Seattle	WA
K 1 0301 10601	Young	Baby	1902 Dec 26 s/b	F	605 Columbia	SEA
K 1 0301 10602	Young	Birdie (Mrs)	1902 Dec 05 027	F	So Seattle (b.Chicago,	IL
K 1 0300 00030	Young	David	1891 Aug 22 ---	M	3 1/2 mi above Palmer	---
K 1 0300 03833	Young	E	1898 Sep 18 052	M	Georgetown	SWD

S R PG REC	LASTNAME	FIRSTNAME	DETH MN DT AGE	S	DEATHPLACE	BIRTH
K 1 0300 00995	Young	Ed	1894 May 10 037	M	Orillia	---
K 1 0300 01976	Young	Edith Louise	1895 Dec 14 007	F	Leary Ave	CA
K 1 0300 02912	Young	Elsie Hannnah	1897 Aug 21 004	F	20 th/Denny Way	---
K 1 0300 02619	Young	Emma H	1897 Jan 23 029	F	Ballard	GER
K 1 0301 10468	Young	Etta	1902 Oct 28 048	F	1418 9 Ave S (b.N.Brunswick	---
K 1 0300 01651	Young	F. M.	1895 May 18 001	M	Seattle	sme
K 1 0300 00122	Young	Florence	1891 Nov 12 006	F	Seattle	MI
K 1 0300 00725	Young	George W	1894 Jan 03 060	M	Arlington Hotel, SEA	---
K 1 0300 04825	Young	Horace N	1900 Jan 05 046	M	Seattle	ME
K 1 0300 03242	Young	Hulda H	1898 Feb 07 072	F	Seattle	ME
K 1 0301 06472	Young	J C	1901 May 26 063	M	Kirkland	MA
K 1 0301 09974	Young	J.A.	1902 Jul 06 053	M	Co Hosp.	MA
K 1 0300 05677	Young	Martha	1900 Sep 28 040	F	Seattle	---
K 1 0300 02284	Young	Mary E	1895 Jun 04 08m	F	104 J 9th St	SEA
K 1 0300 05347	Young	Mary R	1900 Jul 27 042	F	Seattle	OH
K 1 0301 10733	Young	Maurine Irma	1903 Jan 04 027	F	605 Columbia (b.Sidney,	OH
K 1 0301 07872	Young	Thomas S	1902 Mar 27 035	M	Seattle	CND
K 1 0300 03433	Young	W	1898 Apr 11 010	M	Seattle	---
K 1 0300 01322	Younge	Asbury	1894 Nov 07 060	M	Green Lk (b.Athens,	OH
K 1 0300 03832	Youngerman	L	1898 Sep 10 036	M	Seattle	IA
	Younggreu		1905 Mar	F	Seattle	SWD
K 1 0301 11180	Youngher	Barbara	1903 Apr 10 067	F	Portland, OR	GER
K 1 0300 05665	Youngs	C W	1900 Sep 16 072	F	Seattle	KY
K 1 0301 06671	Youngs	Clark W	1900 Oct 21 ---	M	--------	---
K 1 0301 11434	Youngs	Frank	1903 Jun 01 043	M	1 Ave/Madison	OH
K 1 0300 03570	Youngs	Sarah	1898 May 18 060	F	Seattle	KY
K 1 0300 03897	Youngstrom	Charles	1898 Oct 24 030	M	Seattle	---
K 1 0300 02609	Yow	Goon	1897 Jan 26 021	M	11 th/Madison	CHN
K 1 0301 07570	Yuel	Baby	1902 Apr 22 03d	M	108 Bell	SEA
K 1 0300 01420	Yum	Charles	1895 Jan 24 ---	M	Cle Elum	---
	Yura		1895 Apr	M	311 Jackson St.	CHN
K 1 0031 00919	Yura	Lung (Chinese)	1894 Apr 13 020	M	311 Jackson St.	
	Zaar		1905 Jan	M	1116 E. Thomas St.	SWD
	Zachan		1903 Aug	M	15th Ave. S.	SEA
	Zachan		1903 Aug	M	10th Ave. S.	SEA
	Zachan		1903 Dec	F	10th Ave. S. & Weller St.	GER
	Zachary		1906 Jan	M	North Bend	---
K 1 0308 01976	Zacher	Edward G	1895 Oct 18 062	M	1715 2nd St	GER
K 1 0308 02146	Zacher	Edward G (see #1976)	1895 Oct 18 062	M	1715 2nd St	GER
	Zanda		1907 Jan	M	Georgetown	AUS
K 1 0308 06408	Zane	Frank	1901 May 22 034	M	Prov. Hosp.	ITL
K 1 0308 07875	Zanver	Anna B	1902 Jun 06 011	F	SEA	SEA
	Zaroski		1905 May	M	Ballard	RUS
K 1 0308 03745	Zaspel	Emma	1898 Mar 12 057	F	SEA	GER
K 1 0308 11181	Zeck	Amos J	1903 Apr 12 030	M	921 21 Ave S	TX
K 1 0308 11435	Zehnter	Pearl (Miss)	1903 May 12 014	F	9 Ave/Yesler	WI
K 1 0308 03434	Zeibarth	Aug	1898 Apr 03 027	M	Alaska	---
K 1 0308 01634	Zeigler	------	1895 May 18 04h	M	Ballard	sme
	Zeik		1904 Jul	M	Seattle	---
	Zeller		1885 Dec	F	Skagit County	PA
K 1 0308 09928	Zenfeldt	George	1902 Aug 03 11m	M	SEA	SEA
	Zenger		1904 Jul	M	2803 Jackson	---
K 1 0308 00778	Zenger	Betta	1894 Jan 09 029	F	517 Wilfred St	WI
K 1 0308 06969	Zennen	Victor	1901 Oct 03 01m	M	E Helen St	SEA
K 1 0308 02575	Zenner	Margaretta	1896 Dec 25 004	F	Portage	SEA
K 1 0308 03744	Zenwickle	V	1898 Aug 28 009	F	Sunnydale	SEA
K 1 0308 06870	Zepise	Joseph	1901 Sep 22 001	M	Georgetown	sme
K 1 0308 00315	Zesinger	J. W.	1892 Jun 30 035	M	Bellevue	OH
	Zetmensen		1906 Sep	M	Seattle	WA
	Zicarello		1906 May	M	Seattle	WA
	Zigler		1904 Aug	M	620 11th Ave.	OH
	Zimbleman		1905 Jan	M	2014 N. 60th St.	---
K 1 0308 02530	Zimmerman	Allie B	1895 Nov 26 028	F	Countryside	ENG

S	R	PG	REC	LASTNAME	FIRSTNAME	DETH	MN	DT	AGE	S	DEATHPLACE	BIRTH
K	1	0308	01591	Zimmerman	Baby	1895	Mar	29	001	M	South Pk	---
K	1	0308	01487	Zimmerman	Baby	1895	Mar	26	001	F	South Pk	---
K	1	0308	02531	Zimmerman	Ellie	1896	Nov	26	028	F	So Park	MI
K	1	0308	01253	Zingre	Jacob	1894	Oct	01	070	M	Green Lake	SWT
K	1	0308	03110	Zirgler	John	1897	Dec	20	033	M	Ballard (b.Nova Scotia	---
				Znlick		1905	Nov			M	Seattle	PLD
K	1	0308	00885	Zorn	Carl	1894	Jan	10	06m	M	Cor/10th & Charles St	SEA
				Zrywacs		1907	May			M	Ballard	PLD
K	1	0308	10889	Zuman	Charles	1903	Feb	07	045	M	Kent	NY
K	1	0001	00748			1894	Mar	01	Pre	F	Seattle	
1	1	0016	00467			1892	Dec	20	0	M	Seattle	WA
K	1	0200	00349			1892	MAY	24	000	F	Seattle	SEA
K	1	0200	00349			1892	MAY	24	000	F	Seattle	SEA
K	1	0019	01757		HELEN	1895	AUG	07	001	F	813 ALDER	
				Chinaman		1894	Mar			M	Prov. Hospital	CHN
K	1	0031	00805	Chinaman	Wong Leep	1894	Mar	07	030	M	Prov. Hospital	
K	1	0073	11480	Foreign	Man	1903	Jul	27	021	M	S.S. Thamout ?	CHN
K	1	0259	07187	NR	----	----	---	--	---	-	----	---
1	1	0017	00683	Not Named		1893	Nov	10		M	Seattle	WA
K	1	0108	03922	infant	Ora	1898	Nov	04	14d	M	Seattle	SEA
K	1	0108	10091	infant	Percival	1902	Sep	11	14h	M	61 Battery	SEA
K	1	0099	04147	NR	John	1899	Feb	25	046	M	Seattle	IRL
K	1	0099	04112	NR	Baby	1899	Feb	17	1mo	M	Seattle	WA
K	1	0099	04129	NR	NR	1899	Feb	01	5mo	F	Seattle	WA
K	1	0108	00895	(indian)	Kittie	1894	Apr	18	075	F	foot of Virginia St.	WA
K	1	0140	00781	-----	-----	1894	Mar	21	s/b	F	2nd & Virginia